河北省冶金行业
优秀质量管理成果案例

河北省冶金行业协会　编著

北　京
冶 金 工 业 出 版 社
2020

内 容 提 要

本书遴选了河北省冶金行业34个优秀质量管理成果案例编写而成。内容涵盖提高经济技术指标、提高产品质量，提高设备运转效率，开发新品种、新工艺、新技术，提高检验检测精度等。成果类型既有针对已经发生不合格或不满意的生产、服务或管理现场存在问题进行质量改进的问题解决型课题，又有针对现有的技术、工艺、技能和方法等不能满足实际需求状况而开发的创新型课题。

本书对冶金行业开展质量管理小组活动有启发和借鉴的作用，对提高活动的实效和水平有实用价值。

图书在版编目(CIP)数据

河北省冶金行业优秀质量管理成果案例/河北省冶金行业协会编著.—北京：冶金工业出版社，2020.7

ISBN 978-7-5024-8538-2

Ⅰ.①河… Ⅱ.①河… Ⅲ.①冶金工业—产品质量—质量管理—案例—河北 Ⅳ.①F426.3

中国版本图书馆CIP数据核字（2020）第119905号

出 版 人 陈玉千

地　　址 北京市东城区嵩祝院北巷39号 邮编 100009 电话 (010)64027926

网　　址 www.cnmip.com.cn 电子信箱 yjcbs@cnmip.com.cn

责任编辑 于昕蕾 美术编辑 彭子赫 版式设计 孙跃红

责任校对 李 娜 责任印制 李玉山

ISBN 978-7-5024-8538-2

冶金工业出版社出版发行；各地新华书店经销；三河市双峰印刷装订有限公司印刷

2020年7月第1版，2020年7月第1次印刷

787mm×1092mm 1/16；32印张；773千字；500页

180.00元

冶金工业出版社 投稿电话 (010)64027932 投稿信箱 tougao@cnmip.com.cn

冶金工业出版社营销中心 电话 (010)64044283 传真 (010)64027893

冶金工业出版社天猫旗舰店 yjgycbs.tmall.com

（本书如有印装质量问题，本社营销中心负责退换）

编 委 会

深化全面质量管理　助推河北钢铁工业高质量发展（代序）

质量是立企之本、兴业之源，是经济社会发展的永恒主题。质量管理小组活动是在生产或工作岗位上从事各种劳动的职工，围绕企业的经营战略、方针、目标和现场存在的问题，以改进质量、降低消耗、提高人的素质和经济效益为目的组织起来，运用质量管理理论和方法开展活动的小组，是企业中群众性质量管理活动的有效组织形式，是职工参加企业民主管理的经验同现代科学管理相结合的产物，是企业质量管理工作的重要组成部分。

1978 年我国开始推行全面质量管理（当时简称为 TQC—Total Quality Control，即全面质量控制），1980 年起在全国钢铁行业推广，我省的唐钢、邯钢、宣钢、承钢、石钢、邢钢等国有钢铁企业在全省率先运用 TQC 质量管理方法，开展 QC 小组活动。进入 21 世纪后，无论是国有还是民营钢铁企业，QC 活动成为全省钢铁企业提升质量管理水平和能力的必不可少的利器。河北省冶金行业协会高度重视质量管理工作，从 2004 年起，坚持每年举办河北省钢铁企业质量管理优秀成果发表会，极大地调动和激发了钢铁企业广大职工的积极性、创造力和主人翁精神，促进了企业产品质量、管理质量和服务质量的持续改进、持续提升，长期的经验成果积累，形成了企业的质量管理文化，为河北省钢铁工业高质量发展奠定了坚实基础。

近年来，特别是党的十八大以来，在习近平新时代中国特色社会主义思想的指引下，我省钢铁企业认真贯彻落实省委、省政府重大决策部署，把创新驱动发展、提高质量效益、加快转型升级和优化结构放在更加突出的位置，既重视企业有较大影响、关键性核心技术的自主研发创新，又重视群众性技改技革和质量管理小组活动的强力推进。这是我省冶金行业质量管理小组活动历久不衰、活力常在的源头活水。我们要继续深化全面质量管理，助推河北钢铁工业高质量发展。

近年来，我省钢铁行业虽然以壮士断腕的气概去产能、调结构、促转型，取得了举世瞩目的成绩，但仍然面临着诸多“成长中的烦恼”，发展中还有很多不尽如人意的地方，包括企业的产品质量和经营过程中的客户服务质量。对于制造业而言，全面质量管理是根基，是基础，是前提。仅仅做到“关注质量问题”这个程度是远远不够的，必须深化全面质量管理，真正地夯实“地基”，让质量与技术并驾齐驱、两条腿走路，打赢河北钢铁工业品质革命这场硬仗，实现品质升级和高质量发展。作为主导产业，钢铁工业既是我省经济社会发展的火车头，更是全省产业结构调整和经济转型升级高质量发展的主战场。我们坚信，在习近平新时代中国特色社会主义思想指引下，在省委、省政府的正确领导下，河北钢铁工业必将紧紧拥抱新时代，昂首阔步奔向诗和远方，实现质量更高、效益更好、结构更优的发展，为建设经济强省、美丽河北做出新的更大贡献！

为推进我省冶金行业质量管理小组活动不断向纵深发展，河北省冶金行业协会编写了《河北省冶金行业优秀质量管理成果案例》一书，并由冶金工业出版社出版并向全国发行。其中入选案例为近几年在我省冶金系统质量管理成果发表会发表且经专家审定的 34 个优秀成果。成果类型既有针对已经发生不合格或不满意的生产、服务或管理现场存在问题进行质量改进的问题解决性课题，又有针对现有的技术、工艺、技能和方法等不能满足实际需求状况而开发的创新型课题。本书涵盖了降低设施设备故障率，提高运转效率，提高经济技术指标，降低消耗，提高质量，开发新品种、新工艺、新技术，提高检验检测精度等方面的案例，这些案例代表了我省冶金行业质量管理小组活动成果的现状水平。我们希望，这些优秀成果案例对今后开展质量管理小组活动有所启发和借鉴，起到相互交流、共同提高的作用，为提高企业发展的质量和效益助推加力。

为进一步提升我省冶金行业质量管理小组活动的工作质量和水平，河北省冶金行业协会在认真总结经验、企业广泛参与和专家充分论证的基础上，编制了《质量管理小组活动指南》（T/HBMIA 4—2019）团体标准，并于2019年8月29日发布，2019年10月8日实施。这是我省冶金行业开展质量管理小组活动衍生的一项重要成果，对规范企业质量管理小组活动、提升质量管理工作水平、打造我省冶金行业质量管理优秀成果发表会升级版具有重要意义。希望各钢铁企业质量管理小组认真学习《质量管理小组活动指南》，遵循程序，规范运作，多出成果，出好成果，努力把质量管理小组活动提高到一个新的更高水平。

河北省冶金行业协会副会长、秘书长

目　　录

案例 1　提高机械加工用圆钢轧制成材率

新兴铸管股份有限公司

孙海潘　李振杰

一、项目简介

机械加工用圆钢是指用作制造螺栓标准件及各种机械零件的实心圆形钢材。新兴铸管股份有限公司武安工业区临近“中国标准件之都”——邯郸市永年区，周边市场对该类圆钢的需求量较大。2017 年以来在做好做精建筑钢材的同时，轧钢部主动出击，不断加大市场调研和产品开发的力度，先后成功开发 $\phi(22\sim40)$ mm 共 7 个规格的圆钢产品，并依靠稳定的产品质量逐渐打开了周边市场。但由于各种原因成材率指标长期低位徘徊，给公司的效益带来较大影响。2018 年新兴铸管股份有限公司武安工业区轧钢部二轧钢 QC 小组针对此问题展开攻关，最终实现了圆钢产品成材率的大幅提升，收到了良好的效果。

二、小组概况

二轧钢 QC 小组成立于 1997 年，课题类型为攻关型，现有小组组员 7 人，均为具有丰富经验的轧钢生产一线技术人员。小组多年以来致力于轧钢部二轧车间轧钢技术问题的攻关，收到了良好的效果。二轧钢 QC 小组简况如表 1-1 所示。

表 1-1　二轧钢 QC 小组简况

小组名称	二轧钢 QC 小组			课题类型	攻关型	
活动课题	提高机械加工用圆钢轧制成材率			活动时间	2018 年 3 月~2019 年 2 月	
序号	姓名	岗龄	文化程度	组内职务	技术等级	组内分工
1	孙海潘	12 年	本科	组长	工程师	全面
2	李振杰	21 年	本科	副组长	高级轧钢工	制定方案
3	李建强	16 年	大专	组员	高级轧钢工	组织实施
4	陈二虎	18 年	中专	组员	高级轧钢工	组织实施
5	赵敬涛	16 年	大专	组员	高级轧钢工	组织实施
6	霍红军	18 年	中专	组员	高级轧钢工	调查统计
7	赵永发	30 年	中专	组员	高级轧钢工	调查统计
小组历年来荣誉	2018 年河北省冶金行业优秀质量管理成果一等奖 2018 年首届中央企业 QC 成果发布赛三等奖 2019 年河北省冶金行业优秀质量管理成果一等奖 2019 年河北省质量协会优秀质量管理成果二等奖					

三、课题选择

（一）公司要求

机械加工用圆钢产品市场竞争激烈，在此情况下成材率的高低是决定产品利润的关键。由于各种原因公司圆钢产品成材率指标长期低位徘徊，给公司的效益带来较大影响。以2018年圆钢平均售价4300元/t计算，成材率每相差1%，利润水平每吨相差27元以上。而轧钢部目前年产圆钢6万吨以上，每年因成材率低造成的利润损失在300万元以上。

（二）实业部要求

公司对实业部产品的加工费有严格的考核机制，达不到公司指标要求将对实业部工资总额进行相应的考核。圆钢成材率长期低位徘徊导致其加工费居高不下，对实业部职工收入带来了较大影响。在现有水平基础上，进一步提高圆钢产品成材率水平变得十分迫切。

（三）市场要求

圆钢通支尺寸一致性和椭圆度要求严格。圆钢成材率低伴随产出的椭圆超差、带纵筋等不合格品给客户的正常使用带来不利影响，对产品的品牌声誉带来负面效应。

因此小组将“提高机械加工用圆钢轧制成材率”作为小组2018年活动课题。

四、现状调查

为了更精准地展开活动，课题活动展开前，小组成员对2017年5~12月期间各月圆钢的成材率指标进行了统计，如图1-1所示。

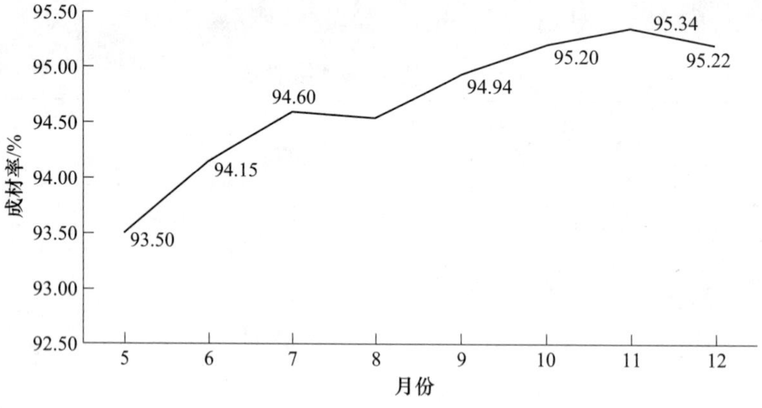

图1-1 2017年5~12月圆钢成材率指标统计

从统计情况看，自2017年5月开始生产圆钢，随着工人操作熟练程度的提高，成材率指标不断提升，到10月已经达到95%左右。但自2017年10月开始受到工段内外部因素的影响，成材率指标始终在95.3%左右徘徊，未能取得突破。

小组成员对2017年5~12月圆钢生产期间各种废品占废品总量的比例进行了统计，各种废品占总量的比例如图1-2所示。

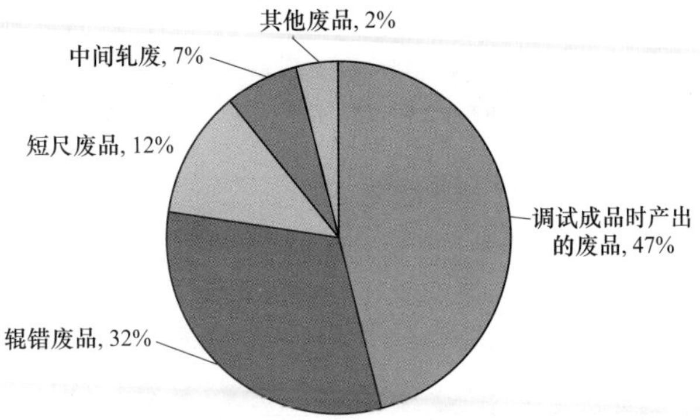

图 1-2　2017 年 5~12 月各种废品占总量的比例

通过统计各种废品占废品总量的比例发现，换品种或换槽后捅槽时因堆拉关系波动导致椭圆度超标的调试成品废品、轧辊辊错导致槽口尺寸超标的辊错废品、因长度低于 2. 5m 无法销售的短尺废品是废品产出的三大主要环节，合计产出的废品占废品总量的 91%，影响成材率指标 3. 1%。因此减少此三类废品是提升成材率的关键。

五、确定目标

2018 年 5 月通过与行业先进企业江苏淮钢和芜湖新兴进行对标，并结合自身的工艺设备状况，实业部向小组下达了机械加工用圆钢轧制成材率 97. 80%的活动目标。现状及小组活动目标如图 1-3 所示。

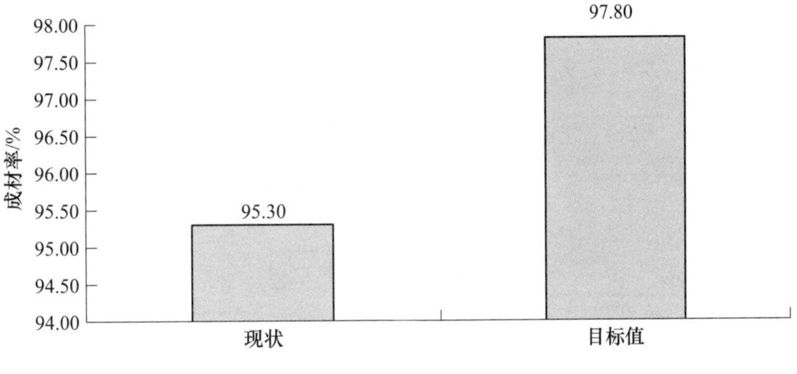

图 1-3　提高机械加工用圆钢轧制成材率活动目标

可行性分析：

（1）圆钢品种开发后时间较短，在过程控制、工艺操作方面有很大的优化空间。

（2）小组成员经验丰富，既有具有多年生产经验的班组长，又有轧制工艺理论知识丰富的工艺技术人员。

（3）实业部及公司领导的高度重视和大力支持。

因此我们认为 97. 8%的成材率目标是可以实现的。

六、活动计划

2018 年小组的活动时间为 2018 年 3 月~2019 年 2 月，小组的活动计划如表 1-2 所示。

表 1-2　2018 年小组的活动计划表

活动计划	时　间											
	2018 年										2019 年	
	3 月	4 月	5 月	6 月	7 月	8 月	9 月	10 月	11 月	12 月	1 月	2 月
选择课题	- - → ——→											
现状调查	- - → ——→	- - → ——→										
设定目标		- - → ——→	- - → ——→									
原因分析			- - → ——→	- - → ——→								
要因确认				- - → ——→	- - → ——→							
制定对策					- - → ——→	- - → ——→						
对策实施						- - → ——→	- - → ——→	- - → ——→	- - → ——→			
效果检查									- - → ——→	- - → ——→		
巩固措施										- - → ——→	- - → ——→	
总结											- - → ——→	- - → ——→

注：- - → 计划进度；——→ 实际进度。

七、原因分析

围绕课题，小组成员集思广益，运用头脑风暴法，深入探讨造成圆钢成材率低的各种原因，从生产时造成废品的短尺废品产出等三个主要影响环节，认真查找影响成材率的原因，通过系统图分析，找出了 9 条末端因素如图 1-4 所示。

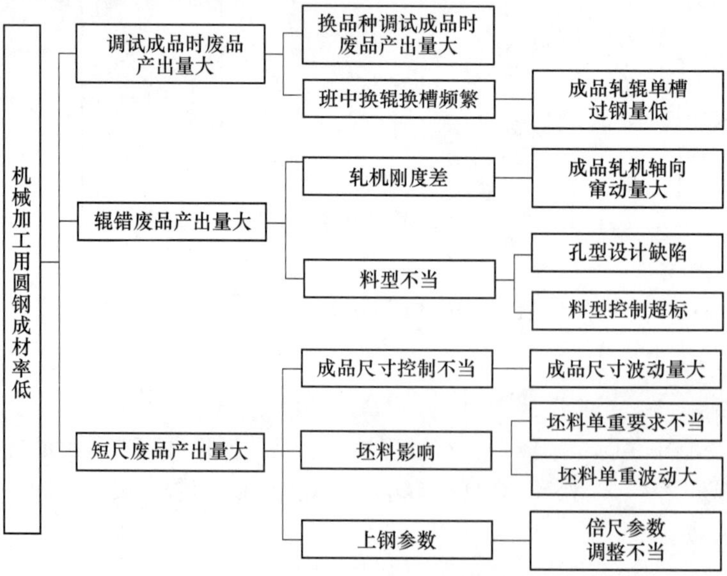

图 1-4　机械加工用圆钢轧制成材率低影响因素统计

八、要因确认

在分析出末端因素后，小组安排专人采取现场调查、对比分析、统计分析等不同的方法进行了末端要因确认，确定最终的影响因素。

（一）要因确认1

换品种调试成品时废品产出量大，要因确认情况见表1-3。

表1-3 换品种调试成品时废品产出量大要因确认表

确认内容	换品种调试成品时废品产出占成材率的比例	确认人	李振杰
确认时间	2018年6月10~30日	确认地点	二轧车间
确认方法	现场统计换品种调试成品过程中产出废品对成材率的影响	确认标准	是否超出0.1%
确认过程	（1）单规格换品种后需要3支钢坯才能调出合格成品； （2）每次生产时的单规格计划为1500~2000t，坯料单重为2t，调试成品产出的3支钢的总重为6t，对成材率的影响为0.3%~0.4%		
确认结果	换品种调试成品时废品产出对成材率影响大	结论	是要因

（二）要因确认2

成品轧辊单槽过钢量低，要因确认情况见表1-4。

表1-4 成品轧辊单槽过钢量低要因确认表

确认内容	成品轧辊单槽过钢量是否符合工艺要求	确认人	李振杰
确认时间	2018年6月10日~7月15日	确认地点	二轧车间
确认方法	现场统计圆钢生产过程中的单槽过钢量	确认标准	是否达到500t
确认过程	对6月圆钢生产时单槽轧制量统计，最高为480t，最低为375t，平均单槽过钢量400t，未达到工艺标准要求		
确认结果	成品轧辊单槽过钢量低导致换辊换槽频繁	结论	是要因

（三）要因确认3

轧机轴向窜动量大，要因确认情况见表1-5。

表1-5 轧机轴向窜动量大要因确认表

确认内容	成品轧机轴向窜动量是否符合工艺要求	确认人	霍红军
确认时间	2018年6月15~30日	确认地点	二轧装配间
确认方法	打表检测圆钢用成品轧机轴向窜动量	确认标准	窜动量是否超出0.12mm
确认过程	（1）成品用轧机打表检测显示，最小窜动量为0.22mm，最大窜动量为0.35mm，超出工艺标准要求； （2）轧机窜动量大会导致成品在槽口方向的测量尺寸偏大，造成圆钢成品的椭圆度超差，导致废品的产出		
确认结果	成品轧机窜动量大与辊错废品产出关系密切	结论	是要因

（四）要因确认 4

孔型设计缺陷，要因确认情况见表 1-6。

表 1-6 孔型设计缺陷要因确认表

确认内容	圆钢孔型设计是否导致辊错废品产出	确认人	陈二虎
确认时间	2018 年 6 月 25~30 日	确认地点	二轧车间
确认方法	成品孔型图与设计规范对比	确认标准	基圆直径、槽口宽度是否符合规范要求
确认过程	各规格成品孔型设计基圆尺寸为公称直径乘以线膨胀系数（1.013），槽口扩张角均为 18°~25°，槽口宽度为基圆直径+(0.35~0.5mm)，孔型设计符合设计规范要求		
确认结果	孔型设计与辊错废品产出无直接关系	结论	非要因

（五）要因确认 5

料型控制超标，要因确认情况见表 1-7。

表 1-7 料型控制超标要因确认表

确认内容	生产中料型控制是否导致辊错废品产出	确认人	李建强
确认时间	2018 年 6 月 15 日~7 月 10 日	确认地点	二轧车间
确认方法	卡量生产过程中钢料	确认标准	实际用料与轧制程序表料型偏差是否超标
确认过程	对比轧制程序表，各规格粗轧料型偏差≤1mm，中轧料型偏差≤0.5mm，精轧料型偏差≤0.3mm，料型偏差符合工艺要求		
确认结果	料型控制符合标准要求，与辊错废品产出无直接关系	结论	非要因

（六）要因确认 6

成品尺寸波动量大，要因确认情况见表 1-8。

表 1-8 成品尺寸波动量大要因确认表

确认内容	成品尺寸波动是否导致短尺废品的产出	确认人	赵敬涛
确认时间	2018 年 6 月 15 日~7 月 10 日	确认地点	二轧车间
确认方法	测量生产过程中的波动范围	确认标准	成品尺寸控制范围是否符合标准要求
确认过程	各规格成品内径控制尺寸范围为公称直径+(−0.2~0mm)，质量负差控制范围为 0~2%，尺寸控制符合工艺标准要求		
确认结果	成品尺寸波动符合工艺标准要求，与短尺废品产出无直接关系	结论	非要因

（七）要因确认 7

坯料单重要求不当，要因确认情况见表 1-9。

表1-9 坯料单重要求不当要因确认表

确认内容	各规格工艺要求的坯料单重是否合适	确认人	李振杰
确认时间	2018年6月15日~7月10日	确认地点	二轧车间
确认方法	现场测量符合单重要求的坯料是否导致短尺废品产出	确认标准	冷剪剪切的末支钢尾部是否≥2.5m
确认过程	各规格符合单重要求的坯料尾部为2.5m以上的范围尺钢材，为合格品		
确认结果	各规格符合单重要求的坯料不会导致短尺废品的产出	结论	非要因

（八）要因确认8

坯料单重波动大，要因确认情况见表1-10。

表1-10 坯料单重波动大要因确认表

确认内容	炼钢坯料的单重合格率	确认人	李振杰
确认时间	2018年6月15日~7月10日	确认地点	二轧车间
确认方法	统计最近两月圆钢坯料符合±5kg范围的比例	确认标准	≥70%
确认过程	（1）最近两月圆钢坯料符合±5kg范围的比例不足35%； （2）钢坯尺寸波动会导致成品钢材总长度大幅波动，导致尾部最后一根钢长度低于2.5m最短长度要求，成为无法销售的短尺废品		
确认结果	坯料单重波动范围大与导致短尺废品的产出关系密切	结论	是要因

（九）要因确认9

上钢参数设定不当，要因确认情况见表1-11。

表1-11 上钢参数设定不当要因确认表

确认内容	倍尺参数设定是否合适	确认人	李振杰
确认时间	2018年6月10~30日	确认地点	二轧车间
确认方法	验证上钢参数设定是否导致短尺废品产出	确认标准	成品钢尾部是否≥2.5m
确认过程	现场生产所用冷床上钢参数已经形成标准化，坯料符合要求时尾部长度符合要求		
确认结果	上钢参数设定与导致短尺废品的产出无直接关系	结论	非要因

通过以上要因确认，找出影响圆钢成材率的要因是：

（1）换品种调试成品时废品产出量大；

（2）成品轧辊单槽过钢量低；

（3）轧机轴向窜动量大；

（4）坯料单重波动大。

九、制定对策

按照要因确认的结果，小组制定了有针对性的对策，并明确了具体的负责人和完成时间，保证按时间节点要求完成相应的工作，详细的对策如表1-12所示。

表 1-12 提高机械加工用圆钢成材率对策表

序号	要因	对策	目标	措施	负责人	完成时间
1	换品种调试成品时废品产出量大	利用废钢坯调试成品，减少废品产出	对成材率的影响降低至0.1%以下	换品种装三支废钢坯用于调试成品	孙海潘	2018 年 7 月 20 日
2	成品轧辊单槽过钢量低	选择适合材质的轧辊，提高过钢量	轧槽单槽过钢量达到 1000t	对比高速钢、贝氏体、高硼钢等材质轧辊的过钢情况，确定合适的轧辊材质	李振杰	2018 年 7 月 25 日
3	轧机轴向窜动量大	提高轧机刚度，降低窜动量	轧机轴向窜动量≤0. 12mm	购置 6 架新轧机作为成品专用轧机	孙海潘	2018 年 8 月 31 日
4	坯料单重波动大	与炼钢配合稳定钢坯单重，提升重量符合率	重量偏差±5kg 符合率≥70%	与炼钢配合，将具有钢坯称量系统的连铸用于圆钢钢坯的生产	李振杰	2018 年 7 月 30 日

十、对策实施

（一）对策实施一：利用废钢坯调试成品，减少废品产出

对策实施后，从炼钢协调部分性能废的钢坯，换品种时将 3 支性能废钢坯装入炉内。换品种结束后，用此废钢坯调整堆拉关系，待合格钢坯出炉前堆拉关系已经调整基本合适。小组安排人员对 7 月底至 8 月底两月调试成品废品对成材率的影响进行了统计，此类废品对成材率的影响大幅下降，达到了对策目标要求。对策实施后调试成品产出的废品对成材率的影响如表 1-13 所示。

表 1-13 对策实施后调试成品时产出废品对成材率影响统计

序号	日期	规格	调试成品废品量/t	产量/t	对成材率影响/%
1	7 月 21 日	25 圆	1. 20	1465	0. 08
2	7 月 21 日	28 圆	0. 90	1662	0. 05
3	7 月 22 日	30 圆	1. 25	2009	0. 06
4	7 月 22 日	36 圆	1. 83	2556	0. 07
5	8 月 3 日	40 圆	1. 90	2666	0. 07
6	8 月 4 日	38 圆	1. 80	3220	0. 06
7	8 月 4 日	30 圆	1. 20	2014	0. 06
8	8 月 20 日	25 圆	1. 80	1883	0. 10
9	8 月 20 日	28 圆	0. 90	2338	0. 04
10	8 月 21 日	36 圆	1. 30	2661	0. 05

通过对调试成品废品量及对成材率的影响可以看出，对策实施后调试成品废品对成材率的影响已经降低至目标值以下，达到了预定的效果。

（二）对策实施二：选择适合材质的轧辊，提高过钢量

小组从目前常用的小棒生产线轧辊中选择了贝氏体、高硼钢、半高速钢、高速钢四种材质的轧辊进行试用，并对各轧辊的平均单槽过钢量进行了统计，最终选择了过钢量最高的高速钢轧辊。不同材质成品轧辊的单槽轧制量情况如表 1-14 所示。

表 1-14 不同材质成品轧辊单槽轧制量统计

序号	日期	规格	轧辊材质	平均单槽过钢量/t
1	7 月 21 日	25 圆	贝氏体	450
2	7 月 21 日	28 圆	贝氏体	480
3	7 月 22 日	30 圆	高硼钢	750
4	7 月 22 日	36 圆	高硼钢	738
5	8 月 3 日	40 圆	高硼钢	715
6	8 月 4 日	38 圆	半高速钢	520
7	8 月 4 日	30 圆	半高速钢	560
8	8 月 20 日	25 圆	高速钢	1120
9	8 月 20 日	28 圆	高速钢	1115
10	8 月 21 日	36 圆	高速钢	1122

通过对高速钢轧辊单槽过钢量的统计可以看出其单槽过钢量稳定在 1100t 左右，达到了预定的轧辊单槽过钢量 1000t 的效果。

（三）对策实施三：提高轧机刚度，降低窜动量

小组向公司申请购入 6 架轧机用作圆钢生产的专用机架，轧机到货组装轧辊后对轧机的轴向窜动量进行了检测，新购入轧机的轴向窜动量检测数据如图 1-5 所示。

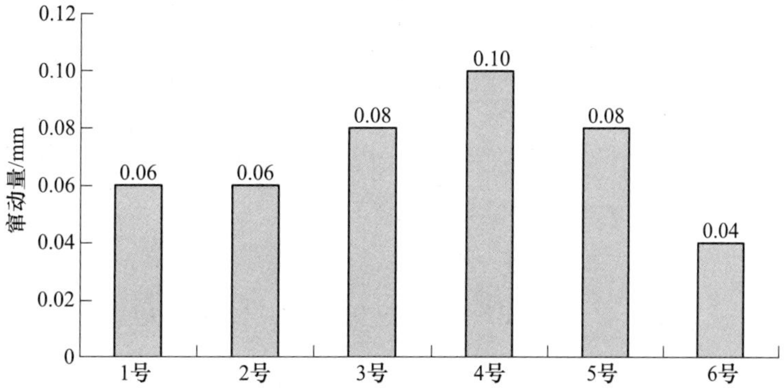

图 1-5 新购入轧机轴向窜动量检测数据

检测结果显示 6 架轧机窜动量均低于 0. 12mm，符合工艺要求。

（四）对策实施四：与炼钢配合稳定钢坯单重，提升重量符合率

实业部与炼钢部进行生产协调联动，将 7 月初改造完成的具有钢坯称重系统的 2 号连铸机用于生产圆钢用的坯料。实施后对炼钢的要求由按长度交付改为按重量交付，钢坯称重系统根据拉速变化、结晶器磨损等情况造成的坯料波动及时对长度进行调整，对策实施后钢坯重量符合率情况如图 1-6 所示。

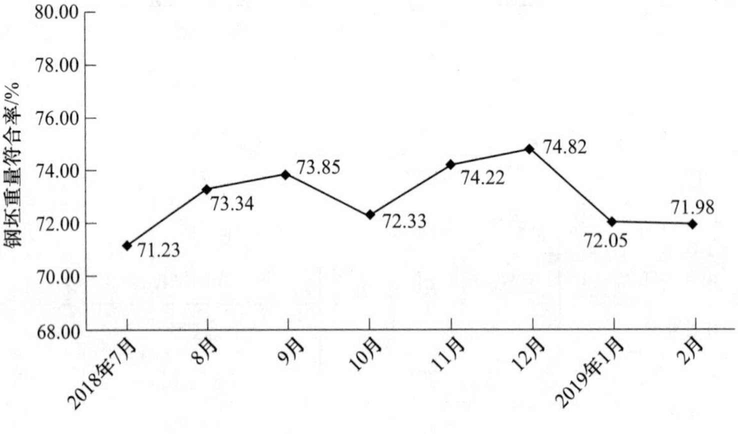

图 1-6　对策实施后钢坯重量符合率统计

图 1-6 显示，实施后提升了钢坯重量的稳定性。

十一、效果检查

为验证活动实施效果，小组安排专人对 2018 年 5 月以来各月圆钢的成材率情况进行了统计分析，2018 年 5 月~2019 年 2 月成材率情况如图 1-7 所示。

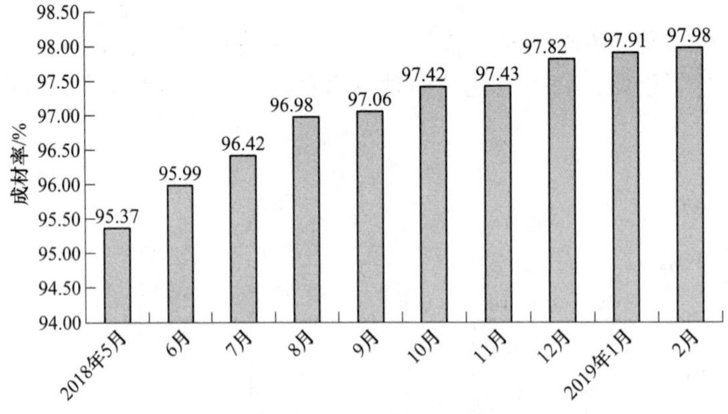

图 1-7　2018 年 5 月~2019 年 2 月圆钢成材率统计

从图 1-7 中可以看出，二轧车间圆钢成材率自 2018 年 5 月开始逐步提高，至 2018 年 12 月起已经稳定在 97. 8%以上，2019 年 2 月更是创出了 97. 98%的最好完成水平。较课题目标值提高 0. 18%以上，不但圆满完成了活动目标，还达到同行业、同类型机组先进指标水平。项目实施前后的成材率对比如图 1-8 所示。

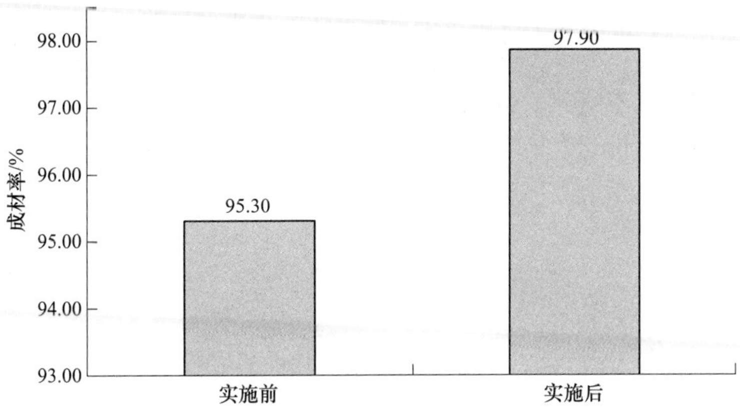

图 1-8　项目实施前后成材率对比

十二、效益计算

本次小组活动的经济效益为 208 万元。

计算基础：

（1）公式：

$$Y = T(C_1 - C_2)(J_1 - J_2)$$

式中　Y——经济效益，万元；

T——活动实施期间圆钢产品产量，万吨；

C_1——项目实施后成材率；

C_2——项目实施前成材率；

J_1——合格圆钢产品售价，元/t；

J_2——废品按废钢计算的售价，元/t。

（2）代入数值：

$$Y = 3.2 \times (97.90\% - 95.30\%) \times (4300 - 1800) = 208 \text{ 万元}$$

十三、巩固措施

为了使活动成果得到有效保持，2019 年 2 月，小组制订了以下的巩固措施：

（1）完善工艺操作规程，修改二轧粗轧岗位、中精轧岗位工艺操作规程有关内容，并监督各生产班严格执行工艺操作规程。

（2）完善班组的经济责任制中对圆钢成材率的激励考核，将指标细化到岗位，并制定有效的考核办法。

十四、下一步活动计划

小组在 2018 年的工作中取得了一些成绩，但仍然存在以下问题需进一步加强改进：

（1）受理论和技术水平的局限，小组成员活动主要集中在外形精度控制方面，对钢材金相组织与力学性能的掌握程度不高，需要进一步加强理论学习，提高业务水平。

（2）小组成员质量管理工具运用不够熟练，需要进一步加强学习和应用。

通过本次活动，在 PDCA 循环中，小组采取了各种有效措施使车间机械加工用圆钢成材率得到了明显的提升，取得了满意的效果。同时小组各成员从质量意识、操作水平、团队精神等方面均实现了不同程度的提升，为今后小组活动的开展创造了有利的条件。2019 年根据车间生产的实际情况，小组把下次的活动课题定为《提升直径 12mm 螺纹钢四切分线差稳定性》。

案例 2　降低布氏硬度检测值标准偏差

邢台钢铁有限责任公司

丁香素

一、课题简介

布氏硬度试验是应用很广泛的试验方法，它受试样成分偏析和组织不均匀因素影响小，试验结果准确度较高，能较可靠地反映试样的宏观硬度。布氏硬度试验适用于测定铸铁、非铁合金、各种退火及调质钢材的硬度，不宜测定太硬、太小、太薄和表面不允许有较大压痕的试样或工件。

（一）现状

本公司金属布氏硬度（HBW2.5/187.5）检测项目，参加北京中实国金国际实验室能力验证研究有限公司组织实施的金属布氏硬度（国际比对）能力验证，测试结果超出最大允许误差，评价结论为"不满意"，其中 28 个实验室，9 个不满意，我们布氏硬度检验存在偏差。

布氏硬度检测压头直径分 10mm、5mm、2.5mm、1mm 四种，优先选用大规格压头。由于本公司需检测产品规格较多（ϕ5.5～42mm），以及硬度计选型原因，只能用直径小的 2.5mm 的压头，导致压痕直径较小，测量误差较大。

（二）检验流程

取表面无缺陷样品，截取样品长度 30～40mm，送机加工铣磨制样，用标准块检验硬度计后，检测面打点，测量压痕直径，核实结果报出。

（三）名词解释

1. 布氏硬度（Brinell Hardness）的测定原理

用一定直径的硬质合金球施加试验力压入试样表面，保持规定时间后，卸除试验力，测量试样表面压痕直径，按公式求出布氏硬度。

2. 标准偏差（Standard Deviation，Std Dev）

统计学名词，一种量度数据分布的分散程度的标准，用以衡量数据值偏离算术平均值的程度。标准偏差越小，这些值偏离平均值就越少，反之亦然。

（四）小组概况

小组概况见表 2-1。

表 2-1 小组概况

小组名称	产品检验室 QC 小组		注册时间	2013 年 12 月
小组类型	现场型	活动时间	2014 年 3～12 月	
课题名称	降低布氏硬度检测值标准偏差			
小 组 成 员 概 况				
姓名	性别	职称	小组分工	TQC 教育时间/h · 人$^{-1}$
丁香素	女	工程师	技术指导/活动记录	72
张文华	男	工程师	组长/全面负责	72
崔延文	女	工程师	实施	72
温娜娜	女	助工	实施	72
张瑜红	女	工程师	实施	72
苏信格	女	技术员	实施	72
孙保平	男	技术员	实施	72
许艳红	女	技术员	实施	72

（制表：丁香素；时间：2014 年 3 月 2 日）

二、活动计划

小组制订了活动计划，见表 2-2。

表 2-2 2014 年活动计划

项 目		3月	4月	5月	6月	7月	8月	9月	10月	11月	12月
P	选择课题	- - → ——→									
	现状调查	- - → ——→									
	确定目标		- - → ——→								
	原因分析		- - → ——→								
	要因确认		- - → ——→	- - → ——→							
	制定对策			- - → ——→							
D	对策实施				- - → ——→	- - → ——→	- - → ——→				
C	效果检查							- - → ——→	- - → ——→	- - → ——→	
A	巩固措施									- - → ——→	- - → ——→
	总结及下一步打算										- - → ——→

注：- - →计划时间；——→实际时间。

（制表：丁香素；时间：2014 年 3 月 2 日）

三、选择课题

课题选择要求情况见图 2-1，检测人员标准偏差统计情况见图 2-2，课题确定情况见图 2-3。

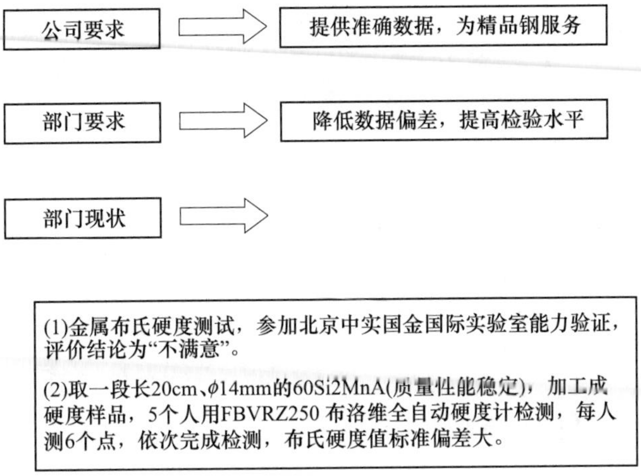

图 2-1　课题选择要求情况

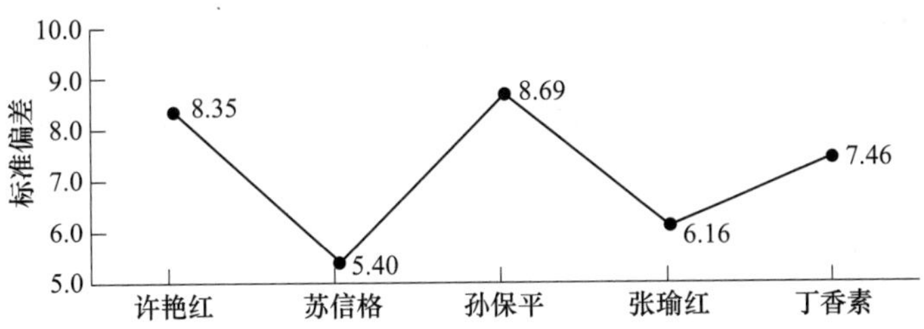

图 2-2　检测人员标准偏差统计

（制图：丁香素；时间：2014 年 3 月 6 日）

图 2-3　课题确定情况

四、现状调查

（一）参加能力验证情况

参加北京中实国金国际实验室能力验证，2013 年 8 月底反馈结果为不满意。

结论：通过参加中实国金能力验证比对，测量结果偏高。

（二）检验数据分析

1. 布氏硬度标准块检测数据

小组成员分析数值 298HBW2. 5/187. 5 标块检测值（检验前必须用标准块检测硬度计，合格才能开始检测），标块检测值统计见表 2-3。

表 2-3 测定布氏硬度标准块值

序号	298HBW2.5/187.5 布氏硬度标准块测量值							标准偏差	检测人
	1	2	3	4	5	6	平均值		
1	293	302	295	299	300	305	299	4.43	许艳红
2	299	294	303	304	295	302	300	4.23	苏信格
3	296	294	304	303	298	293	298	4.60	孙保平
4	304	302	302	297	294	296	299	4.02	张瑜红
5	301	305	297	294	296	303	299	4.32	丁香素

（制表：崔延文；时间：2014 年 3 月 10 日）

结论：标块测量值的标准偏差在 4.02～4.60 之间，硬度值分散在 293～305 之间，数据不稳定。

2. 检测硬度样品数据

取一段长 20cm、ϕ14mm 规格的 60Si2MnA（质量性能稳定），加工成硬度样品，5 个人用 FBVRZ250 布洛维全自动硬度计检测，每人测 6 个点，依次完成检测，把布氏硬度进行统计分析见表 2-4。

表 2-4 60Si2MnA 样品测定布氏硬度值

序号	牌号	规格	布氏硬度测量值（HB）							标准偏差	检测人
			1	2	3	4	5	6	平均值		
1	60Si2MnA	14	290	310	294	298	309	306	301	8.35	许艳红
2	60Si2MnA	14	304	294	307	301	308	298	302	5.40	苏信格
3	60Si2MnA	14	294	295	312	295	311	308	303	8.69	孙保平
4	60Si2MnA	14	294	310	299	303	297	294	300	6.16	张瑜红
5	60Si2MnA	14	300	310	294	293	309	306	302	7.46	丁香素

（制表：崔延文；时间：2014 年 3 月 10 日）

结论：样品检测数值的标准偏差在 5.40～8.69 之间，差值较大，布氏硬度测试结果在 290～312 之间，分散程度大。

（三）找出主要问题

小组对留存样中 52 个布氏硬度异常数据进行分析，找出了主次问题，并绘制了统计表和排列图，如表 2-5 和图 2-4 所示。

表 2-5 金属布氏硬度值偏差主次问题统计

序号	项目	频数/个	累计频数/个	比例/%	累计比例/%
1	操作不规范	31	31	59.6	59.6
2	样品制备有缺陷	10	41	19.2	78.8
3	压头有问题	5	46	9.6	88.4
4	标尺选择错误	3	49	5.8	94.2

续表 2-5

序号	项目	频数/个	累计频数/个	比例/%	累计比例/%
5	样品标识不清楚	2	51	3.9	98.1
6	其他	1	52	1.9	100
7	合计	52		100	100

（制表：丁香素；时间：2014 年 3 月 15 日）

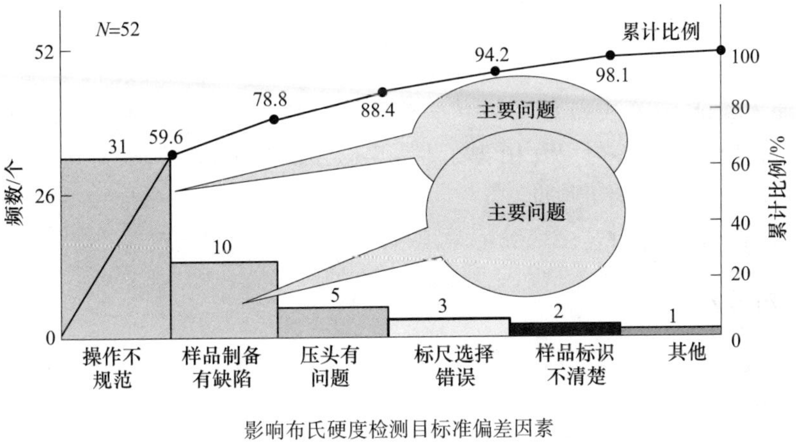

图 2-4　布氏硬度标准偏差高的主次问题排列

（制图：丁香素；时间：2014 年 3 月 15 日）

结论：操作不规范和样品制备有缺陷占 78.8%，是布氏硬度检测值标准偏差偏高的主要原因。

五、确定目标

（一）设定目标

布氏硬度检测值标准偏差设定目标情况见图 2-5。

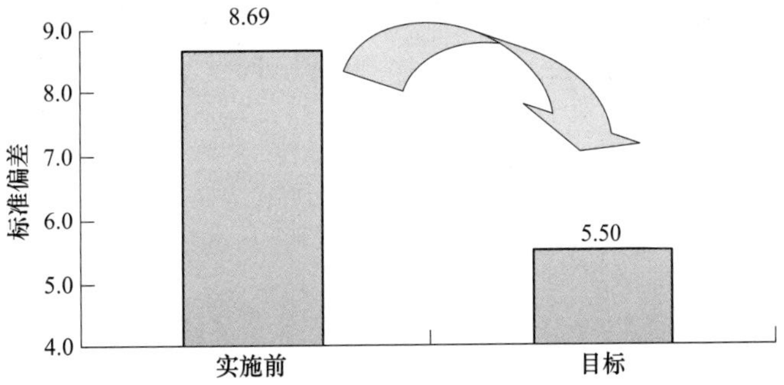

图 2-5　布氏硬度检测值标准偏差设定目标图

（制图：丁香素；时间：2014 年 3 月 26 日）

（二）设定目标的依据

1. 现状

金属布氏硬度检测值标准偏差最高为 8.69，远高于标准值的标准偏差 4.60。

2. 主要问题解决的预算

两个主要问题操作不规范和样品制备有缺陷占 78.8%，如果能通过攻关解决主要的 80%，标准偏差为：8.69×78.8%×80%＝5.48。

因此活动后布氏硬度检测值标准偏差目标值定为 5.50。

3. 经验技术支撑

参加过能力验证 HBW10/3000，评价为满意。一名试验员布氏硬度检测值标准偏差为 5.40，达到目标值的水平，可以互相学习。本小组多次参加 QC 活动并获奖，可以借鉴活动的经验，为解决方案提供了帮助。

结论：根据以上的分析，小组确定课题目标：将布氏硬度值的标准偏差降低到 5.50。

六、原因分析

小组成员通过头脑风暴的方式对造成标准偏差高的两个主要问题逐一分析，并通过关联图分析的各种原因见图 2-6。

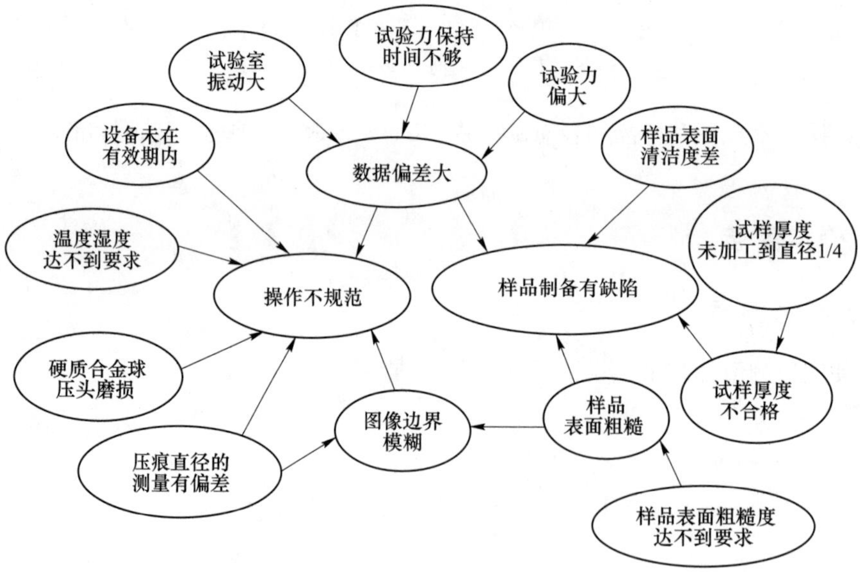

图 2-6　原因分析关联图

（制图：丁香素；时间：2014 年 4 月 10 日）

七、要因确认

（一）制定要因确认计划表

小组成员找出 10 条末端因素，整理要因确认计划表，见表 2-6。

表2-6 要因确认计划表

序号	末端因素	确认内容	确认标准	确认方法	确认时间	负责人
1	试验室振动大	现场检查有无振动	在硬度室，无振动	勘察现场	2014年4月16日	温娜娜
2	设备未在有效期内	是否在检定周期内	硬度计过期未检定	检查检定日期	2014年4月16日	丁香素
3	温度湿度达不到要求	查阅硬度记录	试验室标准规定10～35℃，湿度≤80%	现场检查	2014年4月17日	苏信格
4	硬质合金球压头磨损	直径是否合格	每个测量值与标称直径之差均不大于±0.003mm	现场检查	2014年4月17日	张瑜红
5	压痕直径的测量有偏差	测量压痕直径长度	用标准块验证	现场测量	2014年4月17日	孙保平
6	样品表面粗糙度达不到要求	检查样品	样品表面粗糙度参数 R_a 不大于1.6μm	与粗糙度样块比对	2014年4月16日	苏信格
7	试样厚度未加工到直径1/4	测量厚度	用数显卡尺测量	现场测量	2014年4月16日	张瑜红
8	样品表面清洁度差	检查表面	不得出现飞边、毛刺。试样表面无氧化铁皮及外界污物，尤其不应有油脂	现场调查	2014年4月18日	崔延文
9	试验力偏大	试验力有无偏差	试验力误差±1.0%之内	查检定证书	2014年4月19日	丁香素
10	试验力保持时间不够	秒表测试时间	试验力保持时间为10～15s	现场调查	2014年4月19日	温娜娜

（制表：丁香素；时间：2014年4月20日）

表2-6中的10条末端因素要因确认具体情况如下所述，分别见表2-7～表2-16。

（二）要因确认

小组成员通过5W1H原则，对每一个末端原因进行逐一确认分析，确定主要因素。

1. 要因确认1

试验室振动大，确认表见表2-7。

表2-7 试验室振动大要因确认表

确认内容	试验室振动大	确认方法	勘察现场	确认人	温娜娜
确认标准	硬度计检验时不应受到影响试验结果的冲击和振动（GB/T 231.1—2009）			确认时间	2014年4月16日
确认过程	（1）跟踪25天硬度检验，硬度计放置平稳，试验期间没有受到冲击和振动，影响试验结果的现象； （2）通过现场勘察，试验室附近没有较大的振动源，在做布氏硬度试验时硬度计没有受到外界干扰，产生振动				
确认结果	试验室无振动和冲击，满足试验要求	确认结论	不是要因		

2. 要因确认 2

设备未在有效期内，要因确认表见表 2-8。

表 2-8 设备未在有效期内要因确认表

确认内容	设备未在有效期内	确认方法	检查检定日期	确认人	丁香素
确认标准	硬度计过期未检定			确认时间	2014 年 4 月 16 日
确认过程	查检定时间，校准日期为 2013 年 11 月 1 日，为保证测试精度，设备每年校准 1 次，再校准日期为 2014 年 10 月 31 日，在检定周期内				
确认结果	在有效期内		确认结论	不是要因	

3. 要因确认 3

温度湿度达不到要求，要因确认表见表 2-9。

表 2-9 温度湿度达不到要求要因确认表

确认内容	温度湿度达不到要求	确认方法	现场检查	确认人	苏信格
确认标准	试验室标准规定温度为 10~35℃，湿度≤80%			确认时间	2014 年 4 月 17 日
确认过程	试验室内装有空调电扇，检查硬度记录，环境记录温度在 15~30℃，湿度在 16%~65%之间，符合标准规定温度 10~35℃和湿度≤80%的要求				
确认结果	符合标准要求		确认结论	不是要因	

4. 要因确认 4

压头的硬质合金球磨损，要因确认表见表 2-10。

表 2-10 压头的硬质合金球磨损要因确认表

确认内容	压头的硬质合金球磨损	确认方法	现场检查	确认人	张瑜红
确认标准	每个测量值与标称直径之差均不大于±0.003mm（2.5mm 球）			确认时间	2014 年 4 月 17 日
确认过程	（1）观察硬质合金球压头压痕图像，不圆或者打标块值偏差超标。 （2）压头由一个球和一个压头座组成，测量球的不同位置至少 3 次，测量 3 次取平均值，每个测量值与标称直径之差在偏差范围内。				
确认结果	硬质合金球磨损不严重		确认结论	不是要因	

（确认过程内测量数据）

序号	1	2	3	平均值
测量值/mm	2.501	2.499	2.502	2.5007
偏差/mm	0.001	-0.001	0.002	0.0007
偏差小于±0.003				

5. 要因确认 5

压痕直径的测量有偏差，要因确认表见表 2-11。

表 2-11　压痕直径的测量有偏差要因确认表

<table>
<tr><td>确认内容</td><td>压痕直径的测量有偏差</td><td>确认方法</td><td>现场测量</td><td>确认人</td><td>孙保平</td></tr>
<tr><td>确认标准</td><td colspan="3">布氏硬度　试验第 1 部分：试验方法 GB/T 231.1—2009，用标准块验证</td><td>确认时间</td><td>2014 年 4 月 17 日</td></tr>
<tr><td>确认过程</td><td colspan="5">同一个点 5 个人测量，从数据和图片可以看出，测量直径数据有差别，相应硬度有偏差，切线靠里和靠外影响检验结果，数值如下。
<table>
<tr><th>序号</th><th>压痕直径 d_1/mm</th><th>压痕直径 d_2/mm</th><th>压痕直径平均值 d/mm</th><th>布氏硬度</th><th>检测人</th></tr>
<tr><td>1</td><td>0.8882</td><td>0.8870</td><td>0.8876</td><td>293</td><td>许艳红</td></tr>
<tr><td>2</td><td>0.8964</td><td>0.8946</td><td>0.8955</td><td>288</td><td>苏信格</td></tr>
<tr><td>3</td><td>0.8912</td><td>0.8882</td><td>0.8897</td><td>292</td><td>孙保平</td></tr>
<tr><td>4</td><td>0.8965</td><td>0.8986</td><td>0.8976</td><td>286</td><td>张瑜红</td></tr>
<tr><td>5</td><td>0.8906</td><td>0.889</td><td>0.8898</td><td>292</td><td>丁香素</td></tr>
</table>
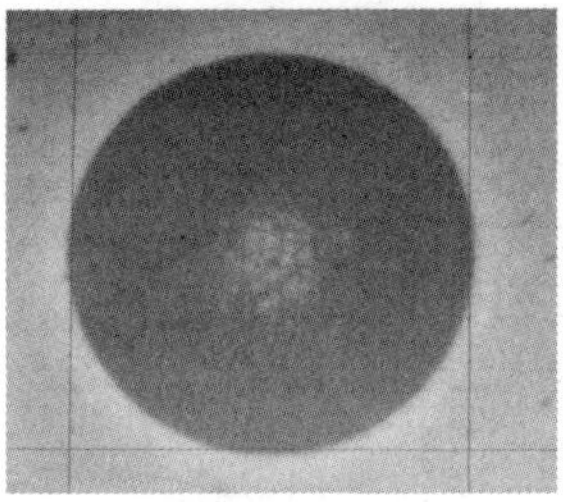
293
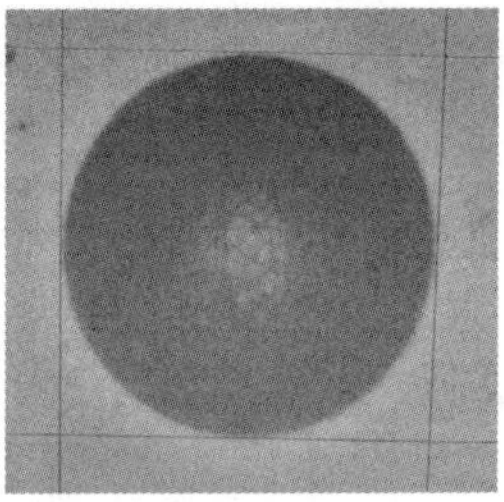
286</td></tr>
<tr><td>确认结果</td><td colspan="2">测量结果存在较大差异</td><td>确认结论</td><td colspan="2">是要因</td></tr>
</table>

6. 要因确认 6

样品表面粗糙度达不到要求，要因确认表见表 2-12。

表 2-12　样品表面粗糙度达不到要求要因确认表

<table>
<tr><td>确认内容</td><td>样品表面粗糙度达不到要求</td><td>确认方法</td><td>与粗糙度样块比对</td><td>确认人</td><td>苏信格</td></tr>
<tr><td>确认标准</td><td colspan="3">样品表面粗糙度参数 R_a 不大于 1.6μm</td><td>确认时间</td><td>2014 年 4 月 16 日</td></tr>
<tr><td>确认过程</td><td colspan="5">样品表面平坦光滑，表面粗糙度参数 R_a 不大于 1.6μm，用表面粗糙度比较样块进行比对，样品与标块对比如下。
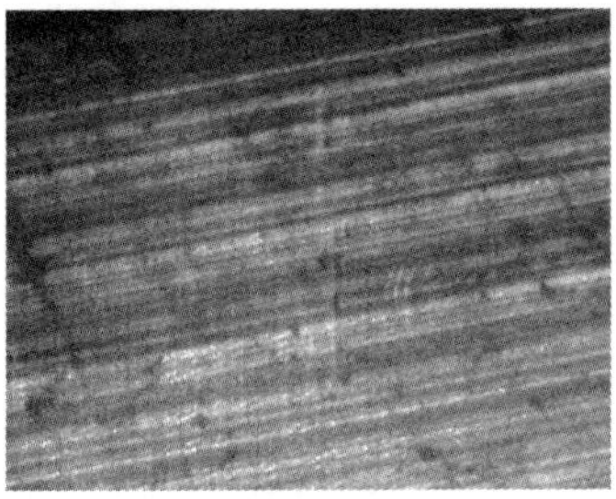
检验样品

标准样块</td></tr>
<tr><td>确认结果</td><td colspan="2">试样表面不能保证压痕直径精确测量</td><td>确认结论</td><td colspan="2">是要因</td></tr>
</table>

7. 要因确认 7

试样厚度未加工到直径 1/4，要因确认表见表 2-13。

表 2-13 试样厚度未加工到直径 1/4 要因确认表

确认内容	试样厚度未加工到直径 1/4	确认方法	现场检查	确认人	张瑜红
确认标准	用数显卡尺测量厚度			确认时间	2014 年 4 月 16 日
确认过程	（1）硬度加工规定：用剪切或切割机截取 30~40mm、规格<10mm 的线材，用铣床对盘条的一个侧面进行加工，铣去直径的 1/4，精铣一面，偏差±0.3mm。规格≥10mm 的线材：用铣床对盘条的两侧面进行加工，铣去直径的 1/4，保证两平面平行，磨床磨一面；偏差±0.5mm。 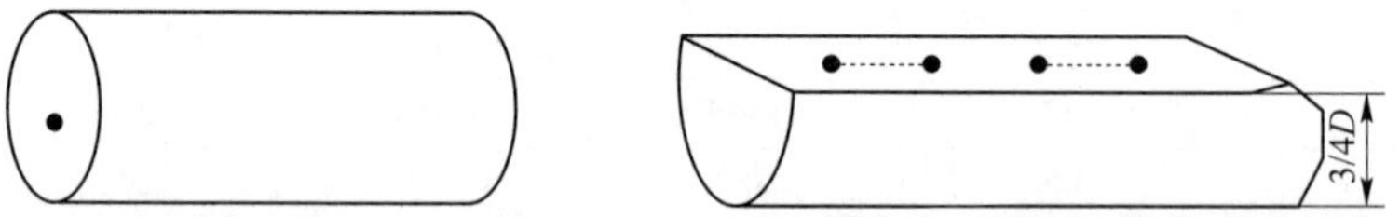 （2）抽查硬度样品 152 个，测量厚度发现 145 个合格，合格率为 95.4%					
确认结果	95.4%合格			确认结论	不是要因

8. 要因确认 8

样品表面清洁度差，要因确认表见表 2-14。

表 2-14 样品表面清洁度差要因确认表

确认内容	样品表面清洁度差	确认方法	现场检查	确认人	崔延文
确认标准	不得出现飞边、毛刺。试样表面无氧化铁皮及外界污物，尤其不应有油脂			确认时间	2014 年 4 月 18 日
确认过程	（1）从机加工取样品时进行检查，对出现毛刺不合格重新加工。 （2）试样表面无氧化铁皮、外界污物和油脂。 （3）检查留存样 84 个，有 78 个合格，合格率 92.9%			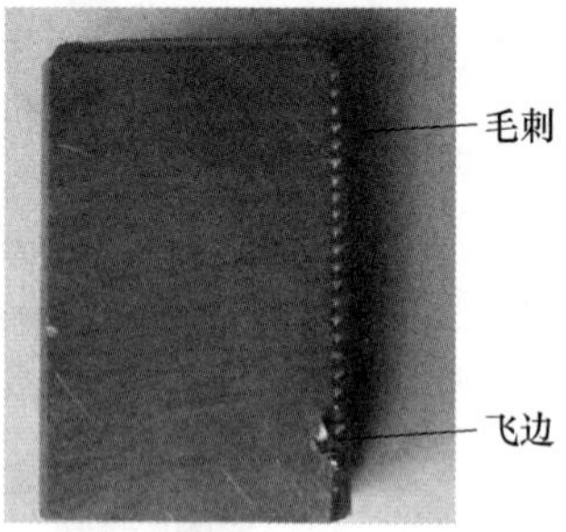 	
确认结果	样品表面清洁度达到要求			确认结论	不是要因

9. 要因确认 9

试验力偏大，要因确认表见表 2-15。

10. 要因确认 10

试验力保持时间不够，要因确认表见表 2-16。

表 2-15　试验力偏大要因确认表

确认内容	试验力偏大	确认方法	查检定证书	确认人	丁香素
确认标准	试验力误差±1.0%之内			确认时间	2014 年 4 月 19 日
确认过程	查国家钢铁材料测试中心出具的校准证书，有效期至 2014 年 10 月 31 日。负荷校准结果如下。 标准值/kg：187.5；误差/%：0.18；重复性/%：1.63				
确认结果	试验力符合 JJG 150—2005 金属布氏硬度计检定规程要求，误差在±1.0%之内			确认结论	不是要因

标准值/kg	误差/%	重复性/%
187.5	0.18	1.63

表 2-16　试验力保持时间不够要因确认表

确认内容	试验力保持时间不够	确认方法	现场调查	确认人	温娜娜
确认标准	试验力保持时间为 10~15s			确认时间	2014 年 4 月 19 日
确认过程	试验力保持时间按照标准设定，试验机自动默认，经确认，无变动现象。试验机从加力开始至全部试验力施加完毕的时间 4s 之间，试验力保持时间 10s				
确认结果	试验力保持时间符合要求			确认结论	不是要因

确定主要原因结论：

（1）压痕直径的测量有偏差；

（2）样品表面粗糙度达不到要求。

八、制定对策

针对以上要因，小组成员共同制定了对策表，见表 2-17。

表 2-17　对策表

序号	要因	对策	目标	措施	地点	负责人	完成时间
1	压痕直径的测量有偏差	学习布氏硬度操作方法	熟练掌握操作技巧，图像清晰、测量切线压痕位置准确	（1）学习布氏硬度检验标准和硬度计操作手册。 （2）进行对标，学习兄弟单位经验，寻找差距。 （3）进行周期质量监督比对，不同人同一样品测量。 （4）实施效果验证	硬度室	丁香素	2014 年 5 月 21 日
2	样品表面粗糙度达不到要求	机加工需改进铣床和磨床设备操作	试样表面能保证压痕直径精确测量	（1）铣样时铣床用低转速操作，减少过热区。 （2）除去变形量，磨床由原来的磨去 20 道增加到 50 道。 （3）实施效果验证	机加工车间	苏信格	2014 年 5 月 25 日

（制表：丁香素；时间：2014 年 5 月 12 日）

九、对策措施

（一）学习布氏硬度操作方法

1. 学习布氏硬度检验标准和硬度计操作手册

（1）认真学习《金属材料　布氏硬度试验　第 1 部分：试验方法》（GB/T 231.1—2009）和 FBVRZ250 布洛维全自动硬度计操作手册。首先图像调清晰打点，模糊的图像边界不清晰，无法测准压痕长度。模糊图像测量不准确图见图 2-7。调清楚检测面的图像见图 2-8。

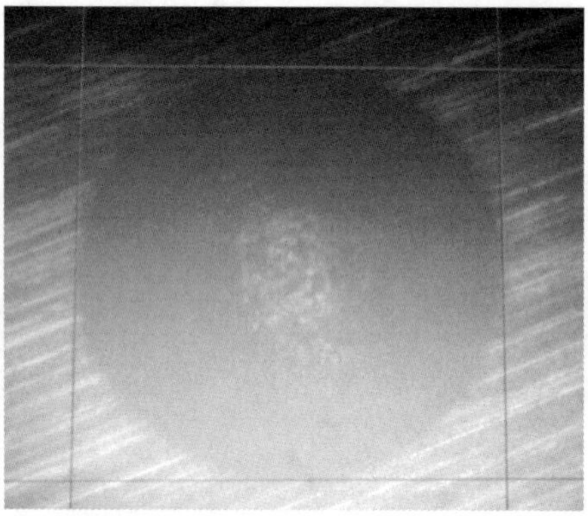

图 2-7　模糊图像测量不准确图

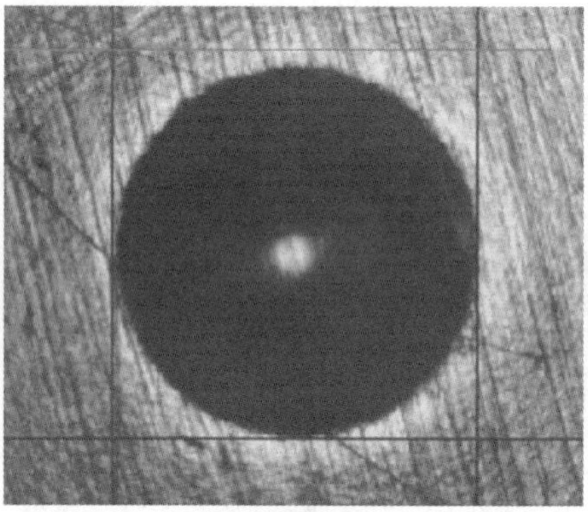

图 2-8　调清楚检测面的图像

结论：测量点图像不清晰，无法准确判别图像边界。

（2）针对操作规程，纠正切线不规范操作，有毛边样品要压到黑边，在两相互垂直方向做切线，测量压痕直径，用两个读数的平均值计算布氏硬度值，测量直径越大，硬度值越小。

结论：切线切到图像黑边，靠里靠外数值都不准确。

（3）检验前根据样品数值，选用与之接近值的标准样块，减少测量偏差，避免测量压痕切线所测位置差异，带来测量偏差。

结论：选择与试样相近的标准块，是测量压痕准确性的关键因素。

（4）压痕的图像应占据屏幕的 40%～70%，调光线太强，看到黄色图像，太暗图像边界不清，都会带来测量偏差，图像清晰，测量准确。

结论：调节图像亮度，看清晰为准，太亮和太暗都不正确。

2. 进行对标，学习兄弟单位经验，寻找差距

为学习布氏硬度操作方法，到新兴铸管公司对标，针对检验标准和操作进行交流，样品打点后进行测量比对，我们对点进行测量，结果见表 2-18。

表 2-18　邢钢和新兴铸管检测数据对比表

样品	邢钢测量值（HBW）			新兴铸管（HBW）			偏差
	1	2	平均值	1	2	平均值	
1	272	273	273	268	272	270	−3
2	296	294	295	296	290	293	−2

续表 2-18

样品	邢钢测量值（HBW）			新兴铸管（HBW）			偏差
	1	2	平均值	1	2	平均值	
3	132	—	—	131	—	—	-1
4	131	—	—	132	—	—	1

（制表：丁香素；时间：2014 年 7 月 16 日）

结论：通过对标学习了新兴铸管的操作方法和技巧，测量数值在偏差范围内。

3. 进行周期质量监督比对，不同人同一样品测量

每月进行布氏硬度比对，用标准样块打一个点，不同人进行测压痕对角线长度，所测位置不同值的大小有差异，296HBW 标准块对比，测量结果如图 2-9~图 2-11 所示。

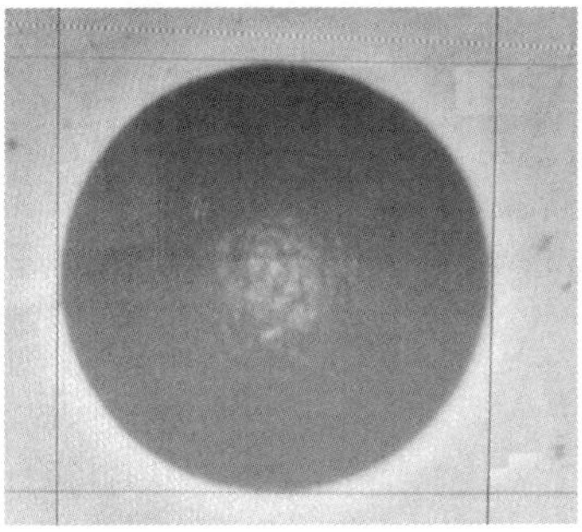

图 2-9　287HBW 测量位置

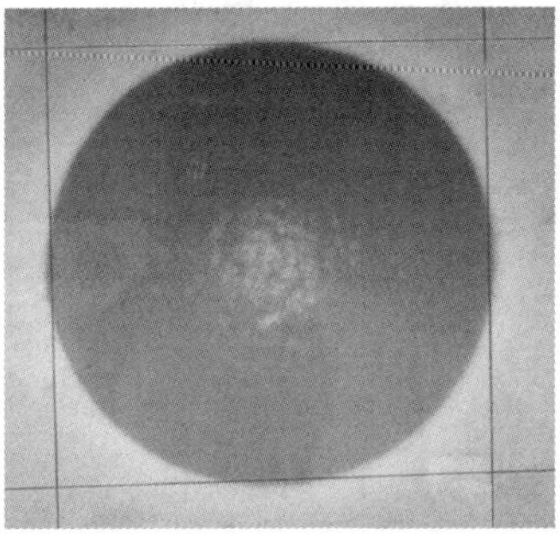

图 2-10　303HBW 测量位置

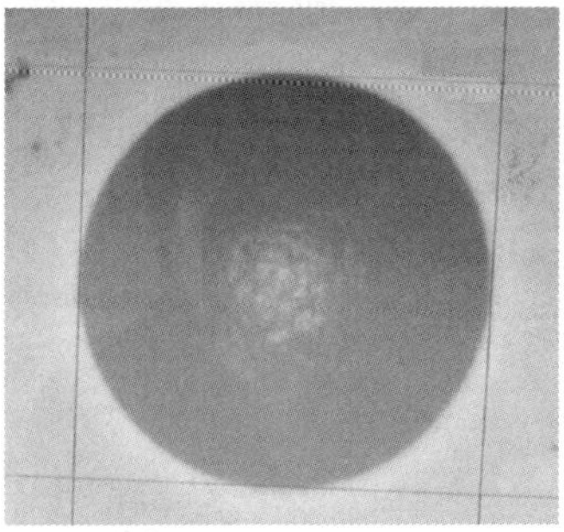

图 2-11　296HBW 测量位置

结论：通过比对找出差距，缩小检测偏差，确保数据准确。

4. 实施效果验证

（1）用标准块值验证，5 位检验员每人测 6 个点，检测数据见表 2-19。

表 2-19　标准块效果检查数据表

序号	298HBW2. 5/187. 5 布氏硬度标块测量值							标准偏差	检测人
	1	2	3	4	5	6	平均值		
1	294	303	302	297	297	303	299	3. 83	许艳红
2	298	297	302	302	294	303	299	3. 56	苏信格
3	296	295	300	303	302	294	298	3. 83	孙保平
4	303	297	302	297	294	301	299	3. 52	张瑜红
5	295	303	300	295	302	299	299	3. 41	丁香素

结论：实施后 5 位检验员用标准块值标准偏差降到 4. 0 以下。

（2）用样品验证，取长 20cm、ϕ14mm 60Si2MnA 样品，每人测 6 个点的测量结果，情况见表 2-20。

表 2-20 样品效果检查数据表

序号	牌号	规格	布氏硬度测量值（HB）							标准偏差	检测人
			1	2	3	4	5	6	平均值		
1	60Si2MnA	14	296	302	308	311	299	306	304	5. 68	许艳红
2	60Si2MnA	14	293	307	305	303	302	306	303	5. 09	苏信格
3	60Si2MnA	14	296	310	303	309	305	310	306	5. 47	张瑜红
4	60Si2MnA	14	309	306	309	300	295	299	303	5. 83	孙宝平
5	60Si2MnA	14	298	305	308	304	294	307	303	5. 50	丁香素

（制表：丁香素；时间：2014 年 7 月 20 日）

结论：通过规范压痕直径测量方法，标准偏差降低到 6. 0 以下。

（二）机加工需改进铣床和磨床设备操作

1. 铣样时铣床用低转速操作，减少过热区

硬度加工方法是，铣床去除直径 1/4，直径大于或等于 10mm 铣两个面平行，磨床磨一个试验面；小于 10mm 精铣一个面。要求降低铣床速度，根据不同材质，在原来基础上降低 50~100r/min。

2. 除去变形量，磨床由原来的磨去 20 道增加到 50 道

磨床由磨去 20 道（1 道=0. 01mm）改为 50 道去除变形和热影响区。打点位置必须远离端部 5mm 以上，避开变形区。

3. 实施效果验证

取一段做过 10 个试样，试验面磨去 20 道检测；然后再磨 30 道，共磨 50 道，再进行布氏硬度检验，数据比对见表 2-21。

表 2-21 磨 20 道和磨 50 道比对试验结果

序号	牌号	规格	磨 20 道硬度布氏硬度测量值（HBW）				标准偏差	磨 50 道硬度布氏硬度测量值（HBW）				标准偏差	检测人
			1	2	3	平均		1	2	3	平均		
1	60Si2MnA	14	293	305	301	300	6. 11	303	294	303	300	5. 20	许艳红
2	60Si2MnA	14	292	307	305	301	8. 14	303	294	295	297	4. 93	苏信格
3	60Si2MnA	14	294	308	303	302	7. 09	295	304	302	300	4. 73	孙保平
4	60Si2MnA	14	308	297	307	304	6. 08	304	296	295	298	4. 93	张瑜红
5	60Si2MnA	14	314	301	308	308	6. 51	303	296	306	302	5. 13	丁香素
6	60Si2MnA	14	300	310	296	302	7. 21	305	302	295	301	5. 13	许艳红
7	60Si2MnA	14	295	305	301	300	5. 03	304	299	294	299	5. 00	苏信格
8	60Si2MnA	14	292	303	295	297	5. 69	302	292	298	297	5. 03	孙保平
9	60Si2MnA	14	295	307	306	303	6. 66	293	301	303	299	5. 29	张瑜红
10	60Si2MnA	14	308	295	310	304	8. 14	302	294	303	300	4. 93	丁香素

（制表：丁香素；时间：2014 年 8 月 25 日）

结论：通过以上措施，布氏硬度分散度降低，检测员标准偏差降低到 5. 50 以下。

十、效果检查

（一）实施后 6~8 月效果验证

对策实施以后，小组对 2014 年 6~8 月期间产品进行抽样检验，每月取一个长 20cm、ϕ14mm 的 60Si2MnA（质量性能稳定）样品，加工成硬度样品，组织检验人员每月 25 日下午，用 FBVRZ250 布洛维全自动硬度计，每人测 6 个点，5 个人依次 2h 完成，对计算的标准偏差和检验的布氏硬度数据进行统计。情况见表 2-22。

表 2-22　2014 年 6~8 月布氏硬度数据统计表

月份	牌号	规格/mm	布氏硬度值范围（HBW2.5/187.5）	标准偏差
6	60Si2MnA	14	295~307	4.88
7	60Si2MnA	14	295~308	5.25
8	60Si2MnA	14	295~306	5.09

（制表：丁香素；时间：2014 年 9 月 6 日）

结论：通过 QC 小组活动后，降低了布氏硬度的标准偏差，3 个月最高 5.25，都达到 5.50 以下。

（二）实施后目标完成情况

目标完成情况见图 2-12。

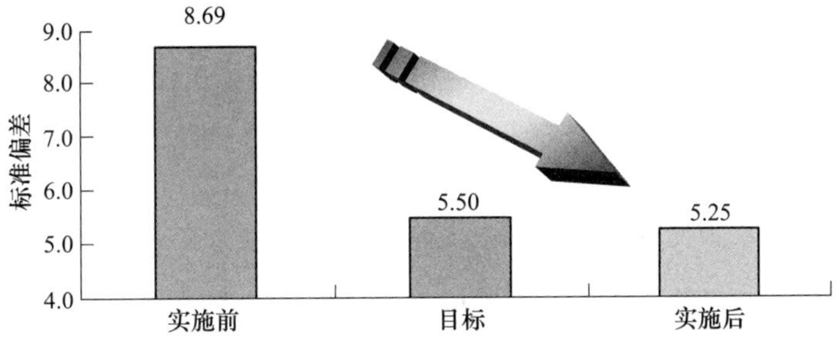

图 2-12　布氏硬度检测值标准偏差目标完成图

（制图：丁香素；时间：2014 年 9 月 10 日）

结论：完成了实施前设定的 5.50 活动目标，布氏硬度检测的标准偏差降低到 5.25。

（三）实施前、后主要问题变化情况

实验前、后具体情况见图 2-13 和图 2-14。

结论：主要问题压痕直径测量有偏差和样品制备有缺陷由 78.8%下降为 35.71%，已不是主要问题，问题已解决。

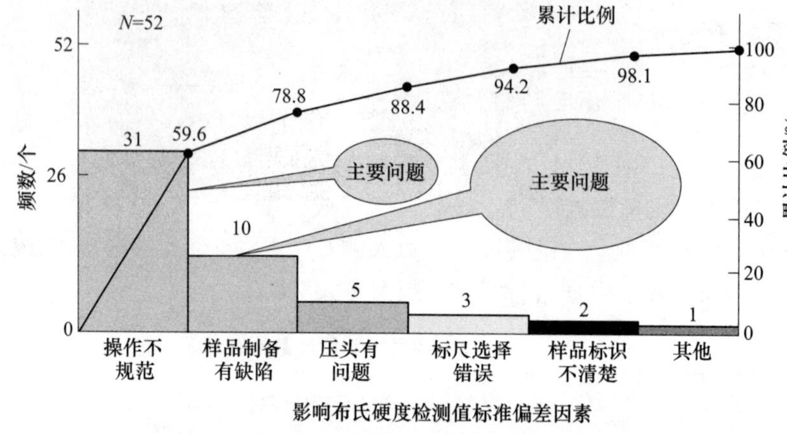

图 2-13 实施前布氏硬度值标准偏差高的主次问题排列图

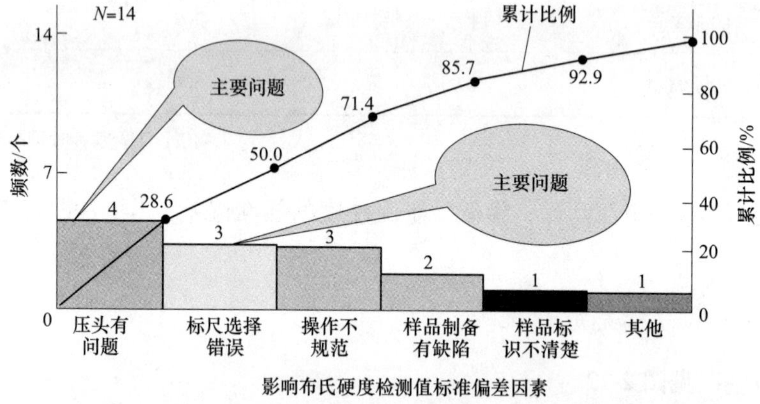

图 2-14 实施后布氏硬度值标准偏差高的主次问题排列图

（制图：丁香素；2014 年 10 月 22 日）

（四）实施后所获得的效益

1. 社会效益

本课题没有产生直接经济效益，但是降低布氏硬度的标准偏差，提高了检验数据的准确性，不但真实反映了我公司产品的质量指标，对产品生产和新工艺的研发提供准确数据支撑，还赢得了客户的认可。

2. 技术效益

本次攻关活动使我们积累了不少经验，总结了一套新的试验方法，使我公司的试验室硬度技术水平又上了一个新台阶，为今后品种钢开发打下良好的基础。

十一、巩固措施

（一）标准化

我们将此次活动有效的措施进行了标准化，通过了审批，并在操作中应用。具体情况见表 2-23。

表 2-23　有效措施归纳表

序号	有效措施	实行时间	标准文件编号	负责人	审批人
1	压痕直径的测量方法	2014 年 12 月	《线材检验作业指导书》（二）JSZY-09-12	丁香素	阴峻峰
2	硬度样品加工要求	2014 年 12 月	《线材检验作业指导书》（二）JSZY-09-12	崔延文	阴峻峰

（二）巩固期效果检查

小组对 2014 年 9～11 月布氏硬度检验进行跟踪，统计数据见表 2-24。

表 2-24　2014 年 9～11 月布氏硬度数据统计表

月份	牌号	规格	布氏硬度值范围（HBW2.5/187.5）	标准偏差
9	60Si2MnA	14	294～307	5.04
10	60Si2MnA	14	295～307	5.19
11	60Si2MnA	14	296～305	4.96

（制表：丁香素；时间：2014 年 11 月 28 日）

结论：巩固期内，布氏硬度的标准偏差最高为 5.19，保持效果良好。

十二、总结和下一步打算

本次活动，通过全体成员的不懈努力，解决急需解决的问题。通过小组成员分工协作，提高了分析问题、解决问题的能力，增强了大家的凝聚力。

根据目前工作新开展断口检验，小组将新课题选定为《断口检验判定攻关》，不断解决工作中存在的问题，进一步提高检验水平。

案例 3　减少高炉冶炼过程炉内憋压次数

德龙钢铁有限公司炼铁厂

王艾军

一、小组简介

德龙钢铁炼铁厂高炉三车间 QC 小组成立于 2017 年 12 月，活动时间为 2018 年 1～10 月，属于攻关型 QC 小组，现有小组成员 8 人，由经验丰富的高炉主任、炉长及工长等组成，小组人员结构合理，工作经验丰富。小组情况见表 3-1 和表 3-2。

表 3-1　小组简介

小组名称	高炉三车间 QC 小组	成立时间	2017 年 12 月
课题名称	减少高炉冶炼过程炉内憋压次数	主题编号	LT05-006
登记时间	2017 年 12 月	活动时间	2018 年 1～10 月
小组人数	8	课题类型	攻关型
活动频率	1～2 次/月	活动次数	30 课时

（制表：李丽红；时间：2018 年 1 月 9 日）

表 3-2　小组成员简介

姓名	性别	文化程度	职务	组内分工
侯卫强	男	本科	高炉主任	组织活动、落实标准
王　雷	男	本科	炉长	制定对策、技术把关
王艾军	男	专科	工长	制定对策、实施发布
王贵申	男	专科	炉前大班长	对策实施、巩固措施
王海员	男	专科	工长	数据分析、材料整理
李丽红	女	专科	技术员	数据分析、材料整理
刘欢	男	专科	工长	数据分析、材料整理
张通亮	男	专科	工长	对策实施、效果检查

（制表：李丽红；时间：2018 年 1 月 9 日）

二、活动计划进度表

小组成员依据 PDCA 方法，制定了活动进度表，本次 QC 活动从 2018 年 1 月开始至 10 月结束，总共历时 10 个月，活动计划见表 3-3。

表 3-3　活动计划表

项　目	1月	2月	3月	4月	5月	6月	7月	8月	9月	10月
选定课题	- - → →									
现状调查	- - → →									
确定目标		- - → →								
原因分析		- - → →								
要因确认			- - → →							
制定对策			- - → →							
对策实施				- - - - ——	- - → →					
效果检查						- - - - ——	- - → →			
巩固措施								- - - - ——	- - - - ——	- - → →
总结及今后打算										- - → →

注：- - →计划进度；——→实际进度。

（制表人：王海员；时间：2018 年 1 月 10 日）

三、选题理由

2017 年开始，钢铁形势逐步好转，公司要求在炉况顺行的基础上最大限度提高产量，但自 2017 年下半年开始，3 号高炉炉内经常出现憋压现象，产量非但没有提升，反而呈持续下降趋势（如图 3-1 所示），严重打乱了公司正常的生产节奏，直接影响了公司的经济效益。为了尽快扭转被动局面，促进指标提升，选定《减少高炉冶炼过程炉内憋压次数》作为 QC 研究课题。

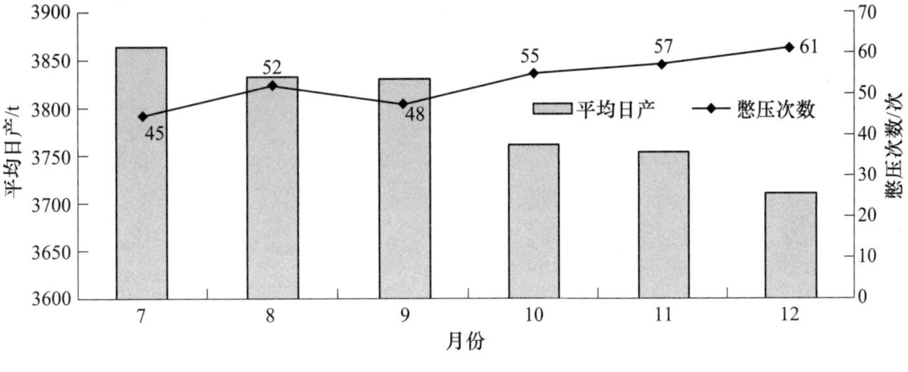

图 3-1　2017 年 7～12 月炉内憋压次数与产量关系

四、现状调查

（一）现状调查一

小组成员统计了 2017 年 7～12 月 3 号高炉炉内憋压次数，2017 年下半年 3 号高炉炉内憋压次数平均为 53 次/月，并且整体呈上升趋势。其中 12 月炉内憋压次数达到 61 次，同时随着炉内憋压次数增加，高炉产量呈明显下降趋势，见表 3-4。

表 3-4　2017 年 7~12 月份炉内憋压次数与产量

月份	7	8	9	10	11	12	平均
炉内憋压次数/次	45	52	48	55	57	61	53
平均日产/t	3862.72	3831.26	3830.78	3759.66	3752.48	3708.48	3790.89

（制表：李丽红；时间：2018 年 1 月 18 日）

（二）现状调查二

小组成员通过调查发现，高炉炉内憋压次数多给高炉顺行和安全生产带来极大影响。

（1）2017 年 8 月 17 日，由于高炉炉内憋压导致炉况难行减风，如图 3-2 所示。

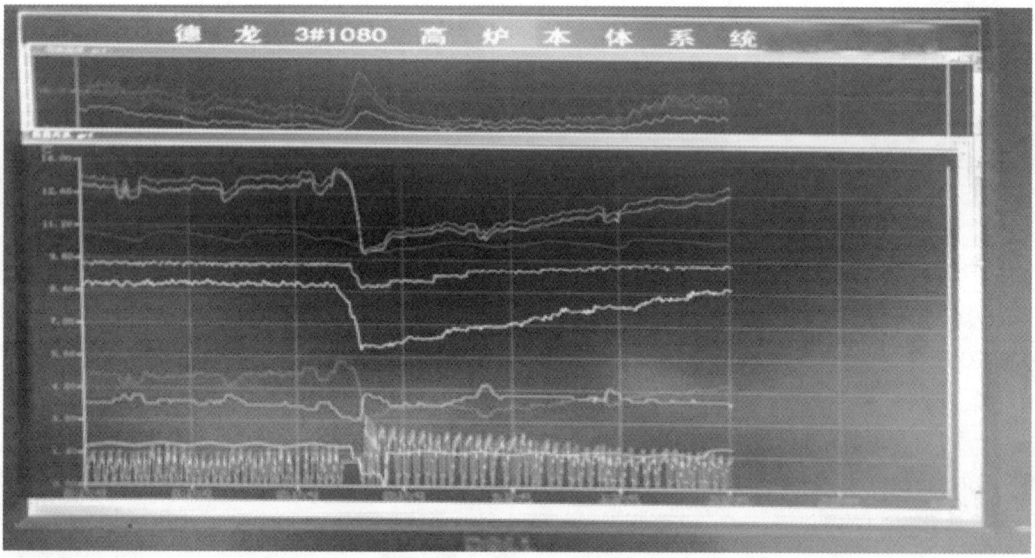

图 3-2　炉内憋压给高炉带来的影响

（2）2017 年 9 月由于高炉炉内憋压次数多，出现减风堵口 2 次，烧坏炮头 2 个。

（3）2017 年 10 月 22 日出现不净渣铁，导致高炉炉内憋压，烧坏风口小套。

（三）现状调查三

2018 年 2 月 20 日，小组成员针对高炉频繁炉内憋压问题进行了统计，见表 3-5，并使用排列图对 2017 年 7~12 月影响高炉炉内憋压因素做了详细分析，如图 3-3 所示。

表 3-5　导致高炉炉内憋压的因素统计

项　目	频次/次	累计百分比/%
出铁次数少	246	77.36
炉温向热	32	87.42
昼夜温差影响	20	93.71
炉况波动	12	97.48

续表 3-5

项　目	频次/次	累计百分比/%
设备影响	7	99.69
其　他	1	100.00
合　计	318	

（制表：李丽红；时间：2018 年 1 月 22 日）

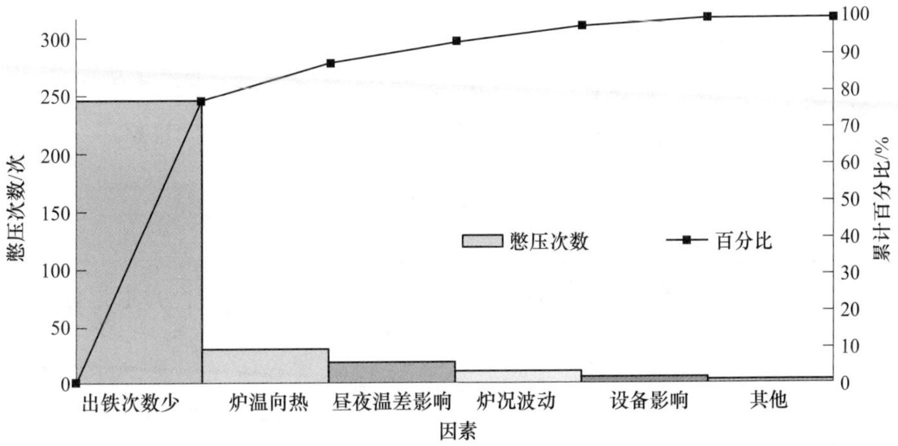

图 3-3　高炉炉内憋压次数多因素分析

结论：影响高炉炉内憋压主要因素是出铁次数少，占 77.36%，为主要问题，解决此问题可以减少高炉炉内憋压次数。

五、确定目标

（一）目标设定依据一

由现状调查可知：只要解决出铁次数少问题就解决高炉炉内憋压次数的 77.36%，目前高炉炉内憋压次数平均为 53 次/月，考虑到不可控因素，只能解决该问题 25%（不可控因素：(1) 炉况波动；(2) 炮泥质量；(3) 原燃料条件变化；(4) 操作因素。只能解决第 (4) 项占总比 1/4，也就是 25%），可计算得出：53−53×77.36%×25%＝43 次/月。

（二）目标设定依据二

小组共计 8 名成员，组长为高炉主任，其余均为炉长、工长、技术员，从小组成员能力方面考虑，是完全有能力找到问题的根本原因，制定出有效的措施。

因此，结合 3 号高炉 2017 年炉内憋压次数最少的 7 月 45 次，小组最终目标将 3 号高炉炉内憋压次数降至 43 次/月。

六、原因分析

在确定目标之后，小组成员开展了头脑风暴，集思广益，针对“出铁次数少”的问题进行讨论，并绘制了鱼骨图，共分析出了 7 项末端因素，如图 3-4 所示。

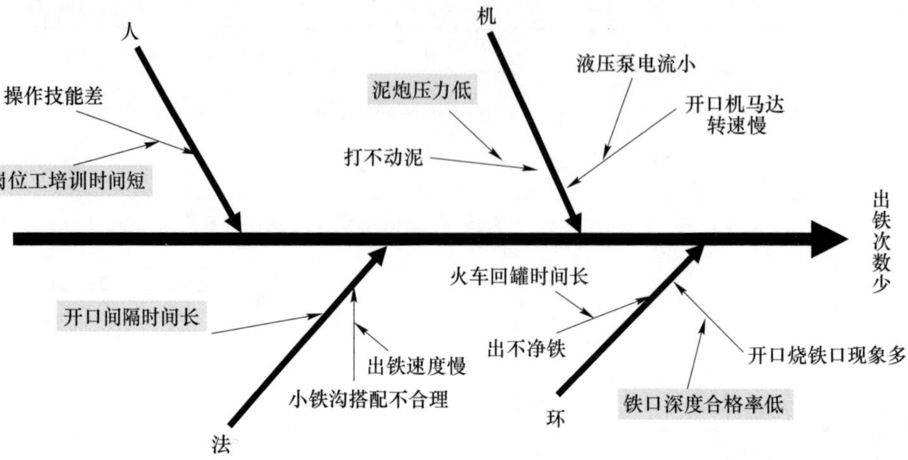

图 3-4 影响出铁次数少的鱼骨图

小组成员针对鱼骨图分析出的末端因素制定了要因确认计划表，并根据计划进行了逐个确认，见表 3-6。

表 3-6 要因确认表

序号	末端因素	确认内容	确认标准	确认方法	负责人	计划完成时间
1	岗位工培训时间短	岗位工培训课时	每月培训≥3 课时	调查统计	王雷	3 月 3 日
2	泥炮压力低	泥炮压力值	炉前液压站泥泡压力≥20MPa	现场调查	王贵申	3 月 5 日
3	液压泵电流小	液压泵电流大小	技术操作规程≥80A	现场调查	王海员	3 月 8 日
4	铁口深度合格率低	铁口深度合格率	铁口合格率>90%	统计分析	刘欢	3 月 9 日
5	出铁速度慢	3 号炉出铁速度	出铁速度≥2. 7t/min	统计分析	李丽红	3 月 10 日
6	开口间隔时间长	开口间隔时间	开口间隔时间≤30min	统计分析	王雷	3 月 12 日
7	火车回罐时间长	火车回罐时间	火车回罐时间≤80min	调查统计	张通亮	3 月 13 日

（制表：王海员；时间：2018 年 3 月 1 日）

七、要因确认

（一）岗位工培训时间短

确认标准：每月培训≥3 课时。

确认过程：抽查 2017 年炉前工 12 月培训课时，见表 3-7。

表 3-7 炉前工培训课时及考试成绩

姓名	工龄	培训次数	培训课时	理论成绩	实践成绩	综合成绩
李国祥	15	2	4. 5	95	90	93
王利民	10	3	7	93	91	92
霍建勇	10	1	3	90	89	90
王志强	12	2	3	92	93	93

续表 3-7

姓名	工龄	培训次数	培训课时	理论成绩	实践成绩	综合成绩
胡金龙	13	1	3	91	90	91
刘杰	11	2	4	90	87	89

（制表：李丽红；时间：2018 年 3 月 2 日）

确认结果：培训时间达到要求，并且培训效果较好，确定为非要因。

（二）泥炮压力低

确认标准：工艺要求炉前液压站泥炮压力≥20MPa。

确认过程：统计 2017 年 11 月打泥压力，如图 3-5 所示。

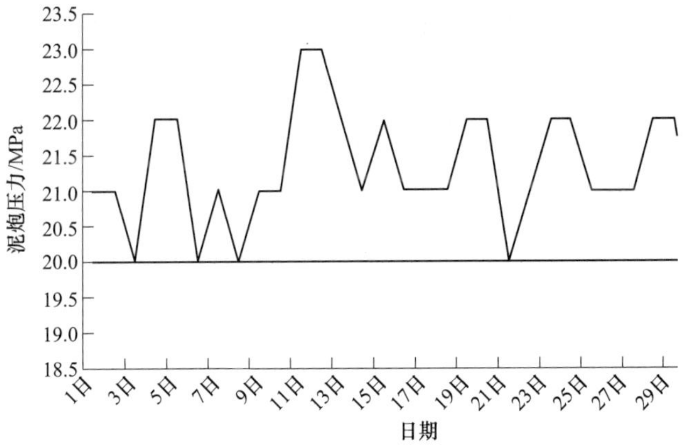

图 3-5　2017 年 11 月泥炮压力统计

确认结果：调查结果显示日常泥炮压力满足操作要求≥20MPa，压力满足生产需要不是影响出铁次数的要因。

（三）液压泵电流小

确认标准：液压泵电流≥80A。

确认过程：对 2017 年 10 月液压站油泵电流进行统计，如图 3-6 所示。

确认结果：油泵电流能够满足生产需要，因此油泵电流小为非要因。

（四）铁口深度合格率低

确认标准：工艺要求铁口合格率>90%。

确认过程：对 2017 年 9 月 1~30 日铁口深度合格率进行统计，平均为 96.52%。如图 3-7 所示。

确认结果：铁口深度合格率均能达到生产工艺要求，因此为非要因。

（五）出铁速度慢

确认标准：工艺要求 3 号炉出铁速度≥2.7t/min。

确认过程：对 2017 年 10 月出铁速度进行统计，如图 3-8 所示。

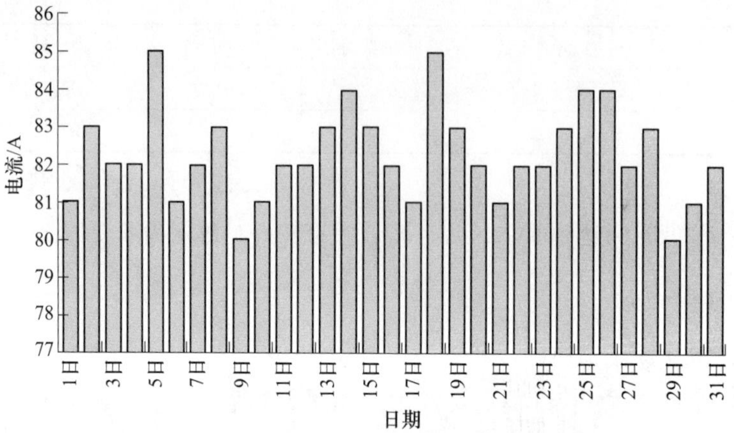

图 3-6　2017 年 10 月液压站油泵电流统计

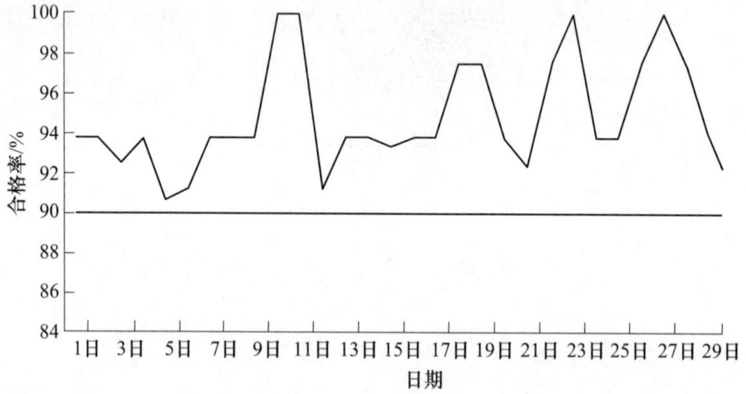

图 3-7　2017 年 9 月铁口深度合格率统计

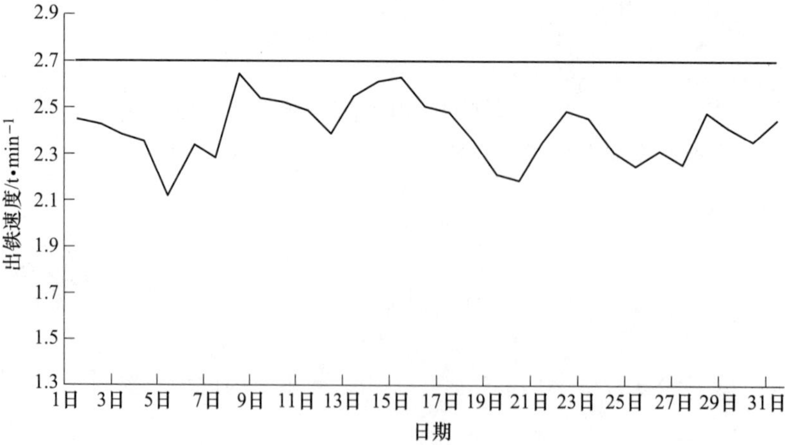

图 3-8　2017 年 10 月出铁速度统计

确认结果：出铁速度整体低于工艺要求标准，因此确定为要因。

（六）开口间隔时间长

确认标准：开口间隔时间≤30min。

确认过程：抽检 2017 年 12 月（炉号 2017-985 到 2017-1083）中的 40 炉铁，对开口间隔时间进行统计，有 7 炉间隔在 30min，占比 17.5%。大部分间隔时间都超过了 30min，如图 3-9 所示。

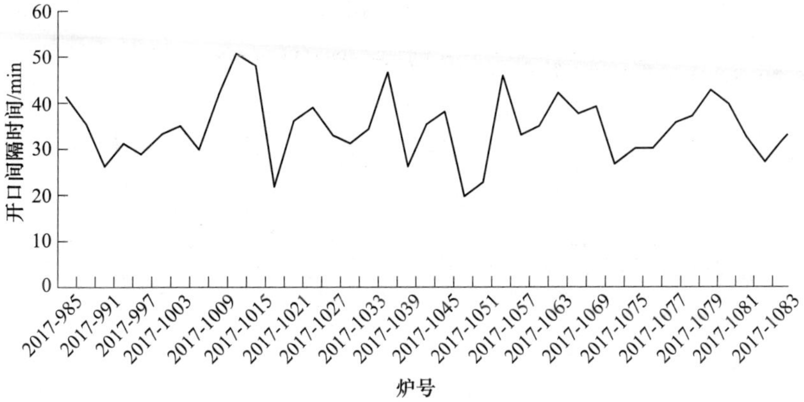

图 3-9　2017 年 12 月开口间隔时间统计

确认结果：开口间隔时间长的炉数占比较大，不能满足生产要求，确认为要因。

（七）火车回罐时间长

确认标准：工艺要求火车回罐时间≤80min。

确认过程：抽检 2017 年 12 月（炉号 2017-985 到 2017-1083）中的 40 炉铁，对火车回罐时间进行统计，火车回罐时间均在 80min 以内，最晚 76min，满足工艺要求，如图 3-10 所示。

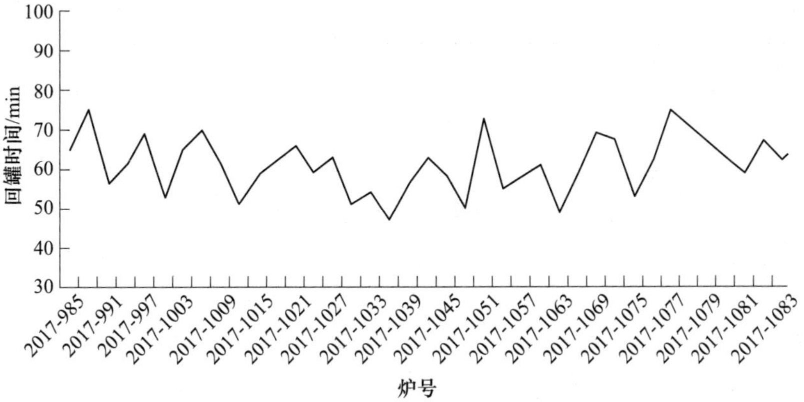

图 3-10　2017 年 12 月火车回罐时间统计

确认结果：火车回罐时间均在工艺要求范围内，因此确定为非要因。

综上所述，最终确定两项要因，分别是出铁速度慢和开口间隔时间长。

八、制定对策

根据上面的要因确认结论，我们小组成员依据“5W1H”原则，制定了对策、目标、措施、地点、完成时间、责任人，且制订了对策实施计划，各项对策专人负责实施，见表3-8。

表 3-8　对策实施表

序号	要因	对策	目标	措施	完成地点	完成时间	负责人
1	出铁速度慢	提高出铁速度	出铁速度≥2. 7t/min	(1) 改变开口方式； (2) 强化炉前操作； (3) 提高炉内顶压	3号高炉	2018年4月	王海员
2	开口间隔时间长	缩短开口间隔时间	开口间隔时间≤30min炉数达到85%以上	(1) 缩短开口时间； (2) 减少烧铁口次数	3号高炉	2018年5月	王雷

（制表：李丽红；时间：2018年4月1日）

九、对策实施

（一）提高出铁速度

（1）改变开口方式，如图3-11所示。

活动前

活动后

图 3-11　活动前后钻杆对比

通过改变开铁口方式，先用钻头钻500～700mm，再换用钻杆钻，既能保证铁口孔道直径，又减少了铁口卡钻杆导致烧铁口的概率。

（2）优化小铁沟流铁方式，如图3-12所示。

将最后一个包位由流程最长的第三道沟，改为流程最短的第二道沟，大大减少了铁水

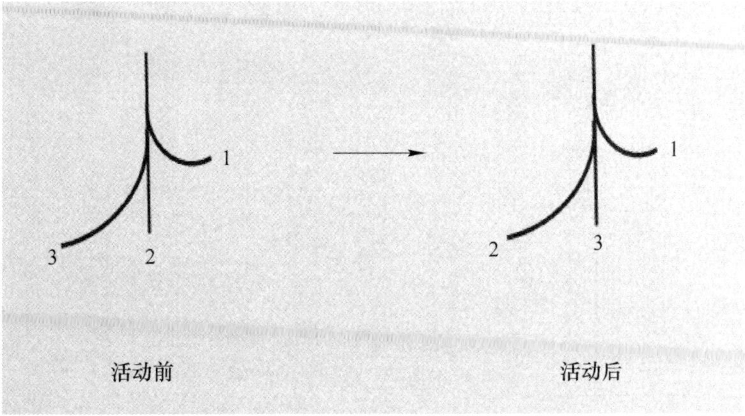

图 3-12　活动前后小铁沟流铁方式对比

在铁沟内停留时间，提高了铁水流速。

（3）提高炉内顶压，如图 3-13 所示。

高炉操作情况									
	3号高炉操作日志					炉顶温度（℃）			
时间	入炉风量 Nm^3/m	风温 ℃	热压 kPa	顶压 kPa	透指	西北	西南	东北	东南
1	2291	1148	380	220	14.3	94	92	80	86
2	2278	1156	378	220	14.4	109	104	82	87
3	2269	1189	385	220	13.8	92	83	74	72
4	2257	1166	381	220	14.0	94	93	71	78
5	2238	1175	384	220	13.6	120	119	89	92
6	2302	1178	375	220	14.9	139	130	107	103
7	2318	1169	387	220	13.9	100	101	86	90
8	2310	1172	381	220	14.3	101	104	86	96
平均	2283	1169	381	220	14.2	106	103	84	88
9	2298	1183	387	220	13.8	129	118	103	105
10	2290	1196	390	230	14.3	95	89	75	80
11	2295	1187	386	230	14.7	111	95	86	85
12	2288	1192	381	230	15.2	112	97	92	93
13	2265	1185	385	230	14.6	142	117	105	107
14	2286	1186	382	230	15.0	141	120	116	115
15	2279	1183	393	230	14.0	108	93	102	100
16	2291	1035	390	230	14.3	94	84	81	84

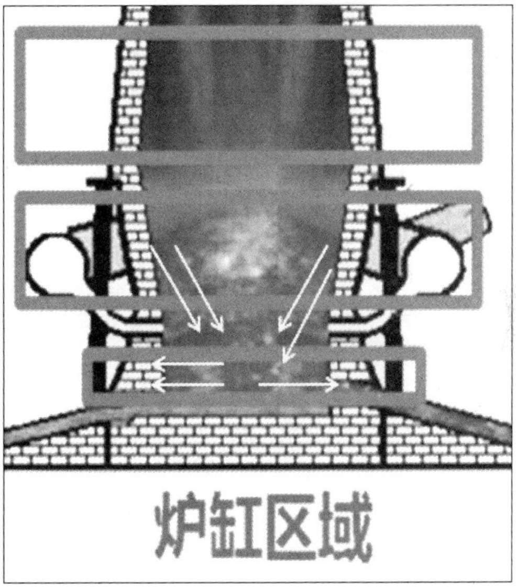

图 3-13　提高高炉顶压作用图解

在考虑煤气管道安全的前提下，尽量提高炉顶压力，将高炉顶压由 220kPa 提高到 230kPa，保持较低的压差，不仅有利于高炉气流稳定，而且可以提高铁水排出炉内的速度。

效果验证：对策实施以后，小组成员统计了 2018 年 4 月 21～30 日出铁速度，平均每天出铁速度达到了 2.7t/min 以上，如图 3-14 所示。

（二）缩短出铁间隔时间

（1）缩短开口时间，见表 3-9。

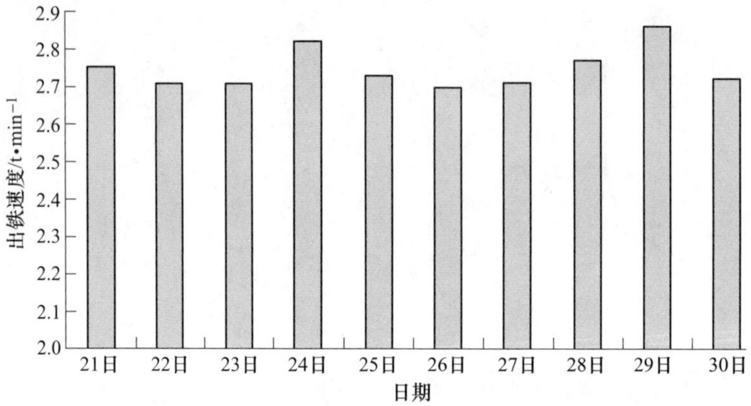

图 3-14 对策实施后的出铁速度统计

表 3-9 活动前后开口时间对比

2017 年 11 月 22 日出铁情况（活动前）						2018 年 6 月 10 日出铁情况（活动后）					
铁次	出铁场	出铁时间		间隔时间		铁次	出铁场	出铁时间		间隔时间	
		开口	堵口	开口时间	开口间隔/min			开口	堵口	开口时间	开口间隔/min
2017-3-5162	北	1：22	2：13	2：28	15.00	2018-3-3016	北	1：20	2：06	2：16	10.00
2017-3-5163	南	2：40	3：23	3：39	16.00	2018-3-3017	南	2：35	3：25	3：36	11.00
2017-3-5164	北	3：42	4：35	4：51	16.00	2018-3-3018	北	3：46	5：35	5：00	9.00
2017-3-5165	南	4：53	5：35	5：52	17.00	2018-3-3019	南	5：55	6：45	6：57	12.00
2017-3-5166	北	5：57	6：40	7：00	20.00	2018-3-3020	北	7：09	8：25	8：38	13.00
2017-3-5167	南	7：02	7：50	8：17	17.00	2018-3-3021	南	8：50	9：31	9：41	10.00
2017-3-5168	南	8：25	9：45	10：04	19.00	2018-3-3022	南	9：53	11：07	11：15	8.00
2017-3-5169	北	10：10	11：05	11：26	21.00	2018-3-3023	北	11：35	12：25	12：36	11.00
2017-3-5170	南	11：17	13：00	13：18	18.00	2018-3-3024	南	12：43	13：25	13：35	10.00
2017-3-5171	北	13：20	14：30	14：48	18.00	2018-3-3025	北	13：50	14：25	14：35	10.00
2017-3-5172	南	14：50	15：50	16：06	16.00	2018-3-3026	南	14：50	16：26	16：35	9.00
2017-3-5173	北	16：11	17：12	17：27	15.00	2018-3-3027	北	16：45	17：38	17：51	13.00
2017-3-5174	南	17：33	18：31	18：49	18.00	2018-3-3028	南	17：59	18：59	18：51	12.00
2017-3-5175	南	18：55	20：23	20：41	18.00	2018-3-3029	南	19：00	20：08	20：15	7.00
2017-3-5176	北	20：44	22：10	22：27	17.00	2018-3-3030	北	20：33	21：50	22：01	11.00
2017-3-5177	南	22：29	23：48	0：04	16.00	2018-3-3031	南	22：12	23：02	23：11	9.00
2017-3-5178	北	0：09	1：04	0：20	16.00	2018-3-3032	北	23：27	0：50	1：00	10.00

将开口间隔时间由 15~20min 缩短到 15min 以内，避免开口过程中出现其他情况而延长出铁间隔时间。

（2）减少烧铁口次数，如图 3-15 所示。

烧铁口延长开口间隔时间的同时，无形中增加了工人的劳动强度，通过规范炉前操

及时检查油泵压力　　堵口检查打泥量　　勤换钻杆　　及时烤铁口

图 3-15　优化炉前操作

作，可以有效地减少烧铁口次数。

烧铁口次数效果验证：通过强化炉前操作，烧铁口次数之前平均每天 7 次下降到 3 次以内，如图 3-16 所示。

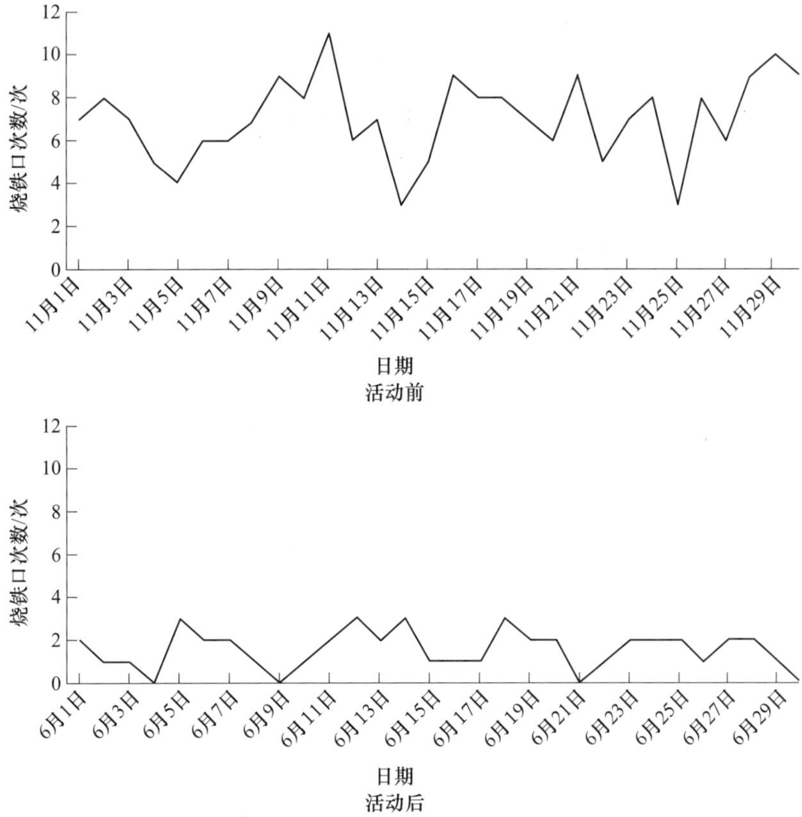

图 3-16　活动前后烧铁口次数对比

出铁间隔时间缩短效果验证：6 月上旬的开口间隔时间 ≤30min 的炉数占比均达到 85%以上，如图 3-17 所示。

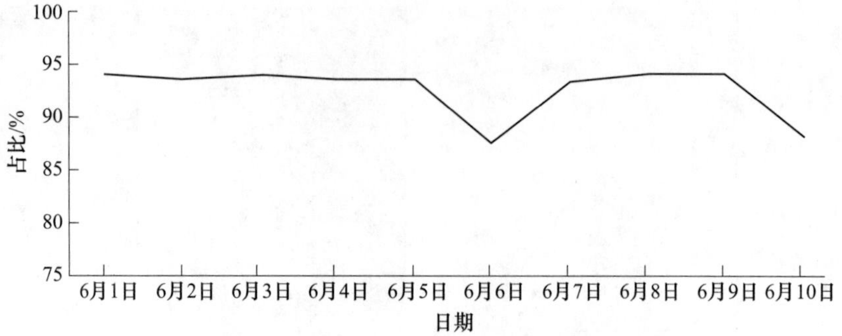

图 3-17 开口间隔时间≤30min 的炉数占比

十、效果检查

（一）效果检查一

对策逐一实施后，小组成员将 2018 年 2~7 月的出铁次数与 2017 年 7~12 月的出铁次数进行了对比，2017 年 7~12 月平均出铁次数为 15.8 次/月，2018 年 2~7 月的平均出铁次数为 16.7 次/月，平均每天增加 1 次出铁，见表 3-10 和表 3-11。

表 3-10 活动前出铁次数（2017 年 7~12 月）

月份	7	8	9	10	11	12	平均
出铁次数	15.1	15.5	16.1	15.7	16.5	15.9	15.8

（制表：李丽红；时间：2018 年 8 月 1 日）

表 3-11 活动后出铁次数（2018 年 2~7 月）

月份	2	3	4	5	6	7	平均
出铁次数	15.8	15.9	16.2	16.6	17.7	18	16.7

（制表：李丽红；时间：2018 年 8 月 1 日）

（二）效果检查二

炉前出铁次数达到了 16 次以上，平均 16.7 次/天，小组成员再次对 2018 年 2~7 月高炉炉内憋压次数进行了统计：高炉炉内憋压次数由攻关前的 53 次/月减少到 7 月的 37 次，超过既定目标值，为高炉后续提产创造了条件，见表 3-12 和图 3-18。

表 3-12 2018 年 2~7 月炉内憋压次数统计

月份	2	3	4	5	6	7
炉内憋压次数/次	48	45	42	40	38	37

（制表：李丽红；时间：2018 年 8 月 3 日）

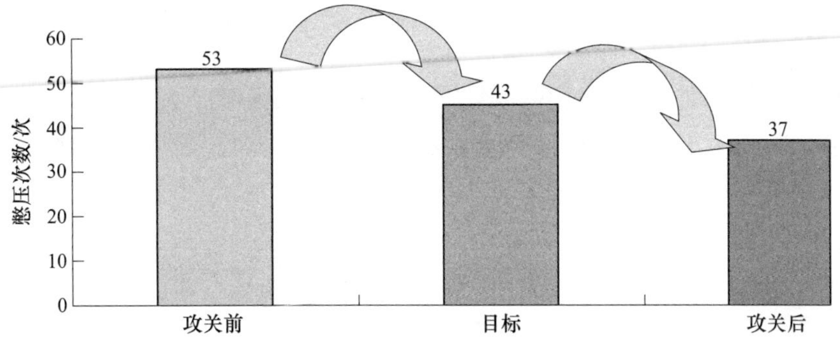

图 3-18　攻关前后炉内憋压次数对比

（三）效果检查三

出铁次数增加以后，小组成员对影响高炉炉内憋压因素再次进行了调查，并使用排列图（图 3-19）分析如下，从图中可以看出出铁次数少已不再是导致高炉频繁炉内憋压的主要症结所在。

项目	频次	累计百分比/%
炉温向热	15	57.59
昼夜温差影响	5	76.92
出铁次数少	3	88.46
炉况波动	1	92.31
设备影响	1	96.15
其他	1	100.00

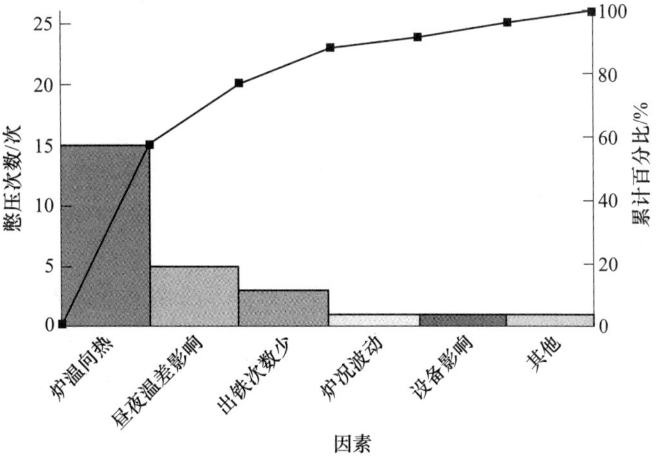

图 3-19　再次分析导致高炉炉内憋压次数多的因素

十一、经济效益

（一）直接效益

攻关期炉前出铁次数明显增多，有效缓解了高炉炉内憋压现象，每天可多跑 1 批料，每批料出铁量为 19. 76t，仅在活动期多出铁 19. 76×30×2＝1185. 6t，按每吨铁利润 300 元计算，则获得效益 1185. 6×300/10000＝35. 57 万元。

（二）间接效益

通过课题实施，提高了职工开动脑筋，处理事故隐患的能力。减少了生产事故发生，最大限度地为职工安全生产创造了条件。为炼铁高炉稳定生产奠定了坚实的基础。在钢铁市场严峻形势下，为公司提高产品质量、降低铁前成本做出了贡献。

十二、巩固措施

为了进一步巩固课题实施效果，小组成员决定将实施对策纳入《炼铁厂管理制度》，编号 DL-LT-JSGZ，将有效措施标准化，见表 3-13。

表 3-13　措施标准化

序号	内容	文件名称	文件编号	审批人	审批时间
1	顶压控制 230kPa	工艺规程	DL-LT-JSGZ-07	刘士祯	2018 年 8 月
2	开口间隔时间控制 15min 以内	炉前管理制度	DL-LT-JSGZ-21	刘燕军	2018 年 8 月
3	每次出完铁检查打泥量	炉前管理制度	DL-LT-JSGZ-21	刘燕军	2018 年 8 月
4	烧铁口次数超过 2 次以上，每次考核班组 100 元	炉前管理制度	DL-LT-JSGZ-21	刘燕军	2018 年 9 月
5	小铁沟优化	炉前渣铁沟管理办法	DL-LT-JSGZ-11	刘燕军	2018 年 10 月

（制表：刘欢；时间：2018 年 8 月 5 日）

巩固期，小组成员王海员统计了 8 月炉内憋压次数，如图 3-20 所示。

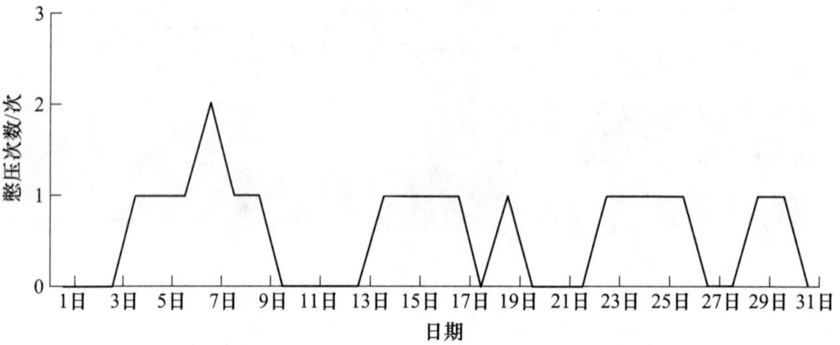

图 3-20　2018 年 8 月炉内憋压次数统计

8 月炉内憋压次数共计 18 次，除 8 月 7 日出现 2 次炉内憋压外，其他都在 1 次以下，随后小组成员又对 8~10 月的巩固效果进行检查，发现高炉炉内憋压次数改善明显，对策实施效果较好，如图 3-21 所示。

通过统计，8~10 月炉内憋压次数均值为 18 次，巩固效果较好。

十三、活动总结及下步计划

通过本次小组活动，全面提高了小组成员发现问题和解决问题的能力以及增强团队协助意识等，经过此次活动，高炉出铁次数提高，产能得到了释放，为今后进一步积累生产操作经验、维护好铁口、优化生产指标打下基础。下一步将《提高炉温稳定率》作为课题进行研究，向节能、长寿、挖潜多方面快速靠拢，为公司创造更大效益。

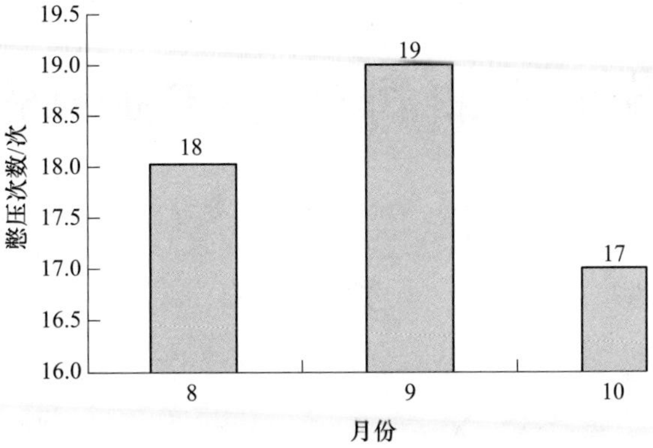

图 3-21　2018 年 8~10 月炉内憋压次数统计

案例 4　降低干油润滑轧辊轴承座进水频次

唐山钢铁集团有限责任公司

姜学亮

一、小组简介

唐山钢铁集团有限责任公司汽车板事业部高强汽车板有限公司生产准备“亮剑”QC小组自小组成立以来积极开展活动，运用全面质量管理的观点和方法，遵循PDCA的活动程序，积极开展活动，对唐山钢铁集团有限责任公司汽车板事业部高强汽车板有限公司干油润滑轧辊轴承座使用情况进行统计，针对进水情况实施设备改善及优化，降低其进水频次，提高轴承使用寿命，QC小组注册登记见表4-1。

表 4-1　QC 小组注册登记表

序号	姓名	性别	年龄	小组职务	文化程度	技术等级或职务	备注
1	姜学亮	男	27	组长	本科	助理工程师	
2	刘伟	男	34	组员	本科	高级工程师	
3	杨广亮	男	34	组员	本科	工程师	
4	程入川	女	34	组员	本科	工程师	
5	何基伟	男	35	组员	本科	工程师	
6	王丹辉	男	28	组员	本科	助理工程师	
7	艾坡	男	29	组员	本科	助理工程师	
8	高祎超	男	30	组员	本科	工程师	
小组成立日期			2016 年 11 月 12 日		成果发表及受表彰记录		
注册登记日期			2016 年 11 月 15 日		级别	发表时间	受表彰记录
小组人员变动、注销记录：			行业	2017	冶金行业先进奖		
			省级	2018	二等质量科技成果		
			省级	2019	质量管理二等成果		

二、课题选择

冷轧轧机轴承座进水，会导致油品乳化，被乳化的润滑脂产生的油膜强度降低或无法形成有效油膜（此时必须进行更换，影响成本），使轴承生锈，加剧轴承磨损失效；另外，由于无法正常润滑，会导致轴承温度升高油脂碳化，轴承烧毁，进而造成轧辊卡死，造成停产。2017 年 10 月 23 日高强汽车板有限公司生产准备作业区乙班装辊组操作人员拆卸镀锌支撑辊时，轴承座压盖拆开后大量冷却水由缝隙流出，问题已经相当严峻。

公司要求：提升管理水平，轴承座检修周期内稳定运行。

现存问题：实际生产中，各生产线干油润滑轧辊轴承座进水问题严重，经统计仅 2017 年轴承座进水次数达 84 次，严重影响生产效率。

因此小组选择降低干油润滑轧辊轴承座进水频次这一课题。

三、现状调查

（一）现场调查

轴承座结构如图 4-1 所示，轴承座装配在轧辊上后人为分成止推侧和近辊侧。

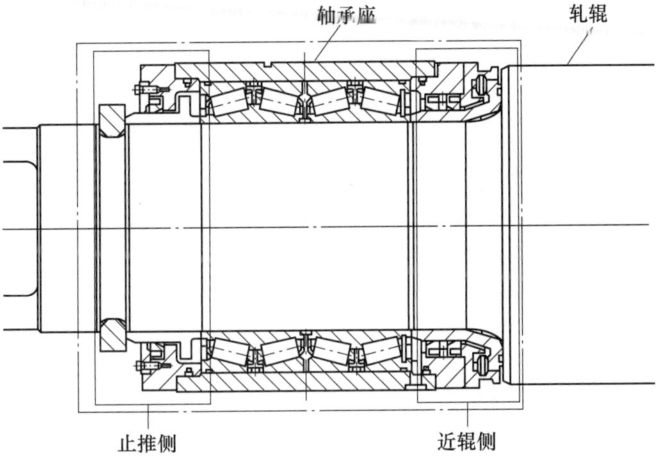

图 4-1　轴承座结构

下面是现场调查的照片，图 4-2 为 2017 年 5 月 9 日酸轧中间辊轴承座 SJ02XC 检修时照片，轴承座进水严重，油脂极少，且轴承内侧掉块；图 4-3 为 2017 年 12 月 8 日轴承座检修时照片，近辊侧进水，拆卸后发现油品乳化；图 4-4 为 2018 年 1 月 18 日轴承检修时更换的密封照片，密封唇口破损失效。

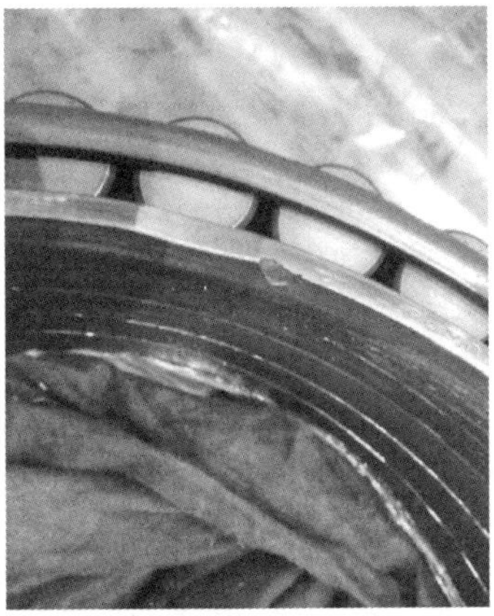

图 4-2　轴承内侧掉块

图 4-3　油品乳化

图 4-4　密封唇口破损

（二）历史调查

统计 2017 年全年生产准备作业区拆装干油润滑轧辊轴承座过程进水次数，见表 4-2，并绘制折线图如图 4-5 所示，轴承座月平均进水次数达到 7 次。

表 4-2　2017 年全年拆装干油润滑轧辊轴承座进水次数统计表

统计项目	1 月	2 月	3 月	4 月	5 月	6 月	7 月	8 月	9 月	10 月	11 月	12 月
进水次数	8	10	4	9	5	7	5	9	2	7	8	4

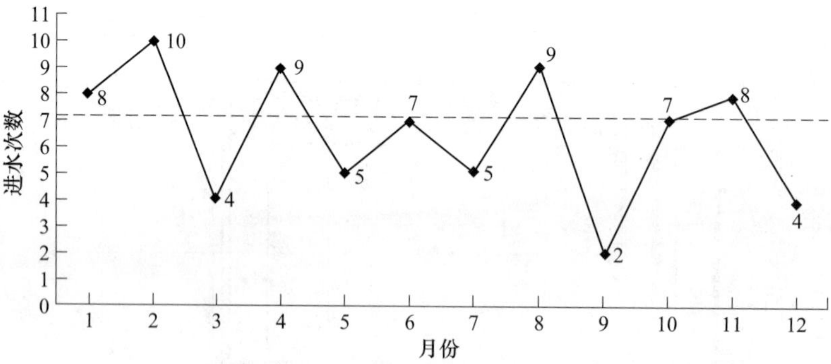

图 4-5　2017 年全年拆装干油润滑轧辊轴承座进水次数折线图

（制图：王丹辉；时间：2018 年 2 月 15 日）

（三）数据分析

2017 年 4~6 月期间轴承座检修记录见表 4-3，多次出现进水情况，表 4-3 中 SJ02XC 记录项的进水较为严重的现场保养维护记录，如图 4-6 所示，进水及后续造成的油脂乳化轴承损伤相当严重。

表 4-3　2017 年 4~6 月期间轴承座检修记录表

轴承号	时间	检修情况	轴承号	时间	检修情况
SJ05SC	2017 年 4 月 10 日	油脂正常，内圈有压痕	SG05SC	2017 年 4 月 18 日	轴承及油脂正常
SJ05SQ	2017 年 4 月 10 日	轴承及油脂正常	SG05SQ	2017 年 4 月 18 日	轴承及油脂正常
SJ05XC	2017 年 4 月 11 日	止推轴承进水，油脂乳化	SG05XC	2017 年 4 月 19 日	轴承及油脂正常
SJ05XQ	2017 年 4 月 11 日	轴承及油脂正常	SG05XQ	2017 年 4 月 19 日	密封损坏，进水，油脂乳化
SJ08SC	2017 年 4 月 14 日	油脂正常，内圈有压痕	SJ10SC	2017 年 4 月 27 日	进水，油脂乳化，内圈点蚀
SJ08SQ	2017 年 4 月 14 日	油脂正常，保持架磕伤，内圈压痕	SJ10SQ	2017 年 4 月 27 日	轴承及油脂正常
SJ08XC	2017 年 4 月 15 日	密封损坏，进水，油脂乳化	SJ10XC	2017 年 4 月 28 日	油脂正常，内圈有压痕
SJ08XQ	2017 年 4 月 15 日	进水，油脂乳化，内圈点蚀	SJ10XQ	2017 年 4 月 28 日	轴承及油脂正常
			SJ02SC	2017 年 5 月 8 日	密封损坏，进水，油脂乳化

续表 4-3

轴承号	时间	检修情况
SJ02SQ	2017 年 5 月 8 日	密封损坏，进水，油脂乳化
SJ02XC	2017 年 5 月 9 日	进水严重，油脂极少，轴承内侧掉块
SJ02XQ	2017 年 5 月 9 日	轴承及油脂正常
SJ11SC	2017 年 5 月 15 日	止推轴承进水，油脂乳化
SJ11SQ	2017 年 5 月 15 日	轴承及油脂正常
SJ11XC	2017 年 5 月 16 日	密封损坏，进水，油脂乳化
SJ11XQ	2017 年 5 月 16 日	轴承及油脂正常
SG03SC	2017 年 5 月 7 日	进水，油脂乳化，内圈点蚀
SG03SQ	2017 年 5 月 7 日	轴承及油脂正常
SG03XC	2017 年 5 月 8 日	轴承及油脂正常
SG03XQ	2017 年 5 月 8 日	密封损坏，进水，油脂乳化
SG08SC	2017 年 6 月 3 日	进水，油脂乳化，内圈点蚀
SG08SQ	2017 年 6 月 3 日	轴承及油脂正常
SG08XC	2017 年 6 月 4 日	油脂正常，内圈有压痕
SG08XQ	2017 年 6 月 4 日	密封损坏，进水，油脂乳化
SG11SC	2017 年 6 月 20 日	轴承及油脂正常
SG11SQ	2017 年 6 月 20 日	轴承及油脂正常
SG11XC	2017 年 6 月 21 日	油脂正常，内圈有压痕
SG11XQ	2017 年 6 月 21 日	密封损坏，进水，油脂乳化
SG15SC	2017 年 6 月 30 日	轴承及油脂正常
SG15SQ	2017 年 6 月 30 日	油脂正常，内圈有压痕
SG15XC	2017 年 6 月 30 日	密封损坏，进水，油脂乳化
SG15XQ	2017 年 6 月 30 日	油脂正常，内圈有压痕

（制表：姜学亮；时间：2018 年 2 月 18 日）

酸轧工作辊/中间辊轴承座保养维护记录

编号：GQQC-ZB-GW-01-03

日期： 2017.05.09　**维护人：** 日班

<table>
<tr><td>轴承座名称</td><td colspan="5">酸轧中间辊下操作侧</td></tr>
<tr><td>轴承座编号</td><td colspan="5">SJ02XC</td></tr>
<tr><td rowspan="2">轴承型号</td><td rowspan="2">NP683330</td><td rowspan="2">压盖空压间隙</td><td rowspan="2">垫片厚度</td><td colspan="2">工作辊轴承座内径测量</td></tr>
<tr><td>0°</td><td>90°</td></tr>
<tr><td>轴承编号</td><td>CH-2382392-006改为
CH-2382392-016</td><td></td><td></td><td></td><td></td></tr>
<tr><td>轴承朝向（轧辊）</td><td>A→E</td><td></td><td></td><td></td><td></td></tr>
<tr><td>轴承载荷区</td><td>3→2</td><td>润滑(kg)</td><td colspan="3"></td></tr>
<tr><td>备　注</td><td colspan="5">更换全部轴承座密封，止推侧油封进口，其他油封为高科，水封为诺雷，o型圈为高科。在线时间2600h，超期，轴承座进水严重，油脂几乎没有。轴承A列出现内侧压溃掉块，该轴承甩出更换新轴承。
压溃掉块原因分析：轴承间隙过小，中间辊又为弯辊，顶套与轴承内圈相互挤压，造成内侧倒角部分应力集中产生压溃。</td></tr>
</table>

图 4-6　现场保养维护记录

2017 年全年检修记录绘制的饼分图如图 4-7 所示，从图中可以看出，轴承座进水问题竟占到检修轴承总数的 40%。

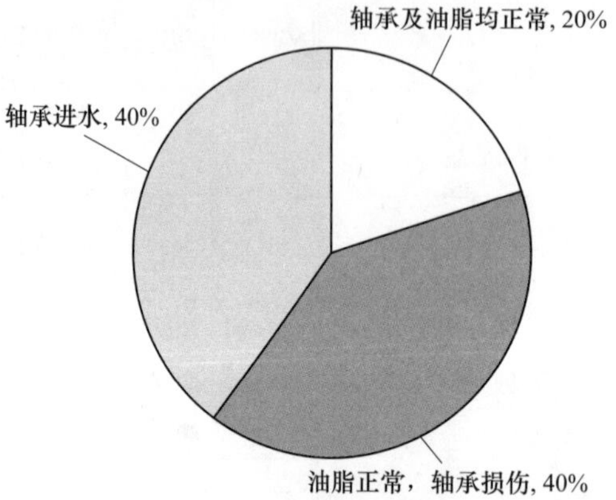

图 4-7　2017 年 1~12 月轴承座检修情况汇总
（制图：何基伟；时间：2018 年 2 月 19 日）

（四）数据分析

依据 2017 年全年干油润滑轧辊轴承座检修进水情况绘制的帕累托图如图 4-8 所示，根据二八原则，发现密封件损坏、近辊侧问题、止推侧问题为进水问题的主要原因。

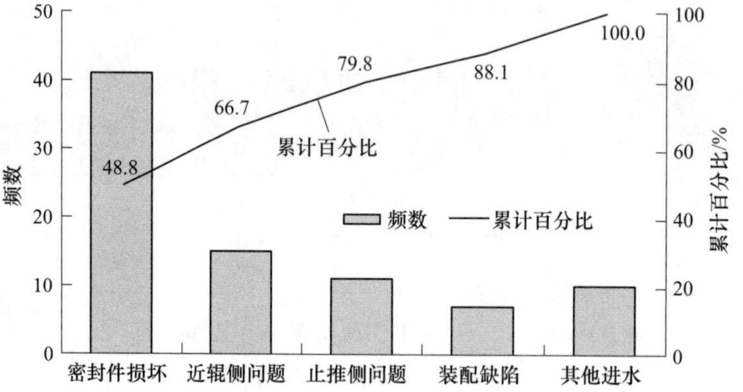

图 4-8　2017 年 1~12 月干油润滑轧辊轴承座检修进水帕累托图
（制图：姜学亮；时间：2018 年 2 月 20 日）

四、目标设定

（一）目标设定

根据前面数据统计，发现 2017 年 9 月进水次数为 2 次，据此设定了干油润滑轧辊轴承座进水频次降至每月 2 次，避免异常进水的目标，如图 4-9 所示。以历史最优值作为目标，因此认定目标可行。

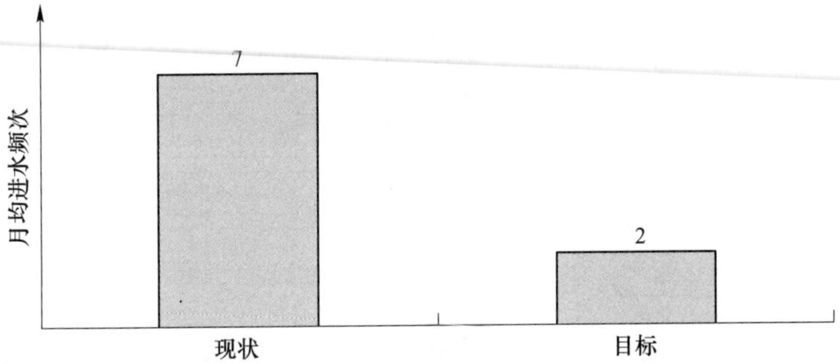

图 4-9　目标设定

（制图：姜学亮；时间：2018 年 2 月 28 日）

（二）小组活动计划

小组成员通过讨论，确认各个阶段计划时间及安排，根据生产周期安排确定了课题的推进计划，见表 4-4。

表 4-4　课题推进计划

步骤		1月1日	1月15日	2月15日	3月1日	3月15日	3月31日	4月15日	5月1日	8月1日	10月1日	11月30日
P	选择课题											
	现场调查											
	目标设定											
	原因分析											
	要因确认											
	制定对策											
D	对策实施											
C	效果检验											
A	巩固措施											
	课题总结											

注：－－－▶ 计划进度；——▶ 实际进度。

（制表：姜学亮；时间：2018 年 12 月 15 日）

五、原因分析

设定目标后，小组组长在生产准备作业区会议室组织全体人员会议，利用头脑风暴法分析轴承座进水的原因，绘制系统图如图 4-10 所示。

六、要因确认

小组成员通过系统图分析干油润滑轧辊轴承座进水的原因，整理得出 8 点末端因素，针对每条末端因素选定了确认方法、责任人及时间，制订的计划表见表 4-5。

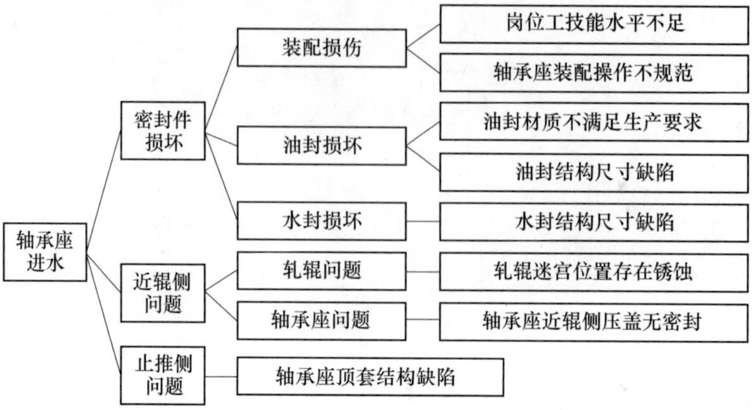

图 4-10 轴承座进水原因系统图

（制图：姜学亮；时间：2018 年 3 月 4 日）

表 4-5 要因确认计划表

序号	末端因素	确认方法	确认标准	责任人	确认时间
1	岗位工装配技能水平不足	现场调查	根据作业区《技能操作水平绩效评价办法》规定，总分 100 分，成绩≥90 分为合格	刘伟	2018 年 3 月 13 日
2	轴承座装配操作不规范	规程及现场检查	岗位规程中有相关部件检查及确认内容，装配操作规范	艾坡	2018 年 3 月 15 日
3	油封材质不满足生产要求	现场调查、数据分析	技术协议要求：油封在线使用≥2000h	姜学亮	2018 年 3 月 15 日
4	油封结构尺寸缺陷	数据统计及分析	技术协议要求：油封在线使用≥2000h	姜学亮	2018 年 3 月 15 日
5	水封结构尺寸缺陷	数据统计及分析	水封的尺寸必须满足精度在理论值±0. 8mm 之间	高祎超	2018 年 3 月 20 日
6	轧辊迷宫位置存在锈蚀	现场检查	轴承座装配后与轧辊配合位置的迷宫处存在锈蚀	王丹辉	2018 年 3 月 25 日
7	轴承座近辊侧压盖无密封	图纸及现场检查	轴承座与轧辊存在装配公差，若轴承座无密封措施，会造成进水	何基伟	2018 年 3 月 18 日
8	近辊侧压盖紧固不到位	图纸及现场检查	近辊侧压盖预紧力≥86kN	程人川	2018 年 3 月 20 日
9	轴承座顶套结构缺陷	图纸检查及分析	止推侧顶套与辊颈配合位置若无密封，水会沿间隙进入轴承座	姜学亮	2018 年 2 月 25 日

（制表：姜学亮；时间：2018 年 3 月 7 日）

（一）要因确认一

确认内容	岗位工装配技能水平不足	确认人	刘伟
确认时间	2018 年 3 月 13 日	确认地点	生产准备作业区
确认方法	现场调查	确认标准	根据作业区《技能操作水平绩效评价办法》规定，总分 100 分，成绩≥90 分为合格
确认过程	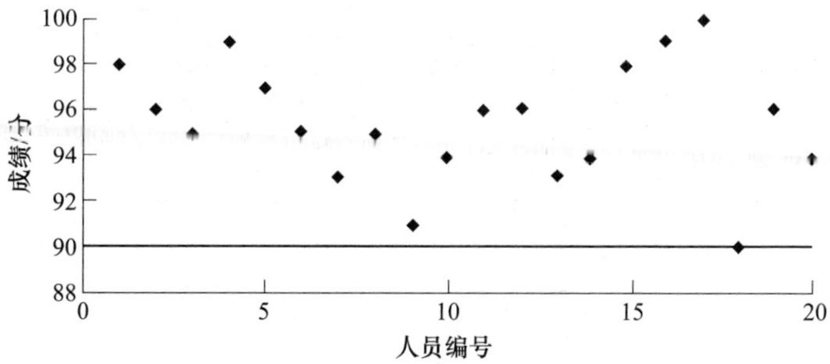（制图：刘伟；时间：2018 年 3 月 13 日）		
确认结果	抽查 20 名岗位工技能评价成绩，并绘制散点图，发现成绩均高于 90 分，成绩合格	结论	非要因

（二）要因确认二

确认内容	轴承座装配操作不规范	确认人	艾坡
确认时间	2018 年 3 月 15 日	确认地点	生产准备作业区
确认方法	规程及现场检查	确认标准	岗位规程中有相关部件检查及确认内容，装配操作规范
确认过程	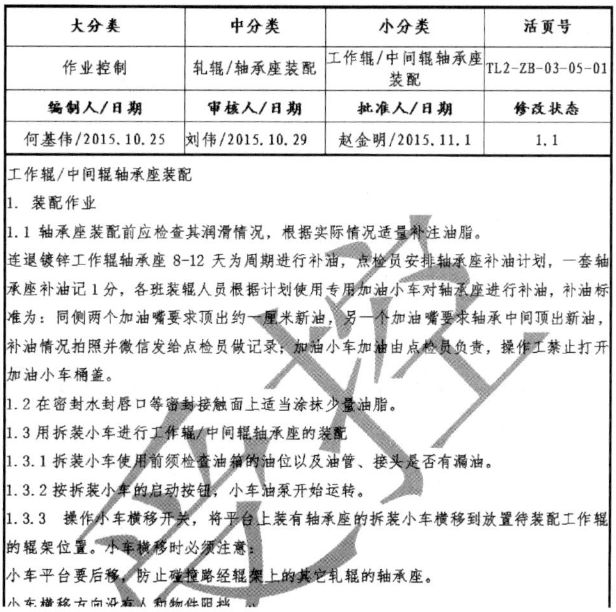		

大分类	中分类	小分类	活页号
作业控制	轧辊/轴承座装配	工作辊/中间辊轴承座装配	TL2-ZB-03-05-01
编制人/日期	**审核人/日期**	**批准人/日期**	**修改状态**
何基伟/2015.10.25	刘伟/2015.10.29	赵金明/2015.11.1	1.1

工作辊/中间辊轴承座装配

1. 装配作业

1.1 轴承座装配前应检查其润滑情况，根据实际情况适量补注油脂。

连退镀锌工作辊轴承座 8-12 天为周期进行补油，点检员安排轴承座补油计划，一套轴承座补油记 1 分，各班装辊人员根据计划使用专用加油小车对轴承座进行补油，补油标准为：同侧两个加油嘴要求顶出约一厘米新油，另一个加油嘴要求轴承中间顶出新油，补油情况拍照并微信发给点检员做记录；加油小车加油由点检员负责，操作工禁止打开加油小车桶盖。

1.2 在密封水封唇口等密封接触面上适当涂抹少量油脂。

1.3 用拆装小车进行工作辊/中间辊轴承座的装配

1.3.1 拆装小车使用前须检查油箱的油位以及油管、接头是否有漏油。

1.3.2 按拆装小车的启动按钮，小车油泵开始运转。

1.3.3　操作小车横移开关，将平台上装有轴承座的拆装小车横移到放置待装配工作辊的辊架位置。小车横移时必须注意：

小车平台要后移，防止碰撞路经辊架上的其它轧辊的轴承座。

小车横移方向没有人和物件阻挡。

确认结果	检查发现规程中有装配前密封检查的相关内容，现场确认发现损坏密封已进行处理	结论	非要因

（三）要因确认三

<table>
<tr><td>确认内容</td><td>油封材质不满足生产要求</td><td>确认人</td><td>姜学亮</td></tr>
<tr><td>确认时间</td><td>2018 年 3 月 15 日</td><td>确认地点</td><td>生产准备作业区</td></tr>
<tr><td>确认方法</td><td>现场调查</td><td>确认标准</td><td>技术协议要求：油封在线使用≥2000h</td></tr>
<tr><td>确认过程</td><td colspan="3">统计 2017 年 8~10 月轴承座出现异常进水需要检修情况，其中油封材质原因占 46%。
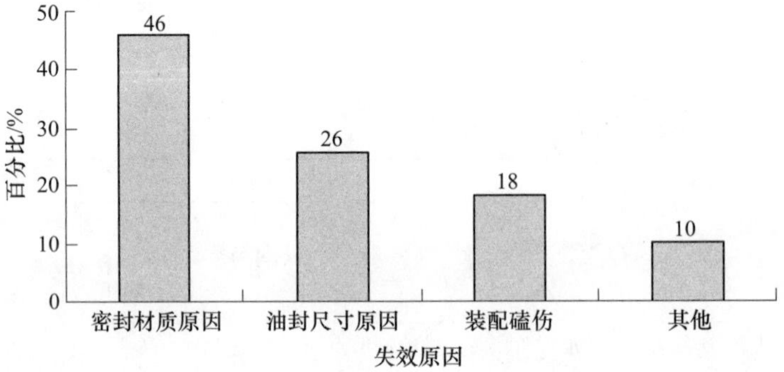

（制图：姜学亮；时间：2018 年 3 月 15 日）</td></tr>
<tr><td>确认结果</td><td colspan="2">实际生产中，油封未达到 2000h 时经常出现损坏</td><td>结论：要因</td></tr>
</table>

（四）要因确认四

<table>
<tr><td>确认内容</td><td>油封结构尺寸缺陷</td><td>确认人</td><td>姜学亮</td></tr>
<tr><td>确认时间</td><td>2018 年 3 月 15 日</td><td>确认地点</td><td>生产准备作业区</td></tr>
<tr><td>确认方法</td><td>现场调查</td><td>确认标准</td><td>技术协议要求：油封在线使用≥2000h</td></tr>
<tr><td>确认过程</td><td colspan="3">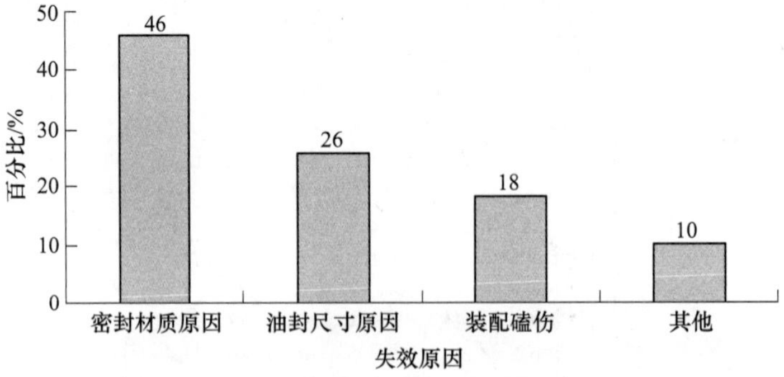

（制图：姜学亮；时间：2018 年 3 月 15 日）</td></tr>
<tr><td>确认结果</td><td colspan="2">统计 2017 年 8~10 月轴承座出现异常进水需要检修情况，其中油封尺寸原因占 26%</td><td>结论：要因</td></tr>
</table>

（五）要因确认五

确认内容	水封结构尺寸缺陷	确认人	高祎超
确认时间	2018 年 3 月 20 日	确认地点	生产准备作业区
确认方法	数据统计及分析	确认标准	水封的尺寸必须满足精度在理论值±0. 8mm 之间
确认过程	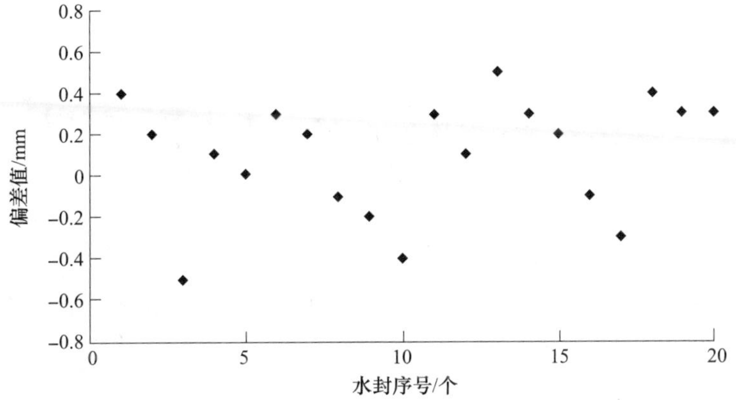		

（制图：高祎超；时间：2018 年 3 月 20 日）

确认结果	测量 20 个水封的尺寸并与标准值进行对比绘制散点图，发现尺寸精度均达标	结论	非要因

（六）要因确认六

确认内容	轧辊迷宫位置存在锈蚀	确认人	王丹辉
确认时间	2018 年 3 月 25 日	确认地点	生产准备作业区
确认方法	现场检查	确认标准	轴承座装配后与轧辊配合位置的迷宫处存在锈蚀
确认过程	 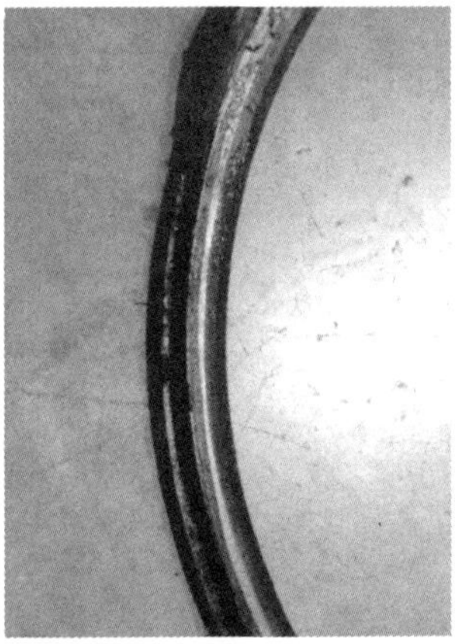		
确认结果	轧辊迷宫处存在锈蚀、粘钢及油泥等现象，而且水封接触位置有一圈 3mm 左右的亮印，且有深度，会造成水封异常损坏，引起轴承座进水	结论	要因

（七）要因确认七

<table>
<tr><td>确认内容</td><td>轴承座近辊侧压盖无密封</td><td>确认人</td><td colspan="2">王丹辉</td></tr>
<tr><td>确认时间</td><td>2018 年 3 月 18 日</td><td>确认地点</td><td colspan="2">生产准备作业区</td></tr>
<tr><td>确认方法</td><td>图纸及现场检查</td><td>确认标准</td><td colspan="2">轴承座与轧辊存在装配公差，形成 2mm 的缝隙，轴承座无密封，乳化液、冷却水会从此缝隙进入轴承座</td></tr>
<tr><td>确认过程</td><td colspan="4">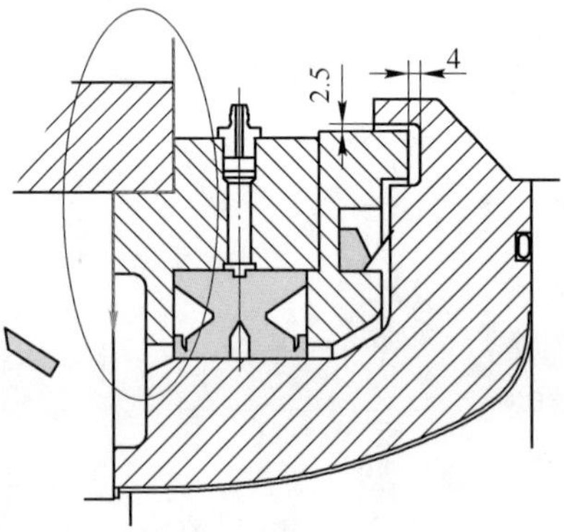 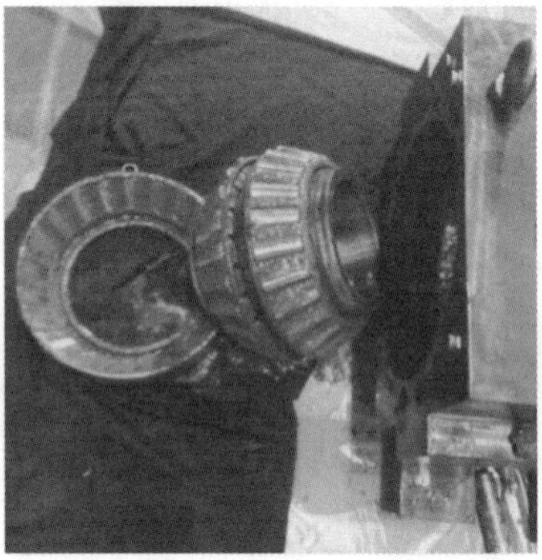</td></tr>
<tr><td>确认结果</td><td colspan="2">确认图纸发现轴承座近轧辊侧压盖无密封，水会由浅灰色箭头方向进入轴承，造成油品乳化，右图为打开后照片，进水严重</td><td>结论</td><td>要因</td></tr>
</table>

（八）要因确认八

<table>
<tr><td>确认内容</td><td>近辊侧压盖紧固不到位</td><td>确认人</td><td>程入川</td></tr>
<tr><td>确认时间</td><td>2018 年 3 月 20 日</td><td>确认地点</td><td>生产准备作业区</td></tr>
<tr><td>确认方法</td><td>图纸及现场检查</td><td>确认标准</td><td>近辊侧压盖预紧力≥86kN</td></tr>
<tr><td>确认过程</td><td colspan="3">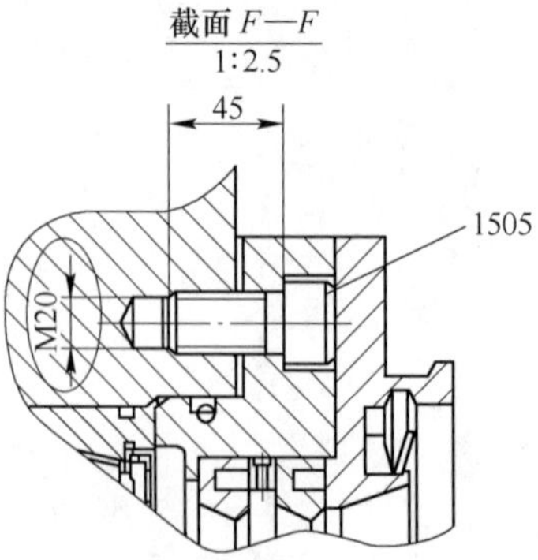
<table>
<tr><td colspan="5">螺栓扭矩　(不适用于地脚螺栓)
SCREW TORQUES (Not for foundation bolts)</td></tr>
<tr><td rowspan="3">螺栓
SCREW</td><td colspan="2">预紧力 (kN)
Tightening force (KN)
等级
QUALITY</td><td colspan="2">预紧扭矩 (Nm)
Tighten. torque (NM)
等级
QUALITY</td></tr>
<tr><td>8.8</td><td>10.9</td><td>8.8</td><td>10.9</td></tr>
<tr><td colspan="4"></td></tr>
<tr><td>M 6</td><td>7</td><td>9,87</td><td>7</td><td>9,87</td></tr>
<tr><td>M 8</td><td>13</td><td>18,33</td><td>18</td><td>25,38</td></tr>
<tr><td>M 10</td><td>20</td><td>28,2</td><td>35</td><td>49,35</td></tr>
<tr><td>M 12</td><td>29</td><td>40,89</td><td>61</td><td>86,01</td></tr>
<tr><td>M 16</td><td>55</td><td>77,55</td><td>149</td><td>210,09</td></tr>
<tr><td>M 20</td><td>86</td><td>121,26</td><td>290</td><td>408,9</td></tr>
<tr><td>M 24</td><td>124</td><td>174,84</td><td>500</td><td>705</td></tr>
<tr><td>M 30</td><td>199</td><td>280,59</td><td>1004</td><td>1415,64</td></tr>
<tr><td>M 36</td><td>291</td><td>410,31</td><td>1749</td><td>2466,09</td></tr>
<tr><td>M 42</td><td>401</td><td>565,41</td><td>2806</td><td>3956,46</td></tr>
<tr><td>M 48</td><td>529</td><td>745,89</td><td>4236</td><td>5972,76</td></tr>
<tr><td>M 56</td><td>732</td><td>1032</td><td>6791</td><td>9575</td></tr>
<tr><td>M 64</td><td>969</td><td>1366</td><td>10147</td><td>14307</td></tr>
<tr><td colspan="5">上述表格不适用于已在螺栓图号旁标明扭矩规格的螺栓。
THESE SCREW TORQUES ARE NOT VALID IF A BOLT HAS ALREADY A TORQUE SPECIFICATION REMARK ON THE POS.NO.</td></tr>
</table></td></tr>
<tr><td>确认结果</td><td>现场验证螺栓预紧力均大于 86kN，满足图纸要求</td><td>结论</td><td>非要因</td></tr>
</table>

（九）要因确认九

确认内容	轴承座顶套结构缺陷	确认人	姜学亮
确认时间	2018 年 3 月 25 日	确认地点	生产准备作业区
确认方法	图纸检查及分析	确认标准	止推侧顶套与辊颈配合位置若无密封，水会沿间隙进入轴承座
确认过程	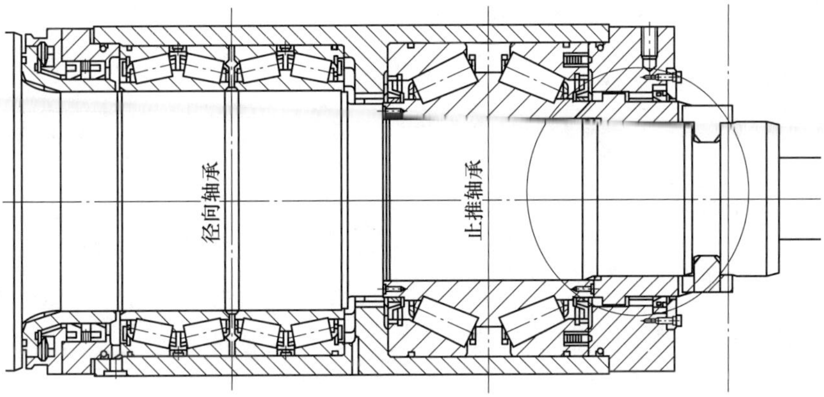		
确认结果	止推侧顶套无密封，水会沿间隙进入轴承，造成进水	结论	要因

经确认得到以下 5 条主要原因：

（1）油封材质不满足生产要求；

（2）油封结构尺寸缺陷；

（3）轧辊迷宫位置存在锈蚀；

（4）轴承座近辊侧压盖无密封；

（5）轴承座顶套结构缺陷。

七、制定对策

2018 年 3 月 30 日小组全体成员根据前面要因确认结果针对每条主要原因进行分析，利用 5W1H 法确定的可实施的具体方案，逐项制定对策，并指定了负责人及完成时间，整理得到的对策表见表 4-6。

表 4-6　对策表

序号	主要要因	对策（What）	目标（Why）	措施（How）	地点（Where）	负责人（Who）	完成日期（When）
1	油封材质不满足生产要求	改变油封材质提高耐磨及降低使用时硬度变化	油封硬度变化小于 4HSD，月损坏数量降至 3 件	与密封生产厂家结合，对胶质进行改造并试验	生产准备作业区	姜学亮	2018 年 4 月 15 日
2	油封结构尺寸缺陷						
3	轧辊迷宫位置存在锈蚀	消除轧辊迷宫位置锈蚀及粘钢等异常	磨损原因造成的水封失效降至 1 件以下	打磨清理迷宫处锈蚀，并制定打磨周期	生产准备作业区	何基伟	2018 年 4 月 14 日

续表 4-6

序号	主要要因	对策（What）	目标（Why）	措施（How）	地点（Where）	负责人（Who）	完成日期（When）
4	轴承座近辊侧压盖无密封	改善轴承座结构，增加轴承座密封	近辊侧压盖缺陷造成的进水次数降至0次	轴承座压盖增加密封胶	生产准备作业区	高祎超	2018 年 4 月 18 日
5	轴承座顶套结构缺陷		止推侧顶套缺陷造成的进水降至 0 次	止推侧顶套位置增加静密封	生产准备作业区	王丹辉	2018 年 4 月 20 日

（制表：姜学亮；时间：2018 年 3 月 30 日）

八、对策实施

（一）对策实施一

小组成员对现场使用的油封进行缺陷分析，确定油封硬度、耐磨性及尺寸方面的问题。

（1）放大观察使用 2000h 的进口油封和现使用油封的唇口，发现进口产品唇口部位无明显磨损放大后有多处亮带，磨损较轻；现产品因以磨损为主，唇口相对完好，只有一处明显亮带，油封磨损严重。

（2）测量油封硬度，发现未用件硬度（HSD）为 70~75，失效件硬度（HSD）为 90~95，使用后材质变硬。

（3）测量油封尺寸，发现唇口过盈量减小，磨损严重。

（4）根据上述测量及分析，进行了如下改造：

1）油封外径的过盈量增加到 2~3mm，使外径与内套形成紧配合；

2）油封内径的过盈量增加到 3~4mm，使内径与辊颈形成有效密封。

3）通过胶质改进，提高了油封材质的耐油性能，增加唇口的耐磨性能及回弹力。改进前后胶质性能对比见表 4-7。

表 4-7　改进前后胶质性能对比

胶　号		原油封胶料	新配方胶料
常态	邵氏硬度（HSD）	70	72
	拉伸强度/MPa	15.9	17.6
	扯断伸长率/%	410	402
热空气老化	条件	120℃，70h	120℃，70h
	硬度变化度（HSD）	12	4
	拉伸强度变化率/%	4.4	1.1
	伸长变化率/%	−30	−6.2
压缩永久变形	条件	120℃，70h	120℃，70h
	B 型试样/%	38.6	28.5

统计新材质油封使用后硬度变化情况见表 4-8，发现油封硬度变化均小于 4HSD，统计 2018 年 4~8 月消耗油封数量为 2.8 件，绘制的柱状图如图 4-11 所示，目标完成。

表 4-8　新材质油封使用后硬度变化

统计项目	油封 1	油封 2	油封 3	油封 4	油封 5
使用时间/h	203	454	861	1580	2010
使用前硬度（HSD）	72	73	72	74	72
使用后硬度（HSD）	73	73	74	75	75
硬度变化（HSD）	1	0	2	1	3

（制表：姜学亮；时间：2018 年 8 月 23 日）

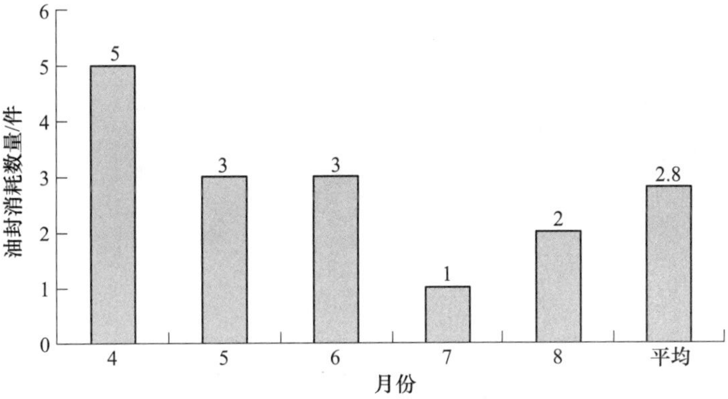

图 4-11　2018 年 4~8 月油封消耗数量
（制图：姜学亮；时间：2018 年 8 月 30 日）

（二）对策实施二

针对迷宫位置锈蚀问题，要求岗位工进行检查及打磨处理，有效减轻其对密封件磨损和因此造成的进水。并根据现场积累的经验，确定迷宫位置锈蚀打磨周期，并完善至《生产准备作业区岗位规程》中，改善前后图片如图 4-12 所示。

处理前　　处理后

图 4-12　迷宫位置处理前后对比

2018 年 4~6 月水封损坏原因统计数据见表 4-9，磨损原因造成的水封失效降至月均 1 件，目标完成。

表 4-9　2018 年 4~6 月水封损坏原因

序号	原因	频数/件
1	正常磨损	22
2	断裂	10
3	掉块	5
4	唇口磨损	3
5	其他	5

（制表：杨广亮；时间：2018 年 7 月 3 日）

（三）对策实施三

针对近辊侧压盖缺陷，确定增加密封胶的解决方案，具体增加位置如图 4-13 所示。

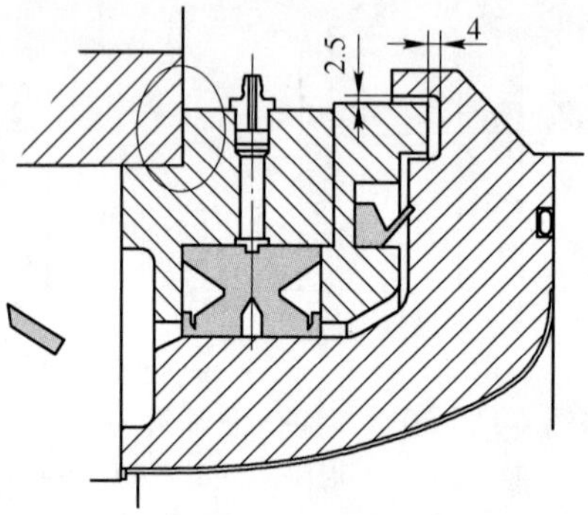

图 4-13　近辊侧压盖缺陷解决方案

（四）对策实施四

针对止推侧顶套缺陷，确定顶套增加凹槽并选择适合尺寸 O 型圈的解决方案。

对策三、四这里合并验证，根据 2017 年 8~12 月及 2018 年 4~8 月统计近辊侧及止推侧月进水次数数据绘制柱状图，如图 4-14 所示，可以看到近辊侧月进水次数由 2. 25 次降至 0 次，止推侧月进水次数由 1. 5 次降至 0 次，目标完成。

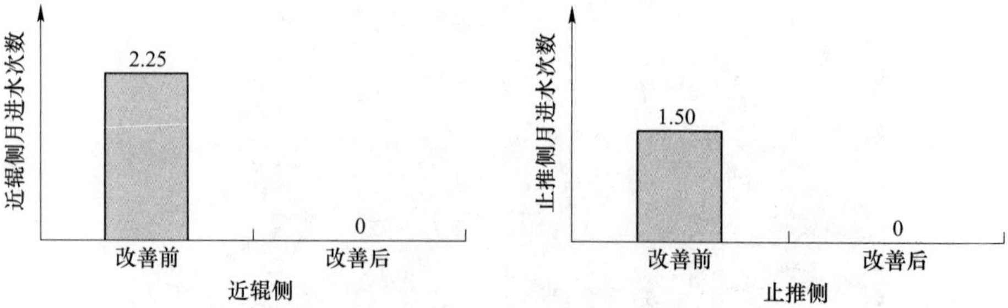

图 4-14　改善前后近辊侧及止推侧月进水次数对比

（制图：王丹辉；时间：2018 年 9 月 8 日）

九、效果检查

小组成员在工作中不断的摸索、发现和解决引起造成干油润滑轧辊轴承座进水的因素，通过制定了一系列改进措施，并逐项进行了实施，取得了良好的效果。

（一）效果检查

统计 2018 年 4~8 月干油润滑轧辊轴承座进水次数，见表 4-10，月进水次数由改善前的 7 次降为 1 次，小于每月 2 次的目标，完成目标，有效降低了干油润滑轧辊轴承座进水频次。

表 4-10　2018 年 4~8 月干油润滑轧辊轴承座进水次数

统计项目	4 月	5 月	6 月	7 月	8 月	平均数量
进水次数/次	2	1	1	0	1	1

（制表：姜学亮；时间：2018 年 9 月 15 日）

根据检查期数据再次绘制帕累托图，如图 4-15 所示，可以发现：

（1）原进水问题症结 1 密封件损坏百分比由 48. 8%降至 12. 5%；

（2）原进水问题症结 2 近辊侧问题及症结 3 止推侧问题均已消除，降至 0%；

（3）原进水问题症结均已得到有效控制。

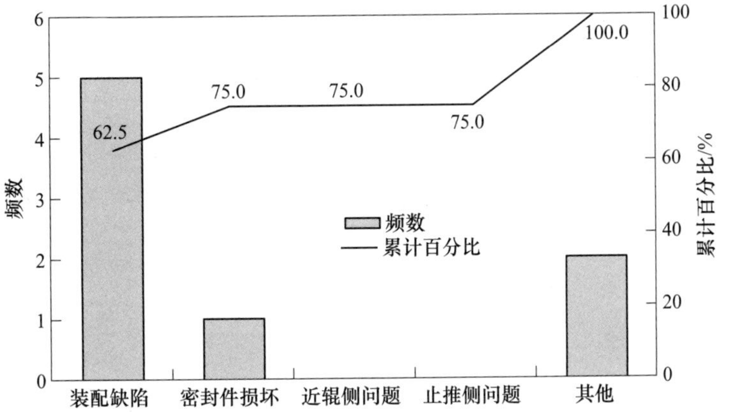

图 4-15　效果验证帕累托图

（制图：姜学亮；时间：2018 年 12 月 18 日）

（二）经济效益

（1）按人工时 20 元/h 计算，每套轴承检修需 16h，经统计，课题实施后每月检修次数减少 4 次，每次检修需要 4 人，年节省人工维护费：20×16×4×4×12＝6. 144 万元。

（2）轧辊轴承座油封均价为 800 元/件，月减少油封数量为 15 件，轧辊轴承座水封均价为 200 元/件，月减少油封数量为 18 件，年效益：（800×15+200×18）×12＝15. 84 万元。

（3）通过本课题措施的实施，结合平行企业实际生产轴承使用情况估算轴承使用寿命延长为原来的 1. 3 倍，计算每年平均效益 223. 54 万元。

（4）改造及密封件试用调试造成的成本消耗总计为 10. 21 万元。

共计 6. 144 万+15. 84 万+223. 54 万−10. 21 万=235. 314 万元。

（三）社会效益

经过小组活动，不仅降低密封件损耗，同时降低干油润滑轧辊轴承座进水频次，消除了轴承座异常检修次数，提高了轧辊轴承使用寿命。通过活动解决了轧辊轴承实际生产中的问题，制定实施了合理的管理措施，为我国同类企业减少事故、优化管理、稳定生产、降低成本及充分发挥设备作用探索出可借鉴的成功经验。

十、巩固措施

（一）标准化

为了使活动成果能有效保持，小组成员将轧辊迷宫位置锈蚀处理及周期和密封检查等措施完善到《生产准备作业区岗位规程》（GQQC-ZB-GW-01）中，完善情况如图 4-16 所示，使这些行之有效的措施得以固化执行。

大分类	中分类	小分类	活页号
作业控制	轧辊/轴承座装配	工作辊轴承/轴承座装配后质量检查	TL2-ZB-03-05-02
编制人/日期	**审核人/日期**	**批准人/日期**	**修改状态**
何基伟/2015. 10. 25	刘伟/2015. 10. 29	赵金明/2015. 11. 1	1. 1

工作辊轴承/轴承座装配后质量检查

1. 作业过程

1.1. 轧辊轴承座装配后必须进行质量检查，确保向机组提供无缺陷的轧辊套件。质量检查的内容包括：

1.1.1 工作辊配对辊径差是否在规定范围内。

1.1.2 卡环或环螺母的紧固螺栓是否拧紧；连退/镀锌轴承座滚轮螺栓是否紧固，滚轮有否损坏

1.1.3 工作辊扁头是否有拉毛，如有毛刺必须进行打磨修理

1.1.4 紧固轴承座各种衬板的螺钉是否有松动，有否凸出衬板表面；酸轧工作辊轴承座内悬支撑架螺栓是否松动，尼龙滑板是否完好。

1.1.5 检查轴承座加油嘴是否完好。

1.1.7 检查轴承座外观是否干净，如有油污应擦干净。

1.1.8 检查要传动的工作辊扁头是否垂直。

1.1.9 检查轴承密封及水封是否有损坏或老化。

1.1.10 检查轴承润滑油脂是否有融化滴漏现象。

1.1.11 密封、衬板和传动的扁头上是否已涂油

1.1.12 轴承座内油品使用情况是否良好，是否缺油，需要时适量补注油脂。连退/镀锌的工作辊轴承座每次更换轧辊均需补注油脂。

2. 异常情况处理

无

3. 其它相关要求

轧辊吊运时钢丝绳须挂至在轧辊台阶处；组装轴承座后的轧辊钢丝绳须挂至在轴承座卡环台阶处，但须注意连退中间辊轴承座须挂至在轧辊两端的凹槽内。

大分类	中分类	小分类	活页号
作业控制	轧辊/轴承座装配	工作辊/中间辊轴承座装配	TL2-ZB-03-05-01
编制人/日期	**审核人/日期**	**批准人/日期**	**修改状态**
何基伟/2015. 10. 25	刘伟/2015. 10. 29	赵金明/2015. 11. 1	1. 1

工作辊/中间辊轴承座装配

1. 装配作业

1.1 用角布擦净工作辊所要装轴承座辊颈处，不允许在辊颈上留有颗粒杂质，如辊颈有拉毛情况必须进行修正，并在辊颈及轴承座内圈均涂上轴承用润滑油脂。注意涂抹油脂所用的手套必须与工作用的手套专门区分开来，防止杂质被带进轴承中。

1.2 轴承座需检查油封、水封；轧机中间辊/工作辊轴承座需检查检查轴承中间的密封环。

1.3 将要装配的轴承座吊到工作辊/轴承座拆装小车平台上。一般尽量使用上次拆卸后的轴承座直接进行再次装配。检查并确保轴承内孔是否有划伤以及清洁状况。

1.4 轴承座装配前应检查其润滑情况，根据实际情况适量补注油脂。

连退镀锌工作辊轴承座 8-12 天为周期进行补油，点检员安排轴承座补油计划，一套轴承座补油记 1 分，各班装辊人员根据计划使用专用加油小车对轴承座进行补油，补油标准为：同侧两个加油嘴要求顶出约一厘米新油，另一个加油嘴要求轴承中间顶出新油，补油情况拍照并微信发给点检员做记录；加油小车加油由点检员负责，操作工禁止打开加油小车桶盖。

1.5 在密封水封唇口等密封接触面上适当涂抹少量油脂。

1.6 用拆装小车进行工作辊/中间辊轴承座的装配

1.6.1 拆装小车使用前须检查油箱的油位以及油管、接头是否有漏油。

1.6.2 按拆装小车的启动按钮，小车油泵开始运转。

1.6.3　操作小车横移开关，将平台上装有轴承座的拆装小车横移到放置待装配工作辊的辊架位置。小车横移时必须注意：

小车平台要后移，防止碰撞路经辊架上的其它轧辊的轴承座。

小车横移方向没有人和物件阻挡。

人员必须站立在操作平台上进行操作。

小车移动时人员不准上下小车。

1.6.4 操作小车平台升降和横移开关，将轴承孔对准工作辊辊颈。

图 4-16　措施标准化文件

（二）巩固期效果

巩固期间我作业区干油润滑轧辊轴承座进水次数明显减少并保持稳定，密封备件消耗量减少，备件成本降低，保障了生产稳定运行。小组统计了 9~11 月干油润滑轧辊轴承座

进水次数，见表 4-11。

表 4-11　2018 年 9~11 月干油润滑轧辊轴承座进水次数

统计项目	9 月	10 月	11 月	平均数量
进水次数/次	0	1	0	0.33

（制表：姜学亮；时间：2018 年 11 月 5 日）

十一、总结及下一步打算

（一）总结

（1）小组成员 QC 知识明显提升，掌握了分层法、因果分析法级头脑风暴法等方法解决问题的能力，提升了排列图、柱状图、饼状图、趋势图及雷达图等工具的运用水平。

（2）小组成员在质量意识、合作精神、独立思考和集体解决问题能力、对 PDCA 循环法的掌握等方面得到很大的提高。

（3）根据小组成员自我评价绘制的雷达图如图 4-17 所示。

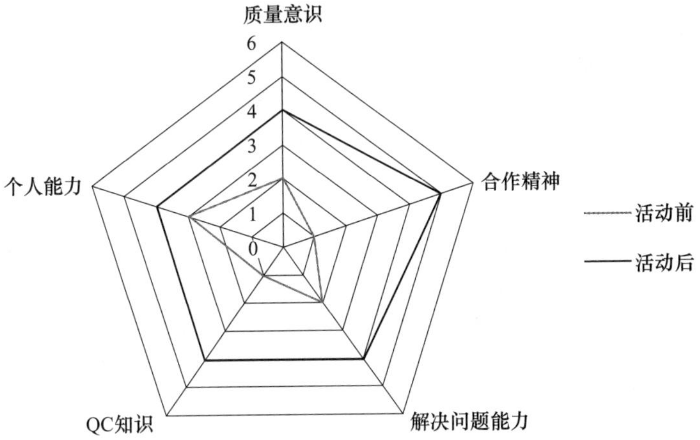

图 4-17　活动前后小组成员雷达图
（制图：姜学亮；时间：2018 年 11 月 15 日）

（二）下一步打算

本次活动解决了干油润滑轧辊轴承座进水问题，酸轧支撑辊轴承座为稀油润滑，在生产中也常出现进水现象，小组成员进行推广时，由于润滑方式不同，解决效果并不明显，需进一步研究。因此小组选定下一阶段课题为《降低酸轧支撑辊轴承座进水频次》。

案例 5　降低耐候钢 SPA-H 板坯加热烧损率

首钢京唐钢铁联合有限责任公司

刘瑞光

一、小组及课题概况

热轧 1580 产线 QC 小组成立于 2018 年 10 月，活动时间从 2018 年 10 月至 2019 年 4 月，属于攻关型 QC 小组，现有 QC 小组成员 10 人，小组成员情况如表 5-1 所示。

表 5-1　QC 小组概况

小组名称	热轧 1580 产线 QC 小组		
活动课题	降低耐候钢 SPA-H 板坯加热烧损率		
成立日期	2018 年 10 月 18 日	课题类型	攻关型
组长	刘瑞光	发布人	刘瑞光
活动时间	2018 年 10 月~2019 年 4 月	小组成员	10 人

小组成员信息及分工

序号	姓名	性别	工种/文化程度	职称/职务	QC 小组分工
1	刘瑞光	男	硕士	轧钢专业工程师	组织项目实施、搜集建议、制定措施
2	张建华	男	本科	首席作业长	生产管理
3	何志钢	男	技校	加热炉组长	制定措施、组织和监控措施执行
4	郭义超	男	本科	加热炉操作	讨论、提出建议、执行措施
5	石晓磊	男	本科	操作班长	制定措施、组织和监控措施执行
6	张斌	男	大专	粗轧操作	讨论、提出建议、执行措施
7	郑志斌	男	本科	粗轧操作	讨论、提出建议、执行措施
8	张晓科	男	本科	粗轧操作	讨论、提出建议、反馈 RDT 温度控制情况
9	郝立伟	男	本科	粗轧操作	讨论、提出建议、反馈 RDT 温度控制情况
10	王浩	男	本科	粗轧操作	讨论、提出建议、反馈 RDT 温度控制情况

二、课题选择

提高收益，是企业求得生存和持续发展的根本保障；降低成本，成为企业生产经营的永恒管理主题。为了响应公司及热轧部降本增效的要求，我们将攻关方向定为“提高成材率”。小组统计了 1580 轧线 2018 年上半年成材率损失构成如图 5-1 所示，得出烧损率占 65.7%，因此本课题选择降低板坯加热烧损率作为研究方向。

通过统计对比 1580 产线不同钢种的烧损率如图 5-2 所示，得出高强钢的烧损率在

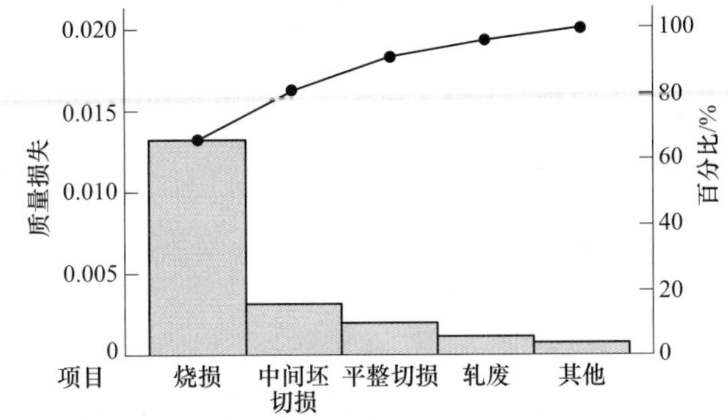

质量损失	0.01320	0.00310	0.00198	0.00106	0.00075
百分比/%	65.7	15.4	9.9	5.3	3.7
累计百分比/%	65.7	81.1	91.0	96.3	100.0

图 5-1　1580 轧线 2018 年上半年成材率损失构成图

1580 生产的所有钢种中高强钢烧损率为 1. 73%，比低碳钢和超低碳钢明显高很多，之后进一步分析了高强钢产量构成，如图 5-3 所示，其中耐候钢（钢种：SPA-H）生产占比最大，达到 74. 5%，因此选择 SPA-H 作为降低烧损率研究对象。

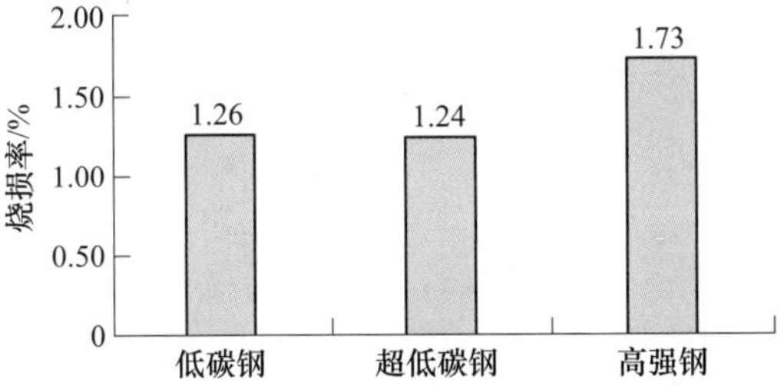

图 5-2　1580 产线不同钢种烧损率对比

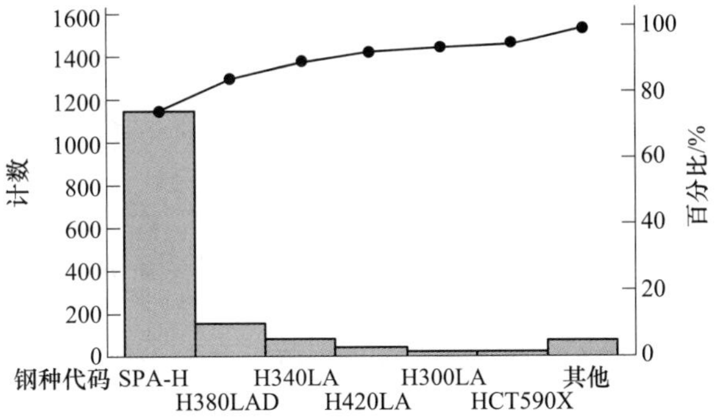

计数	1144	154	79	41	23	19	75
百分比/%	74.5	10.0	5.1	2.7	1.5	1.2	4.9
累计百分比 %	74.5	84.6	89.7	92.4	93.9	95.1	100.0

图 5-3　高强钢钢种产量构成图

三、现状调查

（一）工艺流程分析

对板坯生产做了时间分析如图 5-4 所示，板坯加热时间约 3. 5h，而轧制时间仅 8min，因此将研究范围锁定在板坯加热阶段。板坯加热分为预热段、一加热段、二加热段和均热段。

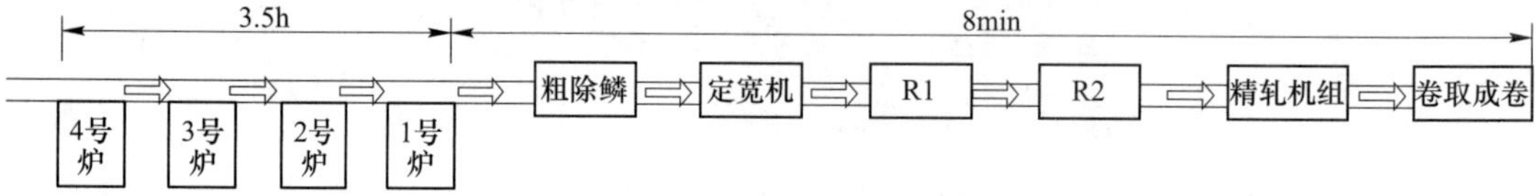

图 5-4　板坯生产时间分析

（二）耐候钢与其他钢对比

2018 年 10 月耐候钢产量 5. 2 万吨，占总生产量近 20%，小组统计对比了 2018 年 10 月耐候钢 SPA-H 与其他钢种平均在炉时间和平均出炉温度，如图 5-5 和图 5-6 所示，由图可知，耐候钢平均在炉时间较其他钢种多 33min，平均出炉温度较其他钢种高 71℃。

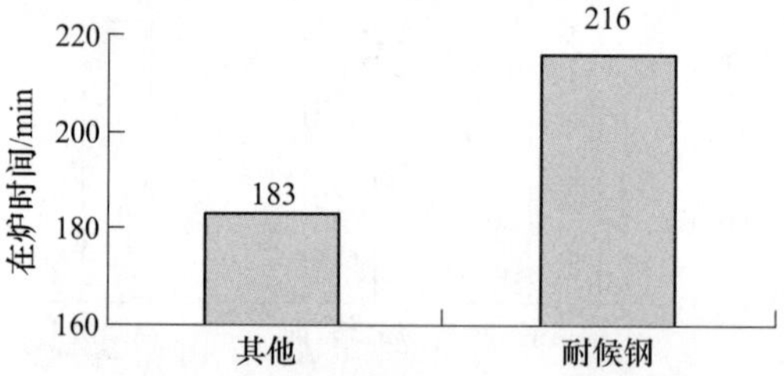

图 5-5　耐候钢平均在炉时间与其他钢种对比图

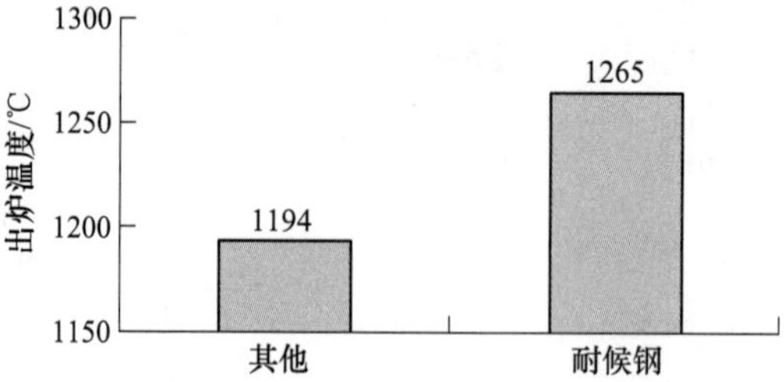

图 5-6　耐候钢平均出炉温度与其他钢种对比

（三）耐候钢加热过程参数对比

小组成员张斌对 2018 年 10 月轧制的 SPA-H 分规格统计过程温度控制情况，如表 5-2 所示，由表可知各阶段段末温度波动较大，其中一加热段段末温度，最高值与最低值相差 300℃左右。

表 5-2　2018 年 10 月耐候钢分规格加热过程温度控制

规格	一加热段段末温度/℃		二加热段段末温度/℃		均热段段末温度/℃	
	最小值	最大值	最小值	最大值	最小值	最大值
$h\leq2.0$	887	1206	1115	1278	1255	1299
$2.0<h\leq3.0$	887	1174	1114	1270	1240	1299
$h>3.0$	835	1125	1079	1244	1199	1289

（四）不同规格耐候钢烧损率对比

2018 年 10 月生产的 SPA-H，按照成品厚度 3 个规格各取 100 块，统计对比了加热时间和烧损率情况，如图 5-7 和图 5-8 所示，得出成品厚度越薄，所需出炉温度越高，所需加热时间也越长，对应的烧损率越高。

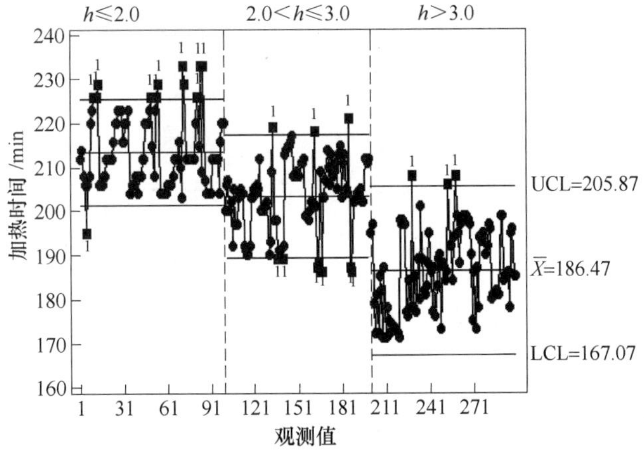

图 5-7　耐候钢各规格加热时间对比控制图

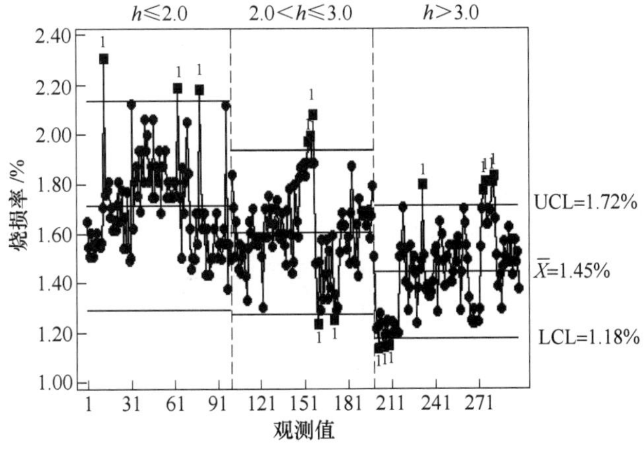

图 5-8　耐候钢各规格烧损率对比控制图

四、目标设定

小组成员张斌搜集了 150 卷 2018 年 10 月薄规格（厚度 1.6mm）耐候钢加热时间和温度临近技术通知单下限，即出炉温度（1260℃±5℃）和在炉时间（190min），统计烧损率情况如图 5-9 所示，平均烧损率为 1.597%，因此，把耐候钢烧损率目标设定为 1.6%是可行的，如图 5-10 所示。

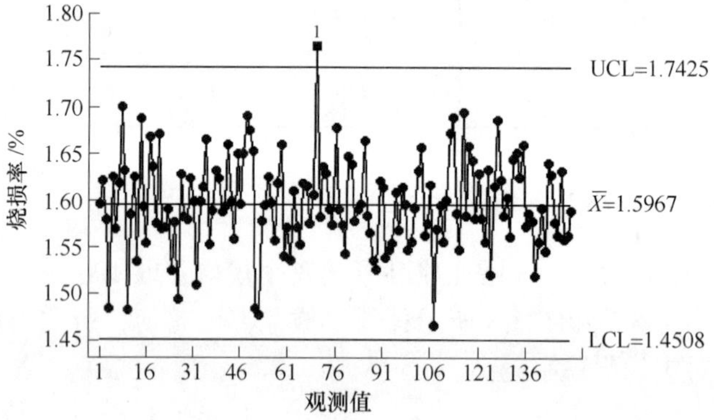

图 5-9　1.6mm 耐候钢加热温度和时间临近技术通知单下限烧损率情况

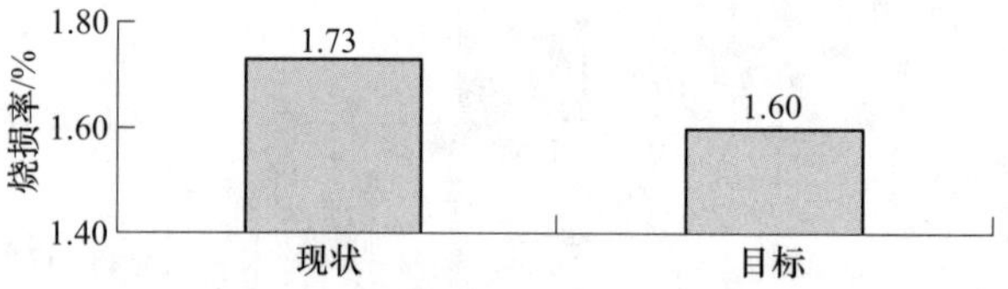

图 5-10　降低耐候钢烧损率目标值

五、活动计划

为了保证课题的进度和质量，制订了活动计划表，如表 5-3 所示。

表 5-3　活动计划表

项目		负责人	2018 年 10 月	2018 年 11 月	2018 年 12 月	2019 年 1 月	2019 年 2 月	2019 年 3 月	2019 年 4 月
P	课题选择	刘瑞光							
	目标设定	张斌							
	现状调查	石晓磊							
	要因分析	郭义超							
	制定对策	何志钢							
D	对策实施	郭义超							
C	效果确认	郑志斌							
A	巩固措施	何志钢							

注：- - -→计划进度；——→实际进度。

六、原因分析及要因确认

（一）原因查找

针对影响烧损的可能影响因素，通过头脑风暴法，制作鱼骨图如图 5-11 所示，按照人、机、料、法、环、测共找到了 34 个末端原因。

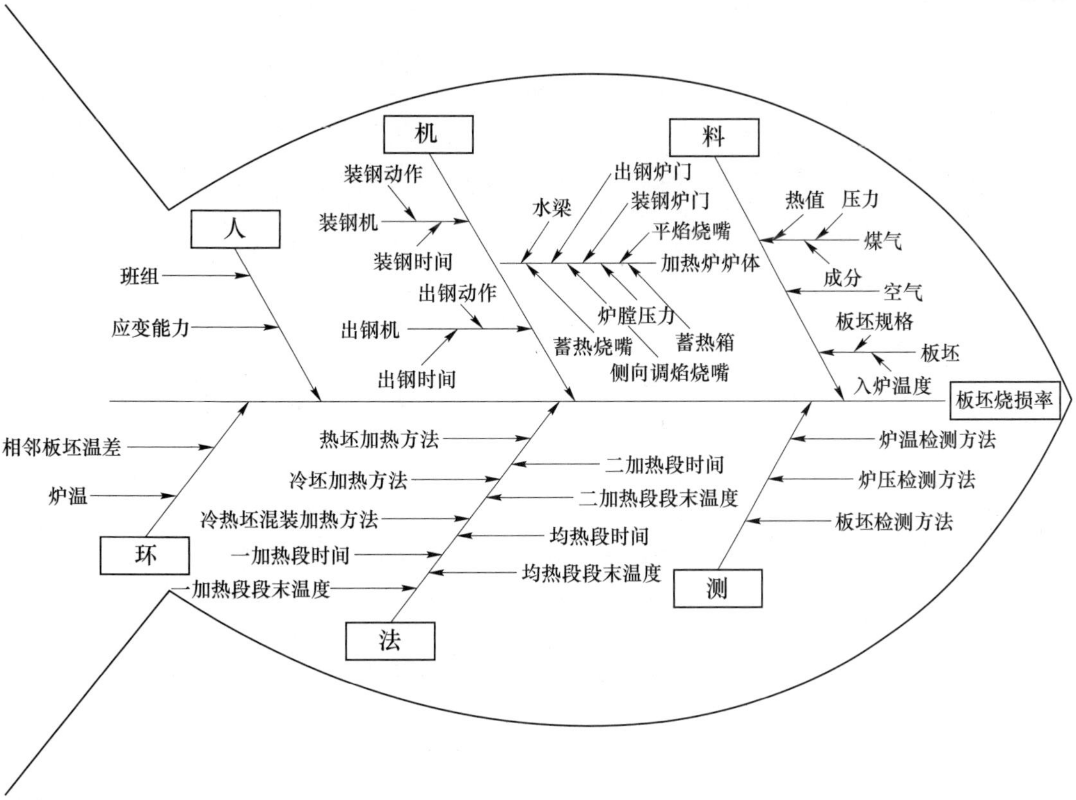

图 5-11　影响耐候钢板坯烧损率因素鱼骨图

（二）因子筛选

对以上 34 个因子进行打分，如表 5-4 所示，最终选出得分大于 10 分的 9 个末端因子需重点确认。

根据搜集到的 9 项因子，制定了要因确认表，如表 5-5 所示，其中各阶段加热时间及温度控制用回归模型验证。

表 5-4 因子筛选团队打分表

分类	第一层因子	第二层因子	项目团队打分	操作人员打分	累加	备注
人	加热工	班组差异	5	6	11	√
		应变能力	3	3	6	
机	装钢机	装钢动作	3	3	6	
		装钢时间	3	3	6	
	出钢机	出钢动作	4	5	9	
		出钢时间	5	4	9	
	炉体	装钢炉门	3	3	6	
		出钢炉门	3	3	6	
		水梁	3	3	6	
		平焰烧嘴	6	7	13	√
		侧向调焰烧嘴	4	3	7	
		蓄热烧嘴	3	3	6	
		蓄热箱	3	3	6	
		炉膛压力	3	2	5	
料	煤气	热值	3	3	6	
		压力	3	3	6	
		成分	4	5	9	
	空气	压力	4	3	7	
	板坯	入炉温度	3	3	6	
		板坯规格	3	3	6	
法	操作方法	热坯加热方法	3	3	6	
		冷坯加热方法	5	3	8	
		冷热混装板坯加热方法	3	3	6	
		一加热段时间	8	9	17	√
		一加热段段末温度	8	8	16	√
		二加热段时间	8	9	17	√
		二加热段段末温度	8	9	17	√
		均热时间	8	9	17	√
		均热温度	8	8	16	√
环	板坯周围环境	相邻板坯温差	7	8	15	√
		炉温	4	5	9	
测	检测方法	炉温检测方法	3	3	6	
		板坯检测方法	3	3	6	
		炉压控制方法	3	3	6	

表 5-5 要因确认表

因　子	项目团队对其影响程度打分	操作人员对其影响程度打分	累加	要因确认方法
一加热段时间	8	9	17	回归模型验证
二加热段时间	8	9	17	
二加热段段末温度	8	9	17	
均热段时间	8	9	17	
一加热段段末温度	8	8	16	
均热段段末温度	8	8	16	
相邻板坯温差	7	8	15	冷热坯混装实验
平焰烧嘴	6	7	13	关闭烧嘴实验
班组差异	5	6	11	区间图验证

（二）要因确认

1. 加热过程参数对烧钢影响因子确认

搜集加热过程参数，建立回归模型验证各阶段加热时间和温度控制对烧损的影响，如表 5-6 所示。

表 5-6　加热过程参数对烧损率的影响要因确认表

<table>
<tr><td>确认内容</td><td>板坯各阶段时间及温度对烧损的影响</td><td>确认人</td><td colspan="2">张斌</td></tr>
<tr><td>确认时间</td><td>2018 年 12 月 21 日</td><td>确认地点</td><td colspan="2">二级室</td></tr>
<tr><td>确认方法</td><td>建立回归模型，分析板坯各阶段时间及温度对烧损的影响</td><td>确认标准</td><td colspan="2">各因子变化，烧损率是否存在明显变化情况</td></tr>
<tr><td>确认过程</td><td colspan="4">应用 JMP 软件建立回归模型，查看板坯在炉时间、一加热段时间、二加热段时间、均热段时间、一加段段末温度、二加段段末温度、均热段段末温度对烧损率的影响</td></tr>
<tr><td>确认结果</td><td colspan="2">烧损率随着在炉时间、二加热段时间、一加热段段末温度、二加热段段末温度增加出现大幅度升高</td><td>结论</td><td>要因</td></tr>
</table>

2. 相邻板坯温差对烧损影响因子确认

确认相邻板坯温差对烧损的影响，如表 5-7 所示。

表 5-7　相邻板坯温差对烧损影响要因确认表

<table>
<tr><td>确认内容</td><td>相邻板坯温差影响</td><td>确认人</td><td colspan="2">张晓科</td></tr>
<tr><td>确认时间</td><td>2018 年 12 月 27 日</td><td>确认地点</td><td colspan="2">主控室</td></tr>
<tr><td>确认方法</td><td>对比统计冷热坯混装时各板坯烧损率</td><td>确认标准</td><td colspan="2">烧损率波动小</td></tr>
<tr><td>确认过程</td><td colspan="4">选取同一炉次，连续生产厚度 ≤ 2.0mm 的耐候钢，在热板坯中（$T>400$℃）插入一块冷板坯（$T=131$℃）
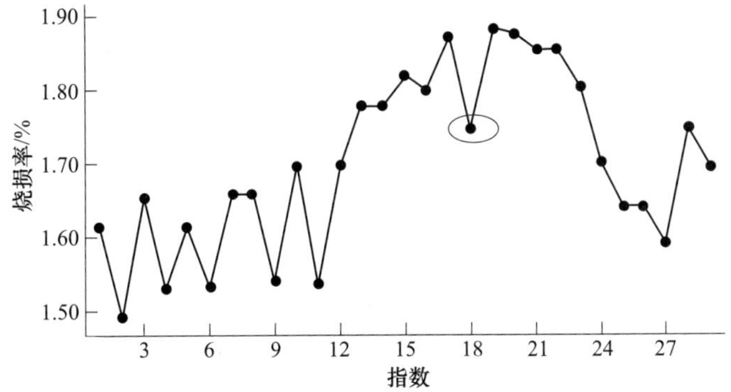

热板坯中加入冷坯烧损率趋势图</td></tr>
<tr><td>确认结果</td><td colspan="2">该板坯前后 5 块烧损率明显升高</td><td>结论</td><td>要因</td></tr>
</table>

3. 烧嘴空气换向阀密封性验证确认

确认烧嘴空气换向阀密封性对烧损的影响，如表 5-8 所示。

表 5-8　烧嘴空气换向阀密封性对烧损影响要因确认表

确认内容	烧嘴空气换向阀密封性影响	确认人	郭义超
确认时间	2018 年 12 月 28 日	确认地点	主控室
确认方法	查看炉内气氛曲线	确认标准	波动较小说明不漏气
确认过程	关闭烧嘴后状态下查看炉内气氛曲线。 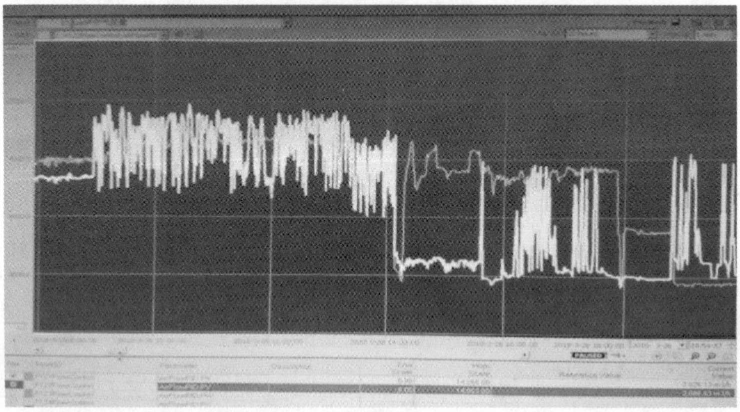		
确认结果	烧嘴空气换向阀在关闭状态下漏风的较多	结论	要因

4. 对班组烧损率差异性因子确认

确认班组差异对烧损的影响，如表 5-9 所示。

表 5-9　班组差异性对烧损影响要因确认表

确认内容	班组烧损率差异性影响	确认人	郝立伟
确认时间	2018 年 12 月 26 日	确认地点	二级室
确认方法	搜集数据统计班组烧损率差异性	确认标准	均值的 95%置信区间是否存在不重叠区域
确认过程	对不同班次生产的 SPA-H 进行调查发现，班组烧损率差异较大，班次是影响板坯烧损要因。 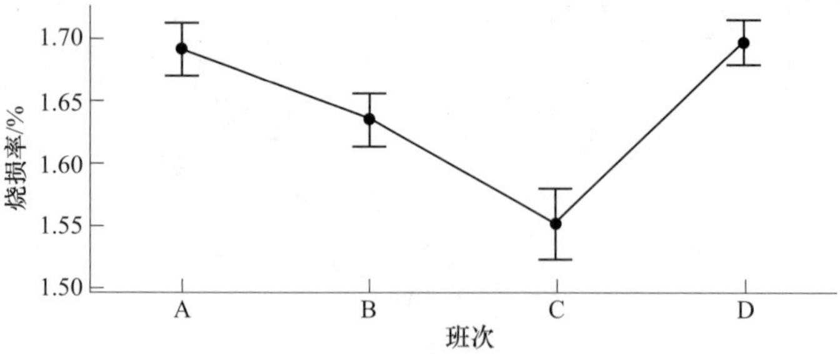 SPA-H烧损率与班次的区间图 (均值的95%置信区间，用组合标准差计算区间)		
确认结果	差异较大	结论	要因

小组成员张晓科对比分析了班组各阶段末温度控制及加热时间控制情况，如图 5-12 和图 5-13 所示，发现丙班烧损率低的原因是各阶段的温度控制相较于其他班都是最低且在均热段（也就是高温段）停留时间也是最短，与前边分析的规律一致，因此本课题把班组的差异性改善转化为规范板坯加热各阶段过程参数控制。

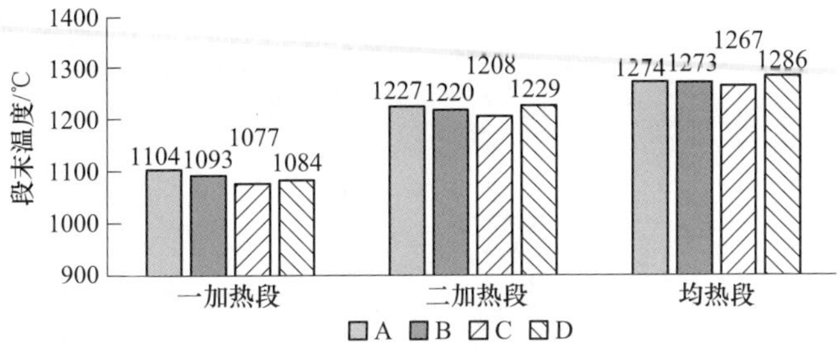

图 5-12　四班各阶段末温度参数对比

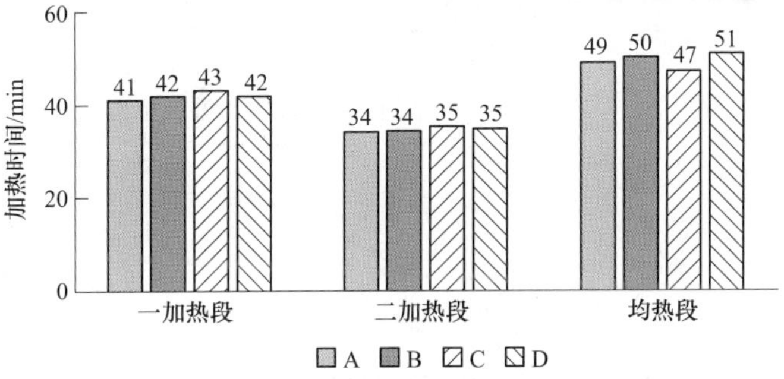

图 5-13　四班各阶段加热时间参数对比

在轧制节奏一定时，各阶段加热时间稳定，本次活动不作为要因优化，二加热段段末温度受一加热段段末温度影响，因此要因过程参数的改善可转化为降低一加热段段末温度。

七、制定对策

一加热段段末温度现状调查：按照耐候钢长轧制规格，及不同规格温度控制情况，将耐候钢按照 1.6mm、1.9mm 和>2.0mm，对一加热段段末温度数据进行统计整理，如图 5-14~图5-16 所示，为了保证一加热段段末温度可执行性，选定实际生产至少有 20%包含在

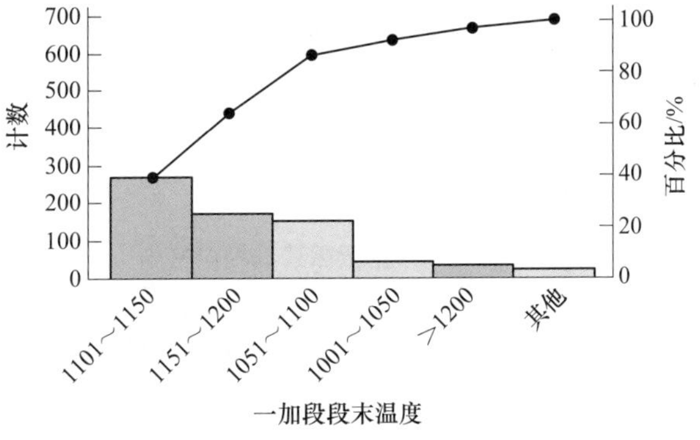

计数	268	173	152	42	32	21
百分比/%	39.0	25.1	22.1	6.1	4.7	3.1
累计百分比/%	39.0	64.1	86.2	92.3	96.9	100.0

图 5-14　厚度 1.6mm 耐候钢一加热段段末温度范围构成

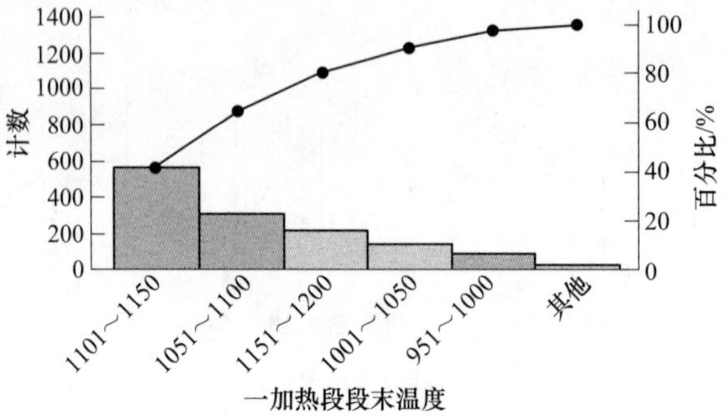

计数	571	307	214	141	93	34
百分比/%	42.0	22.6	15.7	10.4	6.8	2.5
累计百分比/%	42.0	64.6	80.3	90.7	97.5	100.0

图 5-15　厚度 1.9mm 耐候钢一加热段段末温度范围构成

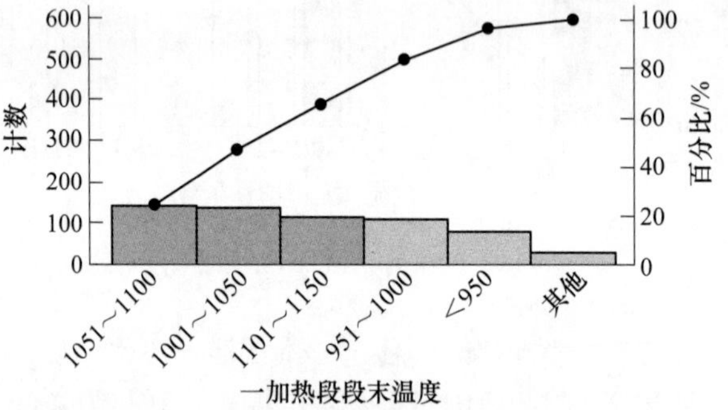

计数	142	136	114	107	75	24
百分比/%	23.7	22.7	19.1	17.9	12.5	4.0
累计百分比/%	23.7	46.5	65.6	83.4	96.0	100.0

图 5-16　厚度>2.0mm 耐候钢一加热段段末温度范围构成

此温度范围内，且至少 50%钢超过这个范围，将该范围定为目标范围，得出：

（1）1.6mm 厚 SPA-H，目标温度 $T_1 \leqslant 1100$℃；

（2）1.9mm 厚 SPA-H，目标温度 $T_2 \leqslant 1050$℃；

（3）厚度>2.0mm，目标温度 $T_3 \leqslant 1000$℃。

针对一加热段段末温度影响、烧嘴空气换向阀影响、相邻板坯温差影响这三个要因，按照“5W1H”方法制定了如表 5-10 所示的措施。

表 5-10　主要因素与相应措施

序号	要因	对策	措施	目标	负责人	完成日期	实施地点
1	一加热段段末温度影响	分规格降低耐候钢一加热段段末温度控制	通过调节预热段和一加热段烧嘴数量来调节预热段和一加热段炉温，从而控制一加热段段末温度	厚度 1.6mm，$T_1 \leqslant$ 1100℃； 厚度 1.9mm，$T_2 \leqslant$ 1050℃； 厚度≥2.0mm，$T_3 \leqslant$ 1000℃	何志钢	2019 年 1 月 15 日	加热炉操作室

续表 5-10

序号	要因	对策	措施	目标	负责人	完成日期	实施地点
2	烧嘴空气换向阀影响	规范快切阀及流量调节阀检查、清理及更换周期	快切阀密封每班检查 1 次，6 月清理 1 次，3 年更换；空气流量调节阀每班检查一次，2 年更换	密封良好，炉内气氛稳定	郭义超	2019 年 1 月 12 日	加热炉操作室
3	相邻板坯温差影响	板坯入炉时减少冷热坯混装频次	板坯入炉时同炉次集中装冷坯和热坯	同炉次内，冷热坯的连续数量至少 7 块以上才能过渡	张斌	2019 年 1 月 15 日	加热炉操作室

八、对策实施

（一）控制一加热段段末温度控制措施

针对一加热段段末温度，通过实验摸索出措施，如表 5-11 所示，即通过控制预热段炉温和烧嘴数量及一加热段炉温和烧嘴数量。

表 5-11　不同规格耐候钢一加热段段末温度控制措施表

钢种/规格	一加热段段末温度目标/℃	入炉方式	预热段炉温/℃	预热段烧嘴/对	一加热段炉温/℃	一加热段烧嘴	板坯预热段段末温度/℃
1.6mm 厚 SPA-H	≤1100	冷装<400℃	≤1120	2	≤1260	全开	≤850
		热装≥400℃	≤1100	2 对	≤1240	全开	≤850
1.9mm 厚 SPA-H	≤1050	冷装<400℃	≤1100	2	≤1240	全开	≤800
		热装≥400℃	≤1050	1	≤1230	全开	≤800
厚度>2.0mm SPA-H	≤1000	冷装<400℃，基本没有热装	≤1050	≤2	≤1220	全开	≤700

调整预热段炉温和烧嘴数量及一加热段炉温和烧嘴数量后，统计了各规格 SPA-H 的一加热段段末温度控制情况，如图 5-17～图 5-19 所示，由图可知一加热段段末温度得到有效改善。

（二）烧嘴空气换向阀因子改善效果

规范烧嘴空气换向阀检查及更换周期后，对比烧嘴密封性的控制情况，如表 5-12 所示，可知烧嘴密封性得到有效改善。

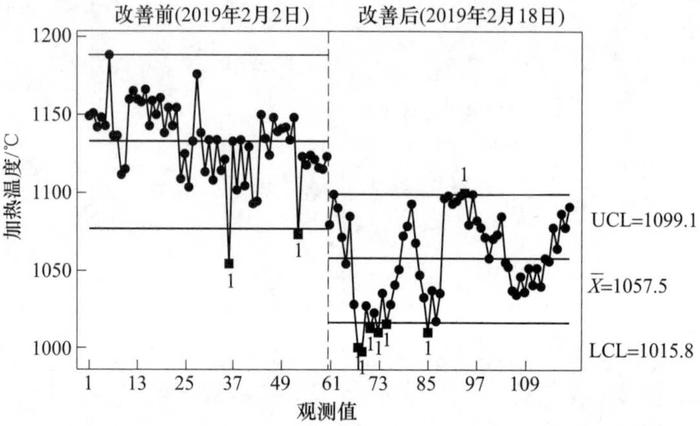

图 5-17　措施实施前后 1. 6mm 耐候钢一加热段段末温度控制效果

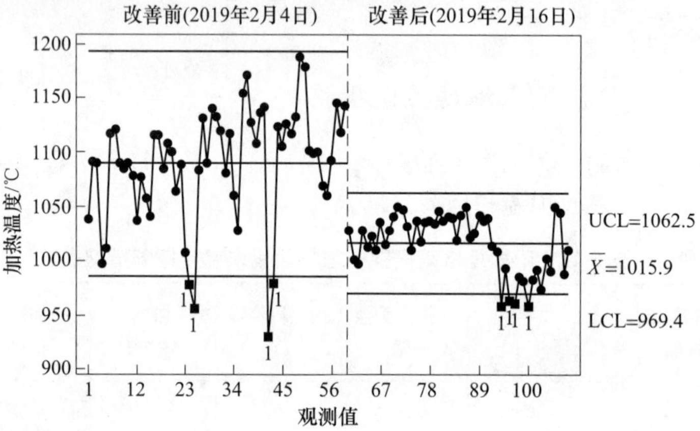

图 5-18　措施实施前后 1. 9mm 耐候钢一加热段段末温度控制效果

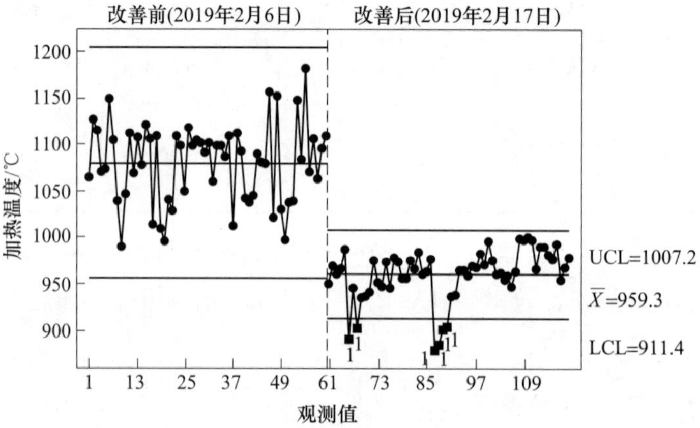

图 5-19　措施实施前后厚度>2. 0mm 耐候钢一加热段段末温度控制效果

表 5-12　烧嘴密封性改善情况

改善点	（1）1~3 号加热炉在线修复了 106 个快切阀； （2）1~3 号加热炉所有空气流量调节阀更换密封
改善时间	2019 年 2 月 15 日
改善前	改善后
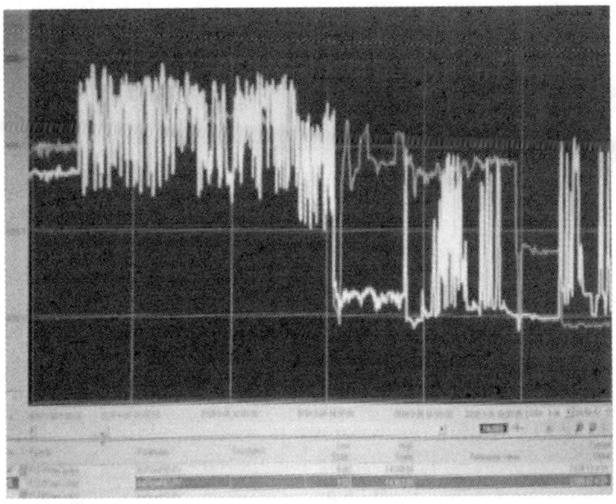	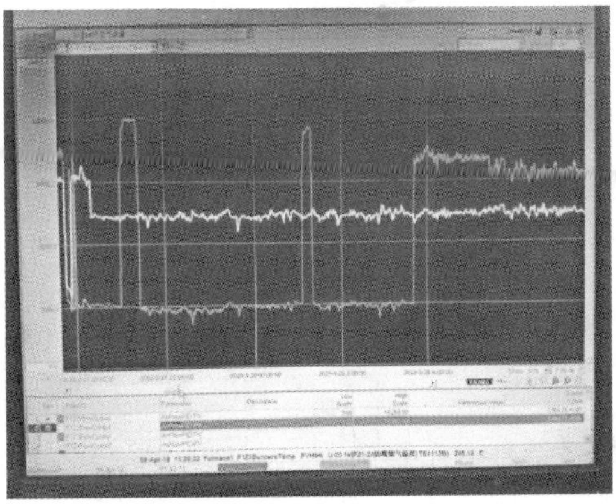
改善效果	关闭烧嘴后状态下，炉内气氛曲线稳定

（三）相邻板坯温差对策实施效果

规范和实施冷热板坯混装过渡原则后，对比相邻板坯温差的改善情况，如表 5-13 所示，可知烧嘴密封性得到有效改善。

表 5-13　相邻板坯温差的改善情况

改善点	作业长审核轧制计划，加热炉班组长检查入炉板坯温度情况，双层把关减少冷热坯混装
改善时间	2019 年 2 月 18 日
改善前	改善后
	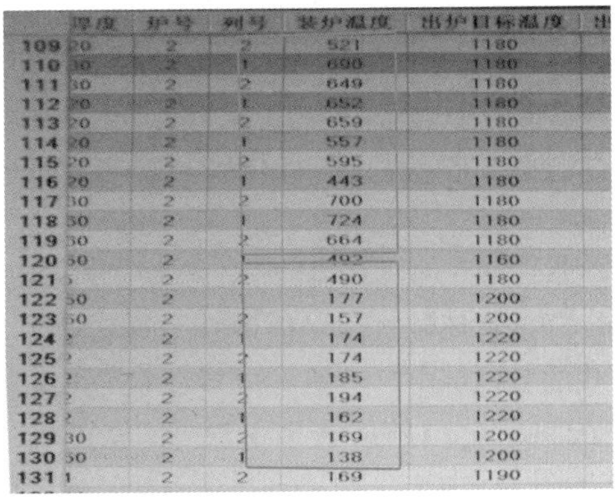
改善效果	改善后冷热坯混装明显减小，直装板坯供料不足时，同炉次插入>7 块板坯

改善前：

规格	成品厚度	炉号	列号	装炉温度	出炉目标温度	出
237*1400*9500	2.30	4	2	454	1200	
237*1400*9500	2.50	3	2	470	1200	
237*1400*9500	2.50	2	1	394	1200	
234*1400*9500	2.50	4	1	106	1200	
238*1400*10000	3	3	1	141	1200	
234*1400*9500	3.50	2	2	106	1180	
237*1400*10500	4.50	4	2	247	1200	
237*1400*10500	4.50	3	2	493	1200	
237*1400*10500	4.50	2	1	505	1200	
237*1400*10500	5	3	1	463	1200	
237*1400*10500	5	4	1	517	1200	
237*1100*9000	5.50	3	2	139	1230	
237*1400*9500	4.50	2	2	107	1180	
237*1400*9500	4.50	4	2	107	1180	
237*1050*9000	4.50	2	1	427	1180	
237*1050*9000	4.50	4	1	479	1180	
237*1050*9000	4.50	3	1	404	1180	
237*1050*9000	4.50	2	2	419	1180	
237*1050*9000	4.50	4	2	387	1180	

改善后：

	厚度	炉号	列号	装炉温度	出炉目标温度	出
109	20	2	2	521	1180	
110	30	2	1	690	1180	
111	30	2	2	649	1180	
112	20	2	1	652	1160	
113	20	2	2	659	1180	
114	20	2	1	557	1180	
115	20	2	2	595	1180	
116	20	2	1	443	1180	
117	30	2	2	700	1180	
118	30	2	1	724	1180	
119	30	2	2	664	1180	
120	50	2	1	492	1160	
121	5	2	2	490	1180	
122	50	2		177	1200	
123	50	2	2	157	1200	
124		2	1	174	1220	
125		2	2	174	1220	
126		2	1	185	1220	
127		2	2	194	1220	
128		2	1	162	1220	
129	30	2	2	169	1200	
130	50	2	1	138	1200	
131	1	2	2	169	1190	

九、效果确认

（一）指标完成情况

通过改进一加热段段末温度、烧嘴密封性及冷热坯混装，统计了 SPA-H 烧损率，发现有了明显改善，如图 5-20 所示，从 1.73%下降到 1.58%，指标达成率为 115%。

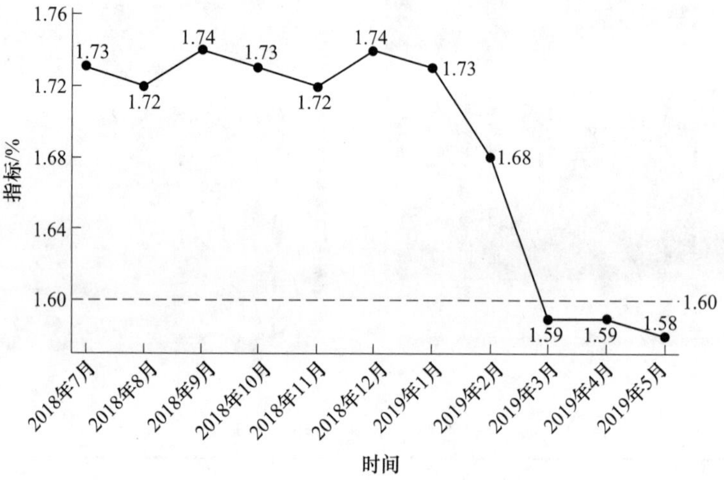

图 5-20 耐候钢烧损率指标趋势图

（二）有形成果

目前板坯价格 2500 元/t，氧化铁皮每吨 100 元，每烧损 1t 钢产生 1.43t 氧化铁皮。1580 线年耐候钢产量为 5.2 万吨×12=62.4 万吨，每年生产耐候钢为烧损量从基线水平 1.73%到目标水平 1.58%，每年减少钢材损耗：

62.4 万吨×(1.73%−1.58%) =936t；

节省板坯：936×2500=234 万元；

产生氧化铁皮量：62.4 万吨×(1.73%−1.58%)×1.43=1338.48t；

少产生铁皮合计：1338.48×100=13.38 万元；

预计年收益：234−13.38=220.62 万元。

（三）无形成果

降低板坯烧损后，板坯表面的氧化铁皮厚度降低，便于除鳞提高带钢表面质量。通过团队的共同努力，小组各成员在 QC 知识掌握、团队精神意识、分析和解决问题能力等有了显著提高，对 QC 有了更深刻的认识与领悟，提高了整体的综合素质。

十、巩固措施/标准化

经确认后改进措施效果明显，将制定的措施固化到文件中，如表 5-14 所示。

表 5-14　降低耐候钢板坯烧损率措施固化

序号	要因	控制标准	对应文件	抽样频率	控制方法	负责人
1	一加热段段末温度影响	厚度 1.6mm，$T_1 \leqslant 1100℃$；厚度 1.9mm，$T_2 \leqslant 1050℃$；厚度≥2.0mm，$T_3 \leqslant 1000℃$	《AP59703R（SPA-H）热轧控制计划参数表》	次/辊期	控制预热段及一加热段的炉温及烧嘴打开数量	刘瑞光
2	烧嘴空气换向阀影响	保证烧嘴空气换向阀密封良好：快切阀每班检查 1 次，6 月清理一次，3 年更换；空气流量调节阀密封每班检查一次，2 年更换	《热轧作业部主轧线过钢通道设备功能精度管理规定》	次/班	《过钢通道检查表》	何志钢
3	相邻板坯温差影响	板坯入炉时同炉次集中装冷坯和热坯。同炉次内，冷热坯的连续数量至少 7 块以上才能过渡	《热轧生产计划排成规则》	次/块	作业长接班审核计划，加热炉班长监控板坯入炉状态	四班作业长

活动总结/持续改进：

经过这次 QC 活动，耐候钢板坯烧损率到 1.58%达到了预计目标。提高了烧钢工艺控制水平，小组成员在活动中也得到锻炼，活动前后的评价如表 5-15 所示，对应雷达图如图 5-21 所示。

表 5-15　活动前后自我评价表

序号	项目	自我评价	
		活动前	活动后
1	QC 知识	★★	★★★★
2	个人能力	★★★	★★★★★
3	分析问题的能力	★★★	★★★★
4	解决问题的能力	★★★	★★★★★
5	实际操作能力	★★	★★★★
6	团队精神	★★★	★★★★

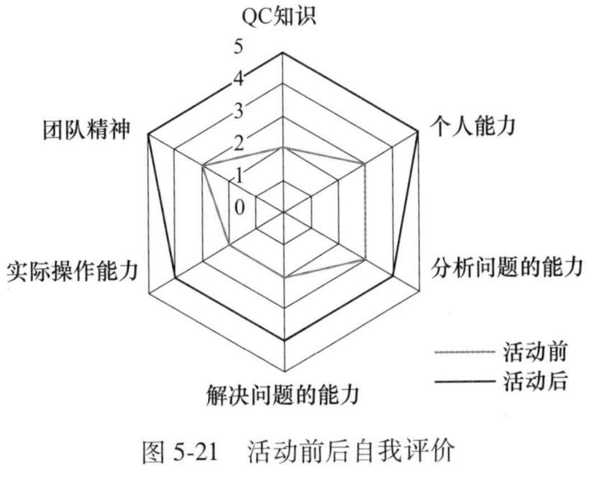

图 5-21　活动前后自我评价

掌握了 QC 先进工具，学会利用统计分析工具对数据进行分析。

学会了如何科学、全面地分析解决问题，提高了分析和解决问题的能力。

充分发挥团队中各成员的积极性，提高了攻关协作的能力。

十一、下一步计划

基于本次活动取得的经验和心得，小组成员将深入遵循 PDCA 循环方法，继续开展如下分析。

（1）在本次 QC 改进的基础上，继续深入分析各规格耐候钢一加热段段末温度范围构成，尝试继续降低一加热段段末温度。

（2）按照耐候钢的一加热段段末温度控制方法尝试对普通低碳钢、超低碳钢、高强钢等进一步分析研究，降低 1580 产线所有产品的加热烧损率。

案例6　降低390mm×300mm规格H型钢表面裂纹率

河北津西钢铁集团股份有限公司

叶高旗　纪广胜

一、小组简介

河北津西钢铁集团股份有限公司技术中心QC小组成立于2016年2月，本课题活动时间从2017年7月至2018年7月，属于现场型QC小组，现有QC小组成员9人，小组成员情况见表6-1。

表6-1　小组概况

序号	姓名	性别	年龄	小组职务	文化程度	技术等级或职务	备注
1	叶高旗	男	41	组长	研究生	工程师	
2	马永福	男	35	副组长	本科	工程师	
3	纪广胜	男	36	副组长	本科	工程师	
4	马云飞	男	36	组员	本科	工程师	
5	韩小强	男	37	组员	本科	工程师	
6	温小杰	男	31	组员	本科	助理工程师	
7	纪建华	男	40	组员	本科	技师	
8	李永峰	男	37	组员	本科	工程师	
9	程新超	男	33	组员	本科	助理工程师	
小组成立日期			2016年2月1日		成果发表及受表彰记录		
注册登记日期			2016年8月1日		级别	发表时间	受表彰记录
小组人员变动、注销记录：张玉峰、王建景、李建中、刘长江、张晓进调离技术中心QC小组					省级	2018年6月5日	2018年特等奖

二、选择课题

（一）选题背景

2017年公司的全面质量管理方针“提高产品质量、杜绝质量异议、降低废品产生、增加产品效益”，从基层员工入手，把握细节提升管理效果，全面夯实H型钢市场的品牌形象，提高企业的综合竞争力。

（二）选题依据

（1）公司依据管理方针对分厂制定相应技术指标，轧材产品缺陷率≤0.5%。

（2）产品缺陷控制重点就是表面裂纹的控制。占总缺陷的80%，特别是炼钢二厂轧制390mm×300mm规格尤为突出，如图6-1所示。

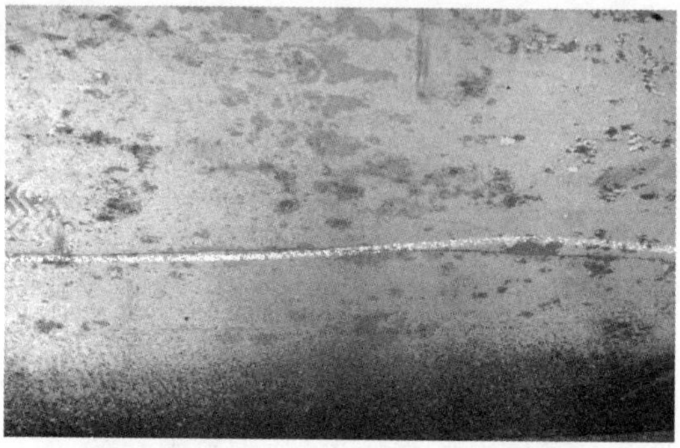

图6-1 H型钢产品轧材表面裂纹形貌

因此，本课题确定为《降低390×300规格H型钢表面裂纹率》。

三、现状调查

（一）现状调查一

通过对2016年9月~2017年4月H型钢分规格表面裂纹统计，如图6-2所示，在所有规格中产生的表面裂纹缺陷中，390mm×300mm规格占总表面裂纹缺陷的54.8%，比排第二位的400mm×400mm规格表面裂纹缺陷高4.2倍，因此，390mm×300mm规格是表面裂纹缺陷的主要构成。

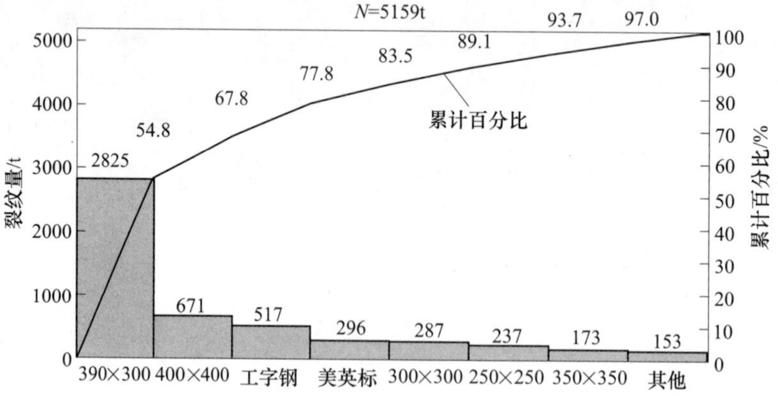

图6-2 H型钢分规格表面裂纹统计情况

（二）现状调查二

通过对2016年9月~2017年4月表面裂纹废品统计分析，如图6-3所示，按表面裂纹规格相对值看，炼钢二厂轧制390mm×300mm规格表面裂纹率平均为4.83%，其中最高月份表面裂纹率为9.38%，且呈逐渐升高失控态势。

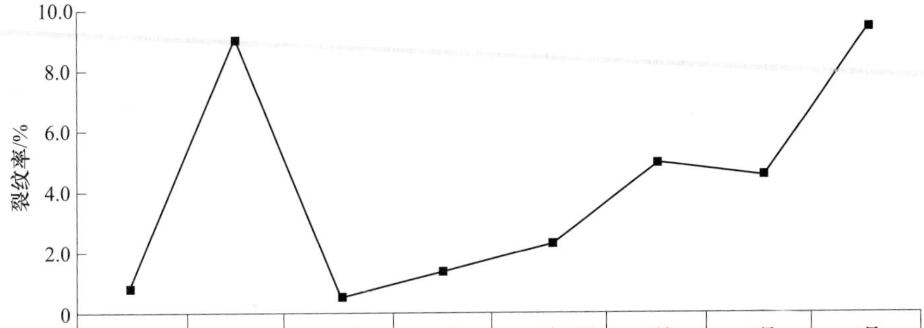

	2016年9月	10月	11月	12月	2017年1月	2月	3月	4月
裂纹率/%	0.81	9.04	0.56	1.44	2.27	4.99	4.55	9.38

图 6-3 2016 年 9 月~2017 年 4 月型钢产品 390mm×300mm 规格 8 个月表面裂纹率的分布情况

四、设定目标

（一）目标设定依据一

根据现场调查情况，按照 390mm×300mm 以往生产实际表面裂纹率情况，最好月份指标为 0.56%。而在 2016 年 9 月、11 月、12 月的 390mm×300mm 规格表面裂纹率较低的月份，平均表面裂纹率也只有 0.81%。

（二）目标设定依据二

一般行业内国有大型企业 390mm×300mm 表面裂纹率不超过 0.5%，与同行业国内大型的国企相比还有一定的差距，表面裂纹率提升的空间还很大。

（三）目标设定依据三

小组共计 9 名成员，组长为研究生学历，其余均为本科学历；同时有 6 人取得工程系列中职职称，2 名初级职称，1 名技师。从小组成员能力方面考虑，是完全有能力找到问题的根因，制定出有效的措施。

因此，小组将降低 390mm×300mm 规格表面裂纹率的目标值定为 0.80%，如图 6-4 所示。

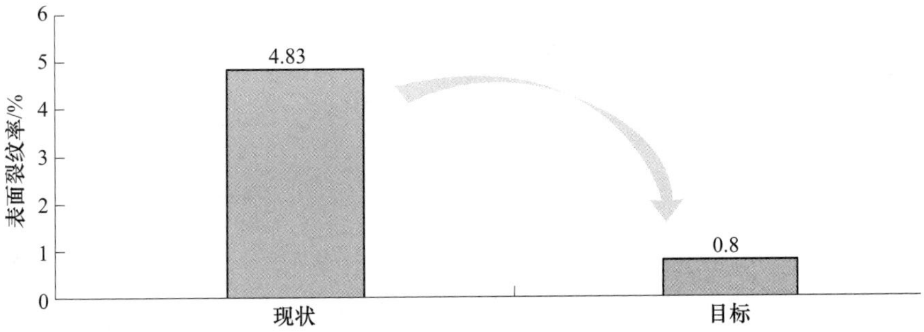

图 6-4 降低 390mm×300mm 规格表面裂纹率目标值

五、分析原因

小组成员结合现场技术管理人员，通过头脑风暴法集思广益，用鱼骨图从人、机、料、法、环等五个方面分解出 27 个末端因素，如图 6-5 所示。

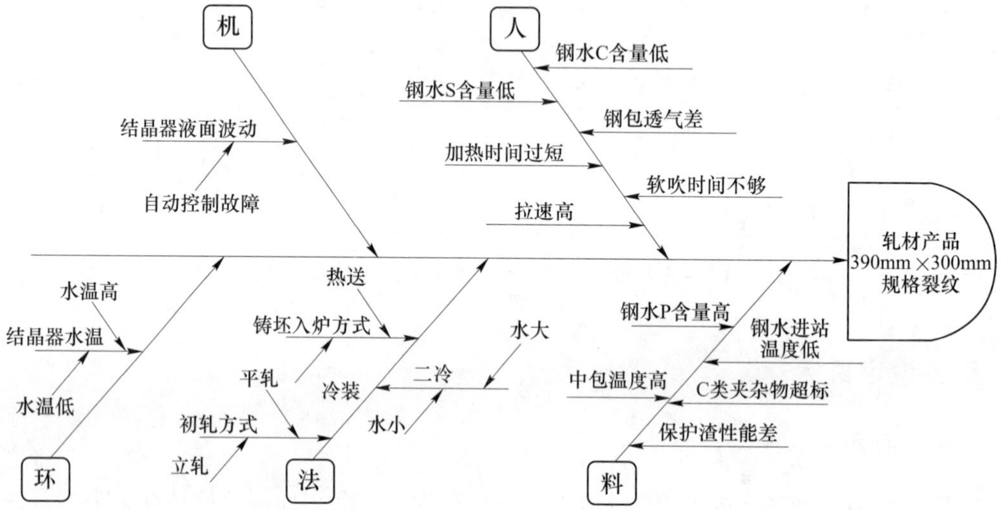

图 6-5　使用鱼骨图从人、机、料、法、环等五个方面分解末端因素

经过初步筛选去掉没有可能性的因素，剩下 12 个末端因素进行逐一确认。如表 6-2 所示。

表 6-2　影响表面裂纹率的末端因素

序号	工序		原因	标准	确认方法	地点	负责人	完成日期
1	炼钢	转炉	氩前温度低	≥1560℃	统计分析	转炉	张玉峰	2017 年 5 月 20 日前
2			钢水 P 含量高	≤0.025%	统计分析	转炉	马云飞	2017 年 5 月 20 日前
3		精炼	钢水 S 含量高	≤0.010%	统计分析	LF 炉	刘长江	2017 年 5 月 20 日前
4			钢水 C 含量低	≥0.16%	统计分析	LF 炉	温小杰	2017 年 5 月 20 日前
5			钢包透气差	钢水吹氩裸露直径不小于 300mm	统计分析	LF 炉	温小杰	2017 年 5 月 20 日前
6			软吹时间不够	≥10min	统计分析	LF 炉	温小杰	2017 年 5 月 20 日前
7		连铸	拉速高	≥1.10m/min	统计分析	异形坯	张晓进	2017 年 5 月 20 日前
8			保护渣性能差	不同批号试验	统计分析	异形坯	韩小强	2017 年 6 月 10 日前
9			结晶器液面波动	自动	统计分析	异形坯	韩小强	2017 年 6 月 10 日前
10			二冷过强	不同水表	统计分析	异形坯	韩小强	2017 年 6 月 10 日前
11	轧钢	入炉方式	是否热送	冷装	跟踪试验	型钢一厂	纪建华	2017 年 6 月 10 日前
12		初轧工艺	是否立轧	平轧	跟踪试验	型钢一厂	纪广胜	2017 年 6 月 10 日前

（制表：温小杰；时间：2017 年 6 月 11 日）

六、确定主因

小组成员和各分厂技术人员，通过 5W1H 原则对每一个末端因素进行逐一确认分析，以确定主要因素。

（一）确认末端因素一：转炉氩前温度低

确认内容	转炉氩前温度低	确认人	张玉峰
确认时间	2017 年 5 月 20 日前	确认地点	炼钢厂
确认方法	数据统计	确认标准	氩前温度不小于 1560℃
确认过程	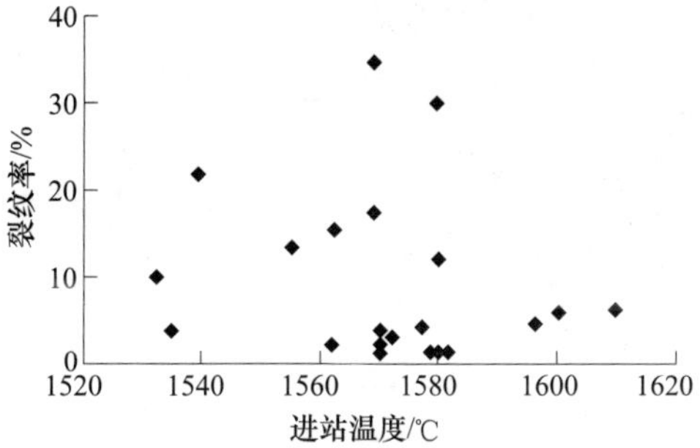 进站温度与裂纹率(*N*=22) 活动确认人针对转炉氩前温度低问题，重点监控生产组织节奏、转炉终点温度命中率和非正常钢包使用等环节		
确认结果	转炉氩前温度低与表面裂纹没有规律性关系	结论	非要因

（二）确认末端因素二：钢水中 P 含量高

确认内容	钢水中 P 含量高	确认人	马云飞
确认时间	2017 年 5 月 20 日前	确认地点	炼钢厂
确认方法	数据统计	确认标准	钢水中的 P 含量≤0.025%
确认过程	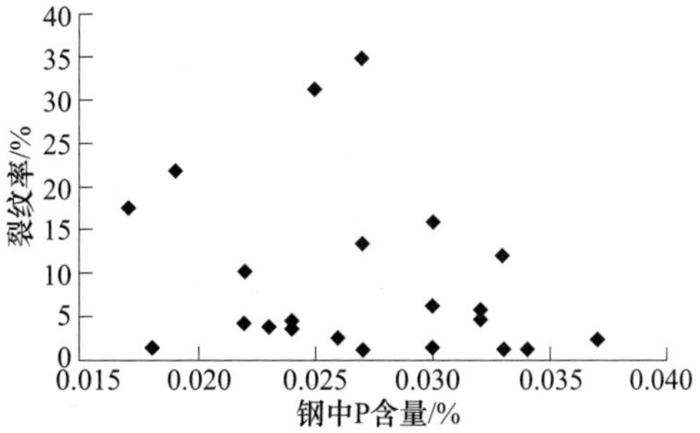 钢水P含量与裂纹率(*N*=22) 活动确认人针对钢水中磷含量高的问题，重点监控转炉过程操作化渣和出钢过程下渣情况		
确认结果	钢水中磷含量高与表面裂纹没有规律性关系	结论	非要因

（三）确认末端因素三：钢水中 S 含量高

确认内容	钢水中 S 含量高	确认人	刘长江
确认时间	2017 年 5 月 20 日前	确认地点	炼钢厂
确认方法	数据统计	确认标准	钢水中的 S 含量≤0. 010%
确认过程	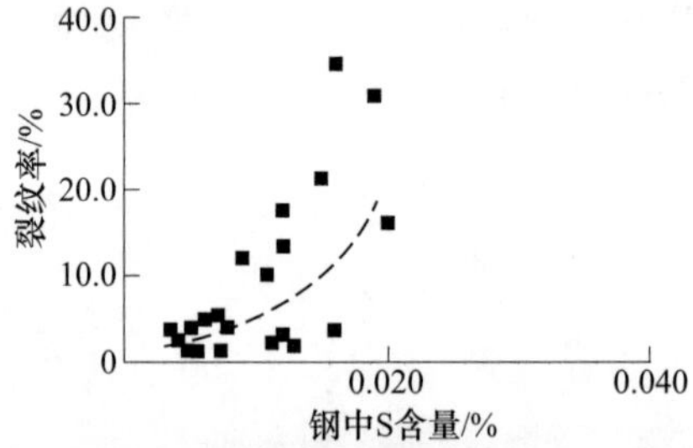 钢水S含量与裂纹率 活动确认人针对钢水中 S 含量高问题，重点监控 LF 炉的白渣效果和钢包吹氩效果		
确认结果	出现表面裂纹炉次中钢水硫含量高炉次占了 50%，最高表面裂纹率高达 35%	结论	要因

（四）确认末端因素四：钢水 C 含量低

确认内容	钢水 C 含量低	确认人	温小杰
确认时间	2017 年 5 月 20 日前	确认地点	炼钢厂
确认方法	数据统计	确认标准	钢中的 C 含量≥0. 10%
确认过程	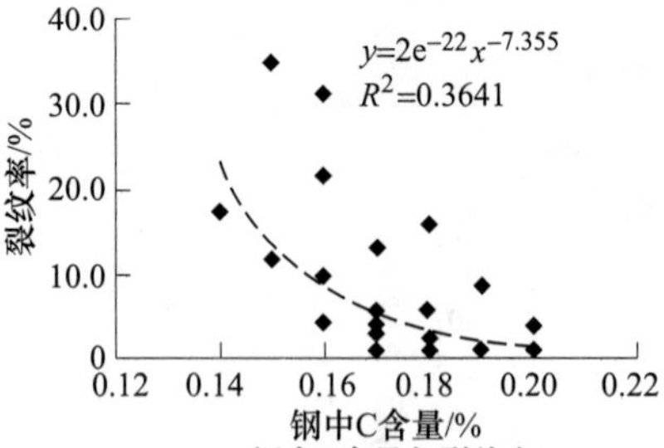 钢水C含量与裂纹率 活动确认人针对钢水 C 含量低问题，重点控制转炉液面和转炉拉碳命中率，后续根据检验成分进行微量调整		
确认结果	出现表面裂纹炉次中钢水 C 含量低炉次占了 32%，最高表面裂纹率高达 35%	结论	要因

（五）确认末端因素五：钢包透气性差

<table>
<tr><td>确认内容</td><td>钢包透气性差</td><td>确认人</td><td>温小杰</td></tr>
<tr><td>确认时间</td><td>2017 年 5 月 20 日前</td><td>确认地点</td><td>炼钢厂</td></tr>
<tr><td>确认方法</td><td>数据统计</td><td>确认标准</td><td>钢水吹氩裸露直径不小于 300mm</td></tr>
<tr><td>确认过程</td><td colspan="3">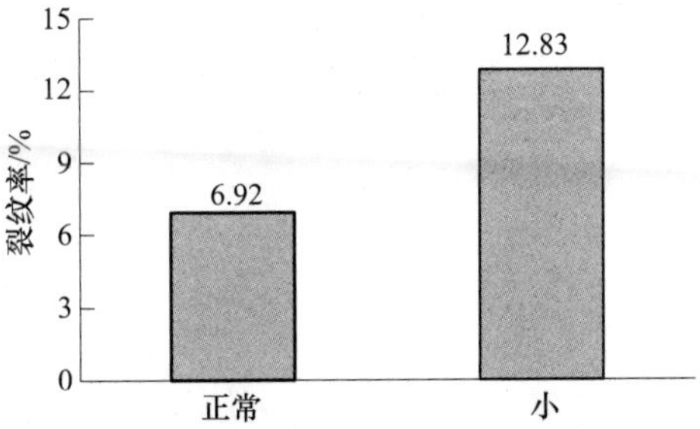

钢包透气性与裂纹率(N=22)
活动确认人针对钢包透气性差问题，重点管控钢包底吹元件的正常使用和钢包透气砖的反烧情况</td></tr>
<tr><td>确认结果</td><td>出现表面裂纹炉次中钢包透气性差炉次占 14%，最高表面裂纹率高达 13%</td><td>结论</td><td>要因</td></tr>
</table>

（六）确认末端因素六：钢水软吹时间不够

<table>
<tr><td>确认内容</td><td>钢水软吹时间不够</td><td>确认人</td><td>温小杰</td></tr>
<tr><td>确认时间</td><td>2017 年 5 月 20 日前</td><td>确认地点</td><td>炼钢厂</td></tr>
<tr><td>确认方法</td><td>数据统计</td><td>确认标准</td><td>钢水软吹时间 10min</td></tr>
<tr><td>确认过程</td><td colspan="3">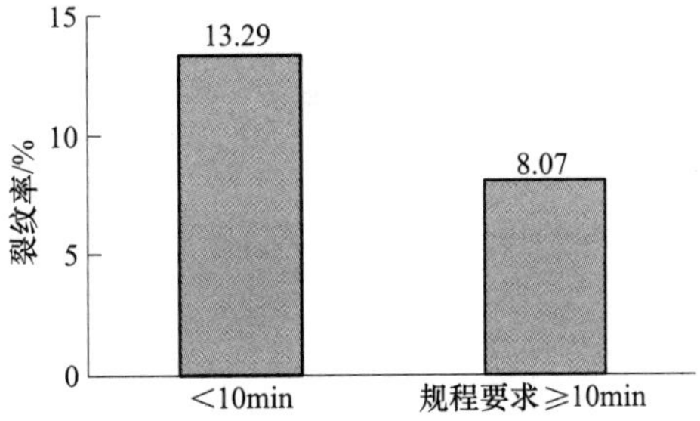

软吹时间合格与裂纹率(N=22)
活动确认人针对钢水软吹时间不够问题，重点监控生产组织节奏和钢包透气性情况，有问题提前预防，确保生产组织稳定性</td></tr>
<tr><td>确认结果</td><td>出现表面裂纹炉次中钢水软吹时间不足炉次占 23%，最高表面裂纹率高达 13%</td><td>结论</td><td>要因</td></tr>
</table>

（七）确认末端因素七：拉速高

确认内容	拉速高	确认人	张晓进
确认时间	2017 年 5 月 20 日前	确认地点	炼钢厂
确认方法	数据统计	确认标准	连铸拉速 1.1m/min
确认过程	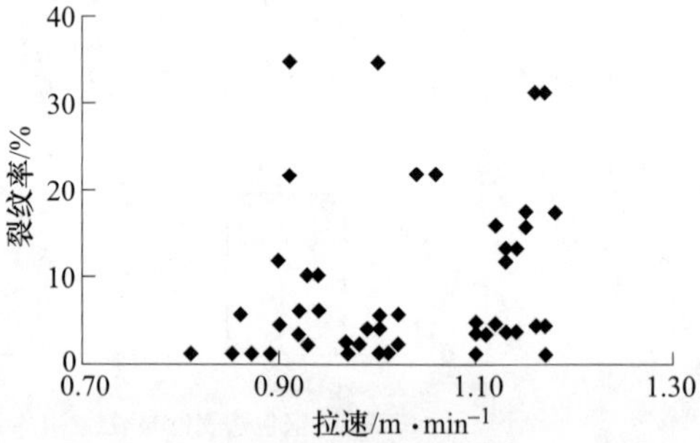 拉速与裂纹率(*N*=66) 活动确认人针对拉速高问题，主要是控制中包温度，稳定节奏		
确认结果	连铸拉速高与表面裂纹没有规律性关系	结论	非要因

（八）确认末端因素八：保护渣性能差

确认内容	保护渣性能差	确认人	韩小强
确认时间	2017 年 6 月 10 日前	确认地点	炼钢厂
确认方法	数据统计	确认标准	6 月以前未调整的批号
确认过程	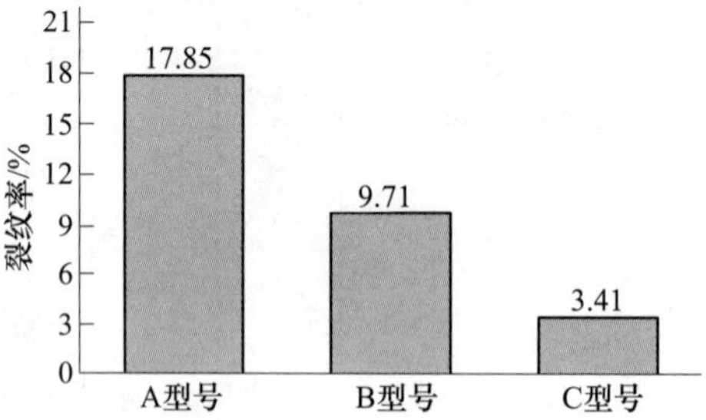 结晶器保护渣型号与裂纹率(*N*=22) 活动确认人针对保护渣性能差问题，每次进厂必须提供产品质量保证书		
确认结果	出现表面裂纹炉次中使用 6 月以前保护渣炉次占 55%，最高表面裂纹率高达 18%	结论	要因

（九）确认末端因素九：结晶器液面不稳

<table>
<tr><td>确认内容</td><td>结晶器液面不稳</td><td>确认人</td><td>韩小强</td></tr>
<tr><td>确认时间</td><td>2017 年 6 月 10 日前</td><td>确认地点</td><td>炼钢厂</td></tr>
<tr><td>确认方法</td><td>数据统计</td><td>确认标准</td><td>结晶器自动液面波动±3mm</td></tr>
<tr><td>确认过程</td><td colspan="3">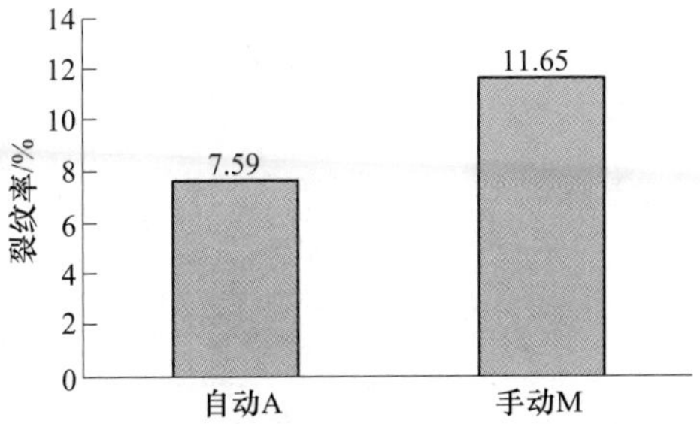

结晶器液面控制方式与裂纹率(N=22)
活动确认人针对结晶器液面不稳问题，主要是确保自动控制的全负荷使用</td></tr>
<tr><td>确认结果</td><td>出现表面裂纹炉次中结晶器液面波动超过 5mm 的炉次占 64%，最高表面裂纹率高达 12%</td><td>结论</td><td>要因</td></tr>
</table>

（十）确认末端因素十：二冷水冷却强度过大

<table>
<tr><td>确认内容</td><td>二冷水冷却强度过大</td><td>确认人</td><td>韩小强</td></tr>
<tr><td>确认时间</td><td>2017 年 6 月 10 日前</td><td>确认地点</td><td>炼钢厂</td></tr>
<tr><td>确认方法</td><td>数据统计</td><td>确认标准</td><td>采用比水量 0. 7L/kg 的 5 号水表</td></tr>
<tr><td>确认过程</td><td colspan="3">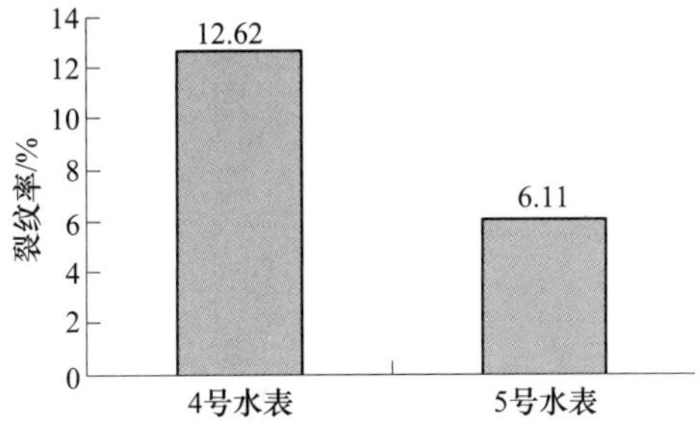

不同二冷水表与裂纹率(N=22)
活动确认人针对二冷水冷却强度过大问题，以质量控制为前提，选取合适的二冷水配方</td></tr>
<tr><td>确认结果</td><td>出现表面裂纹炉次中使用 0. 9L/kg 比水量的炉次占 46%，最高表面裂纹率高达 13%</td><td>结论</td><td>要因</td></tr>
</table>

（十一）确认末端因素十一：加热炉是否热装

确认内容	加热炉是否热装	确认人	纪建华
确认时间	2017 年 6 月 10 日前	确认地点	型钢厂
确认方法	实验跟踪	确认标准	冷装
确认过程	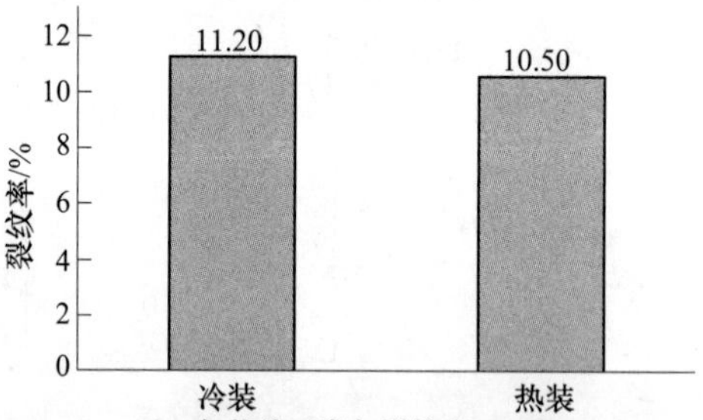 加热炉工序与裂纹率(*N*=27) 活动确认人针对加热炉是否热装问题，进行试验并跟踪试验结果		
确认结果	加热炉热装、冷装或是冷热混装与表面裂纹没有规律性关系	结论	非要因

（十二）确认末端因素十二：开坯是否立轧

确认内容	开坯是否立轧	确认人	纪广胜
确认时间	2017 年 6 月 10 日前	确认地点	型钢厂
确认方法	实验跟踪	确认标准	平轧
确认过程	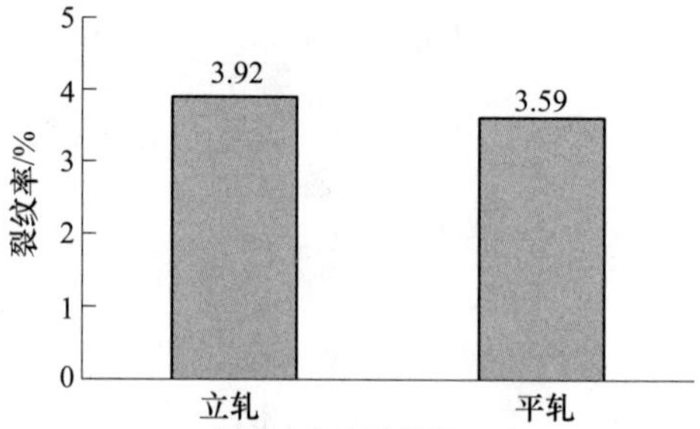 初轧工序与裂纹率(*N*=32) 活动确认人针对开坯是否立轧问题，进行试验并跟踪试验结果		
确认结果	无论是立轧工艺，还是平轧工艺都与表面裂纹没有规律性关系	结论	非要因

通过末端因素确认分析，最终确定 7 个主要因素，如表 6-3 所示。

表6-3 主要末端因素

序号	主要原因	权重比例/%	最高表面裂纹率/%	确认人
1	钢水S含量高	50.00	34.84	刘长江
2	钢水C含量低	31.80	34.84	温小杰
3	保护渣性能差	54.50	17.85	韩小强
4	软吹时间不够	22.70	13.29	温小杰
5	钢包透气差	13.60	12.83	温小杰
6	二冷过强	45.50	12.62	韩小强
7	结晶器液面波动	63.60	11.65	韩小强

（制表：温小杰；时间：2017年6月15日）

七、制定对策

小组成员和各分厂技术人员，通过5W1H方法对确定的主要因素制定相应的对策，如表6-4所示。

表6-4 主要因素与相应对策

序号	要因	对策	目标	措施	负责人	完成日期
1	钢水S含量高	提高脱S效率	≤0.01%	（1）增加石灰消耗1.0~1.5kg/t	刘长江	2017年6月25日
				（2）每炉萤石消耗增加30~50kg	刘长江	2017年6月25日
				（3）增加脱氧剂用量0.5~1.0kg/t	刘长江	2017年6月25日
				（4）稳定钢水进站温度≥1560℃	张玉峰	2017年6月25日
				（5）确保钢包底吹正常	温小杰	2017年6月25日
				（6）增加返渣比例	张玉峰	2017年6月25日
2	钢水C含量低	提高C命中率	0.16%~0.2%	（1）稳定提高初炼钢水C含量，目标为0.12%~0.16%	马云飞	2017年6月25日
				（2）取样要有代表性，根据化验结果精准调整C含量	马云飞	2017年6月25日
				（3）确保钢包底吹正常	温小杰	2017年6月25日
3	保护渣性能差	要求厂家供货合格产品	不合格产品不允许进厂，使用产品性能全部达标	（1）保护渣的使用必须记录批次、型号、消耗量，并定期测量液渣层厚度	张玉峰	2017年6月25日
				（2）每批次保护渣必须先少量试用，稳定后再正常使用	韩小强	2017年6月25日
				（3）为防止新换批次保护渣出现性能波动，正常使用的保护渣必须留10t左右做库存	张晓进	2017年6月25日
				（4）避免中包温度过高或拉速过快影响保护渣性能	张晓进	2017年6月25日

续表 6-4

序号	要因	对策	目标	措施	负责人	完成日期
4	软吹时间不足	确保软吹	≥10min	（1）生产调度合理安排生产计划，保证周期衔接良好，避免出现波动，影响软吹时间	刘长江	2017 年 6 月 25 日
				（2）稳定钢水进站温度，≥1560℃	张玉峰	2017 年 6 月 25 日
				（3）确保钢包底吹正常	温小杰	2017 年 6 月 25 日
5	钢包透气差	确保底吹透气效果	透气良好	（1）钢包准备保证将透气砖烧好，不许有残留冷钢影响透气	温小杰	2017 年 6 月 25 日
				（2）底吹管道要保持畅通、不漏气	温小杰	2017 年 6 月 25 日
6	二冷过强	选择低比水量水表	二冷合适	（1）使用 5 号水表	韩小强	2017 年 6 月 25 日
				（2）确保喷嘴状态正常	张晓进	2017 年 6 月 25 日
7	结晶器液面波动	采用自动控制	液面波动 ±3mm	（1）保证结晶器液面自动控制装置正常使用	张玉峰	2017 年 6 月 25 日
				（2）确保接收器等备件的合理库存	张晓进	2017 年 6 月 25 日

（制表：韩小强；时间：2017 年 6 月 15 日）

八、对策实施

（一）对策实施一：提高脱硫率

LF 精炼炉依据调整后的渣料配比进行操作，岗位工每炉进行调整后的渣料检查（目测），如图 6-6 和图 6-7 所示。

图 6-6 岗位工检查化渣情况

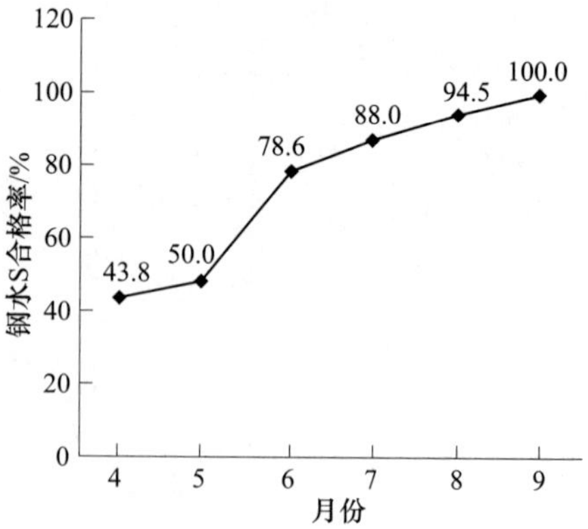

图 6-7 调整前后脱硫合格率趋势

对策实施前后钢水 S 工序能力对比：性能指数 P_p 由 0.68 提高至 0.92（不考虑数据对中），如图 6-8 和图 6-9 所示。

小结：对策实施过程中脱硫合格率明显提高，到小组活动后期达到了脱硫率 100%合格的目标。

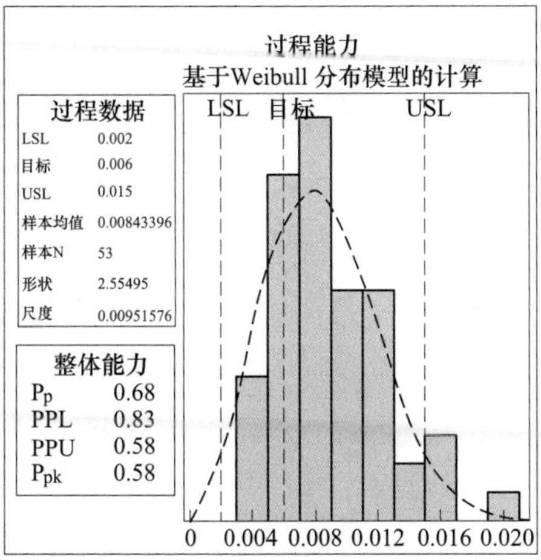

图 6-8　钢水 S 改前性能指数 P_p 为 0.68

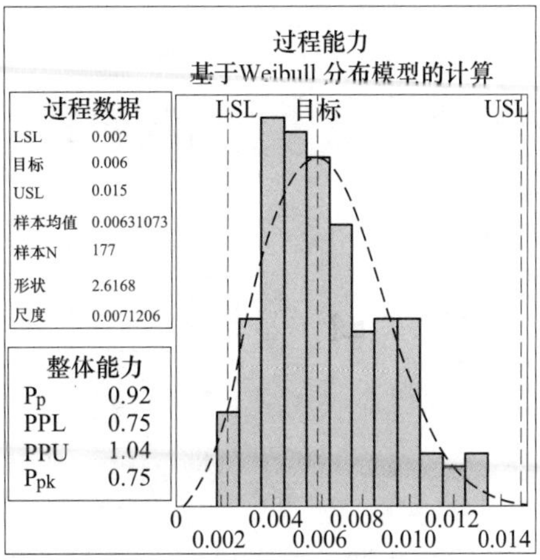

图 6-9　钢水 S 改后性能指数 P_p 为 0.92

（二）对策实施二　提高 C 命中率

LF 精炼炉依据进站取样成分，进行微量调整，提高 C 的命中率，如图 6-10 所示。

对策实施前后钢水 C 工序能力对比：性能指数 P_{pk} 由 0.29 提高至 0.40（考虑数据对中），如图 6-11 和图 6-12 所示。

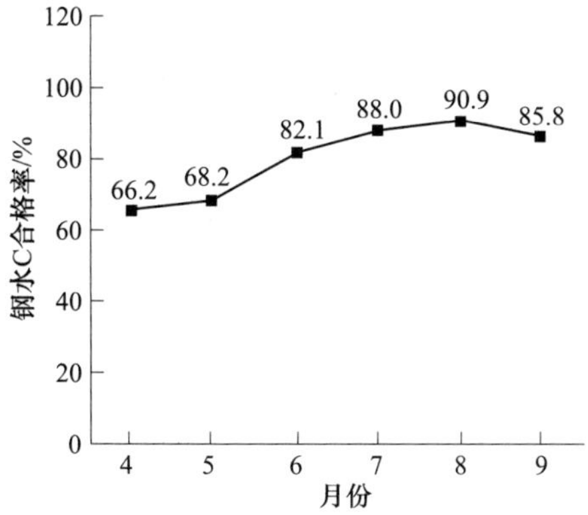

图 6-10　调整前后钢水中 C 合格率趋势

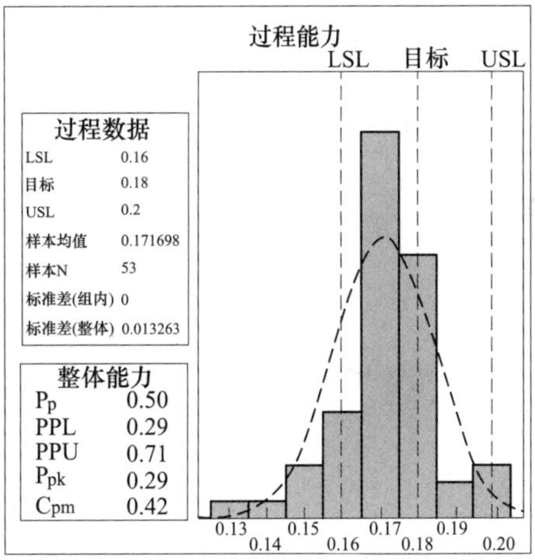

图 6-11　钢水 C 改前性能指数 P_{pk} 为 0.29

小结：对策实施后小组活动期间，钢水中碳命中率就高出了 80%的目标。

（三）对策实施三：要求厂家供货合格产品

连铸每个批次保护渣在使用之前必须有供应商提供的质量保证书，同时在使用过程中岗位工还要定时抽测保护渣液渣层厚度，如图 6-13 所示。

小结：对策实施过程中保护渣型号合格率明显提高，到小组活动后期达到了保护渣型号合格率 100%的目标。

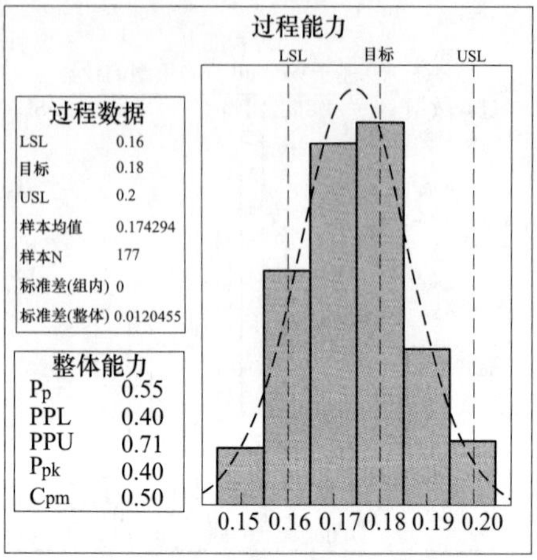

图 6-12 钢水 C 改后性能指数 P_{pk} 为 0.4

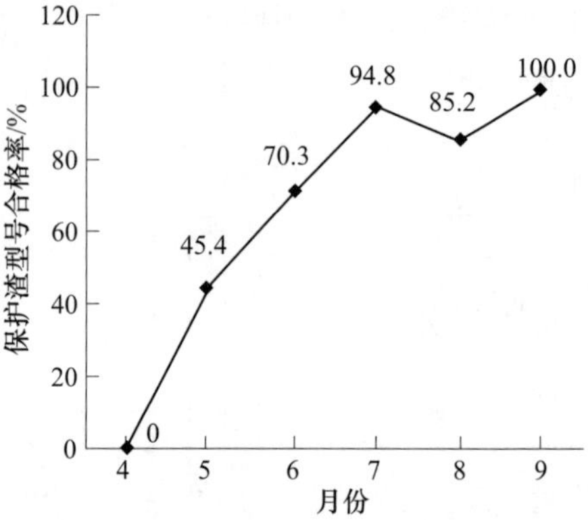

图 6-13 对策实施前后保护渣产品情况

（四）对策实施四：确保软吹时间大于 10min

调整稳定生产节奏，稳定进站温度等不良因素的影响，保证软吹合格率 100%，如图 6-14 所示。

小结：对策实施过程中软吹时间合格率明显提高，小组活动期间最高达到 98.2%。

（五）对策实施五：确保钢包底吹透气效果

钢包底吹效果直接影响精炼效果，保证钢包底吹重点是确保透气砖反烧和底吹系统元件的正常使用，如图 6-15 所示。

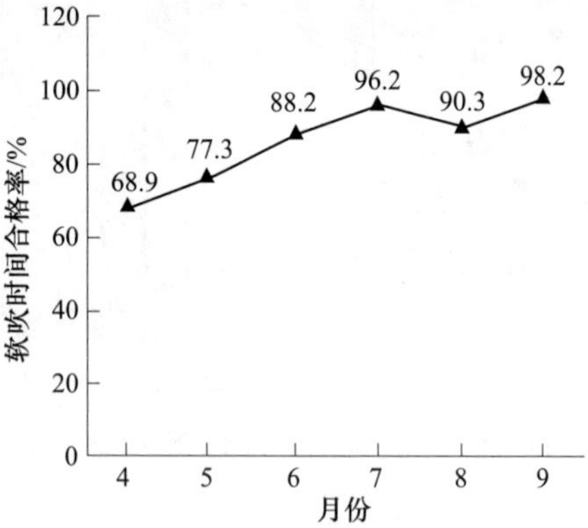

图 6-14 整改前后软吹时间合格率情况

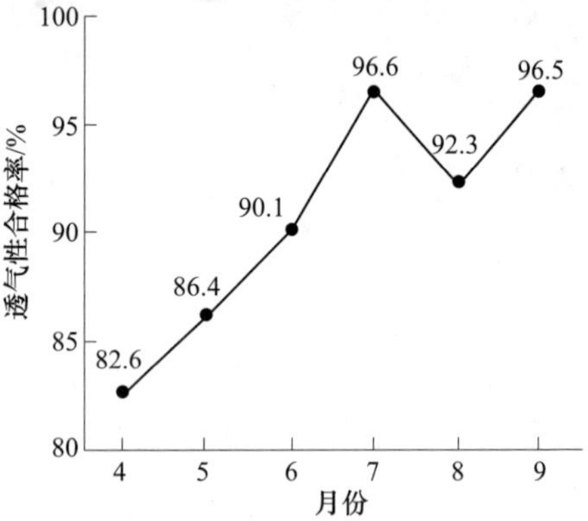

图 6-15 整改前后钢包透气性合格率情况

小结：对策实施过程中钢包底吹合格率明显提高，小组活动期间钢包底吹元件和操作工艺全部达到了对策要求。

（六）对策实施六：选择低比水量水表

连铸采用低比水量的水表，如图 6-16 所示。

小结：对策实施过程中连铸采用低比水量的水表合格率明显提高，到小组活动后期达到了 100%合格的目标。

（七）对策实施七：采用自动控制

连铸结晶器液面采用自动控制，确保液面波动范围±3mm，如图 6-17 所示。

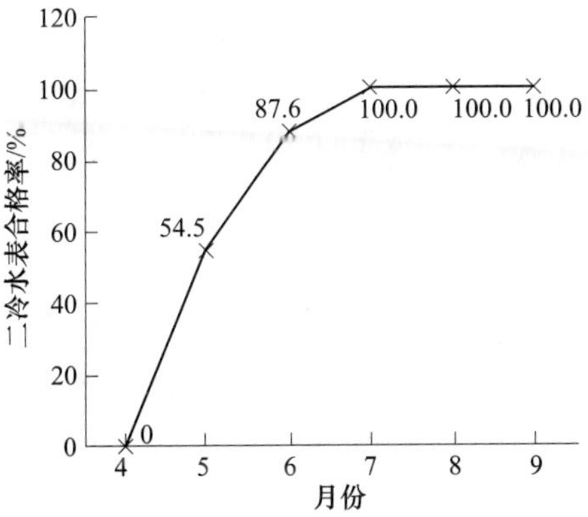

图 6-16　水表调整前后的情况

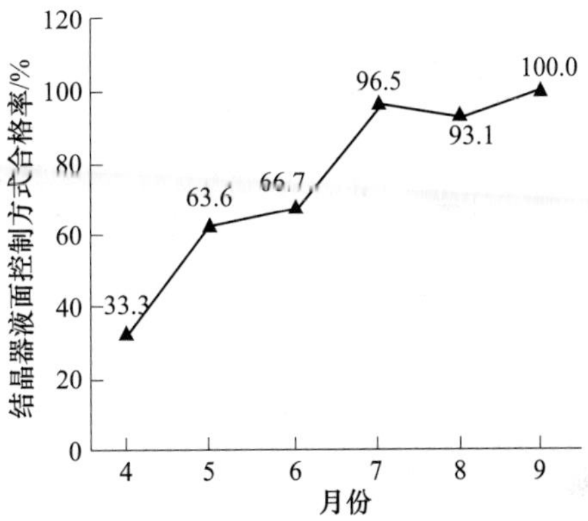

图 6-17　整改前后结晶器液面使用自动控制情况

小结：对策实施过程中连铸结晶器液面采用自动控制，合格率明显提高，到小组活动后期达到了合格率 100%的目标。

对策实施前后的 7 个主要因素的前后对比情况如表 6-5 所示。

表 6-5　对策实施前后的 7 个主要因素的对比情况

项目	标准	目标合格率/%	对策实施前合格率/%		对策实施后合格率/%			
			4 月	5 月	6 月	7 月	8 月	9 月
钢水 S 含量	≤0. 010%	100	43. 80	50. 00	78. 60	88. 00	94. 50	100
钢水 C 含量	0. 16%～0. 20%	≥80	66. 20	68. 20	82. 10	88. 00	90. 90	85. 80
保护渣型号	C 型号	100	0. 00	45. 40	70. 30	94. 80	85. 20	100. 00
软吹时间	≥10min	100	68. 90	77. 30	88. 20	96. 20	90. 30	98. 20
钢包透气性	正常	100	82. 60	86. 40	90. 10	96. 60	92. 30	96. 50
二冷水表	5 号水表	100	0. 00	54. 50	87. 60	100. 00	100	100
结晶器液面控制方式	自动控制 A	100	33. 30	63. 60	66. 70	96. 50	93. 10	100

（制表：韩小强；时间：2017 年 10 月 1 日）

九、效果检查

（一）表面裂纹指标

每项主要因素分专人进行检查，对策实施以后，每项主要因素影响比例明显降低，如

表6-6所示。轧材产品表面裂纹率明显降低，达到了设定目标要求，如图6-18所示。各种表面裂纹所占比例发生变化，炼钢二厂轧制390mm×300mm规格已经不是主要因素，工字钢表面裂纹缺陷跃居第一位，占据了主要地位，如图6-19所示。

表6-6 对策实施后检查结果

序号	主要原因	对策实施前占比/%	对策实施后占比/%	检查人
1	钢水S含量高	50.0	8.3	刘长江
2	钢水C含量低	31.8	9.9	刘长江
3	保护渣性能差	54.5	17.7	张晓进
4	软吹时间不够	22.7	1.7	温小杰
5	钢包透气差	13.6	4.4	温小杰
6	二冷过强	45.5	1.7	韩小强
7	结晶器液面波动	63.6	8.8	韩小强

（制表：韩小强；时间：2017年10月5日）

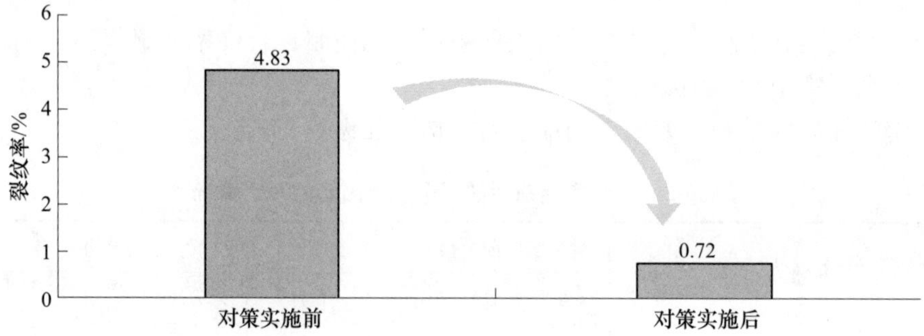

图6-18 对策实施后表面裂纹率完成情况

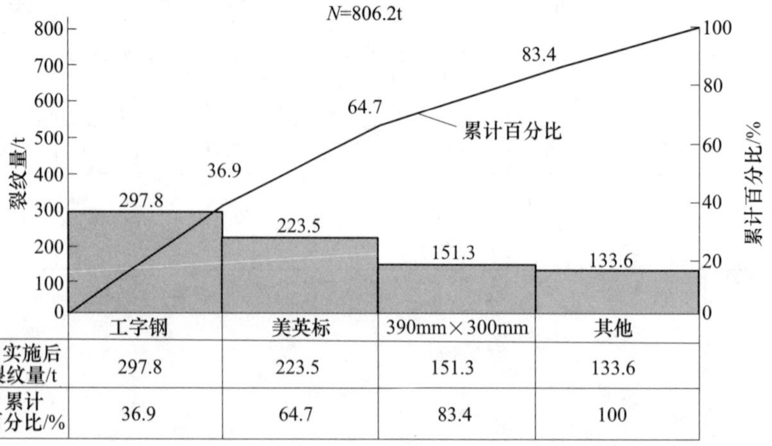

	工字钢	美英标	390mm×300mm	其他
■实施后裂纹量/t	297.8	223.5	151.3	133.6
累计百分比/%	36.9	64.7	83.4	100

图6-19 表面裂纹缺陷所占比例

（二）经济效益（4个月）

实施对策后6~9月期间，共生产390mm×300mm规格H型钢28971t。

对策实施前后的表面裂纹率分别为4.83%与0.72%，下降4.11%。

所以相当于降低表面裂纹废品量为：28971t×4.11%＝1190.71t。

按正品材和废钢的差价约1000元/t。

所以为公司降低损失为：1190.71×1000＝1190710元（4个月）。

预估年效益357.2万元。

（三）社会效益

对策实施后表面裂纹率明显降低，缩短了与国有大企业之间的差距，提高了企业在市场中的综合竞争力，树立了企业良好的品牌形象。

十、制定巩固措施

（1）炼钢二厂制定390mm×300mm特殊规格的专项控制方案，并将以下几项内容列入岗位工艺操作标准中固化执行。

1）C进线标准0.16%~0.18%，合格率≥80%。

2）S进线标准≤0.008%，合格率≥80%；S进线标准≤0.010%，合格率≥100%。

3）使用合格供货厂家提供的保护渣，并检查每批次的使用效果，制定保护渣库存使用规范。

4）加强生产调度组织管理，保证软吹工序的周期时间≥10min，合格率100%。

5）强化底吹透气砖的维护，透气良好，合格率100%。

6）连铸使用5号二冷水表。

7）连铸结晶器液面自动液面正常运行率≥100%。

（2）固化内容执行后的390mm×300mm表面裂纹情况如表6-7所示。

表6-7 固化内容执行后的390mm×300mm的指标

月份	1	2	3	4
表面裂纹率/%	0.65	0.53	0.61	0.55

十一、总结及下一步打算

小组成员在QC活动过程中加深了对特殊规格表面裂纹缺陷的工序重点参数影响，利用统计、现场跟踪、工艺试验等方法，取得了不错的成果，提高了团队的工作能力和质量意识，加强了团队学习力和凝聚力。小组活动前后取得成果对比如图6-20所示。

下一步利用本次QC活动取得的经验教训，继续推进QC管理工作，解决轧材产品表面裂纹问题。依据本次QC活动的结果，炼钢二厂轧制390mm×300mm规格表面裂纹已经不是主要表面裂纹构成，工字钢表面裂纹已经成了表面裂纹的主要构成，如图6-21所示。因此，制定下一步活动主题为《降低工字钢规格H型钢表面裂纹率》。

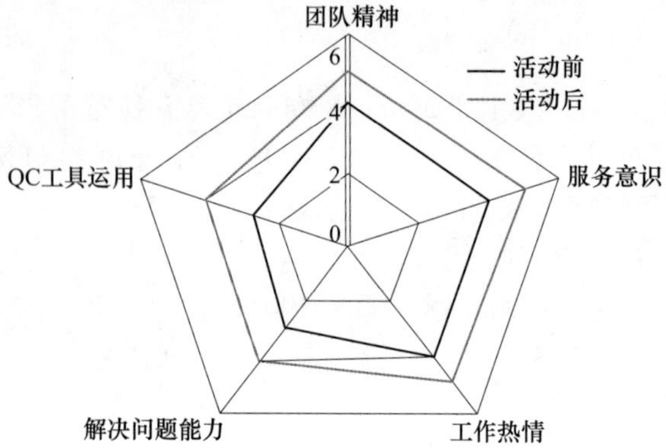

图 6-20　小组成员活动前后的变化

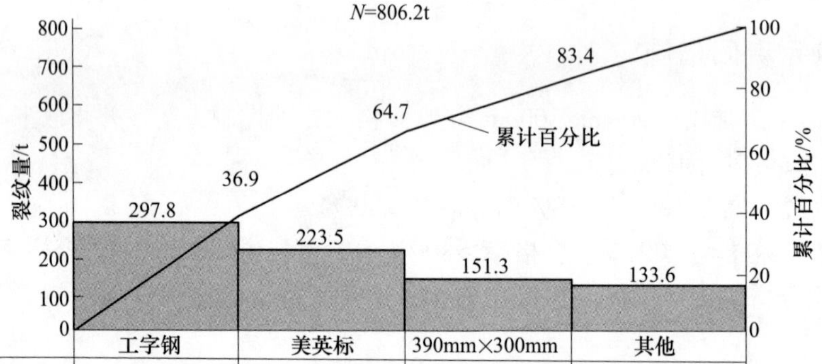

	工字钢	美英标	390mm×300mm	其他
■实施后	297.8	223.5	151.3	133.6
累计百分比/%	36.9	64.7	83.4	100

图 6-21　本次 QC 小组活动后表面裂纹的主要构成发生变化情况

案例7　提高焦化生产粗苯回收率

河北普阳钢铁有限公司

陈　波

一、小组简介

团结号QC小组成立于2012年元月，QC小组成员8人，组长由厂长带头，技术科科长和技术员负责技术攻关，各工段长全面配合实施，人员结构搭配合理，人均活动时间68课时。小组从节能降耗、降本增效、全面提高焦化生产粗苯回收率方面着手，致力于攻关各项难题，不断提升产品品质，为企业创造效益。小组具体情况见表7-1和表7-2。

表7-1　小组基本情况

小组基本情况			
小组名称	团结号QC小组	成立时间	2012年1月
课题名称	提高焦化生产粗苯回收率		
课题类型	攻关型	组长	张胜利
活动日期	2016年7月1日~12月31日	课题注册	2016年6月6日
小组成员	8人	注册编号	py201601
活动频次	1~2次/月	QC活动时间	68课时
小组曾获荣誉	2013年荣获河北省质量管理优秀成果二等奖 2014年、2015年、2016年荣获河北省质量管理优秀成果一等奖		

表7-2　小组成员简介

序号	姓名	职务	文化程度	技术职称	TQC教育学时/课时
1	张胜利	厂　长	本科	工程师	68
2	张绘亮	科　长	本科	工程师	68
3	田利江	主　任	专科	工程师	68
4	裴海栓	主　任	专科	技师	68
5	王卫平	主　任	专科	技师	68
6	陈　波	技术员	大专	助理工程师	68
7	郭江华	统计员	大专	助理工程师	68
8	郭建华	统计员	高中	助理工程师	68

选定课题后，小组成员依据PDCA方法，制定小组活动计划表，见表7-3。

表 7-3 活动计划表

活动内容		7 月	8 月	9 月	10 月	11 月	12 月
P	选定课题	- - -→ ——→					
	目标设定	- - -→ ——→	- - -→ ——→				
	可行性分析		- - -→ ——→				
	原因分析		- - -→ ——→				
	要因确认		- - -→ ——→	- - -→ ——→			
	制定对策			- - -→ ——→			
D	实施对策			- - -→ ——→			
C	效果检查				- - -→ ——→	- - -→ ——→	- - -→ ——→
A	成果巩固						- - -→ ——→
	总结及今后打算						- - -→ ——→

注：- - -→计划进度；——→实际进度。

二、选择课题

（一）选题背景

提高焦化生产粗苯回收率对于降低吨焦能耗、降低吨焦成本起着重要作用。我公司焦化生产粗苯回收率较低，与周边单位相比存在一定差距。

（二）公司要求

将焦化生产粗苯回收率提高到 0.89%。

（三）课题选择

提高焦化生产粗苯回收率。

三、设定目标及可行性分析

（一）设定目标依据一

2016 年 1~6 月焦化生产粗苯回收率情况见表 7-4。

表 7-4 2016 年 1~6 月焦化生产粗苯回收率情况

月份	1	2	3	4	5	6	平均
回收率/%	0.85	0.84	0.85	0.82	0.86	0.83	0.84

焦化厂 1~6 月粗苯平均回收率为 0.84%，其中 5 月回收率最高为 0.86%，4 月回收率最低为 0.82%，如图 7-1 所示。

（二）设定目标依据二

与周边单位进行焦化生产粗苯回收率对标，见表 7-5。

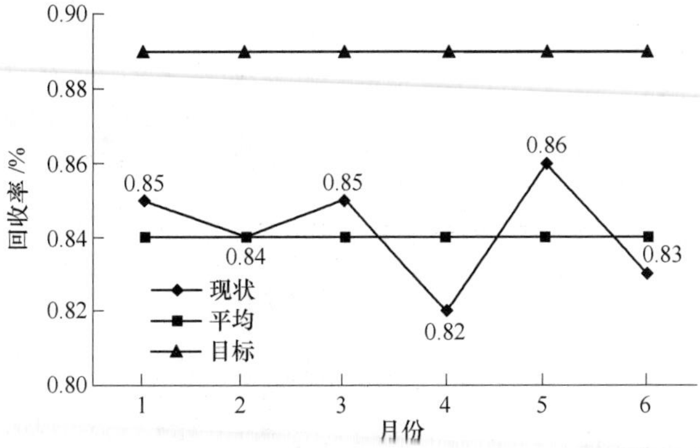

图 7-1　2016 年 1~6 月焦化生产粗苯回收率趋势图

表 7-5　周边单位对标情况

月　份	1	2	3	4	5	6	平均
普阳焦化生产粗苯回收率/%	0.85	0.84	0.85	0.82	0.86	0.83	0.84
新兴铸管焦化生产粗苯回收率/%	0.89	0.86	0.93	0.85	0.92	0.85	0.88
彭楠焦化生产粗苯回收率/%	1.10	1.08	1.04	0.89	0.95	0.94	1.00

经与周边兄弟单位新兴铸管焦化部和彭楠焦化进行对标分析，1~6 月新兴铸管焦化部焦化生产粗苯回收率为 0.88%，彭楠焦化生产粗苯回收率为 1.00%，本厂焦化生产粗苯回收率为 0.84%，远远低于周边单位，在提高焦化生产粗苯回收率方面还有很大的提升空间，如图 7-2 所示。

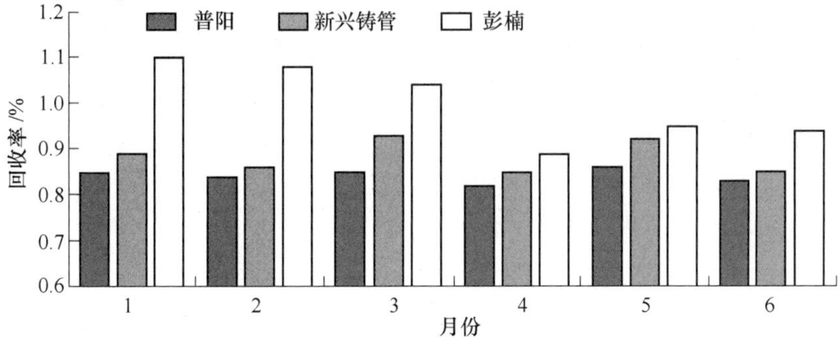

图 7-2　焦化生产粗苯回收率对比图

（三）设定目标依据三

小组共计 8 名成员，3 人为本科、4 人为专科学历；同时有 3 人取得工程系列职称，3 名初级职称，2 名技师。从小组成员能力方面考虑，是完全有能力找到问题的根本原因，并制定出有效的措施的。

基于公司要求及实际情况，小组成员通过讨论，决定将本次活动目标焦化生产粗苯回收率设定为 0.89%，赶超新兴铸管，理想回收率为 0.90%，紧追彭楠焦化生产粗苯回收率，如图 7-3 所示。

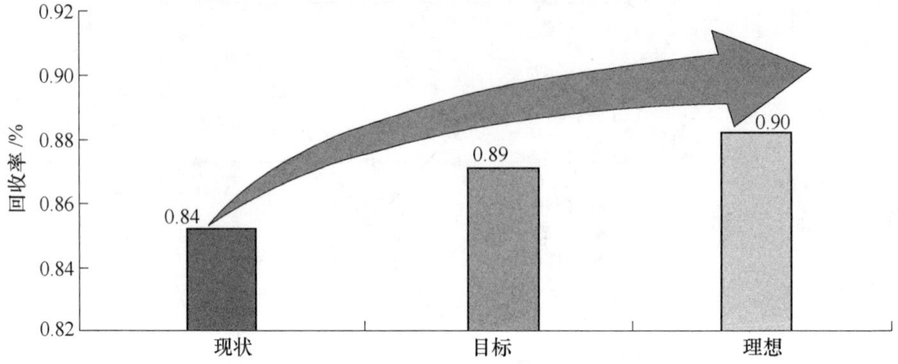

图 7-3　焦化生产粗苯回收率目标设定

（四）目标可行性分析

设定好活动目标后，小组成员根据调查及对标情况进行可行性分析。

（1）我厂焦化生产粗苯回收率在 5 月时最高为 0.86%，与设定目标接近。

（2）经对标分析新兴铸管粗苯 3 月回收率最高，为 0.93%，彭楠粗苯 1 月回收率最高，为 1.10%，其中彭楠平均回收率远远超过本厂所设定目标值。

（3）本厂炉顶空间温度控制方面尚有降低空间。

（4）本小组成员具备理论知识和实践经验，以及不达目标不罢休的顽强精神。有信心通过小组的共同努力完成活动目标。

四、原因分析

确定好目标后，小组成员从人、机、料、法、环、测 6 个方面集思广益，针对吨煤焦化生产粗苯回收率低，如何“提高焦化生产粗苯回收率”进行原因讨论分析，列出 10 条末端因素，绘制鱼骨图，如图 7-4 所示。

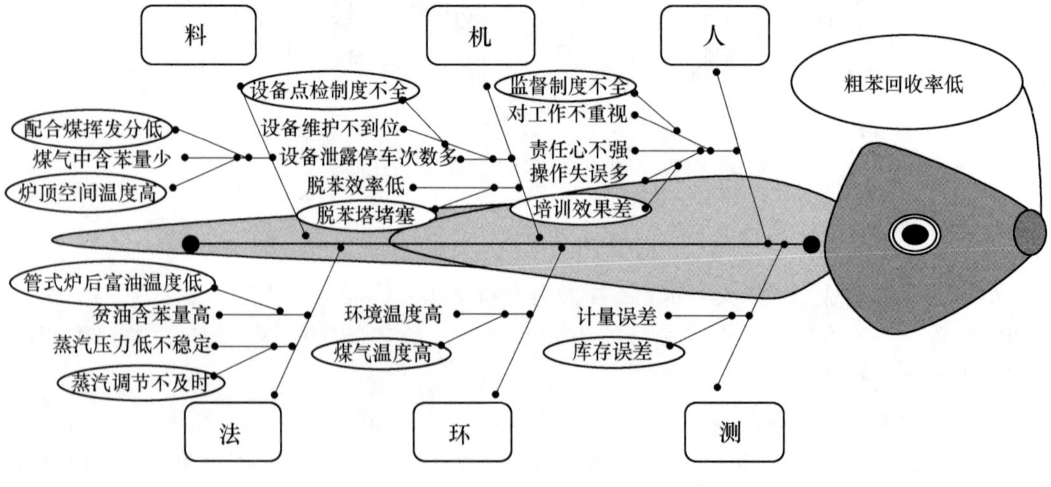

图 7-4　鱼骨图

并列出末端原因汇总表，见表7-6。

表7-6 末端原因汇总表

序号	末端因素	确认方法	确认时间	确认人
1	监管制度不全	调查法	9月2日	裴海栓
2	培训效果差	统计法	9月2日	裴海栓
3	脱苯塔堵塞效率低	现场法	9月5日	田利江
4	设备点检制度不全	调查法	9月5日	田利江
5	配合煤挥发分低	统计法	9月8日	张绘亮
6	炉顶空间温度高	统计法	9月8日	田利江
7	蒸汽调节不及时	调查法	9月10日	裴海栓
8	管式炉后富油温度低	调查法	9月10日	陈波
9	煤气温度高	统计法	9月10日	陈波
10	库存误差	统计法	9月13日	郭江华

五、要因确认

（一）要因确认一

确认内容：监管制度不全。

确认标准：《作业制度》中对监督抽查项有明确规定。

确认过程：经查看制度，作业标准中有明确的监管制度，如图7-5所示。

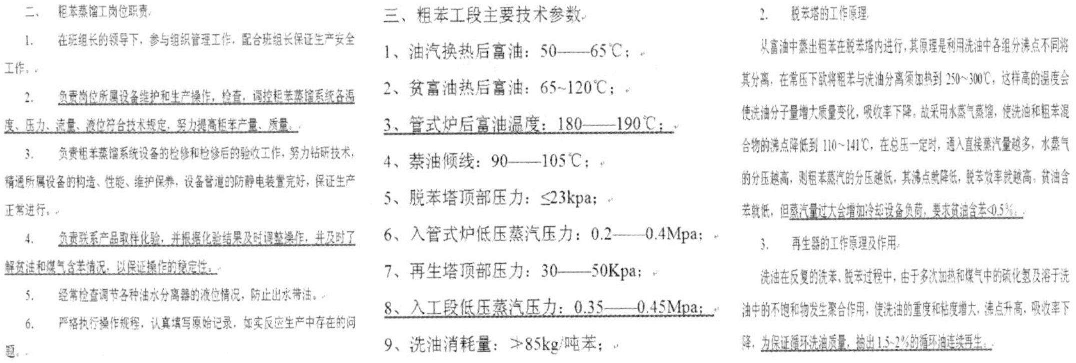

二、粗苯蒸馏工岗位职责

1. 在班组长的领导下，参与组织管理工作，配合班组长保证生产安全工作。
2. 负责岗位所属设备维护和生产操作，检查，调控粗苯蒸馏系统各温度、压力、流量、液位符合技术规定，努力提高粗苯产量、质量。
3. 负责粗苯蒸馏系统设备的检修和检修后的验收工作，努力钻研技术，精通所属设备的构造、性能、维护保养，设备管道的防静电装置完好，保证生产正常进行。
4. 负责联系产品取样化验，并根据化验结果及时调整操作，并及时了解贫油和煤气含苯情况，以保证操作的稳定性。
5. 经常检查调节各种油水分离器的液位情况，防止出水带油。
6. 严格执行操作规程，认真填写原始记录，如实反应生产中存在的问题。

三、粗苯工段主要技术参数

1、油汽换热后富油：50——65℃；
2、贫富油热后富油：65~120℃；
3、管式炉后富油温度：180——190℃；
4、萘油倾线：90——105℃；
5、脱苯塔顶部压力：≤23kpa；
6、入管式炉低压蒸汽压力：0.2——0.4Mpa；
7、再生塔顶部压力：30——50Kpa；
8、入工段低压蒸汽压力：0.35——0.45Mpa；
9、洗油消耗量：≯85kg/吨苯；

2. 脱苯塔的工作原理

从富油中蒸出粗苯在脱苯塔内进行，其原理是利用洗油中各组分沸点不同将其分离，在常压下欲将粗苯与洗油分离须加热到250~300℃，这样高的温度会使洗油分子量增大质量变化，吸收率下降。故采用水蒸气蒸馏，使洗油和粗苯混合物的沸点降低到110~141℃，在总压一定时，通入直接蒸汽量越多，水蒸气的分压越高，则粗苯蒸汽的分压越低，其沸点就降低，脱苯效率就越高，贫油含苯就低，但蒸汽量过大会增加冷却设备负荷，要求贫油含苯<0.5%。

3. 再生器的工作原理及作用

洗油在反复的洗苯、脱苯过程中，由于多次加热和煤气中的硫化氢及溶于洗油中的不饱和物发生聚合作用，使洗油的重度和粘度增大，沸点升高，吸收率下降，为保证循环洗油质量，抽出1.5~2%的循环油连续再生。

图7-5 监管制度

确认结论：非要因。

（二）要因确认二

确认内容：培训效果差。

确认标准：培训合格率100%。

确认过程：调查2016年上半年化产车间操作人员的理论及实践综合考试成绩，车间管理人员6人，操作人员56人，洗脱苯组人员20人，培训结果为优秀76%，优良15%，及格9%，合格率100%，见表7-7。

表 7-7　培训成绩汇总表

考试人数	管理人员	操作人员	洗脱苯组	合格率/%
	6	56	20	100
成绩优秀（≥95 分）人数	6	40	6	76
成绩优良（80~90 分）人数	0	10	0	15
成绩及格（60~80 分）人数	0	6	0	9
不及格人数	0	0	0	0

确认结论：非要因。

（三）要因确认三

确认内容：脱苯塔堵塞。

确认标准：筛板畅通。

确认过程：脱苯塔堵塞进行现场检修确认，经现场查看，筛板畅通不堵塞。

确认结论：非要因。

（四）要因确认四

确认内容：设备点检制度不全。

确认标准：设备点检制度。

确认过程：经查看车间制度中有明确的设备点检制度。

（1）设备承包制度及三级点检制度减少设备事故；

（2）点巡检时要做到看、听、摸、闻、想，确实掌握设备运行状况。

（3）制度规定对设备的薄弱环节、重点部位、异常变化、存在的缺陷、运行方式的改变以及特殊气候等情况应增加点巡检次数。

（4）点巡检完毕后，将发现的缺陷及时登记并联系检修人员。

确认结论：非要因。

（五）要因确认五

确认内容：配合煤挥发分低。

确认标准：挥发分要求（29±1)%。

确认过程：经查看记录，配合煤挥发分平均为 28.8%，稳定控制在标准要求（29±1)%内，见表 7-8。

表 7-8　2016 年上半年配合煤挥发分统计表

月份	1	2	3	4	5	6	平均
挥发分/%	28.8	28.9	29.1	28.3	28.4	29.0	28.8

确认结论：非要因。

（六）要因确认六

确认内容：炉顶空间温度高。

确认标准：(800±30)℃。

确认过程：经查看统计 2016 年上半年炉顶空间温度，我厂上半年炉顶空间温度平均为 832℃，温度控制偏高，如图 7-6 所示。

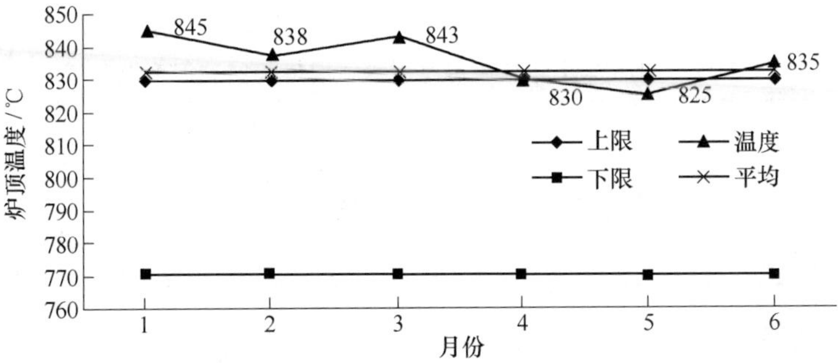

图 7-6　2016 年上半年炉顶温度控制图

确认结论：要因。

（七）要因确认七

确认内容：蒸汽调节不及时。

确认标准：入工段低压蒸汽压力为 0. 35~0. 45MPa。

确认过程：经查阅 2016 年上半年蒸汽使用记录，本厂入工段低压蒸汽压力平均为 0. 31MPa，偏低，蒸汽调节不及时，见表 7-9。

表 7-9　2016 年上半年入工段低压蒸汽压力统计表

月份	1	2	3	4	5	6	平均
压力/MPa	0. 32	0. 29	0. 31	0. 28	0. 34	0. 33	0. 31

确认结论：要因。

（八）要因确认八

确认内容：管式炉后富油温度低，具体情况见表 7-10。

确认标准：管式炉后富油温度控制在 180~190℃。

表 7-10　2016 年上半年管式炉后富油温度控制表

月份	1	2	3	4	5	6	平均
温度/℃	181	186	182	180	183	185	183

确认过程：据调查本厂 2016 年上半年管式炉后富油温度，平均温度为 183℃，稳定地控制在范围内，见表 7-10。

确认结论：非要因。

（九）要因确认九

确认内容：煤气温度高。

确认标准：终冷塔后煤气温度不高于25℃，贫油温度比煤气温度高2~3℃。

确认过程：经查阅2016年上半年洗脱苯岗位操作记录，终冷塔后煤气控制温度平均为24.1℃，与贫油控制温度平均26.4℃相差2.3℃，均控制在标准范围内，见表7-11。

表7-11 2016年上半年终冷塔后煤气温度与贫油温度控制表

月份	1	2	3	4	5	6	平均
煤气温度/℃	23.6	24.1	24.5	23.8	24.5	24.3	24.1
贫油温度/℃	25.8	26.3	26.8	26.1	26.7	26.6	26.4

确认结论：非要因。

（十）要因确认十

确认内容：库存误差。

确认标准：库存误差范围±0.5%。

确认过程：

（1）油库粗苯槽液位计定期校验，备煤圆盘皮带秤定期跑盘校验。

（2）油库粗苯槽库存及煤场地库存定期盘库。将近期6月底盘库情况进行统计汇总，粗苯槽库存误差为0%，煤库存误差为0.34%，均在库存误差范围内，见表7-12。

表7-12 6月盘库数据表

项 目	煤场地库存/t	粗苯槽库存/t
账面数据	76558	326
盘库数据	76300	326
误差/%	0.34	0

确认结论：非要因。

要因确认汇总。通过以上验证，本课题确认影响焦化生产粗苯回收率的两项主要因素是：

（1）炉顶空间温度高；

（2）蒸汽调节不及时。

六、制定对策

针对影响焦化生产粗苯回收率的两项主要因素，制定了对策实施计划表，各项对策由相应负责人进行落实实施，见表7-13。

表 7-13　对策表

序号	要因	对策	目标	措施	负责人	完成时间
1	炉顶空间温度高	降低炉顶空间温度	(800±30)℃走下限	提高煤饼高度，降低标准温度	田利江	2016 年 9 月 18 日
2	蒸汽调节不及时	及时调节蒸汽压力	0. 35～0. 45MPa	粗苯用蒸汽优先原则，及时调节压力	张绘亮	2016 年 9 月 20 日

七、对策实施

（一）对策实施一

要因：炉顶空间温度高。

对策：降低炉顶空间温度。

实施：(1) 在保证焦炭质量的前提下最大限度降低炉顶空间温度；(2) 提高煤饼高度，减少炉顶空间，加快煤气流速。

效果：对策实施后，炉顶空间温度由之前的 830℃ 左右降至 782～798℃，如图 7-7 所示。

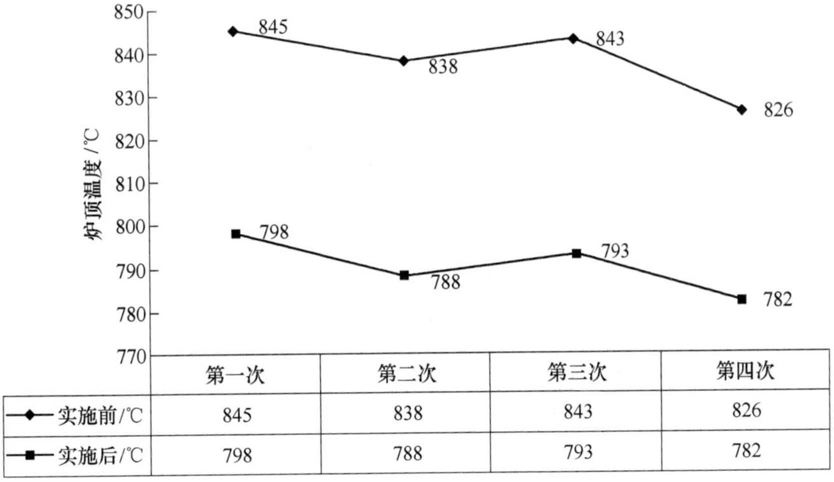

图 7-7　实施前后炉顶温度对比趋势图

（二）对策实施二

因素：蒸汽调节不及时。

对策：及时调节蒸汽压力。

实施：(1) 粗苯用蒸汽优先原则，化产工段用蒸汽粗苯车间优先使用；(2) 将蒸汽压力考核加入能源使用考核细则，低压蒸汽压力不足 0. 35MPa 时由调度员及时协调联系，低于 0. 35MPa 超过 5min，考核 50 元/次。

效果：对策实施后，低压蒸汽压力由原来的 0. 3MPa 提高至 0. 38MPa 左右，蒸汽压力得以保证，见表 7-14。

表 7-14 实施前后低压蒸汽压力对比表

时间	实施前				实施后			
	1 月	2 月	3 月	4 月	10 月	11 月	12 月	1 月
压力/MPa	0.32	0.29	0.31	0.28	0.37	0.40	0.38	0.39

八、效果验证

（一）实施效果

焦化生产粗苯回收率由 2016 年上半年的 0.84%逐步提升到了 2016 年 10 月~2017 年 3 月的 0.9%，粗苯提高 0.06%回收率，如图 7-8 所示。对此本课题进行了经济效益验证计算，按每年 135 万吨煤计算，粗苯价格按市场行情 4500 元/t 计算，焦化生产粗苯回收率提高 0.06%后直接经济效益可达 365.5 万元/年，见表 7-15，间接效益为降低成本、节约能源、增加化产品回收。

1. 2016 年 1~6 月份粗苯回收率统计表（实施前）

月份	1	2	3	4	5	6	平均
回收率/%	0.85	0.84	0.85	0.82	0.86	0.83	0.84

2. 2016 年 10 月~2017 年 3 月粗苯回收率统计表（实施后）

月份	10	11	12	1	2	3	平均
回收率/%	0.91	0.88	0.93	0.89	0.86	0.91	0.90

图 7-8 焦化生产粗苯回收率统计图

表 7-15 经济效益表

经济效益统计

类别	项目	计算依据	金额
直接效益	提高焦化生产粗苯回收率	焦化厂吨煤焦化生产粗苯回收率由 0.84%提高到 0.90%，回收率提高 0.06%	135 万吨/年×0.06%×4500 元=364.5 万元/年
间接效益	降低成本、节约能源、增加化产品回收		
社会效益	随着效益的增加，员工收入随之增加。一方面提高了员工工作积极性，另一方面提升了员工家庭的幸福感，同时也提高了当地人员就业率，为当地经济发展做出了贡献		
备注	按年均用煤量进行估算		

经济效益表

QC 小组名称	团结号 QC 小组		
课题名称	提高粗苯回收率		
课题活动时间	2016.7.1-2016.12.31	课题类型	攻关型
课题成果	通过这次 QC 小组活动，提高了粗苯回收率，优化了生产工艺技术指标，规范了作业标准，降低了生产成本。		
课题经济效益	通过 QC 小组活动产生直接经济效益约 364.5 万元/年		
课题技术效益	小组成员通过活动，巩固了理论知识，凝聚了团队精神，提高了运用 QC 方法解决难题的能力，同时为公司创了效益，降了成本，为提高化产品回收做了贡献。		

（二）自我评价

小组活动圆满完成，小组成员对本次活动进行自我评价，通过本次活动，小组成员提高了运用 QC 方法解决生产难题的能力，在质量意识、个人能力、QC 意识、团队精神及自信心等方面有所提高，如表 7-16 和图 7-9 所示。

表 7-16　自我评价表

评价项目	活动前/分	活动后/分
质量意识	5	6
个人能力	4	5
QC 知识	4	5
团队精神	5	6
自信心	5	6

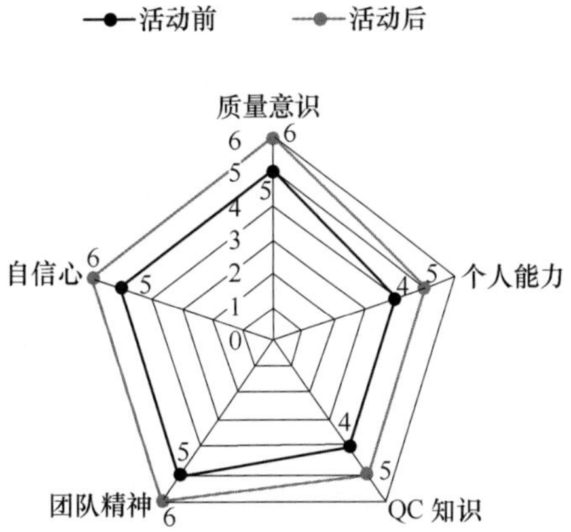

图 7-9　雷达图

（三）巩固措施

为了更好地巩固成绩，本小组制定了以下措施，并落实到车间，见表 7-17。

（1）针对炉顶空间温度和煤饼高度制定了相应的考核制度，纳入《炼焦车间三规一制》炼焦车间考核管理制度。

（2）针对化产用低压蒸汽压力制定了相应的考核制度，纳入《生产调度室生产考核细则》。

表 7-17　标准化汇总表

序号	标准化	纳入标准	负责人	完成时间
1	针对炉顶空间温度和煤饼高度制定了相应的考核制度	《炼焦车间三规一制》炼焦车间考核管理制度	田利江	2016 年 12 月
2	针对化产用低压蒸汽压力制定了相应的考核制度	《生产调度室生产考核细则》	张绘亮	2016 年 12 月

（四）巩固效果

为了巩固 QC 活动成果，小组对 4~6 月的焦化生产粗苯回收率进行了统计，4~6 月粗苯回收率均高于目标值，并制定巩固值与目标值柱状图，如图 7-10 所示，巩固值超过理想值目标。

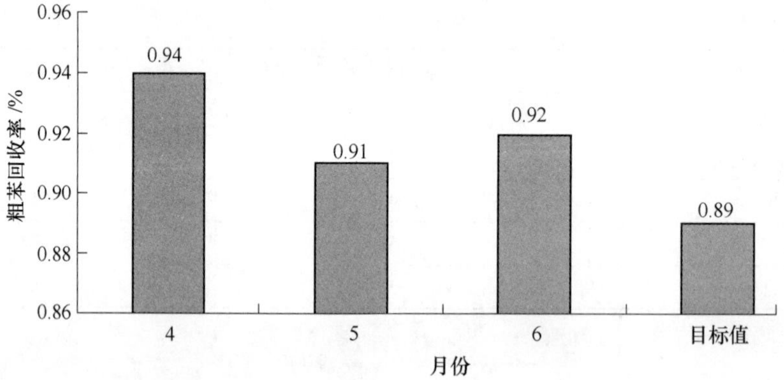

图 7-10　巩固值与目标值对比柱状图

九、总结及下一步打算

小组成员通过本次活动，找到了焦化生产粗苯回收率低的原因，虽然困难比较多，但经过大家的努力最终还是出色地完成了项目的任务，并让小组成员们巩固了理论知识，增加了个人能力，凝聚了团队精神。后续本小组将继续围绕节能降耗、降本增效为主题开展下一轮的 PDCA 循环改善活动。

案例 8 降低 4 号高炉热负荷

河钢集团承钢公司炼铁厂

陈党杰 杨 博 吴东海

一、前言

（一）小组概况

河钢承钢炼铁厂“降低 4 号高炉热负荷”QC 小组成立于 2014 年 1 月，活动时间为 2014 年 1~10 月，本课题属于攻关型，小组概况见表 8-1。

表 8-1 小组概况

课题类型		攻关型		成立时间	2014 年 1 月
课题名称		降低 4 号高炉热负荷		活动时间	2014 年 1~10 月
活动次数		每月 2 次，共 20 次		活动时间	每次 1.5h，共 30h
序号	姓名	年龄	文化程度	职务（岗位）	组内分工
1	陈党杰	32	大学	车间主任	组长
2	杨博	30	大学	技术员	活动组织实施及成果总结
3	向守义	34	大学	车间副主任	技术指导
4	李耀庭	31	大学	值班室组长	工艺操作监督
5	吴东海	29	大学	工长	工艺操作监督
6	胡雪松	28	大学	工长	工艺操作监督
7	祁志山	29	大学	工长	现场数据采集
8	周亮亮	28	大学	工长	现场数据采集
9	刘洋	28	大学	工长	现场数据采集
10	施艳超	27	大学	工长	现场数据采集
小组历年荣誉		2012 年度，河北省“冶金行业优秀质量管理小组” 2014 年度，中国质量协会“冶金行业优秀质量管理小组”			

（二）小组活动情况

QC 小组活动开展方式、内容、会议制度等如图 8-1 所示。

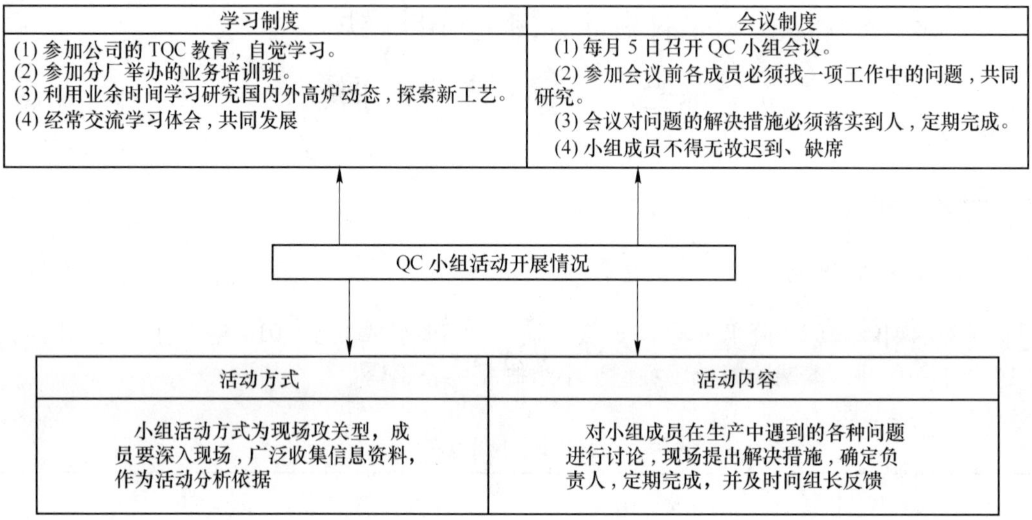

图 8-1　QC 小组活动开展情况

（三）背景简介

4 号高炉有效炉容为 2500m^3，是目前冶炼钒钛矿的最大高炉，采用了并罐式无钟炉顶、软水密闭循环冷却系统、炭砖水冷薄炉衬结构（带四段铜冷却壁）、旋流顶燃式热风炉等先进技术。

4 号高炉自 2008 年 9 月投产以来，经过不断的探索与实践，通过优化原燃料结构，应用合理的上中下部制度，冶炼钒钛矿生产指标逐年上升，吨铁成本与国内外先进高炉差距逐渐缩小，但在某些具体参数指标方面仍存在一定差距。

（四）名词解释

炉体热负荷：国内将炉壁散热量称之为热负荷，用来判断边缘气流的发展情况及高炉炉墙冷却的工作状况。

渣皮：因热应力变化，液态渣在炉衬固化形成保护性渣皮，保护炉衬并代替炉衬工作，渣皮脱落，易引起热负荷剧烈波动，破坏正常的操作炉型。

软熔带：到高炉中部，当温度达到 1000℃左右时，矿石开始变软，随着温度更高，矿石熔化。料柱中从软化到熔化这一区间，叫软熔带。软熔带高的炉渣进入炉缸时，带入的热量少，不利于炉缸温度的提高。软熔带过低直到炉腹才熔化成渣，受热膨胀的影响，因炉腹容积缩小，发生“卡塞”，也不利于顺行。

（五）小组活动计划

活动从 2014 年 1 月开始至 10 月结束。为自定目标课题，活动进度如表 8-2 所示。

表 8-2　QC 小组活动进度表

阶段	活动计划	月份										责任人
		1	2	3	4	5	6	7	8	9	10	
P	选择课题	- - → ——→										陈党杰
	现状调查	- - → ——→										向守义
	设定目标	- - → ——→	- - → ——→									杨博
	原因分析		- - → ——→									杨博
	确定主要原因		- - → ——→									李耀庭
	制定对策			- - → ——→								陈党杰
D	对策实施			- - → ——→	- - → ——→	——→						杨博
C	效果检查				- - →	- - → ——→	- - → ——→					李耀庭
A	制定巩固措施（标准化）					- - → ——→	- - → ——→	- - → ——→	- - → ——→	- - → ——→		向守义
	总结下一步打算										- - → ——→	向守义

注：- - →计划进度；——→实际进度。

（制表：吴东海；时间：2014 年 10 月 5 日）

二、选择课题

炉体热负荷是一项重要生产参数。如果热负荷过高，热损失偏大，不利于降低燃料比、降低生产成本，而且可能会加剧炉墙的侵蚀，影响高炉长寿。低耗、长寿是炼铁人孜孜以求的目标，只有不断降低燃料比，延长高炉寿命，才能使企业获得更大的利润空间。

在全国范围内，高炉热负荷的无规律波动是高炉冶炼的一项重要难题，既不利于降低燃料比及生产成本，又不利于延长高炉寿命，所以降低高炉热负荷成为承钢实施高产低耗、降本增效的战略需要。

热负荷对于高炉炼铁极其重要，如图 8-2 所示，因此结合本厂生产实际及本小组的具体情况，经讨论决定把降低高炉热负荷作为小组的活动方向。

本课题研究的必要性主要有以下三点。

（1）高炉冶炼方面：高炉冶炼过程是在高温下进行的。从热能和化学能利用的角度看，热气流和炉料在炉内做逆流运动。高炉生产中，由于炉料和操作原因，造成冷却壁表面渣皮时常脱落，同时，随着高炉冶炼强度提高，渣皮脱落现象也更加频繁。

（2）冷却壁特点：高炉冷却壁不仅要承受炉料的机械磨损和温度变化引起的热应力破坏，而且还要承受铁、渣和煤气流的化学侵蚀。

（3）热负荷研究：若能保持稳定适宜的炉体热负荷，提高冷却壁的寿命，即可在一定程度上延长高炉的寿命，节省维修费用。

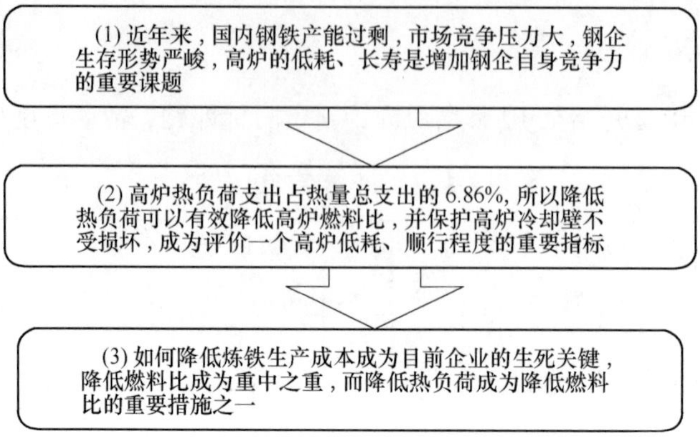

图 8-2　热负荷的重要性

三、现状调查

（一）影响热负荷因素

2013 年 7～12 月平均热负荷见图 8-3。

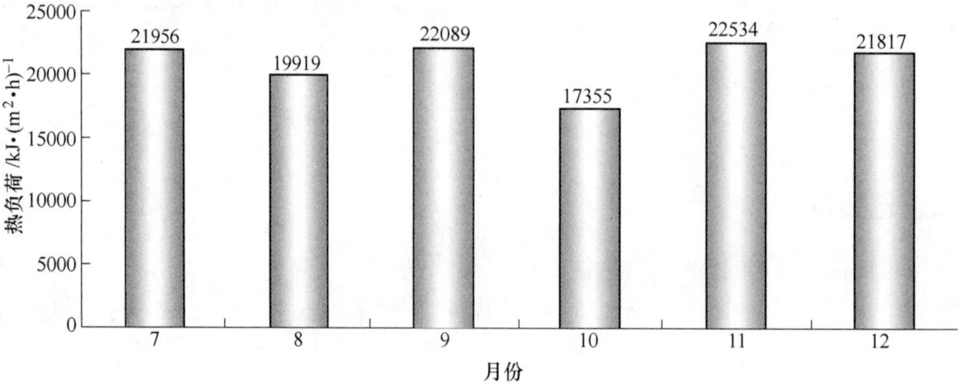

图 8-3　2013 年 7～12 月平均热负荷

从图 8-3 可见，4 号高炉热负荷上下波动较大，最高为 22534kJ/(m^2·h)，平均值为 20945kJ/(m^2·h)。通过对 2013 年下半年热负荷波动情况进行统计，在热负荷高于平均值的日期内对造成高炉热负荷升高的因素进行分析，总结出产生热负荷的因素，如表 8-3 所示。

表 8-3　高炉热负荷高因素表

序号	项目	发生频数/个	累计频数/个	累计百分比/%
1	渣皮脱落频繁	67	67	40. 36
2	软熔带过高	51	118	71. 08
3	冷却强度不够	21	139	83. 73
4	小套漏水	18	157	94. 58
5	其他	9	166	100
6	合计	166		100

（制表：杨博；时间：2014 年 2 月 5 日）

根据影响热负荷偏高的因素，绘制了排列图，见图 8-4。

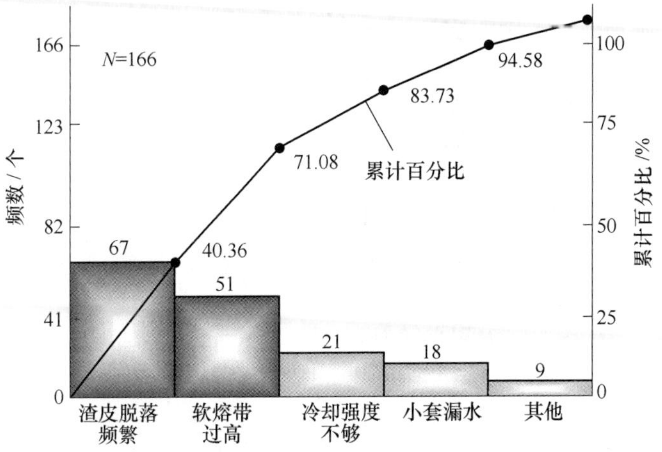

图 8-4　影响高炉热负荷高因素排列图

（制图：杨博；时间：2014 年 2 月 5 日）

（二）结论

由图 8-4 可以看出，渣皮脱落频繁占热负荷偏高因素的 40.36%，软熔带过高占热负荷偏高因素的 30.72%，是影响热负荷偏高的 A 类因素。

（三）制定目标依据

（1）小组成员分别针对生产参数进行跟踪，根据渣皮脱落频繁与软熔带不合理的炉况表现不同，组织对炉况进行分析，得出结论为：按照第一总热平衡法及经验公式，热负荷每降低 1000kJ/(m^2 · h)，燃料比可降低 1kg/t，2013 年下半年 4 号高炉渣皮脱落频繁，日平均波动 10.5 次，造成热负荷偏高 4000kJ/(m^2 · h)，影响燃料比升高 4kg/t；软熔带不合理造成热负荷偏高 2000kJ/(m^2 · h)，影响燃料比升高 2kg/t。若减少渣皮脱落次数 50%，可以有效降低热负荷 2000kJ/(m^2 · h)；若减少 50% 由于软熔带过高造成的热负荷偏高，可以有效降低热负荷 1000kJ/(m^2 · h)。因此，热负荷可以降低至 17945kJ/(m^2 · h)。

（2）2013 年 10 月高炉热负荷 17355kJ/(m^2 · h)，以此推断，小组一致认为有能力达到降低热负荷到 18000kJ/(m^2 · h) 以下的课题目标。

四、设定目标

确定小组活动目标：根据 4 号高炉炉况现状，参照 2013 年下半年 4 号高炉平均热负荷为 20945kJ/(m^2 · h)，本次活动将目标定在 18000kJ/(m^2 · h)。本次攻关目标：4 号高炉减低热负荷到 18000kJ/(m^2 · h) 以下，见图 8-5。

五、原因分析

（1）为了减低热负荷，本小组通过总结本高炉及国内同级高炉降消耗经验和教训，在此基础上，运用 QC 方法，多次讨论分析，把问题层层展开，绘制出了影响渣皮脱落频繁和软熔带过高的原因关联图，如图 8-6 所示。

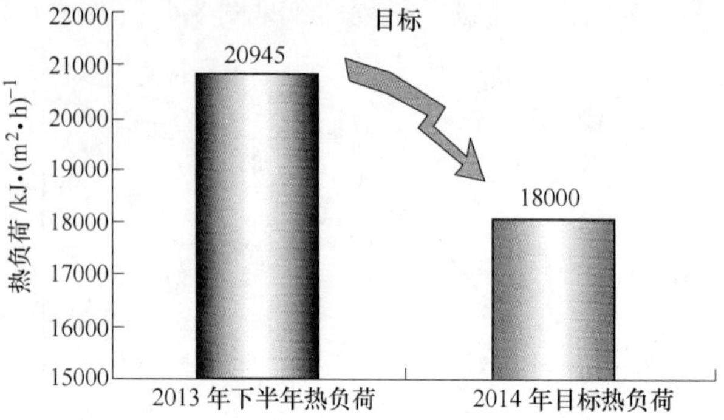

图 8-5　QC 活动目标示意图

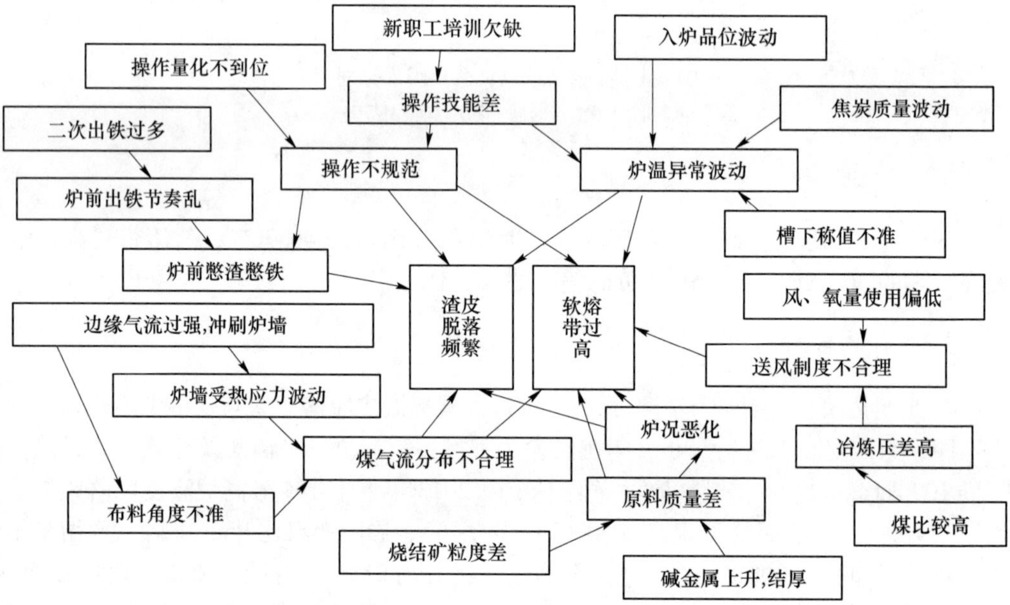

图 8-6　影响渣皮脱落频繁和软熔带过高的原因关联图

（2）根据 2013 下半年生产实际情况，对制约渣皮脱落频繁和软熔带过高的末端因素进行分析归类，如表 8-4 所示。

表 8-4　末端因素分析归类表

序号	末端因素	验证方法	时间	地点	验证人
1	新职工培训欠缺	调查分析	2014 年 2 月	现场	李耀庭
2	操作量化不到位	调查分析	2014 年 2 月	现场	杨　博
3	二次出铁过多	统计分析	2014 年 2 月	现场	杨　博
4	边缘气流过强，冲刷炉墙	统计分析	2014 年 2 月	现场	吴东海
5	烧结矿粒度差	现场实测	2014 年 2 月	现场	吴东海
6	碱金属上升，结厚	统计分析	2014 年 2 月	现场	祁志山

续表 8-4

序号	末端因素	验证方法	时间	地点	验证人
7	煤比较高	统计分析	2014 年 2 月	现场	祁志山
8	风氧量使用偏低	统计分析	2014 年 2 月	现场	胡雪松
9	槽下称值不准	现场实测	2014 年 2 月	现场	胡雪松
10	焦炭质量波动	统计分析	2014 年 2 月	现场	周亮亮
11	入炉品位波动	统计分析	2014 年 2 月	现场	周亮亮

六、确定主要原因

针对 11 个末端因素，逐项进行了确认。

（一）确认原因一：新职工培训欠缺

确认方法：针对此因素，对 2014 年新职工车间培训记录进行调查，若无培训记录，则表明新职工培训欠缺。

确认标准：各项培训均有记录及签到。

确认内容：新职工车间培训记录。

确认分析：2014 年所有新职工均参加各项培训，合格。

确认结果：非要因。

（二）确认原因二：操作量化不到位

确认方法：统计车间操作方针在各班组的执行情况，对煤量调剂幅度、频次、出渣率、炉温合格率、出铁优质率等结果进行跟踪统计，查看班组调剂量化控制情况是否符合车间操作方针。

确认标准：根据车间操作方针要求，班煤量调剂幅度（最大值减最小值）平均≤2t，频次≤3 次，出渣率≥85%，炉温合格率≥95%，优质率≥95%，符合方针要求为合格。

确认内容：四班操作跟踪统计。

确认分析：四班煤量调剂幅度和频次均超出车间操作方针范围，不合格。

确认结果：要因。

（三）确认原因三：二次出铁过多

确认方法：分别针对 1 月炉前二次出铁次数进行统计。

确认标准：平均每天 2 次出铁次数≤1 次为合格。

确认内容：对 1 月炉前二次出铁次数进行统计确认分析，平均每天 2 次出铁次数≤1 次为合格。

确认结果：非要因。

（四）确认原因四：边缘气流过强，冲刷炉墙

确认方法：对 1 月 34m 壁面温度进行统计。

确认标准：根据承钢 2500m³ 高炉工长作业标准规定，34m 壁面温度 70～110℃ 为合格。

确认内容：对 1 月 34m 壁面温度进行统计。

确认分析：34m 壁面温度>110℃，不合格。

确认结果：要因。

（五）确认原因五：烧结矿粒度差

确认方法：对 1 月烧结矿粒度进行统计。

确认标准：烧结矿加权粒度≥12mm 为合格。

确认内容：对 1 月烧结矿粒度进行统计。

确认分析：加权粒度>12mm，合格。

确认结果：非要因。

（六）确认原因六：碱金属上升，结厚

确认方法：对 1 月高炉入炉碱金属进行统计。

确认标准：1 月高炉入炉碱负荷<2013 年碱负荷为合格。

确认内容：根据技术科检验数据得知 4 号高炉 2013 年入炉碱负荷平均为 6.64kg/t，1 月入炉碱负荷为 6.10kg/t，小于平均碱负荷，合格。

确认结果：非要因。

（七）确认原因七：煤比较高

确认方法：对 1 月高炉煤比进行统计。

确认标准：根据车间操作方针要求，煤比控制<140kg/t，1 月份高炉煤比<140kg/t 为合格。

确认内容：对 1 月高炉煤比进行统计，如图 8-7 所示，1 月份平均煤比 126kg/t。

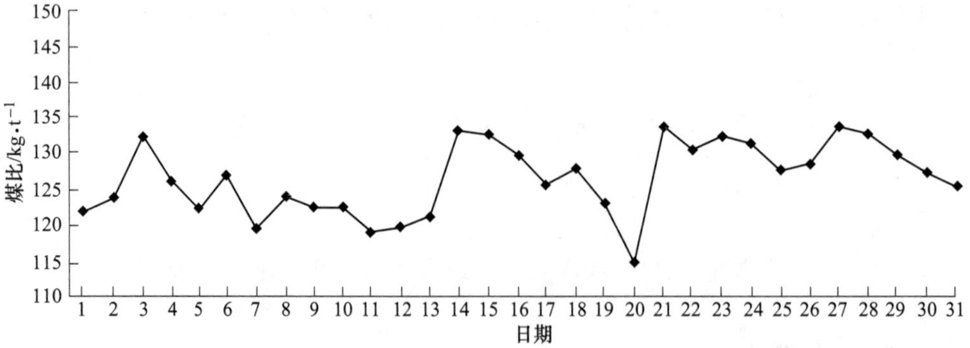

图 8-7　1 月煤比统计

确认结果：非要因。

（八）确认原因八：风氧量使用偏低

确认方法：对 1 月高炉风量、富氧进行统计。

确认标准：根据车间操作方针要求，风量 4900～5000m³/min，富氧 5500～6500m³/h，1 月高炉风量、富氧在范围内为合格。

确认内容：对 1 月高炉风量、富氧进行统计，结果如图 8-8 所示。

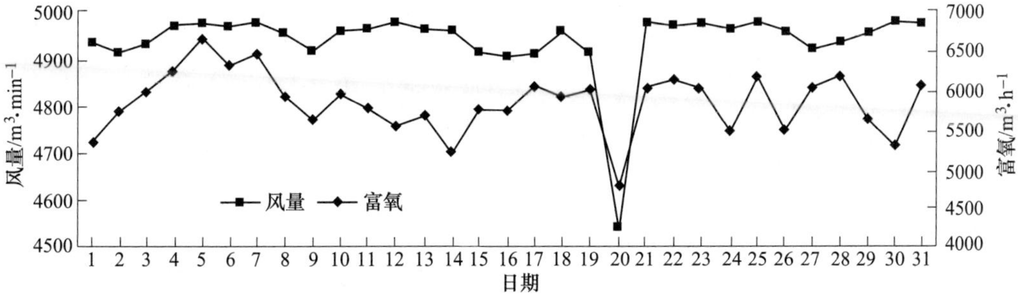

图 8-8　1 月高炉风量、富氧统计

1 月风量均值为 4935m³/min，富氧均值为 5829m³/h，均合格。

确认结果：非要因。

（九）确认原因九：槽下称值不准

确认方法：对槽下料仓秤值进行校秤。

确认标准：校秤偏差小于千分之 0.3 为合格。

确认内容：对槽下料仓秤值进行校秤。

确认结果：非要因。

（十）确认原因十：焦炭质量波动

确认方法：对 2013 年下半年～2014 年 2 月入炉焦炭质量进行统计。

确认标准：入炉焦炭质量符合公司焦炭质量标准为合格。

确认内容：对 2013 年下半年～2014 年 2 月入炉焦炭质量进行统计。

确认分析：入炉焦炭质量符合公司焦炭质量标准，合格。

确认结果：非要因。

（十一）确认原因十一：入炉品位波动

确认方法：对 2 月入炉品位进行统计。

确认标准：根据炼铁厂技术科对高炉入炉含铁原料品位要求，含铁原料入炉品位>56%为合格。

确认内容：对 2 月入炉品位进行统计。

确认分析：含铁原料入炉品位月平均为 56.15%，合格。

确认结果：非要因。

由此确定要因为：（1）调剂量化不到位；（2）边缘气流过强，冲刷炉墙。

七、制定对策

经过 QC 小组认真讨论，制定了减低热负荷的对策表，见表 8-5。

表 8-5　减低热负荷对策表

序号	要因项目	对策	目标	措施	负责人	完成日期	地点
1	操作量化不到位	制定高炉“标准化、定量化、趋势化”管理方法	［Si+Ti］均值降低至 0.39%	（1）规范日常操作，制定“三化”操作细则。 （2）每周进行“三化”培训，加大奖惩力度。 （3）推行低［Si+Ti］冶炼	杨博	6 月 30 日	高炉值班室
2	边缘气流过强，冲刷炉墙	优化装料制度	煤气利用率≥48.5%	（1）维护操作炉型的稳定。 （2）逐渐调整装料制度，控制边缘气流	向守义	6 月 30 日	高炉值班室

（制表：吴东海；时间：2014 年 3 月 25 日）

八、对策实施

（一）对策一：执行高炉“标准化、定量化、趋势化”管理方法

1. 措施 1：规范日常操作，制定“三化”操作细则

制定车间的高炉“标准化、定量化、趋势化”管理方法，对风量、富氧、煤粉、风温等规定每次动作的调剂量，对工长日常调剂、特殊炉况处理、休复风等全部实行“三化”管理制度。要求工长超前判断，细化、量化调剂量，减少对炉况的影响。

通过推行标准化管理制度，各班的高炉调剂偏差明显减小，炉温稳定性大大增强。

2. 措施 2：每周进行“三化”培训，加大奖惩力度

4 号高炉因时因地，制定了全员参与的“三化”培训。

（1）培训的形式多样，内容深度递增，主要是能够和实际操作联系起来，培训能够切实起到提升职工技术水平的作用，对培养工长长远、正确的工艺思路，提高分析问题、解决问题的能力起着关键的作用。

（2）为做到培训有收获，在吃透“三化”基本内容上，车间根据生产实际进行延伸讨论，培训后进行“三化”试题考试，对培训结果进行巩固。

（3）4 号高炉健全了以指标评比、理论考试、班组管理为主体的综合评价体系，每月将“理论成绩×30%+日常成绩×70%”作为工长的考评得分。

车间每月打分奖励基金 1000 元，排名第 1、2、3 名的班组按照 500 元、300 元、200 元进行奖励，很好地调动了工长积极性，使值班室营造的“比、学、赶、超”氛围更加浓厚。

3. 措施 3：推行低［Si+Ti］冶炼

实践证明，［Si+Ti］下降 1%，焦比下降 5kg/t，因此低硅钛冶炼是降低燃料比的有效手段。低硅钛冶炼的原则是“降硅不降热、亏热不降硅”，保证有充足的铁水物理热。根据钒钛矿冶炼特点，4 号高炉生产实践证明，铁水物理热不能长期低于 1470℃。硅钛水平的降低不但能有效缓解炉渣黏稠的问题，并且能降低铁损，促进炉缸活跃，提高生铁合格率及稳定率，达到高产、低耗的目的。

经过讨论研究推行低［Si+Ti］冶炼后要求［Si+Ti］控制在 0.25%~0.4%，铁水物理热控制在（1470±10）℃，铁水一级品率在 98%以上。

验证结果：通过实施一系列措施，高炉上长炉温控制水平进一步增强。平均［Si+Ti］降低为 0.389%，对策实施成功，如图 8-9 所示，具体数据如下。

（1）3~6 月平均［Si+Ti］为 0.347%，完成计划。

（2）生铁［Si+Ti］合格率为 100%，好于去年的 99.9%，在承钢各高炉中位列第一。

（3）一级品率平均为 99.96%，较去年 99.35%上升 0.61%，在承钢各高炉中位列第一。未出现不合格铁。

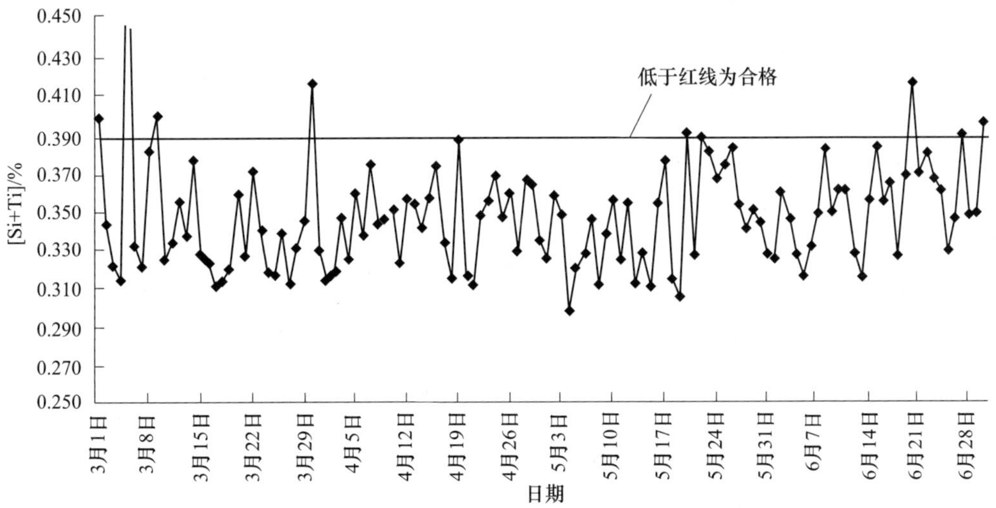

图 8-9　实施低［Si+Ti］冶炼后［Si+Ti］数据统计

（二）对策二：优化上下部制度

1. 措施 1：维护操作炉型的稳定

4 号高炉将壁面温度、炉缸碳砖温度进行日统计，月底以月报的形式进行总结，并将炉缸炭砖温度按照测温点的方位做成雷达图，如图 8-10 所示，进行分析，来监测炉缸的工作状态及操作炉型的变化。并且可以查阅炉缸炉底热电偶测温点的历史温度曲线（包括日数据及月数据），从中能明显地反映出各点短期和长期的温度变化趋势。

7月炉型月报											
壁面温度	东北		东南		西南		西北			均值	2013年9月参考值
34m	120	115	123		113	126	125	122	115	120	99
32m	106		104	119	106	122	117	99	103	109	103
29m	83		85	77	84	87	96	86	77	84	87
26m	76	80	75	101	87	88	105	81	85	86	85
24m	62	65	67	69	68	71	69	64	62	66	64
21m	67	61	68	70	68	71	73	66	70	68	65
19m	62	63	68	70	84	89	69	62	65	71	66
17m	62	60	62	64	64	62	63	61	63	63	64
10m	44	60	68	66	60	63	63	67		61	63
8m	67	60	62	67	66	63	59	56	63	62	61
6m	59	58	62	63	61	59	58	56	56	59	58
7月炉缸炭砖温度记录											
高度	7.21m	7.7m	8.2m	8.7m	9.2m		10.2m		11.7m		
内环	136	133	153	173	233		225		295		
参考值	126	125	135	160	225		256		406		
外环	142	121	122	137	214		207		275		
参考值	118	114	115	125	202		232		343		
7月炉底温度记录											
一层	东	南	西	北	东南	西南	西北	东北	平均		参考值
内环	272	261	271	260	267	260	263	267	265		265
中环	152	165	154	151	157	158	155	坏	156		200
外环	115	120	123	125	112	120	125	124	121		113
中心	280										282
二层	东	南	西	北	东南	西南	西北	东北	平均		参考值
内环	425	435	296	426	425	435	426	坏	410		412
中环	328	339	415	352	317	340	319	坏	344		341
外环	167	180	149	188	167	194	166	203	177		165
中心	458										459
总结	1. 本月上部壁面温度较高，热负荷平均20802，较上月18118上升。 2. 炉缸炭砖温度。炉缸内、中、外环温度均位于参考值以内，均匀性可。 3. 本月铜冷却壁温度17m、19m、21m、24m分别为63℃、71℃、68℃、66℃。较上月62℃、70℃、68℃、65℃分别上升1℃、1℃、0℃、1℃，上部冷却壁26m、29m、32m、34m分别为86℃、84℃、109℃、120℃，较上月84℃、84℃、107℃、108℃分别上升2℃、0℃、2℃、13℃。 4. 本月炉芯温度继续呈上升趋势，由月初的452℃上升至月底的470℃。											

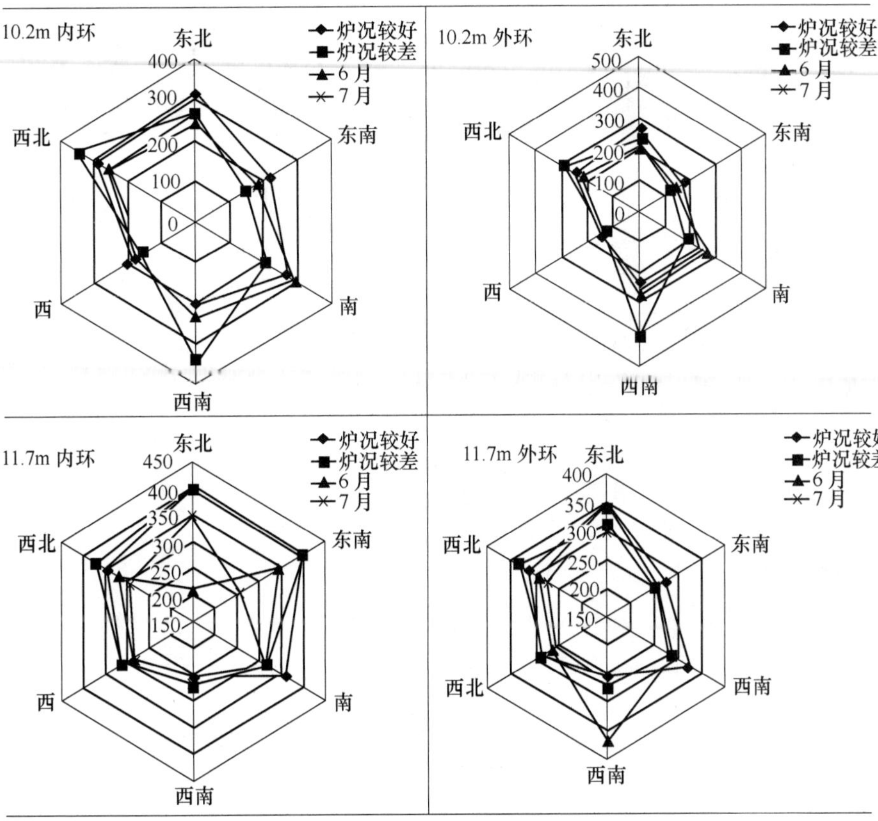

图 8-10　车间炉型月报

2. 措施 2：逐渐调整装料制度，控制边缘气流

4 号高炉 4 月以来，坚持“平台+漏斗”的上部装料制度模式，追求上下部制度的匹配。

（1）烧结机变料要做变料单。由于烧结矿理化性能密切影响到高炉热负荷波动，根据 4 号高炉经验数据，全炉热负荷每升高 5000kJ/(m^2·h)，燃料比升高 5kg/t。所以车间要求值班室必须将所有烧结机变料单做统计归档，确保变料提前知道，提前调剂。

（2）4 号高炉采取抑制边缘负荷的料制结构，根据原料条件的变化对料制进行微调，保证了边缘煤气流的稳定。

（3）在生产实践中摸索合理的矿焦批重及厚度，在保证炉况稳定顺行的基础上，加大焦炭负荷，4 月加大负荷至 4.7 以上，使煤气在炉内分布均匀且提高利用率，达到提高综合负荷的目的。

验证结果如图 8-11 所示。

（1）煤气利用率 3~6 月平均为 48.8%，较 2013 年平均 48.3%提高 0.5%，完成计划。

（2）平均顶温为 133℃，较去年同期下降 10℃，吨铁瓦斯灰下降 4kg/t，对策实施成功。

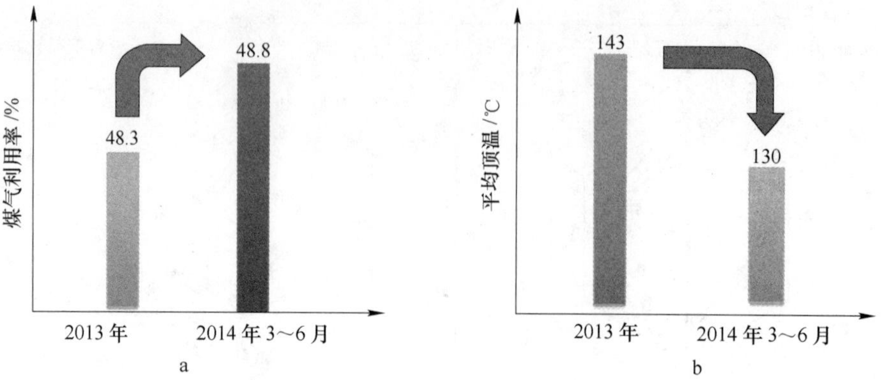

图 8-11 实施措施验证结果示意图

a—4 号炉煤气利用率，%；b—4 号炉平均顶温，℃

九、效果检查

（一）效果检查

（1）通过活动，4 号高炉热负荷大幅降低，2014 年 3～6 月高炉热负荷降低至 16355kJ/(m² · h)，达到了活动目标，如图 8-12 和图 8-13 所示。

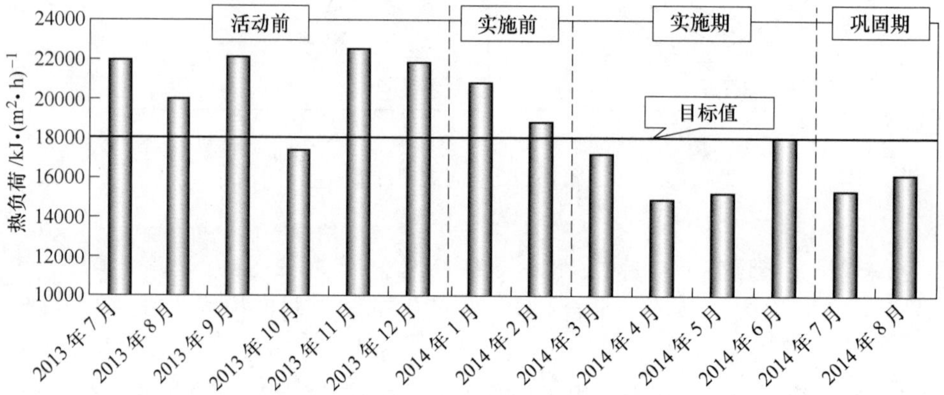

图 8-12 QC 活动期间热负荷数据图

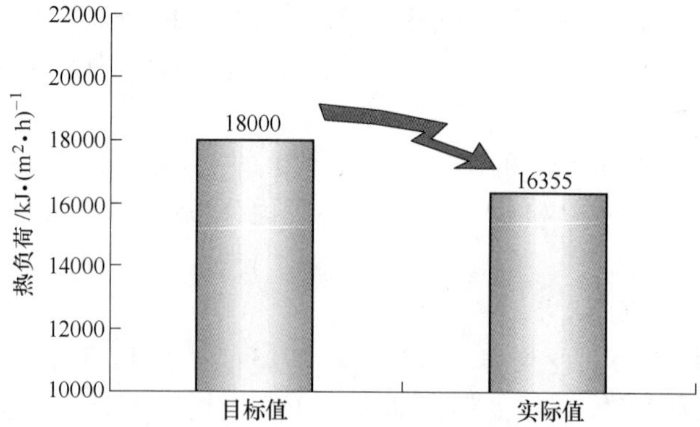

图 8-13 QC 活动结果示意图

（2）本小组对活动后影响热负荷偏高的样本（68 个）做了分析，如表 8-6 所示。

表 8-6　活动后影响热负荷偏高因素统计

序号	项　目	发生频数/个	累计频数/个	累计百分比/%
1	冷却强度不够	36	36	52.94
2	小套漏水	15	51	75
3	渣皮脱落频繁	8	59	86.76
4	软熔带过高	5	64	94.12
5	其　他	4	68	100
6	合　计	68		100

（制表：杨博；时间：2014 年 7 月 9 日）

（3）根据影响热负荷偏高的因素，绘制了排列图（图 8-14）。

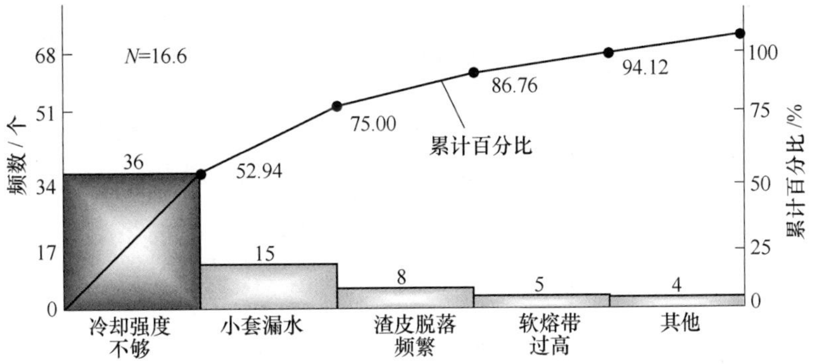

图 8-14　影响热负荷高因素排列图

（制图：杨博；时间：2014 年 7 月 9 日）

由图 8-21 可以看出渣皮脱落频繁和软熔带过高对热负荷偏高的影响已经减小，冷却强度不够已经成为造成热负荷偏高的主要因素。

（4）国内外高炉生产实践表明，由于高炉冷却设备损坏引起高炉停炉大修的比例超过 27%。4 号高炉减低热负荷后，渣皮稳定性提高，冷却设备寿命延长，从而延长高炉寿命。

（二）创效计算

1. 节焦创效

按照第一总热平衡法及经验公式，热负荷每降低 1000kJ/(m^2 · h)，降低燃料比 1kg/t，2013 年平均热负荷 20945kJ/(m^2 · h)，开展活动后降低到 16355kJ/(m^2 · h)，共降低了 4690kJ/(m^2 · h)，故共降低燃料比 4.7kg/t。2014 年 3~7 月产量 90.83 万吨，按照经营科统计 2014 年成本数据得知，每 1kg/t 燃料比影响成本 1.05 元/t。

计算直接经济效益 = 90.83×1.05×4.7 = 448.25 万元。

2. 间接经济效益

由于 4 号高炉炉况顺行、产量高、效益好，本课题各项减低热负荷的措施具有广泛的推广前景。其中高炉“标准化、定量化、趋势化”操作技术已在全厂广泛推广，低

[Si+Ti] 冶炼技术已取得明显效果，工长打分、控制热负荷等手段具有广泛推广前景。

3. 无形效果检查

小组对成员的综合素质进行了自我评价，见表 8-7 和图 8-15。

表 8-7 活动前后自我评价表

序号	评价内容	活动前/分	活动后/分
1	团队精神	81	86
2	质量意识	84	92
3	进取精神	83	93
4	QC 工具运用技巧	78	91
5	工作热情干劲	86	94
6	改进意识	82	93

（制表：陈党杰；时间：2014 年 7 月 13 日）

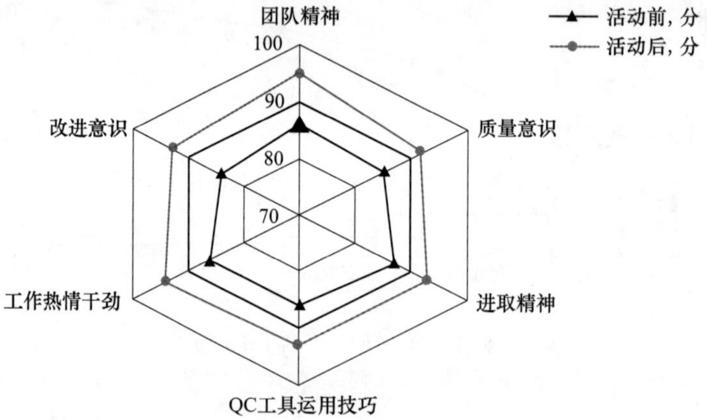

图 8-15 活动前后自我评价雷达图

（制图：杨博；时间：2014 年 7 月 13 日）

从图 8-15 可以看出：在 QC 工具运用上有了很大程度的提高，处理解决问题的能力及其他方面素质也都有不同程度的提高。

十、制定巩固措施（标准化）

（一）修订各种制度文件

制度文件修订统计如表 8-8 所示。

表 8-8 制度文件修订统计

序号	项目	标准化形式	文件名称	编制人员
1	高炉休送风操作制度	方案总结，纳入作业区管理资料存档	《2500m^3 高炉工长三化标准》	杨博
2	高炉工长日常操作调剂制度	方案总结，纳入作业区管理资料存档	《2500m^3 高炉工长三化标准》	杨博
3	高炉工长应急操作制度	方案总结，纳入作业区管理资料存档	《2500m^3 高炉工长三化标准》	杨博

续表 8-8

序号	项目	标准化形式	文件名称	编制人员
4	组织培训	编制学习资料，组织职工培训，掌握操作方法和异常情况处理	《4 号高炉作业区培训制度》	杨博
5	值班室打分制度	方案总结，纳入作业区管理资料存档	《4 号高炉工长绩效打分制度》	杨博
完成时间		2014 年 7 月		

（二）继续推进实施低硅钛冶炼

实施低硅钛冶炼，不但能有效缓解炉渣黏稠的问题，并且能降低铁损，促进炉缸活跃，从而降低热负荷，高炉炉况稳定，达到高产、低耗的目的，如图 8-16 所示。4 号炉在巩固期内不断推进低硅钛冶炼。

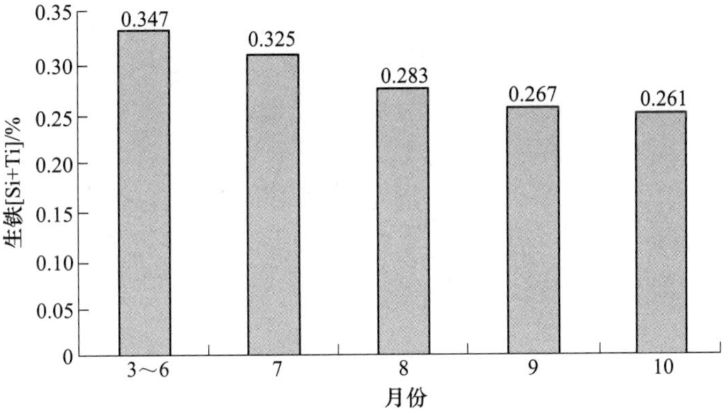

图 8-16　QC 活动期间［Si+Ti］均值统计

由图 8-16 可以看出，［Si+Ti］均值由实施期的 0.347%降低至巩固期的 0.284%，巩固效果显著。

（三）工艺操作制度标准化

（1）工长日常操作中制定操作方针，按方针要求范围操作，减小因工长操作幅度过大造成炉况波动，影响热负荷的稳定。

（2）建立各种应急操作预案，保证高炉稳定顺行，从而达到降低热负荷的目的。

（3）严格工长打分制度，将每月打分奖励资金由 1000 元增加至 3000 元，进一步加大奖惩力度，不断提升团队素质水平。

（四）巩固期成果

采取措施后，小组对 2014 年 7～10 月高炉热负荷进行了跟踪统计，统计计算结果如图 8-17 所示。

根据图 8-17 统计数据可知，2014 年 7～10 月高炉热负荷均在目标值 18000kJ/(m^2·h) 以下，说明巩固措施有效。

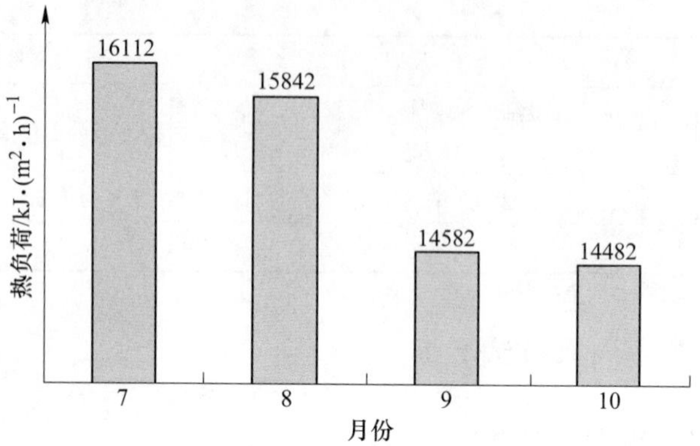

图 8-17 2014 年 7～10 月高炉平均热负荷统计

十一、总结下一步打算

（1）通过这次活动，降低 4 号高炉热负荷完成了小组设定目标。

（2）通过本次活动，小组成员分析问题，解决问题的能力大大提高，本小组准备将 QC 活动理论和方法运用到解决其他问题上。

（3）下一步本小组打算：大型高炉冶炼钒钛磁铁矿的技术在日臻完善，但在控制热负荷方面还存在一定不足，将在以后的生产中继续摸索，进一步抑制边缘气流，降低小套烧损。

案例 9　降低板式给矿机故障停机次数

邢台钢铁有限责任公司

赵军钢

一、课题简介

在烧结系统中，烧结矿经过环冷机一个周期的降温后，由板式溜筒落入位于环冷机下方的板式给矿机，然后输送到皮带。邢钢目前有 1 号和 2 号两座烧结机，近几年，两座烧结系统中的板式给矿机的故障率都居高不下，严重时影响到对高炉的供料，因此，如何降低其故障停机次数，保证烧结矿的正常输送是本次攻关的重点课题。

二、QC 小组简介及活动计划

（一）小组基本情况

维修三作 QC 小组成立于 2011 年 2 月，本次活动时间为 2014 年 3～10 月，小组情况简介如表 9-1 所示。

表 9-1　小组情况简介

<table>
<tr><td colspan="2">小组名称</td><td colspan="2">维修三作 QC 小组</td><td colspan="2">课题名称</td><td>降低板式给矿机故障停机次数</td></tr>
<tr><td colspan="2">成立时间</td><td colspan="2">2011 年 2 月</td><td colspan="2">活动时间</td><td>2014 年 3～10 月</td></tr>
<tr><td colspan="2">小组人数</td><td colspan="2">9</td><td colspan="2">课题类型</td><td>现场型</td></tr>
<tr><td colspan="2">活动频率</td><td colspan="2">每月 1 次</td><td colspan="2">活动次数</td><td>8 次</td></tr>
<tr><td colspan="2">活动方式</td><td colspan="5">现场研讨与技术经验交流相结合，严格按照步骤执行</td></tr>
<tr><td>序号</td><td>成员姓名</td><td>性别</td><td>年龄</td><td>文化程度</td><td>职务</td><td>组内分工</td></tr>
<tr><td>1</td><td>宁振豪</td><td>男</td><td>50</td><td>高中</td><td>工区副主任</td><td>组长/指挥协调</td></tr>
<tr><td>2</td><td>赵军钢</td><td>男</td><td>24</td><td>本科</td><td>工程师</td><td>组员/现场调查、编写成果及发布</td></tr>
<tr><td>3</td><td>冯清儒</td><td>男</td><td>48</td><td>高中</td><td>作业长</td><td>组员/对策实施</td></tr>
<tr><td>4</td><td>史文革</td><td>男</td><td>49</td><td>高中</td><td>副作业长</td><td>组员/技术指导</td></tr>
<tr><td>5</td><td>刘志刚</td><td>男</td><td>39</td><td>中技</td><td>钳工</td><td>组员/设备制作</td></tr>
<tr><td>6</td><td>王如格</td><td>男</td><td>44</td><td>高中</td><td>钳工</td><td>组员/设备制作</td></tr>
<tr><td>7</td><td>郑瑞浩</td><td>男</td><td>40</td><td>中专</td><td>助理工程师</td><td>组员/设备制作、物资准备</td></tr>
<tr><td>8</td><td>王润通</td><td>男</td><td>41</td><td>高中</td><td>钳工</td><td>组员/确认要因和对策实施</td></tr>
<tr><td>9</td><td>张卫华</td><td>女</td><td>43</td><td>本科</td><td>工程师</td><td>组员/效果检查、收集整理资料</td></tr>
</table>

（二）活动计划与进度完成情况表

本次活动计划与进度完成情况见表 9-2。

表 9-2　活动计划与进度完成情况表

项　目	3 月	4 月	5 月	6 月	7 月	8 月	9 月	10 月
选择课题	- - -→ ——→							
现状调查	- - -→ ——→							
设定目标		- - -→ ——→						
分析原因		- - -→ ——→						
制定对策		- - -→ ——→						
按对策实施			- - -→ ——→					
检查效果				- - - - - -	- - - - - -	- - -→		
				————	————	——→		
制定巩固措施							- - -→ ——→	
总结及下一步打算								- - -→ ——→

注：- - -→计划进度；——→实际进度。

（制表：宁振豪；时间：2014 年 3 月 1 日）

三、选择课题及理由

课题选择情况如图 9-1 所示。

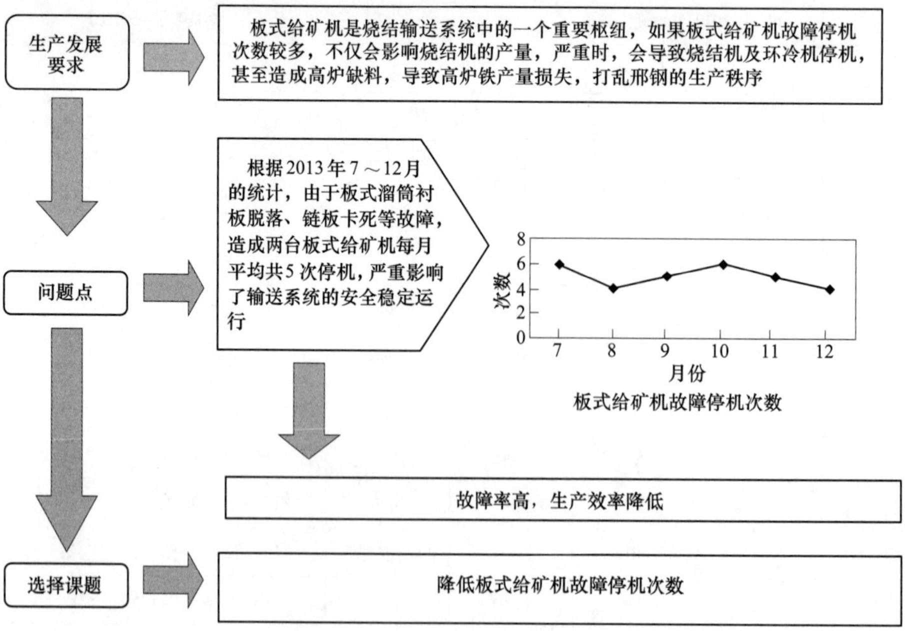

图 9-1　课题选择理由分析

四、现状调查

（一）调查一

小组成员对2013年7~12月两台板式给料机的故障进行统计，分析板式给料机的故障情况，见表9-3。

表9-3 2013年7~12月两台板式给料机的故障统计

序号	故障类别	故障次数	累计次数	比率/%	累计比率/%
1	链板运转故障	14	14	46.7	46.7
2	溜筒衬板故障	8	22	26.7	73.3
3	电气系统故障	3	25	10.0	83.3
4	链板开裂故障	3	28	10.0	93.3
5	其他	2	30	6.7	100.0
合计		30	—	100.0	100.0

（制表：赵军钢；时间：2014年3月18日）

根据上述板式给料机的故障统计数据，做出排列图，如图9-2所示。

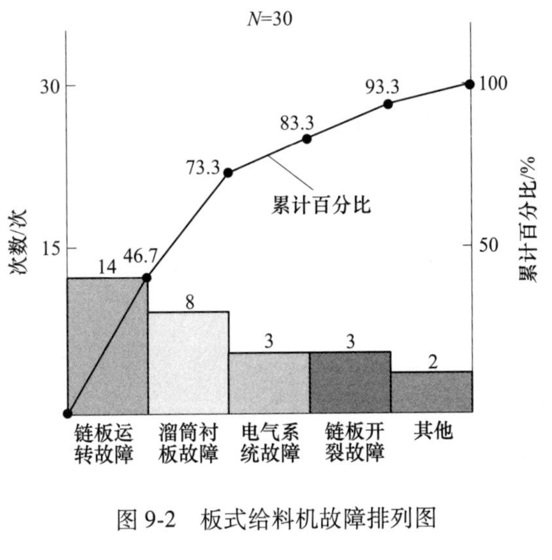

图9-2 板式给料机故障排列图

结论一：由表9-3和图9-2可知，链板运转故障和溜筒衬板故障共22次，占总故障次数的73.3%，是板式给矿机故障的两个主要问题。

（二）调查二

小组查阅了1号烧结机在2013年7~12月期间的检修项目及记录，对板式给矿机检修的相关数据进行了汇总，见表9-4。

表 9-4 2013 年 7~12 月 1 号板式给矿机检修的相关数据

项　目	2013 年 7 月 5 日	2013 年 8 月 7 日	2013 年 9 月 5 日	2013 年 10 月 16 日	2013 年 11 月 20 日	2013 年 12 月 3 日	平均
检修人数/个	4	4	4	4	4	4	4
用时/h	6	5	7	5	7	6	6
方钢/根	4	4	4	4	4	4	4
钢板用量/m^2	4	2	2	3	2	4	2.8
衬板/块	3	2	4	3	3	3	3

（制表：郑瑞浩；时间：2014 年 3 月 18 日）

结论二：由表 9-4 可以看出，在对一台板式给矿机检修中，平均需要人数为 4 人，方钢使用 4 根，钢板用量为 2.8m^2，衬板使用 3 块。

五、设定目标

（一）设定目标

将板式给矿机月均故障次数降到 2 次，如图 9-3 所示。

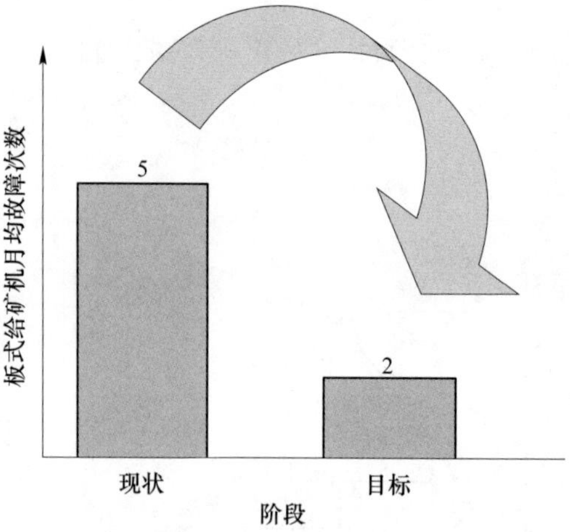

图 9-3 活动目标

（二）设定目标的依据

1. 现状

链板运转故障和溜筒衬板故障占总故障次数的 73.3%，是板式给矿机故障的主要两个问题。

2. 主要问题解决的预算

如果能通过攻关解决主要的两个难题，则可以减少故障率：

$$5(\text{次}/\text{月}) \times 73.3\% = 3.665(\text{次}/\text{月})$$

这样活动后使得故障率可以达到：

$$5 - 3.665 = 1.335(\text{次/月})$$

因此目标值定为2次/月具有可靠的数据依据。

3. 经验技术支撑

其中主要问题之一的溜筒衬板故障，同理与本小组的去年QC活动《延长单辊溜筒磨损周期》中的问题，可以借鉴上次活动的经验技术对其进行改造，为解决方案提供了帮助。

结论：根据以上的分析，小组确定课题目标：将板式给矿机月均故障次数降到2次。

六、原因分析

小组成员通过头脑风暴的方式对造成板式给矿机故障的两个主要问题逐一分析，并通过关联图描述造成该现象的各种原因，如图9-4所示。

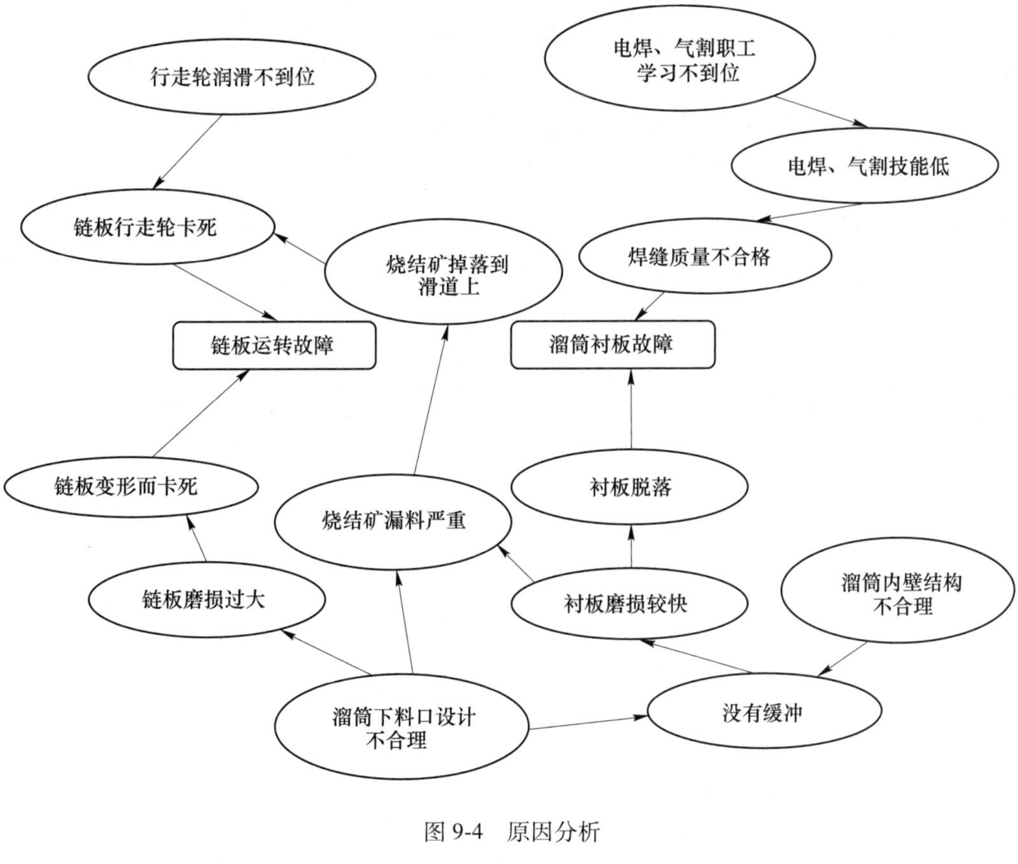

图9-4　原因分析

七、要因确认

（一）要因确认表

对于末端因素，做了进一步的确认，如表9-5所示。

表 9-5　要因确认表

序号	末端因素	确认标准	确认方法	确认过程	确认时间	确认人
1	电焊、气割职工学习不到位	电焊、气割职工培训学习每月≥1次	查阅	详见下面确认过程	2014 年 4 月 16 日	王如格
2	行走轮润滑不到位	行走轮链条加润滑油脂应 1 次/d	查阅	详见下面确认过程	2014 年 4 月 15 日	王润通
3	溜筒下料口设计不合理	下料口应该使得烧结矿完全落到链板之上，避免漏料、崩料	调查	详见下面确认过程	2014 年 4 月 18 日	刘志刚
4	溜筒内壁结构不合理	内壁衬板磨损速度≤1mm/月	调查	详见下面确认过程	2014 年 4 月 18 日	郑瑞浩

（二）要因确认过程

要因确认过程见表 9-6~表 9-9。

表 9-6　电焊、气割职工学习不到位要因确认表

确认内容	电焊、气割职工学习不到位	确认人	史文革
确认时间	2014 年 4 月 16 日	确认地点	邢钢炼铁厂维修车间
确认方法	查阅炼铁维修三作业区电焊、气割培训学习记录	确认标准	电焊、气割职工培训学习每月≥1 次
确认过程	当前，班组每月安排 1~2 次电焊、气割学习，学习内容为安全操作规程、金属切割与焊接标准及实际操作		
确认结果	班组每月安排的电焊、气割学习大于一次	确认结论	非要因

表 9-7　行走轮润滑不到位要因确认表

确认内容	行走轮润滑不到位	确认人	王润通
确认时间	2014 年 4 月 15 日	确认地点	邢钢炼铁厂维修车间
确认方法	小组通过相关岗位人员查阅板式给矿机点检和加油情况表	确认标准	行走轮链条加润滑油脂应 1 次/d
确认过程	经过查阅板式给矿机的点检记录表，岗位人员按照相关规定来进行对行走轮的加油，1 天 1 次，并且加油设备无异常，正常使用		
确认结果	岗位人员按照相关规定来进行对行走轮的加油，1 天一次，满足标准	确认结论	非要因

表 9-8　溜筒下料口设计不合理要因确认表

确认内容	溜筒下料口设计不合理	确认人	刘志刚
确认时间	2014 年 4 月 18 日	确认地点	邢钢炼铁厂维修车间
确认方法	小组成员通过对板式给矿机的现场调查，对下料口设计进行分析	确认标准	下料口应该使得烧结矿完全落到链板之上，避免漏料、崩料
确认过程	小组首先对板式给矿机位置和烧结矿的走向进行了观察，发现溜筒下料口与板式链板在竖直和水平方向上都比较近。溜筒下料口底部由于烧结矿的磨损，造成底部钢板缩减，缝隙增大，使得烧结矿逐渐堆积到链板侧边缘，一方面造成烧结矿出现崩料，落到设备外；另一方面，链板的侧挡板也受到磨损和挤压，使得链板变形和固定链板的螺栓松动，造成链板在翻转处出现卡死，最终造成停机		
确认结果	烧结矿出现崩料，落到设备外	确认结论	要因

表 9-9　溜筒内壁结构不合理要因确认表

<table>
<tr><td>确认内容</td><td>溜筒内壁结构不合理</td><td>确认人</td><td>郑瑞浩</td></tr>
<tr><td>确认时间</td><td>2014 年 4 月 18 日</td><td>确认地点</td><td>邢钢炼铁厂维修车间</td></tr>
<tr><td>确认方法</td><td>每月计划检修时，小组成员测量板式溜筒内壁衬板的厚度，并计算出磨损速度</td><td>确认标准</td><td>内壁衬板磨损速度≤1mm/月</td></tr>
<tr><td>确认过程</td><td colspan="3">2014 年 2~4 月，小组成员利用计划检修的机会，对板式溜筒内壁的磨损状况进行了统计。
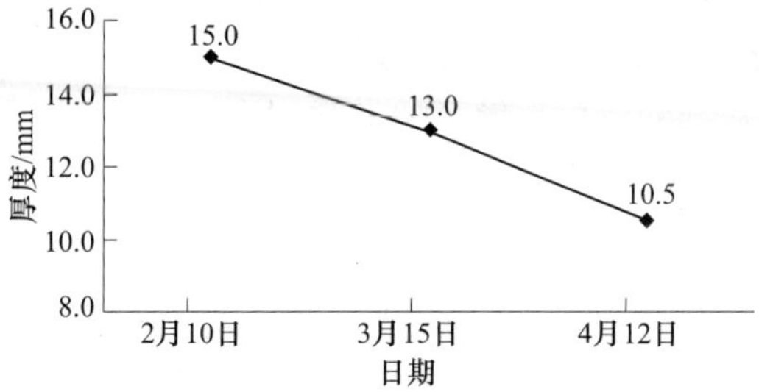

衬板磨损走势图

衬板磨损记录
<table><tr><td>记录日期</td><td>厚度/mm</td><td>磨损量/mm</td><td>磨损速度/mm · 月⁻¹</td></tr><tr><td>2 月 10 日</td><td>15. 0</td><td rowspan="2">2. 0</td><td rowspan="4">2. 25</td></tr><tr><td rowspan="2">3 月 15 日</td><td rowspan="2">13. 0</td></tr><tr><td rowspan="2">2. 5</td></tr><tr><td>4 月 12 日</td><td>10. 5</td></tr></table>（制表：郑瑞浩；时间：2014 年 4 月 18 日）</td></tr>
<tr><td>确认结果</td><td>溜筒内壁的衬板磨损速度为 2. 25mm/月，大于 1mm/月</td><td>确认结论</td><td>要因</td></tr>
</table>

八、制定对策

（一）对策评价选择表

小组针对确定的两个主要因素，分别制定了两种对策方案，评价选择表如表 9-10 所示。

表 9-10　对策评价选择表

<table>
<tr><td rowspan="2">主要原因</td><td rowspan="2">对策方案</td><td colspan="5">方案论证</td><td rowspan="2">选择方案</td></tr>
<tr><td>可靠性</td><td>经济性</td><td>施工难易度</td><td>维护难易度</td><td>合计</td></tr>
<tr><td rowspan="2">溜筒下料口设计不合理</td><td>（1）将下料口适当减小，增大与链板侧边缘的间隙</td><td>●</td><td>●</td><td>○</td><td>●</td><td>18 分</td><td rowspan="2">（1）</td></tr>
<tr><td>（2）重新设计改造链板，增高链板边缘高度</td><td>●</td><td>△</td><td>△</td><td>○</td><td>10 分</td></tr>
</table>

续表 9-10

主要原因	对策方案	方案论证					选择方案
		可靠性	经济性	施工难易度	维护难易度	合计	
溜筒内壁结构不合理	（1）定期更换衬板	○	△	○	△	8 分	（3）
	（2）在原衬板上添加材料来避免衬板直接磨损脱落	△	●	○	○	12 分	
	（3）将经常被磨损的衬板用其他材料来代替	○	●	○	●	16 分	

注：●—特别有效，5 分；○—有效，3 分；△——一般，1 分。

（二）对策表

小组针对确定的对策方案，分别制定了相应的实施措施，如表 9-11 所示。

表 9-11 要因及对应方案措施

要因	对策	目标	措施	地点	负责人	完成时间
溜筒下料口设计不合理	将下料口适当减小，增大与链板侧边缘的间隙	将链板运转月故障停机次数降为 0	（1）制作三角梁结构； （2）适当割除原下料口； （3）安装三角梁	三作业区小院	刘志刚	2014 年 5 月 20 日
溜筒内壁结构不合理	将经常被磨损的衬板用其他材料来代替	将溜筒衬板故障停机次数降为 0	（1）拆卸经常被磨损的衬板； （2）焊接方钢来代替	三作业区小院	冯清儒	2014 年 5 月 20 日

九、实施对策

（一）三角梁制作和安装

小组首先通过讨论及多次对设备改造的经验，决定制作“三角梁”，安装三角梁的优点在于：一方面三角梁可以在下料口形成台阶，一旦台阶上堆满烧结矿后，当其他烧结矿落下时，既保护了三角梁避免直接磨损，又减少了烧结矿对链板的直接冲击；另一方面，三角梁缩小了下料口，相应增大了下料口边缘和链板边缘的距离，减少了烧结矿对链板的挤压和磨损，也就减少了链板因变形、固定螺栓松动而造成的卡死停机。

之后，小组对板式下料口进行了相关的尺寸测量，计算出三角梁的各个尺寸，采用钢板和方钢进行制作，并且根据下料口的磨损情况，只要在链板的两个侧边缘处安装两个即可。安装示意图如图 9-5 所示。

接下来，小组按照设计图的尺寸进行制作，并进行安装试用，实际安装照片如图 9-6 所示。

根据当月记录显示，板式给矿机由于链板运转月故障的停机次数为 0，完成预期目标，后续将继续记录使用效果。

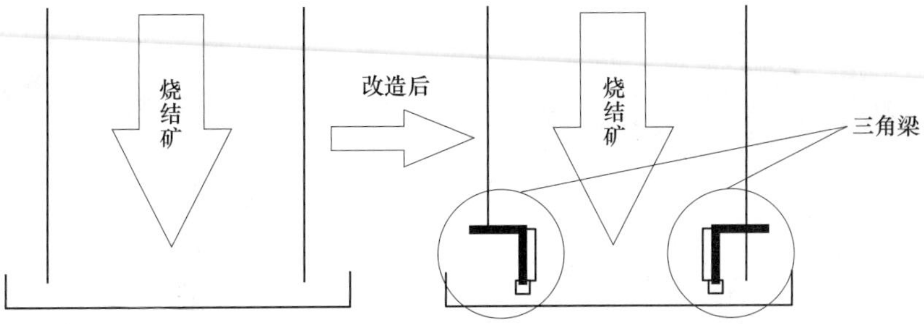

图 9-5　三角梁安装示意图

改造前　　改造后

图 9-6　三角梁现场安装前后对比照片

（二）溜筒内壁结构的改造

小组对溜筒内壁结构的改造，在选材中，考虑到方钢的耐磨性，所以方钢是首选材料。然而根据以前的焊接经验，在原衬板上直接焊接方钢，不仅不易焊接，而且还不牢固，所以将用方钢来代替原衬板，如图 9-7 所示。

5 月 10~16 日分别利用烧结检修机会，找出溜筒内壁经常磨损的地方，将该处衬板拆下，然后用方钢，按照设计示意图，直接焊接代替，这样，既可以避免衬板磨损脱落后，导致链板卡死，又可以保护溜筒内壁不被磨透。

根据当月记录显示，板式给矿机由于溜筒衬板故障的停机次数为 0，完成预期目标，后续将继续记录使用效果。

十、效果检查

（一）使用效果检查

在 5 月检修中，小组完成了对板式给矿机的改造，1 号和 2 号烧结机的板式给矿机分

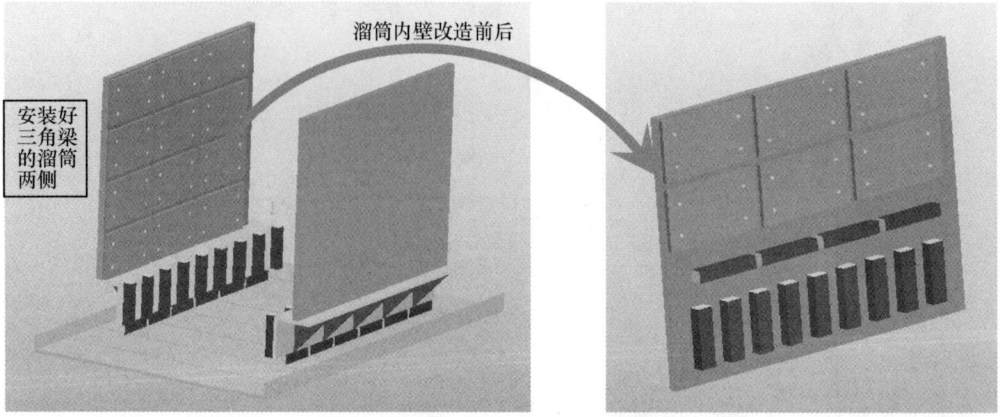

图 9-7　溜筒内壁改造前后对比图

别安装了两个三角梁，对溜筒内壁焊接了方钢，接下来，小组便对板式给矿机的运行情况进行跟踪调查。

在 6~8 月巩固期期间，故障停机次数及原因统计如表 9-12 所示。

表 9-12　6~8 月板式给矿机故障停机次数统计表

月份	链板运转故障	溜筒衬板故障	电气系统故障	链板开裂故障	其他	共计
6	0	0	0	1	0	1
7	0	0	0	1	0	1
8	0	0	0	0	1	1

（制表：赵军钢；时间：2014 年 8 月 30 日）

结论一：板式给矿机的每月故障停机次数由原来的 5 次减为了 1 次。

（二）目标完成情况

实施后目标完成情况如图 9-8 所示。

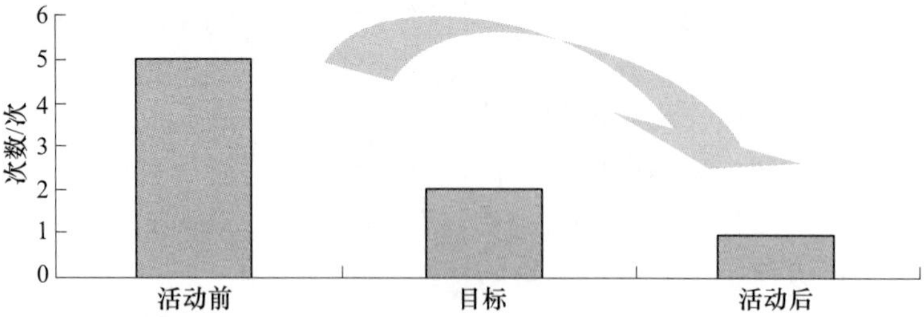

图 9-8　目标完成情况

结论二：对策实施后，完成了将板式给矿机的故障停机次数减少为 2 次的目标。

（三）实施前、后主要问题变化情况

措施实施后，板式给矿机故障排列图的前后对比，如图 9-9 所示。

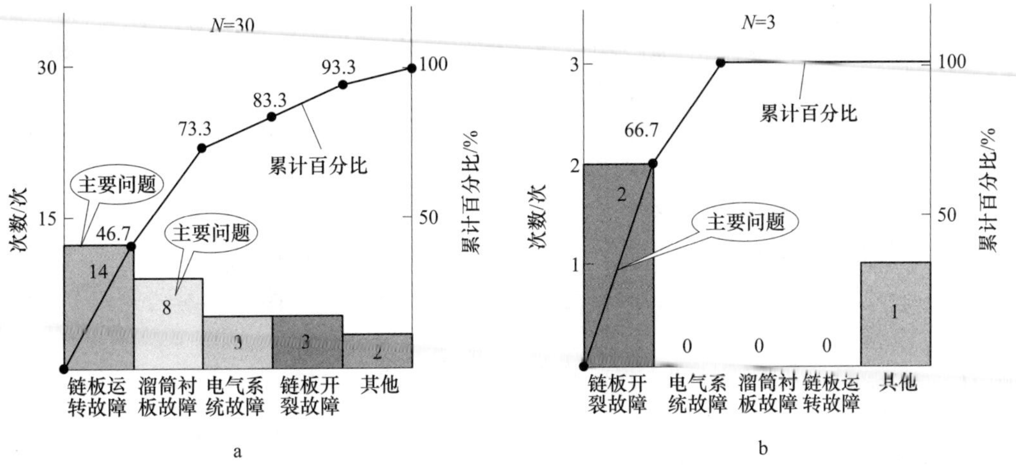

图 9-9　板式给矿机故障排列图的前后对比

a—实施前（2013 年 7~12 月）；b—实施后（2014 年 6~8 月）

结论三：实施后，链板运转故障和溜筒衬板故障不再是主要问题了。

（四）经济效益效果检查

1. 无形效益

一方面，经过此次改造后，板式给矿机的使用情况得到了很好的改善，无论从消耗人力、物资及维修时间都明显减少，减轻了职工的劳动强度，减少了职工在恶劣环境下的作业时间，有利于职工的身心健康。另一方面，通过改造，板式给矿机故障停机次数得到减少，为烧结矿的正常输送和高炉的稳定生产提供了保障。

2. 经济效益

这次活动，经过对板式给矿机的改造，使得每次该处的检修钢板（$\delta = 10$mm）用量由 2.8m^3 变为 0，方钢减少 2 根，衬板的使用量变为 0，如表 9-13 所示。

表 9-13　活动前后的人力及物资消耗对比

项　目	活　动　前	活　动　后
人数/个	4	3
用时/h	6	3
钢板用量/m^2	2.8	0
方钢用量/根	4	2
衬板/块	3	0

（制表：郑瑞浩；时间：2014 年 9 月 25 日）

效益计算如下。

每月的效益：$M = (M_{钢板} + M_{方钢} + M_{衬板}) \times N = (884.8 + 264 + 1800) \times 2 = 5897.6$ 元。

$M_{钢板}$：活动后每月节省钢板的效益为 884.8 元，$M_{钢板}$ = 单价 × 吨数 = 4000 元/t ×

(2.8 × 0.079)t = 884.8 元($1m^2$ 且 δ = 10mm 的钢板为 0.079t)；

$M_{方钢}$：活动后每月节省方钢的效益为 264 元，$M_{方钢}$ = 单价×根数 = 132 元/根×2 根 = 264 元；

$M_{衬板}$：活动后每月节省衬板的效益为 1800 元，$M_{衬板}$ = 单价×块数 = 600 元/块×3 块 = 1800 元；

N：两个烧结系统中板式给矿机的个数。

活动期间投入：$Q = Q_{钢板} + Q_{方钢}$ = 2198 元 + 3168 元 = 5366 元。

$Q_{钢板}$ = 单价×吨数 = 4000 元/t×(3.5×0.157)t = 2198 元（$1m^2$ 且 δ = 20mm 的钢板为 0.157t)；

$Q_{方钢}$ = 单价 × 根数 = 132 元 / 根 × 24 根 = 3168 元。

通过计算，小组活动期内创效 = 5897.6 元×5－5366 元 = 24122 元（按照 6～10 月计算)，为邢钢的生产降低了成本。

十一、巩固措施

经过这次板式给料机的改造后，到目前，已达到预期的目标，大大降低了职工的劳动强度，减少了物资消耗，为生产节约了成本。但是，为了能够保持现有状态或超出预期目标，本小组决定把以下内容列入维修三作业区的工作计划中。

将“每月对板式给矿机进行一次全面检查”以及“每半年对板式给矿机及三角梁进行一次全面的维修焊补”两项工作分别加入维修三作业区的自主月计划和年度计划中。

维修三作业区的备件管理员保存三角梁的制作图纸，以备以后制作，如图 9-10 所示。

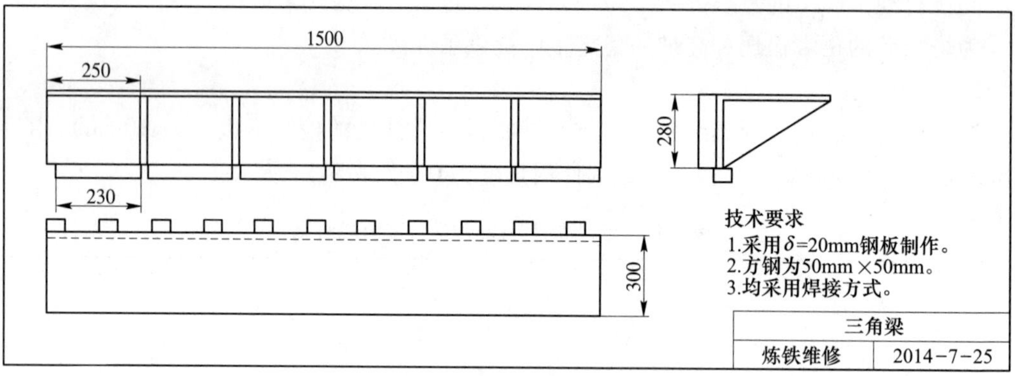

图 9-10　三角梁制作图

十二、总结和下一步打算

（一）收获

通过 QC 小组全体成员的细致工作，最终达到了预期的目标，减少了职工的工作量和物资消耗，并且稳定了烧结的生产。同时在创新意识、团队精神、组织协调能力等方面都取得了不同程度的提高和完善，QC 小组自我评价如图 9-11 所示。

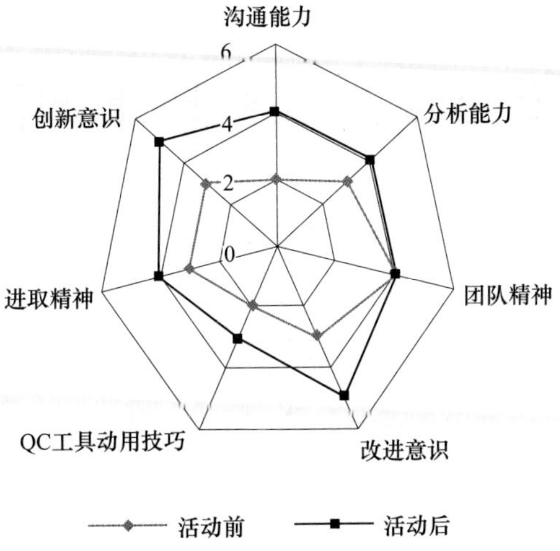

图 9-11　QC 小组自我评价图

（二）不足

（1）QC 新工具掌握不全面，运用不熟练。
（2）部分成员对问题改善方法掌握不够清楚，问题分析不够透彻等。

（三）下一步打算

小组将持续开展 QC 活动，并将活动中学到的技能和方法充分运用到实际工作中，例如将这次的成功经验运用到烧结其他设备上。

为了更好地稳定生产，将开展下一个题目《矿四溜筒翻板改造》。

案例 10　降低短应力轧机压下调整装置故障率

河冶科技股份有限公司

李辰利

一、小组概况

（一）小组简介

连轧分厂生产效率 QC 小组成立于 2012 年 1 月 4 日，2016 年小组活动课题是《降低短应力轧机压下调整装置故障率》，本课题属于现场型。小组详情见表 10-1。

表 10-1　小组简介及活动情况

小组名称	注册时间	注册编号	课题类型	课题名称	活动时间
连轧分厂生产效率 QC 小组	2012 年 1 月 4 日	HYLZ-126-01-1201-1	现场型	降低短应力轧机压下调整装置故障率	2016 年 2~8 月
活动次数		出勤率		人均受 TQC 教育学时	
5 次		100%		10h	
姓名	性别	文化程度	职务	组内职务及分工	备注
李辰利	男	大专	技术员	组长	
刘宁	男	高中	工段长	副组长	
高振磊	男	本科	工程师	组员	
彭保金	男	中专	副班长	组员	
信松	男	中专	钳工	组员	

（二）小组活动计划

为了降低压下调整装置故障率，建立小组活动计划表，见表 10-2。

表 10-2　本次 QC 小组活动计划表

序号	项目名称	2 月	3 月	4 月	5 月	6 月	7 月	8 月
1	选择课题	- - → ——→						
2	现状调查		- - → ——→					
3	确定目标		- - → ——→					
4	原因分析		- - - -	- - → ——→				
5	要因确定			- - - -	- - → ——→			
6	制定对策			- - - -	- - → ————	→		

续表 10-2

序号	项目名称	2 月	3 月	4 月	5 月	6 月	7 月	8 月
7	对策实施							
8	效果检查							
9	巩固措施及标准化							
10	活动总结							

注：－－➤计划进度；——➤实际进度。

二、选择课题

（一）选题背景

2016 年公司重点工作就是“提质、降本”，各分厂、班组都在工作中开展改善、创新、管理提升。而短应力轧机的故障已经对生产效率、产品质量以及生产成本造成很大的影响，分厂对准备工段下达的指令性工作就是降低短应力轧机在线故障率。

（二）选题依据

（1）短应力轧机维修困难，单架次故障维修时间短则 6~8h，长则 3~5d，故障高会增加劳动强度，增加备件的使用，增加生产成本。

（2）通过对 2014 年和 2015 年短应力轧机故障统计来看，最主要的故障就是压下装置故障，如表 10-3 所示，压下装置故障次数为 25 次，占故障总数的 92%。

表 10-3　2014 年 7 月~2015 年 12 月短应力轧机故障统计

序号	故障类型	次数/次
1	压下装置故障	25
2	轴向调整装置故障	1
3	四列轴承损坏	1

（3）使用排列图对 2014 年 7 月~2015 年 12 月期间轧机压下故障情况进行分析，如图 10-1 所示，得出结论：压下装置故障是影响轧机故障率的最主要因素。因此本小组选择

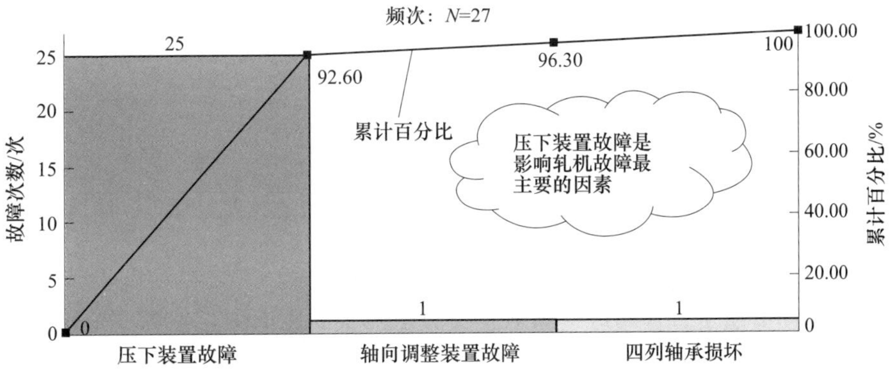

图 10-1　2014 年 7 月~2015 年 12 月短应力轧机故障排列图

《降低短应力轧机压下调整装置故障率》作为课题。

三、现状调查

小组对 2014 年 7 月 ~2015 年 12 月的短应力压下故障情况进行统计，见表 10-4，发现几乎每个月均有压下装置发生故障，其故障类型及统计，见表 10-5，得出结论：压下故障的故障点主要是 4 类，分别是：轴承损坏、立柱丝杠研死、L 型板锈死、弹性阻尼体失效。因此要重点针对四点故障进行分析解决。

表 10-4　2015 年短应力轧机压下装置故障统计表

年份	2014						2015												平均
月份	7	8	9	10	11	12	1	2	3	4	5	6	7	8	9	10	11	12	
压下装置故障次数	1	3	5	1	1	2	3	1	0	1	0	0	1	1	1	1	2	1	1.4

表 10-5　轧机压下装置故障类型统计

序号	故障类型	次数
1	轴承损坏	14
2	立柱丝杠研死	1
3	L 型板锈死	6
4	弹性阻尼体损坏	4

四、设定目标

2014 年 7 月 ~2015 年 12 月 19 个月期间压下故障发生 25 次，每月平均故障 1.4 次，但其中 3 个月没有出现故障，因此本小组设定目标为 0.5 次以下，认为可以实现，目标设定详情见表 10-6。

表 10-6　QC 活动目标

项　目	名　　称	总次数	平均故障/次 · 月$^{-1}$
现状	2014 年 7 月 ~2015 年 12 月压下故障	25	1.4
目标	2016 年活动目标		≤0.5

五、分析原因

（1）如图 10-2 所示，针对造成压下装置故障产生的原因使用关联图法进行分析得到的 5 个末端因素。

（2）通过关联图找到的五个末端因素，并制订了要因确认计划，见表 10-7。

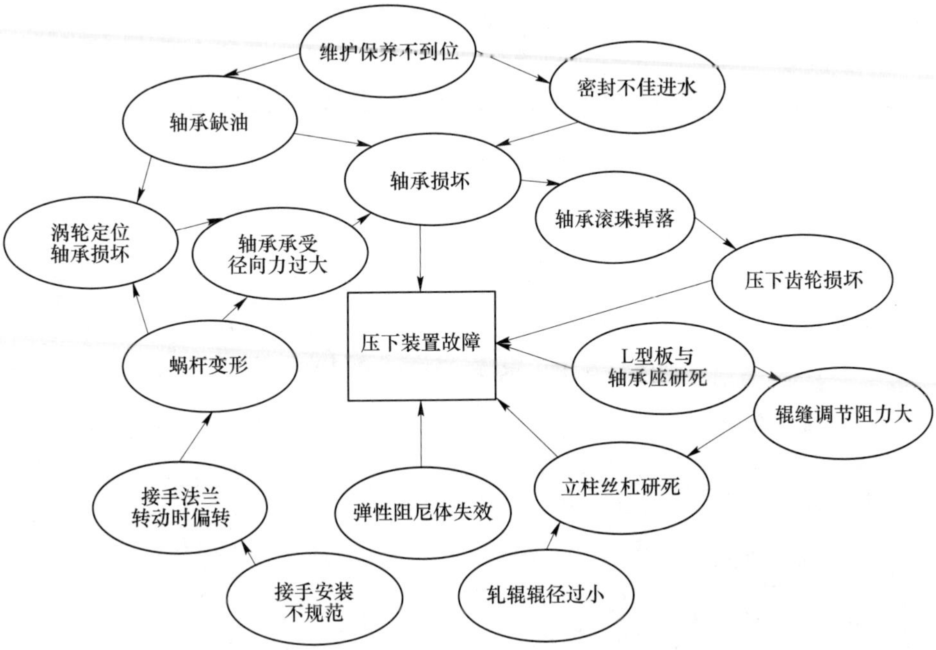

图 10-2　因果分析关联图

表 10-7　要因确认计划表

序号	末端因素	确认方法	确认标准	确认人	确认时间
1	维护保养不到位	现场检查	轧机维修过程中备件缺油或是轧机内油脂乳化造成故障比例大于 30%	高振磊	2016 年 3 月
2	接手螺栓安装不齐全	现场调查	螺栓安装不齐全造成连杆变形	李辰利	2016 年 3 月
3	弹性阻尼体失效	轧制试验	弹性阻尼体失效后造成产品尺寸超差	刘宁	2016 年 3 月
4	轧辊辊径过小	使用外圆卡测量	轧辊辊径在设计范围内	彭宝金	2016 年 3 月
5	L 型板与轴承座研死	观察辊缝调整时液压站压力表数值	辊缝调整时液压站输出压力≤10MPa	信松	2016 年 3 月

六、确定主要原因

按照上述要因确认计划表对每一个末端因素进行逐一确认分析，确定主要因素。

（一）确认末端因素一：维护保养不到位

确认过程：在多架次轧机维修过程中发现，压下轴承及立柱丝杠上都是铁锈，压下齿轮箱内有积水轴承锈蚀严重。说明轧机的日常保养与维修严重不到位。表 10-8 是对压下轴承故障情况进行统计。因此确认此项因素是要因。

表 10-8 压下装置轴承损坏统计

轴承损坏数量	拆解后因缺油造成的故障次数/次	所占比例/%
19 次	14	73

(二) 确认末端因素二：接手螺栓安装不齐全

确认过程：当压下连杆连接法兰螺栓安装不齐全，紧固不到位时，对轧机进行压下调整工作，两片法兰旋转不同步，压下蜗杆不同心。根据受力情况分析，此种操作会造成蜗杆扭曲变形，进而造成蜗杆定位轴承受到的径向力局部增大，当径向力超过轴承的载荷后会使得轴承损坏。通过图 10-3 可看到法兰安装 1 条螺栓导致轴承损坏。因此确认此项因素是要因。

图 10-3 接手安装不到位造成轴承损坏

(三) 确认末端因素三：弹性阻尼体失效

确认过程：根据表 10-9 统计结果，在 2016 年 3 月生产 ϕ5. 5~35 时，X4V 轧机锁紧端一侧弹性阻尼体失效。过钢过程中轧辊出现弹跳，过渡孔尺寸出现偏差，尤其是试验钢与高速钢之间尺寸变化较明显，造成产品质量异常。通过调整后续架次使得产品尺寸能够保证，但弹性阻尼体失效故障依靠小组能力尚不能解决，只能依靠更换轧机牌坊来达到顺利轧制的目的。因此确认此项因素是非要因。

表 10-9 因弹性阻尼体失效造成的产品异常统计

生产日期	产品名称	成品规格/mm	钢种	生产批号	异 常 情 况
3 月 9 日	剥皮轧圆	ϕ30	M2-1	TS304090149	前三支椭圆度 0. 45~0. 7mm
3 月 9 日	热轧盘条	ϕ10. 5	M2-1	TS304090164	第一支在 4~5 架堆钢
3 月 11 日	剥皮轧圆	ϕ24	M2-1	TS304110202	第一支尺寸超差 0. 5mm，带耳子
3 月 12 日	剥皮轧圆	ϕ27	M2-1	TS304120241	前两只尺寸超差 0. 4~0. 6mm，头部耳子长

(四) 确认末端因素四：轧辊辊径过小

确认过程：根据轧机设计允许的最小辊径检查现场辊径，辊径检查及标准见表 10-10，现场轧辊辊径都在允许范围值以内。而达到最小辊径的轧辊都已经将轴承套等备件拆除报废处理。因此确认此项因素是非要因。

表 10-10　对较细轧辊辊径检查明细

轧辊规格/mm	孔型	轧辊辊径/mm	标准/mm	情况
ϕ350	X8V-1/2	340	≥330	正常
ϕ300	X15H-1/2	311	≥295	正常
ϕ300	10. 5/11	308	≥295	正常
ϕ350	20/21/22/23	336	≥330	正常
ϕ450	D3H-1/2/3	442	≥435	正常
ϕ450	X5H-1/2/3	440	≥435	正常
ϕ450	X6v-1/2	442	≥435	正常

（五）确认末端因素五：L 型板与轴承座研死

确认过程：L 型板起到的是在轴承座与轧机机架之间的滑道作用，并且限制轧机轴承座与机架之间的间隙。L 型板与轧机间的间隙小于 0. 05mm。现场作业环境恶劣，当 L 型板与轧机轴承座之间进入氧化铁皮后，在进行压下调整时滑动摩擦部位会研磨，L 型板锈蚀或是与轧机轴承座研死。当滑动摩擦力过大时，传递动力的涡轮定位轴承受到更大的径向力，轴承损坏。对 L 型板锈蚀的轧机装配情况进行统计，详情见表 10-11，L 型板锈蚀在装配过程中造成液压站输出压力增大。因此确认此项因素是要因。

表 10-11　L 型板研死后调整液压压力统计

维修日期	轧机类型/mm	轧机牌坊号	液压站供油压力状况/MPa
2016 年 3 月 4 日	ϕ450	13 号	14
2016 年 3 月 7 日	ϕ450	10 号	17
2016 年 3 月 11 日	ϕ350	10 号	12
2016 年 3 月 20 日	ϕ300	3 号	16
2016 年 3 月 22 日	ϕ450	6 号	16
2016 年 3 月 26 日	ϕ300	2 号	15

通过对末端因素的逐一确认，共计找出了 3 条主要原因：（1）维护保养不到位；（2）接手螺栓安装不齐全；（3）L 型板与轴承座研死。

七、制定对策

针对这三个要因采用“5W1H”的方法制订措施计划，见表 10-12。

表 10-12 措施计划表

序号	要因	对策	目标	措施	地点	执行人	完成日期	验证人
1	维护保养不到位	准备对轧机进行全面的维护保养，并制定保养规程，做到周期性维护	轧机运转部位不缺油，排水及时	轧机下线后对轧机进行排水，并对轧机的润滑部位进行注油	现场	李辰利	2016年3月1日	刘宁
2	接手螺栓安装不齐全	制定操作规程并规范操作工步，要求法兰接手螺栓安装齐全，或是优化连杆连接方式	避免蜗杆转动不同心，延长轴承使用寿命	（1）制定规范的操作工步并进行培训学习； （2）每周进行工艺检查，发现装配不合格的进行考核； （3）将螺栓连接数量纳入质量控制点； （4）设计花键联轴器消除螺栓连接	现场	刘宁	2016年4月1日	高二庆
3	L型板与轴承座研死	更换L型板材质，解决摩擦力大的问题	消除L型板锈蚀研死的故障	L型板更换为铜锌合金材质	现场	高振磊	2016年5月1日	高二庆

八、实施对策

（一）实施对策一：做好轧机的维护保养工作

（1）邀请轧机设计厂家专家刘工到现场进行了为期一周的技术指导，从轧机的原理、各部位的参数以及维护保养方式进行培训。

（2）由运保中心机械工程师编制详尽的短应力轧机维护与保养操作规程，并纳入日常检查中。

（3）制定行之有效的考核方法，定期检查，对于轧机保养工作不到位的提出考核意见。

通过跟踪上述措施的落实，连轧分厂每班都能够按照规定对轧机进行排水工作。小组编制轧机润滑标准，改善加油装置，由自制的加油泵和加油接头向轧机注入锂基脂，要求每3个月对轧机的各个注油孔添加锂基脂。通过对加油润滑情况检查，各个润滑点均正常，具体检查情况见表10-13，轧机故障拆解后未见明显缺油状态，上述措施有效。

表 10-13 短应力轧机注油情况检查

日 期	轧机型号/mm	轧机牌坊号	注油位置	情 况
5月13日	ϕ350	3号	立柱丝杠	正常
5月21日	ϕ300	10号	涡轮箱	齿轮上油满
6月2日	ϕ300	4号	涡轮箱	齿轮上油满
6月10日	ϕ450	8号	立柱丝杠	注油满，外溢
6月17日	ϕ350	2号	立柱丝杠	注油10s外溢，正常
6月23日	ϕ450	6号	轴向调整齿轮	注油5s外溢，正常

（二）实施对策二：短应力轧机法兰接手改进，改为花键连接

（1）在花键连接装置制作前将法兰接手安装纳入质量控制点，进行日常装配记录，检查螺栓安装情况，并在日常工艺检查中发现问题进行纠正和考核。

（2）编制轧机装配操作工步如图 10-4 所示，并制作成可视化看板张贴在装配区，对员工进行培训。

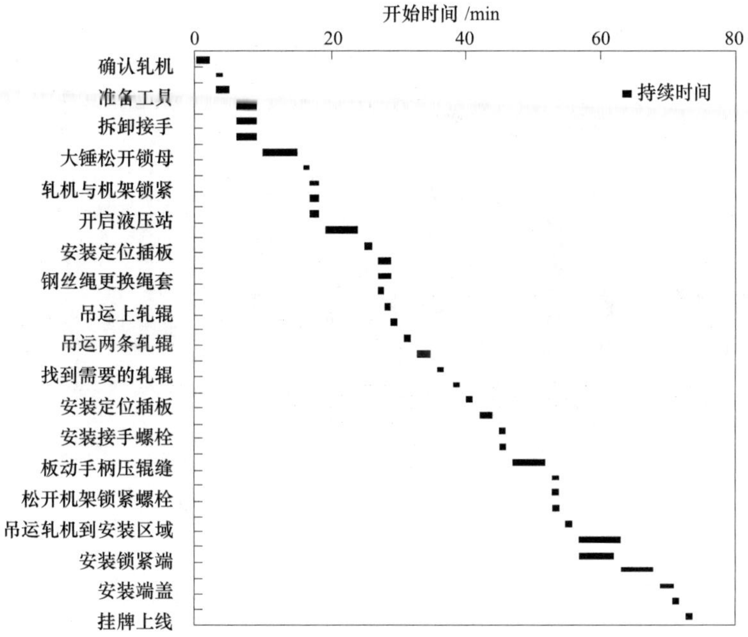

图 10-4　轧机装配工步甘特图

（3）设计制作新的压下接手，将法兰连接改为花键连接，无须进行螺栓连接，并且能够保证更好的同轴度。

7 月对现场轧机进行的工艺检查没有关于接手螺栓安装不到位的不合格项，措施有效。

（三）实施对策三：L 型板消除锈蚀研死问题

（1）根据铜套以及滑座等原理，将 L 型板材质由易生锈的 Q235 改为耐腐蚀且不生锈的铜锌合金。

（2）轧机维修过程中将与 L 型板接触的轴承座位置打磨光滑，避免出现 L 型板与轴承座出现研死。

对 2016 年更换 6 架轧机的 L 型板进行现场观察，轧机压下装置 L 型板滑动顺畅，措施有效。

九、效果检查

通过对 2016 年 2~7 月短应力轧机压下装置故障统计，故障次数 2 次，月均 0. 33 次，完成活动目标。详情见表 10-14 和图 10-5。

表 10-14　2016 年 2~7 月轧机压下装置故障统计

日　期	轧机类型/mm	轧机牌坊号	损坏位置	更换备件	备件型号
4 月 17 日	ϕ450	5 号	压下涡轮箱	轴承	32213
6 月 15 日	ϕ300	7 号	压下涡轮箱	轴承	30212 30213

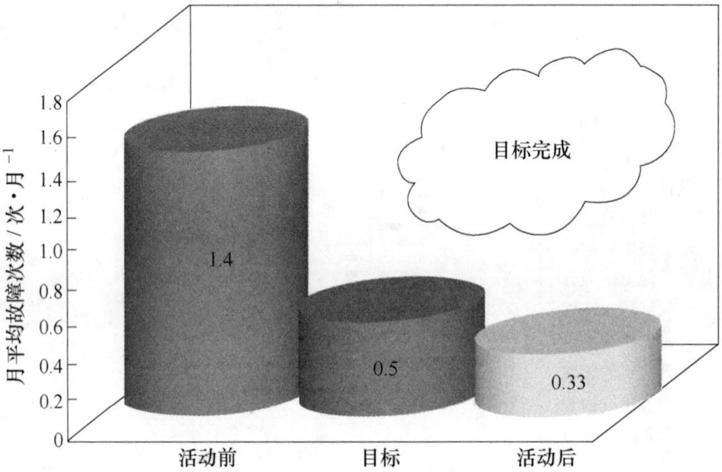

图 10-5　活动前后月平均故障次数对比

十、效益分析

（一）有形效益

短应力轧机维修困难，最简单的更换涡轮箱轴承就需要 4 人 6h，约 24 个工时，而最困难的维修压下立柱丝杠时间需要 3 人 3~5d 时间，约 96 个工时。根据故障统计，12 次压下装置故障中有 9 次需要将轧机进行大拆，3 次简单维修。

可节省的人工成本费用：$S = (F_1 - F_2) \times K$。

单次平均维修工时：$F = (96 \times 9 + 3 \times 24)/12 = 78$ 工时。

活动前月维修工时：$F_1 = F \times 1.4$(次 / 月) $= 78 \times 1.4 = 109.2$ 工时 / 月。

活动后月维修工时：$F_2 = F \times 0.3$(次 / 月) $= 78 \times 0.3 = 23.4$ 工时 / 月。

参照现工资，每班工资约 160 元，小时工资约为 $K=20$ 元。

因此 $S = (F_1 - F_2) \times K = (109.2 - 23.4) \times 20 = 1716$ 元。

（二）隐形效益

（1）短应力轧机故障率降低可以有效地保证轧圆的尺寸精度和一致性，为客户提供满意的产品。

（2）轧机故障率降低可以降低连轧的能源消耗。

（3）减少轧机故障可以有效减少备件使用，从而降低采购成本。

十一、巩固措施及标准化

编写了轧机装配及保养操作规程，完善质量控制点，规范轧机装配的过程与质量。将 L 型板、轧机拆卸工装纳入分厂备件管理，详情见表 10-15。

表 10-15　措施固化表

序号	巩固内容	施行时间	文件编号	编制	审核
1	短应力轧机装配作业标准	2016 年 5 月 1 日	HY126-05-11/ZL	李辰利	韩志彬
2	轧机准备质量控制点	2016 年 5 月 1 日	HY126-05-12/ZL	李辰利	徐玉龙
3	L 型板图纸	2016 年 4 月 10 日	ZJ-00	高振磊	彭云飞
4	压紧螺母工装	2016 年 4 月 10 日	HYLZ-LMGZ-01	高振磊	彭云飞
5	压下联轴器	2016 年 5 月 1 日	HYLZ-350LZQ-01	李辰利	彭云飞

十二、总结及下一步打算

通过本次活动本小组成功降低了轧机压下装置故障率，有效地降低了劳动强度。虽然本次活动目标达到了，但在本次 PDCA 循环中还有许多小组未曾解决的问题，如压下装置齿轮箱的密封、压下轴承的可润滑性等，工作还任重而道远。高度决定视野，角度改变观念，本小组会在求知的路上不断前行。

案例 11　减少 6 号高炉风口小套损坏数量

邢台钢铁有限责任公司

王丁辉

一、前言

（一）工艺简介

高炉生产时从炉顶装入铁矿石、焦炭、造渣用熔剂（石灰石），从位于炉子下部，沿炉周方向的风口吹入经热风炉预热的空气。在高温下焦炭（有的高炉也喷吹煤粉、重油、天然气等辅助燃料）中的碳同鼓入空气中的氧燃烧生成一氧化碳和氢气，在炉内上升过程中除去铁矿石中的氧，从而还原得到铁。冶炼出的铁水、铁矿石中不能还原的杂质和石灰石等熔剂结合生成炉渣，从铁口放出。产生的煤气从炉顶导出，经除尘后，作为热风炉、加热炉、焦炉、锅炉等的燃料，如图 11-1 所示。

本课题所涉及的风口小套就位于高炉下部的进风口，它是热风鼓入高炉的唯一通道，因此是高炉非常重要的冷却设备。

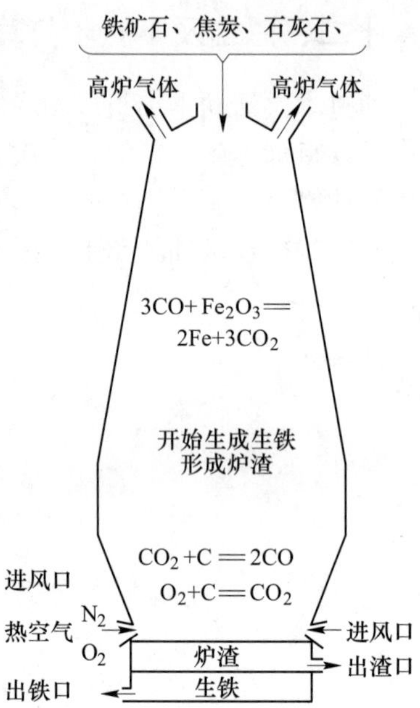

图 11-1　高炉生产示意图

（二）小组概况

邢钢炼铁分厂 6 号高炉车间 QC 小组成立于 2012 年 2 月，本次课题活动时间从 2017 年 3 月至 12 月，属于现场型 QC 小组，小组成员情况见表 11-1。

表 11-1　小组简介

<table>
<tr><td>小组名称</td><td colspan="3">邢钢炼铁厂 6 号高炉车间 QC 小组</td><td>注册编号</td><td>QC-2017-36</td></tr>
<tr><td>课题名称</td><td colspan="5">减少 6 号高炉风口小套损坏数量</td></tr>
<tr><td>课题类型</td><td colspan="2">现场型</td><td colspan="2">小组人数</td><td>9 人</td></tr>
<tr><td>成立时间</td><td colspan="2">2012 年 2 月</td><td colspan="2">TQC 受教育学时数</td><td>72h/人</td></tr>
<tr><td>活动时间</td><td colspan="2">2017 年 3~12 月</td><td colspan="2">活动次数</td><td>10 次</td></tr>
<tr><td colspan="6">小组成员以及组内分工</td></tr>
<tr><td>姓名</td><td>性别</td><td>文化程度</td><td colspan="2">职务/职称</td><td>组内分工</td></tr>
<tr><td>王利杰</td><td>男</td><td>大专</td><td colspan="2">车间主任</td><td>组长/技术指导</td></tr>
</table>

续表 11-1

小组成员以及组内分工				
姓名	性别	文化程度	职务/职称	组内分工
谷松	男	大专	副主任	副组长/设备配合
刘明	男	大专	主任助理	组员/协调指挥
姚胜斌	男	大专	炉前班长	协调指挥
赵占阳	男	大专	冷却班长	现场调查/数据统计
韩晓光	男	硕士	工长	现场调查/数据统计
陈朝军	男	本科	工长	现场调查/数据统计
刘双志	男	本专	工长	现场调查/数据统计
王丁辉	男	大专	工长	数据统计/成果发布

（制表：王丁辉；时间：2017 年 3 月 1 日）

二、课题选择

（一）选择课题

1. 公司方针

进入 2017 年公司提出了“节能降耗，提高产品竞争力”的质量方针，要求各分厂响应公司号召，从源头抓起，降低工序能耗，提高产品竞争力。

2. 厂部要求

厂部要求 6 号高炉车间加强内部管理，统一四班操作，减少炉温波动，提高煤比，降低焦比，从而降低生铁成本。

3. 车间现状

高炉风口套损坏后需休风更换，因此对产量和成本影响非常大。本小组对 2016 年下半年风口套损坏情况做了统计，如图 11-2 所示。由图中可以看出，2016 年下半年的风口小套损坏次数呈上升趋势。

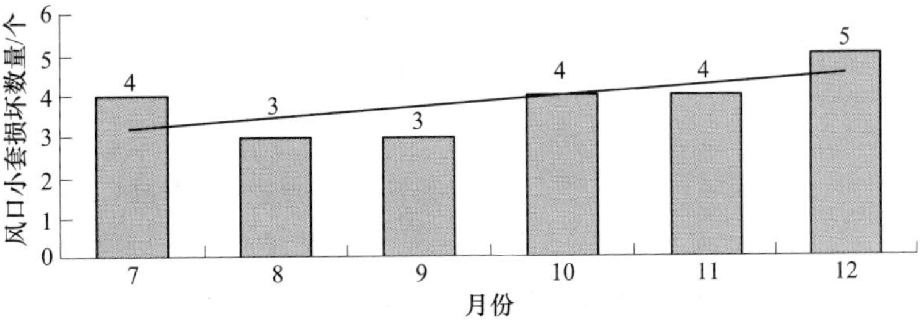

图 11-2　2016 年下半年风口小套损坏情况

（制图：王丁辉；时间：2017 年 3 月 5 日）

4. 选择课题

经小组成员讨论最终选择课题为《减少 6 号高炉风口小套损坏数量》。

（二）小组活动计划

为了能够顺利完成本次课题，小组成员制定了此次活动的详细计划，并绘制成甘特图，如图 11-3 所示。

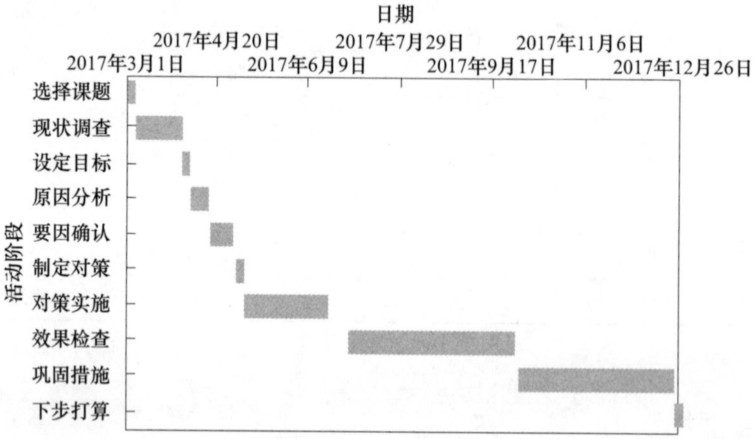

图 11-3　小组活动计划

（制图：王丁辉；时间：2017 年 3 月 5 日）

三、现状调查

（一）现状调查

对 2016 年下半年的小套损坏情况进行了统计，并与 2015 年进行了对比，如图 11-4 所示。

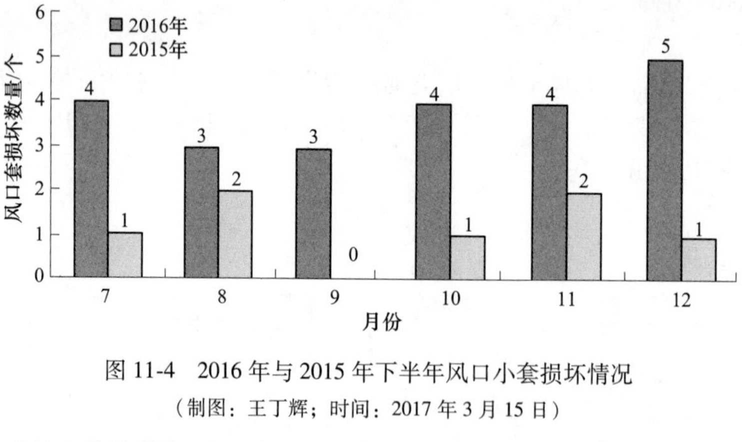

图 11-4　2016 年与 2015 年下半年风口小套损坏情况

（制图：王丁辉；时间：2017 年 3 月 15 日）

结论：通过以上统计数据可以看出 6 号高炉 2016 年下半年与 2015 年下半年相比风口小套损坏数量有明显增加且呈上升趋势。

（二）主要问题

查阅炼铁智能日报对造成 6 号高炉风口小套损坏数量增加的原因进行了分类统计并绘制了统计表（表 11-2）和排列图（图 11-5）。

表 11-2　6 号高炉风口小套损坏数量增加主次问题统计表

序号	具体问题	造成风口小套损坏频数/个	累计频数/个	累计百分比/%
1	炉缸不活	79	79	78
2	碱金属超标	8	91	87
3	操作炉型不合理	4	94	91
4	冷却水冷却强度差	4	96	94
5	风口小套质量差	3	98	97
6	其他	4	102	100
7	合计	102	102	100

（制表：王丁辉；时间：2017 年 3 月 19 日）

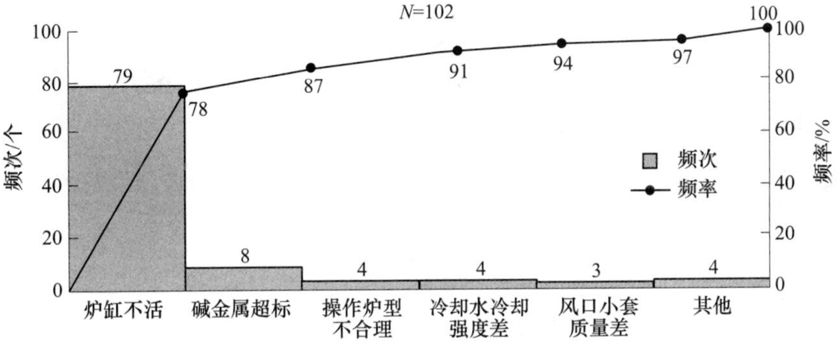

图 11-5　6 号高炉风口小套损坏数量增加的主次问题排列图
（制图：王丁辉；时间：2017 年 3 月 19 日）

结论：由图 11-5 可以看出炉缸不活造成风口小套损坏数量为 79 个，占 78%为主要问题。

四、设定目标

（一）设定目标

通过小组成员的分析讨论，决定将此次活动目标设定为风口小套损坏数量降低到 1 个/月，如图 11-6 所示。

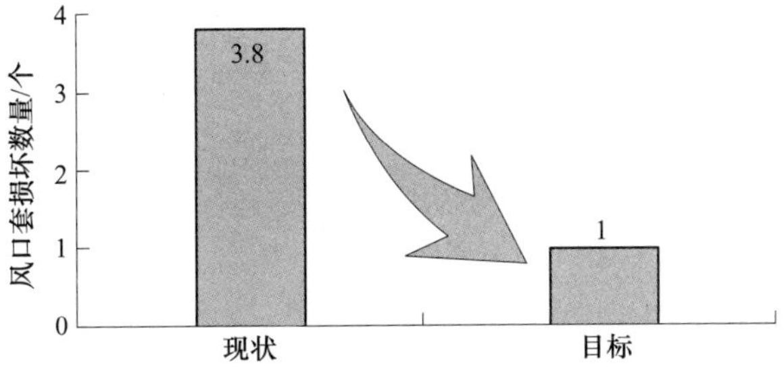

图 11-6　活动现状与目标对比
（制图：王丁辉；时间：2017 年 4 月 5 日）

（二）目标设定依据

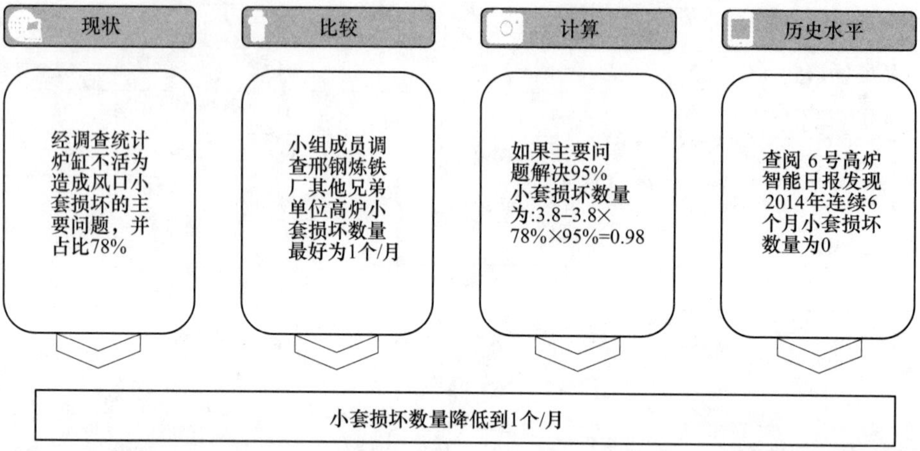

五、原因分析

通过现场调查和分析，利用头脑风暴法对造成炉缸不活的原因进行了分析讨论，并绘制成树图，如图 11-7 所示。

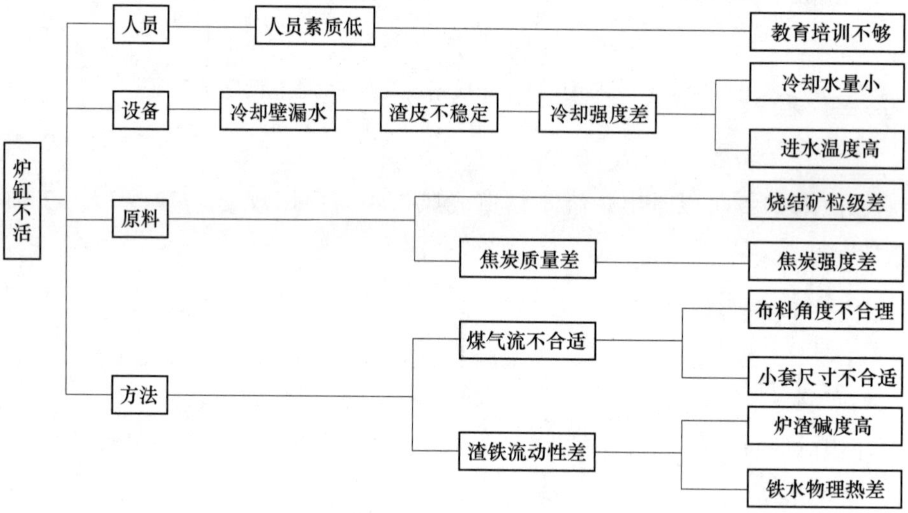

图 11-7　原因分析树图

（制图：王丁辉；时间：2017 年 4 月 15 日）

六、要因确认

（一）制定要因确认计划表

对原因分析的 8 条末端因素进行了一一分析，并制定了要因确认计划表，如表 11-3 所示。

表 11-3 要因确认计划表

序号	末端原因	确认标准	确认方法	确认时间	确认人
1	教育培训不够	参加培训人员 100%，考核成绩 90 分以上的不低于 95%	查阅记录 技能考核	2017 年 4 月 19 日	王丁辉 陈朝军
2	冷却水量小	冷却壁水量>2000m^3	查阅记录	2017 年 4 月 19 日	谷松 赵占阳
3	进水温度高	冷却水进水温度<40℃	查阅记录	2017 年 4 月 19 日	韩晓光 姚胜斌
4	烧结矿粒级差	入炉烧结矿粒级小于 5mm 的<3%	现场测量 查阅记录	2017 年 4 月 19 日	谷松 刘明
5	焦炭强度差	M_{40}（抗碎强度）>80% M_{10}（耐磨强度）<8%	现场调查 查阅记录	2017 年 4 月 22 日	王利杰 刘双志
6	布料角度不合理	十字测温中心温度 350～500℃，边缘温度 80～120℃	查阅记录	2017 年 4 月 22 日	王丁辉 韩晓光
7	小套尺寸不合适	鼓风动能 9000～10000J/s	现场调查 查阅记录	2017 年 4 月 22 日	王利杰 刘明
8	炉渣碱度高	炉渣碱度在操作方针范围炉数>85%	查阅记录	2017 年 4 月 22 日	谷松 陈朝军
9	铁水物理热差	物理热在操作方针（物理热>1500℃）范围炉数>87%	查阅记录	2017 年 4 月 22 日	刘双志 韩晓光

（制表：王丁辉；时间：2017 年 4 月 25 日）

（二）确认过程

1. 确认内容：教育培训不够

确认过程：查阅培训记录发现 2017 年 1 季度对岗位工进行了设备维护点检与操作技能的培训和考试，如表 11-4 所示。

表 11-4 设备维护点检与技能培训考试成绩表

时间	考核内容	参加总人数/人	90 分以上人数/人	80～90 分人数/人	90 分以上比例/%
1 月 10 日	培训	64			
1 月 20 日	设备维护点检规程	64	63	1	98
1 月 20 日	技能考试	64	64	0	100

（制表：王丁辉；时间：2017 年 4 月 19 日）

确认标准：参加培训人员 100%，考核成绩 90 分以上的不低于 95%。

确认结果：人员均能按要求参加培训，考试成绩均合格。

确认结论：非要因。

2. 确认内容：冷却水量小

确认过程：查看 6 号高炉工长操作界面软水系统和冷却工记录，对 3 月的冷却壁冷却水流量进行统计，如表 11-5 所示。

表 11-5 3 月冷却壁水量统计

日期	流量/m^3	日期	流量/m^3	日期	流量/m^3
3 月 1 日	2034	3 月 12 日	2029	3 月 23 日	2041
3 月 2 日	2056	3 月 13 日	2044	3 月 24 日	2040
3 月 3 日	2042	3 月 14 日	2032	3 月 25 日	2044
3 月 4 日	2031	3 月 15 日	2048	3 月 26 日	2036
3 月 5 日	2055	3 月 16 日	2049	3 月 27 日	2039
3 月 6 日	2036	3 月 17 日	2055	3 月 28 日	2051
3 月 7 日	2039	3 月 18 日	2046	3 月 29 日	2041
3 月 8 日	2043	3 月 19 日	2039	3 月 30 日	2033
3 月 9 日	2041	3 月 20 日	2033	平均/m^3	2041
3 月 10 日	2040	3 月 21 日	2039		
3 月 11 日	2041	3 月 22 日	2043		

确认标准：冷却壁水量大于 2000m^3。

确认结果：3 月冷却壁冷却水量平均为 2041m^3，且均在 2000m^3以上。

确认结论：非要因。

3. 确认内容：进水温度高

确认过程：查看 6 号高炉工长操作界面软水系统和冷却工记录，如表 11-6 所示。

表 11-6 6 号高炉 3 月冷却水进水温度

日期	温度/℃	日期	温度/℃	日期	温度/℃
3 月 1 日	37.5	3 月 12 日	37.5	3 月 23 日	37.6
3 月 2 日	37.4	3 月 13 日	37.6	3 月 24 日	37.4
3 月 3 日	37.4	3 月 14 日	37.4	3 月 25 日	37.4
3 月 4 日	37.4	3 月 15 日	37.4	3 月 26 日	37.4
3 月 5 日	37.5	3 月 16 日	37.5	3 月 27 日	37.4
3 月 6 日	37.6	3 月 17 日	37.5	3 月 28 日	37.4
3 月 7 日	37.4	3 月 18 日	37.4	3 月 29 日	37.5
3 月 8 日	37.4	3 月 19 日	37.4	3 月 30 日	37.6
3 月 9 日	37.5	3 月 20 日	37.5	平均	37.5
3 月 10 日	37.5	3 月 21 日	37.4		
3 月 11 日	37.4	3 月 22 日	37.5		

（制表：韩晓光、姚胜斌；时间：2017 年 4 月 20 日）

确认标准：冷却水进水温度低于 40℃。

确认结果：冷却壁冷却水进水温度平均为 37.5℃，符合确认标准。

确认结论：非要因。

4. 确认内容：入炉烧结矿粒级差

确认过程：每天都要对槽下烧结矿筛分进行抽查，如表 11-7 所示。

表 11-7　3 月槽下烧结矿筛分

日期	仓号	筛分<5mm/%	日期	仓号	筛分<5mm/%	日期	仓号	筛分<5mm/%
3 月 1 日	3 号	0.57	3 月 11 日	3 号	0.49	3 月 21 日	3 号	0.84
	4 号	1.21		4 号	0.99		4 号	1.23
3 月 2 日	3 号	0.59	3 月 12 日	3 号	0.66	3 月 22 日	3 号	0.48
	4 号	1.02		4 号	0.9		4 号	0.96
3 月 3 日	3 号	0.65	3 月 13 日	3 号	0.79	3 月 23 日	3 号	2.19
	4 号	0.6		4 号	1.29		4 号	1.09
3 月 4 日	3 号	1.78	3 月 14 日	3 号	2.09	3 月 24 日	3 号	1.67
	4 号	0.49		4 号	0.65		4 号	0.28
3 月 5 日	3 号	0.66	3 月 15 日	3 号	0.59	3 月 25 日	3 号	0.58
	4 号	0.79		4 号	0.76		4 号	0.87
3 月 6 日	3 号	2.09	3 月 16 日	3 号	0.88	3 月 26 日	3 号	0.39
	4 号	0.59		4 号	0.98		4 号	1.78
3 月 7 日	3 号	1.78	3 月 17 日	3 号	1.28	3 月 27 日	3 号	2.08
	4 号	2.46		4 号	0.69		4 号	0.67
3 月 8 日	3 号	0.45	3 月 18 日	3 号	0.48	3 月 28 日	3 号	0.95
	4 号	0.79		4 号	0.69		4 号	0.86
3 月 9 日	3 号	1.35	3 月 19 日	3 号	0.49	3 月 29 日	3 号	0.89
	4 号	0.65		4 号	1.87		4 号	0.38
3 月 10 日	3 号	0.8	3 月 20 日	3 号	2.34	3 月 30 日	3 号	1.98
	4 号	1.67		4 号	0.68		4 号	0.69

（制表：谷松、刘明；时间：2017 年 4 月 20 日）

确认标准：烧结矿入炉粒级小于 5mm 的占比小于 3%。

确认结果：入炉烧结矿粒级小于 5mm 的占比最大为 2.46%，在确认标准范围内。

确认结论：非要因。

5. 确认内容：焦炭强度差

确认过程：查阅 6 号高炉智能日报“焦炭分析”记录并统计，如表 11-8 所示。

表 11-8　3 月焦炭强度

日期	M_{40}/%	M_{10}/%	日期	M_{40}/%	M_{10}/%	日期	M_{40}/%	M_{10}/%
3 月 1 日	84.3	7.6	3 月 11 日	84.5	7.7	3 月 21 日	84.3	7.2
3 月 2 日	84.5	7.4	3 月 12 日	84.2	7.8	3 月 22 日	84.5	7.7
3 月 3 日	84.2	7.5	3 月 13 日	84.3	7.3	3 月 23 日	84.2	7.4
3 月 4 日	84.3	7.7	3 月 14 日	84.5	7.2	3 月 24 日	84.3	7.3
3 月 5 日	84.6	7.8	3 月 15 日	84.2	7.7	3 月 25 日	83.9	7.3
3 月 6 日	84.4	7.3	3 月 16 日	84.3	7.8	3 月 26 日	84.5	7.2
3 月 7 日	84.5	7.2	3 月 17 日	84.6	7.3	3 月 27 日	84.3	7.3
3 月 8 日	84.2	7.7	3 月 18 日	84.4	7.3	3 月 28 日	84.3	7.8
3 月 9 日	84.3	7.8	3 月 19 日	84.5	7.7	3 月 29 日	84.6	7.5
3 月 10 日	83.3	7.3	3 月 20 日	84.7	7.8	3 月 30 日	84.4	7.3

（制表：王利杰、刘双志；时间：2017 年 4 月 29 日）

确认标准：M_{40}（抗碎强度）>80%，M_{10}（耐磨强度）<8%。

确认结果：焦炭强度在确认标准范围内。

确认结论：非要因。

6. 确认内容：布料角度不合理

确认过程：统计了 3 月的十字测温中心与边缘温度，如图 11-8 和图 11-9 所示。

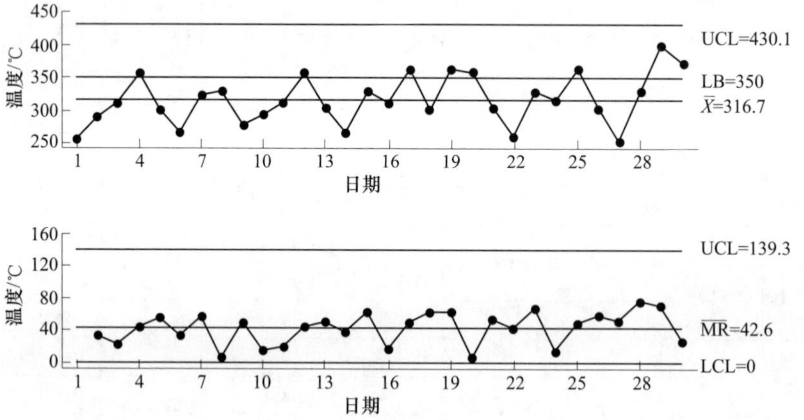

图 11-8　十字测温中心温度 I-MR 控制图

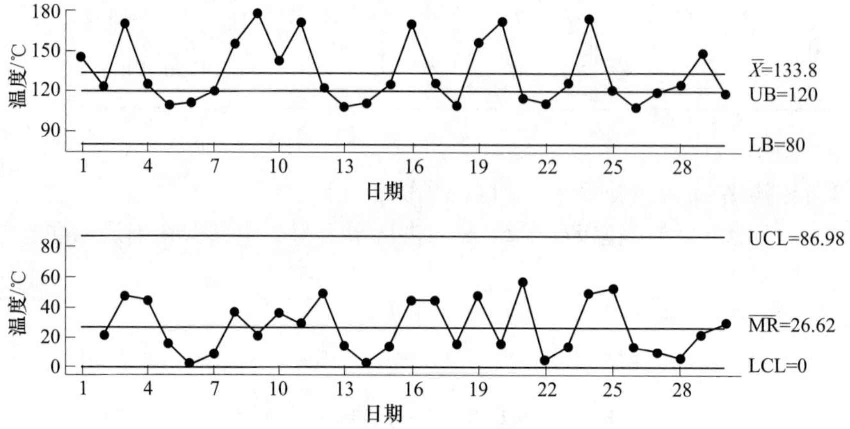

图 11-9　十字测温边缘温度 I-MR 控制图

（制图：王丁辉、韩晓光；时间：2017 年 4 月 29 日）

确认标准：十字测温中心温度 350～500℃，边缘温度 80～120℃。

确认结果：十字测温中心与边缘温度多数不在确认标准范围内。

确认结论：要因。

7. 确认内容：风口套尺寸不合适

确认过程：统计了 3 月的鼓风动能。

$$E=0.5\times1.293\times Q\times V\times V\div n\div60\div9.8$$

式中，E 为鼓风动能，J/s；Q 为风量，m^3/min；n 为工作风口个数，个；V 为实际风速，m/s。

经过小组成员计算：

$$E = 0.5 \times 1.293 \times 2567 \div 60 \times 243 \times 243 \div 9.81 \div 20$$
$$= 8324\text{J/s}$$

确认标准：鼓风动能 9000~10000J/s。

确认结果：实际鼓风动能为 8396J/s，低于确认标准。

确认结论：要因。

8. 确认内容：炉渣碱度高

确认过程：随机抽取了 6 号高炉 1~3 月炉渣碱度（操作方针为 1.16~1.20）进行了分类统计，如图 11-10 所示。

确认标准：炉渣碱度在操作方针范围炉数>85%。

确认结果：实际炉渣碱度在操作方针范围内的为 88%，在确认标准范围内。

确认结论：非要因。

9. 确认内容：铁水物理热差

确认过程：根据 6 号高炉智能日报，随机抽查了 1 月铁水物理热并进行统计，如表 11-9 所示。

确认标准：物理热在操作方针（物理热>1500℃）范围炉数>87%。

确认结果：实际铁水物理热在确认标准范围内。

确认结论：非要因。

确定主要原因结论：(1) 小套尺寸不合适；(2) 布料角度不合理。

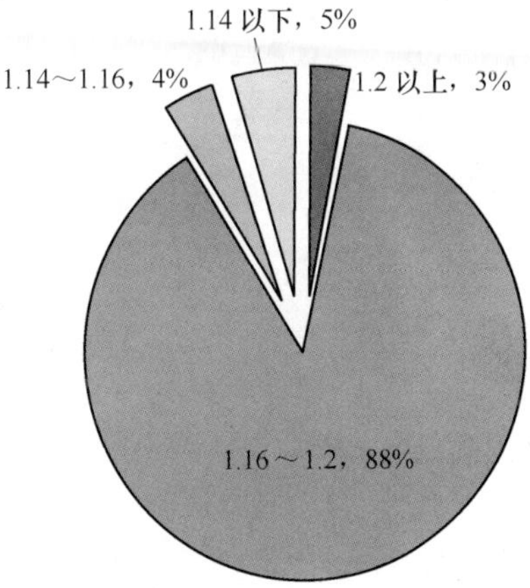

图 11-10　6 号高炉 1~3 月炉渣碱度
（制图：谷松、陈朝军；时间：2017 年 4 月 30 日）

表 11-9　6 号高炉 1 月铁水物理热

日期	最高物理热/℃	最低物理热/℃	均值物理热/℃	物理热>1500℃百分比/%	日期	最高物理热/℃	最低物理热/℃	均值物理热/℃	物理热>1500℃百分比/%
1 月 1 日	1525	1501	1511	100	1 月 16 日	1537	1509	1511	100
1 月 2 日	1529	1495	1515	87.5	1 月 17 日	1522	1503	1512	100
1 月 3 日	1537	1504	1512	100	1 月 18 日	1542	1506	1516	100
1 月 4 日	1520	1502	1513	100	1 月 19 日	1525	1500	1510	100
1 月 5 日	1542	1496	1511	100	1 月 20 日	1524	1504	1514	100
1 月 6 日	1528	1502	1512	100	1 月 21 日	1539	1488	1514	87.5
1 月 7 日	1529	1511	1515	100	1 月 22 日	1537	1502	1511	100
1 月 8 日	1525	1509	1513	100	1 月 23 日	1541	1507	1514	100
1 月 9 日	1521	1503	1516	100	1 月 24 日	1538	1496	1516	94
1 月 10 日	1539	1509	1511	100	1 月 25 日	1528	1508	1513	100
1 月 11 日	1537	1500	1512	100	1 月 26 日	1531	1505	1517	100
1 月 12 日	1543	1502	1513	100	1 月 27 日	1523	1500	1511	100
1 月 13 日	1538	1489	1515	94	1 月 28 日	1530	1507	1510	100
1 月 14 日	1527	1502	1512	100	1 月 29 日	1539	1501	1509	100
1 月 15 日	1526	1507	1513	100	1 月 30 日	1534	1509	1512	100

（制表：刘双志、韩晓光；时间：2017 年 4 月 30 日）

七、制定对策

（一）方案优选一

1. 提出方案

针对气流调整提出两套方案：一是适当发展边缘气流，抑制中心气流；二是适当发展中心气流，抑制边缘气流。

2. 选择方案

对2016年下半年损坏风口小套的损坏部位进行了统计，如图11-11所示。

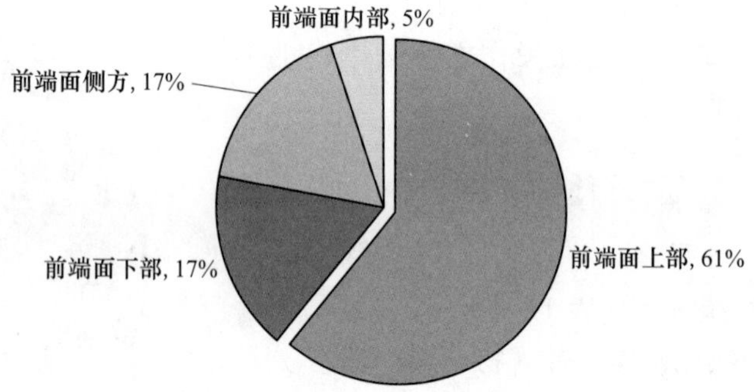

图11-11　风口小套损坏部位统计表
（制图：王丁辉；时间：2017年5月1日）

结论：从统计结果可以看出6号高炉风口小套损坏部位多在上部，而风口套上部损坏主要是由边缘气流发展造成，因此选择方案二适当发展中心气流，抑制边缘气流。

（二）方案优选

针对要因：小套尺寸不合适和布料角度不合理提出了不同的调整方案，分别从操作性、经济性、安全性和有效性四方面进行评估，从而选出最佳方案，如表11-10所示。

表11-10　方案优选

序号	要因	方案	方案分析 ［说明］小组按程度对操作性、经济性、安全性、有效性进行打分。例如：很大“5分”，大“4分”，一般“3分”，小“2分”，很小“1分”	方案评估				评估结果	方案选定
				操作性	经济性	安全性	有效性		
1	小套尺寸不合适	缩小风口套直径、增加风口套长度	操作性：休风机会更换； 经济性：需更换新的风口套； 安全性：涉及的安全事项少； 有效性：能够有效改善炉缸动能	4	3	5	5	17	√
		缩小风口套直径、缩短风口套长度	操作性：休风机会更换； 经济性：需更换新的风口套； 安全性：涉及的安全事较多； 有效性：能够改善炉缸动能	4	3	4	4	15	×

续表 11-10

序号	要因	方案	方案分析 ［说明］小组按程度对操作性、经济性、安全性、有效性进行打分。例如：很大“5 分”，大“4 分”，一般“3 分”，小“2 分”，很小“1 分”	方案评估				评估结果	方案选定
				操作性	经济性	安全性	有效性		
1	小套尺寸不合适	增大风口套直径、增加风口套长度	操作性：休风机会更换； 经济性：需更换新的风口套； 安全性：涉及的安全事项多； 有效性：能够改善炉缸动能	4	3	3	4	14	×
		增大风口套直径、缩短风口套长度	操作性：休风机会更换； 经济性：需更换新的风口套； 安全性：涉及的安全事项少； 有效性：改善炉缸动能效果较差	4	3	5	3	15	×
2	布料角度不合理	增加矿批	操作性：炉况顺行； 经济性：更有利于降低成本； 安全性：涉及的安全事项少； 有效性：有效抑制中心气流	3	4	4	4	15	√
		缩小矿批	操作性：炉况顺行； 经济性：不利于降低成本； 安全性：涉及的安全事项少； 有效性：不能抑制中心气流	3	3	4	3	13	×
		缩小布料角度	操作性：炉况顺行； 经济性：不利于降低成本； 安全性：涉及的安全事项少； 有效性：发展边缘气流	3	3	4	3	13	×
		外推布料角度	操作性：炉况顺行； 经济性：有利于降低成本； 安全性：涉及的安全事项少； 有效性：抑制边缘气流	3	4	4	4	15	√

（制表：王丁辉；时间：2017 年 5 月 1 日）

（三）制定对策表

针对两条要因制定了对策表，如表 11-11 所示。

表 11-11　对策表

序号	要因	对策	目标	措施	地点	完成时间	负责人
1	小套尺寸不合适	调整风口小套尺寸	鼓风动能 9000~10000J/s	（1）缩小风口直径增加风口长度； （2）效果检查	6 号高炉值班室	2017 年 6 月	王利杰
2	布料角度不合理	调整装料制度	十字测温中心温度 350~500℃，边缘温度 80~120℃	（1）增加矿批； （2）向外逐步平推布料角度； （3）效果检查	6 号高炉值班室	2017 年 6 月	谷松

（制表：王丁辉；时间：2017 年 5 月 10 日）

八、对策实施

（一）调整风口套尺寸

1. 缩小风口直径、增加风口长度

随着原燃料质量变差，高炉中心料柱透气、透液性变差，为了能够吹透中心料柱，活跃炉缸，稳定煤气流速，增加鼓风动能，首先是利用休风机会对部分风口小套尺寸进行了调整。在调整前小组成员对其他同级别高炉风口小套尺寸进行了调查，$1000m^3$级高炉风口小套直径分别为115mm和120mm，长度为450mm和480mm。为增加鼓风动能使中心料柱更容易吹透，小组成员决定通过缩小风口直径、增加风口长度来实现。

（1）实施一。

本小组利用休风机会首先更换了5个风口小套，下面为更换后的风口小套尺寸情况，如表11-12所示。

表11-12 调整前后风口小套尺寸

风口序号	1号	2号	3号	4号	5号	6号	7号	8号	9号	10号
原始直径/mm	120	120	120	120	120	120	120	120	120	120
调整后直径/mm	115	120	120	120	115	120	120	120	120	115
原始长度/mm	450	450	450	450	450	450	450	450	450	450
调整后长度/mm	450	480	450	450	480	450	450	450	480	450
风口序号	11号	12号	13号	14号	15号	16号	17号	18号	19号	20号
原始直径/mm	120	120	120	120	120	120	120	120	120	120
调整后直径/mm	120	120	120	120	115	120	120	120	115	120
原始长度/mm	450	450	450	450	450	450	450	450	450	450
调整后长度/mm	450	450	450	450	450	480	450	480	450	480

（制表：王丁辉；时间：2017年5月10日）

风口套更换后小组成员对鼓风动能进行了计算：

$$E = 0.5 \times 1.293 \times Q \times V \times V \div n \div 60 \div 9.8$$

式中，E为鼓风动能，J/s；Q为风量，m^3/min；n为工作风口个数，个；V为实际风速，m/s。

$$E = 0.5\times1.293\times2579\div60\times249\times249\div9.81\div20$$
$$= 8781J/s$$

（2）实施二。

经计算鼓风动能为8781J/s，仍然低于目标值（9000~10000J/s），因此利用休风机会，再次对风口小套进行了调整，调整后风口小套尺寸如表11-13所示。

表 11-13　再次调整后风口小套尺寸

风口序号	1 号	2 号	3 号	4 号	5 号	6 号	7 号	8 号	9 号	10 号
原始直径/mm	120	120	120	120	120	120	120	120	120	120
调整后直径/mm	115	120	120	120	115	120	115	115	120	115
原始长度/mm	450	450	450	450	450	450	450	450	450	450
调整后长度/mm	450	480	450	480	480	450	450	480	480	450
风口序号	11 号	12 号	13 号	14 号	15 号	16 号	17 号	18 号	19 号	20 号
原始直径/mm	120	120	120	120	120	120	120	120	120	120
调整后直径/mm	115	115	120	115	115	120	120	120	115	120
原始长度/mm	450	450	450	450	450	450	450	450	450	450
调整后长度/mm	480	450	450	480	480	480	450	480	450	480

（制表：王丁辉；时间：2017 年 5 月 21 日）

2. 效果检查

再次对鼓风动能进行计算：

$$E = 0.5 \times 1.293 \times Q \times V \times V \div n \div 60 \div 9.8$$

式中，E 为鼓风动能，J/s；Q 为风量，m^3/min；n 为工作风口个数，个；V 为实际风速，m/s。

$$E = 0.5 \times 1.293 \times 2741 \div 60 \times 259 \times 259 \div 9.81 \div 20$$
$$= 10097\text{J/s}$$

结论：鼓风动能达到了目标值，通过利用休风机会对风口小套尺寸的调整，提高了鼓风动能，使高炉中心料柱更容易吹透，提高了炉缸活跃程度。

根据活动效果，由小组成员谷松负责将其纳入炼铁厂 6 号高炉智能日报的“记事本”里。

（二）调整装料制度

经小组成员讨论上部调整采取引导中心煤气流，兼顾边缘煤气流的操作思路，装料制度适时调整与下部送风制度相匹配。在装料制度调整上采取大批重、大角度，抑制边缘、打开中心，活跃炉缸，稳定气流。

1. 增加矿批

为了与下部风口调整相适应，上部装料制度调剂首先逐步加大矿批，稳定煤气流，如表 11-14 所示。

表 11-14　6 号高炉矿批变化

时间	调整前	2017 年 5 月 24 日	2017 年 6 月 10 日
矿批/t	37	37.5	38

（制表：王丁辉；时间：2017 年 6 月 12 日）

2. 向外逐步平推布料角度

小组成员经过讨论，决定逐步增大矿、焦布料角度，使布料角度向外平推，在保证焦炭平台的同时，增大中心漏斗区域，达到发展中心、抑制边缘的目的，以保证炉缸的活跃性，如表 11-15 所示。

表 11-15　6 号高炉布料角度变化

时　间	布　料　角　度
调整前	矿：37/3，35/3，32. 5/4，29. 5/3，26. 5/1，33/1； 焦：38/3，36/2，33. 5/2，30. 5/2，27/2，22. 5/1，27/1
2017 年 5 月 24 日	矿：37. 5/3，35/3，32. 5/4，30/3，27. 5/1，33/1； 焦：38/3，36/2，33. 5/2，30. 5/2，27/2，22. 5/2
2017 年 6 月 10 日	矿：38/4，35. 5/3，33/3，30. 5/3，28. 5/1； 焦：38. 5/2，36. 5/2，34/2，31/2，27. 5/2，22. 5/1

（制表：王丁辉；时间：2017 年 6 月 12 日）

以上措施后小组成员对十字测温数据进行了收集统计，边缘温度的过程能力如图 11-12 所示。

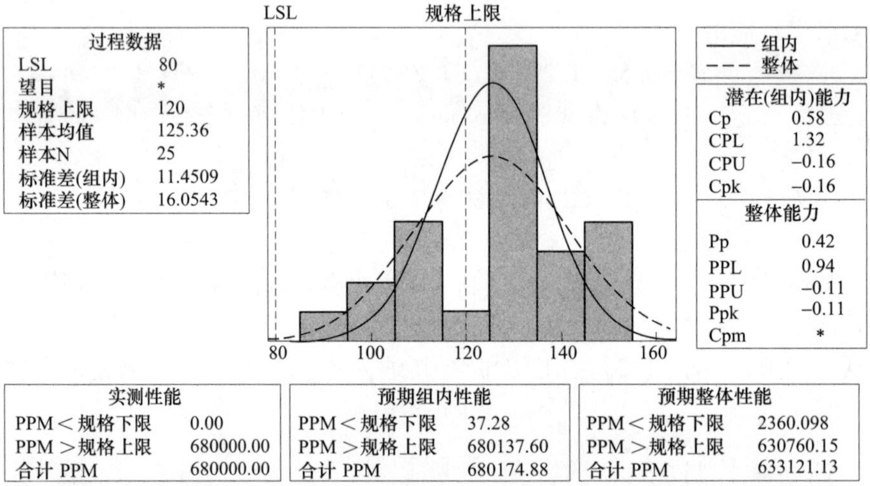

图 11-12　边缘温度的过程能力

（制图：王丁辉；时间：2017 年 6 月 19 日）

通过调查统计发现，以上措施实施后中心气流得以发展，边缘气流得以抑制，但是边缘气流仍处于偏高状态，高于确认标准 80～120℃。

3. 再次调整布料角度

小组成员通过进一步讨论分析，决定把布料角度由现在的焦包矿改为矿焦同角，来进一步抑制边缘气流，引导中心气流，如表 11-16 所示。

表 11-16　6 号高炉布料角度变化

日期	布　料　角　度
调整前	矿：38/4，35. 5/3，33/3，30. 5/3，28. 5/1； 焦：38. 5/2，36. 5/2，34/2，31/2，27. 5/2，22. 5/1
2017 年 6 月 20 日	矿：39/4，36. 5/3，34/3，31/3，29/2； 焦：39/2，37/2，34. 5/2，31. 5/2，28/2，22. 5/2

（制表：王丁辉；时间：2017 年 6 月 25 日）

4. 效果检查

以上措施实施后，小组成员对十字测温温度进行了调查统计，边缘温度、中心温度的过程能力如图 11-13 和图 11-14 所示。

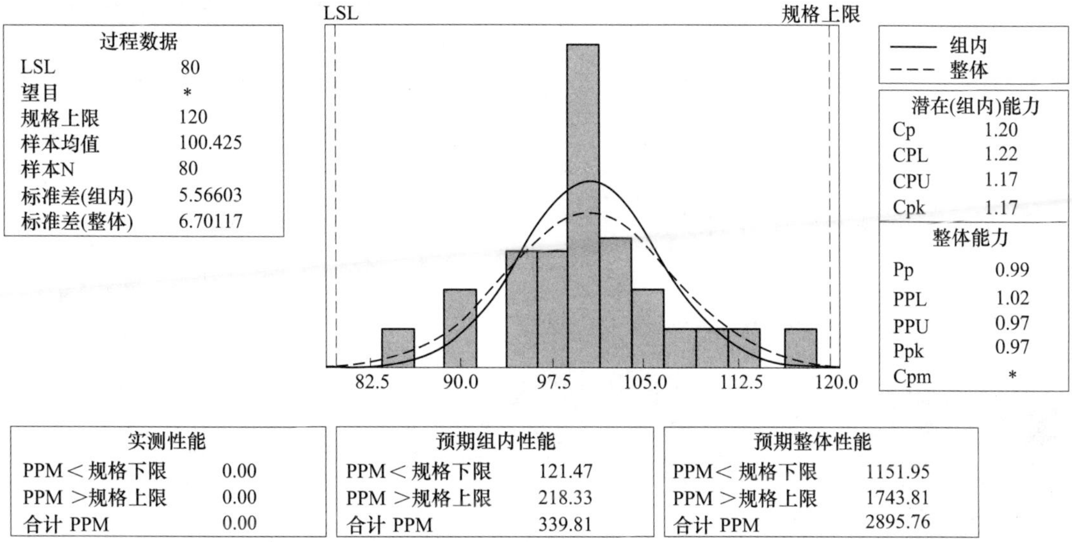

图 11-13　边缘温度的过程能力

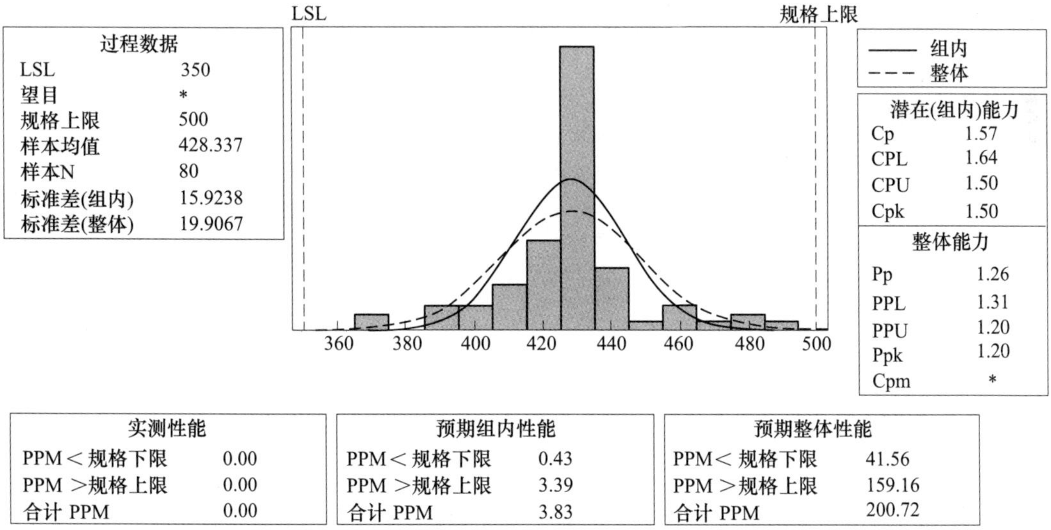

图 11-14　中心温度的过程能力

（制图：王丁辉；时间：2017 年 6 月 30 日）

结论：由以上统计可以看出，对装料制度的不断调整，最终十字测温温度达到了预期目标，实现了发展中心气流，抑制边缘气流，达到了提高炉缸活跃程度的目的。

根据活动效果，将其纳入炼铁厂 6 号高炉智能日报的“记事本”里，作为今后调整的参考和依据。

九、效果检查

（一）实施后的风口小套损坏情况

对实施后的7~9月6号高炉风口小套损坏数量进行了调查统计，如表11-17所示。

表11-17　6号高炉7~9月风口小套损坏数量

月份	7	8	9	平均
损坏数量/个	1	1	0	0.7

（制表：王丁辉；时间：2017年10月11日）

结论一：由以上统计可以看出，对策实施后6号高炉风口小套损坏数量降到了0.7个。

（二）实施后目标完成情况

对策实施后对实施前后的风口小套损坏情况进行了统计，如图11-15所示。

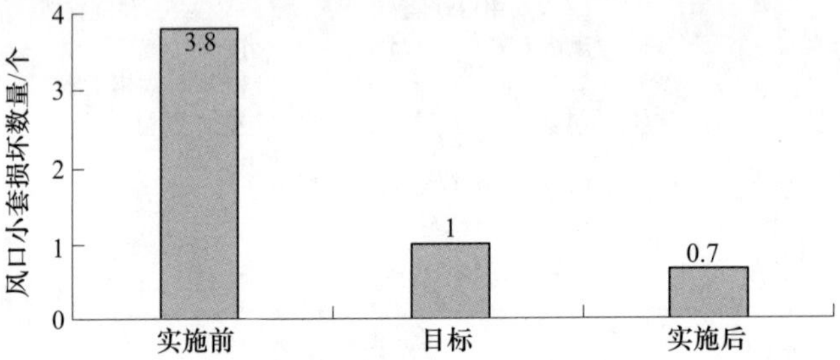

图11-15　目标完成对比

（制表：王丁辉；时间：2017年10月11日）

结论二：由以上统计可以看出，对策实施后风口小套损坏数量为0.7个，实现了预期目标。

（三）实施前、后主要问题变化情况

对对策实施后的主要问题再次进行了分析，并与实施前对比，如图11-16所示。

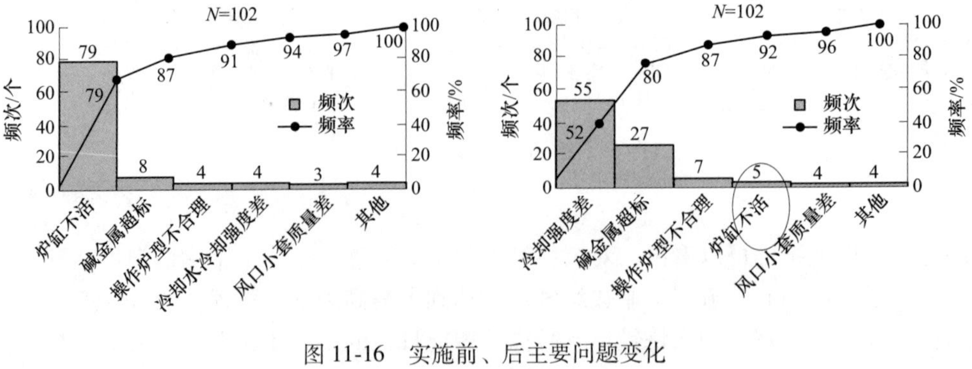

图11-16　实施前、后主要问题变化

（制图：王丁辉；时间：2017年10月11日）

结论三：对策实施后炉缸不活已不是主要问题，主要问题变为冷却水冷却强度差和碱金属超标。

（四）对策实施后的效益

1. 经济效益

此次活动小组创造经济效益 237. 36 万元。

公式：

$$M = (M_1 - M_2) \times A \times B + (M_1 - M_2) \times C - D \times n$$

式中　M——活动后每月经济效益，万元；

M_1——活动前每月小套损坏数量，个；

M_2——活动后每月小套损坏数量，个；

A——更换风口小套影响产量，t，$A=300$t；

B——每吨铁水的利润，元，$B=400$ 元；

C——每个小套的价钱，元，$C=8000$ 元；

D——活动费用，元，$D=1200$ 元；

n——时间，此处 n 为 7~12 月，即 $n=6$ 个月。

代入数值：

$$M = (3.8 - 0.7) \times 300 \times 400 + (3.8 - 0.7) \times 8000 - 1200 \times 6 = 237.36$$

2. 社会效益

（1）减少了休复风次数，降低了炉前劳动强度。

（2）更有利于设备维护，延长了设备寿命。

（3）为炼钢提供优质铁水，降低炼钢成本。

十、巩固措施

（一）标准化

本小组将此次活动中行之有效的措施进行了标准化，作为今后活动的参考和依据，如表 11-18 所示。

表 11-18　制定标准化

序号	措施	标准化	文件编号（载体）	负责人	完成时间	审批	效果资源共享
1	确定了风口小套尺寸	修订操作方针	炼铁智能系统	谷松	2017 年 12 月	生产科李炳月	炼铁厂技术科推广 2017 年 12 月完成
2	确定了布料角度和矿批	修订操作方针	炼铁智能系统	谷松	2017 年 12 月	生产科李炳月	炼铁厂技术科推广 2017 年 12 月完成

（制表：王丁辉；时间：2017 年 12 月 30 日）

（二）巩固期效果检查

对 6 号高炉 10~12 月的风口小套损坏数量进行了统计，如图 11-17 所示。

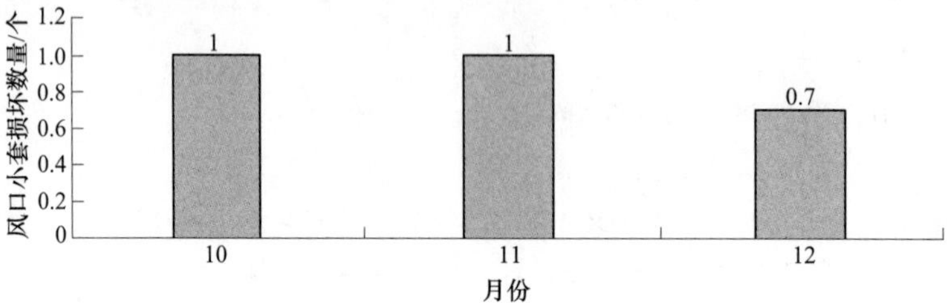

图 11-17　巩固期效果

结论：调查统计结果显示，巩固期内 6 号高炉风口小套损坏数量最多为 1 个，效果保持良好。

（三）小组活动计划与实际实施日程

最后小组成员对活动计划与实际实施过程进行了对比统计，如表 11-19 所示。

表 11-19　小组活动计划与实施

项目		3月	4月	5月	6月	7月	8月	9月	10月	11月	12月
P	选择课题										
	现状调查										
	设定目标										
	原因分析										
	要因确认										
	制定对策										
D	对策实施										
C	效果检查										
A	巩固措施										
	下步打算										

注：- - -► 计划进度；——► 实际进度。

（制表：王丁辉；时间：2017 年 12 月 31 日）

十一、下步打算

（一）小组成员自我评价

通过本次活动，小组成员在理论和实践水平上都得到了提高，增加了小组成员间的协同作战力，更增添了小组成员通过开展自主管理活动达到减少炉况波动的信心。在质量意识、个人能力、QC 知识的掌握、解决问题的信心、团队精神的增强等方面也都有不同程度的提高。同时也认识到了自身的不足，小组成员之间配合不够默契，分工不够明确。统计技术和方法运用的能力上还存在欠缺，有待在今后的工作中加以提高。

（二）下一步打算

通过此次活动本小组成功解决了造成风口小套损坏的主要问题，达到了活动的预期目标。但是 2017 年下半年 6 号高炉的煤气利用率下降比较明显，对高炉生产成本造成很大影响，如图 11-18 所示。因此本小组决定下次活动课题为《提高 6 号高炉煤气利用率》。

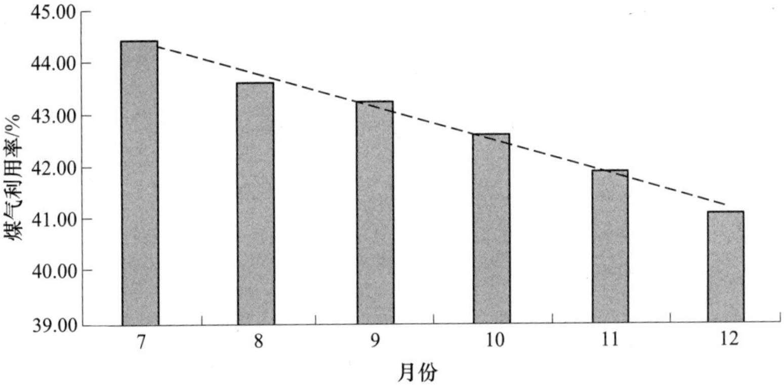

图 11-18　6 号高炉下半年煤气利用率

（制图：王丁辉；时间：2017 年 12 月 31 日）

案例12　提高优特钢窄成分控制合格率

河钢集团邯钢公司一炼钢厂

宋依新

一、小组概况

邯钢一炼钢厂特钢QC小组成立于2017年1月，活动时间从2017年1月至2018年1月，本课题属于攻关型，现有QC小组成员7人，小组成员情况及分工见表12-1。

表12-1　特钢QC小组概况及成员概况

单　位		邯钢一炼钢			注册号	HGQC-2017-＊＊
小组名称		特钢QC小组			成立日期	2017年1月
活动时间		2017年1月~2018年1月			活动次数	15次
活动课题		提高优特钢窄成分控制合格率			课题类型	攻关型
序号	成员姓名	性别	年龄	职称	工作岗位职务	组内分工
1	宋依新	男	46	高级工程师	工艺技术员	组长、全面组织
2	李德辉	男	44	高级工程师	工艺技术员	原因分析 要因确定
3	闫璐	男	33	工程师	精炼车间副主任	要因确定 对策实施
4	赵广勋	男	40	高级工程师	转炉车技术员	对策实施
5	谭和星	男	42	工程师	连铸车间副主任	现状调查 对策实施
6	李会欣	女	44	高级工程师	质量管理员	要因确定 效果检查
7	张丹梦	女	26	工程师	统计员	数据统计

（制表：宋依新；时间：2017年1月18日）

二、邯钢一炼钢生产工艺简介

（一）工艺流程

邯钢一炼钢厂的生产工艺流程如图12-1所示。

（二）工艺简介

一炼钢大型产线作为公司优特钢生产基地，有3条产线，分别是线材产线：主要品种为冷镦钢、优碳钢、锚链钢、轴承钢、钢绞线等；棒材产线：主要品种为轴承钢、齿轮钢、合金结构钢、磨球钢等；型材产线：主要品种为重轨、H型钢、高端棒线开坯钢等。

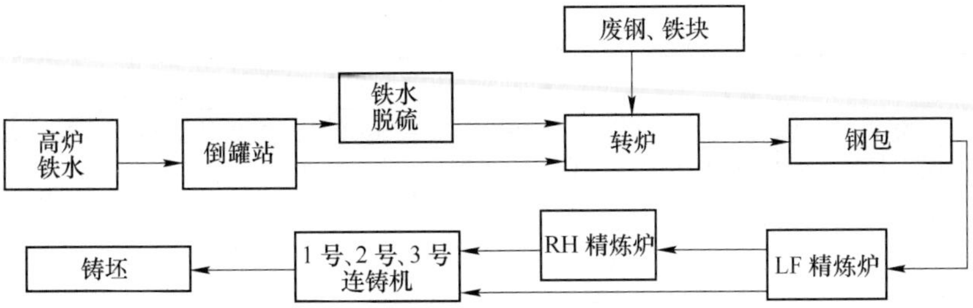

图 12-1　邯钢一炼钢厂生产工艺流程图

(三) 窄成分说明

(1) 窄成分针对钢种：供大型的优特钢，不含供老区轧钢的螺纹钢。

(2) 窄成分标准，主要指 Si、Mn 元素的窄成分范围。窄成分下限为钢种内控下限，窄成分上限为钢种内控下限+0.05%。同一炉次 Si、Mn 元素均符合窄成分要求，则该炉次为窄成分合格炉次。

(3) 窄成分合格率=窄成分合格炉数/总炉数×100%。

三、选题理由

(一) 选题理由

(1) 2016 年年底，公司 2017 年成本预算出台后，一炼钢厂针对 2017 年成本指标，制定了具体措施，其中钢水窄成分控制作为合金降本主要措施之一。

(2) 一炼钢厂主要生产品种为优特钢，钢水成分控制范围窄、稳定，有利于下游用户后续热处理等加工工艺。

(3) 2016 年，一炼钢厂的钢水窄成分控制合格率只有 75%。

因此，本小组选择了《提高优特钢窄成分控制合格率》这个课题。

(二) 活动计划

本小组选定《提高优特钢窄成分控制合格率》课题后，制定了推进计划，并根据实际进度绘制了小组活动推进表 12-2。

表 12-2　小组活动推进表

步骤		小组活动时间：2017 年 1 月 ~2018 年 1 月												
		2017 年 1 月	2017 年 2 月	2017 年 3 月	2017 年 4 月	2017 年 5 月	2017 年 6 月	2017 年 7 月	2017 年 8 月	2017 年 9 月	2017 年 10 月	2017 年 11 月	2017 年 12 月	2018 年 1 月
P	选择课题													
	现状调查													
	设定目标													
	原因分析													
	要因确定													
	制定对策													

续表 12-2

步骤		小组活动时间：2017 年 1 月～2018 年 1 月												
		2017 年 1 月	2017 年 2 月	2017 年 3 月	2017 年 4 月	2017 年 5 月	2017 年 6 月	2017 年 7 月	2017 年 8 月	2017 年 9 月	2017 年 10 月	2017 年 11 月	2017 年 12 月	2018 年 1 月
D	对策实施							- - -→ ——→	- - -→ ——→	- - -→ ——→	- - -→ ——→	- - -→ ——→	- - -→ ——→	
G	效果检查								- - -→ ——→	- - -→ ——→	- - -→ ——→	- - -→ ——→	- - -→ ——→	
A	巩固措施												- - -→ ——→	
	课题总结													- - -→ ——→

注：- - -→ 计划进度；——→ 实际进度。

（制表：宋依新；时间：2018 年 1 月 28 日）

四、现状调查

（1）2017 年 3 月初本 QC 小组对一炼钢 2016 年 9 月～2017 年 2 月的窄成分合格率进行了数据统计，见表 12-3。

表 12-3　优特钢窄成分合格率统计表

日期	2016 年 9 月	2016 年 10 月	2016 年 11 月	2016 年 12 月	2017 年 1 月	2017 年 2 月	累计
合格炉数/炉	766	602	671	533	499	601	3672
生产炉数/炉	1074	834	836	654	586	721	4705
窄成分合格率/%	71. 3	72. 2	80. 3	81. 5	85. 2	83. 4	78. 0

（制表：张丹梦；时间：2017 年 3 月 3 日）

（2）小组对 2016 年 9 月～2017 年 2 月造成窄成分不合要求的责任单位进行统计，见表 12-4。并依据表 12-4 绘制了饼分图，如图 12-2 所示。由图 12-2 可知，造成窄成分不合要求的主要责任单位为精炼车间。

表 12-4　造成窄成分不合要求的责任单位统计　（炉）

日期	2016 年 9 月	2016 年 10 月	2016 年 11 月	2016 年 12 月	2017 年 1 月	2017 年 2 月	累计
精炼车间	210	152	120	80	63	88	713
转炉车间	77	58	35	23	21	23	237
设备室	15	13	5	11	2	5	51
连铸车间	4	5	3	5	1	3	21
其他	2	4	2	2	0	1	11
合计	308	232	165	121	87	120	1033

（制表：张丹梦；时间：2017 年 3 月 4 日）

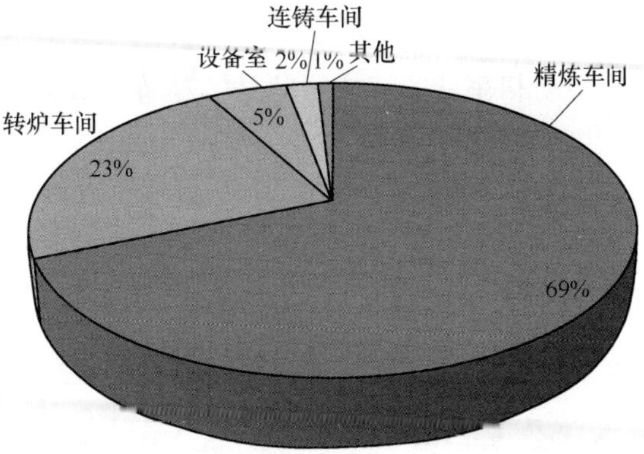

图 12-2　窄成分不合要求责任单位饼分图

（制图：张丹梦；时间：2017 年 3 月 4 日）

五、设定目标

（一）活动目标

将一炼钢厂优特钢窄成分合格率由目前的 78%提高到 85%作为活动目标，如图 12-3 所示。

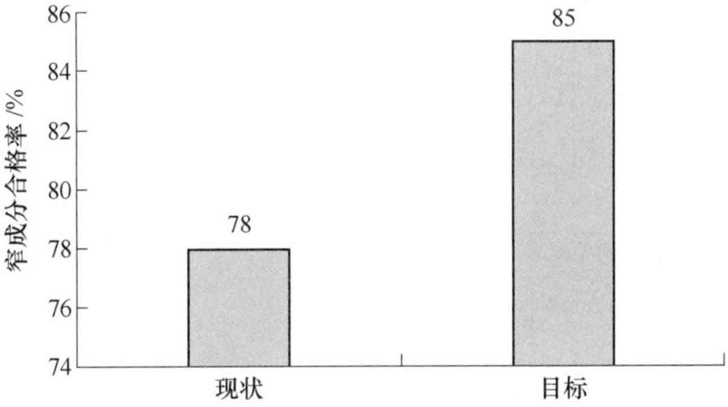

图 12-3　活动目标柱形图

（制图：宋依新；时间：2017 年 3 月 20 日）

（二）设定目标值的依据

（1）从表 12-3 可知，2017 年 1 月，窄成分合格率为 85. 2%，说明确定的 85%目标有实现的可能性。

（2）由图 12-2 可知，造成窄成分控制不合要求的主要责任单位是精炼车间，占比 69%，精炼不合格率：(1−78%)×69% = 15. 2%。要想实现窄成分合格率 85%的目标，只要将精炼车间造成的窄成分不合格率降低到：15. 2%−(85%−78%)= 8. 2%。精炼车间造成的不合格炉数比例降到 8. 2%÷(1−85%)= 54. 7%，即可实现课题目标，即只要将精炼车间的不合要求占比在目前的水平上降低（69%−54. 7%）÷69% = 21%即可。对此本小组是有把握的。

六、原因分析

围绕课题，针对窄成分合格率低的症结问题是“精炼窄成分超标”，集思广益，深入调查研究，对一炼钢厂 2016 年 9 月～2017 年 2 月优特钢生产中，影响精炼操作的所有因素进行辨识，从生产组织、转炉操作、精炼操作、人员素质等各个环节，通过参考生产日报、操作记录、检化验系统等原始记录，小组运用“头脑风暴法”共提出 22 条原因，见表 12-5。

表 12-5　精炼窄成分超标原因列表

进站 Si、Mn 低于要求	钢种原因	化验设备故障	试样不能用
精炼合金补加量大	取样操作不规范	取样器质量差	精炼操作不当
控制难度大	窄成分标准严	合金补加量超	钢水回 Si、Mn
未成白渣加入	精炼时间长	人员水平差	培训课时少
培训效果差	人员责任心不强	成品成分偏差大	调度组织不合理
精炼时间短	化验结果不及时		

通过绘制关联图，理出了头绪，见图 12-4。

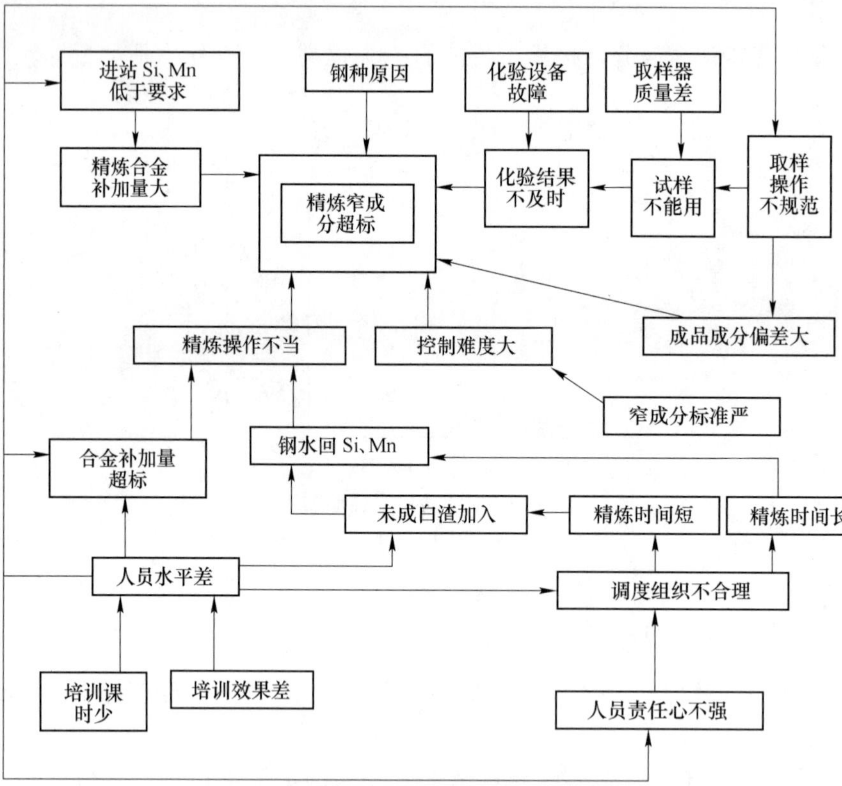

图 12-4　精炼窄成分超标原因分析关联图

（制图：李德辉；时间：2017 年 4 月 27 日）

七、要因确认

为了找出主要原因，对关联图中的 6 条末端因素进行逐条确认，见表 12-6～表 12-11。

表 12-6　确认表

<table>
<tr><td>序号</td><td>1</td><td>末端因素</td><td>钢种原因</td></tr>
<tr><td>确认标准</td><td>窄成分控制标准</td><td>验证方法</td><td>分钢种统计窄成分合格率</td></tr>
<tr><td>负责人</td><td>李德辉</td><td>完成时间</td><td>2017 年 5 月 8 日</td></tr>
<tr><td>确认过程</td><td colspan="3">通过对 2017 年 2 月钢水成分，分钢种统计，见下表。由该表可以看出 ML20MnTiB、Q345B、30MnSi、DM08、护轮轨五类钢种窄成分合格率明显偏低。
2017 年 2 月各钢种窄成分合格率统计表
<table>
<tr><th>钢种</th><th>生产炉数/炉</th><th>Si 合格炉数/炉</th><th>Mn 合格率/炉</th><th>综合合格炉数/炉</th><th>综合合格率/%</th></tr>
<tr><td>10B21</td><td>109</td><td>108</td><td>108</td><td>107</td><td>98.2</td></tr>
<tr><td>20Cr 系列</td><td>34</td><td>34</td><td>34</td><td>34</td><td>100.0</td></tr>
<tr><td>齿轮钢</td><td>78</td><td>65</td><td>63</td><td>63</td><td>80.8</td></tr>
<tr><td>20MnA</td><td>7</td><td>7</td><td>6</td><td>6</td><td>85.7</td></tr>
<tr><td>25MnB</td><td>9</td><td>8</td><td>8</td><td>8</td><td>88.9</td></tr>
<tr><td>37Mn5</td><td>5</td><td>5</td><td>5</td><td>5</td><td>100.0</td></tr>
<tr><td>40Cr 系列</td><td>92</td><td>83</td><td>89</td><td>80</td><td>87.0</td></tr>
<tr><td>CrMo 系列</td><td>8</td><td>8</td><td>8</td><td>8</td><td>100.0</td></tr>
<tr><td>50、65Mn</td><td>10</td><td>10</td><td>10</td><td>10</td><td>100.0</td></tr>
<tr><td>轴承钢系列</td><td>62</td><td>53</td><td>62</td><td>53</td><td>85.5</td></tr>
<tr><td>ML08A1 系列</td><td>96</td><td>95</td><td>87</td><td>86</td><td>89.6</td></tr>
<tr><td>35K/45K</td><td>60</td><td>60</td><td>58</td><td>58</td><td>96.7</td></tr>
<tr><td>铁标轨</td><td>22</td><td>19</td><td>21</td><td>19</td><td>86.4</td></tr>
<tr><td>22A</td><td>29</td><td>23</td><td>29</td><td>23</td><td>79.3</td></tr>
<tr><td>ML20MnTiB</td><td>20</td><td>14</td><td>17</td><td>12</td><td>60.0</td></tr>
<tr><td>Q345B</td><td>48</td><td>40</td><td>33</td><td>26</td><td>54.2</td></tr>
<tr><td>30MnSi</td><td>12</td><td>3</td><td>5</td><td>1</td><td>8.3</td></tr>
<tr><td>DM08</td><td>8</td><td>6</td><td>2</td><td>0</td><td>0.0</td></tr>
<tr><td>护轮轨</td><td>12</td><td>6</td><td>8</td><td>2</td><td>16.7</td></tr>
<tr><td>合计</td><td>721</td><td>647</td><td>653</td><td>601</td><td>83.4</td></tr>
</table></td></tr>
<tr><td>确认结果</td><td colspan="3">要因</td></tr>
</table>

表 12-7　确认表

序号	2	末端因素	化验设备故障
确认标准	绩效要求化验设备影响时间 每月不大于 20min	验证方法	化验设备故障时间
负责人	宋依新	完成时间	2017 年 5 月 9 日
确认过程	一炼钢检化验系统是全自动分析，分析钢样的光谱分析仪有四台，开三备一。对 2017 年 1~3 月检化分验设备运行记录检查，没有对生产造成影响，即影响时间为零		
确认结果	非要因		

表 12-8　确认表

<table>
<tr><td>序号</td><td>3</td><td>末端因素</td><td>取样器质量差</td></tr>
<tr><td>确认标准</td><td>取样器供货商保证值：成功率 98%</td><td>验证方法</td><td>现场测试</td></tr>
<tr><td>负责人</td><td>闫璐</td><td>完成时间</td><td>2017 年 5 月 20 日</td></tr>
<tr><td>确认过程</td><td colspan="3">小组成员闫璐联合取样器厂家对精炼炉取样器质量进行了为期 5 天的现场测试，测试结果见下表。取样器的成功率为 98.1%，符合要求。
取样器质量测试统计表
<table>
<tr><th>生产日期</th><th>班组</th><th>班别</th><th>生产炉数/炉</th><th>取样次数/个</th><th>试样可用数/个</th><th>成功率/%</th></tr>
<tr><td>2017 年 5 月 8 日</td><td>丁</td><td>白</td><td>14</td><td>56</td><td>55</td><td>98.2</td></tr>
<tr><td>2017 年 5 月 9 日</td><td>乙</td><td>白</td><td>12</td><td>50</td><td>49</td><td>98.0</td></tr>
<tr><td>2017 年 5 月 12 日</td><td>甲</td><td>白</td><td>15</td><td>60</td><td>59</td><td>98.3</td></tr>
<tr><td>2017 年 5 月 14 日</td><td>丙</td><td>白</td><td>16</td><td>50</td><td>49</td><td>98.0</td></tr>
<tr><td>2017 年 5 月 15 日</td><td>丁</td><td>白</td><td>10</td><td>43</td><td>42</td><td>97.7</td></tr>
<tr><td>合计</td><td></td><td></td><td>67</td><td>259</td><td>254</td><td>98.1</td></tr>
</table></td></tr>
<tr><td>确认结果</td><td colspan="3">非要因</td></tr>
</table>

表 12-9　确认表

<table>
<tr><td>序号</td><td>4</td><td>末端因素</td><td>窄成分标准严</td></tr>
<tr><td>确认标准</td><td>对标</td><td>验证方法</td><td>对标石钢</td></tr>
<tr><td>负责人</td><td>李德辉</td><td>完成时间</td><td>2017 年 5 月 12 日</td></tr>
<tr><td>确认过程</td><td colspan="3">河钢集团石钢分公司是一家特钢企业，产品结构与本厂有一定的重合度，是本厂学习的标杆企业。通过对标石钢的成分控制，他们要求 Si、Mn、Cr 合金元素控制范围：目标成分±0.02%，数据范围是 5 个（0.01%）。而本厂的窄成分控制范围 6 个（0.01%），比石钢的要求宽 1 个（0.01%）。</td></tr>
<tr><td>确认结果</td><td colspan="3">非要因</td></tr>
</table>

表 12-10　确认表

<table>
<tr><td>序号</td><td>5</td><td>末端因素</td><td>培训课时少</td></tr>
<tr><td>确认标准</td><td>公司培训制度规定职工每人每年培训不少于 80 学时</td><td>验证方法</td><td>检查职工培训档案</td></tr>
<tr><td>负责人</td><td>李会欣</td><td>完成时间</td><td>2017 年 5 月 10 日</td></tr>
<tr><td>确认过程</td><td colspan="3">小组通过查阅 2016 年职工培训档案，统计相关车间职工培训情况，见下表。
操作车间职工培训情况统计表
<table>
<tr><th></th><th>转炉操作工</th><th>精炼操作工</th><th>连铸操作工</th></tr>
<tr><td>培训内容</td><td>转炉技术规程、岗位操作规程</td><td>LF、RH 精炼技术规程、岗位操作规程</td><td>连铸技术规程、岗位操作规程</td></tr>
<tr><td>培训学时</td><td>82</td><td>80</td><td>84</td></tr>
<tr><td>定员人数</td><td>125</td><td>60</td><td>191</td></tr>
<tr><td>出勤人数</td><td>125</td><td>60</td><td>191</td></tr>
</table>
由表 12-8 可知，本厂对操作工进行了全员培训，培训课时均大于 80 学时，符合要求</td></tr>
<tr><td>确认结果</td><td colspan="3">非要因</td></tr>
</table>

表 12-11　确认表

序号	6	末端因素	培训效果差
确认标准	合格率 100%	验证方法	现场问答
负责人	李会欣	完成时间	2017 年 5 月 15 日
确认过程	小组人员于 5 月 8 日对丁班、丙班，9 日对乙班，11 日对甲班，四大班转炉、精炼、连铸操作工就窄成分控制要点进行了现场问答，问答情况统计见下表。由此表可知，回答正确率为 71.2%。说明操作工对于相关知识掌握不够。		
确认结果	要因		

现场问答结果统计表

项目	转炉操作工	精炼操作工	连铸操作工	合计
抽查人数/人	24	16	12	52
答对人数/人	18	11	8	37
正确率/%	75.0	68.8	66.7	71.2

经过逐条认真调查，本小组确认造成精炼窄成分合格率低的主要原因是：（1）钢种原因；（2）培训效果差。

八、制定对策

针对要因分析中确定的两项要因，通过“5W1H”的方法制定对策、措施及完成时限，具体见表 12-12。

表 12-12　对策表

序号	要因	对策	目标	措施	地点	完成时间	负责人
1	钢种原因	提高问题钢种窄成分合格率	该钢种窄成分合格率大于 85%	（1）分析问题钢种窄成分合格率低的原因； （2）制定具体措施； （3）现场指导操作	生产技术科，生产现场	2017 年 6 月 10 日	宋依新 李德辉
2	培训效果差	组织操作工有针对性的培训	100%掌握	（1）分岗位编写培训课件； （2）操作工下白班后培训 30min； （3）现场检查操作	转炉车间会议室，现场	2017 年 6 月 15 日	李会欣 闫璐 赵广勋 谭和星

（制表：宋依新；时间：2017 年 6 月 16 日）

九、对策实施

（一）实施一

对于窄成分合格率偏低的钢种：ML20MnTiB、Q345B、30MnSi、DM08、护轮轨五类钢种进行分析。

(1) 对 2017 年 1~4 月生产的 ML20MnTiB 的 Si、Mn 窄成分进行统计，见表 12-13，其中钢水成分 Si 的合格率仅为 60.9%，为此小组人员对于 Si 没有达到窄成分控制要求的 36 炉进行进一步分析。

表 12-13 ML20MnTiB 钢中 Si、Mn 窄成分合格率统计

项 目	Si	Mn	综合
合格炉数/炉	56	81	49
总炉数/炉	92	92	92
合格率/%	60.9	88.0	53.3

(制表：李德辉；时间：2017 年 6 月 9 日)

其中有 22 炉，精炼过程没有补加硅铁合金，成品硅含量>0.020%（该钢种窄成分上限 0.20%）。利用 minitab 软件对于这 22 炉钢水进 LF 精炼炉的硅含量与成品硅含量做回归分析（如图 12-5 所示），由图 12-5 可知，钢水进站硅含量与成品硅含量具有相关性。比较钢水 LF 进站成分与成品成分 Si 元素含量的变化（如图 12-6 所示），精炼过程钢水回硅最小值为 0.014%，最大值为 0.041%，这就要求转炉钢水进站成分 Si 含量不能大于 0.20%-0.041%=0.159%。

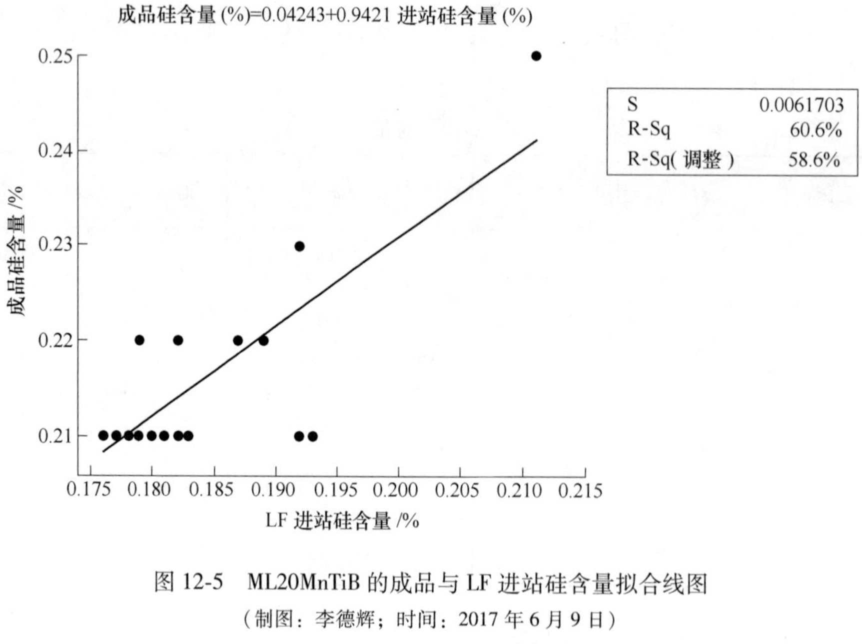

图 12-5 ML20MnTiB 的成品与 LF 进站硅含量拟合线图
(制图：李德辉；时间：2017 年 6 月 9 日)

分析结论：ML20MnTiB 窄成分合格率低主要原因是转炉钢水进站 Si 含量偏高，精炼过程钢水回硅，造成成品成分超过窄成分上限 0.20%。措施是修订作业指导书，将转炉进站成分 Si 的控制范围由原来的 Si=0.14%~0.18%调整为：Si=0.12%~0.16%。

措施实施后 2017 年 6 月、7 月 ML20MnTiB 窄成分合格率（见表 12-14）达到了 85.4%。实施效果有效。

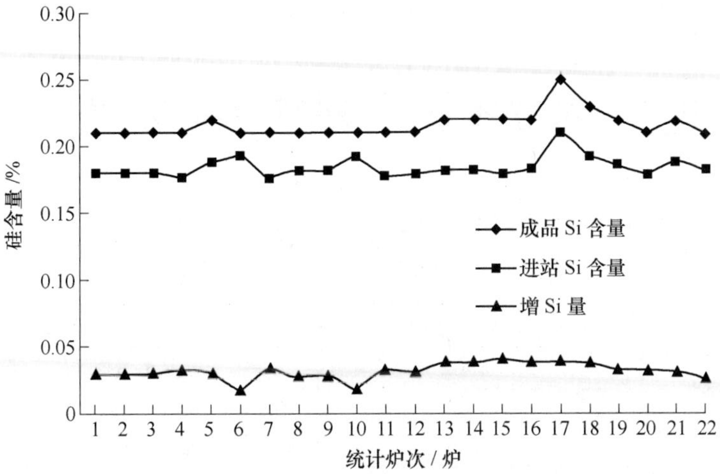

图 12-6 ML20MnTiB 进站及成品硅含量对比图
（制图：李德辉；时间：2017 年 6 月 9 日）

表 12-14 2017 年 6 月、7 月 ML20MnTiB 窄成分合格率统计

生产日期	6 月	7 月	合计
生产炉数/炉	21	20	41
窄成分合格炉数/炉	17	18	33
合格率/%	81	90.0	85.4

（制表：李德辉；时间：2017 年 8 月 3 日）

（2）钢种：Q345B、30MnSi。对 2017 年 1～4 月生产的 Q345B、30MnSi 钢种的 Si、Mn 窄成分进行统计，见表 12-15。成品的窄成分合格率低于 LF 精炼出站的窄成分合格率。

表 12-15 Q345B、30MnSi 钢种的 LF 精炼出站成分与成品成分 Si、Mn 含量窄成分合格率统计

钢种	项目	Si	Mn	综合
30MnSi 成品	窄成分合格炉数/炉	17	30	13
	生产炉数/炉	47	47	47
	合格率/%	36.2	63.8	27.7
30MnSiLF 出站	窄成分合格炉数/炉	38	40	39
	生产炉数/炉	47	47	47
	合格率/%	80.9	85.1	83.0
Q345B 成品	窄成分合格炉数/炉	30	32	27
	生产炉数/炉	46	46	46
	合格率/%	65.2	69.6	58.7
Q345B LF 出站	窄成分合格炉数/炉	40	42	36
	生产炉数/炉	46	46	46
	合格率/%	87.0	91.3	78.3

（制表：宋依新；时间：2017 年 6 月 3 日）

对这两个钢种的 Si、Mn 出站成分偏差的有效数据进行统计，利用 minitab 软件分别做图形化汇总，见图 12-7 和图 12-8。由图 12-7 可知，平均增硅量为 0. 0134%，最大增硅值为 0. 037%。由图 12-8 可知，平均增锰量为 0. 0126%，最大增锰值为 0. 031%。

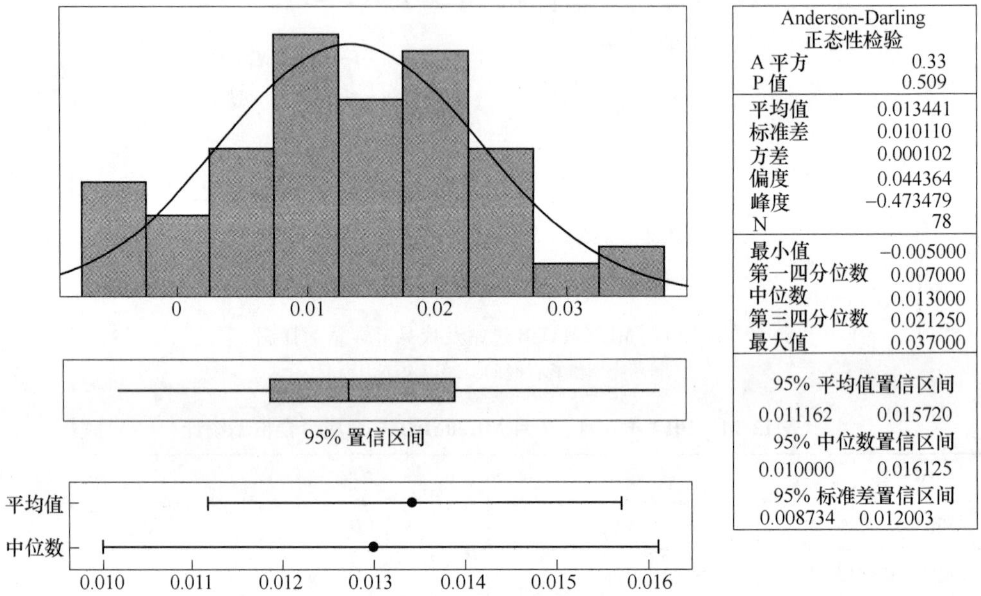

图 12-7 成品与 LF 出站比较增硅量（%）图形汇总图

（制图：李德辉；时间：2017 年 6 月 5 日）

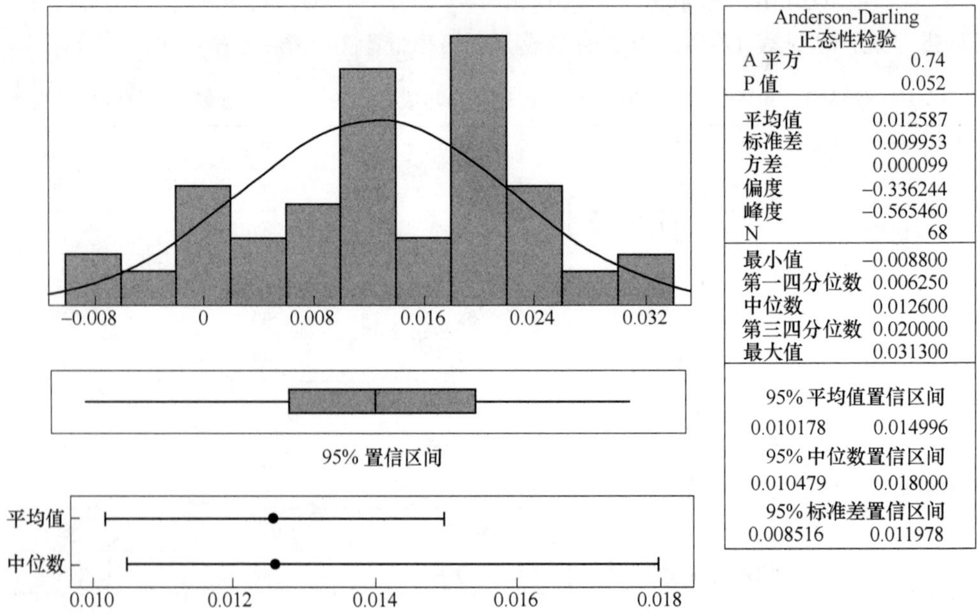

图 12-8 成品与 LF 出站比较增锰量（%）图形汇总图

（制图：李德辉；时间：2017 年 6 月 5 日）

分析：Q345B、30MnSi 钢种属于硅镇定钢，硅镇定钢精炼造低碱度白渣，LF 精炼的出站样是钢水软吹前期取样，钢水经过软吹到连铸，炉渣回硅回锰反应继续进行，造成成品 Si、Mn 成分会比出站成分相应高 0.01%~0.02%，小组对这两类钢中的出站成分控制进行了设计，见表 12-16。

表 12-16　Q345B、30MnSi 钢种 LF 出站成分调整方案

方案编号	LF 出站 Si、Mn 成分要求/%			
	Si		Mn	
	下限	上限	下限	上限
方案 1	A+0.01	A+0.04	B+0.01	B+0.04
方案 2	A+0.01	A+0.04	B+0.01	B+0.03
方案 3	A+0.01	A+0.03	B+0.01	B+0.04
方案 4	A+0.01	A+0.03	B+0.01	B+0.03

注：A 代表钢种 Si 窄成分下限；B 代表钢种窄成分下限。

（制表：宋依新；时间：2017 年 6 月 8 日）

按照方案 1~4 在 6 月分别组织生产了 1 个浇次。各方案的窄成分合格率如图 12-9 所示，由图 12-9 可知，方案 4 最佳。

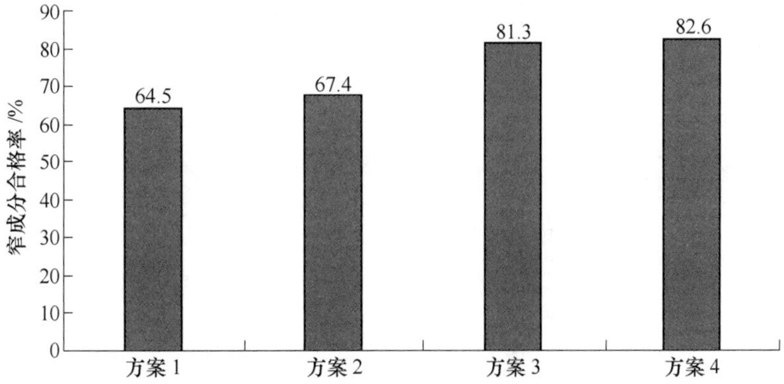

图 12-9　4 种方案窄成分合格率结果对比图
（制图：李德辉；时间：2017 年 6 月 20 日）

措施：修改 Q345B、30MnSi 钢种的作业指导书，将 LF 出站成分 Si、Mn 上限调整为窄成分上限-0.02%。

该措施实施后，2017 年 7 月 Q345B、30MnSi 窄成分合格率（见图 12-10）达到了 83%，实施效果有效。

（3）针对 DM08 和护轮轨，这两个钢种，一般不单独安排生产计划，主要是生产其他钢种（ML08Al/U71Mn/U75V 等）工艺要求首炉钢水或过程工艺不符合要求改判产生的，所以成分不符合窄成分要求，只符合钢种判定要求。对于此类钢种，超出本小组的能力，暂且不考虑。

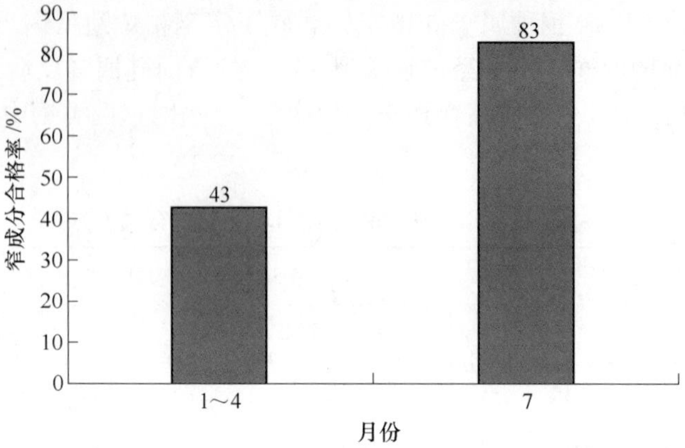

图 12-10　Q345B、30MnSi 窄成分合格率对比图
（制图：李德辉；时间：2017 年 8 月 3 日）

（二）实施二

为了解决培训效果差的问题，本小组针对窄成分控制过程存在的问题，自编课件，利用操作工下白班后时间进行培训。并且由技术主任、技术主管在生产过程中进行现场指导。同时每月举办一次精炼工操作比武，前三名给予物质奖励。为提高操作工的责任心，确保工艺纪律的贯彻与落实，特制定了《一炼钢钢水窄成分控制管理办法》，该办法对生产各工序的要求及责任进行了明确划分，并制定了严格的考核与奖励措施。通过以上措施，使得职工的操作技能得到了提升，对于相关知识的掌握达到了 100%（如图 12-11 所示）。

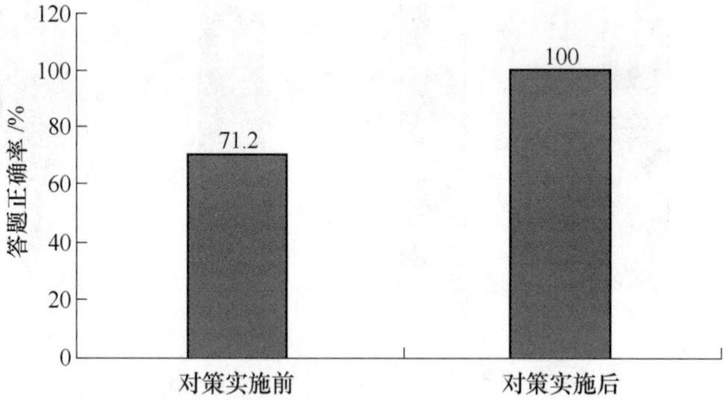

图 12-11　对策实施前后操作工答题正确率对比
（制图：宋依新；时间：2017 年 8 月 5 日）

十、效果检查及比较

（一）活动效果检查

实施结束后，经过 5 个月的效果检查和巩固，小组对 2017 年一炼钢厂钢水窄成分控制情况进行了统计，见表 12-17。2017 年全年窄成分合格率达到 83.4%，其中措施实施后的 5 个月钢水窄成分合格率达到 86.7%。

表 12-17　2017 年 1~12 月窄成分合格率统计

月　份	1	2	3	4	5	6	7	8	9	10	11	12	累计
合格炉数/炉	499	601	527	787	566	851	799	821	892	178	678	782	7981
生产炉数/炉	586	721	653	1028	736	1006	978	952	1014	201	796	903	9574
窄成分合格率/%	85.2	83.4	80.7	76.6	76.9	84.6	81.7	86.2	88.0	88.6	85.2	86.6	83.4

（制表：张丹梦；时间：2018 年 1 月 8 日）

（二）活动效果对比

本小组将活动前后的优特钢窄成分控制合格率制作成柱形图 12-12，由图 12-12 可知，经过 QC 攻关，一炼钢厂窄成分合格率超目标 1.7%，实现了攻关目标。

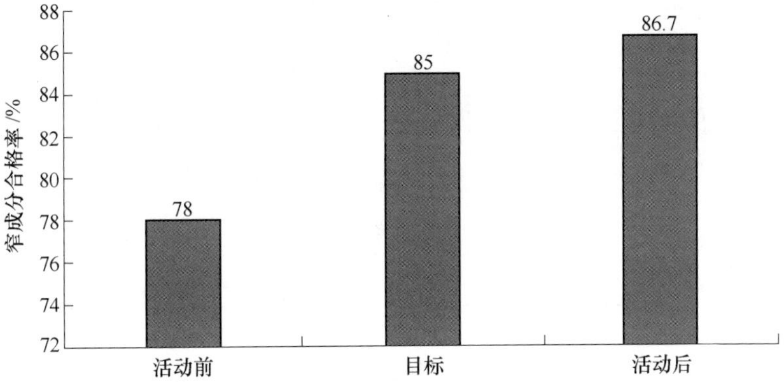

图 12-12　活动前后优特钢窄成分合格率对比图

（制图：宋依新；时间：2018 年 1 月 10 日）

（三）“症结”对比

对策实施后，对 2018 年 8~12 月窄成分不合要求的责任单位进行统计，见表 12-18，精炼造成的窄成分不合要求比例已由原来的 69%降到 46.4%。虽然它仍是主要原因，但是通过小组活动，比例已经有所降低。要想进一步提高窄成分合格率，必须抓精炼和转炉操作。

表 12-18　2017 年 8~12 月窄成分不合要求主要责任单位统计表

月　份	8	9	10	11	12	合计
精炼车间/炉	68	60	8	45	58	239
转炉车间/炉	45	48	7	55	52	207
设备室/炉	12	12	3	10	4	41
连铸车间/炉	4	1	3	5	5	18
其他/炉	2	1	2	3	2	10
合　计	131	122	23	118	121	515

（制表：宋依新；时间：2018 年 1 月 12 日）

（四）效益分析

（1）通过具体对策的实施，本次 QC 攻关取得了良好的效果，窄成分合格率得到提高，由活动前的78%提高到86.7%，完成了活动设定的85%目标。2017 年全年的窄成分合格率达到83.4%，比2016 年提高8.4%。

（2）经济效益分析：

小组利用自己编写的窄成分统计软件，通过对比2016 年和2017 年各钢种钢水实际成分加权平均值与窄成分上限的加权值之差，就能计算出合金成本节约值。统计2016 年和2017 年钢水窄成分 Si、Mn 含量，见表12-19。

表 12-19　2016 年与 2017 年钢水成分 Si、Mn 元素节约量对比

时间	项目	Si/%	Mn/%
2017 年	窄成分上限	0.246	0.812
	实际成分	0.22	0.786
	差值	0.026	0.026
2016 年	窄成分上限	0.283	0.9
	实际成分	0.266	0.878
	差值	0.017	0.022
2017 年与 2016 年对比	合金成分节约量	0.009	0.004

（制表：宋依新；时间：2018 年 1 月 26 日）

根据合金价格、合金元素含量及合金吸收率，计算出钢水配加0.01%含量的 Si、Mn 元素所需合金成本，见表12-20。

表 12-20　钢水含 0.01%合金元素成本计算表

合金种类	2017 年预算单价/元·kg^{-1}	合金主元素含量/%	合金吸收率/%	0.01%含量合金消耗/kg·t^{-1}	0.01%含量合金成本/元·t^{-1}
硅铁	4.96	78	80	0.160	0.795
锰铁	6.84	65	85	0.181	1.238

（制表：宋依新；时间：2018 年 1 月 26 日）

2017 年一炼钢优特钢产量为125.4 万吨，2017 年相对2016 年节约了0.009%的硅和0.004%的锰，全年节约合金成本：

$$(0.009\times0.795+0.004\times1.238)\div0.01\times125.4=151.8\ \text{万元}$$

（3）社会效益分析：钢水窄成分命中率的提高，既节约了合金成本，即节约了社会资源，又提高了经济技术指标；既有利于提高产品质量，又有利于提高邯钢产品的信誉。

（4）小组水平：通过此次 QC 攻关活动，小组成员的质量意识和综合素质进一步提高，团队协作精神也有很大提升。

十一、巩固措施

把本次活动中的有效措施归纳整理后，纳入厂级管理制度具体内容见表12-21。

表 12-21 有效措施固化统计表

序号	巩固措施	标准化	文件编号	纳入时间
1	实施一中 ML20MnTiB 进站 Si 成分的调整	修订《ML20MnTiB 作业指导书》	YGZYZDS-1FP-04-2017a	2017 年 8 月
2	实施二中制定钢水窄成分控制管理办法	《一炼钢钢水窄成分控制管理办法》	HGYGGL0311-73-2017	2017 年 11 月

（制表：李会欣；时间：2018 年 1 月 30 日）

十二、下一步打算

通过本次 QC 活动，优特钢窄成分合格率达到 86.7%，完成了攻关目标要求的 85%。在此次活动中，本小组认识到，本厂产线班组工艺纪律执行与要求仍有一定的差距，今后应加大工艺纪律检查力度，稳定工艺过程控制，提高产品质量。根据公司 2018 年质量工作计划对于废次降的要求，本小组选择对提高轴承钢一级品率进行 QC 攻关。下一个课题：《提高轴承钢一级品率》。

案例 13　降低 4 号高炉铁水损耗

河钢集团承钢公司炼铁事业部

张古兴　伊凤永　周亮亮

一、前言

（一）小组概况

河钢承钢炼铁事业部“降低 4 号高炉铁水损耗”QC 小组成立于 2017 年 1 月，活动时间从 2017 年 1 月至 12 月，属于现场型 QC 小组，现有成员 9 人，小组概况见表 13-1。

表 13-1　小组概况

课题类型	现场型		成立时间	2017 年 1 月
课题名称	降低 4 号高炉铁水损耗		活动时间	2017 年 1~12 月
序号	年龄	文化程度	职务（岗位）	组内分工
张古兴	35	大学	主作业长	组长
王丽	34	大学	技术员	活动组织实施
周亮亮	31	大学	技术员	收集数据、监督实施，总结成果
伊凤永	33	研究生	冶炼作业长	技术指导
李耀庭	35	大学	值班室组长	工艺操作监督
吴东海	33	大学	工长	工艺操作监督
祁志山	34	大学	工长	现场数据采集
白少斐	33	大学	工长	现场数据采集
张永升	34	大学	工长	现场数据采集
小组历年荣誉	2014 年度，中国质量协会“冶金行业优秀质量管理小组”			
	2015 年度，冶金质量联盟杯优秀 QC 小组竞赛一等奖			
	2015 年度，冶金行业优秀质量成果奖			
	2015 年度，河北省质量协会优秀成果奖、河北省优秀质量管理小组			
	2016 年度，河北省质量协会优秀成果奖、河北省优秀质量管理小组			
	2017 年度，冶金行业优秀质量管理小组			

（二）背景简介

4 号高炉有效炉容为 2500m^3，是国内外冶炼钒钛矿容积最大的高炉。4 号高炉于 2008 年 9 月投产，至今已实现了 50 多个月的长周期稳定顺行，且在目前入炉品位较低的条件下，多项指标居行业同级高炉领先水平。

（三）活动计划

活动从 2017 年 1 月开始至 12 月结束，为指令性目标课题，活动进度计划如表 13-2 所示。

表 13-2　QC 活动进度表

阶段	活动计划	时间												责任人
		1 月	2 月	3 月	4 月	5 月	6 月	7 月	8 月	9 月	10 月	11 月	12 月	
P	选择课题	- - -→ ——→												陈党杰
	设定目标	- - -→ ——→	- - -→ ——→											向守义
	目标可行性分析			- - -→ ——→										杨博
	原因分析			- - -→ ——→										杨博
	确定主要原因				- - -→ ——→									李耀庭
	制定对策				- - -→ ——→	- - -→ ——→								陈党杰
D	对策实施					- - -→ ——→	- - -→ ——→	- - -→ ——→						杨博
C	效果检查								- - -→ ——→	- - -→ ——→				李耀庭
A	制定巩固措施（标准化）										- - -→ ——→	- - -→ ——→		向守义
	总结下一步打算												- - -→ ——→	向守义

注：- - -→计划进度；——→实际进度。

（制表：周亮亮；时间：2017 年 12 月 11 日）

二、选定课题

高炉钒钛矿冶炼与普通矿冶炼有着较大的差别，当高炉钒钛配比不断增加时，会给高炉生产带来一系列不利影响，比如高炉炉渣变稠、高炉料柱透气性变差、降低冶炼强度、铁损增加等。

2017 年公司提出了两个提升，即提升成本控制能力、提升产品创效能力，因此要求本小组在保证质量的前提下，不断提高产量，降低成本。而 2016 年 4 号高炉下半年铁损平均在 2.48%左右，严重制约着产量的提升及冶炼成本的降低。

为了保证高炉冶炼过程获得良好的生产指标和创效能力，经本小组讨论决定把降低高炉铁损作为小组的活动方向，具体内容如图 13-1 所示。

三、设定目标

确定小组活动目标：根据炼铁事业部要求将铁损降低至 1.5%以下，如图 13-2 所示。

四、目标可行性分析

（一）现状调查

4 号高炉 2016 年下半年各月铁损完成情况，如图 13-3 所示。

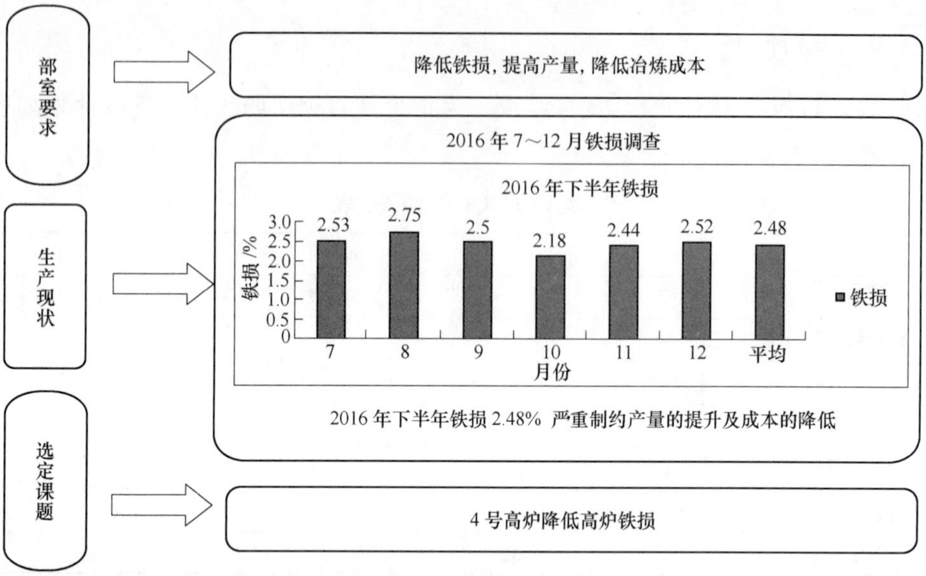

图 13-1　QC 活动课题选定原因

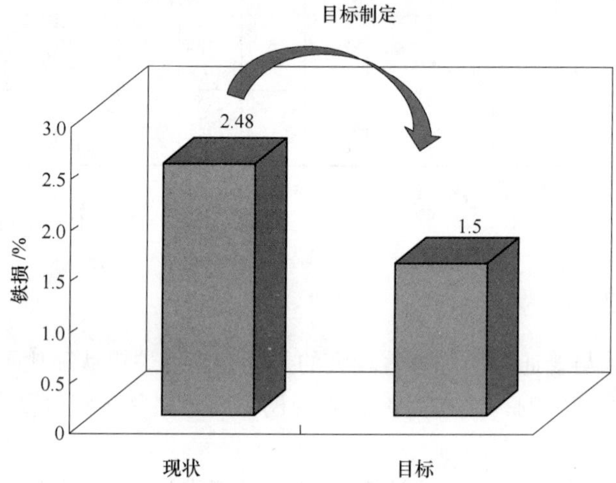

图 13-2　设定活动目标

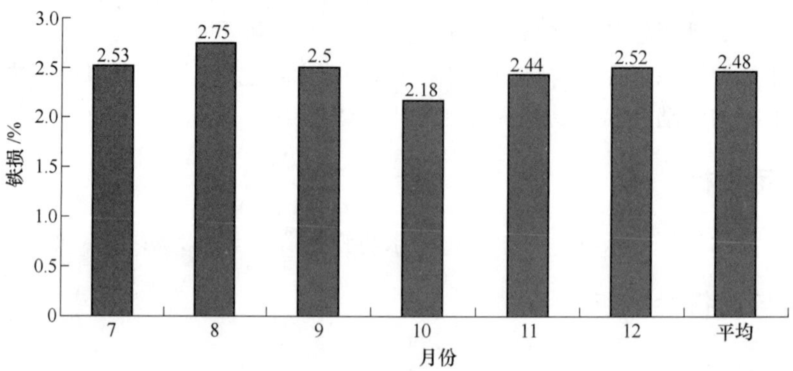

图 13-3　2016 年 7~12 月铁损统计

由图 13-3 可知，4 号高炉 2016 年 7～12 月铁损偏高，最高为 2.75%，最低为 2.18%，均值为 2.48%。

通过对 2016 年各月铁损情况进行统计，在铁损偏高的月份内对造成高炉铁损较高的因素进行分析，总结出影响铁损较高的因素，如表 13-3 所示。

表 13-3 高炉铁损较高因素统计表

序号	项 目	发生频数/个	累计频数/个	累计百分比/%
1	渣中带铁	70	70	63
2	包罐黏结	22	92	77
3	除尘灰量大	12	104	87
4	瓦斯灰量大	10	114	95
5	炉温偏高	6	120	100
合 计		120	120	100

（制表：王丽；时间：2017 年 2 月 5 日）

根据影响铁损偏高的因素，绘制了排列图（图 13-4）。

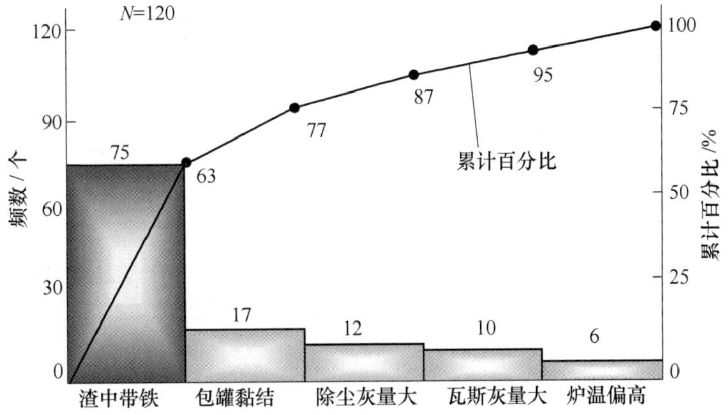

图 13-4 影响铁损偏高因素排列图

（二）结论

由图 13-4 可以看出，渣中带铁影响铁损高因素占比在 63%，是影响铁损偏高的 A 类因素。

（三）制定目标依据

统计 2016 年 4 号高炉铁损情况，如表 13-4 所示。

表 13-4 2016 年 4 号高炉全年铁损统计

月份	1	2	3	4	5	6	7	8	9	10	11	12
铁损/%	2.67	2.28	1.42	1.35	2.41	2.47	2.53	2.75	2.5	2.18	2.44	2.52

（1）从表 13-4 中可以看出 2016 年下半年 4 号高炉铁损偏高，最低为 2.18%，但 2016

年上半年 4 号高炉铁损平均为 2.10%，其中 3 月完成 1.42%，4 月完成 1.35%，均低于目标值，可见完成目标是可行的。

（2）分别整理总结生产参数，得出结论依据为：在生产的过程中通过努力实现降低 70%的渣中带铁，可以完成目标。

（3）本小组技术力量雄厚，曾多次参加作业区 QC 活动，在生产中积累了丰富的活动和生产实践经验。

（4）为落实节能降耗的方针，公司针对成效显著的项目或课题实施了较高的奖励措施，本小组曾多次获得奖励，小组成员积极性高，主动性强。

五、原因分析

（1）为了降低高炉铁损，通过总结本高炉及国内同级高炉降低炉前故障的经验和教训，运用 QC 方法，多次讨论分析，把问题层层展开，绘制出了影响高炉渣中带铁的鱼骨图，见图 13-5。

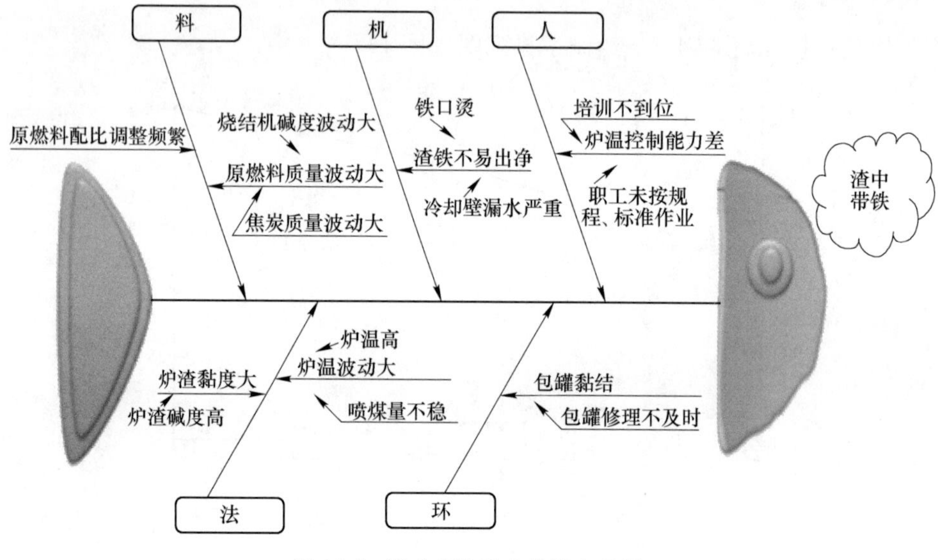

图 13-5 影响高炉渣中带铁鱼骨图

（2）根据 2016 年下半年生产实际情况，对高炉铁损偏高的末端因素进行分析归类，统计表格如表 13-5 所示。

表 13-5 4 号高炉铁损偏高末端因素统计

序号	末端因素	验证方法	完成日期	地点	验证人
1	职工未按规程、标准作业	调查分析	2017 年 3 月	现场	李耀庭
2	培训不到位	调查分析	2017 年 3 月	现场	李耀庭
3	铁口浅	统计分析	2017 年 3 月	现场	王丽
4	冷却壁漏水严重	统计分析	2017 年 3 月	现场	吴东海
5	炉温高	统计分析	2017 年 3 月	现场	吴东海
6	炉渣碱度高	统计分析	2017 年 3 月	现场	祁志山

续表 13-5

序号	末端因素	验证方法	完成日期	地点	验证人
7	烧结矿碱度波动大	统计分析	2017 年 3 月	现场	吴东海
8	焦炭质量波动大	统计分析	2017 年 3 月	现场	周亮亮
9	原燃料配比调整频繁	统计分析	2017 年 3 月	现场	张永升
10	喷煤量不稳	统计分析	2017 年 3 月	现场	周亮亮
11	包罐配送、修理不及时	调查分析	2017 年 3 月	现场	白少斐

（制表：周亮亮；时间：2017 年 2 月 18 日）

六、确定主要原因

针对 11 个末端因素，逐项进行了确认。

（一）确认原因一：职工未按规程、标准作业

确认方法：2 月、3 月对职工工作状态及岗位技能进行监督检查。

确认标准：检查岗标及“三化”标准执行情况，班组日常考核评比打分>85 分为合格。

确认内容：2 月、3 月日常检查中，炉前岗位人员无消极怠慢的工作情绪及松懈的工作状态，在出铁影响事件中，也未发现由职工责任心差造成的影响因素。查看 1 月、2 月各班组综合评比打分结果，四个班组得分均在 85 分以上。

确认结果：非要因。

（二）确认原因二：培训不到位

确认方法：针对此因素，对 2017 年高炉工长及炉前岗位人员的培训及培训结果进行调查。

确认标准：作业区培训办法，考试成绩≥80 分为合格。

确认内容：自 2 月开始对所有岗位人员开展了岗位标准化作业的培训工作，其中炉前岗位人员的标准化作业培训、炉前操作技能培训分别于 2 月、3 月完成，所有培训人员参加相关考试并全部符合要求，考试通过率达到 100%，且在实际操作中均按标准化作业指导书要求进行。

确认结果：非要因。

（三）确认原因三：铁口浅

确认方法：对 2016 年 7～12 月铁口浅进行统计计算。

确认标准：《承钢 2500m^3高炉标准化、定量化、趋势化管理》规定，2500m^3高炉铁口深度 3～3.3m，合格率>90%为合格。

确认过程：统计 2016 年 7～12 月铁口浅情况，如表 13-6 所示。

表 13-6 2016 年 7~12 月铁口浅情况统计

总炉数	铁口浅炉数（≤2.8m）	铁口浅占比/%	铁口平均深度/m	浅铁口平均深度/m	主要影响
2323	398	17.13	3.0	2.6	铁流速高，铁水在主沟停留时间短，二次出铁次数增加，渣中带铁增加

铁口浅占比在 17.13%，造成二次出铁次数增加，铁损升高。

确认结果：要因。

（四）确认原因四：冷却壁漏水严重

确认方法：对截止到 3 月高炉冷却壁漏水情况进行统计。

确认标准：4 号高炉冷却壁共计 180 根，根据《承钢 2500m^3高炉标准化、定量化、趋势化管理》规定，漏水冷却壁占比低于 15%，故漏水>27 根为不合格。

确认内容：统计冷却壁漏水情况。截止到 3 月，共漏水 55 根，其中已穿管 3 根，灌浆 24 根，单供水 19 根，整根单供水 9 根待查漏，漏水严重。

确认结果：要因。

（五）确认原因五：炉温高

确认方法：对 2 月铁水物理热及化学热（铁水［Si+Ti］值）进行统计，计算物理热/化学热比值（ktp）。

确认标准：炉温高，易造成渣中带铁，按照《高炉工长标准化、定量化、趋势化》规定，“三化标准”：ktp 值控制在 1.3 以上，合格率>85%。

确认内容：统计 2 月物理热/化学热比值（ktp）控制情况，如图 13-6 和图 13-7 所示。

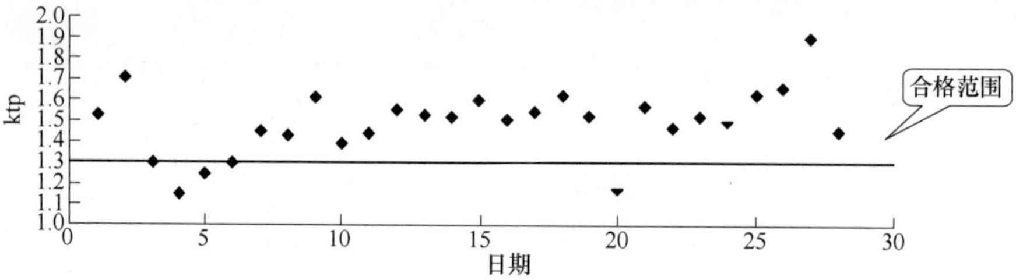

图 13-6 2 月物理热/化学热比值（ktp）控制情况

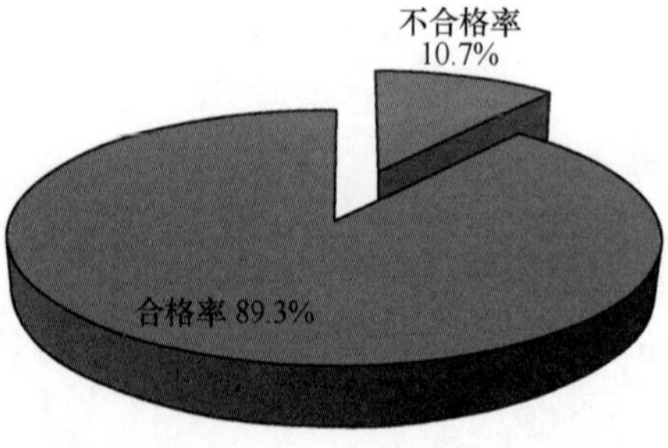

图 13-7 2017 年 2 月 4 号高炉物理热/化学热比值（ktp）情况

全月 ktp 值控制在 1. 49，合格率在 89. 3%。

确认结果：非要因。

（六）确认原因六：炉渣碱度大

确认方法：对 2017 年 1 月和 2 月炉渣碱度进行统计分析。

确认标准：按照《承钢 $2500m^3$ 高炉工长标准化、定量化、趋势化》规定，炉渣碱度 R_2控制在 1. 18±0. 05。

确认内容：统计 2017 年 1 月和 2 月炉渣碱度控制情况如图 13-8 所示。

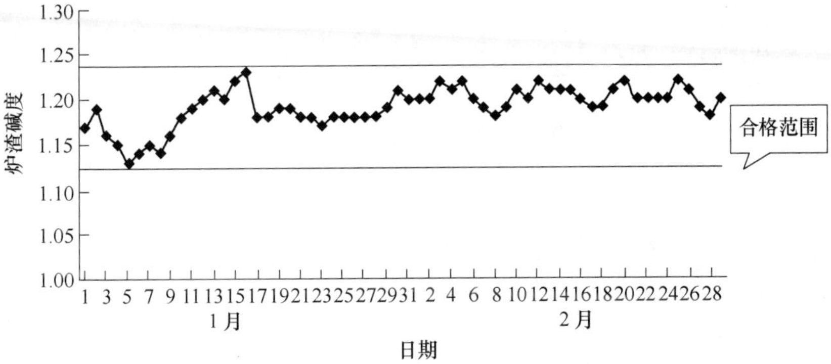

图 13-8 2017 年 1 月和 2 月 4 号高炉炉渣碱度控制情况

1 月和 2 月炉渣碱度控制合格率为 100%，平均值为 1. 19。

确认结果：非要因。

（七）确认原因七：烧结矿碱度波动

确认方法：对 2 月烧结矿碱度进行统计分析。

确认标准：炼铁部 2 月生产任务要求为烧结矿碱度稳定率月平均值≥75%。

确认内容：统计 2 月高炉所用的 2 号、3 号烧结机机烧矿碱度稳定率，如图 13-9 所示。

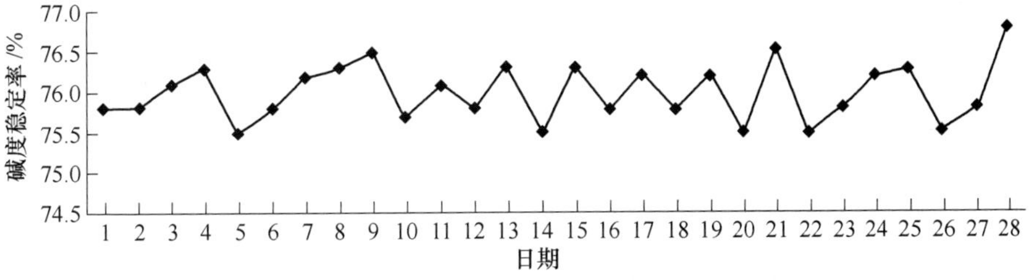

图 13-9 2 号、3 号烧结机 2 月机烧矿碱度稳定率

2 月份高炉所用的 2 号、3 号烧结机机烧矿碱度稳定率平均 76%，合格。

确认结果：非要因。

（八）确认原因八：焦炭质量波动

确认方法：对 2 月焦炭质量（平均值）进行统计分析。

确认标准：满足焦炭产品标准中有关质量要求。

确认内容：统计 2 月焦炭质量（平均值），如表 13-7 所示。

表 13-7 2017 年 2 月焦炭质量（平均值）统计

焦炭	A	C	M_{40}	M_{10}	H_2O	CRI	CSR	V	S	>80mm	>60mm	>40mm	<25mm	粒度加权
混一级	12.60	85.80	86.40	6.87	7.33	22.60	68.34	1.44	0.71	15.41	38.32	72.20	7.45	50.53
干熄焦	13.20	85.57	86.70	6.56	0.28	21.50	68.55	1.23	0.73	8.57	32.79	69.13	5.60	51.59
二级焦	18.60	79.85	85.20	7.00	6.73	24.60	67.55	1.55	0.97	15.70	33.75	71.85	6.50	52.91
大土河	12.16	86.39	86.24	6.72	7.06	28.17	66.19	1.46	0.68	11.52	30.38	69.27	7.32	51.30
焦炭加权	12.87	85.80	86.24	6.70	4.33	24.50	67.49	1.35	0.71					51.34

确认结果：均满足焦炭产品标准中有关质量要求，非要因。

（九）确认原因九：原燃料配比调整频繁

确认方法：对 2 月高炉原燃料配比调整情况进行统计。

确认标准：岗位三化标准，原燃料调整次数<5 次，不影响炉况及技术指标。

确认内容：统计 2 月高炉原燃料配比调整情况，如表 13-8 所示。

表 13-8 2017 年 2 月 4 号高炉原燃料配比调整 （%）

日期	望奎焦	大土河	二级焦	湿熄焦	混一级	干熄焦	2 号机	3 号机	信通	天福球
2 月 1 日	15	20	0	5	15	45	60	40	50	50
2 月 5 日	15	25	0	5	15	40				
2 月 6 日	8	42	0	6	0	44				
2 月 20 日	20	25	0	20	0	35				
2 月 21 日	15	40	0	25	0	20				
2 月 25 日	20	30	0	20	0	30				

2 月原料配比较稳定，焦炭配比调整 5 次，其中主要为干熄焦检修造成，剔除后配比调整变化不大，且炉况未因焦炭配比调整而波动。

确认结果：非要因。

（十）确认原因十：喷煤量不稳

确认方法：统计 2 月喷煤变化情况及喷煤事故，进行 CPK 分析。

确认标准：按照 PPAP 要求，CPK≥1.33，喷煤偏差合格率≥90%为合格。

确认内容：对 2 月高炉要求煤量及实际煤量进行 CPK 分析，分析图如图 13-10 所示。

根据《承钢喷煤岗位作业指导书》要求，喷煤误差为±0.5t，从图 13-10 中得知目标值 $\mu=0$，$R_{平均}=0.17$，$T=USL-LSL=0.5-(-0.5)=1.0$。

故：$\sigma=R_{平均}/d_2=0.17/2.326=0.0731$。

偏移度 $K=2\times(R_{平均}-\mu)/T=2\times(0.17-0)/1.0=0.34$。

$CPK=(1-K)T/6\sigma=(1-0.34)\times1.0/(6\times0.0731)=1.5>1.33$，符合 PPAP 要求。

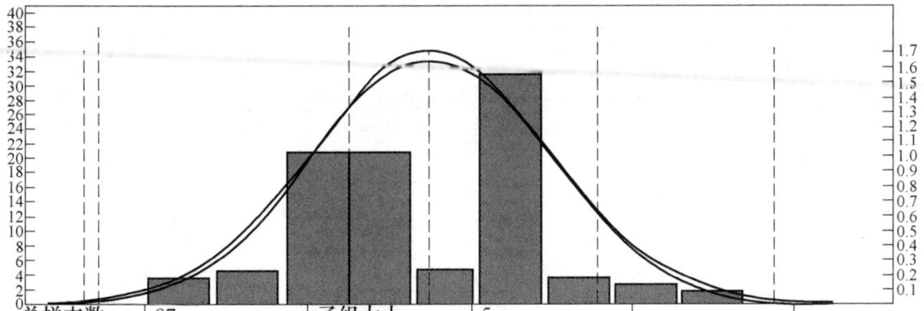

总样本数	97	子组大小	5		
平均值	0.17	最大值	0.8	最小值	–0.4
上规格	0.5	目标值	0	下规格	–0.5
+3Sigma	0.9	–3Sigma	–0.5		
	组内		整体		实测
STDEV	0.232226		0.242335		
OPK	0.5		0.5		
OP	0.7		0.7		
OPL	1		0.9		
OPU	0.5		0.5		
PPM＜LSL	2066.6		2996.4		0
PPM＞USL	75168.1		84049		51546.4
PPM Total	77234.7		87045.4		51546.4
CA	0.3				
[n–S] ＞ 0.5 %5.15		[n–o] ＜ –0.5 %0.00		[n–5] 超规格 %5.15	

图 13-10　喷煤 CPK 数据图

超规格占比为 5. 15%，喷煤偏差合格率为 94. 85%>90%，符合要求，合格。

确认结果：非要因。

（十一）确认原因十一：包罐紧张

确认方法：对 2 月炉前配包情况进行统计、调查。

确认标准：岗位三化标准，待包次数多，包罐黏结严重，待罐 10min 以上为不合格，要求合格率>95%。

确认内容：对 2 月炉前配包罐情况统计，2 月共出铁 372 次，其中待罐 28 次，占比 7. 5%。2 月合格率 92. 5%，<95%，不合格。

确认结果：要因。

由此确定要因为：（1）铁口浅；（2）冷却壁漏水严重；（3）包罐紧张。

七、制定对策

经过 QC 小组认真讨论，根据 5W1H 原则制定了对策计划表，见表 13-9。

表 13-9　QC 活动对策计划表

序号	要因项目	对策	目标	措施	负责人	完成日期	地点
1	铁口浅，渣铁不易出净	严格实施《高炉炉前标准化、定量化、趋势化管理办法》	铁口深度控制在 3. 0～3. 3m	（1）优化炉前出铁组织，完善操作细则。 （2）对炉前大沟修补及炉前倒场制定标准化操作，研究后续改进的措施	周亮亮	6 月 30 日	高炉炉前

续表 13-9

序号	要因项目	对策	目标	措施	负责人	完成日期	地点
2	冷却壁漏水严重，炉温控制稳定难度大，大沟渣铁分离不充分	更换破损冷却壁，对未更换部分进行有效处理	漏水点得到有效控制	（1）利用5月中修对10段以下的铜冷却壁全部进行更换，对10段以上破损的铸铁冷却壁进行灌浆、穿管、关闭等处理。 （2）深入完善高炉标准化、定量化、趋势化标准，对冷却壁、炉缸、炉底温度实施全面监控并建立台账，确保炉体安全	张古兴	6月30日	高炉炉前
3	包罐紧张	出铁超前管理，加强协调，确保配罐及时	配罐合格率>95%	（1）工长超前管理，加强与相关部分联系，协调配罐及时。 （2）采用降低炉温以“低[Si+Ti]”的炉缸热制度，避免了因炉温过高而产生 TiO_2 的过还原，防止炉渣变稠，减少鱼雷罐结壳粘罐	伊凤永	6月30日	高炉炉前

八、对策实施

（一）对策一：严格实施《高炉炉前标准化、定量化、趋势化管理办法》

措施1：优化炉前出铁组织，完善操作细则。

（1）炉前增加临时大闸。

改善前：主沟撇渣器大闸为一体浇注，大闸下端由于冲刷严重自下向上侵蚀，造成铁中过渣，影响鱼雷罐正常使用及寿命，同时影响炼钢生产。

改善后：用铁板制作临时大闸，并且浇注成型，使用时将临时大闸用天车放置在撇渣器外眼，临时大闸上沿卡在外眼两侧沟帮，达到临时挡渣作用。有效延长大沟使用寿命，避免了提前倒场。

（2）作业区细化炉前操作，重点方面一是加强各沟点检，杜绝造成憋渣铁影响炉内透气性降低，二是加强关注交接班质量，实施交接班以接班要求为标准。

措施2：对炉前大沟修补及炉前倒场制定标准化，研究后续改进的措施。

实施以上2项措施后，对实施前后铁口深度进行统计，实施后铁口深度3.05m，完成目标。

（二）对策二：更换破损冷却壁，对未更换部分进行有效处理

措施1：利用5月中修对10段以下的铜冷却壁全部进行更换，对10段以上破损的铸铁冷却壁进行灌浆、穿管、关闭等处理。

5月9~17日，先后更换4段冷却壁（6~9段铜冷却壁），至17日晚7：00安装铜冷却壁完毕，18日早填缝完毕，开炉恢复生产前其他破损冷却壁均处理完成。生产后对冷却壁继续进行查漏并及时处理。

措施 2：深入完善高炉标准化、定量化、趋势化标准，对冷却壁、炉缸、炉底温度实施全面监控并建立台账，确保炉体安全。

（1）制定了高炉冷却壁、炉缸风险评价标准。

（2）对冷却壁、炉缸、炉底温度实施全面监控并建立台账，日常监测频次由原来的每班一次增加到每班两次，通过对高炉内部的热电偶和炉缸炉底冷却壁热流强度进行温度监测，然后再使用流体力学和热力学的理论知识对高炉内的侵蚀情况进行分析，在总结各项参数的基础上建立炉缸监控模型，如图 13-11 所示。

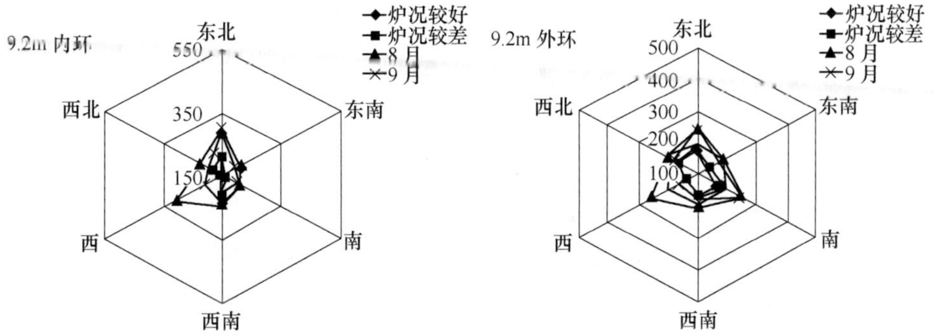

图 13-11　4 号高炉炉缸监控模型

验证结果：漏水点得到有效控制，并建立了监控模型，完成目标。

（三）对策三：出铁超前管理，加强协调，确保配罐及时

措施 1：工长超前管理，加强与相关部门联系，协调配罐及时。制定了 4 号高炉包罐协调联系制度，并列入岗位三化标准。

措施 2：采用降低炉温，以“低［Si+Ti］冶炼”的炉缸热制度，避免因炉温过高而产生 TiO_2 的过还原，防止炉渣变稠，减少鱼雷罐结壳粘罐。

维持适宜的炉温范围，并积极创造条件使炉温保持在该温度范围，是降低炉渣黏度、提高渣铁分离效果的重要途径。日常操作中，实施低硅钛冶炼，确保铁水［Si+Ti］均值在《承钢 2500m^3高炉标准化、定量化、趋势化管理》规定的铁水一级品率 0.15%～0.4%范围内后，尽量稳定控制在该范围内的中值水平 0.275%，2017 年 6～11 月［Si+Ti］均值情况如图 13-12 所示。

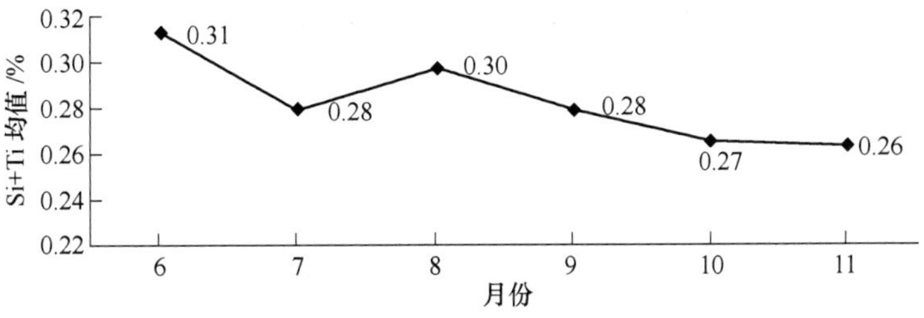

图 13-12　2017 年 6～11 月 4 号高炉［Si+Ti］均值

验证结果：通过实施一系列措施，配罐合格率由 92.5%提高至 96.8%，完成目标。

九、效果检查

（一）效果检查

（1）通过活动，4号高炉铁损大幅降低至1.39%，达到了小组制定的活动目标，具体情况如图13-13所示。

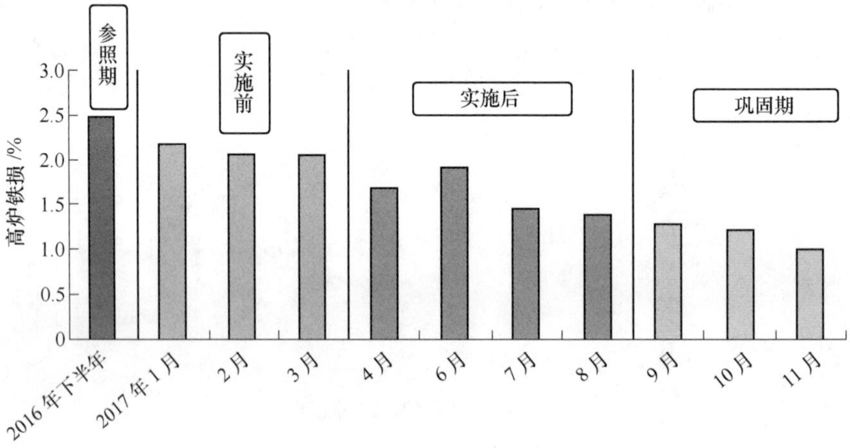

图13-13 QC活动期间4号高炉铁损对比

（2）对活动后影响铁损偏高的样本做了分析，如表13-10所示。

表13-10 活动后产生铁损偏高因素统计

序号	项目	发生频数/个	累计频数/个	累计百分比/%
1	包罐黏结	20	20	36
2	渣中带铁	12	32	57
3	除尘灰大	10	42	75
4	炉温偏高	8	50	89
5	瓦斯灰量大	6	56	100
合计		56	56	100

（制表：周亮亮；时间：2017年9月23日）

根据影响铁损高的因素，绘制了排列图，见图13-14。

由图13-14可以看出渣铁分离不充分，渣中带铁量大的影响已经减小，包罐黏结影响已经成为造成铁损偏高的主要因素。

（二）创效计算

1. 降铁损创效

2017年自进行本课题以来，铁损由参照期的2.48%降低至实施后的1.39%，降低

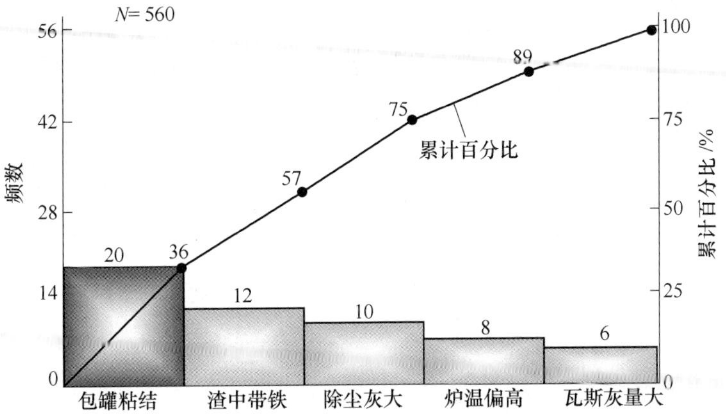

图 13-14　活动后影响 4 号高炉铁损偏高因素排列图

1.09%，按照实施期内生铁产量 127.15 万吨，2016 年经营室统计计算全年吨铁边际效益为 100 元，可以得出：

$$QC\ 小组创效 = 127.15 \times 1.09\% \times 100 = 138.59\ 万元$$

2. 间接经济效益

本课题措施中制定、完善的高炉炉前“标准化、定量化、趋势化”操作技术内容，已在全厂推广执行。

3. 无形效果检查

小组对成员的综合素质进行了自我评价，见图 13-15。

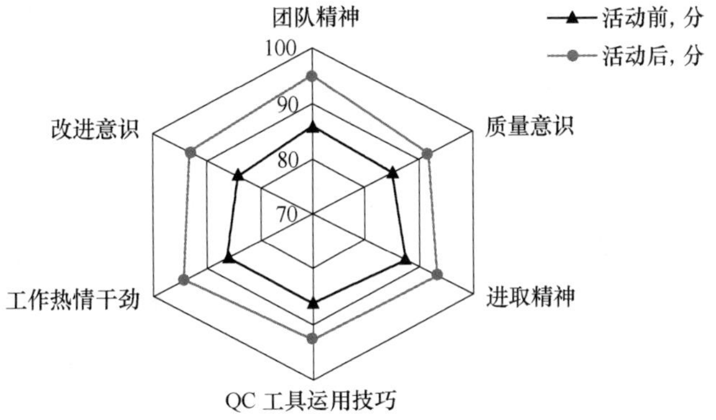

图 13-15　活动前后自我评价雷达图

（制图：张永升；时间：2017 年 10 月 1 日）

从图 13-15 可以看出：小组在 QC 工具运用上有了很大程度的提高，处理解决问题的能力及其他方面素质也都有不同程度的提高。

十、制定巩固措施（标准化）

（一）修订各种制度文件

将实施期间的各种制度进行梳理，并加入各文件中，如表 13-11 所示。

表 13-11　制度文件修订

序号	项目	标准化形式	文件名称	编制人员
1	炉前大沟修补及炉前倒场制度	方案总结，纳入作业区管理资料存档	《$2500m^3$ 高炉炉前标准化作业指导书》	杨博
2	包罐协调联系制度	方案总结，纳入作业区管理资料存档	《$2500m^3$ 高炉工三化标准》	杨博
3	高炉冷却壁、炉缸风险评价标准	方案总结，纳入作业区管理资料存档	《$2500m^3$ 高炉工三化标准》	杨博
4	组织培训	编制学习资料，组织职工培训，掌握操作方法和异常现象处理方法	《4 号高炉作业区培训制度》	杨博
完成时间		2017 年 10 月 21 日		

（二）继续推进实施低硅钛冶炼

实施低硅钛冶炼，能缓解炉渣黏稠，改善渣铁流动性，从而促进炉缸活跃，保证炉缸工作均匀，进而能有效降低铁损。4 号高炉在巩固期内不断推进低硅钛冶炼。

实施低硅钛冶炼期间，要求［Si+Ti］均值在 0.2%～0.3%范围内效果最佳，如图 13-16 所示，［Si+Ti］均值由实施前的 0.30%降低至巩固期的 0.27%。

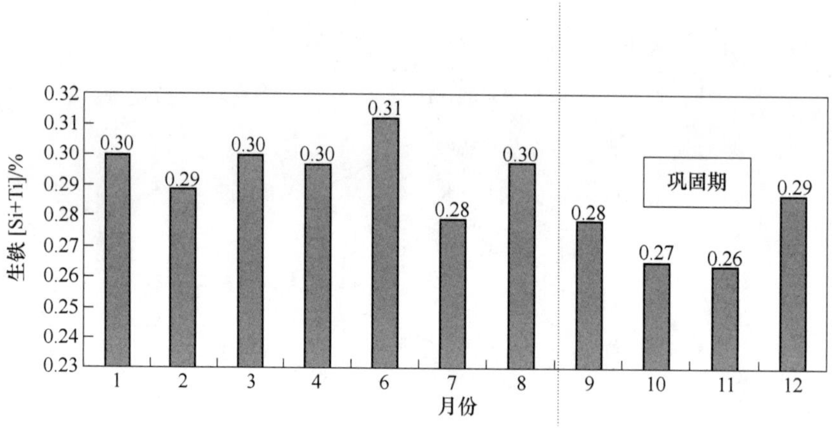

图 13-16　2017 年 4 号高炉［Si+Ti］均值统计

（三）修订制度的推进执行

对修订制度执行进行监督，并给予奖惩，提高工人的积极性，保证制度落实到位。

（四）巩固期成果

采取措施后，小组又于 2017 年 9～12 月对高炉铁损进行了跟踪统计，统计结果如图 13-17 所示。

根据图 13-17 可知，2017 年 10～12 月高炉铁损完成目标值，说明巩固措施有效。

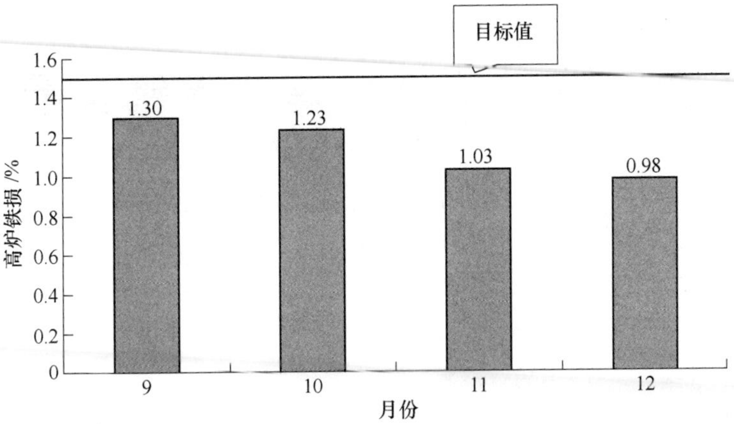

图 13-17　2017 年 9～12 月 4 号高炉铁损统计

十一、总结下一步打算

（1）通过这次活动，4 号炉降低铁损完成了小组设定目标。

（2）本次活动小组成员培养了注重事实和用数据说话的良好氛围，并在合作过程中增强了团队意识。

（3）通过本次活动，小组成员分析问题、解决问题的能力大大提高，本小组准备将 QC 活动理论和方法运用到解决其他问题上。

（4）本小组下一步打算。4 号高炉计划在 2018 年进行富氧改造以进一步提高高炉产能，在富氧率进一步提高后，必将带动各项经济技术指标的全面提升。如何在高富氧下提高喷煤比，以煤粉代替焦炭进而降低生产成本，是下一步大高炉研究的重点课题。4 号炉将在以后的生产中继续摸索，进一步提高喷煤比，降低生产成本及炼铁工序能耗。

案例 14　降低冶炼钢水氮含量

河钢集团承钢公司板带事业部

周艳群　徐焕钦　刘景辉

一、小组简介

河钢承钢板带事业部炼钢技术管理 QC 小组，活动时间从 2015 年 3 月至 11 月，属于攻关型 QC 小组，现有小组成员 15 人，小组成员情况见表 14-1。

表 14-1　小组概况

姓名	性别	文化程度	职务	职称	职责	工龄	组内分工
温春普	男	本科	技术管理	工程师	组长	17	课题负责
刘玉伟	男	硕士	技术管理	高级工程师	组员	18	活动指导
李勇强	男	本科	技术管理	工程师	组员	8	工艺管理、数据分析
徐国明	男	专科	技术管理	高级技师	组员	22	效果检验、材料总结
周艳群	女	本科	技术员	高级工程师	组员	15	技术指导、工艺改进
梁静召	男	本科	技术员	工程师	组员	10	设计制图、数据采集
窦双江	男	本科	操作	助理工程师	组员	8	现场跟踪、数据采集
降福荣	男	本科	操作	助理工程师	组员	8	现场实施、效果检查
辛　力	男	本科	操作	助理工程师	组员	8	现场实施、效果检查
李建志	男	本科	操作	助理工程师	组员	8	现场实施、效果检查
王　磊	男	专科	操作	助理工程师	组员	9	现场实施、效果检查
耿少卿	男	专科	操作	助理工程师	组员	8	现场实施、效果检查
王二华	女	专科	操作	助理工程师	组员	8	现场实施、效果检查
曹保良	男	专科	操作	助理工程师	组员	9	现场实施、效果检查
尤春开	男	专科	操作	助理工程师	组员	10	现场实施、效果检查

二、背景及工艺简介

（一）背景简介

钢中的氮严重影响钢的高温强度和高温塑性，降低钢的深冲性能和焊接性能，易造成钢的时效性明显；与钢中钛、铝等元素形成氮化物夹杂，恶化钢材性能，特别是在生产含铌、硼等裂纹敏感性较强的钢种时，如果钢中氮含量偏高，会导致该合金元素形成的氮化物在奥氏体晶界大量析出，降低初生坯壳塑性，易使铸坯产生裂纹；当钢中残留氮过高时，会导致钢宏观组织疏松甚至形成气泡。

（二）工艺简介

1. 150t 炼钢生产线工艺流程介绍

炼钢工艺流程见图 14-1。

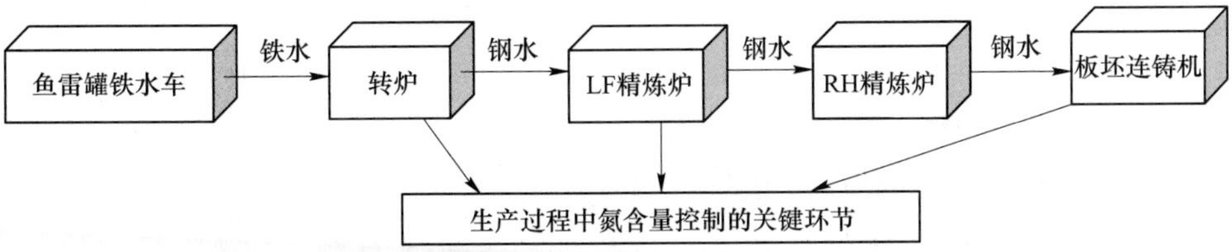

图 14-1 炼钢工艺流程

2. 150t 炼钢生产线工艺布置简介

150t 炼钢生产线车间内有 2 座铁水预处理装置、3 座 150t 转炉，（其中 1 座提钒，2 座炼钢），2 座 150tLF 精炼炉，2 座 150tRH 精炼炉，2 台板坯连铸机。

三、小组活动进度计划表

小组活动计划见表 14-2。

表 14-2 小组活动计划表

项目及阶段计划		2015 年 3~11 月								
		3 月	4 月	5 月	6 月	7 月	8 月	9 月	10 月	11 月
P	选择课题	- - -→ / ——→								
	现状调查		- - -→ / ——→							
	目标设定		- - - - / ——	- - -→ / ——→						
	原因分析			- - -→ / ——→						
	要因确认			- - - - / ——	- - -→ / ——→					
D	制定对策				- - - - / ——	- - -→ / ——→				
	对策实施				- - - - / ——	- - -→ / ——→				
C	效果检查					- - - - / ——	- - -→ / ——→			
	巩固期						- - - - / ——	- - -→ / ——→		
A	标准化							- - - - / ——	- - - - / ——	- - -→ / ——→
	下一步打算									- - -→ / ——→

注：- - -→ 计划进度；——→ 实际进度。

本 QC 小组从课题选择、目标设定、方案制定、组织实施、完善方案、措施改进、效果检查及巩固严格按照 PDCA 要求执行，保证了 QC 攻关的效果。

四、选题理由

随着新产品的开发和生产，钢中氮含量的控制水平对产品性能的影响日益突出。2014 年~2015 年 2 月对 IF 钢、高级别管线钢、高级别汽车用钢等高附加值产品进行了积极开发。为保证钢材的表面质量和力学性能，该类钢种一般要求钢中的氮含量≤45×10^{-4}%，而在实际生产此类高质量钢种时，铸坯中的氮含量约为60×10^{-4}%，氮含量偏高已不能满足产品的质量要求。以 C380CL 钢氮含量为例说明，河钢承钢 C380CL 钢氮含量远远高于其他兄弟企业，具体差别见图 14-2。

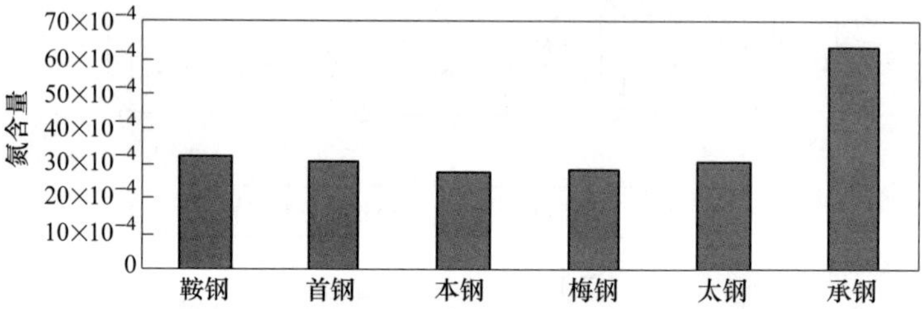

图 14-2 河钢承钢于其他企业 C380CL 钢氮含量比较

产品氮含量偏高，会造成产品在使用中开裂，或者是在冷弯时发生开裂，因此必须进行氮含量的控制。

五、现状调查

（一）调查一：对普材气体含量进行调查

针对当前氮含量超标原因对 2014 年普材 Q235B、SS400 生产过程中的氮含量数据进行分析，主要对 Q235B、SS400 钢种的氮含量进行统计，结果见表 14-3。

表 14-3 Q235B、SS400 氮含量 （%）

月份	7	8	9	10	11	12
平均值	55×10^{-4}	53×10^{-4}	60×10^{-4}	54×10^{-4}	50×10^{-4}	59×10^{-4}
最大值	76×10^{-4}	68×10^{-4}	78×10^{-4}	71×10^{-4}	68×10^{-4}	81×10^{-4}
最小值	41×10^{-4}	39×10^{-4}	46×10^{-4}	43×10^{-4}	40×10^{-4}	47×10^{-4}

（二）调查二：对品种钢气体含量进行调查

针对品种钢生产过程中氮含量较高的情况，对 2014 年 8～12 月，车轮钢 C380CL、汽车大梁钢 C510L、管线钢 X52、工具钢 65Mn 等几个牌号进行统计，统计结果见图 14-3。

六、目标设定

（一）成品氮目标确定

设定成品氮攻关目标小于45×10^{-4}，见图 14-4。

（二）可行性分析

（1）当前国家标准对氮含量有要求的钢一般要求氮含量小于80×10^{-4}%。

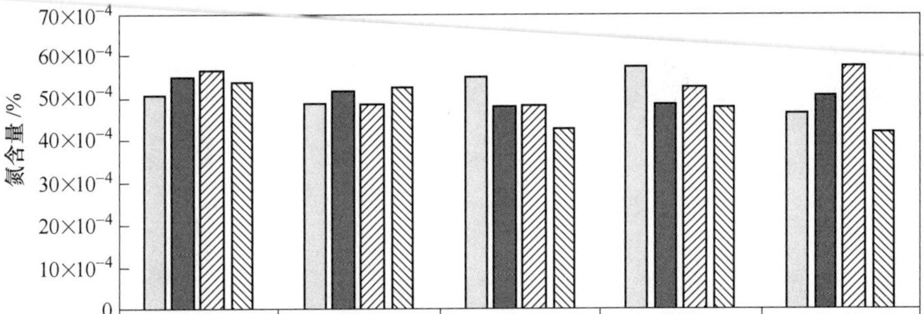

	8 月	9 月	10 月	11 月	12 月
C380CL	51	49	55	58	46
C510L	55	52	48	49	51
X52	58	49	48	53	58
65Mn	54	53	43	48	42

图 14-3　品种钢生产过程中氮含量控制情况

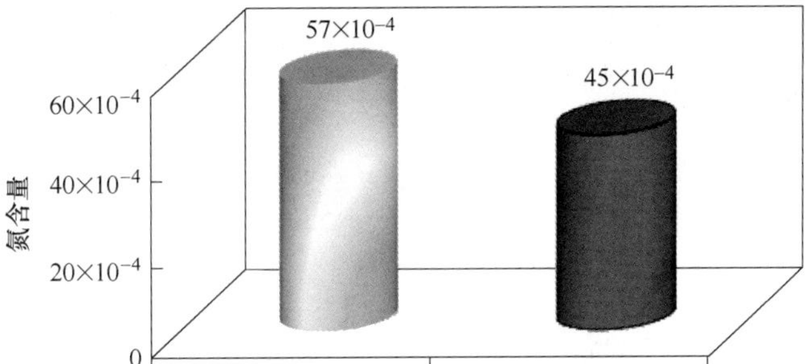

	现状	目标
氮含量	57×10^{-4}	45×10^{-4}

图 14-4　成品氮攻关目标

（2）当前其他钢铁企业一般要求氮含量小于 $60\times10^{-4}\%$。

（3）为了满足相关标准要求，避免钢中氮对产品质量造成影响，提升新产品的开发速度，减少质量异议的产生，制定将品种钢的氮含量控制在 $45\times10^{-4}\%$以下。

以 SPHD 钢生产过程中氮含量的控制为例，见图 14-5。

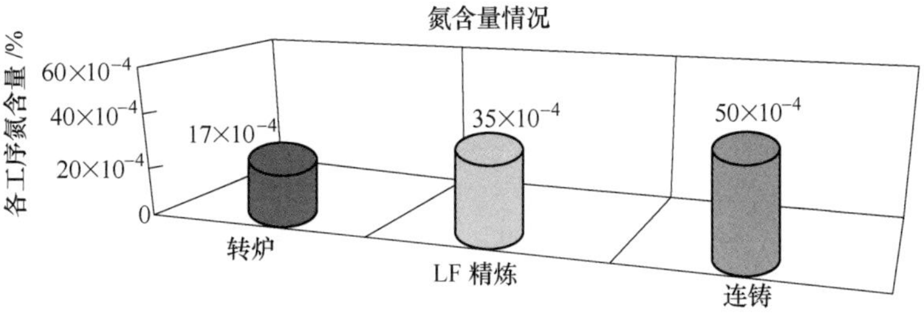

	转炉	LF 精炼	连铸
氮含量 /%	17×10^{-4}	35×10^{-4}	50×10^{-4}

图 14-5　各工序氮含量控制情况

2015 年 1 月生产过程氮含量控制的最好水平见图 14-6。

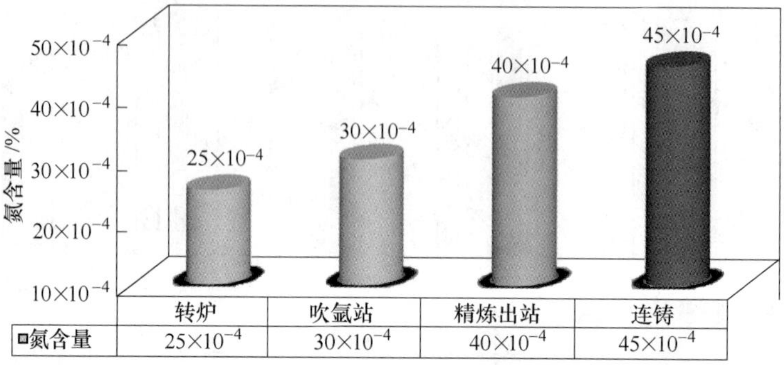

图 14-6　2015 年 1 月生产过程控氮最好水平

针对不同钢种、不同月份对氮含量的最佳控制水平进行统计，氮含量的攻关目标完全可以实现。

七、原因分析

小组成员利用头脑风暴法，集思广益，利用关联图，从人、机、料、法、环等五个方面分解出 9 个末端因素，原因分析关联图如图 14-7 所示。

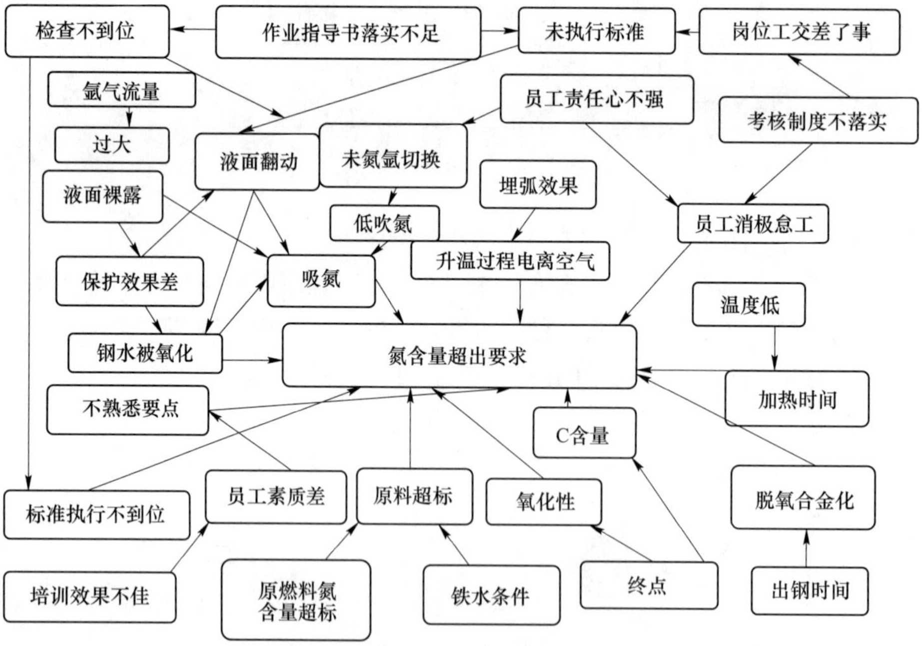

图 14-7　原因分析关联图

从图 14-7 原因分析关联图整理出 9 条末端因素并进行末端因素确认，见表 14-4。

表 14-4　末端因素确认

序号	末端原因	确认标准	确认方法	确认地点	确认时间	确认人
1	员工责任心不强	工艺制度落实和检查	制度检查和访谈	现场	2015 年 6 月	周艳群
2	考核制度不落实	工艺联查	标准和执行情况	现场	2015 年 6 月	窦双江
3	培训效果不佳	培训制定和考试成绩	考试	办公室	2015 年 6 月	梁静召
4	原燃料氮含量超标	技术标准要求	取样检验	现场	2015 年 6 月	降福荣
5	终点	生产工艺要点	现场检查	现场	2015 年 6 月	徐国明
6	出钢时间	生产工艺要点	现场检查	现场	2015 年 6 月	王磊
7	温度低	生产工艺要点	现场检查	现场	2015 年 6 月	辛力
8	液面裸露	工艺技术规程	现场检查	现场	2015 年 6 月	李建志
9	埋弧效果	工艺技术规程	和标准对比	现场	2015 年 6 月	李勇强

八、要因确认

通过 5W1H 原则对每一个末端因素进行逐一确认分析，确定主要因素。

（一）确认一：员工责任心不强

确认过程见表 14-5。

表 14-5　要因确认一

确认人	周艳群	确认时间	2015 年 6 月	确认地点	炼钢、精炼工序
确认内容	员工责任心				
确认方法	（1）现场考察，操作工实际操作和理论考试。 （2）技术规程、技术文件执行情况监督。 （3）与职工谈心				
确认结果	通过 6 月 21~28 日为期一周对操作工王世强、李保华、吉周扬等人暗地观察，发现他们都能按标准化进行作业，无消极怠工现象。谈心时也发现员工心情很好，劳动积极性也很高				非要因

结论：员工责任心不强为非要因。

（二）确认二：考核制度不落实

确认过程见表 14-6。

表 14-6　要因确认二

确认人	窦双江	确认时间	2015 年 6 月	确认地点	冶炼作业区
确认内容	考核制度落实情况				
确认方法	检查班组考核记录				
确认结果	2 日，李新未按要求投加覆盖剂考核 100 元；6 日，李大勇未按要求使用物料考核 100 元；12 日甲班未按照品种钢要求留渣样考核 200 元；14 日 2 号机中包温度高考核 100 元；19 日白平交班卫生不干净考核 50 元。作业区有考核制度而且岗薪兑现，说明考核落实				非要因

结论：考核制度不落实为非要因。

（三）确认三：培训效果不佳

确认过程见表 14-7。

表 14-7 要因确认三

确认人	梁静召	确认时间	2015 年 6 月	确认地点	办公室及车间
确认内容	员工的培训效果				
确认方法	（1）理论测试。 （2）现场操作				
确认结果	6 月 24 日对员工董千里、胡延平、张旭、衡海东等 20 人理论测试，成绩都在 90 分以上。 6 月 26 日分工序对岗位人员进行抽查现场操作，发现都能按标准化操作				非要因

结论：员工的培训效果为非要因。

（四）确认四：原燃料氮含量超标

确认过程见表 14-8。

表 14-8 要因确认四

<table>
<tr><td>确认人</td><td>降福荣</td><td>确认时间</td><td>2015 年 6 月</td><td>确认地点</td><td>化验室及车间</td></tr>
<tr><td>确认内容</td><td colspan="5">原燃料氮含量超标</td></tr>
<tr><td>确认方法</td><td colspan="5">取样化验</td></tr>
<tr><td>确认结果</td><td colspan="4">（%）
<table>
<tr><td>名称</td><td>SiC</td><td>AlMnFe</td><td>SiCaBa</td><td>硅铁</td><td>锰铁</td><td>调渣剂</td></tr>
<tr><td>氮含量</td><td>0.261×10^{-4}</td><td>$<0.01\times10^{-4}$</td><td>0.208×10^{-4}</td><td>0.055×10^{-4}</td><td>0.026×10^{-4}</td><td>1.46×10^{-4}</td></tr>
</table>
从化验来看，原燃料的氮含量均在技术协议要求内</td><td>非要因</td></tr>
</table>

结论：原燃料氮含量为非要因。

（五）确认五：终点氧化性、终点碳含量、终点补吹时间

确认过程见表 14-9。

表 14-9 要因确认五

<table>
<tr><td>确认人</td><td>徐国明</td><td>确认时间</td><td>2015 年 6 月</td><td>确认地点</td><td>炼钢工序</td></tr>
<tr><td>确认内容</td><td colspan="5">终点氧化性、终点碳含量、终点补吹时间</td></tr>
<tr><td>确认方法</td><td colspan="5">现场检查</td></tr>
<tr><td>确认结果</td><td colspan="4">6 月对转炉的终点进行统计。点吹一次可增加［N］$(5\sim10)\times10^{-4}\%$，如是再次点吹将增加 $20\times10^{-4}\%$以上。
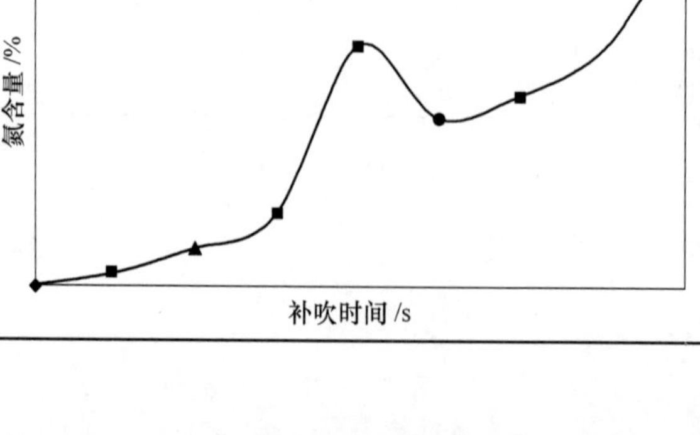
</td><td>要因</td></tr>
</table>

结论：转炉终点控制是要因。

（六）确认六：出钢时间

确认过程见表 14-10。

表 14-10　要因确认六

确认人	王磊	确认时间	2015 年 6 月	确认地点	炼钢工序
确认内容	出钢时间				
确认方法	现场检查、原始数据分析				
确认结果	6 月统计出钢时间>6min 时，吸氮量在 0.0010%～0.0025%，出钢时间<6min 时，吸氮量≤0.0010%				要因

结论：出钢时间是要因。

（七）确认七：温度低

确认过程见表 14-11。

表 14-11　要因确认七

确认人	辛力	确认时间	2015 年 6 月	确认地点	办公室及车间
确认内容	温度低				
确认方法	现场检查和取样分析				
确认结果	在 LF 处理过程中，如果进站温度低就需要长电极加热，随着电极加热时间的延长氮含量会增加，最高能增氮 $26\times10^{-4}\%$				要因

结论：温度低是要因

（八）确认八：液面裸露

确认过程见表 14-12。

表 14-12　要因确认八

确认人	李建志	确认时间	2015 年 6 月	确认地点	精炼工序
确认内容	液面裸露对增氮的影响				
确认方法	（1）现场检查。 （2）取样分析				
确认结果	把吹氩量为 400L/min、500L/min、600L/min、700L/min、800L/min 分别进行试验。吹氩流量为 500～600L/min 时脱硫的效果最好，脱硫率达到 62.5%，但氩气量继续增加时，底吹氩气的气泡大且多，易使钢水表面被裸露，造成钢液吸氧，降低脱硫效率，对增［N］的影响不明显				非要因

结论：液面裸露是非要因

（九）确认九：埋弧效果

确认过程见表 14-13。

表 14-13 要因确认九

<table>
<tr><td>确认人</td><td>李勇强</td><td>确认时间</td><td>2015 年 6 月</td><td>确认地点</td><td>办公室及车间</td></tr>
<tr><td>确认内容</td><td colspan="5">埋弧效果</td></tr>
<tr><td>确认方法</td><td colspan="5">（1）现场检查、分析。
（2）现场操作</td></tr>
<tr><td>确认结果</td><td colspan="4">据统计埋弧效果对氮含量有着明显的影响。
<table>
<tr><td>钢种</td><td>炉数</td><td>升温时间</td><td>增氮量/%</td></tr>
<tr><td>45 号钢</td><td>3</td><td>9 月 13 日</td><td>$(6\sim18)\times10^{-4}$</td></tr>
<tr><td>高强船板钢</td><td>6</td><td>9 月 13 日</td><td>$(6\sim22)\times10^{-4}$</td></tr>
<tr><td>普通船板钢</td><td>3</td><td>9 月 12 日</td><td>$(7\sim20)\times10^{-4}$</td></tr>
<tr><td>管线钢</td><td>3</td><td>9 月 13 日</td><td>$(6\sim35)\times10^{-4}$</td></tr>
<tr><td>20 号钢</td><td>3</td><td>9 月 13 日</td><td>$(12\sim27)\times10^{-4}$</td></tr>
</table></td><td>要因</td></tr>
</table>

结论：埋弧效果是要因。

九、制定对策

针对确认的 4 条要因，制定对策，见表 14-14。

表 14-14 对策表

要因	对策	目标	措施	地点	负责人	完成时间
终点	制定转炉终点目标	品种钢生产杜绝后吹	（1）班检查考核。 （2）周公布通报。 （3）月评比奖罚	转炉现场	徐国明 尤春开	2015 年 6 月
出钢时间	对出钢时间进行控制	控制出钢时间在 5~8min	（1）培训操作要求。 （2）检查班组出钢操作执行情况。 （3）及时公布班组出钢时间	转炉现场	王磊 曹保良	2015 年 7 月
温度低	对温度进行制定	控制精炼升温时间在 15min	（1）提高钢包的透气性。 （2）制定进站量化温度措施。 （3）改变工艺操作	LF 炉现场	窦双江 降福荣 辛力	2015 年 7 月
埋弧效果	对物料加入种类、时机进行优化	控制增氮在 8×10^{-6} 以内	（1）对物料加入种类、加入量进行优化。 （2）对物料加入时机进行优化	LF 炉现场	李勇强 李建志	2015 年 6 月

十、对策实施

（一）转炉终点

终点最佳控制：[C]0.04%；[P]≤0.008%；[S]≤0.010%；终点［O］≤0.08%。对转炉的终点制定相关的措施，保证终点能符合控氮要求。

（二）出钢时间

（1）连铸每流区一块试样做低倍检验。

（2）铸坯下线检验，按切角进行准备，在成品目标宽度上+20mm。

（3）出钢时间控制在 5~7min，从生产操作“要点”中明确对出钢时间的控制。

（4）转炉出钢使用滑板挡渣，出钢过程中控制下渣。

（5）需要取 LF 精炼炉进站和出站渣样，取吹氩站、LF 精炼炉进站和出站气体样，取连铸工序的气体样。

（三）温度低

通过制度化将对氮含量要求严格的 10 个钢种，在生产过程中对加热时间和电压级别的选择进行制度化，由原来的 4 挡加热，转变为 6 挡加热。在生产过程中对转炉的出钢温度进行严格规定，普通钢种氩站温度要求≥1610℃，减少精炼的加热处理时间，减少电极加热过程的电离增氮。

（四）埋弧效果优化

调整埋弧物料的加入时机，埋弧物料 A 在第一批渣料过程中加入，下电极加热过程中视埋弧效果加入 50~100kg 埋弧物料 B 或打开小炉门持续投入 10~20kg/次的埋弧物料 A，以提高 LF 炉的埋弧效果。在 LF 炉处理过程中早化渣，并造好泡沫渣（可通过加入 CaC_2 与渣中的氧反应，生产 CO_2 达到炉渣发泡的目的），提高埋弧加热效果，防止弧区钢液面裸露，减少电弧区钢液面增氮。

十一、效果检查

（一）取得效果

开展 QC 攻关活动前的情况见表 14-15。

表 14-15 2014 年 6~12 月精炼终点氮含量数据表 （%）

钢 种	转炉出钢氮	精炼终点氮	精炼过程增氮
Q235B	27×10^{-4}	34×10^{-4}	7×10^{-4}
SS400	24×10^{-4}	34×10^{-4}	10×10^{-4}
SPHC	21×10^{-4}	27×10^{-4}	6×10^{-4}
SAE1006B	22×10^{-4}	25×10^{-4}	3×10^{-4}
SPHT1	24×10^{-4}	33×10^{-4}	9×10^{-4}
C700L	22×10^{-4}	30×10^{-4}	8×10^{-4}
40Cr	23×10^{-4}	28×10^{-4}	5×10^{-4}

开展 QC 攻关活动后的情况见表 14-16。

表 14-16 2015 年 2~6 月精炼终点氮含量数据表 （%）

月份	2	3	4	5	6
氮含量	36×10^{-4}	39×10^{-4}	38×10^{-4}	35×10^{-4}	32×10^{-4}

效果巩固期间 2015 年 8~9 月精炼终点氮含量见图 14-8。

由图 14-8 可见，钢中氮含量平均值比活动前明显降低。可以清楚地表明，经过攻关，热轧卷板的氮含量在不断地降低，实现了既定的目标。

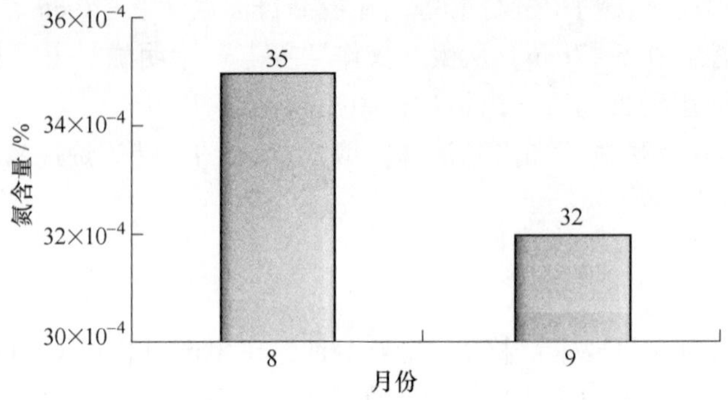

图 14-8　控氮巩固期精炼终点氮含量

（二）创效计算

通过 9 个月的攻关，成品氮含量降至 $45\times10^{-4}\%$ 以下，2015 年 1～8 月品钢种比例为 36.5%，品种钢数量为 97.3 万吨，因氮含量超标造成 HP295、C700L、L360M 等钢种的改判量减少约 1.93 万吨，吨钢损失成本 200 元，效益计算如下：

（1）1.93×200=386 万元。

（2）项目总投资为 19.5 万元，其中包括取样分析 2 万元，检验试验费 12.5 万元，设备改造费用 5 万元。

经济效益=收入项-支出项=386-19.5=366.5 万元。

（三）效果对比

不同钢种不同工序转炉出钢至 LF 精炼炉终点氮含量的变化见图 14-9。

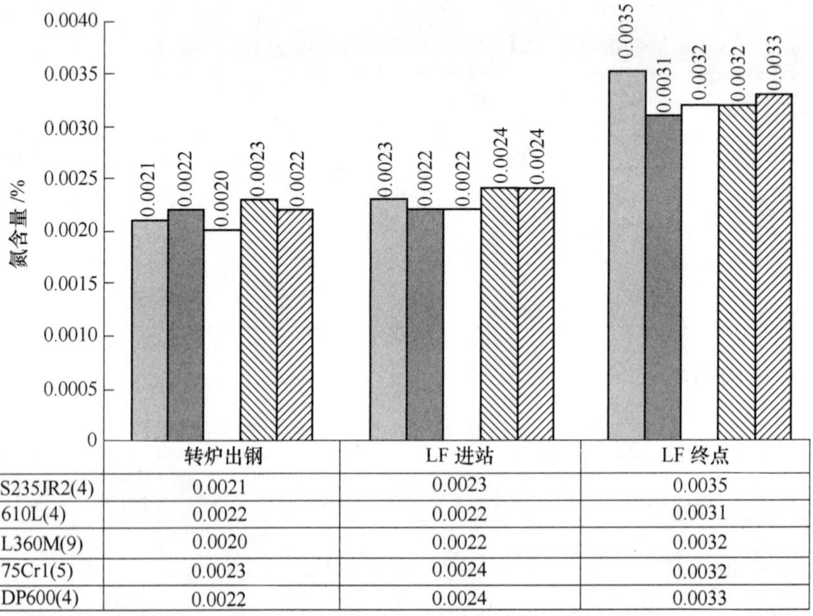

	转炉出钢	LF 进站	LF 终点
S235JR2(4)	0.0021	0.0023	0.0035
610L(4)	0.0022	0.0022	0.0031
L360M(9)	0.0020	0.0022	0.0032
75Cr1(5)	0.0023	0.0024	0.0032
DP600(4)	0.0022	0.0024	0.0033

图 14-9　2016 年 1 月转炉出钢至 LF 炉终点的 N 含量变化

十二、巩固措施及标准化

通过本次 QC 小组攻关，在 2015 年 9～12 月陆续对 C510L、C380CL、700XT、S700MC 等 32 个钢种的工艺要点进行优化，在要点中对出钢时间、终点控制做出明确的要求。

起草下发《品种钢生产管理办法》《品种钢生产质量控制管理办法》管理制度。巩固期氮含量得到了保持。

十三、下一步打算

下一步根据不同的钢种对氮含量控制进行划分，严格按照钢种要求进行氮含量对工艺控制，提高氮含量的控制水平。

案例 15　降低镀锡板翘曲缺陷发生率

首钢京唐钢铁联合有限责任公司

王爱红

一、小组及课题概况

首钢京唐电镀锡“求实”QC 小组成立于 2016 年，小组成员 7 人，属于现场攻关型小组，小组自成立以来，解决了电镀锡工序多项工艺和质量难题，表 15-1 为小组概况。

表 15-1　小组概况

小组名称	镀锡“求实”小组				
活动课题	降低镀锡板翘曲缺陷发生率				
成立日期	2016 年 10 月		课题类型	攻关型	
组长	王爱红		发布人	王爱红	
活动时间	2018 年 1~5 月		小组成员	7 人	
小组成员信息及分工					
序号	姓名	性别	文化程度	岗位职务	小组分工
1	王爱红	男	本科	镀锡质量工程师	组织及总体安排
2	胡建军	男	硕士	作业长	过程整体把关
3	孙　宇	男	硕士	镀锡综合主管	过程整体把关
4	王振文	男	硕士	镀锡工艺工程师	数据收集及分析
5	吴明辉	男	硕士	机械工程师	数据收集及分析
6	方　健	男	硕士	机械工程师	现场实施
7	史　兵	男	本科	质量体系管理	质量数据分析

二、课题选择

镀锡板是在镀锡基板上镀一层极薄的锡层，镀锡板广泛应用于食品包装材料，目前我厂产品主要应用于红牛、露露、八宝粥、黄桃罐头等食品饮料包装。镀锡板极薄，一般使用厚度为 0. 15~0. 25mm，板形的平整稳定性对于后续印刷、裁剪、成圆焊接有重要意义，但京唐公司镀锡机组存在以下问题。

（1）由于镀锡机组拉矫机设计原因，对薄规格 DR 材翘曲缺陷的改善能力较差，生产和客户使用过程中发现部分 DR 材存在明显上翘，给客户印刷造成不利影响，2017 年发生翘曲缺陷异议 7 次（175t），是制约 DR 材产量增长的主要原因。

（2）为改善上翘，不得不采取矫直单元大插入量拉矫工艺。随着 DR 材订单增量，由于矫直单元入口负荷持续较大，造成拉矫机轴头频繁烧损，月均烧轴头故障停车 8 次，造成废品 12t，严重影响镀锡机组运行稳定性。

（3）拉矫机厂家人员曾多次到现场研究此问题，表示拉矫机与平整机可能存在矫直目标方向的设计矛盾，不能提供有效改善办法，拉矫机烧轴头及 DR 材板形上翘问题突出，急需解决。

三、现状调查

为分析不同钢种、规格镀锡板翘曲缺陷控制水平，对 2017 年 10～12 月生产记录进行反查，并统计各规格翘曲缺陷情况，如图 15-1 和图 15-2 所示。

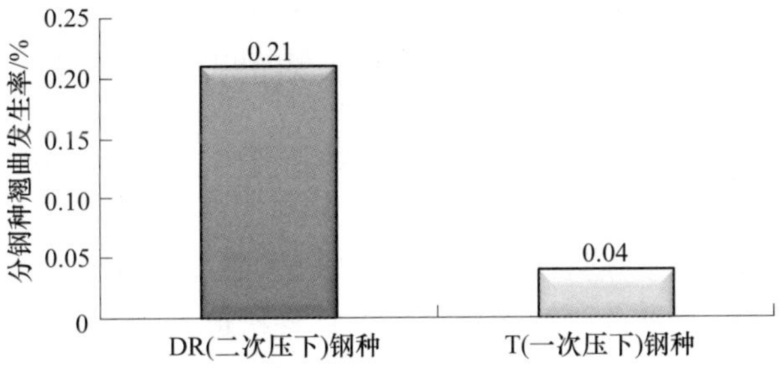

图 15-1　分钢种翘曲缺陷发生率

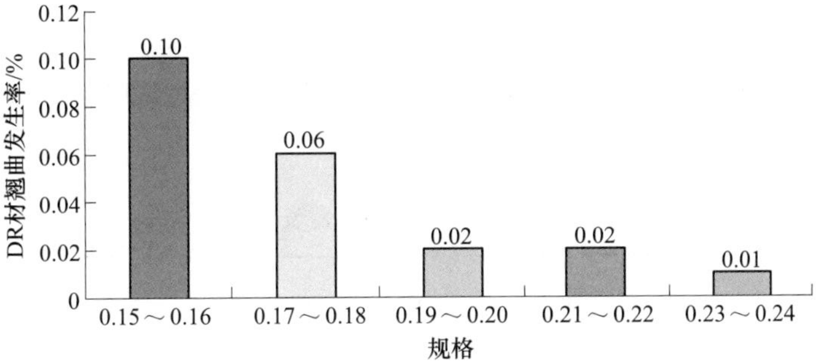

图 15-2　DR 材分规格翘曲缺陷发生率

（制图：王振文；审核：王爱红；时间：2018 年 1 月 8 日）

通过统计分析可知，镀锡工序翘曲缺陷不合格的产品主要集中在 0. 15～0. 18mm 薄规格 DR 材，翘曲缺陷发生率达到 0. 16%，是需要重点改善规格。

四、目标设定

（一）目标设定依据

小组人员讨论，结合类似问题攻关经验和国内印刷制罐企业对于板形翘曲缺陷水平的接受能力，以及国内镀锡机组实际生产情况，国内先进：薄规格 DR 材翘曲缺陷发生率 0.05%，首钢京唐：2017 年薄规格 DR 材翘曲缺陷发生率 0.16%，目标设定：对标先进水平，通过本攻关使得薄规格 DR 材翘曲缺陷发生率降低至 0.05%以下。

京唐公司与国内先进企业镀锡板翘曲缺陷发生率对比及目标如图 15-3 所示。

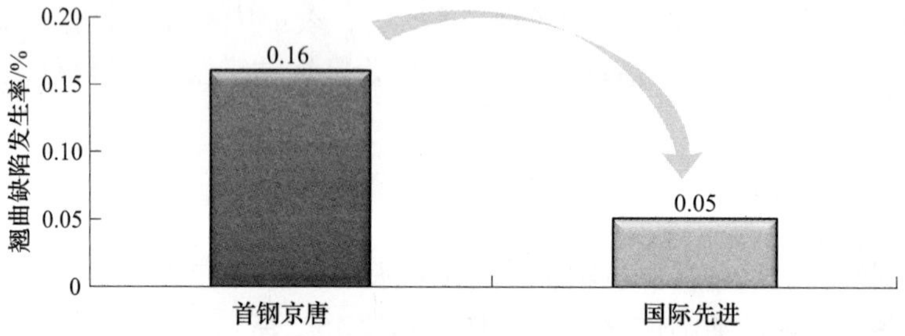

图 15-3　翘曲缺陷发生率攻关目标

（制图：王振文；审核：王爱红；时间：2018 年 1 月 10 日）

（二）可行性分析

（1）本公司与新日铁、宝钢镀锡板在用户使用满意度方面相差不大，水平较为接近，本小组认为京唐公司 DR 材翘曲缺陷控制水平也具备接近先进企业的能力。

（2）小组成员基本为本科以上学历，对工艺和设备使用有丰富经验，工人技师对现场比较了解，解决问题的能力很强，大家对完成这个目标很有信心。

五、活动计划

小组结合项目难度制定活动计划表，对小组成员分工和各阶段时限做出安排，活动计划推进如表 15-2 所示。

表 15-2　活动计划表

项　目		负责人	2018 年 1 月	2018 年 2 月	2018 年 3 月	2018 年 4 月	2018 年 5 月
P	课题选择	王爱红	⇢ →				
	目标设定	胡建军	⇢ →				
	现状调查	王振文	⇢ →				
	要因分析	吴明辉	⇢ →	⇢ →			
	制定对策	孙　宇		⇢ →			
D	对策实施	王爱红 方　建			⇢ →	⇢ →	
C	效果确认	王爱红				⇢ →	⇢ →
A	巩固措施	史　兵					⇢ →

注：－－→计划进度；——→实际进度。　　（制表：王爱红；时间：2018 年 1 月 10 日）

六、原因分析及要因确认

小组成员利用“头脑风暴法”对薄规格 DR 材翘曲缺陷的影响因素进行了分类和归纳，找出末端影响因素，做出鱼骨图，如图 15-4 所示。

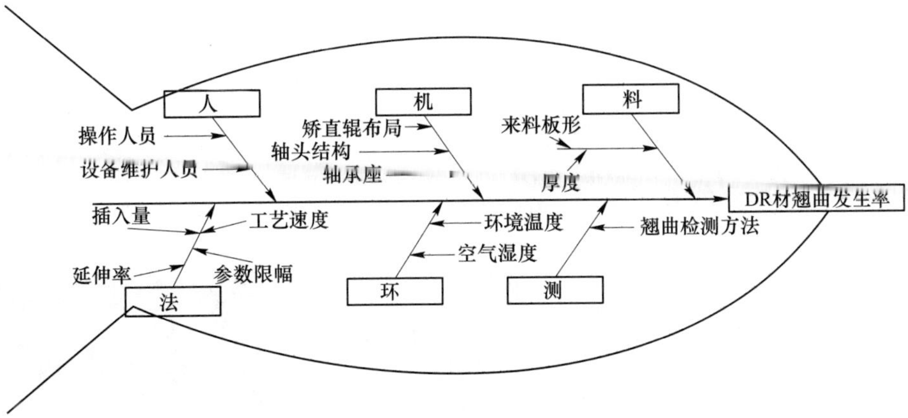

图 15-4　鱼骨图

（制图：王振文；时间：2018 年 2 月 1 日）

小组人员对各个末端影响因素进行集中打分，并进行打分累加。

打分标准：项目团队和一线操作人员分别对所列因素的影响程度进行打分，按影响程度 1~10 分范围内赋分，最后对两项打分进行累加，如表 15-3 所示。

表 15-3　影响因素打分

所有影响因素	项目团队对其影响程度打分	操作人员对其影响程度打分	累加	问题编号
操作人员	3	1	4	1
设备维护人员	3	3	6	2
插入量	8	8	16	3
拉矫机伸长率	8	8	16	4
参数限幅	3	3	6	5
矫直辊布局	8	8	16	6
轴承座材质	6	6	12	7
轴头结构	8	6	14	8
环境温度	3	3	6	9
来料板形	3	1	4	10
检测方法	3	3	6	11

对累计积分超过 10 分项目进行要因确认，表 15-3 显示超过 10 分的项目是：拉矫机伸长率、插入量、矫直辊布局、矫直辊轴头结构、矫直辊轴承座材质，并对上述 5 个项目进行要因确认，要因确认表如表 15-4~表 15-8 所示。

表 15-4 拉矫机伸长率要因确认表

<table>
<tr><td>确认内容</td><td>拉矫机伸长率</td><td>确认人</td><td>王爱红</td></tr>
<tr><td>确认时间</td><td>2018 年 1 月</td><td>确认地点</td><td>电镀工艺段</td></tr>
<tr><td>确认方法</td><td>调整伸长率</td><td>确认标准</td><td>确认 DR 材翘曲缺陷是否改善</td></tr>
<tr><td>确认过程</td><td colspan="3">
正交试验：对 1 号镀锡机组，1 号和 2 号弯曲辊插入深度（A 和 B）、矫直辊入口和出口插入深度（C 和 D）、伸长率（E）等 5 个因素对带钢上下表面伸长率影响的显著程度从高到低依次为：C>E>D>B>A。
<table>
<tr><td colspan="2" rowspan="2">项目</td><td colspan="5">因素</td></tr>
<tr><td>A1号弯曲辊插入深度/mm</td><td>B2号弯曲辊插入深度/mm</td><td>C矫直辊入口插入深度/mm</td><td>D矫直辊出口插入深度/mm</td><td>E拉矫机伸长率/%</td></tr>
<tr><td rowspan="4">水平</td><td>1</td><td>2</td><td>2</td><td>2</td><td>0.1</td><td>0.15</td></tr>
<tr><td>2</td><td>4</td><td>4</td><td>3.3</td><td>0.27</td><td>0.25</td></tr>
<tr><td>3</td><td>6</td><td>6</td><td>4.7</td><td>0.43</td><td>0.35</td></tr>
<tr><td>4</td><td>8</td><td>8</td><td>6</td><td>0.6</td><td>0.45</td></tr>
</table>
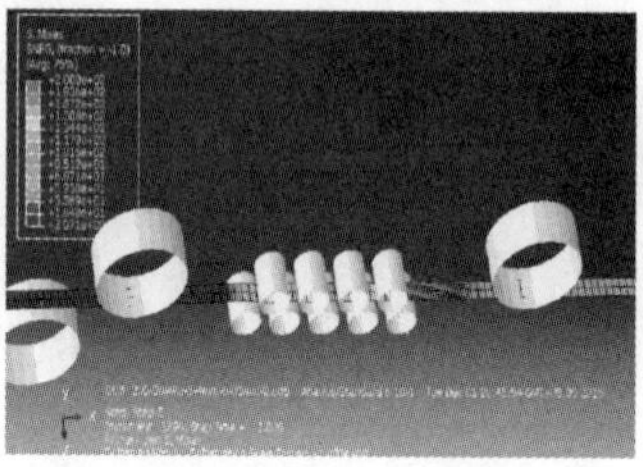
当伸长率大于 0. 25%，DR 材翘曲缺陷比率明显增高，与翘曲缺陷有关
</td></tr>
<tr><td>确认结果</td><td>伸长率与 DR 材翘曲缺陷有关</td><td>结论</td><td>要因</td></tr>
</table>

表 15-5 插入量要因确认表

<table>
<tr><td>确认内容</td><td>插入量</td><td>确认人</td><td>吴明辉</td></tr>
<tr><td>确认时间</td><td>2018 年 1 月</td><td>确认地点</td><td>电镀工艺段</td></tr>
<tr><td>确认方法</td><td>调整插入量</td><td>确认标准</td><td>确认 DR 材翘曲缺陷是否改善</td></tr>
<tr><td>确认过程</td><td colspan="3">
对 2 号镀锡机组，采用建立的镀锡线拉矫机有限元仿真模型，对影响拉矫后镀锡板翘曲缺陷高度的控制参数进行了单因子的影响规律分析，主要包括 1 号弯曲辊插入深度（A）、2 号弯曲辊插入深度（B）、矫直辊入口插入深度（C）、矫直辊出口插入深度（D）、拉矫机伸长率（E）、带钢厚度（h）、钢种（q）等。
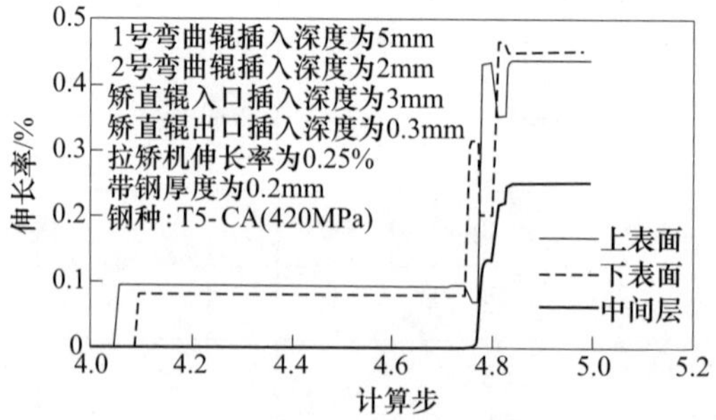

拉矫机弯曲单元仿真分析
</td></tr>
</table>

续表 15-5

<table>
<tr><td>确认过程</td><td colspan="3">
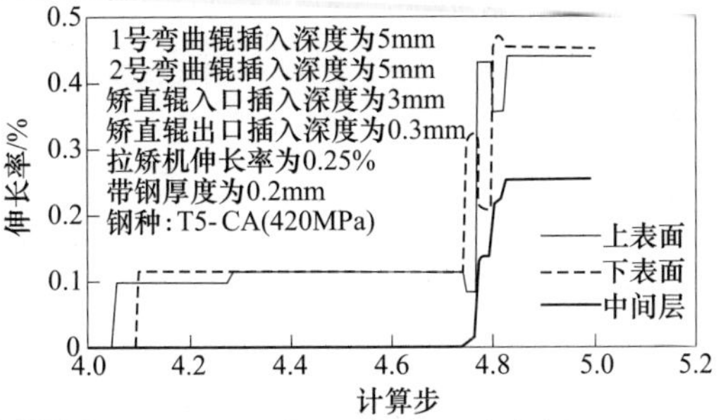

拉矫机矫直单元入口仿真分析

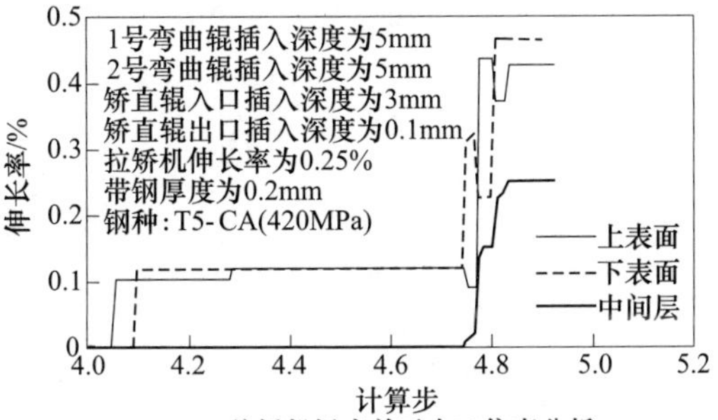

拉矫机矫直单元出口仿真分析

当弯曲单元插入量大于 6mm，DR 材翘曲缺陷比率明显增高，与翘曲缺陷有关</td></tr>
<tr><td>确认结果</td><td>插入量与 DR 材翘曲缺陷有关</td><td>结论</td><td>要因</td></tr>
</table>

表 15-6　矫直辊布局要因确认表

<table>
<tr><td>确认内容</td><td>矫直辊布局</td><td>确认人</td><td>王振文</td></tr>
<tr><td>确认时间</td><td>2018 年 3 月</td><td>确认地点</td><td>电镀工艺段</td></tr>
<tr><td>确认方法</td><td>调整矫直辊布置形式</td><td>确认标准</td><td>确认 DR 材翘曲缺陷是否改善</td></tr>
<tr><td>确认过程</td><td colspan="3">根据模拟实验结果，结合现场辊形布局，试验将矫直单元最后一根下辊拆掉，由上四下五更改为上四下四结构；并调整矫直出口插入量限幅（上限由 1mm 增大到 3mm）对于控制板形翘曲缺陷方向的影响。通过现场实验，板形翘曲缺陷控制能力大幅度提高，可完全避免板形上翘问题，且采用新工艺后矫直入口插入量得以降低，烧轴头次数显著减少。

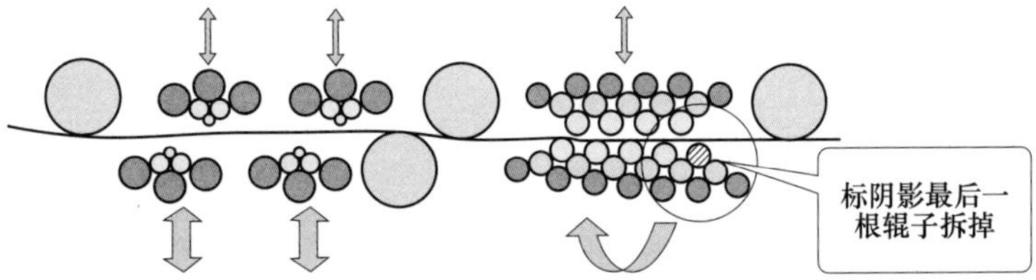

按此矫直单元辊子布局组织生产，可在有效降低入口区域载荷的基础上稳定 DR 材板形，对减少烧轴头和 DR 材板形控制有明显作用</td></tr>
<tr><td>确认结果</td><td>矫直辊布局与 DR 材翘曲缺陷有关</td><td>结论</td><td>要因</td></tr>
</table>

表 15-7　矫直辊轴头结构要因确认表

<table>
<tr><td>确认内容</td><td>矫直辊轴头结构</td><td>确认人</td><td>王爱红</td></tr>
<tr><td>确认时间</td><td>2018 年 3 月</td><td>确认地点</td><td>电镀工艺段</td></tr>
<tr><td>确认方法</td><td>设计新的矫直辊轴头</td><td>确认标准</td><td>确认烧轴头是否改善</td></tr>
<tr><td>确认过程</td><td colspan="3">拉矫机烧轴头现象主要集中在上辊第一根和下辊第二根，根据受力情况分析，轴头烧损主要与横向承载力不足有关，需要对轴头内部轴承选型、数量及安装位置进行优化。
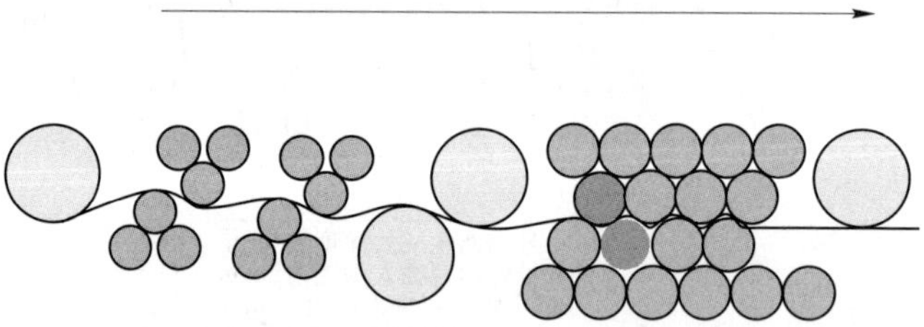
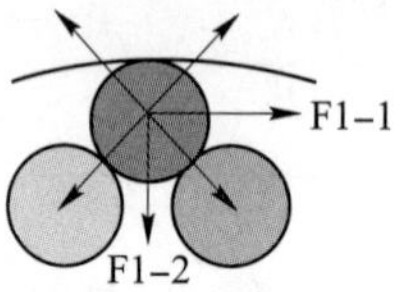

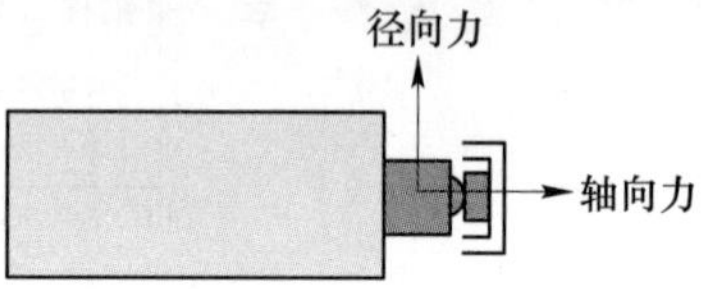

重新设计图纸，将轴头按如下方式改进，在 2 号镀锡机组测试。
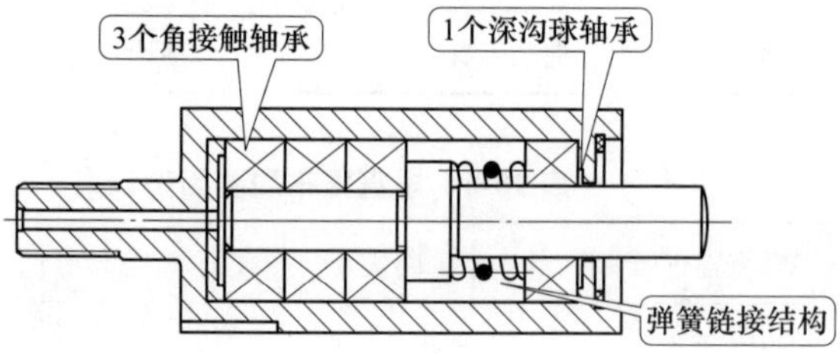

将新结构轴头安装在频繁烧损的辊子轴端，之后进行批量 DR 材试生产，测试轴头稳定性与 DR 材板形控制稳定性。
测试期间 DR 材板形控制稳定，未发生烧轴头事故，效果显著</td></tr>
<tr><td>确认结果</td><td>轴头结构与 DR 材翘曲缺陷有关</td><td>结论</td><td>要因</td></tr>
</table>

表 15-8　拉矫机轴承座材质要因确认表

<table>
<tr><td>确认内容</td><td>拉矫机轴承座材质</td><td>确认人</td><td>王爱红</td></tr>
<tr><td>确认时间</td><td>2018 年 2 月</td><td>确认地点</td><td>电镀工艺段</td></tr>
<tr><td>确认方法</td><td>对比不同材质轴承座垫片</td><td>确认标准</td><td>确认烧轴头是否改善</td></tr>
<tr><td>确认过程</td><td colspan="3">测试将轴承座垫片材质由普通碳钢材质更改为高硬度的碳化钨材质，对比更换材质后，是否对缓解轴头不均匀磨损和烧损有作用；
新材质轴承座垫片在 2 号镀锡机组上线使用 1 个月，轴头烧损 2 次，对解决烧轴头事故和改善 DR 材翘曲缺陷无明显作用</td></tr>
<tr><td>确认结果</td><td>轴承座与烧轴头无关</td><td>结论</td><td>非要因</td></tr>
</table>

表 15-4~表 15-8 显示确认是要因的项目是拉矫机伸长率、拉矫机插入量、矫直辊布局、矫直辊轴头结构。

七、制定对策

针对拉矫机伸长率、插入量、矫直辊布局和轴头结构 4 项要因，按照“5W1H”方法，制定对策表，如表 15-9 所示。

表 15-9　对策表

序号	要因	对策	目标	措施	负责人	完成日期	实施地点
1	拉矫机伸长率	根据仿真计算和现场实验，优化伸长率设定值	薄规格 DR 材翘曲缺陷发生率 0.05%以内	修订《DR 材生产控制计划》，将伸长率范围严格限制在 0.18%~0.25%	孙宇	2018 年 2 月 27 日	镀锡机组
2	拉矫机插入量	根据仿真计算和现场实验，优化插入量设定值	薄规格 DR 材翘曲缺陷发生率 0.05%以内	修订《DR 材生产控制计划》，0.18mm 以下 DR 材，弯辊插入量 2~6mm，矫直入口 2~4mm，矫直出口 0.5~1.5mm	王振文	2018 年 3 月 14 日	镀锡机组
3	矫直辊组布局	更改矫直单元辊盒布局	薄规格 DR 材翘曲缺陷发生率 0.05%以内	将矫直单元最后一根下辊拆掉，由上四下五更改为上四下四结构	吴明辉	2018 年 3 月 5 日	镀锡机组
4	矫直辊轴头结构	根据力学分析，重新设计轴头结构	薄规格 DR 材翘曲缺陷发生率 0.05%以内	增大矫直辊轴头尺寸，内部增加一个角接触轴承和弹簧，以增加横向承载力	王爱红	2018 年 3 月 27 日	镀锡机组

八、对策实施

对策实施一：限定拉矫机伸长率参数设定范围

针对拉矫机伸长率设定不当，将伸长率可调整范围上限由 0.5%调整至 0.25%，以避免带钢大伸长率通过弯辊过程产生上下表面不均匀塑形形变。

检查 1：现场《DR 材生产控制计划》相关内容已完成修订，拉矫机伸长率上限修改为 0.25%，如表 15-10 所示。

表 15-10　伸长率上限修改后的《DR 材生产控制计划》

E4-006	拉矫	拉矫机	1		拉矫伸长率		伸长率 0.18%~0.25%	编码器	100%	连续	系统自动控制，界面数据监控	根据板形及翘曲状态进行调节
			2		插入量		具体执行参数表					

检查 2：按此组织生产 2500t 0.18mm 以下规格 DR 材，并逐卷进行翘曲缺陷检测，翘曲缺陷超标率为 0.12%，比措施落实前降低约 0.04%，措施有效，改善前后翘曲缺陷发生率如表 15-11 所示。

表 15-11 改善前后翘曲缺陷发生率 (%)

改善前平均	改善后各规格翘曲缺陷发生率				改善后平均	是否有效
	0.15mm	0.16mm	0.17mm	0.18mm		
0.16	0.13	0.12	0.12	0.12	0.12	有效

对策实施二：优化拉矫机插入量调整范围

针对拉矫机插入量设定不当，优化“DR 材生产控制计划”，通过现场实验数据，针对 0.18mm 以下 DR 材，弯辊插入量上限由 8 降低至 6mm，矫直入口 2~4mm，矫直出口 0.5~1.5mm，按此可有效避免过拉矫，减少塑形变形翘曲缺陷。

检查 1：现场《DR 材生产控制计划》相关内容已完成修订，弯辊插入量上限修改为 6mm，如表 15-12 所示。

表 15-12 翘曲缺陷发生率上限修改后的《DR 材生产控制计划》

E4-007	拉矫	厚度≤0.18mm	1	弯辊出入量	2~6mm	编码器	100%	连续监测	手动控制，界面监测	根据翘曲程度范围内调节
			2	多辊入口插入量	2~4mm	编码器	100%	连续监测		
			3	多辊出口出入量	0.5~1.5mm	编码器	100%	连续监测		

检查 2：按此组织生产 2500t 0.18mm 以下规格 DR 材，并逐卷进行翘曲缺陷检测，翘曲缺陷超标率为 0.09%，比措施落实前降低约 0.07%，措施有效，改善前后翘曲缺陷发生率见表 15-13。

表 15-13 改善前后翘曲缺陷发生率 (%)

改善前平均	改善后各规格翘曲缺陷发生率				改善后平均	是否有效
	0.15mm	0.16mm	0.17mm	0.18mm		
0.16	0.11	0.10	0.07	0.08	0.09	有效

对策实施三：更改矫直单元辊盒布局

针对矫直辊组辊子布局问题，更改矫直单元辊盒布局，将矫直单元最后一根下辊拆掉，由上四下五结构更改为上四下四结构，如图 15-5 所示。

预计对减少轴头烧损和控制板形翘曲缺陷有积极意义。

检查 1：3 月 5 日，矫直单元最后一根下辊已经拆掉，如图 15-5 所示。

检查 2：按此组织生产 2500t 0.18mm 以下规格 DR 材，并逐卷进行翘曲缺陷检测，翘曲缺陷超标率为 0.06%，比措施落实前降低约 0.10%，措施效果明显，改善前后翘曲缺陷发生率如表 15-14 所示。

表 15-14 改善前后翘曲缺陷发生率 (%)

改善前平均	改善后各规格翘曲缺陷发生率				改善后平均	是否有效
	0.15mm	0.16mm	0.17mm	0.18mm		
0.16	0.07	0.06	0.05	0.05	0.06	有效

图 15-5　矫直单元辊子布局改造

对策实施四：设计新的矫直辊轴头结构

针对矫直辊轴头结构设计问题，设计新的矫直辊轴头，增大矫直辊轴头尺寸，内部增加一个角接触轴承，轴承间增加一个硬质弹簧，以增加横向承载力，预计对减少轴头烧损和控制板形翘曲缺陷有显著意义，改造前后轴头结构对比如图 15-6 所示。

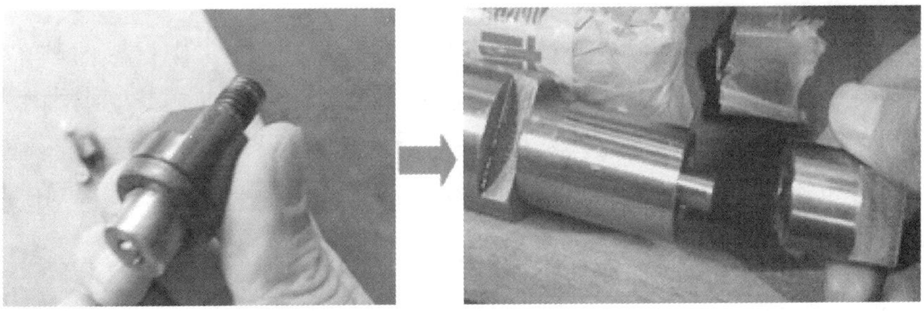

图 15-6　改造前后轴头结构

检查 1：3 月 25 日，新结构轴头完成制作，开始上线测试效果。

检查 2：按此组织生产 2500t 0.18mm 以下规格 DR 材，并逐卷进行翘曲缺陷检测，翘曲缺陷超标率为 0.02%，比措施落实前降低 0.16%，措施效果显著，改善前后翘曲缺陷发生率如表 15-15 所示。

表 15-15　改善前后翘曲缺陷发生率　（%）

改善前平均	改善后各规格翘曲缺陷发生率				改善后平均	是否有效
	0.15mm	0.16mm	0.17mm	0.18mm		
0.16	0.03	0.02	0.01	0.00	0.02	有效

九、效果确认

统计 1~4 月薄规格 DR 材镀锡板翘曲缺陷发生率，通过措施的实施，翘曲缺陷发生率已经由基线水平的 0.16%降低至目前的 0.04%以下，达到项目预期目标，对策实施有效。薄规格 DR 材翘曲缺陷发生率变化趋势如图 15-7 所示。

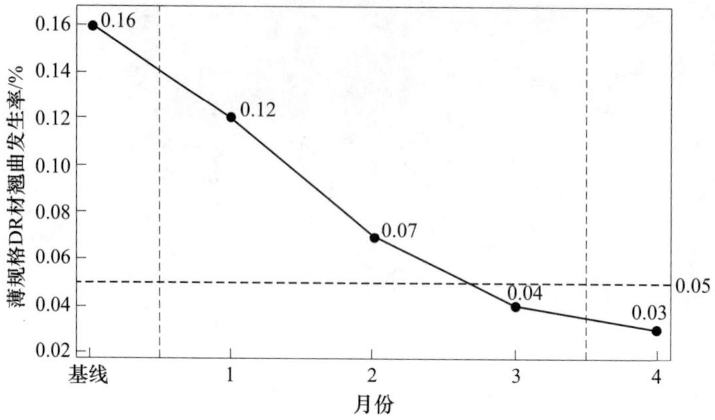

图 15-7　薄规格 DR 材翘曲缺陷发生率

（制图：史兵；审核：王爱红；时间：2018 年 5 月）

（一）经济效益计算

通过改造拉矫机轴头结构、改变拉矫机辊子布局方式等，DR 材翘曲缺陷发生率明显降低，已经由基线水平的 0.16%降低至目前的 0.03%，板形控制达到国内先进水平。显著减少了现场质量损失和设备更换费用，并且对减少板形质量投诉有明显作用，对拓展薄规格 DR 材市场占有率有重要作用。活动期间为公司降本增效 28 万元。具体计算方法如下：

总效益＝减少轴头更换损失+减少废品损失+减少带出品损失

＝(8 个×400 元/个+12t 废品×3000 元价差+40t 带出品×800 元价差)×4 个月

＝28 万元

（二）无形经济效益

QC 小组攻关过程，在降低 DR 材翘曲缺陷发生率的同时，对镀锡机组的稳定生产有促进作用，月度减少换轴头停车 8 次，对机组整体工艺和质量稳定有显著作用。项目实施期间，镀锡板板形控制稳定，目前发往国内外用户使用，未有翘曲缺陷影响印刷制罐的投诉，产品广泛应用于饮料罐、旋开盖等高端产品，对提升首钢镀锡产品市场形象有重要意义。

十、巩固措施/标准化

为了更好地完善此次活动成果，本小组制定了巩固措施。对策实施后，将所有措施纳入技术操作规范中，小组进行抽查，使职工养成良好的习惯，具体如下：

制定《镀锡机组拉矫机辊盒装配维护要求》；

制定《镀锡机组拉矫机“零位”标定规范》；

制定《镀锡作业区拉矫机使用管理规定》。

巩固期内对以上三项措施的执行情况进行检查的情况如表 15-16 所示。

表 15-16　现场执行情况检查表

序号	制　度	执行情况	检查人	检查时间
1	《镀锡机组拉矫机辊盒装配维护要求》	良好	王爱红	5 月 2 日
2	《镀锡机组拉矫机“零位”标定规范》	良好	王爱红	5 月 3 日
3	《镀锡作业区拉矫机使用管理规定》	良好	王爱红	5 月 3 日

对巩固期间 4~5 月 DR 材生产数据进行持续跟踪，翘曲缺陷控制稳定，翘曲缺陷发生率均在 0.05%以下，图 15-8 为巩固期薄规格 DR 材翘曲缺陷发生率。

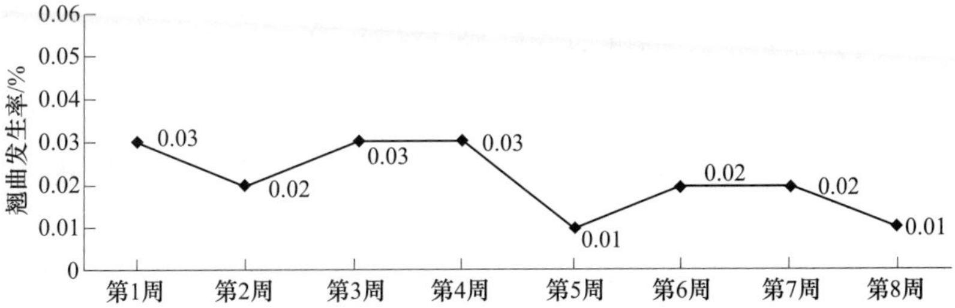

图 15-8　巩固期薄规格 DR 材翘曲缺陷发生率

十一、总结和下一步打算

QC 活动的成功开展在提高公司生产效益和产品质量的同时，还带来以下感触：

（1）合理使用分析工具，逐层、逐个环节去分析解决问题，通过 PDCA 不断优化和自我改进，对于一个团队的技术进步至关重要；

（2）制定好目标和计划，有序分解落实，对项目管理有重要意义。

活动结束后，进行活动前后自我评价，如表 15-17 和图 15-9 所示。

表 15-17　活动前后自我评价表

序号	项　目	自我评价	
		活动前	活动后
1	QC 知识	★★	★★★★
2	个人能力	★★★	★★★★★
3	分析问题的能力	★★	★★★★
4	解决问题的能力	★★	★★★★
5	实际操作的能力	★★	★★★★
6	团队精神	★★★	★★★★

镀锡产品作为一种冷轧精细化包装材料，随着消费者日益增长的物质需求，对产品的质量稳定和功能创新都提出了更高的要求，目前本厂产品虽然在表面和板形控制方面有了一定进步，但部分深冲拉拔性能还存在不足，影响某些高端产品市场拓展。

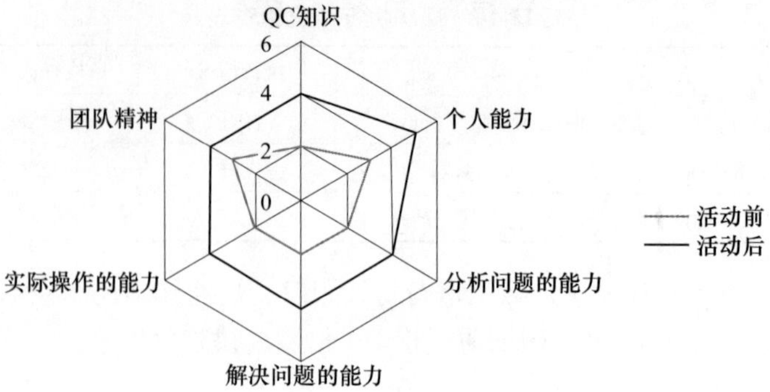

图 15-9　活动前后自我评价

（制图：史兵；审核：王爱红；时间：2018 年 5 月）

下一步，团队成员将聚焦高制耳 DR 材冲压性能研究，以满足此类特殊用钢需求。

案例 16　提高 1 号、2 号焦炉 *K*2 系数

河钢集团宣钢公司焦化厂

李海云

一、小组简介

宣钢焦化厂第一炼焦车间生产 QC 小组成立于 2006 年 1 月，活动时间从 2014 年 2 月至 10 月，属于现场型 QC 小组，现有 QC 小组成员 12 人，小组成员情况见表 16-1。

表 16-1　小组概况

小组名称	第一炼焦车间生产 QC 小组			成立时间	2006 年 1 月	
注册编号	XGJHQ-1402			课题类型	现场型	
活动时间	2014 年 2~10 月			活动次数	12 次	
TQC 受教育学时数	48h			出勤率	100%	
小组成员简介	姓名	年龄	性别	小组职务/分工	文化程度	技术等级
	李子靖	45	男	组长/组织指导	大学	高级工程师
	杜玉海	43	男	副组长/组织指导	大学	高级工程师
	王跃欣	35	男	副组长/组织指导	大学	工程师
	李海云	39	女	组员/现场实施	大专	工程师
	兰正宏	40	女	组员/现场实施	大学	高级工程师
	任秀平	43	女	组员/现场实施	大专	工程师
	郭有林	42	女	组员/现场实施	大学	高级工程师
	王丽桥	37	女	组员/现场实施	大学	工程师
	胡守清	42	男	组员/现场实施	大专	工程师
	尹秀英	42	女	组员/现场实施	大学	高级工程师
	钱彦霞	42	女	组员/现场实施	大学	高级工程师
	张秀荣	43	女	组员/现场实施	大专	工程师

二、选择课题

（一）生产情况简介

焦化厂 1 号焦炉于 1989 年投产，投产 25 年；2 号焦炉于 1993 年投产，投产 21 年，

由于炉体老化、设备陈旧、生产操作不规范等原因，生产的稳定性发生波动，致使焦炉 K_2 系数偏低。所谓 K_2 系数，即推焦执行系数，指各班执行推焦计划的实际情况，其计算公式为

$$K2 = (N - A)/N$$

式中　$K2$——推焦计划执行系数；

　　N——本班实际推焦炉数；

　　A——与计划推焦时间偏差±5min 以上的炉数。

$K2$ 系数偏低，说明按计划推焦的比率偏低，造成生产不稳定，最终影响焦炭产量。

（二）课题确定

$K2$ 系数是焦化厂焦炉管理重要的操作指标，分厂每年都会将 $K2$ 系数写入厂经济责任制考核中，因此本次课题为《提高 1 号、2 号焦炉 $K2$ 系数》。

（三）制定活动计划

小组成员在确定目标值后，经过大家的讨论制定小组的活动计划，见表 16-2。

表 16-2　活动计划表

项目		活动时间									QC 手法	目的	地点	人员
		2 月	3 月	4 月	5 月	6 月	7 月	8 月	9 月	10 月				
P	课题选定	- - → ——→									调查表	确定课题	会议室	杜玉海
	目标设定	- - → ——→									调查表	现状把握	现场	全员
	目标可行性分析		- - → ——→								柱状图	目标制定	会议室	全员
	原因分析		- - → ——→								关联图	原因查找	现场	全员
	要因确定			- - → ——→							排列图	要因确定	现场	全员
D	对策制定				- - → ——→						对策表	对策制定	会议室	全员
	对策实施					- - - - ————	- - - - ————	- - → ——→			示意图	对策实施	现场	全员
C	效果检查								- - → ——→		简易图表	效果确认	会议室	李海云
A	巩固措施									- - → ——→	简易图表	制度化	会议室	王跃欣
	课题总结									- - → ——→	调查表	回顾反思	现场/会议室	李海云

注：- - →计划进度；——→实际进度。

三、现状调查和目标确定

（一）现状调查一

小组成员对 2013 年 1～12 月 1 号、2 号焦炉的 $K2$ 系数进行了调查统计，在 2013 年全年中 $K2$ 系数年平均为 0.77，低于焦化厂考核指标，其主要表现为影响出炉时间的长短，见表 16-3。

表 16-3　2013 年 1～12 月 $K2$ 系数统计表

月份	实际推焦炉数 N	超出计划推焦时间 ±5min 以上的炉数 A	$K2=(N-A)/N$	影响出炉时间 /min
1	3030	515	0.83	998
2	2964	948	0.68	2596
3	3411	511	0.85	956
4	3291	1020	0.69	2479
5	3435	652	0.81	1023
6	3204	833	0.74	2259
7	2991	478	0.84	896
8	2879	547	0.81	1168
9	2774	943	0.66	2659
10	3137	376	0.88	823
11	3115	903	0.71	2396
12	3230	872	0.73	2447
平均值	3122	716	0.77	1725

（二）现状调查二

为了找出影响出炉时间的主要症结，小组成员查阅 2013 年生产操作记录，对每月影响出炉平均时间的主次问题进行统计，影响出炉时间问题统计表见表 16-4，影响出炉时间主次问题排列图如图 16-1 所示。

表 16-4　2013 年 1～12 月月均影响出炉时间问题统计表

序号	项目	影响时间/min	累计影响时间/min	累计频率/%
1	设备影响	1240	1240	71.9
2	操作影响	175	1415	82.0
3	环保影响	95	1510	87.5

续表 16-4

序号	项目	影响时间/min	累计影响时间/min	累计频率/%
4	工艺影响	74	1584	91. 8
5	天气影响	40	1624	94. 1
6	其他影响	101	1725	100
合　计		1725		

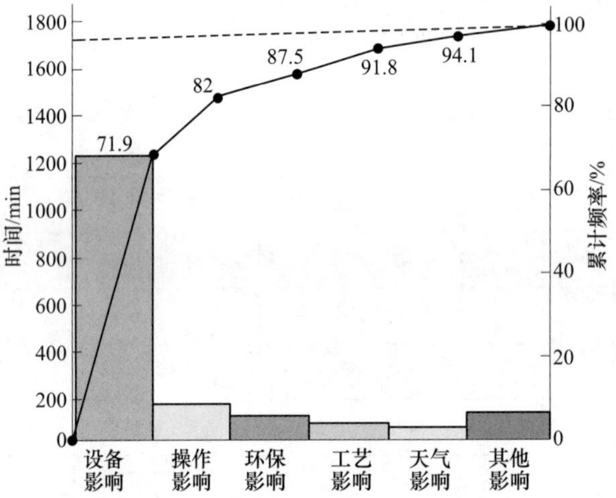

图 16-1　2013 年影响出炉时间主次问题排列图

结论：由图 16-1 知，K2 系数低的主要问题是设备影响，占所有影响因素的 71. 9%。

（三）现状调查三

为找出影响 K2 系数的主要设备，小组成员进行了调查，影响出炉时间的设备统计表见表 16-5，影响出炉时间的设备主次问题排列图如图 16-2 所示。

表 16-5　2013 年 1～12 月月均影响出炉时间的设备统计表

序号	项目	影响时间/min	累计影响时间/min	累计频率/%
1	熄焦车影响	413	413	33. 3
2	拦焦车影响	325	738	59. 5
3	装煤车影响	263	1001	80. 7
4	煤塔影响	81	1069	86. 2
5	推焦车影响	58	1127	90. 9
6	运焦皮带影响	73	1200	96. 8
7	其他影响	40	1240	100
合　计		1240		

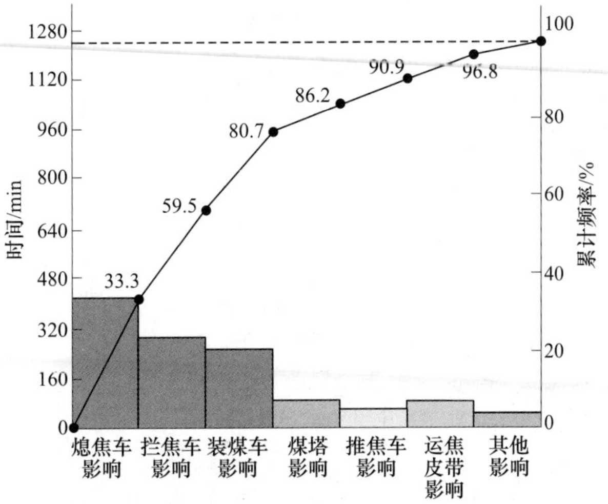

图 16-2　2013 年影响出炉时间的设备主次问题排列图

结论：由图 16-2 可知，导致 $K2$ 系数低的主要问题是熄焦车、拦焦车、装煤车，其占所有影响因素的 80.7%。

（四）目标确定和可行性分析

（1）根据焦化厂经济责任制的要求，确定目标值为 $K2$ 系数大于等于 0.83。2013 年 1~12 月的实际推焦炉数 N、超出计划推焦时间±5min 以上的炉数 A，$K2$ 系数（以月为周期）小组成员对影响出炉情况进行统计，结果显示，2013 年 1 月、3 月、7 月、10 月 $K2$ 系数曾达到过 0.83，因此目标可行。

（2）对出炉晚点时间与 $N\times K2$ 的关系进行回归分析。

回归方程：

$$出炉晚点时间=5332-1.59N\times K2$$

月均实际推焦炉数 $N=3122$ 炉，设定的目标值是 $K2=0.83$，那么根据回归方程可以得出出炉晚点时间应控制在 $5332-1.59\times3122\times0.83\approx1211$min 以内 。

2013 年 1 月、3 月、7 月、10 月期间曾达到过 0.83，为此查阅这 4 个月的设备维护保养记录，从此记录中看出在此 4 个月中设备完好，运行稳定。通过分析，如果小组成员可以解决这些问题的 80%，即减少影响出炉时间（$1725\times71.9\%\times80.7\%\times80\%\approx801$min），1725min−801min < 1211min，目标可行。

（3）$K2$ 系数≥0.83 是厂 2014 年度考核指标，如完不成，分厂将会对车间进行经济责任制考核，另外设备是车间生产的基础，所以，分厂领导在人力、物力、技术等方面都会给以大力支持，从以上分析可以看出可行。

四、原因分析

小组成员结合现场集思广益，从人、机、料、法、环等五方面进行分析，影响出炉原因分析图见图 16-3。

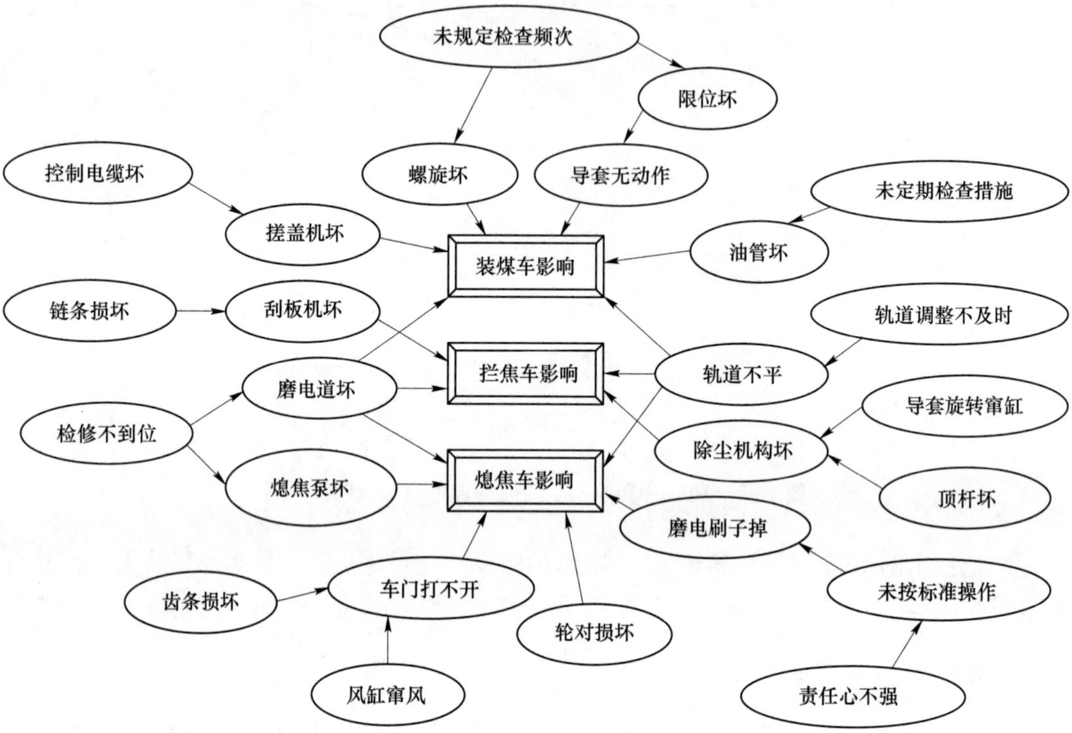

图 16-3 影响出炉原因分析图

五、要因确认

小组成员对导致 $K2$ 系数偏低的 12 个末端原因进行分析，要因确认表见表 16-6~表 16-17。

表 16-6 要因确认表

<table>
<tr><td>确认内容一</td><td colspan="2">控制电缆烧坏</td><td>确认结论</td><td colspan="2">是要因</td></tr>
<tr><td>确认过程</td><td colspan="5">本厂焦炉装煤采用顶装煤，煤车在装煤过程中，炉口打开，下部是将近 1000℃的炭化室，煤车在受煤过程中火苗蹿出，极易将控制电缆烧坏。
影响出炉时间统计表<table><tr><td>影响原因</td><td>影响出炉时间/min</td><td>占主要影响时间（1001min）比例/%</td></tr><tr><td>控制电缆烧坏</td><td>174</td><td>17.4</td></tr></table></td></tr>
<tr><td>确认标准</td><td colspan="2">其影响时间占主要影响时间的比例≤10%</td><td>确认结果</td><td colspan="2">占主要影响时间的 17.4%</td></tr>
<tr><td>确认方法</td><td>统计影响时间</td><td>确认人</td><td>兰正宏</td><td>确认时间</td><td>2014 年 4 月 3~7 日</td></tr>
</table>

表 16-7　要因确认表

<table>
<tr><td>确认内容二</td><td colspan="2">未定期检查措施</td><td>确认结论</td><td colspan="2">非要因</td></tr>
<tr><td>确认过程</td><td colspan="5">查看《焦化厂设备点检操作规程》，没有查到油管检查使用周期。调查了油管没有定期检查影响出炉的时间。
影响出炉时间统计表
<table>
<tr><th>影响原因</th><th>影响出炉时间/min</th><th>占主要影响时间（1001min）比例/%</th></tr>
<tr><td>操作规定不具体</td><td>46</td><td>4.6</td></tr>
</table></td></tr>
<tr><td>确认标准</td><td colspan="2">其影响时间占主要影响时间的比例≤10%</td><td>确认结果</td><td colspan="2">占主要影响时间的 4.6%</td></tr>
<tr><td>确认方法</td><td>统计影响时间</td><td>确认人</td><td>李海云</td><td>确认时间</td><td>2014 年 4 月 10~14 日</td></tr>
</table>

表 16-8　要因确认表

<table>
<tr><td>确认内容三</td><td colspan="2">未规定检查频次</td><td>确认结论</td><td colspan="2">非要因</td></tr>
<tr><td>确认过程</td><td colspan="5">查看《焦化厂岗位技术操作规程》及《焦化厂设备点检操作规程》，没有查到关于螺旋及限位的检查规定；调查了未规定检查频次的因素影响出炉时间。
影响出炉时间统计表
<table>
<tr><th>影响原因</th><th>影响出炉时间/min</th><th>占主要影响时间（1001min）比例/%</th></tr>
<tr><td>螺旋坏</td><td>29</td><td>2.9</td></tr>
<tr><td>限位坏</td><td>20</td><td>2.0</td></tr>
<tr><td>合计</td><td>49</td><td>4.9</td></tr>
</table></td></tr>
<tr><td>确认标准</td><td colspan="2">其影响时间占主要影响时间的比例≤10%</td><td>确认结果</td><td colspan="2">占主要影响时间的 4.9%</td></tr>
<tr><td>确认方法</td><td>统计影响时间</td><td>确认人</td><td>王丽桥</td><td>确认时间</td><td>2014 年 4 月 15~17 日</td></tr>
</table>

表 16-9　要因确认表

<table>
<tr><td>确认内容四</td><td colspan="2">轨道调整不及时</td><td>确认结论</td><td colspan="2">非要因</td></tr>
<tr><td>确认过程</td><td colspan="5">查看班组设备点检台账，从台账记录可以看出，三车的轨道调整不及时的因素影响出炉时间如下表所示。
影响出炉时间统计表
<table>
<tr><th>影响原因</th><th>影响出炉时间/min</th><th>占主要影响时间（1001min）比例/%</th></tr>
<tr><td>装煤车轨道影响</td><td>13</td><td>1.3</td></tr>
<tr><td>拦焦车轨道影响</td><td>24</td><td>2.4</td></tr>
<tr><td>熄焦车轨道影响</td><td>30</td><td>3.0</td></tr>
<tr><td>合计</td><td>67</td><td>6.7</td></tr>
</table></td></tr>
<tr><td>确认标准</td><td colspan="2">其影响时间占主要影响时间的比例≤10%</td><td>确认结果</td><td colspan="2">占主要影响时间的 6.7%</td></tr>
<tr><td>确认方法</td><td>统计影响时间</td><td>确认人</td><td>任秀平</td><td>确认时间</td><td>2014 年 4 月 20~23 日</td></tr>
</table>

表 16-10　要因确认表

<table>
<tr><td>确认内容五</td><td colspan="2">导套旋转窜缸</td><td>确认结论</td><td colspan="2">非要因</td></tr>
<tr><td>确认过程</td><td colspan="5">查看班组设备点检台账，从台账记录可以看出，三车的轨道调整不及时的因素影响出炉时间如下表所示。
影响出炉时间统计表<table><tr><td>影响原因</td><td>影响出炉时间/min</td><td>占主要影响时间（1001min）比例/%</td></tr><tr><td>导套旋转窜缸</td><td>44</td><td>4.4</td></tr></table></td></tr>
<tr><td>确认标准</td><td colspan="2">其影响时间占主要影响时间的比例≤10%</td><td>确认结果</td><td colspan="2">占主要影响时间的 4.4%</td></tr>
<tr><td>确认方法</td><td>统计影响时间</td><td>确认人</td><td>胡守清</td><td>确认时间</td><td>2014 年 4 月 24~26 日</td></tr>
</table>

表 16-11　要因确认表

<table>
<tr><td>确认内容六</td><td colspan="2">顶杆坏</td><td>确认结论</td><td colspan="2">非要因</td></tr>
<tr><td>确认过程</td><td colspan="5">查看生产班影响时间台账，从台账可以看出，因除尘顶杆坏的因素影响出炉时间如下表所示。
影响出炉时间统计表<table><tr><td>影响原因</td><td>影响出炉时间/min</td><td>占主要影响时间（1001min）比例/%</td></tr><tr><td>顶杆坏</td><td>47</td><td>4.7</td></tr></table></td></tr>
<tr><td>确认标准</td><td colspan="2">其影响时间占主要影响时间的比例≤10%</td><td>确认结果</td><td colspan="2">占主要影响时间的 4.7%</td></tr>
<tr><td>确认方法</td><td>统计影响时间</td><td>确认人</td><td>张秀荣</td><td>确认时间</td><td>2014 年 4 月 28~30 日</td></tr>
</table>

表 16-12　要因确认表

<table>
<tr><td>确认内容七</td><td colspan="2">链条损坏</td><td>确认结论</td><td colspan="2">要因</td></tr>
<tr><td>确认过程</td><td colspan="5">查看维护组工作日志，从记录中可以看出，因刮板机链条磨损的因素影响出炉时间如下表所示。
影响出炉时间统计表<table><tr><td>影响原因</td><td>影响出炉时间/min</td><td>占主要影响时间（1001min）比例/%</td></tr><tr><td>链条磨损</td><td>185</td><td>18.5</td></tr></table></td></tr>
<tr><td>确认标准</td><td colspan="2">其影响时间占主要影响时间的比例≤10%</td><td>确认结果</td><td colspan="2">占主要影响时间的 18.5%</td></tr>
<tr><td>确认方法</td><td>统计影响时间</td><td>确认人</td><td>李海云</td><td>确认时间</td><td>2014 年 5 月 4~8 日</td></tr>
</table>

表 16-13　要因确认表

<table>
<tr><td>确认内容八</td><td colspan="2">检修不到位</td><td>确认结论</td><td colspan="2">非要因</td></tr>
<tr><td>确认过程</td><td colspan="5">查看生产班影响时间台账，从台账可以看出，因检修不到位的因素影响出炉时间如下表所示。
影响出炉时间统计表
<table>
<tr><td>影响原因</td><td>影响出炉时间/min</td><td>占主要影响时间（1001min）比例</td></tr>
<tr><td>装煤车磨电道</td><td>18</td><td>1.8</td></tr>
<tr><td>拦焦车磨电道</td><td>21</td><td>2.1</td></tr>
<tr><td>熄焦车磨电道</td><td>29</td><td>2.9</td></tr>
<tr><td>熄焦泵坏</td><td>23</td><td>2.3</td></tr>
<tr><td>合计</td><td>91</td><td>9.1</td></tr>
</table></td></tr>
<tr><td>确认标准</td><td colspan="2">其影响时间占主要影响时间的比例≤10%</td><td>确认结果</td><td colspan="2">占主要影响时间的 9.1%</td></tr>
<tr><td>确认方法</td><td>统计影响时间</td><td>确认人</td><td>郭有林</td><td>确认时间</td><td>2014 年 5 月 10~15 日</td></tr>
</table>

表 16-14　要因确认表

<table>
<tr><td>确认内容九</td><td colspan="2">轮对损坏</td><td>确认结论</td><td colspan="2">要因</td></tr>
<tr><td>确认过程</td><td colspan="5">查看生产班影响时间台账，从台账可以看出，因熄焦车轮对坏的因素影响出炉时间如下表所示。
影响出炉时间统计表
<table>
<tr><td>影响原因</td><td>影响出炉时间/min</td><td>占主要影响时间（1001min）比例/%</td></tr>
<tr><td>轮对坏</td><td>206</td><td>20.6</td></tr>
<tr><td>合计</td><td>206</td><td>20.6</td></tr>
</table></td></tr>
<tr><td>确认标准</td><td colspan="2">其影响时间占主要影响时间的比例≤10%</td><td>确认结果</td><td colspan="2">占主要影响时间的 20.6%</td></tr>
<tr><td>确认方法</td><td>统计影响时间</td><td>确认人</td><td>兰正宏</td><td>确认时间</td><td>2014 年 5 月 16~20 日</td></tr>
</table>

表 16-15　要因确认表

<table>
<tr><td>确认内容十</td><td colspan="2">齿条损坏</td><td>确认结论</td><td colspan="2">非要因</td></tr>
<tr><td>确认过程</td><td colspan="5">查看生产班影响时间台账，从台账可以看出，因熄焦车齿条磨损的因素影响出炉时间如下表所示。
影响出炉时间统计表
<table>
<tr><td>影响原因</td><td>影响出炉时间/min</td><td>占主要影响时间（1001min）比例/%</td></tr>
<tr><td>齿条磨损</td><td>40</td><td>4.0</td></tr>
<tr><td>合计</td><td>40</td><td>4.0</td></tr>
</table></td></tr>
<tr><td>确认标准</td><td colspan="2">其影响时间占主要影响时间的比例≤10%</td><td>确认结果</td><td colspan="2">占主要影响时间的 4.0%</td></tr>
<tr><td>确认方法</td><td>统计影响时间</td><td>确认人</td><td>李海云</td><td>确认时间</td><td>14 年 5 月 22~23 日</td></tr>
</table>

表 16-16　要因确认表

确认内容十一	风缸窜风		确认结论	非要因	
确认过程	查看生产班影响时间台账，从台账可以看出，因熄焦车风缸窜风的因素影响出炉时间如下表所示。				
确认标准	其影响时间占主要影响时间的比例≤10%		确认结果	占主要影响时间的 4.2%	
确认方法	统计影响时间	确认人	任秀平	确认时间	2014 年 5 月 25~27 日

影响出炉时间统计表

影响原因	影响出炉时间/min	占主要影响时间（1001min）比例/%
风缸窜风	42	4.2
合计	42	4.2

表 16-17　要因确认表

确认内容十二	责任心不强		确认结论	非要因	
确认过程	小组成员在 2014 年 5 月 15~31 日现场抽查了熄焦车司机的实际操作，从现场操作可以看出，部分司机在走车过程中操作的随意性较大，查 *K*2 系数和因责任心不强影响出炉的时间统计如下表所示。（见下表）从上表看出此项因素对 *K*2 影响不大。				
确认标准	其影响时间占主要影响时间的比例≤10%		确认结果	占主要影响时间的 2.7%	
确认方法	现场抽查及查看记录	确认人	钱彦霞	确认时间	2014 年 5 月 28~31 日

*K*2 系数统计表

15 日		22 日		27 日		31 日	
夜班	白班	夜班	白班	夜班	白班	夜班	白班
0.84	0.81	0.83	0.84	0.83	0.80	0.84	0.79

影响出炉时间统计表

影响原因	影响出炉时间/min	占主要影响时间（1001min）比例/%
责任心不强	27	2.7
合计	27	2.7

从上表看出此项因素对 *K*2 影响不大。

表 16-6~表 16-17 显示要因为：（1）控制电缆烧坏；（2）链条损坏；（3）轮对损坏。

六、制定对策计划

小组成员经过以上要因分析，确定要因后，制定对策计划见表 16-18。

表 16-18　对策计划表

序号	要因	对策	目标	措施	完成时间	完成地点	负责人
1	控制电缆烧坏	加强装煤工序的操作	减少控制电缆损坏频率，使其月影响时间≤90min	（1）优化装煤操作，制定生产考核制度； （2）建立设备倒换制度； （3）优化揭盖机防火性能	6 月 30 日	生产现场及操作室	杜玉海 王跃欣 李海云

续表 16-18

序号	要因	对策	目标	措施	完成时间	完成地点	负责人
2	链条损坏	更换新型备件	减少该设备影响时间，使其影响时间≤90min	（1）加强设备点检，建立设备点检制度，发现链条跑偏时及时调整； （2）更换新型的链条备件	7 月 26 日	生产现场	王跃欣 杜玉海 郭有林
3	轮对损坏	加强设备点检及润滑	减少该设备影响时间，使其≤100min	（1）加强轨道点检，及时调整轨道； （2）按照润滑周期及时加油； （3）车厢定修时对轮对全面检修	8 月 25 日	生产现场	杜玉海 王跃欣 任秀平

七、对策实施

（一）加强装煤工序操作

（1）改善装煤时炉口着火冒烟，优化装煤操作，提高除尘效果。

原操作步骤：装煤车对位→除尘顶杆打开接口翻板→连接管对接→揭盖机揭盖→装煤导套与炉口对接→打开闸板→给出除尘电机起高转信号→启动螺旋装煤。

特点：原设计操作步骤主要从节能方面考虑，所以在启动螺旋装煤前除尘给出电机起高转信号。通过跟踪分析电机起高转时间与装煤车除尘吸力变化趋势得出一个结论，除尘电机从开始起高转到装煤车除尘吸力开始增加之间的反应时间约为 1min，效果明显滞后。

为改变上述现象，6 月 6 日小组建议，车间同意后将原有操作步骤进行优化，即装煤车对位→除尘顶杆打开接口翻板→连接管对接→除尘给信号→揭盖机揭盖→装煤导套与炉口对接→打开闸板→启动螺旋装煤；煤车司机严格控制装煤时间减少煤车在炉口停留时间，减少控制电缆烧坏影响时间。

（2）建立设备倒换制度，保证设备的维护检修时间。

6 月 13 日由小组成员建议，基于设备对炼焦生产操作的影响，车间领导同意后，建立了主要设备倒换制度，即每月 16 日倒用备用设备，将停下的设备进行检修维护，加强设备包保制度及三级点检制度，减少设备的影响时间。

（3）优化揭盖机防火性能。

1）揭盖机的防火性能比较差，经常出现烧坏电器线路及油管等情况，影响揭盖机的正常使用。

2）6 月 19 日由直桥组自主设计了“遮挡+保护”的模式提高设备的耐火性能，即采用可拆式遮火挡板遮挡（如图 16-4 所示）为防止装煤车在装煤过程中从炉口冒出的火焰直接将电气线路和油管烧损，采用了电气线路和油管外穿耐火管，并使用石棉布给耐火管穿一层“隔热服”的方式。可拆式遮火挡板由使用 3mm 厚的铁板制作“◡”挡火板和在其上安装的一层石棉板来组成遮火挡板，石棉板的作用是防止挡火板因火烤温度高而损坏电气线路及油管，并在挡火板下沿采用防滑边的设计，上端设有两个使用螺丝固定的圆孔。装煤车揭盖机遮火挡板结构图见图 16-4。

效果验证：实施后小组成员对控制电缆影响出炉时间进行统计，控制电缆影响出炉时间统计表见表 16-19。

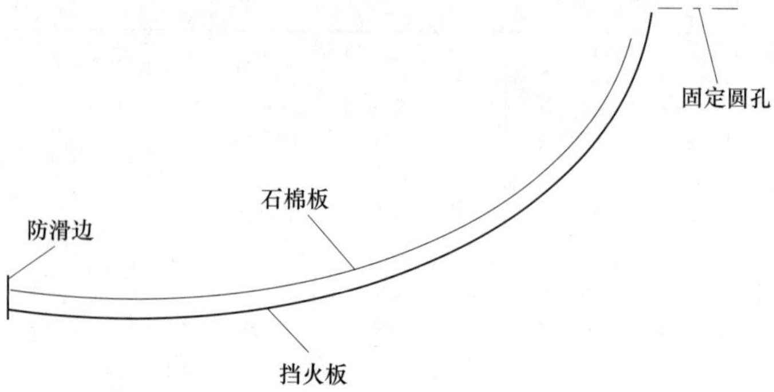

图 16-4　装煤车揭盖机遮火挡板结构图

表 16-19　控制电缆影响出炉时间统计表

日期	2013 年搓盖机月平均影响时间	2014 年 7 月旬平均		
		7 月 10 日	7 月 20 日	7 月 31 日
影响时间/min	174	25	15	20

（二）更换新型备件

（1）7 月 5 日小组建议建立刮板机设备点检周期，即每天一次对刮板机链条及整机进行点检，发现链条跑偏时及时由车间专业人员调整刮板机后尾轮和链轮，避免链条卡死造成刮板机机身及链条的损坏。

（2）7 月 18 日基于刮板机链条频繁损坏对炼焦生产操作的影响，小组成员建议，厂设备管理科同意，将刮板机链条更换为新型双耳链条，该链条更换后大大降低了链条磨损频率，减少了因刮板机链条损坏对生产操作的影响。

效果验证：实施后小组成员李海云对刮板机链条影响出炉时间进行统计，刮板机链条影响出炉时间统计表见表 16-20。

表 16-20　刮板机链条影响出炉时间统计表

日期	2013 年刮板机链条月平均影响时间	2014 年 8 月旬平均		
		8 月 10 日	8 月 20 日	8 月 30 日
影响时间/min	185	23	12	23

（三）加强设备点检及润滑

（1）8 月 8 日小组成员建议车间同意后建立熄焦车轮加油考核制度，并建立轮对加油台账，设专人不定时抽查，以约束维修人员定时加油，该制度严格按照润滑周期及时对熄焦车轮对加油。

（2）8 月 15 日小组成员建议车间建立熄焦车轨道及轮对点检制度，即要求生产班司机班多次点检，专业点检技术人员每天一次进行专业点检，发现轨道松动时及时调整轨道，紧固轨道螺栓，保证轨道竖直，以避免对熄焦车轮造成损坏，另外发现轮对有问题时利用检修时间及早停车处理。

（3）在熄焦车车厢定修时，对轮对进行全面检修，及时更换轮对，拆检替下的轮对，保证熄焦车轮对正常使用，同时车间与厂机动科协商将熄焦车轮对作为每次车厢修理的定修项目。

效果验证：实施后小组成员郭有林对熄焦车轮影响出炉时间进行统计，熄焦车轮对影响出炉时间统计表见表 16-21。

表 16-21　熄焦车轮对影响出炉时间统计表

日期	2013 年熄焦车轮对月平均影响时间	2014 年 9 月旬平均		
		9 月 10 日	9 月 20 日	9 月 30 日
影响时间/min	206	24	25	21

八、效果检查

（一）效果确认

对 2014 年 9 月的 K2 系数完成情况进行统计，结果显示，K2 系数由原来的 0.77 提高到目前的 0.84，设备影响时间也由原来的 1240min 减少到 391min，我们实现了目标。

（二）效益计算

设备影响时间由原来的月均 1240min 减少到 391min，2014 年 9 月 1 号、2 号焦炉计划炉数 3097 炉，实际出炉数 3108 炉，超产 11 炉，每炉装煤量按 28.5t，结焦率按 0.79 计算，多产焦炭 $11\times28.5\times0.79=247$t。

按公司焦炭增产利润 100 元/ t 计算，预计年效益为：

$$247\times100\times12=29.6 \text{ 万元}$$

备品备件及材料消耗：新刮板链条两套，27085 元/套；保温套管 2000 元/m^2，年消耗量 10m^2。共需投资：

$$2\times27085+10\times2000=74170 \text{ 元}\approx7.4 \text{ 万元}$$

小组贡献率 80%，年增效益为：

$$(29.6-7.4)\times0.8=17.76 \text{ 万元}$$

经济效益评价见表 16-22。

表 16-22　经济效益评价表

直接效益/万元		间接效益	效益评价
增加焦炭产量的收入	29.6	活动后，保证焦炉炉况的稳定和使用寿命，实现了焦炉生产系统操作的稳定	财务部门核实宣钢焦化厂关于成果报告中的效益计算方法正确，数据真实可靠，特此证明
备品投入费用	7.4		
年增效	22.2		
小组贡献（80%）	17.76		

（三）社会效益

通过本次 QC 小组活动，1 号、2 号焦炉的 $K2$ 系数有了很大程度的提高，并且较活动前波动减小了很多，对于保证焦炉炉况的稳定和使用寿命提供了有力的保障；实现了焦炉生产系统操作的稳定，避免了焦炉烟的泄漏，为保护环境、减少污染做出贡献。

九、巩固措施

（一）标准化制定

为了巩固取得的成绩，本小组在对策实施过程中，将有效的措施纳入标准化，标准化制定表见表 16-23。

表 16-23 标准化制定表

序号	标 准 化	纳入标准	负责人	完成时间
1	改变装煤操作过程	《第一炼焦车间日常生产管理制度》	杜玉海	9 月 13 日
2	建立了主要设备倒换制度即每月 16 日倒用备用设备	《第一炼焦车间设备倒换制度》	任秀平	9 月 18 日
3	建立刮板机点检制度	《第一炼焦车间设备点检标准》	李海云	9 月 23 日
4	建立熄焦车轮加油考核制度	《第一炼焦车间日常生产管理考核制度》	王跃欣	9 月 28 日

（二）巩固期检查

对 10 月巩固期内的炉温系数进行调查，结果显示，$K2$ 系数达到 0. 844，我们的措施有效。

十、总结回顾

（1）小组成员对现状进行积极分析，找到问题后利用 QC 工具和专业知识，进行原因分析，找到问题所在并加以解决，使 $K2$ 系数达到厂考核指标，并为焦炉炉况的稳定和寿命的延长提供了有力的保障，虽然困难较多，但经过大家不懈的努力，最终还是出色地完成了活动的目标。本次 QC 小组活动，激发了大家的工作热情，鼓舞了大家的工作士气，也使本小组在工作中积累了丰富的实践经验。

（2）小组成员自我评价；活动后，小组成员的质量意识、个人技术能力、运用 QC 工具能力、团体协作能力、分析问题能力、解决问题能力都得到一定的提高。

十一、今后打算

小组成员通过本次活动，找到了影响 $K2$ 系数的原因，但焦炭质量在本厂的生产中是至关重要的，明年将围绕《降低焦炭水分》开展下一轮 PDCA 循环。

案例 17　提高含氮钢 VD 终点［N］合格率

河钢集团石钢公司炼钢厂

谷志敏　王文辉　杨立永

一、小组简介

石钢公司炼钢厂飞跃 QC 小组成立于 2018 年 11 月，属于攻关型 QC 小组，基本情况见表 17-1。

表 17-1　飞跃 QC 小组基本情况

小组名称	飞跃 QC 小组		
注册编号	LG15	活动次数	10 次
课题类型	攻关型	成立时间	2018 年 11 月
小组成员	10 人	出勤率	98%
活动时间	2018 年 11 月~2019 年 3 月		

（制表：杨立永；时间：2018 年 11 月 1 日）

小组共有 10 名成员，理论、经验丰富，技术组成合理，基本情况见表 17-2 和图 17-1。

表 17-2　飞跃 QC 小组组员基本情况

序号	姓名	年龄	学历	职称	组内分工
1	谷志敏	34	研究生	工程师	组长
2	陈良勇	40	大专	工程师	组员
3	黄　鑫	27	本科	工程师	组员
4	王文辉	47	本科	工程师	组员
5	高　鹏	35	本科	工程师	组员
6	杨立永	38	研究生	高级工程师	组员
7	秦　影	46	研究生	工程师	组员
8	霍彦朋	33	研究生	工程师	组员
9	马玉强	36	本科	工程师	组员
10	祖　衡	33	本科	工程师	组员

（制表：谷志敏；时间：2018 年 11 月 1 日）

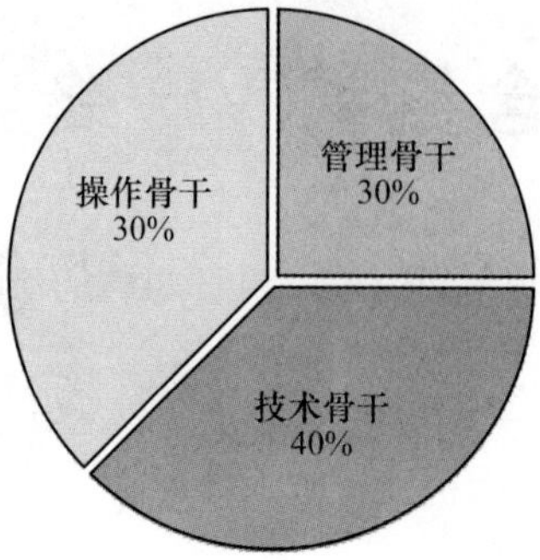

图 17-1 飞跃 QC 小组技术构成
（制图：谷志敏；时间：2018 年 11 月 1 日）

二、活动计划

飞跃 QC 小组根据实际情况及公司要求制定小组活动计划，基本情况见表 17-3。

表 17-3 飞跃 QC 小组活动计划表

阶段	活动步骤	活动时间：2018 年 11 月 1 日 ~ 2019 年 3 月 31 日							
		11 月 1 ~ 10 日	11 月 11 ~ 20 日	11 月 21 ~ 12 月 1 日	12 月 1 ~ 15 日	12 月 16 ~ 31 日	1 月 1 ~ 31 日	2 月 1 ~ 28 日	3 月 1 ~ 31 日
P	选择课题	- - -➤ ——➤							
	现状调查目标设定		- - -➤ ——➤						
	原因分析			- - -➤ ——➤					
	要因确认				- - -➤ ——➤				
	制定对策					- - -➤ ——➤			
D	对策实施						- - -➤ ——➤		
C	效果检查							- - -➤ ——➤	
A	巩固措施及下一步打算								- - -➤ ——➤

注：- - -➤ 计划进度；——➤ 实际进度。

（制表：谷志敏；时间：2018 年 11 月 11 日）

三、课题选择

课题选择过程见图 17-2。

四、现状调查

为找出影响 VD 终点［N］合格率的关键因素，进行了现状调查。石钢含氮钢冶炼工艺简介：LF 精炼（吹氮提高氮含量）→VD 到站→抽真空（从标准大气压到 67Pa）→真空处理（67Pa 下底吹氩气搅拌）→破空（从 67Pa 恢复到大气压）→软吹→连铸机浇铸。

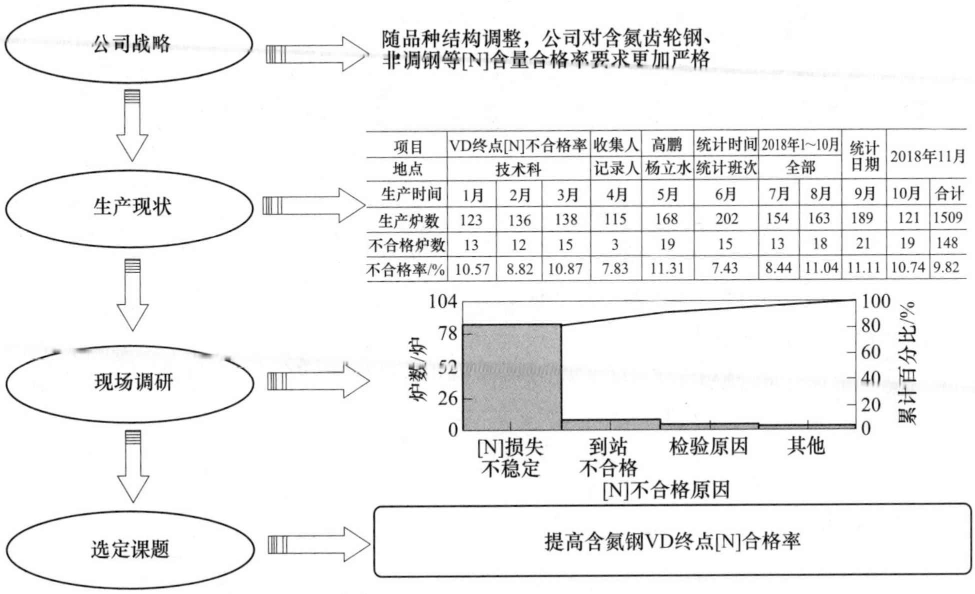

图 17-2 课题选择过程

生产含氮钢时，主要通过 LF 冶炼过程吹氮气来提高钢中［N］含量，再经 VD 真空处理后浇铸。由于 VD 终点［N］含量不合格，造成含氮齿轮、非调钢等［N］不合格而改判或判废，不仅增加了生产成本，还严重影响交货期。

本小组统计了 2018 年 1~10 月含氮钢 VD 终点［N］数据，发现 VD 终点［N］合格率仅为 90.19%，见表 17-4 和图 17-3。

表 17-4 含氮钢 VD 终点［N］含量合格率分析

月份	1	2	3	4	5	6	7	8	9	10	平均
生产炉数/炉	123	136	138	115	168	202	154	163	189	121	150.9
合格炉数/炉	110	124	123	112	149	187	141	145	168	102	136.1
合格率/%	89.43	91.18	89.13	97.39	88.69	92.57	91.56	88.96	88.89	84.3	90.19

（制表：杨立永；时间：2018 年 11 月 4 日）

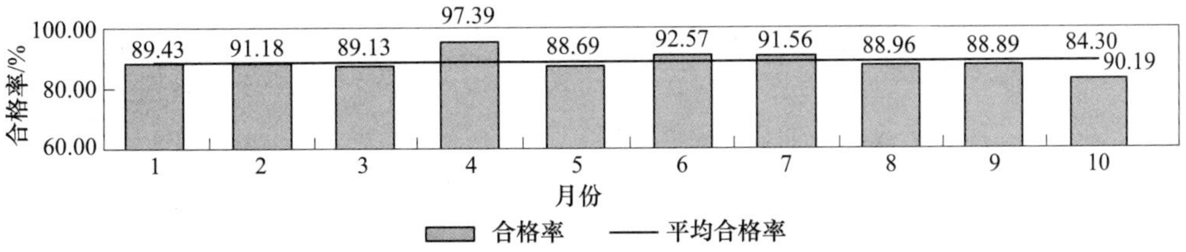

图 17-3 含氮钢 VD 终点［N］含量合格率分析

（制图：杨立永；时间：2018 年 11 月 4 日）

小组成员对 2018 年 1~10 月 104 炉 VD 终点［N］不合格的影响因素进行分析，见表 17-5 和图 17-4。

表 17-5 VD 终点氮不合格原因分析

序号	[N] 不合格原因	炉数/炉	百分比/%	累计百分比/%
1	VD [N] 损失不稳定	85	81.73	81.73
2	到站不合格	9	8.65	90.38
3	检验原因	6	5.77	96.15
4	其他	4	3.85	100.00
合 计		104	100.00	—

（制表：杨立永；时间：2018 年 11 月 13 日）

从图 17-4 可以看出 VD 过程 [N] 损失不稳定占 [N] 成分不合格原因的 81.7%，是造成含氮钢 VD 终点 [N] 不合格的“症结”。因此，只要解决此问题，即可大大提高 VD 终点 [N] 合格率。

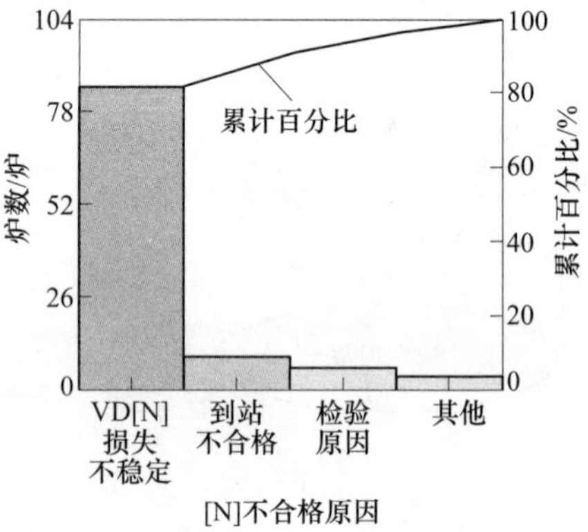

图 17-4 VD 终点氮不合格原因分析

（制图：杨立永；时间：2018 年 11 月 13 日）

五、设定目标

为了稳定齿轮钢、非调质钢等含氮钢终点氮合格率，提高产品性能，满足客户对含氮齿轮钢、非调质钢高性能的追求，必须提高 VD 终点 [N] 合格率。通过对前 10 个月 VD 终点 [N] 数据分析，平均合格率仅为 90.19%，4 月 VD 终点 [N] 合格率最优为 97.39%。经小组成员讨论，目标设定为：VD 终点 [N] 合格率≥97%。

六、原因分析

小组成员运用头脑风暴法，对问题症结点进行讨论，对造成 VD 过程 [N] 损失不稳定的原因用“鱼骨图”进行分析，共得出 10 条末端因素，见图 17-5。

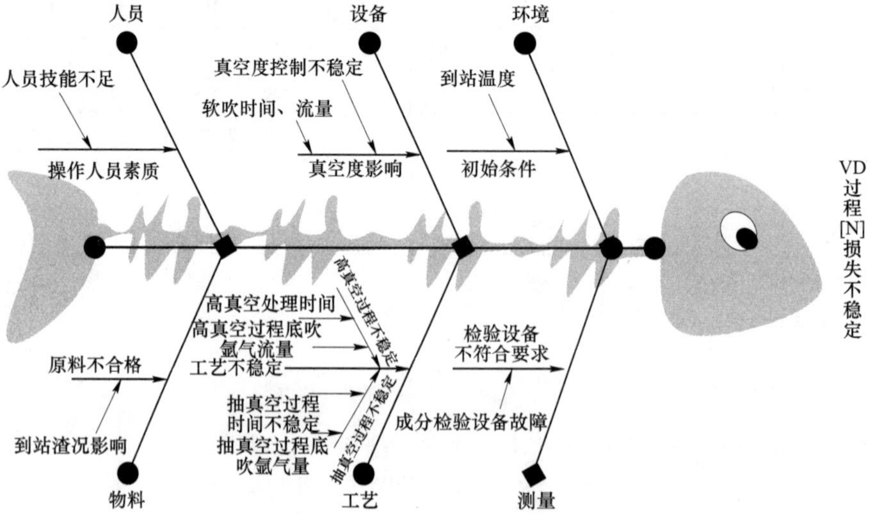

图 17-5 VD 过程 [N] 损失不稳定的原因分析鱼骨图

（制图：霍彦朋；时间：2018 年 11 月 25 日）

七、要因确认

根据鱼骨图找出的 10 条末端因素，小组制定要因确认计划，见表 17-6。

表 17-6　VD 过程 [N] 损失不稳定原因分析

序号	末端因素	确认内容	确认方法	标准	负责人	完成时间
1	人员技能不足	员工设备参数调试水平	检查培训记录、调机技能	合格率 100%	谷志敏	12 月 10 日
2	真空度不平稳	高真空处理时真空度	真空度曲线	《技术操作规程》	陈良勇	12 月 10 日
3	抽真空过程底吹氩气量	抽真空过程底吹氩不平稳	吹氩曲线	《技术操作规程》	高鹏	12 月 10 日
4	抽真空过程时间不稳定	抽空时间波动水平	真空曲线	《技术操作规程》	杨立永	12 月 10 日
5	高真空处理时间	高真空保持时间	真空曲线	《作业标准》	秦影	12 月 10 日
6	到站渣况影响	到站渣况	现场观察	《作业标准》	霍彦朋	12 月 10 日
7	到站温度不稳定	VD 到站温度波动	现场测量	《技术操作规程》	马玉强	12 月 10 日
8	高真空过程底吹氩气流量	底吹氩气量波动	吹氩曲线	《技术操作规程》	祖衡	12 月 10 日
9	软吹时间、流量	软吹时间、流量控制稳定	吹氩曲线	《技术操作规程》	霍彦朋	12 月 10 日
10	成分检验设备故障	成分检测结果正常、误差符合规定	现场检测	《作业标准》	马玉强	12 月 10 日

（制表：秦影；时间：2018 年 11 月 25 日）

（一）人员技能不足

VD 操作工定期组织专项培训，上岗前均需要进行理论考试及实操验收，有严格的评定标准，见表 17-7。从图 17-6 可以看出，白中夜班次操作无明显差异，且 VD 操作工为有着丰富经验的熟练工，全部具有职业技能证书。其中初级工 1 名，中级工 2 名，高级工 8 名，技师 4 名，高级技师 1 名，技能结构见图 17-6。

表 17-7　VD 操作工考试成绩统计

班别	成绩/分		合计/分
	理论	实践	
甲班	49	46	95
乙班	48	48	96
丙班	48	48	96
丁班	48	49	97
95 分以上	9 人		
80 分以上	3 人		
合格率	100%		

（制表：王文辉；时间：2018 年 11 月 26 日）

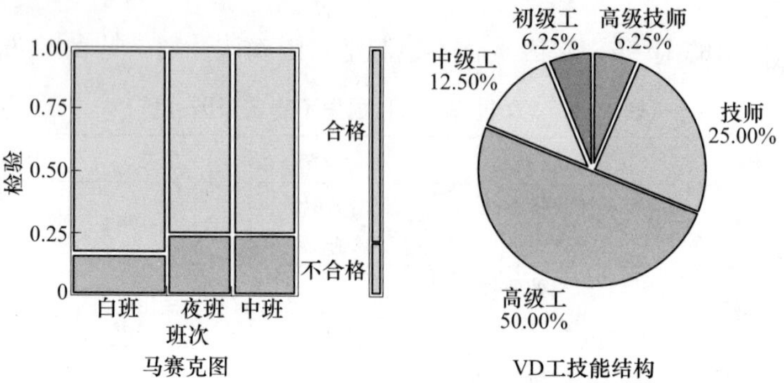

图 17-6　VD 现场员工技能分析
（制图：王文辉；时间：2018 年 11 月 26 日）

结论：员工培训均符合公司标准且合格率为 100%，经过工艺、质控、技术科实操验收，VD 操作岗员工均达到上岗要求，所以人员技能不足为非要因。

（二）真空度不平稳

11 月 21 日~12 月 1 日经过本小组成员现场跟踪检查，未发现真空度不稳定现象，见表 17-8。

表 17-8　VD 生产过程真空度检查

序号	日期	工作真空度/Pa	真空度波动	真空度反弹	检查人
1	11 月 21 日	67	无	无	祖衡
2	11 月 22 日	67	无	无	祖衡
3	11 月 23 日	67	无	无	祖衡
4	11 月 24 日	67	无	无	祖衡
5	11 月 25 日	67	无	无	祖衡
6	11 月 26 日	67	无	无	祖衡
7	11 月 27 日	67	无	无	祖衡
8	11 月 28 日	67	无	无	祖衡
9	11 月 29 日	67	无	无	祖衡
10	11 月 30 日	67	无	无	祖衡
11	12 月 1 日	67	无	无	祖衡

（制表：马玉强；时间：2018 年 11 月 26 日）

通过 10 天的现场跟踪调查，发现工作真空度（67Pa）控制稳定，未出现真空度波动和真空度反弹，真空度不稳定，为非要因。

（三）抽真空过程底吹氩气量不稳定

11 月 21 日~12 月 1 日，本小组成员抽查 50 炉抽真空过程底吹氩气流量数据进行分析，见图 17-7。

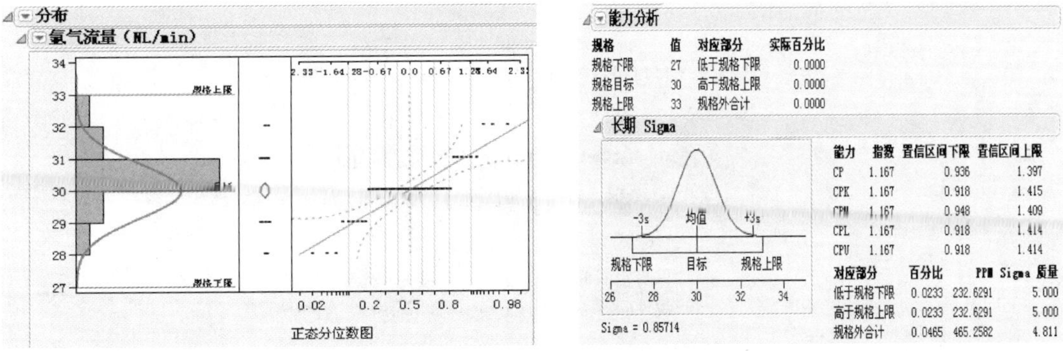

图 17-7 VD 抽真空过程氩气流量

（制图：祖衡；时间：2018 年 11 月 26 日）

结论：实际抽真空过程中，底吹氩气流量较稳定，波动范围（标准状态）为±3L/min，因此抽真空过程底吹氩气流量不稳定为非要因。

（四）抽真空过程时间不稳定

11 月 21 日~12 月 1 日，本小组成员抽取 50 炉抽真空所用时间进行分析，见表 17-9 和图 17-8。

表 17-9 VD 抽真空时间分析 （min）

抽真空过程时间不稳定	
项目	数值
最小抽真空时间	5
最大抽真空时间	11
平均抽真空时间	7.12

（制表：秦影；日期：2018 年 11 月 26 日）

结论：VD 实际抽真空过程中，抽真空时间波动较大，因此抽真空过程时间不稳定为要因。

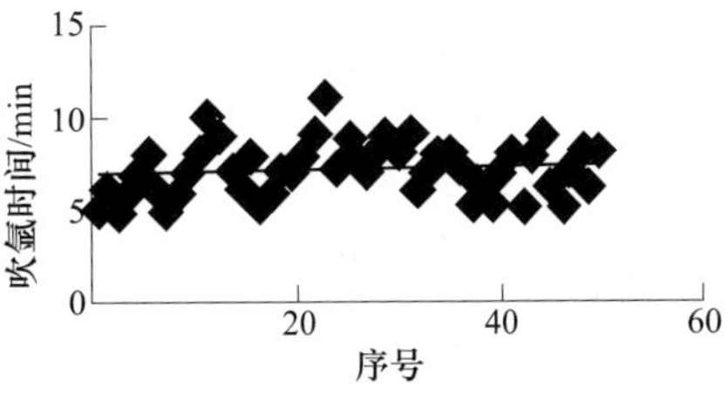

图 17-8 VD 抽真空时间分析

（制图：秦影；时间：2018 年 11 月 26 日）

（五）高真空处理时间不稳定

本小组成员统计了 50 炉高真空处理时间数据，并对 100 炉含氮钢高真空处理时间与［N］损失量之间的关系进行了分析，见图 17-9 和图 17-10。

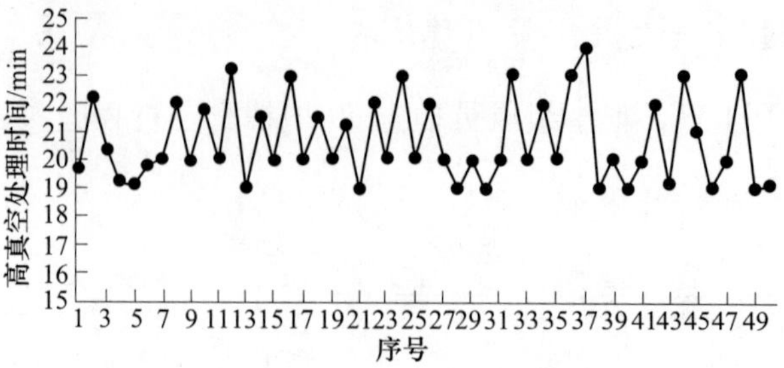

图 17-9 实际生产 VD 高真空处理时间

（制图：秦影；时间：2018 年 11 月 26 日）

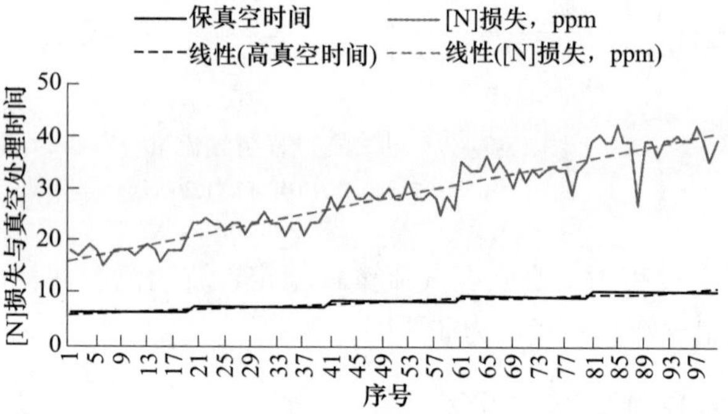

图 17-10 ［N］损失与真空处理时间的关系

（制图：秦影；时间：2018 年 11 月 26 日）

结论：通过图 17-9 和图 17-10 可知，实际生产过程中，高真空时间波动较大，且［N］损失量随高真空处理时间的增长而增加，因此高真空处理时间不稳定为要因。

（六）到站渣况影响

11 月 21 日~12 月 1 日，本小组成员对 100 炉 VD 到站顶渣情况进行跟踪、观察与测量，见表 17-10 和图 17-11。

表 17-10 VD 到站渣况分析表（炉）

渣样	
软吹 5min 不板结炉数	99
软吹 5min 板结炉数	1
粘渣厚度≥2mm 炉数	98
粘渣厚度<2mm 炉数	2

（制表：高鹏；时间：2018 年 11 月 27 日）

结论：由表 17-10 可知，VD 到站顶渣不合格炉数仅有 3 炉，因此到站渣况为非要因。

精炼渣渣况判断标准

一、 VD 到站渣况判断标准渣况良好的判断标准

1、 软吹 5 分钟后不板结

2、 粘渣渣厚度小于 2mm

3、 走 VD 的钢种：从开始抽真空到抽到 67Pa 时间，C≤0.60%钢种抽到 67Pa 时间<7 分钟，C>0.60%钢种抽到 67Pa 时间<8 分钟。

二、 VD 终渣况判断标准

1、 取渣样无气泡

2、 VD 软吹出现大于 10 道的波浪纹——渣况优

3、 VD 软吹出现 5~10 道的波浪纹——渣况良

4、 VD 软吹无波浪纹——渣况差

图 17-11　VD 到站渣况及判断标准

（制图：高鹏；时间：2018 年 11 月 2 日）

（七）VD 到站温度不稳定

11 月 21 日~12 月 1 日经过本小组成员现场跟踪检查，共检查 50 炉 VD 到站温度，见图 17-12。

结论：从抽查的 50 炉数据看，实际生产过程中，VD 到站温度控制稳定，偏差都在±3℃以内，符合工艺要求，所以 VD 到站温度为非要因。

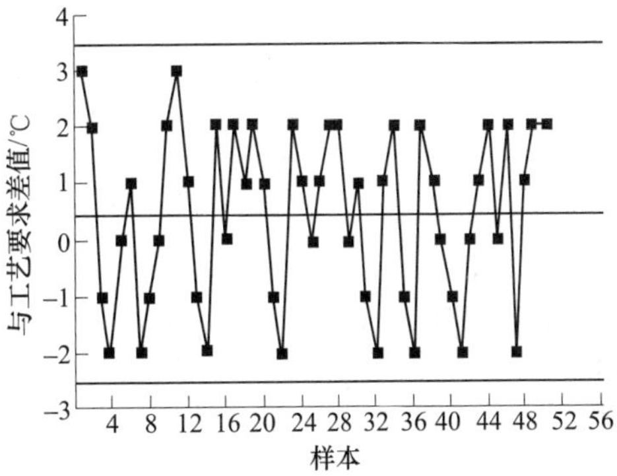

图 17-12　VD 实际到站温度分析

（制图：杨立永；时间：2018 年 11 月 27 日）

（八）高真空过程底吹氩气流量

对同一钢种的 30 炉钢进行实验研究，平均分成 3 组。VD 到站氮含量相同，在 VD 高真空处理时，分别采用不同的底吹 Ar 流量（20L/min，30L/min，40L/min），真空处理 10min 后，对［N］含量进行分析检测，结果见表 17-11。

表 17-11　高真空过程底吹氩气流量分析

编号	初始氮含量 /%	底吹 Ar 流量 /L · min^{-1}	吹 Ar 搅拌时间 /min	终点平均氮含量 /%	平均氮损失量 /% · min^{-1}
1	181.4×10^{-4}	20	10	159.4×10^{-4}	2.2×10^{-4}
2	182.1×10^{-4}	30	10	147.1×10^{-4}	3.5×10^{-4}
3	181.9×10^{-4}	40	10	131.9×10^{-4}	5×10^{-4}

（制表：霍彦朋；时间：2018 年 11 月 27 日）

结论：从实验数据看，VD 过程［N］损失量随底吹 Ar 流量增加而增大，所以 VD 高真空过程底吹氩气流量为要因。

（九）软吹时间、流量

选取同一钢种中的 50 炉，分成 10 组，进行软吹实验分析。软吹时间分别设定为

20min、30min，软吹流量（标准状态）分别设定为 20L/min、25L/min、30L/min、35L/min、40L/min，统计软吹过程［N］损失情况。实验设计见表 17-12。

表 17-12　VD 软吹时间、流量实验设计表

实验组别	软吹流量（标准状态）/L · min^{-1}	软吹时间/min
1	20	20
2	20	30
3	25	20
4	25	30
5	30	20
6	30	30
7	35	20
8	35	30
9	40	20
10	40	30

（制表：马玉强；时间：2018 年 11 月 28 日）

对 10 组数据分析整理，结果如图 17-13 所示。

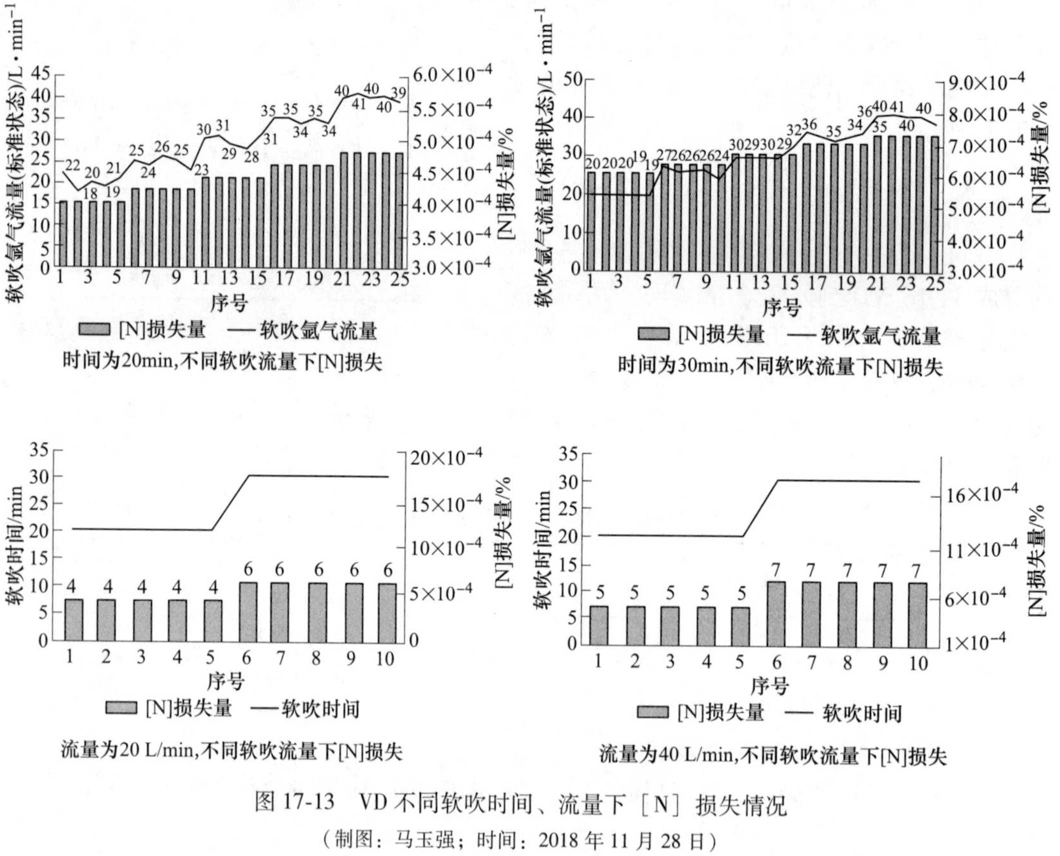

图 17-13　VD 不同软吹时间、流量下［N］损失情况

（制图：马玉强；时间：2018 年 11 月 28 日）

结论：由图 17-13 可知，软吹时间和软吹流量对［N］损失量影响很小，为 $(1\sim2)\times10^{-4}\%$，为非要因。

(十) [N] 成分检验设备故障

11~12 月对氧氮氢光谱仪进行定时检查，未发现设备故障现象，见表 17-13。

表 17-13 化验室检验设备检查表

日期	11 月 1~20 日	11 月 21~30 日	12 月 1~20 日
甲班	√	√	√
乙班	√	√	√
丙班	√	√	√
丁班	√	√	√
检查次数	60	40	50
故障次数	0	0	0

（制表：王文辉；时间：2018 年 11 月 28 日）

结论：由表 17-13 可知，[N] 成分检验设备故障为非要因。

综合上述分析，影响 VD 过程 [N] 损失不稳定的要因为：

(1) 抽真空时间不稳定；

(2) 高真空处理时间不稳定；

(3) 高真空氩气流量不稳定。

八、制定对策

小组依据 5W1H 原则，制定如下详细的对策，见表 17-14。

表 17-14 小组活动要因确认表

序号	主要原因	对策	目标	措施	负责人	完成时间	地点
1	抽真空时间不稳定	稳定抽真空时间	抽真空时间偏差不超过 1min	(1) 同一类钢种，严格执行同一抽空工艺，从而保证抽真空时间稳定、统一	陈良勇及其他组员	12 月 3 日	炼钢厂
				(2) 优化 VD 抽真空过程底吹 Ar 制度，降低抽真空过程 [N] 损失			
				(3) 根据含氮量高低、渣碱度等参数，分钢种制定抽真空工艺控制			
2	高真空处理时间不稳定	稳定高真空处理时间	高真空处理时间偏差不超过 1min	(1) 在满足工艺要求的前提下，收窄高真空处理工艺要求，将高真空时间波动控制在 1min 以内	谷志敏及其他组员	12 月 3 日	炼钢厂
				(2) 为了稳定高真空处理 [N] 损失，高真空处理时间严格按工艺要求控制			
3	高真空氩气流量不稳定	稳定高真空底吹流量	底吹氩气流量偏差（标准状态）不超过 3L/min	(1) 优化 VD 高真空处理过程底吹制度，收窄高真空处理时底吹氩气工艺要求，将底吹氩气流量波动（标准状态）控制在 3L/min 以内，在 VD 高真空处理过程中，严格按照工艺要求控制底吹氩气流量和压力，从而稳定过程 [N] 损失	杨立永及其他组员	12 月 3 日	炼钢厂
				(2) 分钢种完善 LF 吹氮工艺和 VD 处理工艺，根据 VD 过程 [N] 含量数据分析，修订、完善 LF 吹氮制度和 VD 真空处理工艺			

（制表：霍彦朋；时间：2018 年 12 月 25 日）

九、对策实施

（一）稳定抽真空时间

同一钢种，抽真空时间稳定、统一，稳定在±1min；在抽真空过程中，关闭底吹 Ar 气；根据含氮量高低、渣碱度等参数，分钢种制定抽真空工艺控制。通过以上措施的实施，稳定了抽真空过程［N］损失，见图 17-14。

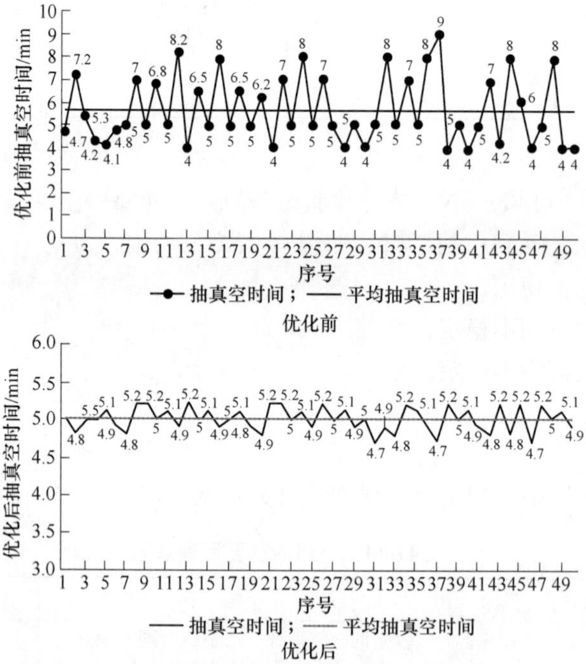

图 17-14　工艺优化前后 VD 抽真空时间情况

（制图：马玉强；时间：2019 年 1 月 20 日）

（二）稳定高真空处理时间

（1）在满足工艺要求的前提下，收窄高真空处理工艺要求，将高真空时间波动控制在±0. 5min 以内。

（2）为了稳定高真空处理［N］损失，高真空处理时间严格按工艺要求控制，见图 17-15。

（三）稳定高真空底吹流量

（1）优化 VD 高真空处理过程底吹制度，收窄高真空处理时底吹氩气工艺要求，将底吹氩气流量波动（标准状态）控制在±1. 5L/min 以内，在 VD 高真空处理过程中，严格按照工艺要求控制底吹氩气流量和压力，从而稳定过程［N］损失。

（2）分钢种完善 LF 吹氮工艺和 VD 处理工艺，根据 VD 过程［N］含量数据分析，修订、完善 LF 吹氮制度和 VD 真空处理工艺。工艺优化前后高真空底吹氩情况见图 17-16。

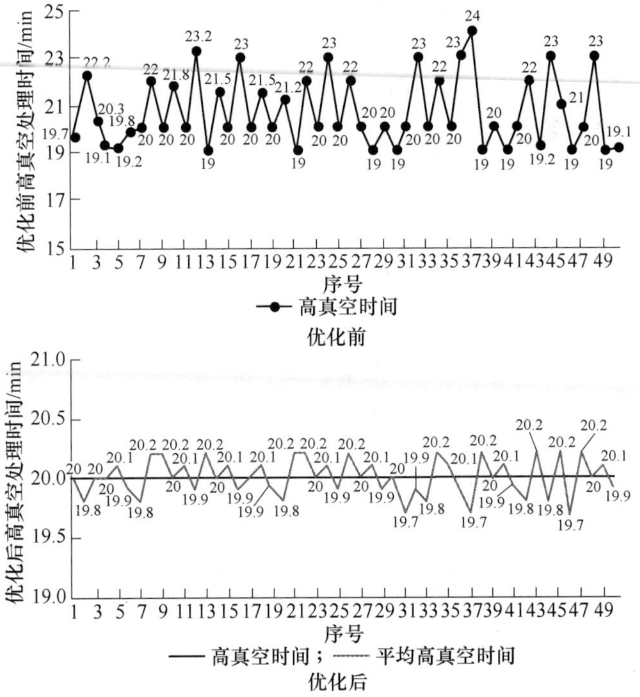

图 17-15　工艺优化后 VD 高真空处理时间

（制图：秦影；时间：2019 年 1 月 20 日）

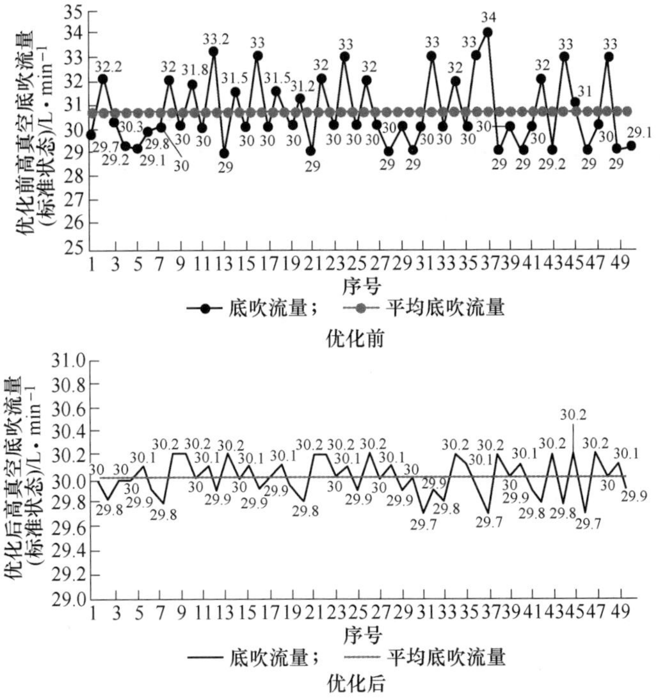

图 17-16　工艺优化前后高真空底吹氩情况

（制图：秦影；时间：2019 年 1 月 21 日）

十、效果检查

小组对 2019 年 1 月 1 日~2 月 28 日生产的含氮钢，［N］含量不合格数据进行统计分析，分析结果显示，VD 过程［N］损失不稳定已不再是［N］不合格的主要因素，见图 17-17。

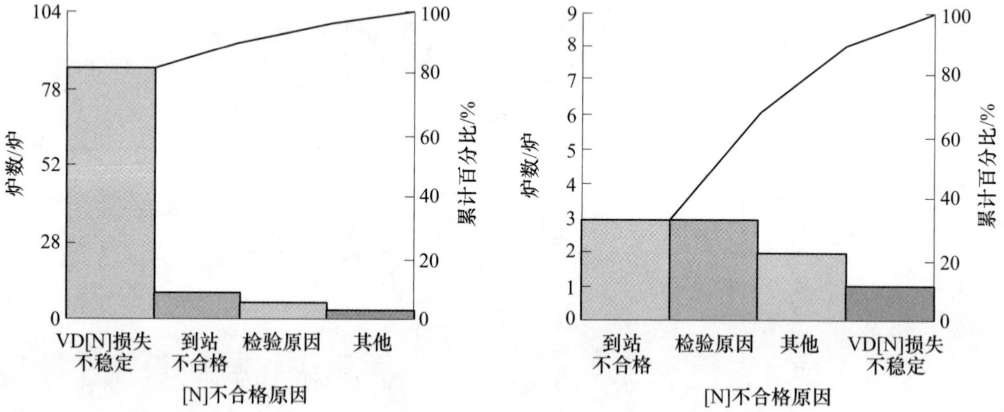

图 17-17　工艺优化前后影响［N］不合格的主要因素变化

（制图：高鹏；时间：2019 年 2 月 28 日）

经过小组计算，目前 VD 终点［N］合格率为 97.57%，高于小组的制定的目标值，目标达成，见表 17-15。

表 17-15　小组活动效果检查表

项　目	1 月	2 月	合计
生产炉数/炉	150	210	360
不合格炉数/炉	3	6	9
合格炉数/炉	147	204	351
合格率/%	98	97.14	97.57

（制表：霍彦朋；时间：2019 年 2 月 28 日）

效益核算：活动后含氮钢合格率由 90.19%提高至 97.57%，此外还计算了对策实施后 1~2 月的经济效益以及提高的质量效益。

（一）经济效益

活动产出：360 炉×(97.57%−90.19%)×60t/炉×1000 = 159.4 万元（1~2 月内产品［N］不合格按改判处理所节约成本）。

活动投入：0 元。

经济效益=活动产出−活动投入=159.4 万元−0=159.4 万元。

年经济效益=159.4 万元×6=956.4 万元。

（二）无形效益

（1）［N］含量影响含氮齿轮钢、非调质钢使用性能，本次活动提高了产品氮含量合格率，提高了含氮齿轮钢、非调质钢产品质量，大大提高了客户的认同性。

（2）提高了品种钢成分控制精度，保证了［N］成分控制的稳定性。

（3）因［N］成分不合格造成的市场质量异议的减少，提高了市场信誉度及用户满意度，为抢占市场份额、培育公司的忠诚用户群创造了条件。

（4）质量的提升满足了向高端用户供钢要求，为石钢抢占高端市场提供技术支持。

十一、效果巩固

小组成员将采取的有效措施进行巩固，落实到作业指导书，见表 17-16 和图 17-18。

表 17-16 小组活动巩固措施表

序号	项目	固化方式	固化详细内容	责任人	完成时间
1	抽真空时间不稳定	参数固化	同一钢种抽真空时间稳定在±1min	陈良勇	2019 年 3 月 3 日
		文件固化	作业指导书	谷志敏	
2	高真空处理时间不稳定	参数固化	同一钢种高真空处理时间稳定在±0.5min	高鹏	2019 年 3 月 3 日
		文件固化	作业指导书	杨立永	
3	高真空底吹氩气流量不稳定	参数固化	底吹氩气流量（标准状态）控制在（30±1.5）L/min	马玉强	2019 年 3 月 3 日
		文件固化	作业指导书	祖衡	

（制表：高鹏；时间：2019 年 3 月 5 日）

7. LF：（1）LF 执行吹氮工艺，底吹 N_2 气 20min。	7. LF：（1）LF 执行吹氮工艺，底吹 N_2 气 20min。
8. VD：（1）VD 破空取样分析，A1 线计算喂入，成品 A1 内控下限控制；（2）软吹变流量。	8. VD：（1）VD 破空取样分析，A1 线计算喂入，成品 A1 内控下限控制； （2）抽真空时间稳定在（5±1）min； （3）抽真空过程关闭氩气，到真空后再开氩气； （4）高真空底吹流量（标准状态）控制住 30±1.5L/min； （3）保真空时间（6.5±0.5）min。

图 17-18 巩固措施落实到钢种作业指导书

（制图：高鹏；时间：2019 年 3 月 5 日）

对 2019 年 3 月 1 日~6 月 25 日生产的含氮钢［N］含量数据进行统计，结果显示效果显著且稳定，见图 17-19。

十二、总结与下一步打算

通过此次小组活动，成员的工作热情、团队意识、创新意识等都有很大提高，见表 17-17 和图 17-20。

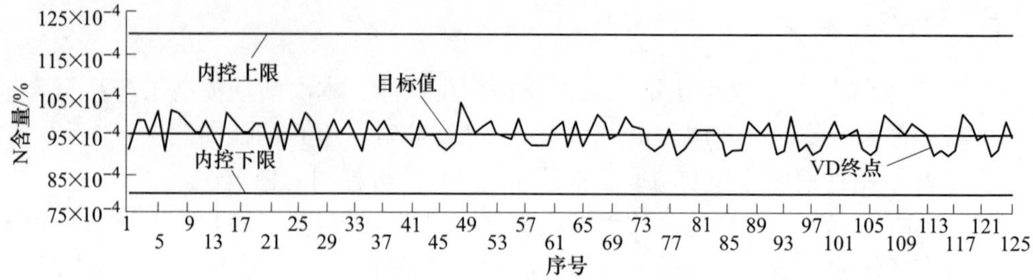

图 17-19　3 月 1 日~6 月 25 日 VD 终点［N］控制水平
（制图：高鹏；时间：2019 年 3 月 28 日）

表 17-17　飞跃 QC 小组成员自我评价表

评审内容	活动前/分	活动后/分
改进意识	80	90
团队精神	70	90
质量意识	75	80
创新意识	60	80
QC 工具运用技巧	50	85
工作热情	80	90

（制表：王文辉；时间：2019 年 3 月 30 日）

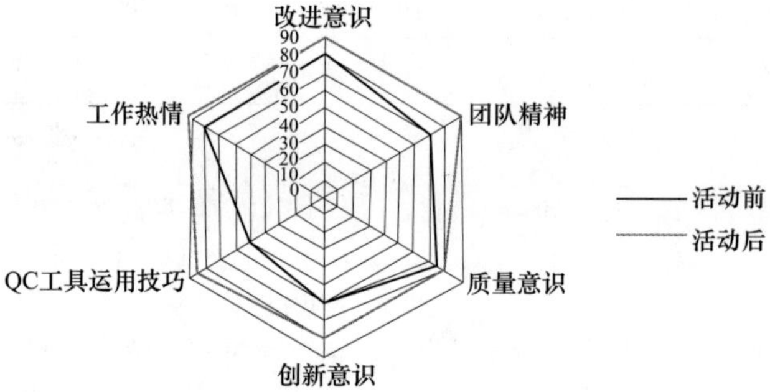

图 17-20　飞跃 QC 小组成员自我评价
（制图：王文辉；时间：2019 年 3 月 30 日）

通过本次 QC 活动，本小组成功地提高了含氮钢 VD 终点［N］合格率。下一步，将重点围绕提高品种钢纯净度进行攻关，为提高公司高端齿轮钢、轴承钢竞争力做贡献。

案例18　降低高铬钢轧辊工作层内杂波发生率

中钢集团邢台机械轧辊有限公司铸铁分厂

吴　昊　王军书　宋子印

一、企业简介

中钢集团邢台机械轧辊有限公司是目前全球产销规模最大、综合实力最强的专业轧辊研发和制造企业。公司产品国内市场综合占有率为50%，冷、热连轧用各类轧辊国内市场占有率为70%。公司与宝钢、鞍钢、武钢、本钢、首钢等国内知名钢铁企业建立了长期战略合作关系，产品出口到美国、日本、欧洲、南亚等五十多个国家和地区。

二、课题背景

高铬钢轧辊一般用于热连轧机的粗轧前段，本公司高铬钢轧辊质量非常稳定，抗事故能力强，在用户中享有极高的声誉。随着钢板轧制质量的细分升级，钢板的轧制速度越来越快，表面质量要求也越来越高，部分产品在使用过程中出现的细微辊身缺陷，已经影响到高品质钢板的轧制质量。该表面缺陷只能进行磨削去除，这样不仅增加了使用成本，而且对用户的轧辊使用计划造成一定影响。

通过超声波检测仪进行双晶检测后发现，高铬钢轧辊表面缺陷与工作层内杂波有对应关联，当杂波高度大于30%时会出现该缺陷。

三、小组简介

中钢邢机铸铁分厂浇铸指挥QC小组成立于2011年3月，本次活动时间从2017年3月至11月，属于现场型QC小组，现有QC小组成员8人。小组成员情况见表18-1。

表18-1　小组概况

序号	姓名	性别	年龄	小组职务	文化程度	技术等级或职务	备注
1	王军书	男	44	组长	大　专	责任技师	组织策划
2	宋子印	男	45	副组长	本　科	高级工程师	效果检查
3	王增强	男	36	组员	本　科	工程师	资料整理
4	冯文辉	男	41	组员	大　专	首席技师	现场指导
5	王玉刚	男	47	组员	中　技	责任技师	方案实施
6	王延强	男	36	组员	大专	助理工程师	方案实施
7	王　浩	男	32	组员	中　技	高级技师	协助实施
8	巩立强	男	37	组员	大　专	技师	协助实施

续表 18-1

序号	姓名	性别	年龄	小组职务	文化程度	技术等级或职务	备注
小组成立日期			2011 年 3 月		成果发表及受表彰记录		
注册登记日期			2011 年 3 月		级别	发表时间	受表彰记录
小组人员变动、注销记录：冯文辉、王玉刚、王增强调离技术中心 QC 小组					部级	2018 年 9 月 29 日	2018 年首届央企 QC 成果二等奖

小组针对本次 QC 活动制定了计划表，如表 18-2 所示。

表 18-2 课题活动计划表

项次	3 月	4 月	5 月	6 月	7 月	8 月	9 月	10 月	11 月
选择课题	→								
现状调查	→	→							
设定目标		→							
分析原因		→							
要因确认		→							
制定对策		→	→						
实施对策			→	→	→	→	→	→	
效果检查								→	→
巩固措施									→
下步打算									→

注：- - -→ 计划进度；——→ 实际进度。

四、课题选择

（一）产品现状

2016 年部分高铬钢轧辊因工作层内杂波偏高导致在用户使用过程中出现表面缺陷，对一些用户的高品质钢板轧制造成一定影响。

（二）选题依据

（1）公司要求以满足用户使用要求为目的，以提高产品质量为本质，以高性能、零缺陷的产品赢得用户满意。

（2）公司质量目标是以市场为导向，解决高铬钢轧辊工作层内杂波问题，提升产品的适用性，满足用户不断提高的质量要求。

因此本小组确定课题为《降低高铬钢轧辊工作层内杂波发生率》。

五、现状调查

（1）返查 2016 年 10 月 ~2017 年 2 月生产的高铬钢轧辊工作层内杂波情况，如表 18-3 所示。

表 18-3　高铬钢轧辊杂波统计表

杂波高度/%	>30	15~30	<15	0	合计
支数	47	22	27	20	116
比例/%	40.5	19.0	23.3	17.2	100.0

统计结果显示，工作层内杂波高度>30%的比例为 40.5%，不能满足高品质钢板轧制要求。2017 年 1~2 月因工作层内杂波高，不满足用户使用要求导致高铬钢产品废品率为 5%。

（2）对 47 支工作层内杂波高度>30%的高铬钢产品取环备样进行检测。其中 26 支产品检测有明显氧化倾向，而熔炼过程氧含量并未超标，缺陷定性为二次氧化。

另外，其他检测有 15 支存在宏观夹杂物，属于浇铸进渣。

将检测结果与生产过程数据进行比对和统计，并绘制了主次问题的统计表和排列图，如表 18-4 和图 18-1 所示。

表 18-4　高铬钢工作层内杂波主次问题分析

序号	项次	频数/支	比例/%	累计比例/%
1	二次氧化	26	55.30	55.3
2	浇铸进渣	15	31.90	87.2
3	熔炼氧化	3	6.40	93.6
4	操作不规范	2	4.30	97.9
5	其他	1	2.10	100
合　计		47	100.00	

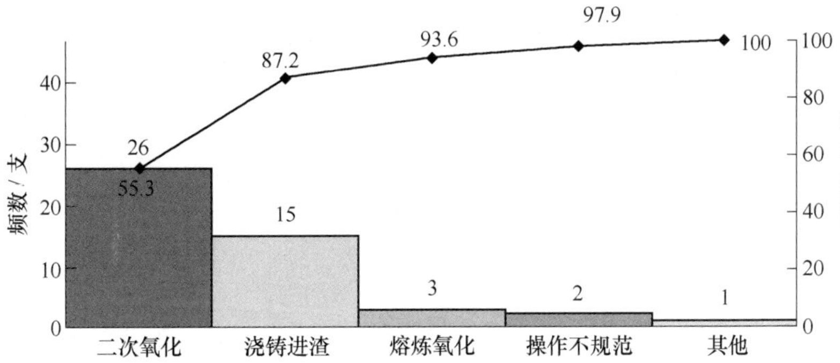

图 18-1　工作层内杂波主次问题排列图

六、目标设定

通过现场调查，本着满足用户使用要求为目的的原则，本小组将高铬钢轧辊工作层内杂波发生率由 40.5%降为 15%作为本课题目标，如图 18-2 所示。

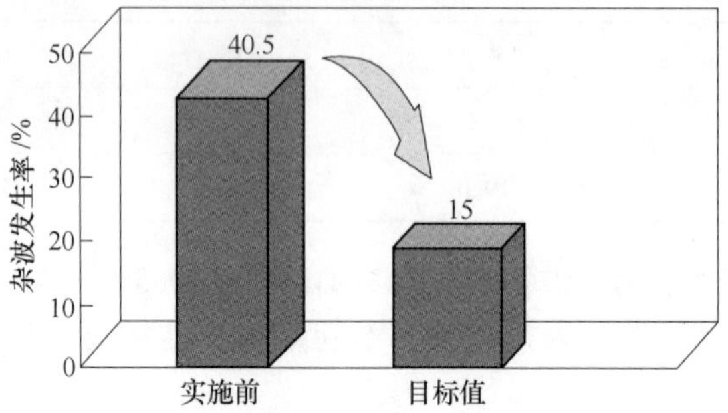

图 18-2　课题目标

七、目标可行性分析

（1）2016 年 8 月高铬钢工作层内杂波发生率曾达到 13.8%的历史最好水平。

（2）按照二八定律，主要问题解决 80%，杂波发生率为

$$[47\text{支}\times 87.2\%\times(1-80\%)+47\text{支}\times(1-87.2\%)]/116\text{支}=12.2\%$$

因此得出结论：主要问题解决 80%，理论杂波发生率可降为 12.2%，满足 15%的课题目标，目标可以实现。

八、原因分析

小组成员对主要问题进行了共同分析，绘制关联图，如图 18-3 所示。

图 18-3　高铬钢工作层内杂波影响因素关联图

小组成员对找出的 10 条末端因素进行整理，并制定了要因确认计划表，如表 18-5 所示。

表 18-5　要因确认计划表

序号	末端因素	确认内容	确认标准	确认方法	确认时间	负责人
1	炉衬浸蚀严重	炉衬是否被浸蚀	无浸蚀	测量炉衬直径	2017 年 4 月 18 日	巩立强
2	包内净渣时间短	净渣时间	符合工艺	数据统计	2017 年 4 月 18 日	王延强
3	浇铸过程氧化	钢水在型腔的铺展速度	单位时间内铺展厚度	数据核算	2017 年 4 月 20 日	宋子印
4	炉后氧化	钢水中的氧含量变化	$\leqslant 120\times10^{-4}\%$	取样检测	2017 年 4 月 20 日	宋子印
5	净渣剂覆盖不好	是否覆盖良好	裸露面积(350±50)mm	专用工具测量	2017 年 4 月 22 日	王玉刚
6	型腔清理不彻底	是否干净	无杂物	现场检测	2017 年 4 月 25 日	巩立强
7	浇铸用包质量	包况是否干净	可视化用包标准	现场检测	2017 年 4 月 25 日	巩立强
8	浇铸系统清理不彻底	是否有异物	高压风吹扫无异物	现场检测	2017 年 4 月 26 日	王浩
9	浇铸系统耐材质量	有无裂纹、粗糙、掉粒	外观光洁完整	现场检测	2017 年 4 月 27 日	王军书
10	端盖掉粒	高速转后端盖外观	无掉粒，掉块	试转后检测	2017 年 4 月 27 日	王浩

九、要因确认

（一）要因确认一

炉衬浸蚀严重，确认过程见表 18-6。

表 18-6　炉衬浸蚀严重的确认过程

确认内容	炉衬浸蚀严重		确认方法	生产前后炉衬直径变化	
确认人	巩立强		确认时间	2017 年 4 月 18 日	
确认标准	炉衬在生产前后消耗量小于 1.5mm				
确认情况	对两种炉衬生产高铬钢轧辊的直径变化进行现场实测及前期数据返查				
高铬钢产品不同炉衬消耗量统计					
项目	生产炉次	生产前直径/mm	生产后直径/mm	消耗量/mm	平均消耗/mm
酸性炉衬	8	940	966. 1	26. 1	3. 26
中性炉衬	7	936	945. 2	9. 2	1. 31

通过统计可以看出，酸性炉衬平均消耗量为 3. 26mm，中性炉衬为 1. 31mm，两者相差 2. 48 倍。如图 18-4 所示，两种炉衬消耗量存在明显差距。被浸蚀的炉衬原料增加了对钢水的污染程度，浇铸过程不能及时上浮造成工作层内杂波。

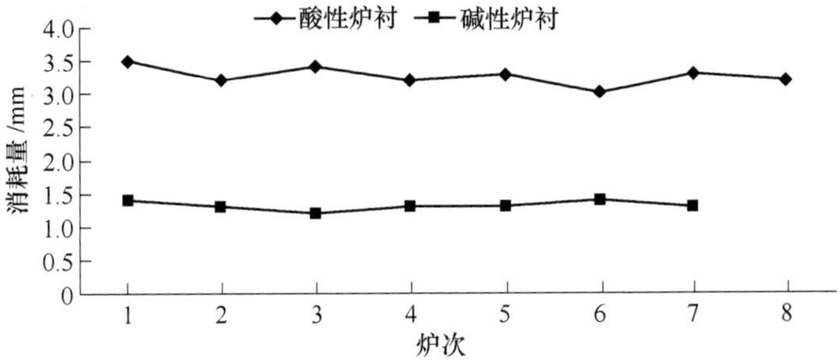

图 18-4　两种炉衬消耗量对比

结论：是要因。

（二）要因确认二

包内净渣时间短，确认过程见表 18-7。

表 18-7 包内净渣时间短的确认过程

确认内容	包内净渣时间短	确认方法	数据统计
确认人	王延强	确认时间	2017 年 4 月 18 日
确认标准	炉后控温净渣时间满足工艺要求		
确认情况	返查前期高铬钢产品生产数据		
统计 2016 年 7 月至 2017 年 3 月生产的所有高铬钢轧辊，外层钢水的炉后净渣时间均在工艺要求范围，吹氩面积也均符合规程要求，如右图所示	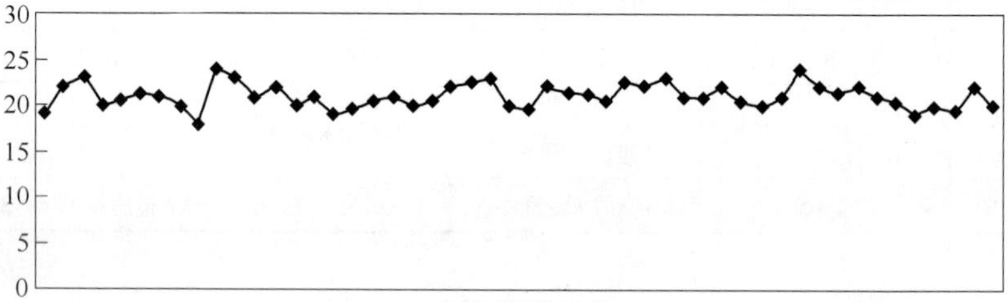吹氩时间统计图		

结论：不是要因。

（三）要因确认三

浇铸过程氧化，确认过程见表 18-8。

表 18-8 浇铸过程氧化的确认过程

确认内容	浇铸过程氧化	确认方法	数据核算
确认人	宋子印	确认时间	2017 年 4 月 20 日
确认标准	钢水单位时间内在型腔的铺展厚度		
确认情况	对不同规格高铬钢产品生产过程进行对比差异，主要存在随冷型内径、长度不同，核算单位时间内冷型铺展厚度也不同。也就是说，冷型内径越大，长度越长，在浇口直径不变的前提下，钢液质点从浇铸系统开口到达冷型两端用时越长，被空气氧化倾向越大		

对不同规格产品单位时间的浇铸厚度进行汇总统计。型腔单位时间铺展速度统计如表 18-9 所示。

表 18-9 型腔铺层速度统计表

冷型直径/mm	冷型长度/mm	浇口直径/mm	铺展速度/mm · min^{-1}
790	2050	A	92.5
850	2060	A	90
990	2260	A	62.8
1040	2500	A	60.2
1250	2350	A	48.8
1300	2060	A	46.6

由表 18-9 可以看出，在浇口直径不变时，由于产品规格发生变化，表面积越大则单位时间的铺展厚度越小。在浇速一定的前提下，同样的浇注厚度需要的时间也越长。钢水经过空气的时间越长，被氧化的概率就越大。

结论：是要因。

（四）要因确认四

炉后氧化，确认过程见表 18-10。

表 18-10　炉后氧化的确认过程

确认内容	炉后氧化	确认方法	取样检测
确认人	宋子印	确认时间	2017 年 4 月 20 日
确认标准	钢水中的氧含量≤120×10^{-4}%		
确认情况	对连续生产的 20 支高铬钢产品分别进行出炉前后氧含量检测比对		

感应炉冶炼高铬钢炉料时钢中氧含量易偏高，最高可达 280×10^{-4}%。而钢中氧含量水平高低，间接代表了钢中夹杂物水平。过高的钢中氧含量造成合金元素的烧损，同时生成的氧化物夹杂很容易留在钢中，形成工作层杂波。因此，在熔炼和出炉前均有脱氧措施，将钢中氧含量控制在 120×10^{-4}%以下。

经过对 20 支高铬钢轧辊出炉前后氧含量检测比对，所有产品的生产严格执行工艺操作标准，氧含量满足≤120×10^{-4}%的标准要求。

结论：不是要因。

（五）要因确认五

净渣剂覆盖不好，确认过程见表 18-11。

表 18-11　净渣剂覆盖不好的确认过程

确认内容	净渣剂覆盖不好	确认方法	专用工具测量
确认人	王玉刚	确认时间	2017 年 4 月 22 日
确认标准	钢水在控温过程中裸露面积控制在（350±50）mm		
确认情况	现场检查，视频回放		

如图 18-5 所示，高铬钢轧辊作为重点产品，在生产过程中各工序均有专人进行跟踪监督。各工序严格按照《高铬钢轧辊工序控制要点》执行，底漏包出炉后净渣剂覆盖有特制工具进行测量，钢水裸露面积和净渣剂覆盖均符合要求。

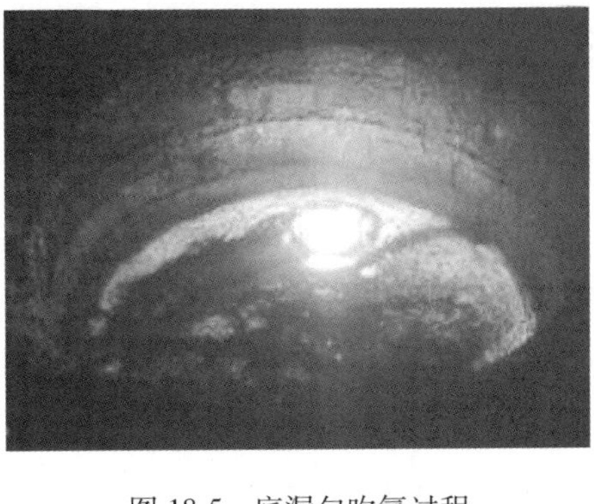

图 18-5　底漏包吹氩过程

结论：不是要因。

（六）要因确认六

型腔清理不彻底，确认过程见表 18-12。

表 18-12 型腔清理不彻底的确认过程

确认内容	型腔清理不彻底	确认方法	现场检测
确认人	巩立强	确认时间	2017 年 4 月 25 日
确认标准	型腔内干净无杂物		
确认情况	现场检查		

通过对现场型腔清理情况的检查及前期产品的历史视频回放，高铬钢产品在冷型高速试转后均进行细致认真的型腔清理，两端用高压风进行杂物抽取。

如图 18-6 所示，型腔清理符合标准要求。

结论：不是要因。

图 18-6 型腔清理

（七）要因确认七

浇铸用包质量，确认过程见表 18-13。

表 18-13 浇铸用包质量的确认过程

确认内容	浇铸用包质量	确认方法	可视化用包标准
确认人	巩立强	确认时间	2017 年 4 月 25 日
确认标准	包况干净，出炉前洗包，包底无杂物		
确认情况	现场检查		

如图 18-7 和图 18-8 所示，出炉前浇铸包的包况，内壁及包底干净，符合用包标准。

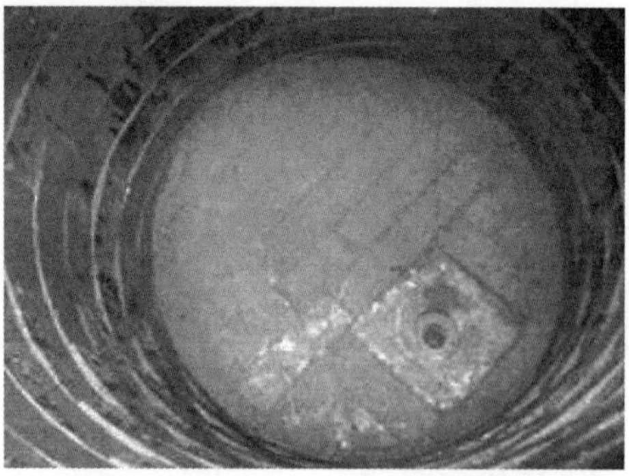

图 18-7 烘烤前浇铸包包况

图 18-8 烘烤后浇铸包包况

结论：不是要因。

（八）要因确认八

浇铸系统清理不彻底，确认过程见表 18-14。

表 18-14　浇铸系统清理不彻底的确认过程

确认内容	浇铸系统清理不彻底	确认方法	是否有异物
确认人	王浩	确认时间	2017 年 4 月 26 日
确认标准	高压风吹扫无异物		
确认情况	经现场检查确认，浇铸系统均在清理后进行高压风吹扫，出炉前再进行二次吹扫。内部及前头干净无异物，符合标准要求		

结论：不是要因。

（九）要因确认九

浇铸系统耐材质量，确认过程见表 18-15。

表 18-15　浇铸系统耐材质量的确认过程

确认内容	浇铸系统耐材质量	确认方法	现场检测
确认人	王军书	确认时间	2017 年 4 月 27 日
确认标准	外观光洁完整，预热后无裂纹，高压风吹扫无持续掉粒情况		
确认情况	对现场打制和存放的高铬钢产品外层浇铸系统进行外观质量、表面强度等项次检查		
高铬钢轧辊外层浇铸系统所用漏斗砖、铸管砖和前头耐材材质均为红柱石材质，如右图所示。其表观质量、耐高温性能和耐冲刷性均满足生产要求	 外层浇铸系统前头和漏斗		

结论：不是要因。

（十）要因确认十

端盖掉粒，确认过程见表 18-16。

表 18-16　端盖掉粒的确认过程

确认内容	端盖掉粒	确认方法	高速转后检测
确认人	王浩	确认时间	2017 年 4 月 27 日
确认标准	端盖无掉粒，掉块现象		
确认情况	经现场检查，端盖在高速试转后无掉粒、掉块现象，满足标准要求		

如图 18-9 所示，高铬钢轧辊高速试转后端盖外观完整，无掉粒，掉块情况，符合使用标准。

结论：不是要因。

经过对 10 条末端因素逐一确认，得出主要影响因素为炉衬浸蚀严重和浇铸过程氧化。

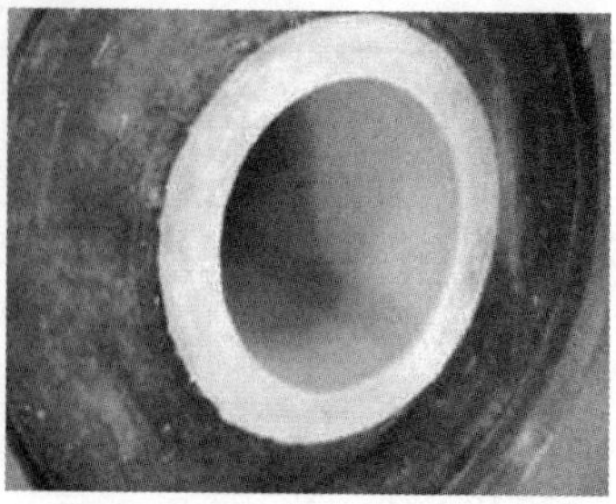

图 18-9　试转后端盖外观

十、制定对策

针对以上要因，小组成员按“5W1H”法制定对策表，如表 18-17 所示。

表 18-17　要因对策表

序号	要因	对策	目标	措施	地点	负责人	完成时间
1	炉衬浸蚀严重	控制单支生产炉衬消耗量	单支炉衬消耗量≤1.5mm	试用中性炉衬生产高铬钢产品	熔炼中频炉现场	王玉刚	2017 年 5 月 5 日
2	浇铸过程氧化	钢水铺展速度一致	每分钟铺展厚度85~95mm	浇铸水口系列化	底漏包拆装现场	宋子印	2017 年 5 月 8 日

十一、对策实施

（一）对策实施一

针对炉衬浸蚀严重的问题，以前期数据统计得出的结论为支撑，规定高铬钢轧辊外层用炉试用中性炉衬生产。

按照 1248 的原则，经过 15 炉的产品试验及炉衬使用前后的数据统计，平均单支消耗炉衬量为 1.28mm，符合要求。表 18-18 为试验数据明细。

表 18-18　中性炉衬生产数据表

试验次数	生产支数/支	用前直径/mm	用后直径/mm	平均消耗/mm
第一次	1	957.2	958.6	1.4
第二次	2	960.5	962.9	1.2
第三次	4	964.8	969.8	1.25
第四次	8	970	980.2	1.28
累　计	15			1.28

经过试验论证，后期生产中，陆续将现有的外层生产用炉逐步进行替换，实现中性炉衬的推广应用。

（二）对策实施二

按单位时间铺展厚度尽量一致的原则，对目前所有规格的高铬钢产品进行了核算，根据核算结果，ϕ950mm 以下规格采用 ϕAmm 水口，ϕ950～1190mm 采用 ϕBmm 水口，ϕ1200mm 及以上规格采用 ϕCmm 水口。

对改进后不同规格产品进行了试验生产和统计，单位时间平均铺展厚度如表 18-19 所示。

表 18-19　改进后型腔铺展速度统计表

冷型直径/mm	试验支数/支	浇口直径/mm	平均铺展厚度/mm · min^{-1}
790	2	A	92.5
850	3	A	90
990	3	B	92.8
1040	2	B	90.2
1250	3	C	92
1300	2	C	88.8

改进后单位时间铺展厚度均满足要求，如图 18-10 所示。

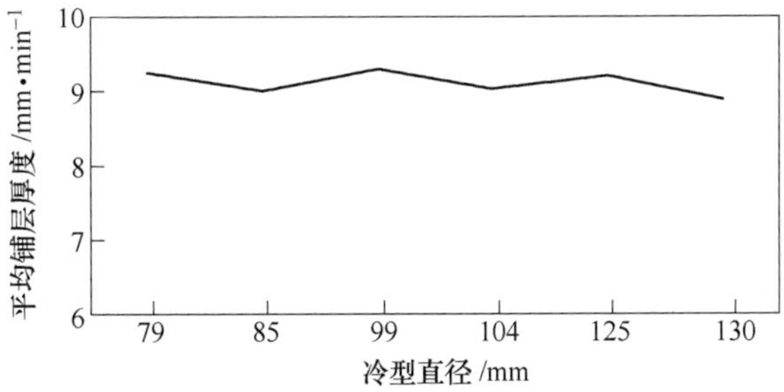

图 18-10　改进后型腔铺展厚度

十二、效果检查

对策实施后，共试验生产 15 支高铬钢轧辊。工作层内杂波数据如表 18-20 所示。

表 18-20　高铬钢轧辊试验产品工作层杂波统计表

规格/mm	790	850	990	1040	1250	1300
试验支数/支	2	3	3	2	3	2
杂波高度>30%的支数/支	0	0	0	0	1	0
杂波高度≤30%的支数/支	2	2	3	2	2	0

试验生产的 15 支高铬钢轧辊中，仅有 1 支工作层内杂波高度>30%，其他产品均在 30%以下，发生率为 6.7%，达到预期效果。

后期生产按对策表措施进行推进和实施。

实施后 2017 年 6～10 月高铬钢轧辊均按改进措施执行，共生产 179 支产品。工作层内杂波统计数据如表 18-21 所示。

表 18-21　改进后高铬钢轧辊工作层内杂波统计表

月　份	6	7	8	9	10	合计
杂波高度>30%的支数/支	4	4	3	2	3	14
生产总支数/支	34	35	32	38	40	179
发生率/%	11.80	11.40	9.40	5.30	7.50	8.90

对策实施后，对五个月的高铬钢轧辊控制情况进行了统计，工作层内杂波高度>30%发生率平均值降低到了 8.9%，比目标值降低了 6.1%，活动目标实现了。

十三、效益评价

（一）社会效益

提高了产品的内在质量，赢得了更高的市场信誉度和客户满意度。

（二）经济效益

经过本次 QC 小组的活动，高铬钢轧辊工作层内杂波发生率降低到 8.9%，每年创造经济效益 75 万余元。

计算方法：

经济效益＝（活动前发生率－活动后发生率）×高铬钢 2017 年高铬钢吨位×致废率×去除金属料后产品吨单价

＝（0.405－0.089）×10800t×0.05×4400 元/t ＝75.08 万元

（三）自我评价

小组成员在活动前后综合素质均得到不同程度的提升，如图 18-11 所示。

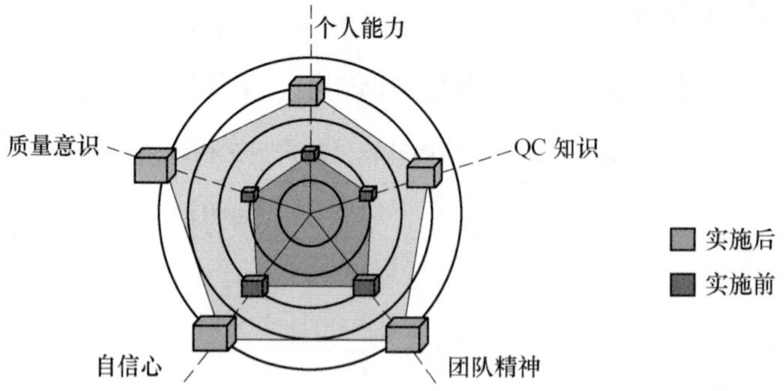

质量意识	个人能力	QC 知识	团队精神	自信心
实施前：2 分 实施后：5 分	实施前：2 分 实施后：4 分	实施前：2 分 实施后：4 分	实施前：3 分 实施后：5 分	实施前：3 分 实施后：5 分

图 18-11　小组成员综合素质对比

十四、巩固措施

（一）巩固措施一

将中性炉衬生产高铬钢轧辊作为必要的工艺条件固化下来，并纳入操作标准。

（二）巩固措施二

建立不同规格产品的底漏包水口使用标准，在高铬钢轧辊生产工艺和操作标准中进行明确，浇铸指挥生产现场确认，表 18-22 为标准文件新增项和修订项。

表 18-22 标准文件新增项和修订项

序号	项目	纳入标准（文件）名称	标准（文件）编号	对应内容	实施时间
1	中性炉衬生产使用规范	铸铁分厂关键工序控制检查标准	XZ/ZYZT G12-Rev. 108	生产高铬钢轧辊必须使用中性炉衬	2017 年 10 月 27 日
2	浇铸水口系列化	底漏包水口使用标准	XZ/ZYZT G16-Rev. 112	按产品规格选用相应直径水口	2017 年 10 月 27 日

十五、下步打算

下一步，对照本次活动制定的改进方法，做好巩固措施，并及时地进行现场跟踪，落实工艺的执行情况，将高铬钢轧辊工作层内杂波稳定在一个较高的水准。

本次活动达到了预期的目的，在下一轮的 PDCA 循环中，小组成员将以《提高高速钢轧辊辊颈穿透合格率》为课题继续开展活动，使产品质量不断提高。

案例 19　提高 165mm×165mm 方坯定重合格率

唐山钢铁集团有限责任公司

刘善喜　高华军　孙玉霞

一、课题简介

（一）现状

长期以来，很多钢铁企业由于受已有设备和工艺技术条件的局限约束，连铸坯都是以定尺切割作为生产控制的要素。在连铸过程中由于结晶器的磨损、钢水合金成分、浇铸温度和拉速的变化等原因，在同一流的不同时间段浇铸同样长度的连铸坯，其连铸坯的质量存在较大差异。而棒材成品又多为定尺发货，如果连铸坯按定尺供给棒材就会造成大量的非定尺材损失。随着市场经济的发展，这种生产方法已不能满足降本增效的发展要求，为了提高棒材轧制成材率，减少非定尺材损失，钢铁企业逐渐以定重切割作为生产控制的新工艺新技术。

为了提高棒材轧制成材率，从 2010 年起，本厂在管理上进行了连铸机定重供坯的尝试，目前连铸坯单重控制范围由原来的 0.4%（±10kg）比例为 80%，提高到 0.2%（±5kg）比例为 60.3%，2011 年 2 月起本厂提出“提高 165mm×165mm 方坯定重合格率”在技术和工艺两方面进行攻关，优化定重供坯方案，提高定重合格率。

（二）连铸工艺流程简介

连铸坯的工艺流程如图 19-1 所示，图中详列出红外定尺摄像、称重系统、火焰切割机等布置情况。

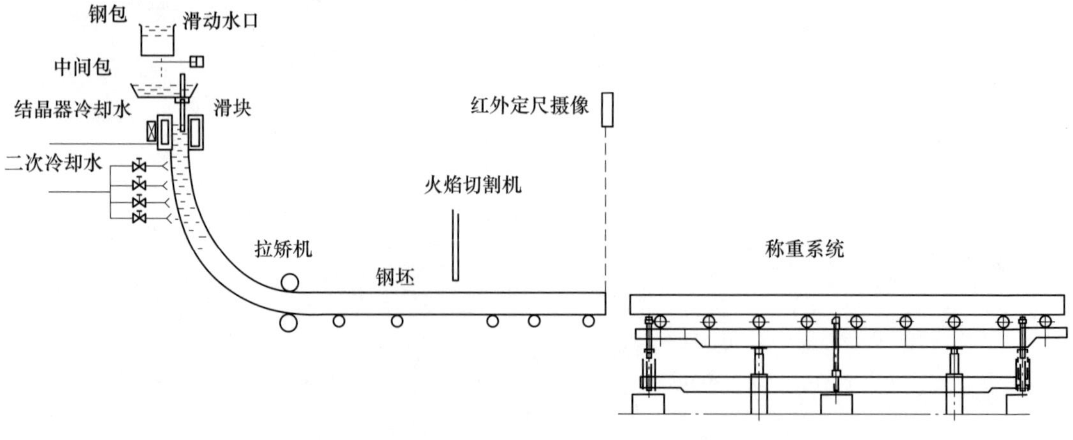

图 19-1　连铸坯工艺流程

（三）名词解释

定尺切割：连铸坯切割按照指定长度进行切割，不考虑结晶器铜管、拉速、摄像系统影响，精度低、轧制成材率低。

定重切割：连铸坯切割按照标准质量，通过调整铸坯长度进行切割，降低误差，提高轧制成材率。

定重合格率：指在称重合格的连铸坯占总称重连铸坯的比例，长材部铸坯标准质量 2440kg，单重控制±5kg，单重控制范围 0.2%。

二、小组简介

小组成员情况见表 19-1。

表 19-1　小组成员简介表

课题名称	提高 165mm×165mm 方坯定重合格率	成立日期	2013 年 1 月
小组名称	唐钢长材部提高 165mm×165mm 方坯定重合格率技术科 QC 小组		
小组类型	攻关型	组长	刘善喜
小组成员	12 人	QC 教育时间	82 学时
活动日期	2013 年 1～12 月		
活动频次	4 次/月，出勤率 100%	发布人	陈鹏

小组成员表

序号	姓名	年龄	学历	职称	专业	组内职务
1	刘善喜	33	本科	工程师	冶金工程	组长
2	高华军	44	本科	高工	冶金工程	副组长/数据统计
3	孙玉霞	35	研究生	高工	冶金工程	现场发布/方案设计
4	陈　鹏	33	本科	工程师	冶金工程	现场调查/数据统计
5	赵　岳	31	本科	工程师	冶金工程	现场调查/数据统计
6	李守章	34	研究生	工程师	冶金工程	操作负责
7	王　欣	36	研究生	工程师	冶金工程	协调指挥
8	廖志海	45	大专	操作专家	冶金工程	现场协调
9	张朝发	35	博士	专家	冶金工程	理论分析/数据统计
10	陈世超	33	本科	工程师	电气	电气指导
11	杜　鹏	33	本科	工程师	机械	机械指导

小组成员主要由工程师、高级工程师、专家等技术人员和操作技能专家组成，涉及冶金、电气、机械和统计等专业。本小组本着“服务生产、优化创新、提高质量”的原则，不断地优化本厂的生产工艺，2011～2013 年连续三年被评为全国优秀质量管理小组，在质量管理中发挥了典型示范作用。本次小组活动计划如表 19-2 所示。

表 19-2　小组活动计划表

序号	时间阶段	1月	2月	3月	4月	5月	6月	7月	8月	9月	10月	11月	12月
1	选择课题	- - →											
		——→											
2	现状调查	- -	- - →										
		——	——→										
3	确定目标		- - →										
			——→										
4	原因分析			- -	- - →								
				——	——→								
5	制定对策				- - →								
				——	——→								
6	实施对策						- -	- -	- -	- -	→		
							——	——	——	——→			
7	效果检查										- -	- - →	
										——	——	——→	
8	措施巩固及标准化											- - →	
												——→	
9	总结及下一步打算												- - →
													——→

注：- - →计划进度；——→实际进度。

三、选题理由

（1）公司要求：2013 年公司提出挖潜增效，要求长材部降低钢轧成本 65 元/t，连铸坯定重（±5kg）合格率比例达到 70%。

（2）结合长材部实际，厂部要求连铸机定重供坯合格率达到 75%，达到棒材成材率的目的。

（3）通过对 2012 年全年 165mm×165mm 方坯定重合格率进行统计分析，如图 19-2 所示，全年合格率均在 65%以下，与公司和厂部要求有很大差距。因此本小组选择《提高 165mm×165mm 方坯定重合格率》为本次 QC 小组活动的课题。

四、现状调查

（一）现状调查一

调查了国内部分企业铸坯定重供坯技术的应用情况，统计各企业单重控制范围 0.2%的比例即定重合格率，如图 19-3 所示。

结论一：与国内相关企业相比，长材部 165mm×165mm 方坯定重合格率还有很大的提升空间。

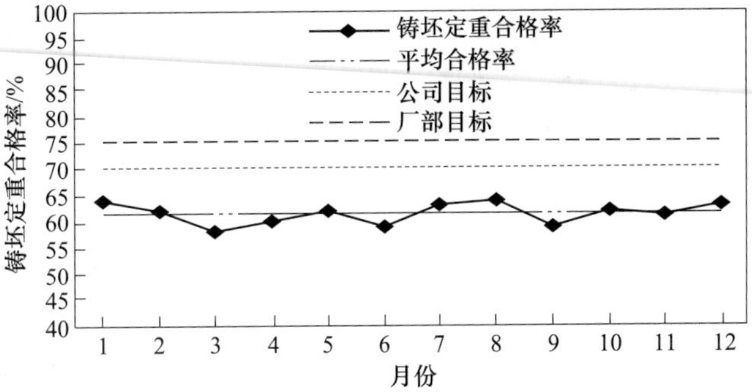

图 19-2　2012 年方坯定重合格率

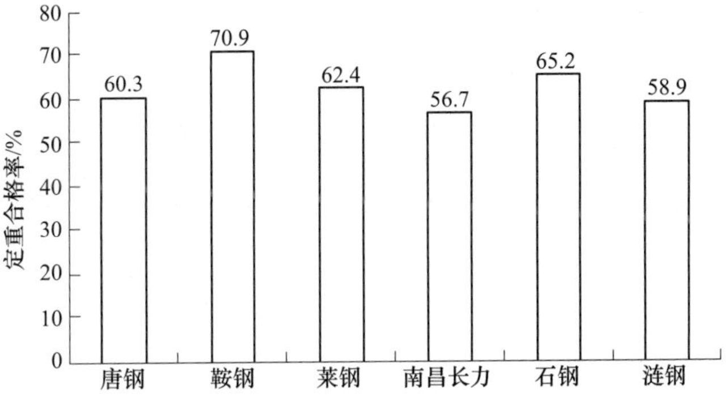

图 19-3　各钢厂定重合格率

（二）现状调查二

对 2013 年 1 月 6 号机连铸机铸坯 275 根连铸坯按 12m 进行定尺切割对重量进行统计分析，单重控制范围超出±5kg 的连铸坯共有 108 根，对定重不合格连铸坯做了原因调查，结果见表 19-3。

表 19-3　原因调查统计表

序号	原因	频数/根	累计频数/根	累计比例/%
1	称重系统不稳	87	87	80. 5
2	辊道升降异常	9	96	88. 9
3	铸坯弯曲	5	101	93. 5
5	铸坯温度高	3	104	96. 3
4	发生事故	2	106	98. 1
6	其他	2	108	100. 00

针对以上原因及数据做排列图，如图 19-4 所示。

结论二：铸坯单重控制水平超出±5kg 的定重合格率为 60. 3%，称重系统不稳定累计发生率为 80. 6%，是造成长材部 165mm×165mm 方坯定重合格率低的主要问题。

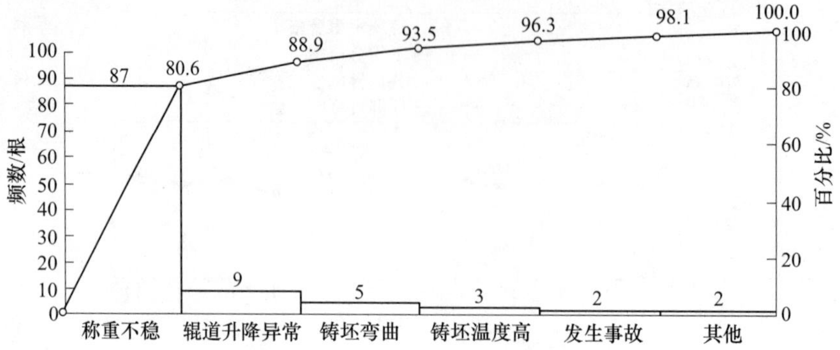

图 19-4 原因分析排列图

五、目标设定

（一）目标

经过活动，6 号机±5kg 定重合格率由 60. 3%提高到 75%以上，如图 19-5 所示。

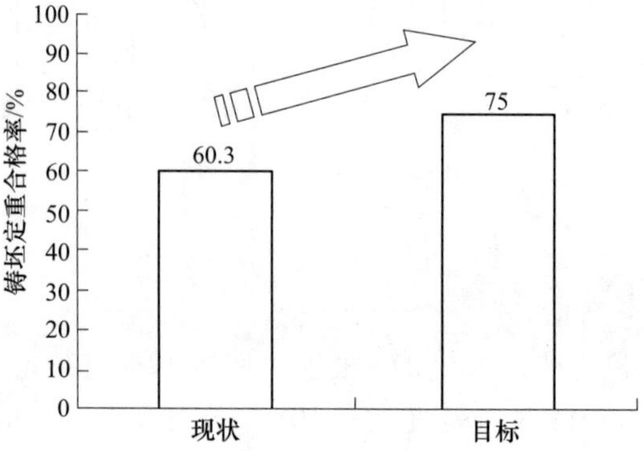

图 19-5 目标设定

（二）目标设定依据

由于本厂现有冶炼设备及工艺条件，连铸坯称重为动态称量，而且称重传感器精度低，为 1/1000，通过对定重供坯实际生产的统计、调查发现，一些班组的定重合格率已经超过 75%，目标设定依据如图 19-6 所示。

六、原因分析

根据现状调查二的结果，称重系统不稳定是造成铸坯定重合格率低的主要原因，QC 小组成员利用头脑风暴法从设备、工艺、人为因素等几方面，分析得出了以下末端因素，如图 19-7 所示。

针对末端因素，制定了要因确认计划表，如表 19-4 所示。

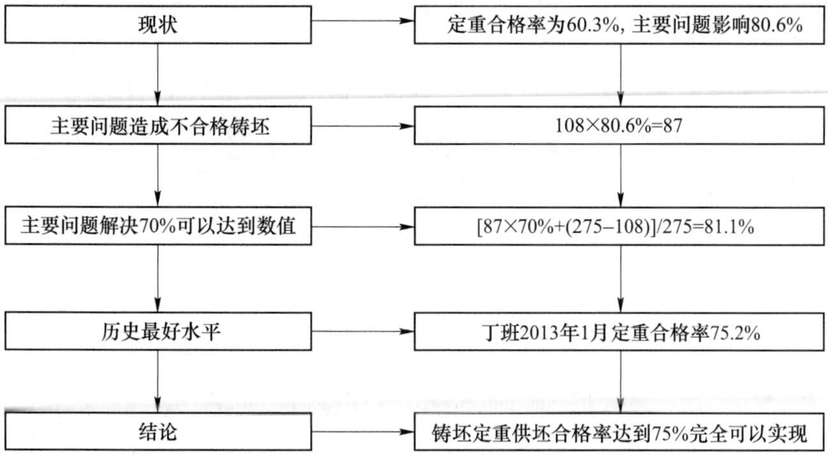

图 19-6　目标设定依据

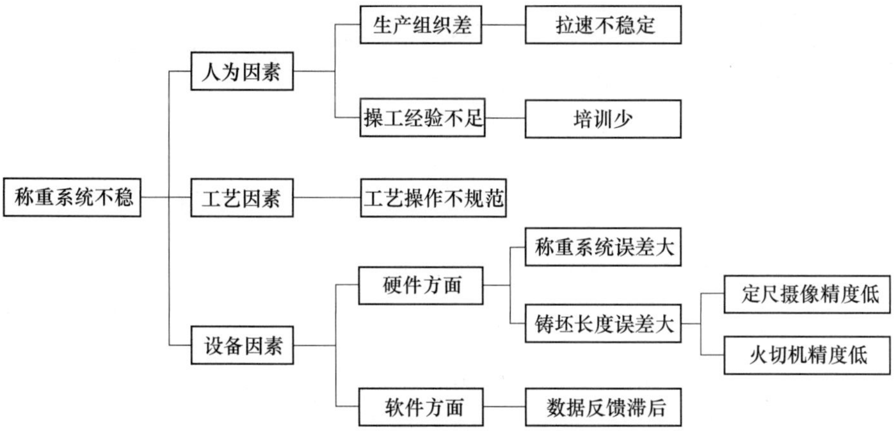

图 19-7　主要原因系统图

表 19-4　要因确认计划表

序号	末端原因	确认方法	确认标准	确认人	确认时间
1	拉速不稳定	现场统计	稳定拉速，拉速调整≤0.1m/min	陈鹏	2013 年 3 月 2 日
2	培训少	查培训记录	操作人员具有资格证书，理论培训学时大于 16 学时/半年，实作考试成绩≥75 分	高华军	2013 年 3 月 5 日
3	工艺控制不规范	统计分析	定重合格率≥50%	王欣	2013 年 3 月 12 日
4	称重系统误差大	现场测量	称重误差≤±2kg	李守章	2013 年 3 月 20 日
5	定尺摄像精度低	现场检查	长度误差≤10mm	赵岳	2013 年 3 月 22 日
6	火焰切割机切割不稳定	现场检查	割缝≤5mm 的比例大于 85%	杜鹏	2013 年 3 月 25 日
7	数据反馈滞后	现场统计	未及时更新比例小于 1%	陈世超	2013 年 3 月 12 日

七、要因确认

针对七条末端因素，小组成员进行一一确认，做出要因确认表 19-5～表 19-11。

表 19-5　拉速不稳定确认表

<table>
<tr><td>确认内容</td><td colspan="2">拉速不稳定</td><td colspan="2">确认结论</td><td>非要因</td></tr>
<tr><td>确认过程</td><td colspan="5">2013 年 1 月本小组成员对 6 连铸机拉速为 1.9m/min 正常浇铸时，第 4 流拉速表显示数据进行了统计，如下图所示。
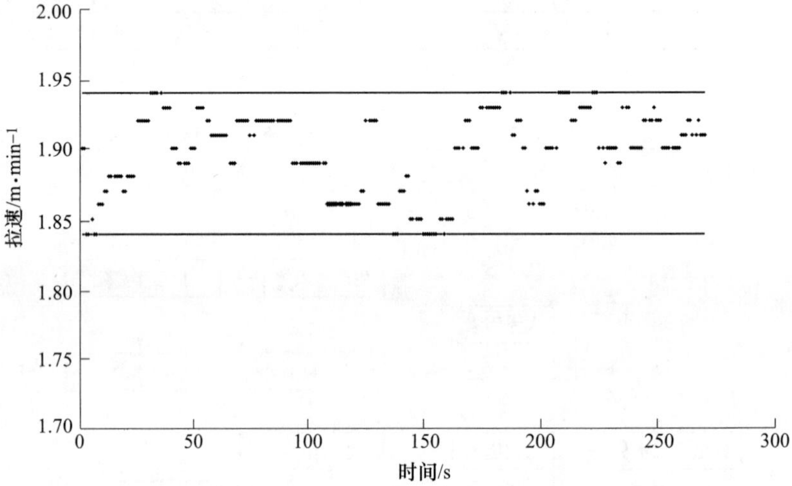
</td></tr>
<tr><td>确认标准</td><td colspan="2">波动≤0.1m/min</td><td>确认结果</td><td colspan="2">拉速范围在 1.84～1.94m/min，符合标准要求</td></tr>
<tr><td>确认方法</td><td>现场统计</td><td>确认人</td><td>陈鹏</td><td>确认时间</td><td>2013 年 3 月 2 日</td></tr>
</table>

表 19-6　培训少确认表

<table>
<tr><td>确认内容</td><td colspan="2">培训少</td><td colspan="2">确认结论</td><td>非要因</td></tr>
<tr><td>确认过程</td><td colspan="5">对 2013 年 1～2 月连铸车间操作职工培训进行调查，培训情况如下表所示。
培训成绩表
<table>
<tr><td>姓名</td><td>1 月</td><td>2 月</td><td>学时小计</td><td>成绩</td><td>姓名</td><td>1 月</td><td>2 月</td><td>学时小计</td><td>成绩</td></tr>
<tr><td>高向红</td><td>8</td><td>10</td><td>18</td><td>90</td><td>边丽梅</td><td>8</td><td>8</td><td>16</td><td>85</td></tr>
<tr><td>翟立新</td><td>8</td><td>8</td><td>16</td><td>85</td><td>刘秀全</td><td>10</td><td>8</td><td>18</td><td>90</td></tr>
<tr><td>张宏刚</td><td>8</td><td>10</td><td>18</td><td>78</td><td>杨红书</td><td>10</td><td>8</td><td>18</td><td>85</td></tr>
<tr><td>李明生</td><td>8</td><td>10</td><td>18</td><td>90</td><td>李金兰</td><td>10</td><td>8</td><td>18</td><td>83</td></tr>
<tr><td>任荣</td><td>1</td><td>8</td><td>18</td><td>88</td><td>李艳芬</td><td>8</td><td>9</td><td>17</td><td>90</td></tr>
<tr><td>蓝春梅</td><td>8</td><td>8</td><td>16</td><td>85</td><td>李永平</td><td>8</td><td>10</td><td>18</td><td>92</td></tr>
<tr><td>武惠真</td><td>10</td><td>8</td><td>18</td><td>86</td><td>陈浩舰</td><td>8</td><td>10</td><td>18</td><td>85</td></tr>
<tr><td>孟香叶</td><td>10</td><td>8</td><td>18</td><td>88</td><td>陈志月</td><td>8</td><td>10</td><td>18</td><td>88</td></tr>
</table></td></tr>
<tr><td>确认标准</td><td colspan="2">理论培训学时大于 16 学时/半年，实作考试成绩≥75 分</td><td>确认结果</td><td colspan="2">连铸车间职工培训学时及实际考试成绩均满足标准要求</td></tr>
<tr><td>确认方法</td><td>查培训记录</td><td>确认人</td><td>高华军</td><td>确认时间</td><td>2013 年 3 月 5 日</td></tr>
</table>

表 19-7　工艺操作不规范确认表

确认内容	工艺操作不规范	确认结论	非要因

确认过程：

小组成员对 2013 年 2 月各班组定重合格率进行统计，并运用单因素方差分析，结果如以下两表所示。

各班组定重合格率统计表

观察值	甲	乙	丙	丁
1	62. 4	61. 4	61. 3	59. 8
2	57. 8	60. 6	57. 9	57. 9
3	60. 2	63. 2	60. 4	60. 1
4	62. 3	59. 7	58. 7	63. 5
5	58. 1	58. 5	63. 1	60. 3

方差分析：单因素方差分析

组	观测数	求和	平均	方差
甲	5	300. 8	60. 16	4. 853
乙	5	303. 4	60. 68	3. 147
丙	5	301. 4	60. 28	4. 292
丁	5	301. 6	60. 32	4. 072

方差分析

差异源	SS	df	MS	F	P-value	F crit
组间	0. 752	3	0. 250667	0. 061273	0. 979451	3. 238872
组内	65. 456	16	4. 091			
总计	66. 208	19				

确认标准	工艺控制对合格率差异影响不显著		确认结果	由单因素方差分析可知 F<F crit ，P－value> 0. 05	
确认方法	统计分析	确认人	王欣	确认时间	2013 年 3 月 12 日

表 19-8　称重系统误差大确认表

确认内容	称重系统误差大	确认结论	要　因

确认过程：

3 月小组成员对质量为 2440kg 的标准秤质子进行反复称量，统计称重情况如下表所示。

标准秤质子称量记录

项目	①	②	③	④	⑤	⑥	⑦	⑧	⑨	⑩
A	2440	2440	2442	2440	2440	2438	2420	2442	2440	2436
B	2440	2438	2440	2440	2440	2440	440	2444	2442	2446
C	2438	2436	2440	440	2442	2444	2444	2440	2440	2440
D	2440	2442	2440	2438	2440	2442	2440	2440	2440	2440
E	2440	2440	2442	2440	2438	2440	2440	2438	2440	2440

续表 19-8

确认内容	称重系统误差大		确认结论	要　　因	
确认过程	见下表及说明				

项目	①	②	③	④	⑤	⑥	⑦	⑧	⑨	⑩
F	2438	2440	2440	2440	2438	2440	2440	2438	2442	2440
G	2440	2438	2440	2440	2440	2440	2438	2450	2440	2442
H	2444	2440	2442	2440	2440	2438	2440	2440	2440	2440
I	2442	2440	2430	2438	2446	2440	2440	2440	2442	2440
J	2440	2440	2438	2442	2440	2440	2440	2440	2440	2440

由于称重传感器精度低，在秤体上升后 3s 采集数据，数据显示分辨率低，因此称量质量每次调整显示总是以 2kg 为最小调整单位

确认标准	称重误差≤±2kg 的比例>85%		确认结果	对现场标准称质子进行称量发现仅有 77%的称重控制在称重误差范围内，且误差标准低	
确认方法	现场测量	确认人	李守章	确认时间	2013 年 3 月 20 日

表 19-9　定尺摄像精度低确认表

确认内容	定尺摄像精度低		确认结论	要因	
确认过程	3 月 22 日，小组成员对连铸坯摄像定尺精度进行确认，对连铸坯不调整长度按 11980mm 对连铸坯进行切割，测量实际长度统计误差如下图所示。				

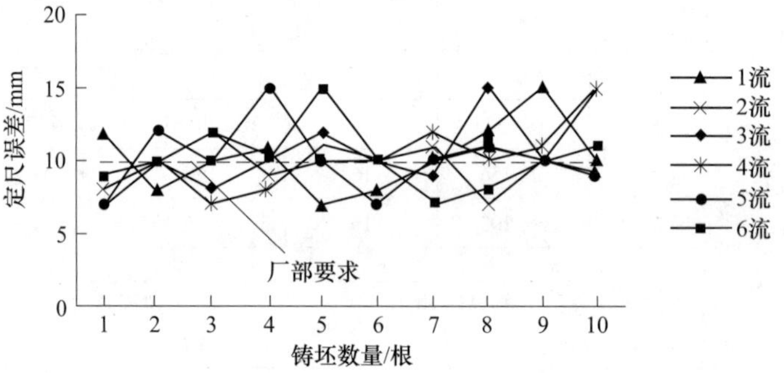

确认标准	长度误差≤10mm 的比例>70%		确认结果	定尺摄像切割误差大，长度误差≤10mm 的比例为 58. 3%<70%	
确认方法	现场检查	确认人	赵岳	确认时间	2013 年 3 月 22 日

表 19-10　火焰切割机切割不稳定确认表

确认内容	火焰切割机切割不稳定	确认结论	非要因
确认过程	通过现场观察火焰切割机切割缝隙如下图所示，对各流的割缝的尺寸进行统计见下表。		

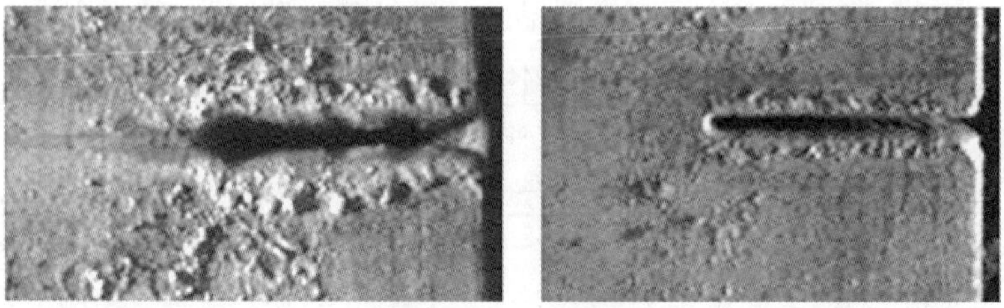

火焰切割机切割缝隙

续表 19-10

<table>
<tr><td>确认内容</td><td colspan="3">火焰切割机切割不稳定</td><td colspan="2">确认结论</td><td colspan="3">非要因</td></tr>
<tr><td rowspan="5">确认过程</td><td colspan="8">割缝现场统计表</td></tr>
<tr><td>项目</td><td>1 流</td><td>2 流</td><td>3 流</td><td>4 流</td><td>5 流</td><td>6 流</td><td>平均</td></tr>
<tr><td>割缝≤5mm 的比例/%</td><td>86.5</td><td>88.6</td><td>90.5</td><td>85.2</td><td>89.4</td><td>90.2</td><td>88.4</td></tr>
<tr><td>割缝>5mm 的比例/%</td><td>13.5</td><td>11.4</td><td>9.5</td><td>13.3</td><td>10.6</td><td>9.8</td><td>10.9</td></tr>
<tr><td>手工切割比例/%</td><td>1</td><td>0</td><td>0</td><td>1.5</td><td>0</td><td>0</td><td>0.7</td></tr>
<tr><td>确认标准</td><td colspan="3">割缝≤5mm 的比例大于 85%</td><td colspan="2">确认结果</td><td colspan="3">当火焰切割机性能不稳定时，割缝较大，但是割缝≤5mm 的比例各流平均为 88.4%，满足标准</td></tr>
<tr><td>确认方法</td><td>现场检查</td><td colspan="2">确认人</td><td>杜鹏</td><td colspan="2">确认时间</td><td colspan="2">2013 年 3 月 23 日</td></tr>
</table>

表 19-11　数据反馈滞后确认表

<table>
<tr><td>确认内容</td><td colspan="2">数据反馈滞后</td><td colspan="2">确认结论</td><td colspan="2">非要因</td></tr>
<tr><td rowspan="5">确认过程</td><td colspan="6">2013 年 3 月对 6 号连铸机称重数据进行跟踪，发现个别铸坯称重后，显示质量未及时更新，13~14 日对未更新数据进行统计情况如下表所示。
3 月连铸机称量数据统计表</td></tr>
<tr><td>未更新/根</td><td>89</td><td>105</td><td>89</td><td>88</td><td>371</td></tr>
<tr><td>总数/根</td><td>10561</td><td>10347</td><td>10473</td><td>10534</td><td>41915</td></tr>
<tr><td>比例/%</td><td>0.84</td><td>1.01</td><td>0.85</td><td>0.84</td><td>0.89</td></tr>
<tr><td colspan="6"></td></tr>
<tr><td>确认标准</td><td colspan="2">未及时更新比例小于 1%</td><td colspan="2">确认结果</td><td colspan="2">6 个连铸班组进行连铸坯未更新比例平均为 0.89%，满足标准要求</td></tr>
<tr><td>确认方法</td><td>现场统计</td><td>确认人</td><td>陈世超</td><td>确认时间</td><td colspan="2">2013 年 3 月 12 日</td></tr>
</table>

经过以上要因确认得到了两个要因：称重系统误差大和定尺摄像精度低。

八、制定对策

（一）方案优选

小组成员根据找到的主要原因，从有效性、投资、稳定性、可维护性、可操作性这五个方面对提出的对策一一进行分析，如表 19-12 所示，从中选出最优方案，如表 19-13 所示。

表 19-12　评价依据表

分　值	8~10 分	4~7 分	1~3 分
有效性	很有效	有一定效果	效果不明显
经济性	费用低	费用居中	投资大
稳定性	稳定性好	不太稳定	不稳定
维护难易	方便维护	较好维护	不易维护
可操作性	容易掌握	不易掌握	难掌握

表 19-13 对策评价选择表

<table>
<tr><td rowspan="2">要因 1</td><td rowspan="2">对策方案</td><td colspan="6">方案论证</td><td rowspan="2">选择方案</td></tr>
<tr><td>有效性</td><td>稳定性</td><td>经济性</td><td>维护难易</td><td>可操作性</td><td>合计</td></tr>
<tr><td rowspan="4">称重系统误差大</td><td rowspan="2">（1）设计高精度的铸坯秤</td><td>能明显提高精度</td><td>稳定性好</td><td>费用小</td><td>便于维护</td><td>操作简单</td><td rowspan="2">36</td><td rowspan="4">1</td></tr>
<tr><td>8</td><td>9</td><td>4</td><td>8</td><td>7</td></tr>
<tr><td rowspan="2">（2）在原有基础上进行改造动态秤</td><td>需要进一步论证方案</td><td>不稳定</td><td>投资小</td><td>难维护</td><td>操作方便</td><td rowspan="2">24</td></tr>
<tr><td>5</td><td>3</td><td>7</td><td>3</td><td>6</td></tr>
<tr><td rowspan="2">要因 2</td><td rowspan="2">对策方案</td><td colspan="5">方案论证</td><td rowspan="2">合计</td><td rowspan="2">选择方案</td></tr>
<tr><td>有效性</td><td>稳定性</td><td>经济性</td><td>维护难易</td><td>可操作性</td></tr>
<tr><td rowspan="4">定尺摄像精度低</td><td rowspan="2">（1）每流设置一个摄像头</td><td>各流均提供精度</td><td>事故风险大</td><td>费用较高</td><td>难维护</td><td>操作复杂</td><td rowspan="2">31</td><td rowspan="4">2</td></tr>
<tr><td>10</td><td>7</td><td>3</td><td>5</td><td>6</td></tr>
<tr><td rowspan="2">（2）改造成三流一个摄像头</td><td>有效处理虚光</td><td>稳定性好</td><td>费用较低</td><td>较方便维护</td><td>设计简便</td><td rowspan="2">42</td></tr>
<tr><td>8</td><td>9</td><td>9</td><td>8</td><td>8</td></tr>
</table>

（二）要因对策实施表制定

根据以上分析，制定了要因对策实施表，如表 19-14 所示。

表 19-14 要因对策实施表

序号	要因	对策	目标	措施	地点	负责人	完成日期
1	铸坯秤称量精度低	设计高精度的铸坯秤	单只 2400kg 铸坯称量精度达到 ± 1kg，比例达到 85%	（1）拟定改型思路； （2）设计静态称重系统； （3）立项报批； （4）制造静态称重系统； （5）安装调试； （6）效果检查； （7）修订工艺文件	连铸车间	孙玉霞 杜　鹏 秦敏勇	9 月 15 日
2	定尺切割精度低	改造成三个流一个摄像头	上下根铸坯长度误差 ≤ 10mm 的比例为 95%	（1）合理布置定尺摄像设备； （2）加设滤波镜头； （3）优化工艺操作； （4）效果检查； （5）修订工艺文件	连铸车间	张朝发 陈世超 王　欣	9 月 20 日

九、对策实施

（一）设计高精度静态铸坯称重装置

1. 拟定改造思路

连铸坯称重主要有“动态称重”和“静态称重”。动态称重是指在铸坯输送到称重位置后，铸坯随着动态秤秤体一起上升进行铸坯称量。其特点是设备简单、投资少、稳定性差、称量精度不高。“静态称重”是将 4 只或 6 只称重传感器组成单台面或双台面秤架，在秤架上安装整套辊道传送机构，秤体本身静止，通过辊道升降，要求能够实现在过钢时辊道升起，称重时辊道下降对铸坯进行称重，其特点是稳定性好，称量精度高。

2. 提出初步设计方案

高精度静态铸坯称重装置主要由两部分构成，即硬件系统和软件系统。硬件系统为静态铸坯秤，即通过秤体静止，辊道升降，要求能够实现在过钢时辊道升起、称重时辊道下降，钢坯落在称重系统上实现静态称重，大幅度提高称量精度。软件部分主要由三大模块构成：钢坯跟踪定位模块，称重辊道模块，钢坯定重、定尺模块，以及在三大模块控制的基础上建立自动切割控制系统。数据采集、远程控制要求与铸坯跟踪系统配套。

3. 立项批报

经 5 月 16 日公司办公会研究决定，下达长材部棒材坯料定重供坯改造工程批准立项函，工程编号 11TG-12。

4. 制造静态称重系统

原称重传感器精度为 1/1000，铸坯单重称重误差范围为±2.4kg，误差太大不能满足定重切割要求。为精确控制铸坯切割长度，数据变送器精度控制在 1/10000，称重装置选择高精度的传感器精度控制在 0.033%，称重精度要求单根铸坯控制在 1/3000（1.5kg）。

在设计过程中传感器的选择形式不断优化，如图 19-8 所示。

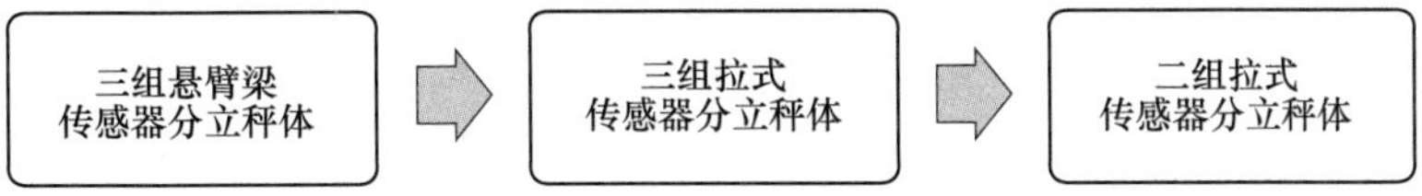

图 19-8　传感器形式优化

秤体结构如图 19-9 所示。

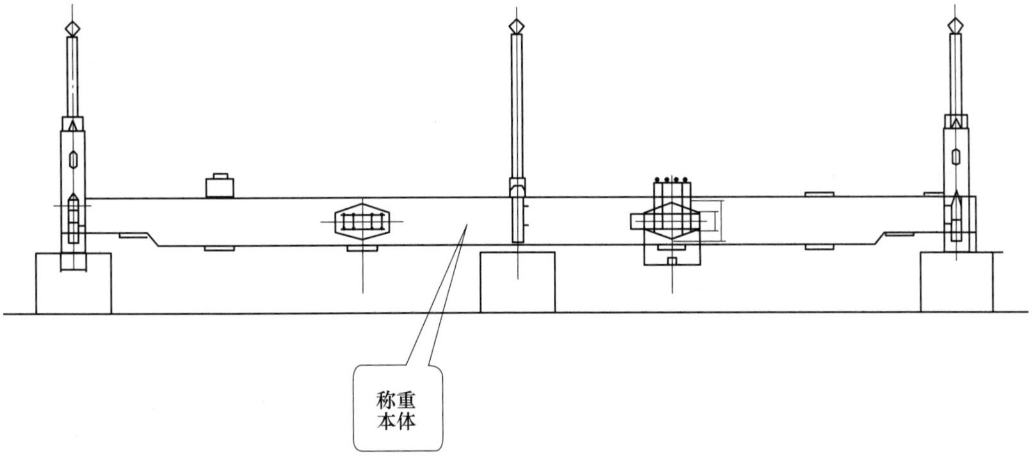

a

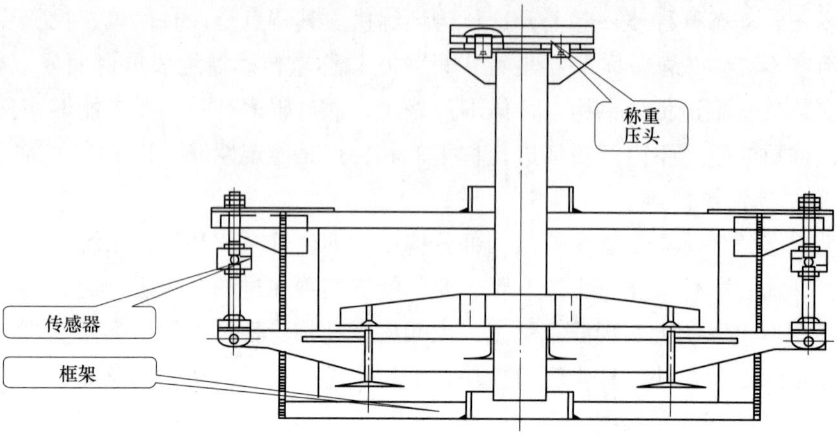

b

图 19-9　称体结构图

a—秤体结构图（横向）；b—秤体结构图（纵向）

静态铸坯称由拉式传感器、基础框架、称重压头和称重台板组成。

5. 安装调试

钢坯跟踪定位模块功能：准确完成对各流钢坯的信号到位检测，准确判断出是哪流钢坯已到达出坯位置，再通过捞钢车定位系统准确判断出是哪流第几根钢坯送入定重称量辊道或送入冷床，实时跟踪。

称重软件通过采集 PLC 设备将炉号、流号、称重时间、铸坯标重、铸坯称重、生产班组和拉速等数据存到数据中，然后自动计算出每班每流的定重率。

需要解决的技术问题是对称重仪表数据进行处理，取得最合理的称重值。连铸坯在称量过程中不断地发生阻尼振荡，称量仪表接收的数据为低频波和高频波叠加，在此情况下，借鉴自动化数字滤波的移动窗口算法，通过移动窗口法对数据进行反复过滤，把最符合实际坯重的数据选择出来进行数据推理运算。具体算法为铸坯在秤体上停留一段时间，软件连续取若干称量值进行数据算法运算，取最优值作为铸坯单重值，如图 19-10 所示。

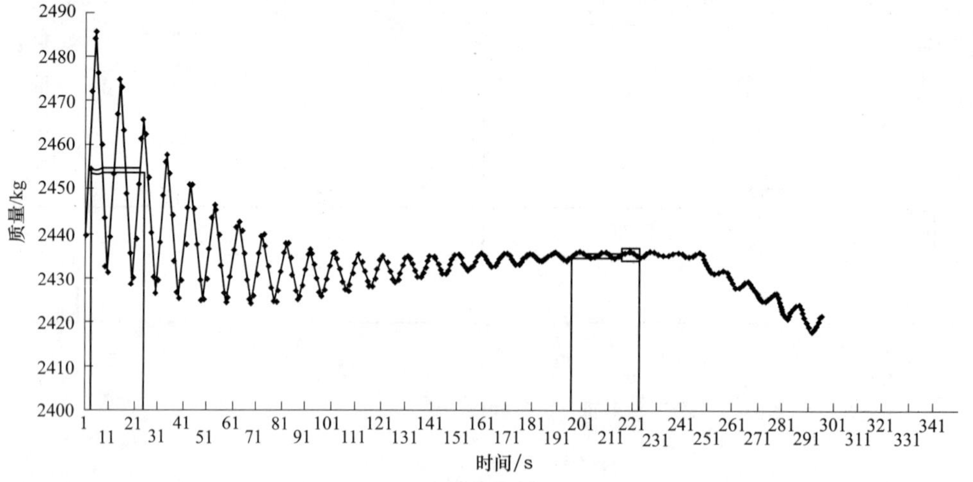

图 19-10　移动窗口法

称重结束后，PLC 发出称重完毕信号，运行热送辊道将热坯送入加热炉，再继续将下一支待称铸坯送入秤体，完成一次称量循环。该秤体结构使用效果好，已经申请国家实用新型专利。

6. 效果检查

实施前对标准秤质子质量为 2440kg 进行反复称量，由于原称重系统数据显示器分辨率低，数据显示 2440、2442、2438 等偶数。通过提高称重传感器精度、优化秤体结构、选择优化数据处理方法等措施，称重系统精度大幅度提高。对实施前后的直方图对比，见图 19-11。

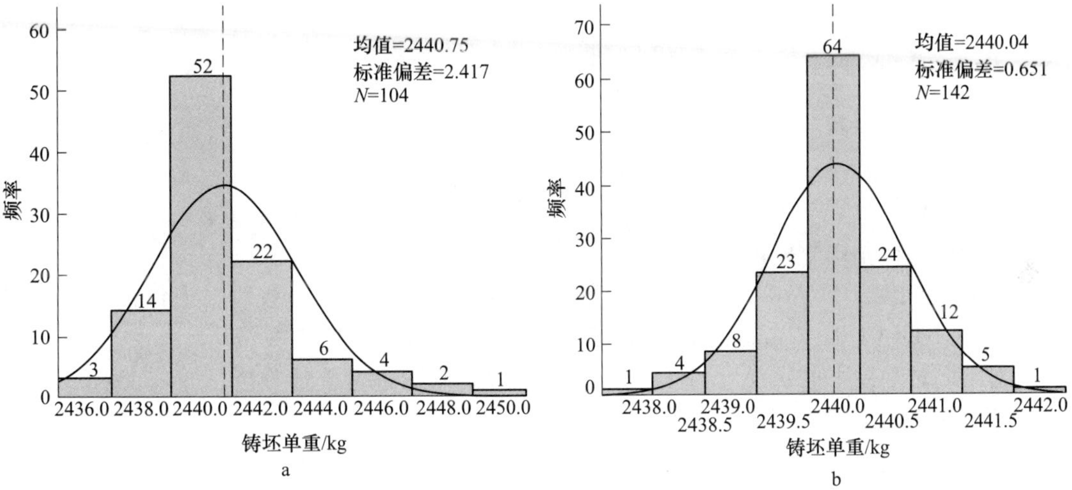

图 19-11 实施前后对比直方图

a—实施前；b—实施后

（二）对红外摄像定尺系统改造

采用先进的图像处理技术（非接触式）在线识别热钢坯的长度，通过架设在辊道旁边的工业摄像机配合电脑中的数字视频采集卡采集现场图像，并将采集到的图像传入电脑，经过加速模块对模拟视频信号处理并做 A/D 转换而成为数字信号，电脑通过图像处理模块实现图像实时、立体视觉图像分析、运动图像显示的功能，达到图像处理与视频信号的同步、完全实时传输处理的效果，满足复杂的现场工艺要求。

1. 对摄像机位置重新优化

为了提高摄像精度，6 号机采用高精度的数码摄像机代替原来的模拟摄像机，把摄像头由 1 台增加到 2 台，每个摄像头控制 3 个流。把摄像头位置由切割机一侧移到切割机上部，为了防尘防水，采用全不锈钢防护罩，1 号摄像头负责 1~3 流，2 号摄像头负责 4~6 流，如图 19-12 所示。

2. 在摄像头前面安装上偏振镜

偏振镜也可以有效减弱或者消除非金属表面的反光，这种反射光是典型的偏振光（金属表面反射回的光线不是偏振光，偏光镜对其不起作用），通过调整偏光镜就可以滤掉这一部分的反光，从而改善被摄物体的画质，并提高画面的清晰度。在定尺切割摄像头前面

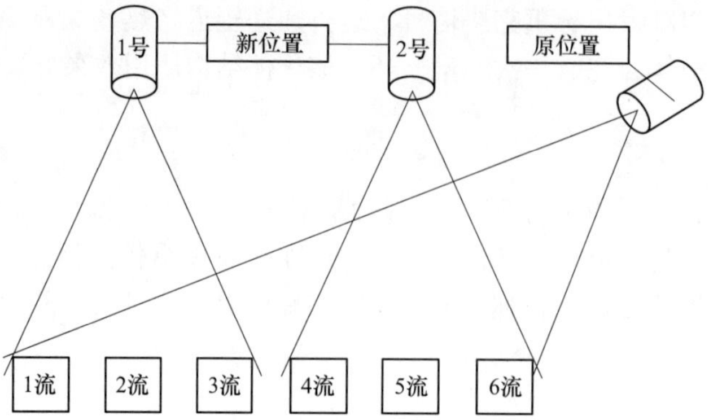

图 19-12 摄像头位置调整示意图

安装上偏振镜可以减弱炙热的连铸坯割口迹线的虚光。

3. 优化工艺参数

为了获得最合理的工艺操作条件，我们采用正交实验法寻求有关因素的最佳点。根据单因素分析，得到以下结论。

（1）过热度。*A*1、*A*2、*A*3（该工艺要求已经纳入：连铸技术规程—中包钢水目标温度基准-TC1-LZ-01-09-02 第 16 页）：*A*1<15℃，15℃≤*A*2≤35℃，*A*3>35℃。

对不同过热度下的定尺（11.9m）连铸坯各取 10 根进行统计分析，如表 19-15 所示，当过热度在 15~35℃时，连铸坯组织稳定，定重合格率较高。

表 19-15 不同过热度下的定尺分析

项目	1	2	3	4	5	6	7	8	9	10	合格率/%
*A*1	2448	2450	2440	2445	2449	2451	2446	2452	2445	2432	40
*A*2	2440	2445	2444	2438	2445	2434	2452	2442	2438	2443	80
*A*3	2432	2435	2440	2450	2452	2441	2446	2433	2438	2434	50

（2）拉速变化。*B*1、*B*2（该工艺要求已经纳入：本部供棒材建筑用热轧带肋钢筋 HRB400A/B/D 产品冶炼制造标准（炼钢）\连铸部分）：*B*1<0.1m/min，0.1m/min<*B*2<0.2m/min。

对不同拉速下的定尺（11.9m）连铸坯各取 10 根进行统计分析，如表 19-16 所示，拉速变化对连铸坯线密度影响较大，当拉速变化控制在≤0.1m/min 时，连铸坯稳定，定重合格率较高。

表 19-16 拉速变化的影响

项目	1	2	3	4	6	7	8	9	10	合格率/%
*B*1	2440	2442	2445	2446	2442	2445	2436	2438	3443	90
*B*2	2450	2440	2436	2450	2445	2438	2443	2430	2440	60

4. 效果检查

对红外摄像定尺系统改造前 1 流的长度误差明显比 6 流的长度误差大，改造后 1 流和 6 流的误差相差较小，如表 19-17 所示。

表 19-17　实施前后效果对比　（长度误差比例,%）

班组	甲班				乙班			
	实施前		实施后		实施前		实施后	
	1 流	6 流	1 流	6 流	1 流	6 流	1 流	6 流
0~5mm	43.2	52.3	77.2	75.4	42	56.7	78.4	76.5
5~10mm	26.5	27.8	22.5	24	29.7	25.3		
10~15mm	22.3	19.9	0.3	0.5	19.4	10.1	0.4	0.4
>15mm	8	4.6	—	—	8.9	7.9		
班组	丙班				丁班			
	实施前		实施后		实施前		实施后	
	1 流	6 流	1 流	6 流	1 流	6 流	1 流	6 流
0~5mm	46.4	55.4	77.8	78.3	47.6	56.7	81.2	79.8
5~10mm	26.7	26.3	21.9	21.3	32	30	18.7	20.1
10~15mm	18.3	13.2	0.3	0.4	12.8	7.9	0.1	0.1
>15mm	8.6	5.1	—	—	7.6	5.4	—	—

对实施效果较好的丁班进行数据分析，由长度测量数据明显发现：实施前长度误差集中在 0~10mm，实施后长度误差明显得到改善，集中在 0~5mm，实施后定尺摄像切割精度明显提高。

十、效果检查

（一）效果检查一

经过本次活动，165mm×165mm 方坯定重合格率大幅提升，达到了活动的预期目标，如图 19-13 所示。

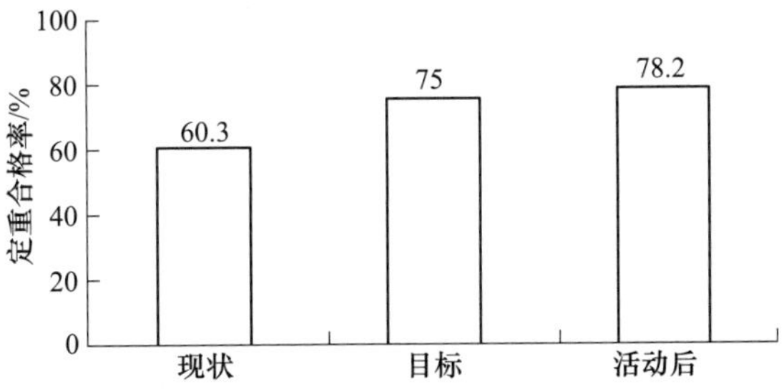

图 19-13　活动前后定重合格率对比图

（二）效果检查二

活动后再次对定重合格率主要问题进行调查，结果如表 19-18 所示。

表 19-18 活动后主要问题调查

序号	原因	频数/根	累计频数/根	累计比例/%
1	辊道升降异常	30	30	35.7
2	称重系统不稳	21	51	60.7
3	铸坯弯曲	12	63	75
4	发生事故	10	73	86.9
5	铸坯温度高	8	81	96.4
6	其他	3	84	100.00

如图 19-14 所示，称重系统不稳对连铸坯定重合格率的影响已经由 80.6%降至 25%，此项问题已经不是主要问题。

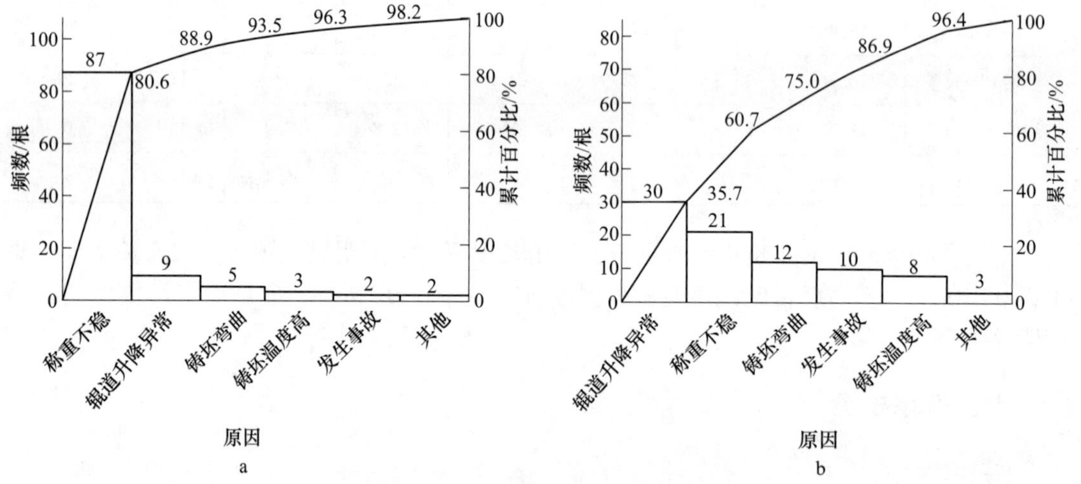

图 19-14 活动前后原因分析排列图对比

a—活动前；b—活动后

十一、效益计算

（一）经济效益

在一棒和二棒生产线，随着定重率的提高，通尺率有明显下降的趋势。

减少通尺量=一棒减少通尺量+二棒减少通尺量(每吨通尺以差价 500 元计算)

效益=(活动前通尺量-活动后通尺量)×产量/成材率×每吨通尺差价

一棒效益：

$$C1=(0.64\%-0.46\%)\times(1101648\div 97.02\%)\times 500=102.19\text{ 万元}$$

二棒效益：

$$C2=(0.52\%-0.33\%)\times(1113693\div 97.40\%)\times 500=108.63\text{ 万元}$$

两棒合计年创新：

$$102.19+108.63=210.82\text{ 万元}$$

（二）社会效益

经过小组活动，不仅铸坯合格率提高，同时减少了连铸机事故，提高了棒材生产线的作业率，降低了工人的劳动强度，减少了人工成本，大幅度减少了轧钢的通尺材，提高了棒材成材率，为本厂的降耗减损做出了贡献。铸坯定重系统满足了对钢坯计量数据管理信息的要求，实现了铸坯管理的自动化、智能化，提高了生产组织管理水平和企业整体管理水平。

十二、巩固措施

（一）措施标准化

根据所取得的成果，我们将一些行之有效的措施制度化、标准化，如表 19-19 所示。

表 19-19　措施固化表

序号	巩固内容	实行时间	文件编号	负责人	审批人
1	修订《技术规程（连铸）》	2014 年 6 月 1 日	TC1-LZ	孙玉霞	刘善喜
2	修订《本部供棒材建筑用热轧带肋钢筋 HRB400A/B/D 产品冶炼制造标准（炼钢）》	2014 年 1 月	K-310054 K-310055 K-310056	孙玉霞	刘善喜

（二）巩固期效果

巩固期间，本厂连铸坯定重合格率明显提高，棒材成材率大幅度提高，本小组统计了 12 月 5 号、6 号连铸机定重合格率，如图 19-15 所示。

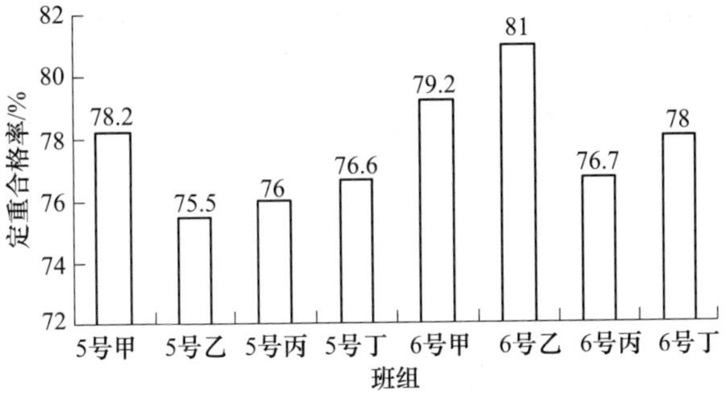

图 19-15　12 月班组定重合格率

十三、小组自我评价

通过本次 QC 活动，小组成员成功利用了 QC 的理论和方法，分工协作，成功提高了连铸坯定重合格率，提高了小组成员的综合素质，这将对本小组分析、解决其他问题大有帮助。此外，小组各成员从质量意识、自信心、团队精神等方面进行了自我评价，见表 19-20，并绘制了雷达图 19-16。

表 19-20 自我评价表

序号	评价内容	活动前/分	活动后/分
1	团队精神	60	90
2	质量意识	70	90
3	进取精神	85	90
4	QC 工具运用技巧	60	95
5	工作热情干劲	75	85
6	改进意识	60	80

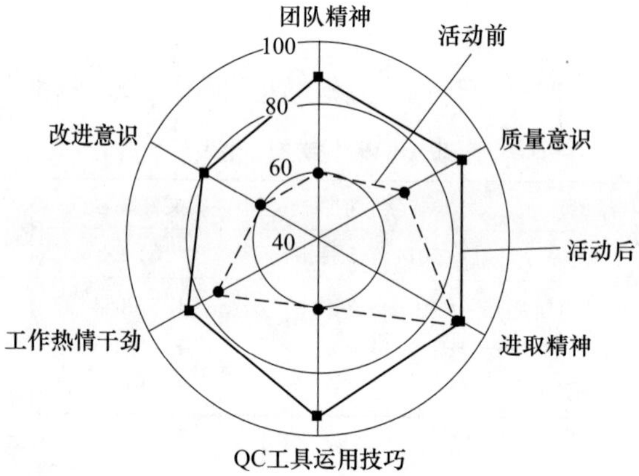

图 19-16 自我评价雷达图

十四、下一步打算

目前长材部定重合格率在国内居于领先水平，《提高 165mm×165mm 方坯定重合格率》课题活动圆满结束。

明年本小组的活动计划是《提高棒材成材率》，将围绕轧制成材率低的问题开展下一轮 PDCA 循环。

案例 20　减少 1250 线起鼓缺陷数量

德龙钢铁有限公司

刘占锋

一、小组简介

1250 轧钢厂技术科 QC 小组成立于 2013 年 12 月，活动时间从 2018 年 1 月到 8 月，属于攻关型 QC 小组，现有小组成员 8 人，有经验丰富的主任工程师、科长及工艺工程师，人员结构配备合理，人均 QC 培训 50h。本小组从优化质量管理、加强过程控制入手，致力于解决各类质量问题，不断提升产品的品质，提高客户的满意度，小组成员情况见表 20-1 和表 20-2。

表 20-1　小组概况

小组名称	轧钢厂技术科 QC 小组	成立时间	2013 年 12 月
课题名称	减少 1250 线起鼓缺陷数量	主题编号	ZG01-003
登记日期	2018 年 1 月 1 日	活动时间	2018 年 1~8 月
小组人数	8	课题类型	攻关型
活动频率	30 天/次	活动次数	8

（制表：李磊；时间：2018 年 1 月 5 日）

表 20-2　小组成员概况

序号	姓名	职务	文化程度	技术职称	组内分工
1	刘立辉	技术科长助理	本科	工程师	组长：全面负责、统筹规划
2	刘占锋	工艺工程师	本科	工程师	组员：组织协调
3	李　磊	工艺工程师	本科	工程师	组员：调查统计
4	魏辉宁	轧辊车间主任	本科	技师	组员：对策实施
5	王　彬	生产科长	本科	工程师	组员：对策实施
6	刘　扬	生产班长	大专	助理工程师	组员：调查统计
7	张振刚	调度长	大专	助理工程师	组员：调查统计
8	韩栓林	轧辊管理员	大专	助理工程师	组员：数据统计

（制表：李磊；时间：2018 年 1 月 5 日）

二、工作背景

名词解释：起鼓缺陷又称起筋、起梗、凸棱等，在带钢宽度方向上平行于轧制方向出现的凸包隆起，目视缺陷部位发亮，用手触摸有凸起的感觉。起鼓缺陷高度随着卷径的增大逐渐明显，随着轧薄，起鼓缺陷宽度进一步扩大。

选题背景：近年来德龙产品质量不断提升，质量异议反馈及赔付逐渐减少，但冷轧起鼓缺陷这类顽固型缺陷依然不能完全得到遏制，并对冷轧后续镀锡、彩涂工序的产品质量造成不容忽视的影响，且容易造成批量质量异议，给热轧和冷轧都造成严重经济损失，客户反馈不断，且 2017 年出现抬头趋势，因此必须从热轧工序减少“起鼓缺陷”现象的发生。所以将《减少 1250 线起鼓缺陷数量》作为本次的活动主题，展开活动。

三、活动计划

选定课题后，小组成员依据 PDCA 方法制定了活动进度表，活动计划见表 20-3。

表 20-3　小组活动计划进度表

序号	计划项目	1 月	2 月	3 月	4 月	5 月	6 月	7 月	8 月
1	选择课题	- - → ——→							
2	现状调查	- - → ——→							
3	目标设定	- - → ——→							
4	原因分析		- - → ——→						
5	要因确认		- - → ——→						
6	制定对策			- - → ——→					
7	实施对策			- - → ——→					
8	效果验证				- - - - - -	- - - - - → ——→			
9	巩固及总结						- - - - - -	- - - - - -	- - - - - → ——→

注：- - → 计划进度；——→ 实际进度。

（制表：刘占锋；时间：2018 年 1 月）

四、选择课题

厂部要求：提高产品质量，树立标杆作用。

实际现状：小组成员统计了近年来 1250 线的起鼓缺陷情况，发现起鼓缺陷质量异议反馈自 2014~2016 年逐年减少，但 2017 年出现大幅度反弹，给公司造成损失的同时，严重影响了产品质量的稳定性，如图 20-1 所示。

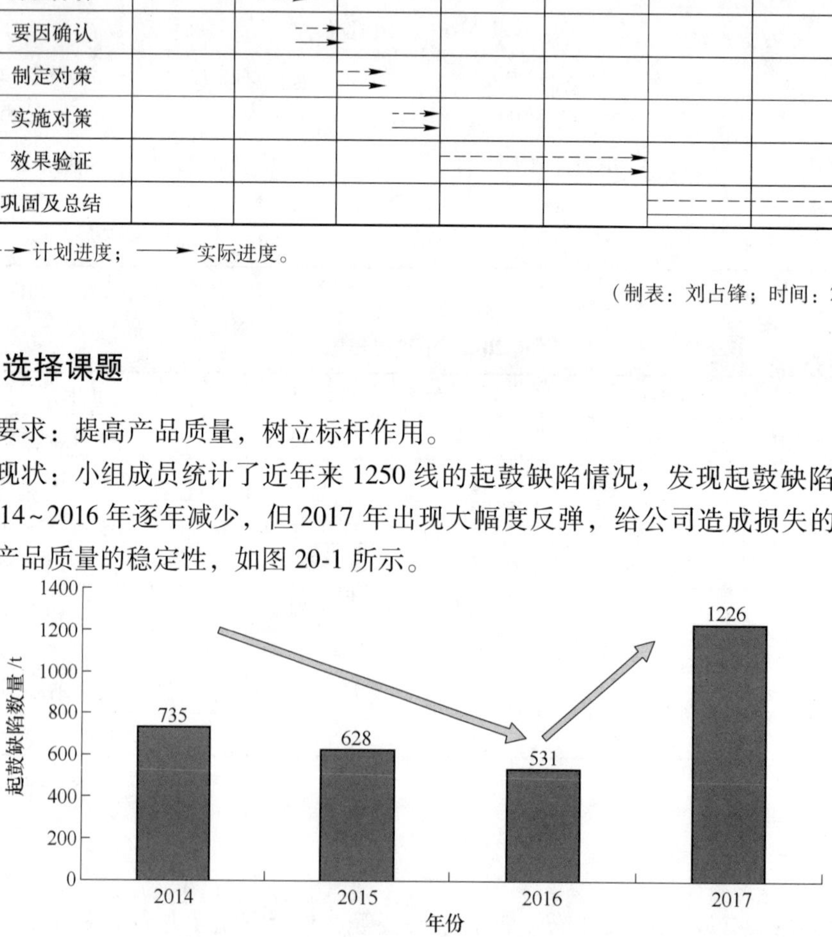

图 20-1　历年冷轧起鼓缺陷质量异议统计

部门要求：减少 1250 线起鼓缺陷数量。

五、现状调查

（一）现状调查一

小组通过对 2017 年 1~12 月 1250 线起鼓缺陷投诉情况进行了统计，所有的起鼓缺陷投诉共 10 起，合计 85 件，约 1226t，见表 20-4。其中缺陷情况较轻的原料客户更改用途，缺陷情况严重的原料向客户进行了赔付，金额高达 12 万余元。

表 20-4　2017 年起鼓缺陷数量统计

地区	华东	华北	邯郉	总计
数量/t	715.49	377.80	133.00	1226.29

（制表：刘占锋；时间：2018 年 1 月 10 日）

（二）现状调查二

小组通过对 2017 年 1~12 月 1250 线起鼓缺陷数量按月进行了统计，起鼓缺陷数量平均每月在 100t 左右，出现数量较多的主要在 6~9 月，见表 20-5。

表 20-5　2017 年每月起鼓缺陷数量统计

月份	1	2	3	4	5	6	7	8	9	10	11	12	总计	平均
数量/t	133	0	273.6	0	0	205.5	236.39	142.2	235.6	0	0	0	1226.29	102.19

（制表：李磊；时间：2018 年 1 月 10 日）

（三）现状调查三

小组统计了 2017 年 1~12 月冷轧投诉的 10 起投诉情况，按起鼓缺陷卷的板凸度、楔形及是否有局部高点等信息进行分类，见表 20-6。

表 20-6　起鼓缺陷生产信息调查表

项　目	频次/件	累计频次/件	累计百分比/%
板凸度小	44	44	51.76
局部高点	31	75	88.24
楔形大	8	83	97.65
其　他	2	85	100.00

（制表：王彬；时间：2018 年 1 月 16 日）

针对调查的结果，小组成员展开了讨论，并使用排列图，对冷轧起鼓缺陷的原因做了详细分析，如图 20-2 所示。

分析结论："板凸度小" 和 "局部高点" 是造成冷轧起鼓缺陷的两大症结。

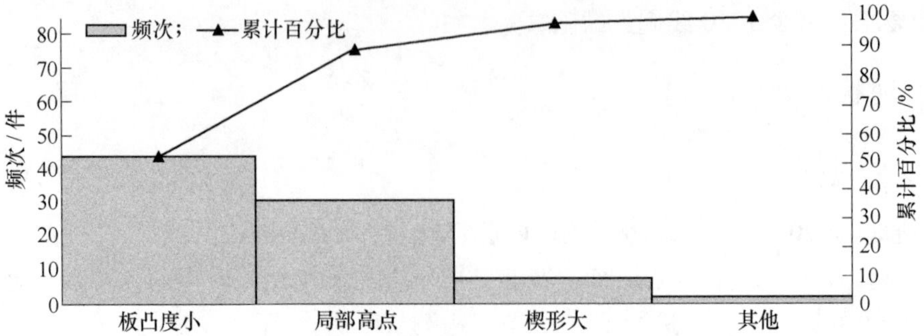

图 20-2 冷轧起鼓缺陷原因分析排列图

六、目标设定

（一）目标设定依据一

小组对 2014~2017 年历年起鼓缺陷数量进行统计，2016 年起鼓缺陷质量异议质量为 531t，月均起鼓缺陷数量为 44. 25 吨，见表 20-7。

表 20-7 历年起鼓缺陷数量统计表

年份	2014	2015	2016	2017
数量/t	735	628	531	1226. 29
月均起鼓缺陷数量/t	61. 25	52. 33	44. 25	102. 19

（制表：魏辉宁；时间：2018 年 1 月 25 日）

（二）目标设定依据二

因客户反馈起鼓缺陷质量异议出现便是整卷，分厂要求 1250 线三班月起鼓缺陷数量各≤1 件，以 930mm 宽度坯料断面为例，单卷重 14. 15t，根据分厂指标及实际情况，决定将本次活动的目标定为 1250 线月均起鼓缺陷数量降低至≤42. 45(14. 15×3=42. 45)t，如图 20-3 所示。

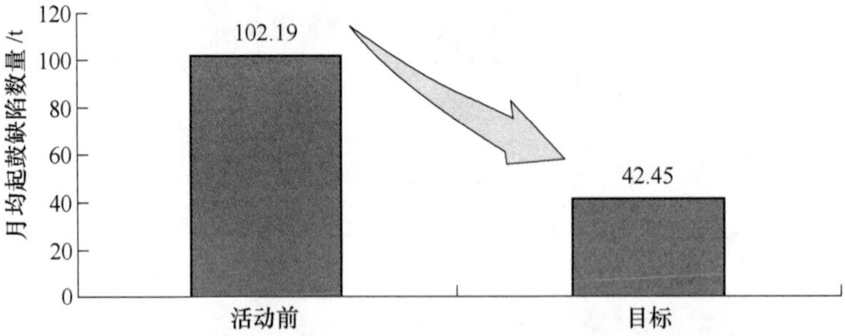

图 20-3 月均起鼓缺陷数量

七、原因分析

在确定目标之后，小组成员开展了头脑风暴，集思广益，针对“板凸度小和局部高点”的问题进行讨论，并绘制了关联图，共分析出了 7 项末端因素，如图 20-4 所示。

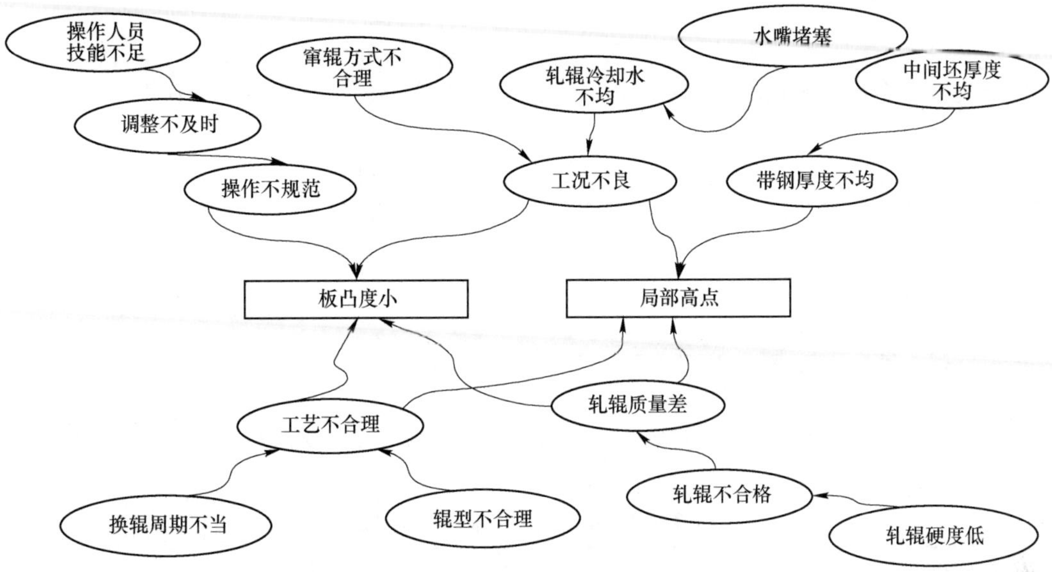

图 20-4　原因分析关联图

（制图：刘立辉；时间：2018 年 2 月 5 日）

八、要因确认

为找出“板凸度小和局部高点”的主要因素，针对关联图分析出的末端因素制定了要因确认计划表，并根据计划进行了逐个确认，见表 20-8。

表 20-8　要因确认计划表

序号	末端因素	确认内容	确认标准	确认方法	验证人	确认时间
1	操作人员技能不足	调查操作人员的技能考试情况及技能等级	（1）操作人员持证上岗； （2）技能考试 90 分以上	调查统计	刘立辉	2 月 15 日
2	窜辊方式不合理	调查精轧工作窜辊方式	等步长反向窜辊	现场调查	李　磊	2 月 20 日
3	水嘴堵塞	调查各轧辊冷却水水嘴	（1）轧辊冷却水水嘴无堵塞； （2）轧辊冷却水水嘴型号一致	现场调查	魏辉宁	2 月 25 日
4	中间坯厚度不均	测量粗轧中间坯横向厚度	厚度偏差<0. 20mm	现场测量	王　彬	2 月 18 日
5	换辊周期不当	（1）调查换辊周期； （2）统计起鼓缺陷卷所在换辊位置	换辊周期不大于 55 公里，支数不超过 90 支	调查统计	韩栓林	2 月 15 日
6	辊型不合理	调查精轧辊带钢板凸凹度	轧辊管理制度	调查统计	魏辉宁	2 月 28 日
7	轧辊硬度低	调查精轧工作辊辊身硬度	FW 硬度 75～83HSD	调查统计	刘占锋	2 月 28 日

（制表：刘占锋；时间：2018 年 2 月 8 日）

（一）要因确认一：操作人员技能不足

验证内容：针对操作人员的技能考试情况及技能等级进行了调查。

（1）轧机班每个班组 8 名操作人员全部具备上岗资格，技能考试成绩均在 90 分以上，见表 20-9。

表 20-9 操作人员技能考试成绩统计表

成绩	甲班	乙班	丙班
≥90	8	8	8
60~90			
<60			

（制表：刘立辉；时间：2018 年 2 月 10 日）

（2）已取得中级以上技能等级的人员达到 88%，其中 3 人均为实习期，未上岗操作，见表 20-10。

表 20-10 操作人员技能等级统计表

技能等级	甲班	乙班	丙班
高级	1	1	1
中级	6	6	6
初级	1	1	1

（制表：刘立辉；时间：2018 年 2 月 10 日）

（3）通过现场跟踪，操作人员均能够及时调整带钢板形，不存在调整不及时等现象发生，因此确定操作人员技能不足对板凸度小和局部高点影响较小。

验证结论：是非要因。

（二）要因确认二：窜辊方式不合理

验证内容：通过对精轧工作辊的窜辊方式进行了调查，轧制期间采用反向窜辊，初始行程为 50mm，等行程不衰减；初始步长为 5mm，等步长不衰减，如图 20-5 所示；针对下机后的精轧工作辊辊型进行了测量，发现精轧工作辊辊型存在明显的磨损不均，从而导致带钢厚度不均，如图 20-6 所示。

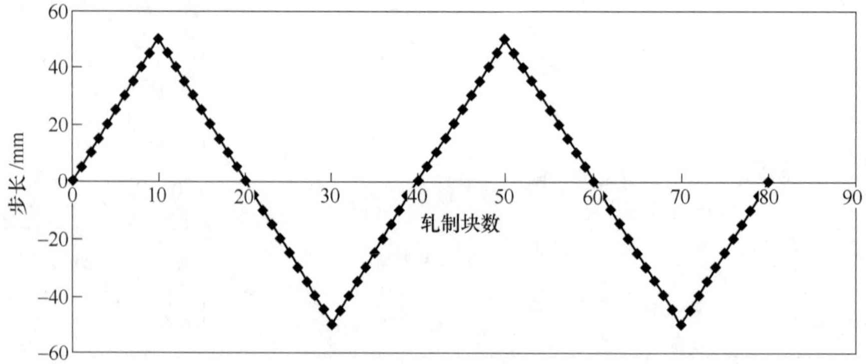

图 20-5 窜辊方式设定图

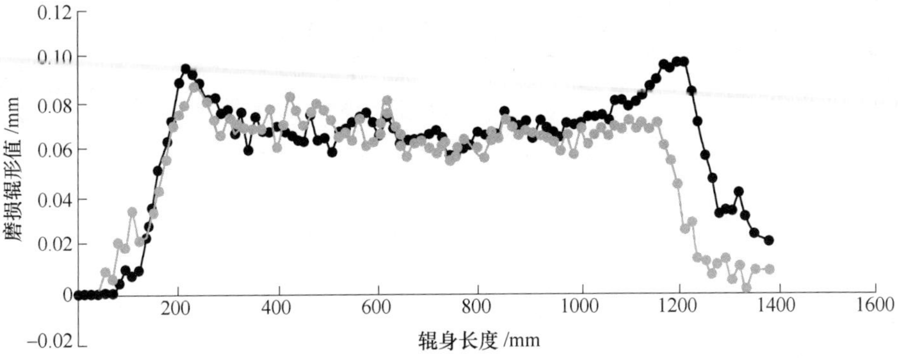

图 20-6　下机辊型图

验证结论：精轧工作辊辊型得不到良好的保持，存在明显的厚度不均，直接造成带钢出现局部高点隐患，对带钢产生局部高点影响较大，确定是要因。

（三）要因确认三：水嘴堵塞

验证内容：对精轧各机架轧辊冷却水水嘴进行调查。

技术科利用换辊期间抽查轧辊冷却水嘴和带钢冷却水嘴，发现堵塞现象较少，且各机架轧机轧辊冷却水嘴型号与要求一致，每次换辊期间操作工均能够对水嘴进行检查维护。

验证结论：通过检查水嘴的运行状态，能够对轧辊进行均匀冷却，因此对带钢产生局部高点影响较小，确定是非要因。

（四）要因确认四：中间坯厚度不均

验证内容：通过对粗轧中间坯横向厚度进行测量，发现厚度差均在 0. 20mm 以下，满足工艺要求，见表 20-11。

表 20-11　中间坯横向厚度统计表　（mm）

钢坯	5	100	200	300	400	500	600	700	800	900	1000	1010	差值
1	38. 51	38. 51	38. 45	38. 47	38. 5	38. 54	38. 62	38. 6	38. 61	38. 57	38. 51	38. 52	0. 17
2	38. 33	38. 33	38. 31	38. 35	38. 39	38. 47	38. 45	38. 49	38. 46	38. 4	38. 39	38. 36	0. 18
3	37. 92	37. 93	37. 95	37. 99	38. 02	38. 02	38. 01	38. 09	38. 05	38. 01	37. 96	37. 94	0. 17
4	38. 05	38. 06	38. 1	38. 14	38. 15	38. 2	38. 16	38. 11	38. 07	38. 06	38. 05	38. 03	0. 17
5	38. 25	38. 26	38. 3	38. 3	38. 31	38. 34	38. 37	38. 29	38. 26	38. 26	38. 21	38. 2	0. 17

（制表：王彬；时间：2018 年 2 月 19 日）

验证结论：中间坯横向厚度比较均匀，对带钢产生横向不均影响较小，确定是非要因。

（五）要因确认五：换辊周期不当

验证内容：

（1）一个换辊周期内，计划安排 85 支以内，约 52 公里。

（2）统计起鼓缺陷卷所在换辊位置，见表 20-12。

表 20-12　起鼓缺陷卷周期分布表

换辊周期内位置	起鼓缺陷件数	累计件数	累计比例/%
第 51~70 支	26	26	30.59
第 31~50 支	21	47	55.29
第 11~30 支	16	63	74.12
第 71~80 支	14	77	90.59
第 10 支以内	5	82	96.47
第 80 支以后	8	85	100.00

（制表：韩栓林；时间：2018 年 2 月 15 日）

为了分析换辊周期与起鼓缺陷卷的关系，针对统计出的结果，制作了排列图，如图 20-7 所示。

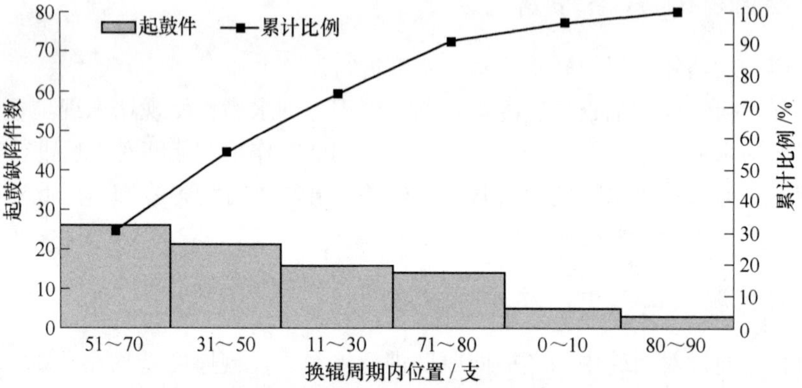

图 20-7　起鼓缺陷卷周期分布排列图

验证结论：通过对起鼓缺陷卷与换辊周期进行系统调查，发现起鼓缺陷卷所在换辊位置与更换周期无明显的规律，因此换辊周期不当对板凸度小和局部高点的产生影响较小，确定是非要因。

（六）要因确认六：辊型不合理

验证内容：客户反馈的起鼓缺陷卷，经调查主要原因为带钢板凸度小。通过调查，精轧前 6 机架小凹度辊型和 F7 CVC 辊型，见表 20-13，使用后轧制的带钢，通过测量带钢凸度明显偏小，见表 20-14。

表 20-13　精轧工作辊辊型统计表　（mm）

机架	F1	F2	F3	F4	F5	F6	F7
辊型	-0.21	-0.21	-0.2	-0.15	-0.1	-0.08	CVC
辊压	2.5	2.5	2.5	0	0	1	1

（制表：魏辉宁；时间：2018 年 2 月 28 日）

表 20-14　2017 年冷轧料凸度楔形统计　(mm)

月份	C60 凸度	C60 楔形	C40 凸度	C40 楔形	C20 凸度	C20 楔形
1 月平均	2.68×10^{-2}	1.89×10^{-2}	3.59×10^{-2}	1.82×10^{-2}	6.48×10^{-2}	2.02×10^{-2}
2 月平均	2.63×10^{-2}	1.97×10^{-2}	4.03×10^{-2}	2.03×10^{-2}	6.54×10^{-2}	2.10×10^{-2}
3 月平均	2.68×10^{-2}	2.09×10^{-2}	4.14×10^{-2}	2.10×10^{-2}	6.53×10^{-2}	2.21×10^{-2}
4 月平均	2.35×10^{-2}	2.07×10^{-2}	3.76×10^{-2}	2.11×10^{-2}	6.39×10^{-2}	2.23×10^{-2}
5 月平均	2.73×10^{-2}	1.79×10^{-2}	3.85×10^{-2}	1.85×10^{-2}	6.11×10^{-2}	1.98×10^{-2}
6 月平均	1.96×10^{-2}	1.92×10^{-2}	3.75×10^{-2}	1.99×10^{-2}	6.10×10^{-2}	2.06×10^{-2}
7 月平均	2.57×10^{-2}	1.89×10^{-2}	3.77×10^{-2}	1.96×10^{-2}	6.02×10^{-2}	2.10×10^{-2}
8 月平均	2.75×10^{-2}	2.00×10^{-2}	3.68×10^{-2}	2.12×10^{-2}	5.96×10^{-2}	2.24×10^{-2}
9 月平均	2.72×10^{-2}	1.67×10^{-2}	3.68×10^{-2}	1.87×10^{-2}	5.97×10^{-2}	1.92×10^{-2}
10 月平均	2.66×10^{-2}	1.73×10^{-2}	3.64×10^{-2}	1.85×10^{-2}	6.04×10^{-2}	1.94×10^{-2}
11 月平均	2.66×10^{-2}	1.96×10^{-2}	3.85×10^{-2}	2.11×10^{-2}	6.13×10^{-2}	2.19×10^{-2}
12 月平均	2.59×10^{-2}	1.67×10^{-2}	3.91×10^{-2}	1.78×10^{-2}	6.05×10^{-2}	1.88×10^{-2}
2017 年平均	2.58×10^{-2}	1.89×10^{-2}	3.80×10^{-2}	1.97×10^{-2}	6.19×10^{-2}	2.07×10^{-2}

（制表：魏辉宁；时间：2018 年 2 月 28 日）

验证结论：通过调查发现，精轧工作辊凹度偏小，直接导致带钢板凸度偏小，对板凸度偏小影响较大，确定是要因。

（七）要因确认七：轧辊硬度低

验证内容：通过对精轧工作辊辊身硬度进行了调查，发现硬度均符合技术协议，如图 20-8 所示。

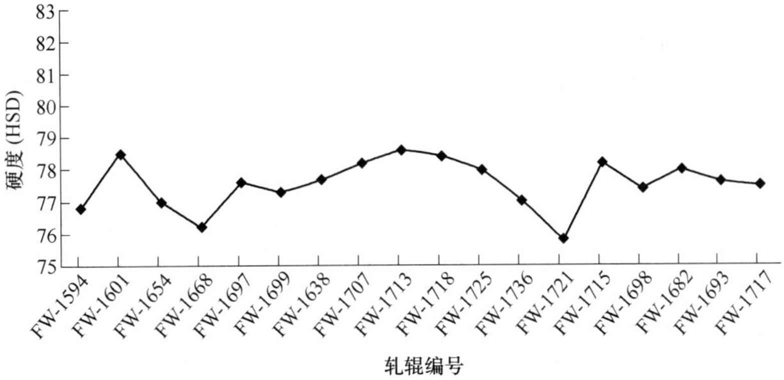

图 20-8　精轧工作辊硬度统计

验证结论：通过调查，精轧工作辊的各项指标完全可以保证换辊周期内的带钢质量，对带钢产生局部高点影响较小，确定是非要因。

根据以上末端因素的逐项确认，共分析出两项要因，见表 20-15。

表 20-15 要因汇总表

序号	末端因素	确认结果
1	窜辊方式不合理	要因
2	辊型不合理	要因

（制表：刘占锋；时间：2018 年 2 月 28 日）

九、制定对策

根据要因确认结论，小组成员依据“5W1H”原则，制定了对策、目标、措施、地点、完成时间、责任人，且制定了对策实施计划，各项对策专人负责实施，见表 20-16。

表 20-16 对策实施表

序号	要因	对策	目标	措施	地点	完成时间	责任人
1	窜辊方式不合理	结合北京科技大学设计合理的窜辊方式	行程由 50mm 提高至 90mm，将等步长窜辊优化为 smart 窜辊方式	利用换辊时间对窜辊程序进行调试	精轧区	2018 年 3 月 31 日	刘立辉
2	辊型不合理	结合技术中心优化各机架精轧工作辊辊型	由 CVC 辊型调整为凹辊，并将轧辊凹度增大 0.05~0.07mm	根据轧制计划逐步进行小批量试验	精轧区	2018 年 3 月 31 日	王彬

（制表：李磊；时间：2018 年 3 月 5 日）

十、对策实施

（一）优化窜辊方式

实施情况具体如下。

（1）修改窜辊程序，将窜辊行程由 50mm 提高至 90mm，同时将反向等步长窜辊优化为单周期内变步长变行程 smart 窜辊策略，则可以通过窜辊周期的衰减，避免严重磨损区的直接叠加，有利于降低“猫耳”高度并减缓局部高点的生成，如图 20-9 所示。

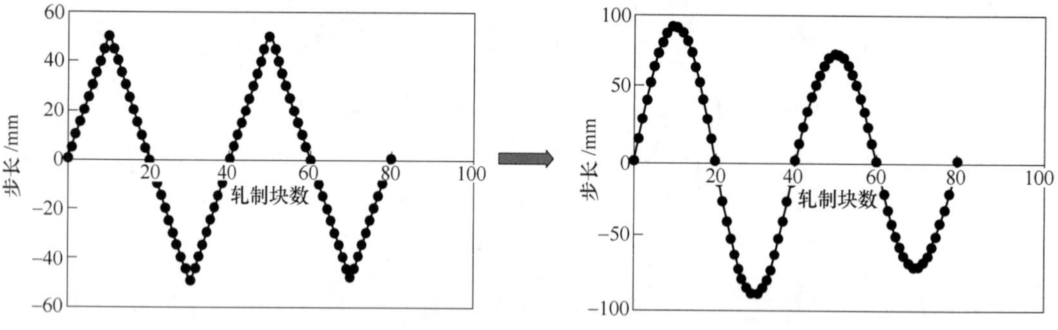

图 20-9 窜辊方式对比图

（2）通过对下机后的精轧工作辊厚度进行测量，发现轧辊磨损不均现象明显减轻，调查带钢厚度尺寸，未发现有局部高点现象发生，如图 20-10 所示。

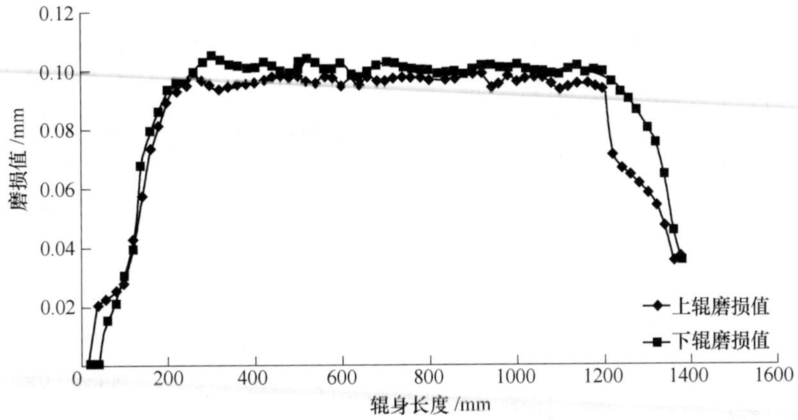

图 20-10　下机后精轧工作辊辊型图

（二）精轧工作辊辊型优化

实施情况具体如下。

（1）针对带钢凸度异常的问题，通过与北京科技大学进行交流，对精轧工作辊辊型进行优化，先后试验 6 个换辊周期，根据带钢实际凸度确定了最优辊型，试验方案见表 20-17。

表 20-17　精轧工作辊辊型优化试验方案　（mm）

项目	F1	F2	F3	F4	F5	F6	F7
原辊型	-0. 21	-0. 21	-0. 20	-0. 15	-0. 10	-0. 08	CVC
试验 1	-0. 24	-0. 23	-0. 20	-0. 15	-0. 10	-0. 08	CVC
试验 2	-0. 27	-0. 26	-0. 24	-0. 18	-0. 14	-0. 11	CVC
试验 3	-0. 28	-0. 27	-0. 25	-0. 20	-0. 15	-0. 12	-0. 15

（制表：刘占锋；时间：2018 年 3 月 10 日）

为了增大带钢板凸度，将 F1-F6 精轧工作辊的凹度适当增大，并将 F7 的 CVC 辊型调整为凹辊。

（2）2018 年 3 月 15 号按照方案 1 连续试轧 2 个换辊周期，涉及 3. 0mm×910mm/920mm 规格共轧制 170 支，3 月 19 日按照方案 2 连续试轧 2 个换辊周期，涉及 3. 0mm×925mm/945mm 规格共轧制 164 支，3 月 24 日按照方案 3 连续试轧 2 个换辊周期，涉及 3. 0mm×1010mm/1012mm 规格共轧制 167 支，分别发往山东泰岳金属科技有限公司、厦门国贸集团股份有限公司、苏美达国际技术贸易有限公司，根据带钢板凸度检测情况，见表 20-18。

表 20-18　带钢板凸度测量表

时间	班组	炉号	材质	厚度 /mm	宽度 /mm	当班支数	换辊后支数	C60 凸度 /mm	C60 楔形 /mm	C40 凸度 /mm	C40 楔形 /mm	C20 凸度 /mm	C20 楔形 /mm
3 月 15 日	甲班	82-02760-3	SPHC	3	910	34	10	0. 021	0. 018	0. 038	0. 016	0. 0685	0. 017
3 月 15 日	甲班	81-02593-8	SPHC	3	910	49	25	0. 019	0. 006	0. 033	0. 014	0. 069	0. 022
3 月 15 日	甲班	84-10315-14	SPHC	3	910	64	40	0. 0315	0. 001	0. 041	0. 006	0. 0625	0. 023

续表 20-18

时间	班组	炉号	材质	厚度 /mm	宽度 /mm	当班支数	换辊后支数	C60 凸度 /mm	C60 楔形 /mm	C40 凸度 /mm	C40 楔形 /mm	C20 凸度 /mm	C20 楔形 /mm
3月15日	甲班	81-02596-7	SPHC	3	920	115	6	0.018	0.012	0.029	0.024	0.0685	0.029
3月15日	甲班	82-02773-2	SPHC	3	920	130	21	0.035	0.01	0.045	0.016	0.061	0.032
3月15日	甲班	82-02775-4	SPHC	3	920	160	51	0.032	0.004	0.0375	0.007	0.065	0.026
3月19日	丙班	81-02945-1	Q195L	3	925	12	6	0.024	0.008	0.038	0.002	0.074	0.012
3月19日	丙班	81-03105-7	SPHC	3	925	27	21	0.0285	0.011	0.04	0.004	0.0705	0.015
3月19日	丙班	82-02878-4	SPHC	3	925	42	36	0.0475	0.035	0.0615	0.043	0.0725	0.045
3月19日	丙班	82-02879-3	SPHC	3	945	57	51	0.0295	0.011	0.046	0.002	0.073	0.006
3月19日	丙班	81-03111-2	SPHC	3	945	72	66	0.027	0.004	0.041	0.008	0.0715	0.011
3月19日	丙班	81-03114-6	SPHC	3	945	87	81	0.038	0.002	0.044	0.008	0.073	0.012
3月24日	甲班	81-03345-2	Q195L	3	1012	29	7	0.037	0.016	0.061	0.008	0.100	0.010
3月24日	甲班	82-03175-6	Q195L	3	1012	44	22	0.053	0.006	0.0695	0.019	0.109	0.020
3月24日	甲班	82-03182-5	SPHC	3	1012	59	37	0.034	0.012	0.057	0.024	0.1075	0.005
3月24日	甲班	81-03367-4	Q195	3	1012	74	52	0.044	0.011	0.0695	0.007	0.099	0.012
3月24日	甲班	81-03371-1	SPHC	3	1010	89	67	0.051	0.019	0.0715	0.025	0.102	0.018
3月24日	甲班	81-03375-2	SPHC	3	1010	104	82	0.048	0.020	0.069	0.028	0.0965	0.023
3月24日	甲班	82-03210-4	SPHC	3	1010	119	12	0.047	0.010	0.0705	0.015	0.1025	0.015
3月24日	甲班	82-03218-5	SPHC	3	1010	134	27	0.037	0.008	0.066	0.016	0.103	0.020

（制表：韩栓林；时间：2018年3月25日）

通过以上测量的凸度值，小组利用折线图将几种方案进行了对比，如图 20-11 所示。

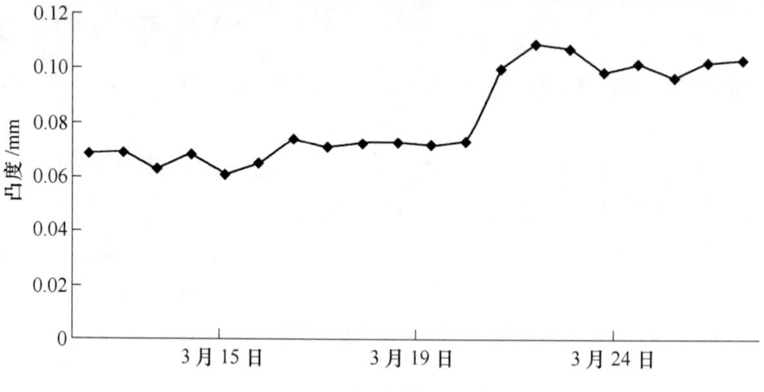

图 20-11 凸度对比图

十一、效果检查

各目标完成后，2018 年 3 月 3~31 日，小组成员刘立辉结合销售部前往下游客户进行质量走访，通过交流，3 月出现起鼓缺陷现象共计 5 件 73.6t，根据炉号追溯带钢板凸度具体情况，见表 20-19。

表 20-19　起鼓缺陷卷信息追溯表

生产日期	班组	炉号	材质	规格 /mm×mm	换辊后支数	板凸度 /mm	楔形 /mm	备注
3 月 8 日	甲	81-02578-3	SPHC	3.0×920	68	0.063	0.002	凸度小
3 月 8 日	乙	81-02596-6	SPHC	3.0×1010	27	0.062	0.048	楔形大
3 月 11 日	乙	81-02604-1	Q195L	3.0×1010	44	0.057	0.001	凸度小
3 月 15 日	乙	82-02777-5	Q195L	3.0×910	28	0.058	0.004	凸度小
3 月 15 日	丙	82-02864-9	SPHC	3.0×910	64	0.064	0.016	凸度小

（制表：刘立辉；时间：2018 年 3 月 31 日）

通过调查发现，本次反馈的问题卷为常规辊型生产，新辊型投入期间，无起鼓缺陷反馈。经过各项对策的逐一有效落实，冷轧料起鼓缺陷反馈现象明显减少。

小组成员李磊统计了 2018 年 4~5 月 1250 线起鼓缺陷数量，见表 20-20。

表 20-20　2018 年 4~5 月 1250 线起鼓缺陷数量

月份	4	5	平均
起鼓缺陷数量/t	31.60	28.30	29.95

（制表：李磊；时间：2018 年 6 月 5 日）

结论：通过与活动前及目标起鼓缺陷数量进行对比，小组的目标实现了，如图 20-12 所示。

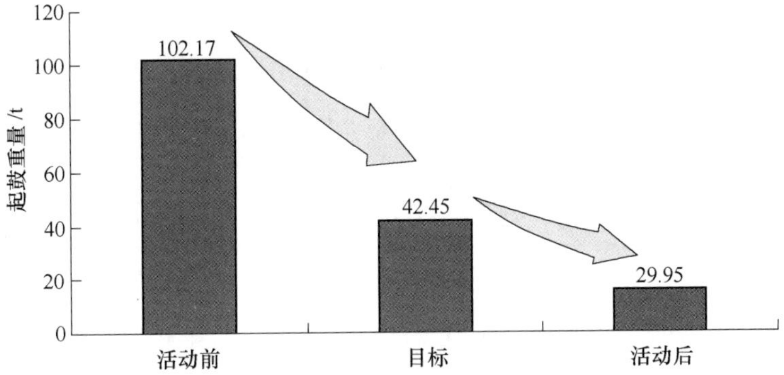

图 20-12　活动效果对比图

同时也提高了效益，具体如下。

（1）经济效益。设计的窜辊策略为二级程序优化调整，辊型设计利用下机轧辊磨削期间进行程序修正，新辊型磨削量与常规辊型磨削量基本相同，可忽略成本投入。

2018 年 4~5 月 1250 线产生起鼓缺陷异议赔付 59.90t，折合 29.95t/月，较 2017 年 102.17t/月减少 72.22t/月，若按质量异议吨钢赔付 200 元计算，则活动期内可减少质量异议损失 72.22×200×5 = 72220 元。同时，本次活动得到的经济效益已经得到公司领导的认可。

（2）无形效益。本次活动目标的完成，减少了起鼓缺陷质量异议的投诉，提高了客户满意度，提高了产品质量的稳定性，为实现精品德龙夯实了基础。

十二、巩固措施及总结

（一）巩固措施

（1）在目前执行的窜辊方式下，小组进一步对窜辊方式进行优化，选择相邻机架的窜辊值相反，就能够使得产生楔形的趋势相反，互相抵消，互相纠正，能够在一定程度上控制楔形，如图 20-13 所示。

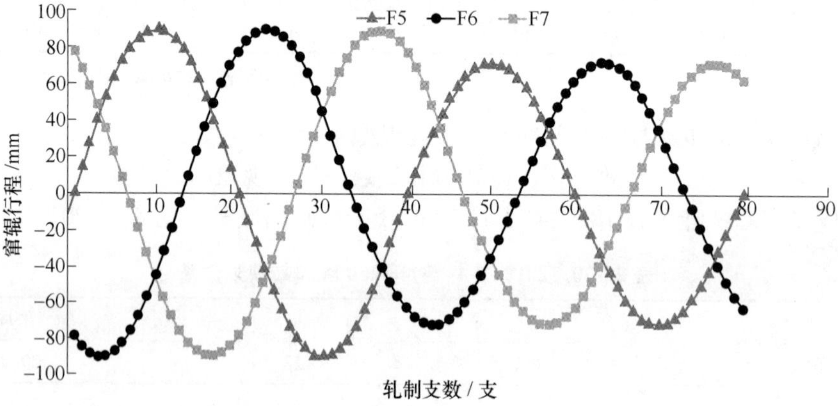

图 20-13　进一步优化的窜辊方式

（2）将精轧工作辊辊型纳入轧钢厂轧辊管理制度中，并严格按照其要求进行加工，技术科实时进行抽测。

小组成员统计了巩固期 6~8 月的质量异议投诉情况，见表 20-21。

表 20-21　1250 线 2018 年 6~8 月起鼓缺陷数量统计

月份	6	7	8	平均
起鼓缺陷数量/t	0	15.8	28.3	14.7

（制表：李磊；时间：2018 年 8 月 30 日）

同时，将攻关前及攻关后起鼓缺陷现象的严重程度进行了相比，通过与客户沟通，客户表示起鼓缺陷现象得到了明显的改善。

小组成员再次使用排列图对活动期内产生的冷轧起鼓缺陷原因进行了统计和分析，见表 20-22 和图 20-14。

表 20-22　起鼓缺陷信息统计表

项目	频次	累计频次/件	累计比例/%
板形不良	4	4	50.00
楔形大	3	7	87.50
凸度小	1	8	100.00
局部高点	0	8	100.00

（制表：李磊；时间：2018 年 8 月 30 日）

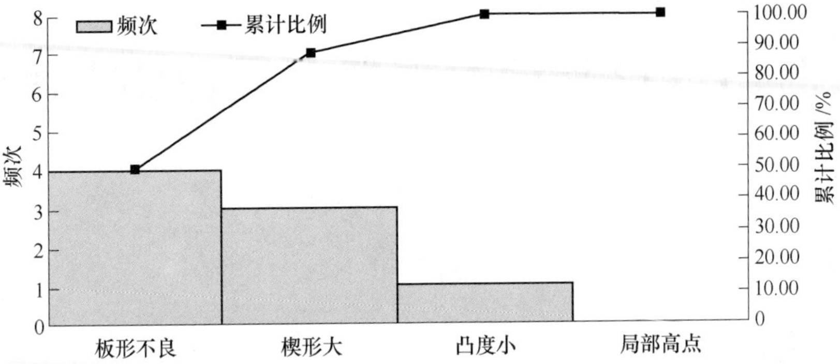

图 20-14　起鼓缺陷原因分析排列图

从图 20-14 得出，板凸度小和局部高点已不是造成冷轧起鼓缺陷的主要症结，证明本次活动圆满完成。

(二) 总结和下步打算

总结：

(1) 小组通过本次活动的攻关，顺利达成了目标，将成功的经验尽可能纳入标准，进行标准化，遗留问题则转入下一个 PDCA 循环去解决。

(2) 通过本次 QC 小组活动，小组成员的学习能力、创新意识、活动积极性、质量管理意识和团队协作能力均得到提高。

下一步打算：

小组将继续立足于本岗位，运用 QC 知识，解决现场存在的难题，下一步本小组将针对 1250 线轧辊消耗偏高的问题进行攻关。

案例 21　提高钢材中氧含量检测准确性

河冶科技股份有限公司

叩军格

一、小组概况

技术中心检测室成分分析 QC 小组成立于 2011 年 1 月，活动时间从 2016 年 1 月至 10 月，属于现场型 QC 小组，现有 QC 小组成员 6 人。小组成员情况见表 21-1。本次小组活动计划见表 21-2。

表 21-1　小组概况表

小组名称	技术中心检测室成分分析 QC 小组		
小组编号	HY-111-04-1101-1		
成立时间	2011 年 1 月	课题类型	现场型
课题名称	提高钢材中氧含量检测准确性		
小组成员	6	活动次数	8
活动日期	2016 年 1~10 月	TQC 学时	4
小组宗旨	团结、合作、节约、创新		

小组成员及组内分工

序号	姓名	性别	文化程度	组内职务	小组分工
1	叩军格	男	大专	组长	制定计划方案
2	何雪蛟	男	大专	组员	实施
3	王　红	女	大专	组员	监督实施
4	郎英翠	女	本科	组员	技术支持
5	赵　勇	男	大专	组员	实施
6	朱文松	男	大专	组员	实施

表 21-2　小组活动计划表

小组活动计划实施											
时间		1月5日~2月14日	2月15日~3月2日	3月3日~3月30日	3月31日~4月21日	4月22日~5月9日	5月10日~6月3日	6月4日~6月21日	6月22日~7月29日	7月30日~9月3日	9月4日~10月25日
P 计划	课题选择										
	现状调查										
	确定目标										

续表 21-2

小组活动计划实施											
时间		1月5日~2月14日	2月15日~3月2日	3月3日~3月30日	3月31日~4月21日	4月22日~5月9日	5月10日~6月3日	6月4日~6月21日	6月22日~7月29日	7月30日~9月3日	9月4日~10月25日
P 计划	原因分析				- - →	——→					
	要因确认				- - -	- - - ———	- - - ——→				
	制定对策						- - ———	- - → ——→			
D 实施	对策实施							———	- - → ——→		
C 检查	效果检查								- - ——→	- →	
A 巩固	巩固措施									- - ——→	- →
	总结打算										- - → ——→

注：- - → 计划进度；——→ 实际进度。

二、选择课题

氧在钢中主要以脱氧生成的氧化物夹杂而存在，但是高速钢冶炼终脱氧都使用铝，故少量脆性氧化铝夹杂物难免会残留于钢中。若尺寸较大，或形成一连串，则对钢的韧性不利，后者还易形成发纹或淬火裂纹。另外，氧含量对喷射钢、粉末钢的质量影响也很重要。生产过程若控制不当，则更会造成对强度与韧性的损害。

对钢材中氧含量的精确控制，必须建立在检测数据准确的基础上，所以对检测提出了更高的要求。

近期，有客户及公司技术人员反映：公司检测室检测的成品材中氧含量与其他单位检测的氧含量数值存在差异，具体检测数据见表 21-3。

表 21-3　对比检测数据　（%）

检测单位	河冶	河钢	邢钢	天工
甲物料氧含量	17×10^{-4}	13×10^{-4}	10×10^{-4}	—
乙物料氧含量	22×10^{-4}	—	—	34×10^{-4}

由表 21-3 可知，公司与邢钢氧含量检测相差 7×10^{-4}%，与天工氧含量检测相差 12×10^{-4}%。国标 GB/T 11261—2006《钢铁氧含量的测定　脉冲加热惰气熔融-红外吸收法》9 条款中规定示值重复性限 r 及再现性限 R 的计算公式，见表 21-4。

根据国标要求，在此含量水平，不同实验室间的再现性应小于 3×10^{-4}。

通过计算，公司与其他公司检测值的再现性均超出了国标要求，故公司对成品材中氧含量检测的数据偏差较大。

表 21-4　示值重复性限 r、再现性限 R 计算公式

氧含量（质量分数）/%	示值重复性限 r	再现性限 R
0.0005～0.020	$\lg r=-1.7345+0.7629\lg m$	$\lg R=-0.9106+0.9247\lg m$

注：m 代表氧含量检测数值。

三、现状调查

（一）稳健 Z 比分数

稳健 Z 比分数是在 CNAS 国际实验室比对中，进行实验室能力验证时采用的评价依据。具有较高的权威性。实验室能力验证中通常以计算得出的稳健 Z 比分数值来评价一个实验室出具的实验结果的可信程度。通过北京中实国金国际实验室能力验证研究中心出具的能力验证结果，稳健 Z 比分数 $|Z|\leqslant 2$，评价结果既为满意。

由于公司试验室出具的实验数据，与个别厂家存在差异。所以就采用类似与 CNAS 实验室能力验证的模式。由公司进行一次小范围的实验室比对，通过计算稳健 Z 比分数来评价公司实验室的此次 QC 的活动成果。

公式：

$$Z=(\chi-X)/\mathrm{LQR}\times 0.7413$$

式中　χ——参加实验室结果值；

X——所有结果值的中位值；

LQR——上四分位值与下四分位值之间的差值。

结果评价：$|Z|\leqslant 2$，满意；$2<|Z|<3$，可疑；$|Z|\geqslant 3$，不可接受。

（二）现状调查

根据以往检测经验，钢中氧含量会因钢种的不同、规格的大小、取样位置的变化、分析设备的稳定情况，检测数据会存在一定的差异，所以无法对上述差异形成原因做出明确的判断。因此本小组针对上述对标中出现的差异，设计了一个现场调查方案，见表 21-5。

表 21-5　调查方案设计

<table>
<tr><td>第一步</td><td>选取一段气体含量较均匀的材料，编号为 A</td></tr>
<tr><td>第二步</td><td>委托外部有资质实验室对选取的材料 A 进行氧含量测定，验证其氧含量的均匀性。认为同支材料的示值重复性小于 $3\times10^{-4}\%$，即为均匀</td></tr>
<tr><td>第三步</td><td>就 A 样品，分别与外部有资质的实验室进行对标，计算公司氧含量检测值的稳健 Z 比分数，看检测结果是否满意。
<table>
<tr><td>稳健 Z 比分数值</td><td>结果评价</td></tr>
<tr><td>$|Z|\leqslant 2$</td><td>满意结果</td></tr>
<tr><td>$2<|Z|<3$</td><td>可疑结果</td></tr>
<tr><td>$|Z|\geqslant 3$</td><td>不满意结果</td></tr>
</table>
</td></tr>
</table>

1. 选择材料 A

根据以往检测经验，规格小的材料气体含量较均匀。因此从现场选取规格为 ϕ5. 3mm、钢种为 M2 的磨光钢丝，截取 2. 1m，编号 A 作为课题的试验材料。

2. 验证材料 A 均匀性

在 A 材料头、中、尾三个位置截取样品分别送河北钢铁研究院（以下简称河钢）、北京钢铁研究总院（以下简称北钢院）进行检测，验证 A 材料氧含量的均匀性。检测结果见表 21-6。

表 21-6　均匀性检测结果　(%)

检测单位	位置	氧含量	平均值	示值重复性
河钢	头	16.7×10^{-4}	16.7×10^{-4}	0.8×10^{-4}
	中	17.1×10^{-4}		
	尾	16.3×10^{-4}		
北钢院	头	19.0×10^{-4}	19.0×10^{-4}	1.2×10^{-4}
	中	19.6×10^{-4}		
	尾	18.4×10^{-4}		

由表 21-6 可知，以上两家有资质的实验室，检测 A 材料头、中、尾三个位置的氧含量示值重复性均小于 3×10^{-4}%。因此认为 A 材料氧含量通支是均匀的。

3. 稳健 Z 比分数

在 A 材料上截取样品，一支留公司自检，其他分别送天工、邢钢、石钢等有资质实验室进行对标。检测结果见表 21-7。

表 21-7　对标检测结果　(%)

厂家	天工	石钢	河冶	北钢院	河钢	邢钢
氧含量	17.2×10^{-4}	18.1×10^{-4}	25.0×10^{-4}	19.0×10^{-4}	16.7×10^{-4}	13.0×10^{-4}

对以上 6 家实验室出具的试验数据由小到大进行排序并列出编号，见表 21-8。

表 21-8　6 家实验室测定的氧含量　(%)

厂家	邢钢	河钢	天工	石钢	北钢院	河冶
厂家编号	1×10^{-4}	2×10^{-4}	3×10^{-4}	4×10^{-4}	5×10^{-4}	6×10^{-4}
氧含量	13.0×10^{-4}	16.7×10^{-4}	17.2×10^{-4}	18.1×10^{-4}	19.0×10^{-4}	25.0×10^{-4}

公式：

$$Z = (\chi - X)/\mathrm{LQR} \times 0.7413$$

式中　χ——参加实验室结果值；

X——所有结果值的中位值；

LQR——上四分位值与下四分位值之间的差值。

计算 LQR 值。

确定 $Q1$（上四分位值）：

$$Q1\text{位置} = (n + 1)/4 = (6 + 1)/4 = 1.75$$

根据内插法计算 $Q1$ 值：

$$Q1\text{值} = 13 + (16.7 - 13) \times (1.75 - 1) = 15.775$$

确定 $Q3$（下四分位值）：

$$Q3\text{位置} = 3(n + 1)/4 = 3(6 + 1)/4 = 5.25$$

根据内插法计算 $Q3$ 值：

$$Q3\text{值} = 19 + (25.0 - 19) \times (5.25 - 5) = 20.5$$

$$\text{LQR} = Q3 - Q1 = 21.075 - 15.775 = 4.725$$

计算 X 值。

确定 $Q2$（中位值）：

$$Q2\text{位置} = 2(n + 1)/4 = 2(6 + 1)/4 = 3.5$$

根据内插法计算 $Q2$ 值：

$$Q2\text{值} = (17.2 + 18.1)/2 = 17.65$$

$$X = Q2$$

根据以上数值，计算公司氧含量稳健 Z 比分数：

$$Z = (\chi - X)/\text{LQR} \times 0.7413 = (25 - 17.65)/4.725 \times 0.7413 = 2.1$$

χ 值：公司检测数值 $25.0\times10^{-4}\%$。

通过计算公司的 $|Z|=2.1$，公司的氧含量检测为可疑结果。

四、设定目标

通过与其他有资质实验室对标，发现公司氧含量的检测偏差较大，通过计算现状调查中对标数据的稳健 Z 比分数，得出 $|Z|=2.1$，根据稳健 Z 比分数的结论判定 $2<|Z|<3$（可疑结果），本小组成员均具有比较丰富的检测分析经验，从小组成员能力方面考虑，完全有能力找到问题的根本原因，制定出有效的措施。因此为了提高本公司检测数据的准确性，本小组将目标设定为：$|Z|\leqslant2$ 。

五、原因分析

（一）氧含量检测流程

流程具体如下：

样品接收—金刚石砂轮手工打磨—金相砂纸打磨（180 号—280 号—400 号—600 号各一道）—剪切小段—超声波清洗 1 次（丙酮溶液）—称重—检测。

（二）鱼刺图

QC 小组成员采用鱼刺图对检验流程中影响氧含量的各环节进行分析讨论，找出 10 条末端因素，如图 21-1 所示。

针对末端因素，制定了要因确认计划表，见表 21-9。

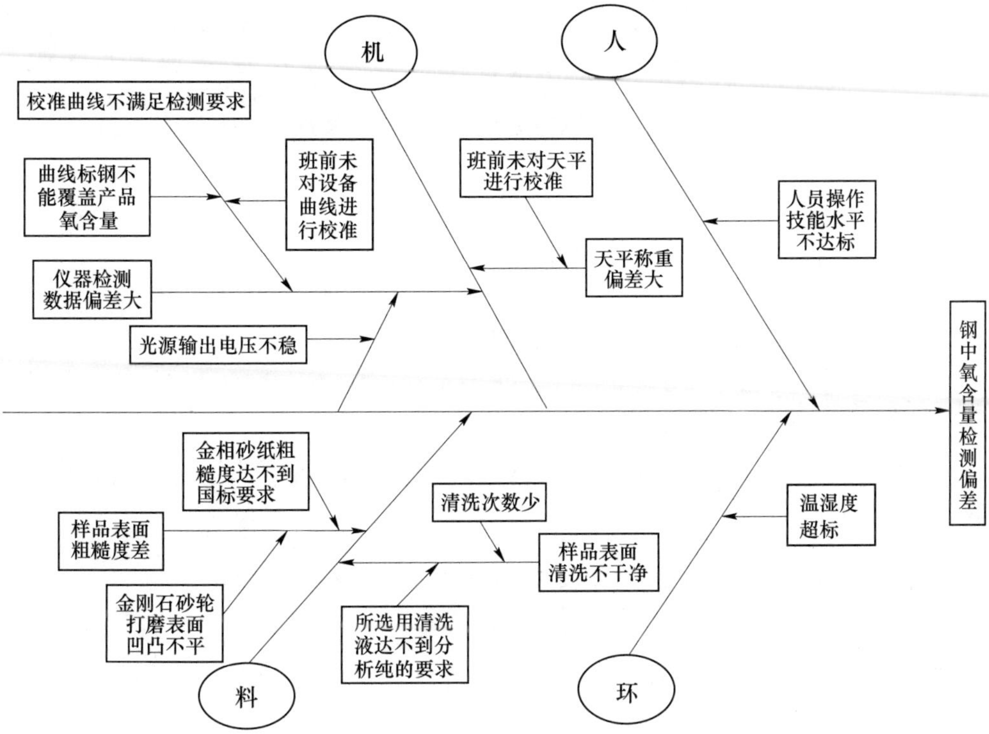

图 21-1　原因分析鱼刺图

表 21-9　要因确认计划表

序号	末端原因	确认方法	确认标准	确认人	确认时间
1	人员操作技能水平不达标	现场调查	是否持有上岗证及通过 CNAS 评审	王　红	2016 年 4 月 23 日
2	光源输出电压不稳	现场统计	仪器说明书中规定红外光源输出电压控制范围 0.99～5V，电压过高、过低会导致氧检测出现偏差	何雪蛟 叩军格	2016 年 4 月 26 日
3	班前未对设备曲线进行校准	现场调查	班前设备曲线校准率 100%	何雪蛟	2016 年 4 月 27 日
4	曲线所用标钢不能覆盖产品氧含量	现场调查	国标中规定，标定曲线所用标钢应大于被分析试样的氧含量	叩军格	2016 年 5 月 5 日
5	班前未对天平进行校准	现场调查	班前天平校准率 100%	何雪蛟	2016 年 5 月 7 日
6	金相砂纸粗糙度达不到国标要求	现场试验	国标要求样品表面粗糙度小于 1.6μm	何雪蛟	2016 年 5 月 11 日
7	所选用清洗液达不到分析纯的要求	现场试验	使用目前所用清洗液清洗后，样品氧含量升高	何雪蛟 叩军格	2016 年 5 月 13 日
8	清洗次数少	现场试验	检测值是否符合示值重复性限值 r 要求	叩军格	2016 年 5 月 13 日

续表 21-9

序号	末端原因	确认方法	确认标准	确认人	确认时间
9	温湿度超标	现场调查	检测现场温湿度超出国标规定，国标规定检测环境温度控制在 15~25℃；相对湿度控制在 10%~70%	郎英翠	2016 年 6 月 2 日
10	金刚石砂轮打磨表面凹凸不平	现场试验	试样表面是否符合国标规定粗糙度小于 1.6μm，氧含量检测再现性是否在再现性限值 R 范围内	何雪蛟	2016 年 5 月 21 日

六、要因确认

为找出主要原因，小组成员通过分析讨论，确定了各末端因素的确认标准，并对 10 条末端因素分别进行了确认。

（一）末端因素一：人员操作技能水平不达标

确认过程：通过现场调查，所有检测人员均已通过上岗考试，并持有上岗证。同时实验室已于 2013 年通过了 CNAS 认证，并于 2016 年 3 月通过了 CNAS 复评审。所以人员操作水平是合格的。

因此，人员操作技能水平不达标为非要因。

（二）末端因素二：光源输出电压不稳

确认过程：通过现场调查，对 2016 年 2~4 月点检记录上的红外光源输出电压记录数据统计，显示红外光源电压在 2V 左右范围内，仪器说明书中规定，红外光源输出电压控制范围为 0.99~5V。所以由图 21-2 可知，红外光源输出电压在要求控制的范围之内。

因此，光源输出电压不稳为非要因。

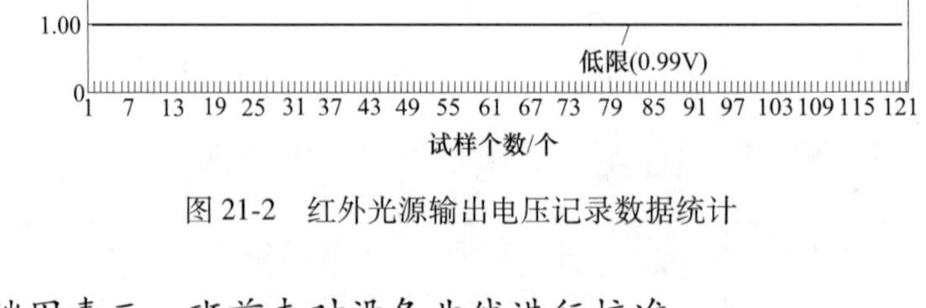

图 21-2 红外光源输出电压记录数据统计

（三）末端因素三：班前未对设备曲线进行校准

确认过程：通过现场调查，对 2016 年 1~4 月的校准记录进行了统计，见表 21-10。

表 21-10　班前设备曲线校准记录数据统计表

班次数	校准次数	未校准次数	校准率/%
298	298	0	100

记录显示每班上班前均使用标钢对设备曲线进行了校准，校准率达到 100%。

因此，班前未对设备曲线进行校准为非要因。

（四）末端因素四：曲线所用标钢不能覆盖产品氧含量

确认过程：通过现场调查，对 2015 年 6 月 ~ 2016 年 7 月的气体氧含量进行统计，整体的氧含量水平大多处于 $30\times10^{-4}\%$以下。统计一年来氧含量的最高值为 $46.7\times10^{-4}\%$，如图 21-3 所示。查看目前标定曲线所用标钢为“LECO NO. 501-644”氧含量 $(66\pm5)\times10^{-4}\%$，完全能够覆盖公司所有产品的氧含量。

因此，曲线所用标钢不能覆盖产品氧含量为非要因。

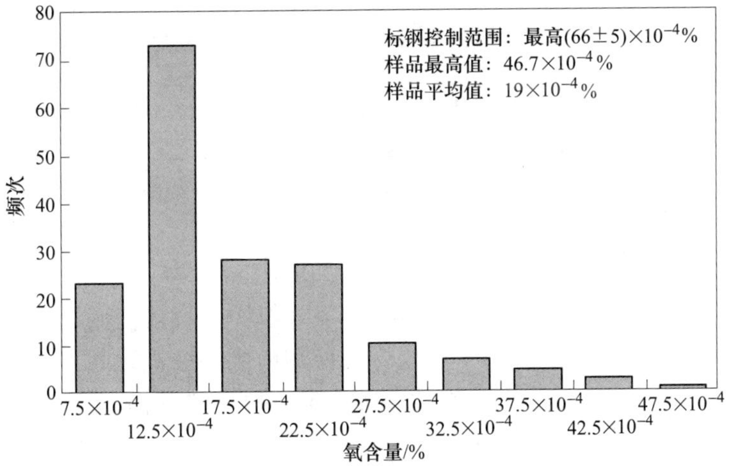

图 21-3　2015 年 6 月 ~ 2016 年 7 月气体氧含量统计图

（五）末端因素五：班前未对天平进行校准

确认过程：通过现场调查 2016 年 1~5 月天平校准记录，记录显示每班上班前均使用设备所带标准砝码对天平进行校准，校准率达到 100%，见表 21-11。

表 21-11　班前天平校准记录数据统计表

班次数	校准次数	未校准次数	校准率/%
298	298	0	100

因此，班前未对天平进行校准为非要因。

（六）末端因素六：金相砂纸粗糙度达不到国标要求

确认过程：通过现场调查。

（1）目前现场所用的金相砂纸打磨道次为：180 号—280 号—400 号—600 号各一道，各道次打磨时间以把上一道次的划痕打磨掉为止。

（2）取 3 支经过无芯磨的磨光钢丝试样，分别编号：1、2、3。先测定其表面粗糙度，然后用目前现场所使用的金相砂纸打磨方法进行打磨，使用粗糙度仪测其表面粗糙度。测定数据见表 21-12。

表 21-12　检测粗糙度情况表

编号	砂纸打磨前表面粗糙度/μm	砂纸打磨后表面粗糙度/μm	国标要求粗糙度/μm	是否满足国标要求
1	2.67	0.041	<1.6	满足
2	2.55	0.039		满足
3	2.59	0.043		满足

因此，金相砂纸粗糙度达不到国标要求为非要因。

（七）末端因素七：所选用清洗液达不到分析纯的要求

确认过程：国标 GB/T 11261—2006《钢铁氧含量的测定　脉冲加热惰气熔融-红外吸收法》6.1 条款中规定，在超声波清洗器中用四氯化碳（或乙醚）和丙酮清洗，为了去除试样表面吸附的氧。考虑到四氯化碳、乙醚对人体的危害较丙酮大，因此目前现场所选用的清洗剂为丙酮。

（1）任意选取一瓶标钢，标钢的氧含量为 $(18±2)×10^{-4}\%$。

（2）任意选取 10 个标钢颗粒，分成两组。1 号组样品直接使用气体分析仪检测标钢中氧含量（正常检测标钢的方法）。2 号组样品使用丙酮溶液进行超声波清洗，然后使用气体分析仪检测标钢中氧含量。此次对比检测在同一时间段的 1h 之内完成。所得检测数据见表 21-13。

表 21-13　检测结果

项目	试样编号	氧含量/%	示值偏差/%	标钢允许示值偏差/%	是否符合标钢要求
1 号组标钢	1-1	$17.2×10^{-4}$	$-0.8×10^{-4}$	$±2×10^{-4}$	是
	1-2	$18.1×10^{-4}$	$0.1×10^{-4}$		是
	1-3	$17.8×10^{-4}$	$-0.2×10^{-4}$		是
	1-4	$18.3×10^{-4}$	$0.3×10^{-4}$		是
	1-5	$18.5×10^{-4}$	$0.5×10^{-4}$		是
2 号组标钢	2-1	$18.3×10^{-4}$	$0.3×10^{-4}$		是
	2-2	$17.6×10^{-4}$	$-0.4×10^{-4}$		是
	2-3	$18.1×10^{-4}$	$0.1×10^{-4}$		是
	2-4	$18.6×10^{-4}$	$0.6×10^{-4}$		是
	2-5	$17.9×10^{-4}$	$-0.1×10^{-4}$		是

通过以上两组对比试验后，使用丙酮清洗后的标钢与未清洗后的标钢，检测气体氧含量无升高现象。

因此，所选用清洗液达不到分析纯的要求为非要因。

（八）末端因素八：清洗次数少

确认过程：通过现场调查。

（1）目前生产现场所采用的清洗次数为：使用丙酮清洗 1 次。

（2）从材料 A 上截取一段样品，经过金相砂纸正常打磨后，剪切成 18 个小颗粒试样，以 6 个为一组，小颗粒试样分别编号为：1 号、2 号、3 号、4 号、5 号、6 号。分成 3 组，编号为 1 组、2 组、3 组。其他初始条件保持一致，分别使用丙酮溶液清洗 1 次、2 次、3 次进行氧含量检测。测定结果见表 21-14。

表 21-14　检测结果

样品编号	清洗次数	试样氧含量						平均值	示值重复性/%	示值重复性限值 r/%
		1 号	2 号	3 号	4 号	5 号	6 号			
1 组	1 次	22.4	23.5	22.7	23.2	23.5	23.7	23.2	0.2×10^{-4}	$<1.8\times10^{-4}$
2 组	2 次	22.5	23.7	23.0	23.5	22.7	22.4	23.0		
3 组	3 次	23.2	23.7	22.8	23.1	23.5	22.9	23.2		

通过计算以上三组试验平均值之间的示值重复性为 $0.2\times10^{-4}\%$，满足示值重复性限值 $r<1.8\times10^{-4}\%$的要求。说明随着清洗次数的增多，氧含量并没有发生变化。

因此，清洗次数少为非要因。

（九）末端因素九：温湿度超标

确认过程：通过现场调查，查看了气体检测实验室内的温湿度监控表及仪器说明对环境的要求，温湿度监控表已通过了河北省计量研究所的合格计量。

抽查了 2016 年 7~11 月气体检测实验室内的温湿度记录表，并对温湿度进行了分析统计，如图 21-4 和图 21-5 所示。

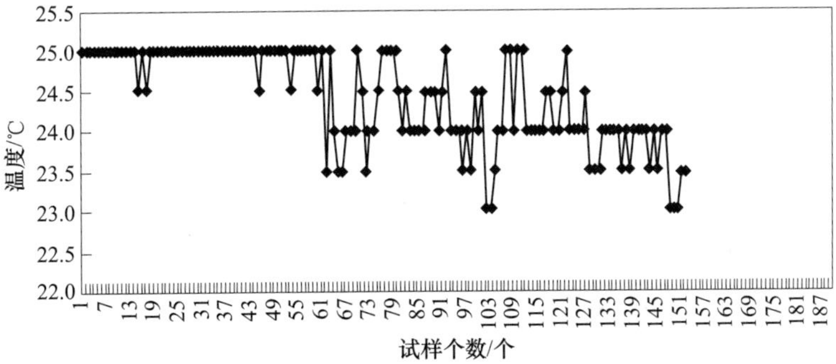

图 21-4　2016 年 7~11 月温度控制

2016 年 7~11 月气体分析仪所处实验环境温湿度均在 15~25℃，相对湿度控制在

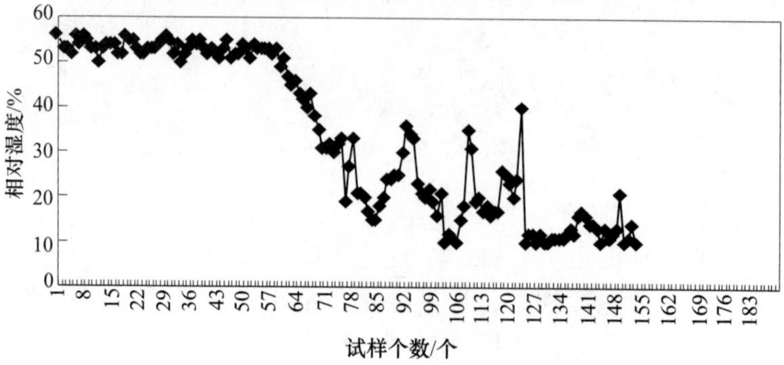

图 21-5　2016 年 7~11 月相对湿度控制

10%~70%范围内，符合规定要求。因此，温湿度超标为非要因。

（十）末端因素十：金刚石砂轮打磨表面凹凸不平

确认过程：在材料 A（磨光钢丝）上截取 6 支样品，平均分成 2 组。一组试样分别编号为 1 号、2 号、3 号，二组试样分别编号为 4 号、5 号、6 号。分别采用两种方法加工样品。

方法一：采用金刚石砂轮打磨—金相砂纸打磨—使用粗糙度仪测定表面粗糙度—截取试样—清洗—检测。

方法二：采用金相砂纸直接打磨—使用粗糙度仪测定表面粗糙度—截取试样—清洗—检测。

小组成员对样品表面粗糙度进行检测，具体数据见表 20-15，对氧含量进行检测，具体数据见表 21-16。

表 21-15　样品表面粗糙度检测

方法	试样编号	样品表面粗糙度/μm	国标要求粗糙度/μm	是否满足国标要求
方法一	1 号	2.11	<1.6	否
	2 号	2.09		否
	3 号	2.14		否
方法二	4 号	0.041		是
	5 号	0.039		是
	6 号	0.042		是

以上试验发现，方法一制得的样品表面粗糙度不符合国标。通过计算方法一与方法二氧含量检测再现性超出了规定限值要求。分析以上两种方法的区别是：制样过程中方法一使用了金刚石砂轮打磨，使表面凹凸不平，造成样品表面粗糙度不满足国标要求。

因此，金刚石砂轮打磨表面凹凸不平是要因。

经过以上要因确认得到了一个要因，即为金刚石砂轮打磨表面凹凸不平。

表 21-16　氧含量检测

方法	试样编号	氧含量/%	平均值/%	再现性/%	再现性限值 R/%
方法一	1 号	24. 3	23. 1	6. 9	<3
	2 号	22. 4			
	3 号	22. 7			
方法二	4 号	16. 8	16. 2		
	5 号	15. 9			
	6 号	15. 8			

七、制定对策

针对要因，小组成员根据主要原因，按照 5W1H 方法制定了对策计划，见表 21-17。

表 21-17　对策计划表

序号	要因	对策	目标	措施	实施地点	责任人	完成时间
1	金刚石砂轮打磨表面凹凸不平	消除样品表面凹凸不平	稳健 Z 比分数 $\|Z\|\leq 2$（满意结果）	车床车削后 80 号水砂纸打磨	检测班炉前检验现场	何雪蛟	2016 年 6 月 30 日

八、对策实施

（一）实施过程

在材料 A 上截取 20 支样品，分别编号：1～20 号。先用车床车削表面，首先使用 1 道 80 号的水砂纸，消除车刀纹。然后用金相砂纸 180 号—280 号—400 号—600 号打磨。小组成员用粗糙度仪测定样品表面粗糙度，随后对 20 支样品进行了氧含量测定，并进行了统计，结果见表 21-18。

表 21-18　氧含量检测表　（%）

试样编号	氧含量	平均值	再现性	再现性限值 R 要求
1 号	15.5×10^{-4}	15.8×10^{-4}	1.8×10^{-4}	$<3\times10^{-4}$
2 号	16.3×10^{-4}			
3 号	15.7×10^{-4}			
4 号	16.4×10^{-4}			
5 号	14.9×10^{-4}			
6 号	15×10^{-4}			
7 号	16×10^{-4}			
8 号	15.9×10^{-4}			
9 号	16.7×10^{-4}			
10 号	15.5×10^{-4}			

续表 21-18

试样编号	氧含量	平均值	再现性	再现性限值 R 要求
11 号	15.2×10^{-4}	15.8×10^{-4}	1.8×10^{-4}	$<3\times10^{-4}$
12 号	16.5×10^{-4}			
13 号	15.4×10^{-4}			
14 号	15.6×10^{-4}			
15 号	16.2×10^{-4}			
16 号	16.4×10^{-4}			
17 号	15.9×10^{-4}			
18 号	15.5×10^{-4}			
19 号	16×10^{-4}			
20 号	15.4×10^{-4}			

（二）稳健 Z 比分数

（1）在 A 材料上截取数段样品，分别送天工、邢钢、石钢、河钢、北钢院等有资质实验室进行对标。检测结果如表 21-19 所示。

表 21-19 6 家单位氧含量检测结果

厂家	北钢院	天工	石钢	河冶	河钢	邢钢
氧含量/%	16.0×10^{-4}	16.7×10^{-4}	18.5×10^{-4}	15.8×10^{-4}	15.5×10^{-4}	13.5×10^{-4}

（2）对以上 6 家实验室出具的试验数据由小到大进行排序并列出编号，如表 21-20 所示。

表 21-20 6 家实验室出具的检测数据由小到大进行排序

厂家	邢钢	河钢	河冶	北钢院	天工	石钢
厂家编号	1	2	3	4	5	6
氧含量/%	13.5×10^{-4}	15.5×10^{-4}	15.8×10^{-4}	16.0×10^{-4}	16.7×10^{-4}	18.5×10^{-4}

根据以上数值，计算公司氧含量稳健 Z 比分数：

$$Z = (\chi - X)/\mathrm{LQR} \times 0.7413 = (15.8 - 15.9)/2.15 \times 0.7413 =- 0.06$$

χ 值：公司检测数值 $15.8\times10^{-4}\%$。通过计算 $|Z| = 0.06$，公司的氧含量检测为满意结果。

九、效果验证

小组成员对效果验证方案进行详细设计，具体验证方案见表 21-21。

（一）第一步：选取两支不同氧含量水平的材料

（1）选取 1 号盘条，盘条生产信息见表 21-22。

表 21-21　效果验证方案

第一步	选取 2 支不同氧含量水平的盘条，在每支盘条上分别截取数段样品，与外部有资质的实验室进行对标
第二步	根据公司及其他外部有资质实验室所出具的氧含量检测数据，计算本公司氧含量检测值的稳健 Z 比分数，看检测结果是否 $\|Z\|\leqslant 2$（满意结果）。 稳健 Z 比分数值 — 结果评价 $\|Z\|\leqslant 2$ — 满意结果 $2<\|Z\|<3$ — 可疑结果 $\|Z\|\geqslant 3$ — 不满意结果

表 21-22　1 号盘条生产信息

钢种	规格/mm	熔炼炉号	生产批号	退火炉号
EHYM2AL	ϕ7.5	VA6034084	TF304160220	L04604018-2

在 1 号盘条上截取数段样品，由公司炉前检验班检测其中一个样品，其他样品分别寄往河钢、邢钢、石钢、北钢院、天工进行对标。统计检测结果见表 21-23。

表 21-23　1 号样品对标数据统计表

钢种	EHYM2AL					
厂家	河冶	天工	石钢	北钢院	河钢	邢钢
氧含量/%	11.4×10^{-4}	12.1×10^{-4}	10.7×10^{-4}	13.5×10^{-4}	11.7×10^{-4}	10.1×10^{-4}

（2）选取 2 号盘条，盘条生产信息见表 21-24。

表 21-24　2 号盘条生产信息

钢种	规格	熔炼炉号	生产批号	退火炉号
HSF835	ϕ7mm	SB6024006	TFS04270224	1560507-8-1

在 2 号盘条上截取数段样品，由公司炉前检验班检测其中一支样品，其他样品分别寄往河钢、邢钢、石钢、北钢院、天工进行对标。统计检测结果见表 21-25。

表 21-25　2 号样品对标数据统计表

钢种	HSF835					
厂家	河冶	天工	石钢	北钢院	河钢	邢钢
氧含量/%	28.7×10^{-4}	30.1×10^{-4}	29.4×10^{-4}	31.3×10^{-4}	29.4×10^{-4}	27.6×10^{-4}

（二）第二步：稳健 Z 比分数

根据 1 号盘条对标的检测数据，计算公司氧含量检测值的稳健 Z 比分数，得出 $Z=-0.11$，公司的稳健 Z 比分数 $|Z|\leqslant 2$，为满意结果。

根据 2 号盘条对标的检测数据，计算公司氧含量检测值的稳健 Z 比分数，得出 $Z=-0.37$，公司的稳健 Z 比分数 $|Z|\leqslant 2$，为满意结果。

因此不同氧含量水平的材料，通过与外部厂家对标，公司的稳健 Z 比分数均能达到 $|Z| \leqslant 2$，目标达成。

十、巩固措施及标准化

根据所取得的成果，本小组将一些行之有效的措施，进行制度化、标准化，措施固化表见表 21-26。

表 21-26　措施固化表

序号	巩固内容	实行时间	文件编号	负责人	审批人
2	修订《成品材中氧含量检测制样方法》	2016 年 10 月 15 日	HYJC/ZY-093	王立华	王红

十一、无形效益

钢材中气体氧含量的准确测定，是氧含量的检测方法进一步得到了完善。为解决外部投诉及氧含量对钢材性能的影响提供了强有力的支撑。为优化生产工艺提供依据，工艺的优化意味着质量的稳定，成材率提高、失效率减少。通过本次 QC 活动，小组成员从质量意识、操作水平、QC 知识、团队精神、自信心等方面对活动前后进行了自我评价打分，见表 21-27，并绘制了雷达图（图 21-6）。

表 21-27　自我评价表

评价项目	活动前/分	活动后/分
质量意识	4	5
操作水平	3	4
QC 知识	3	5
团队精神	4	5
自信心	3	4

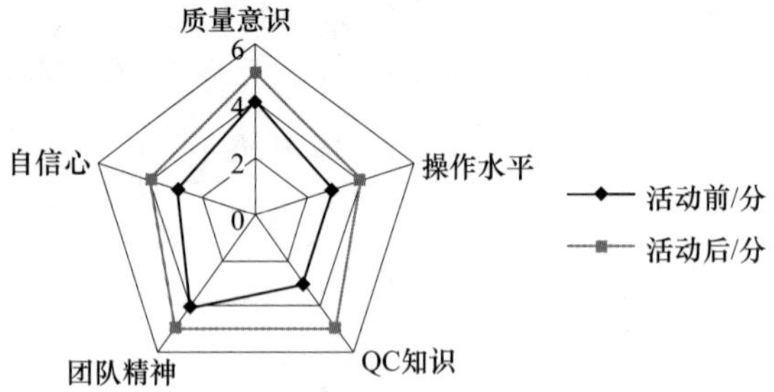

图 21-6　自我评价雷达图

十二、总结及下一步打算

通过此次 QC 活动，小组深刻地认识到样品表面粗糙度对气体含量检测的重要性，由于自然界中富含氧元素，而成品材的硬度一般都较低。在样品制作的过程中，样品表面的粗糙度不容易控制，样品表面越粗糙，氧越容易附着在样品表面，导致检测数据出现偏差。

此次 QC 活动，提高了成品材中氧含量检测准确性。但钢水中氧含量检测也非常重要，由于目前公司检验钢水中气体含量采用的是玻璃真空管取样，所取样品的硬度很高，使用目前成品材检测的制样方法行不通。因此小组打算将钢水中氧含量检测准确性，作为下一个 QC 工作的目标。

案例 22　提高高炉入炉热风温度

唐山市德龙钢铁有限公司

马啸晨

一、小组概况

炼铁厂风温 QC 小组成立于 2015 年 6 月，活动时间从 2015 年 6 月至 2016 年 8 月，属于攻关型 QC 小组，现有 QC 小组成员 4 人，小组成员搭配合理，理论知识扎实，现场实践经验丰富。小组成员情况如表 22-1 所示。

表 22-1　小组概况

小组名称	炼铁厂风温 QC 小组	成立时间	2015 年 6 月
课题名称	提高高炉入炉热风温度		
课题类型	攻关型	组长	赵值璋
活动日期	2015 年 6 月~2016 年 8 月	小组人数	4 人
小组成员组成			
姓名	职务	小组职务	组内分工
赵值璋	炼铁厂长	组长	项目策划、工程管理
马世哲	见习工长兼技术员	组员	项目跟踪与分析
艾建利	热风大班长	组员	措施实施与反馈
张利国	热风大班长	组员	措施实施与反馈

二、选择课题

高炉热源主要由两部分组成，一是燃料，二是高温热风。热风是相对廉价的能源，占高炉热量总收入的 15%~20%。风温提高 100℃，可降低高炉冶炼焦比 10~20kg/t。

目前高炉热风温度严重下滑，2015 年 1~6 月风温下降明显，造成燃料比升高、煤比降低，各项经济指标变差，导致生产成本大幅升高，已严重影响正常生产。因此分厂指派本小组成员对提高高炉入炉热风温度进行攻关，要求提高高炉风温至 1160℃以上。2015 年 1~6 月高炉风温下降趋势如图 22-1 所示。

三、设定目标

根据分厂要求，设定提高高炉风温至 1160℃以上，如图 22-2 所示。

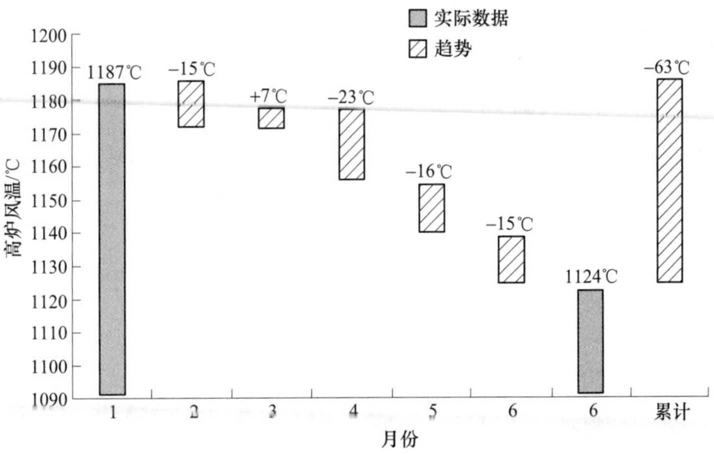

图 22-1　2015 年 1~6 月高炉风温下降趋势图

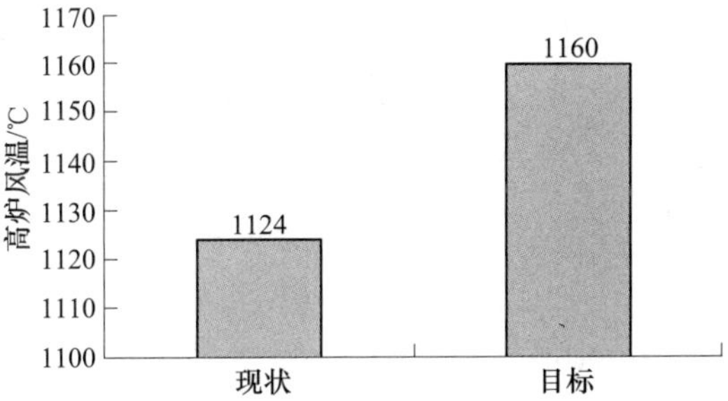

图 22-2　目标设定图

四、目标可行性分析

（一）历史水平

小组成员对上半年高炉热风温度进行统计，最高为 1187℃，曾达到过目标，如图 22-3 所示。

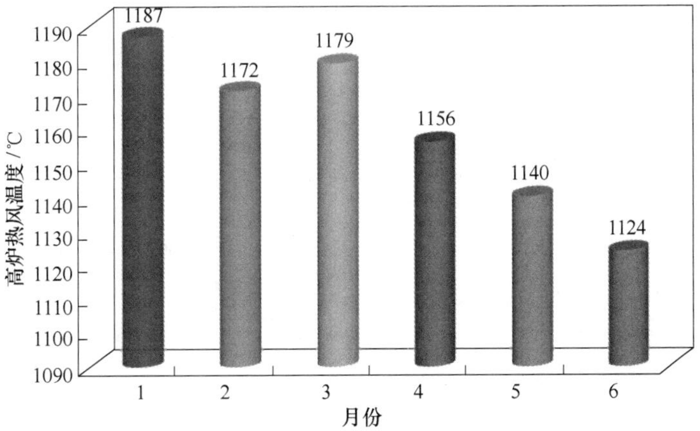

图 22-3　2015 年上半年高炉热风温度统计图

（二）同炉型高炉对标

通过与同炉型高炉对标，先进企业高炉风温已基本能够达到 1160℃以上，如图 22-4 所示。

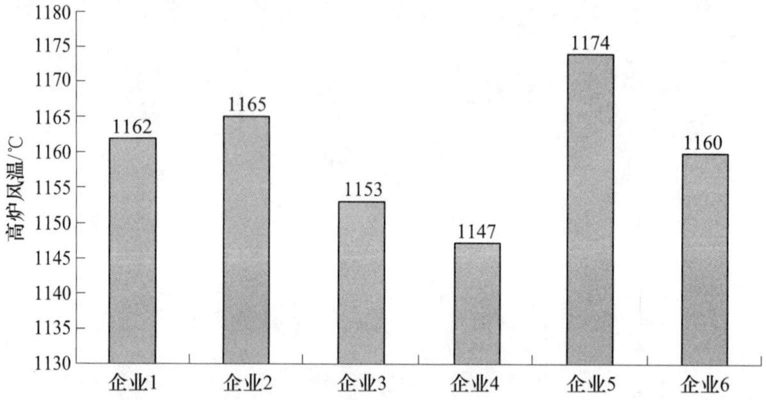

图 22-4　对标企业风温统计图

（三）小组成员能力

小组成员均具有丰富的理论知识和多年的现场实践经验，有过多次成功的 QC 经验。通过以上分析小组成员认为目标可行。

五、原因分析

确定目标后，小组成员通过人、机、料、环、法、测 6 个方面找出 7 项对高炉热风温度低影响较大的末端原因，并绘制鱼骨图，如图 22-5 所示。

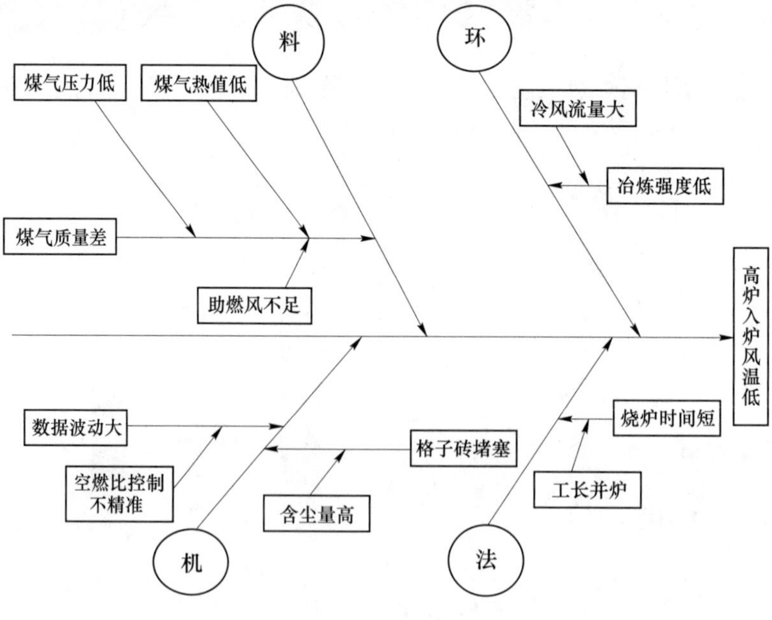

图 22-5　鱼骨图

对末端因素进行梳理汇总，并制定要因确认计划，如表 22-2 所示。

表 22-2 要因确认计划表

序号	末端因素	确认内容	确认方法	确认地点	确认标准	负责人	确认时间
1	空燃比控制不精准	空煤比	调查分析	操作室	0.5~0.55	马世哲	2015 年 8 月
2	含尘量高	含尘量	现场测量	布袋出口 操作室	<5mg/m^3	艾建利 张利国	2015 年 8 月
3	煤气热值低	CO 含量 转炉煤气配比	现场测量	煤气总管 操作室	>26% >20%	艾建利 张利国	2015 月 9 日
4	煤气压力低	煤气压力	调查分析	操作室	>7kPa	艾建利 张利国	2015 年 9 月
5	助燃风不足	助燃风	调查分析	操作室	助燃风压力>煤气压力	艾建利	2015 年 9 月
6	工长并炉	并炉操作	调查分析	操作室	无并炉	马世哲	2015 年 8 月
7	冷风流量大	风量趋势	调查分析	操作室	没有上升	马世哲	2015 年 9 月

六、要因确认

（一）末端因素一：空燃比控制不精准

确认过程：通过跟踪烧炉过程发现，煤气、空气流量计存在损坏现象，计量不准确，无法计算空燃气，不能准确掌握数据的变化。因数据无法显示，烧炉工烧炉时直接将煤气、空气阀门调到最大，对高炉热风温度影响程度较大。空燃比控制不精准为要因。

（二）末端因素二：含尘量高

确认过程：对 7 月含尘量进行统计，含尘量在 1.5~3.2mg/m^3，平均为 2.5mg/m^3，在标准范围内。同时现场查看了电脑监测含尘量为 2.7mg/m^3，符合要求。并购置含尘量检测设备，进行检测，含尘量为 2.5mg/m^3，也符合要求。热风炉有效蓄热面积增大，对高炉热风温度基本无影响。7 月含尘量统计如图 22-6 所示。因此含尘量高为非要因。

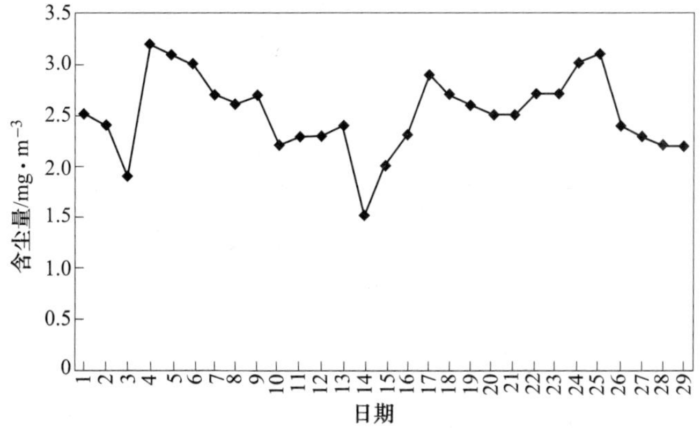

图 22-6 7 月含尘量统计图

（三）末端因素三：煤气热值低

确认过程：连续 7 天取布袋出口煤气进行化验，平均 CO 含量为 26. 91%（表 22-3），满足标准要求，对高炉热风温度影响程度不大。CO 含量统计如表 22-3 所示。因此煤气热值低为非要因。

表 22-3　CO 含量统计表　（%）

序号	CO	CO_2	O_2
1	27. 20	18. 80	0. 40
2	26. 40	19. 40	0. 40
3	26. 20	18. 00	0. 40
4	26. 00	18. 60	0. 40
5	27. 60	17. 80	0. 40
6	28. 20	18. 00	0. 40
7	26. 80	19. 60	0. 40
平均	26. 91	18. 60	0. 40

（四）末端因素四：煤气压力低

确认过程：对 7 月煤气压力随机进行抽查统计，煤气压力一直处在 5kPa 以上，满足控制标准，煤气量能够满足生产要求，顶温、烟道温度正常，对高炉热风温度影响程度不大。煤气压力抽查统计如图 22-7 所示。因此煤气压力低为非要因。

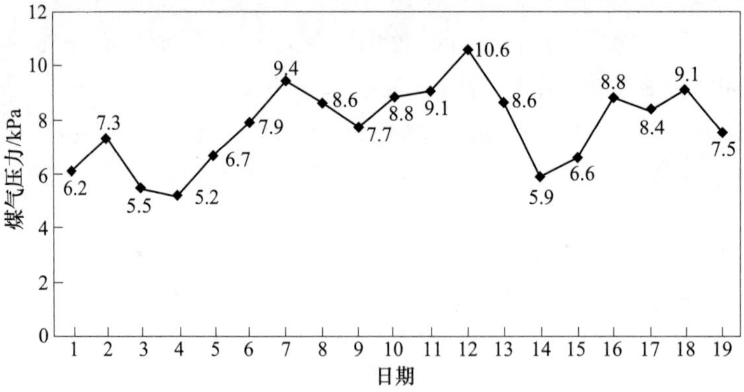

图 22-7　煤气压力抽查统计

（五）末端因素五：助燃风不足

确认过程：通过跟踪烧炉过程，发现助燃风压力 7. 5kPa 小于煤气总管压力 10. 5kPa，无法提供充足的助燃风量，对高炉热风温度影响程度较大。因此助燃风不足为要因。

（六）末端因素六：并炉操作影响

确认过程：通过监控风温曲线，发现工长存在换炉后并炉操作，并炉操作会延长热风炉的送风时间，同时减少烧炉时间，影响烟道温度上升，致使热风炉蓄热不够，对高炉热风温度影响程度较大。通过本小组成员与车间技术人员共同测算分析，减少烧炉时间 1min 影响烟道温度升温 1.5℃。因此确定并炉操作影响为要因。

（七）末端因素七：冷风流量大

确认过程：对 1~6 月的风量数据进行统计，在风温下滑期间，风量一直稳定，在平均风量 2590m^3/min 上下波动，没有呈现上升趋势，对高炉热风温度影响程度较小。1~6 月风量统计如图 22-8 所示。因此确定冷风流量大为非要因。

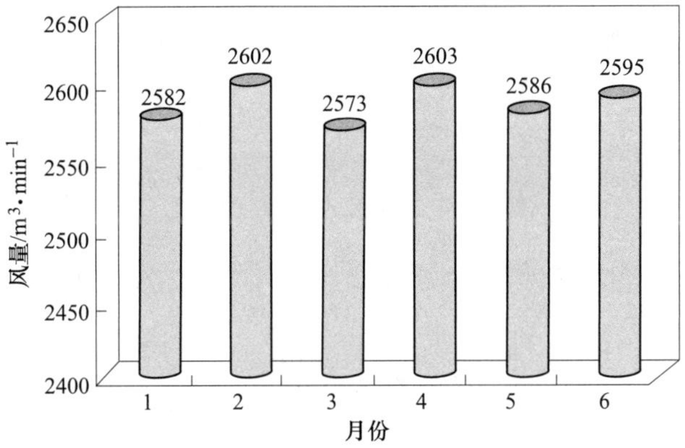

图 22-8　1~6 月风量统计图

通过小组成员对末端因素的逐一确认，共计找出了 3 条主要原因：（1）空燃比控制不精准；（2）助燃风不足；（3）并炉操作。

七、制定对策

小组成员依据“5W1H”原则，针对主要原因，制定了对策，并制定了对策实施计划，见表 22-4，明确各项对策专人负责实施。

表 22-4　对策实施表

序号	原因	对策	目标	措施	完成时间	负责人
1	空燃比控制不精准	提高空燃比控制精准度	空煤比 0.5 ~ 0.55	对损坏或缺失的流量计进行更换，规范烧炉工控制	2015 年 10 月	艾建利 张利国
2	助燃风不足	提高助燃风量	助燃风压力>煤气压力	启用 2 台助燃风机	2015 年 10 月	艾建利
3	并炉操作	减少并炉操作	杜绝并炉操作	换炉后立即撤炉；严禁 > 3min 并炉，加强现场检查力度	2015 年 9 月	马世哲 赵值璋

八、对策实施

（一）对策实施一：提高空燃比控制精准度

对损坏或缺失的流量计进行更换，同时严格规范烧炉工控制，每天不定期抽查空燃比情况。对策实施后，空燃比稳定控制在 0.5～0.55 范围内，目标完成。空燃比完成情况如图 22-9 所示。

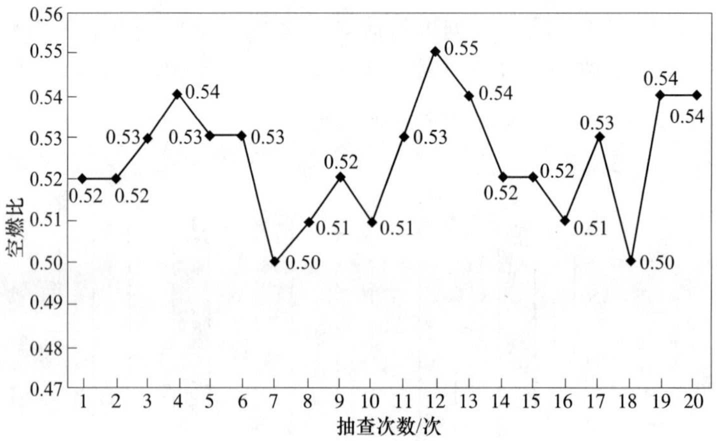

图 22-9　空燃比完成情况统计图

（二）对策实施二：提高助燃风量

对产线备用的 2 号助燃风机进行开启试生产，通过调试最大限度提高助燃风量。启用 2 台风机后，助燃风量大幅上升，通过仪表测量助燃风压力均能保持在 15. 5kPa，大于煤气总管压力 7. 5kPa，目标完成。

（三）对策实施三：减少并炉操作

（1）要求换炉后立即撤炉；

（2）严禁>3min 并炉；

（3）出现并炉情况，必须通报；

（4）要求技术科每天定期检查风温曲线。

对策实施后，对风温曲线进行检查，风温曲线运行平稳，杜绝了并炉操作对烟道升温的影响。

九、效果检查

（一）活动效果检查

开展风温攻关后，风温呈上升趋势：风温由 1124℃上升到 1164℃。圆满完成了既定目标。对策实施后风温完成情况如图 22-10 所示，活动效果对比图如图 22-11 所示。

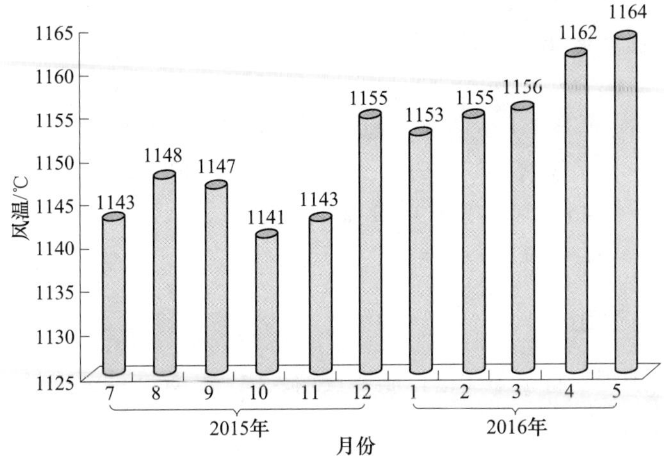

图 22-10　风温完成情况统计图

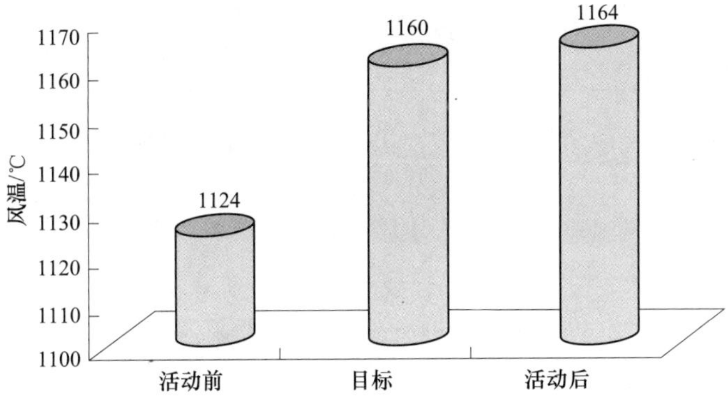

图 22-11　活动效果对比图

（二）效益计算

活动前后电量及风温对比如图 22-12 所示。

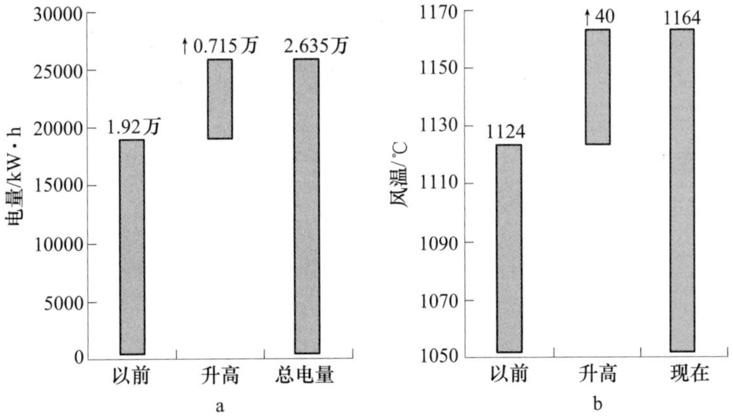

图 22-12　活动前后电量（a）及风温（b）对比图

支出费用：

（1）煤气管道改造费用 3 万元。

（2）电量上升：0.715（万千瓦·时）×0.54（单价）×120（4 个月）= 46.33 万元。

（3）多消耗煤气：5.4（万立方米）×0.07（单价）×120（4 个月）= 45.36 万元。

（4）收入效益：因风温提高，实现了综合焦比降低 40/100×2.5%×490 = 4.9kg/t。按照活动期间 4 个月产量 45 万吨、焦炭单价 2000 元计算，创效：4.9×2000×45 = 441 万元。

（5）累计创效：441-3-137-134 = 167 万元。

十、制定巩固措施

（1）重新编制规程，将以下关键控制要点纳入作业指导文件，确保活动成果持续有效实施。巩固措施统计表如表 22-5 所示。

表 22-5 巩固措施统计表

序号	标准化内容	文件名称	文件编号	实施时间	负责人
1	（1）要求换炉后立即撤炉； （2）严禁>3min 并炉	《高炉车间操作方针要点》	DL/ZY-18-05-24	2016 年 5 月	马世哲

（2）为保障风机系统稳定运行，将原 400kW 助燃风机更换成 710kW 助燃风机，确保一备一用。

（3）对巩固期高炉风温进行统计，均维持在良好水平。巩固期期间高炉风温完成情况如表 22-6 所示。

表 22-6 巩固期期间高炉风温完成情况统计表

日 期	风温/℃
2016 年 6 月	1165
2016 年 7 月	1166
2016 年 8 月	1169

十一、总结

（1）通过本次活动，高炉风温达到 1169℃，提高了 45℃，圆满完成小组设定目标。

（2）经过这次 QC 活动，小组各成员从质量意识、QC 知识、团队精神等方面得到了提高。

（3）小组将继续利用 QC 方法，坚持 PDCA 循环，确定小组下一攻关课题为《提高高炉铁水产量》。

案例23　提高轧后超快速冷却自动设置返红温度命中率

中普（邯郸）钢铁有限公司

郭海冰

一、小组简介

中厚板厂先锋小组成立于2011年，共有小组成员7人，本小组属于攻关型。全部参加了公司组织的48h以上自主管理培训，并考试取得了合格证书。2012~2018年小组课题《降低SM490A-B表面改判率》《提高单切边钢板成材率》《提高Q345B钢轧钢一次性能合格率》《提高班时轧制产量》《中间快速冷却装置的研制》《提高Q550D钢板型合格率》曾连续六年荣获河北省冶金行业优秀质量管理成果一等奖。具体情况见表23-1和表23-2。

表23-1　小组简介

小组名称	先锋小组	成立时间	2011年11月
课题名称	提高轧后超快速冷却自动设置返红温度命中率		
课题类型	攻关型	组长	郭延生
活动日期	2018年6月1日~2019年2月28日	课题注册	2018年6月1日
小组成员	6人	注册编号	ZP201903
活动频次	3~5次/月	QC活动时间	120课时

表23-2　小组成员简介

成员	姓　名	性 别	年 龄	文化程度	职称	职务
组长	郭延生	男	47	大专	工程师	厂长
组员	陈科晓	男	32	硕士	工程师	技术主管
组员	郭海冰	女	31	本科	工程师	技术员
组员	马建兴	男	25	大专	助理工程师	技术员
组员	刘志远	男	25	大专	助理工程师	技术员
组员	张彦新	男	32	大专	工程师	自动化员
组员	温晓林	女	31	大专	工程师	自动化员

（制表：马建兴；审核：郭海冰）

二、选择课题

（一）课题背景

轧后超快速冷却系统是与东北大学升级改造的重点工程，主要作用是对钢板进行控制冷却，改善钢板组织状况，改善钢材力学性能，实现低成本轧制，为开发高强度、高附加值的钢板奠定基础。

实际使用情况：品种钢采用 ACC 或少量 UFC，DQ 暂未投用，装置具有自动模式，但投入自动模式返红温度命中率不理想，部分钢种、规格依旧需要采用手动模式。自动设置返红温度未命中，易造成性能不合格，影响产品质量交货期。自动设置时，返红温度命中率成为产品质量稳定的关键因素。

（二）选题理由

（1）统计 2018 年第一季度 16~25mm 厚冲击待检批次原因，如表 23-3 所示，并绘制帕累托图，见图 23-1。通过 Pareto 图统计分析出影响冲击待检的主要因素是自动设置返红温度不准确。

表 23-3　冲击待检原因分析表

冲击待检原因	批次	质量/t	比例/%	累计比例/%
自动设置返红温度不准确	9	112. 05	60. 49	60. 49
夹杂物级别高	1	10. 241	5. 53	66. 02
精轧开轧温度高	2	23. 78	12. 84	78. 86
开坯厚度薄	3	30. 072	16. 23	95. 09
其　他	2	9. 1	4. 91	100
总　计	15	185. 243		

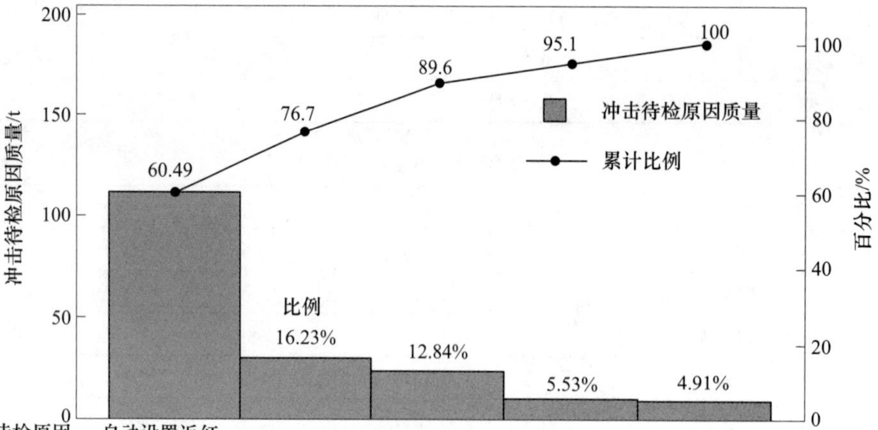

冲击待检原因	自动设置返红温度不准确	开坯厚度薄	精轧开轧温度高	夹杂物级别高	其他
质量	112.1	30.1	23.8	10.2	9.1
比例/%	60.5	16.2	12.8	5.5	4.9
累积比例/%	60.5	76.7	89.6	95.1	100.0

图 23-1　冲击待检原因 Pareto 图

（2）随着公司产品种类丰富，需控冷钢种增加，急需提高自动化程度。2018 年不同月份品种比例占比如图 23-2 和图 23-3 所示。通过对比 1 月与 5 月品种占比饼图可看出品种钢比例明显提升。

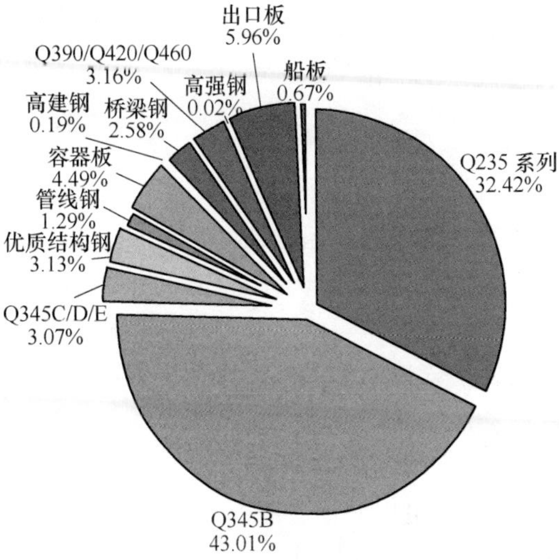

图 23-2 5 月各品种占比图

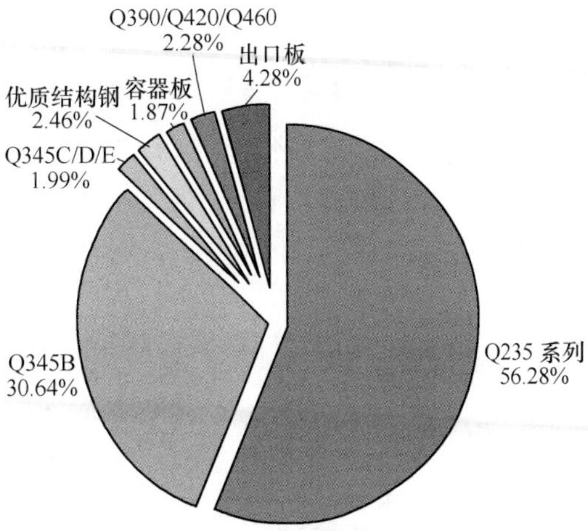

图 23-3 1 月各品种占比图

（3）厂部急需提高自动化程度，工艺执行窄幅工艺，稳定产品质量。

（4）操作中现状反馈，返红温度人工设置，耗费时间；自动命中率低，返红温度不命中影响产量质量。

基于以上四个原因，选择了《提高轧后超快速冷却自动设置返红温度命中率》作为本次的活动主题，展开活动。

选定课题后，小组成员依据 PDCA 方法，制定了活动进度表（见表 23-4），本次 QC 活动从 2018 年 6 月开始至 2019 年 2 月结束，总共历时 9 个月，计划与实际同步进行。

表 23-4 小组活动计划进度表

序号	项目名称	时间（2018 年 6 月～2019 年 2 月）								
		6 月	7 月	8 月	9 月	10 月	11 月	12 月	1 月	2 月
1	选题	- - → →								
2	现状调查		- - → →							
3	目标确定及可行性分析		- - → →							
4	原因分析			- - → →						
5	要因确定			- - - -	- - - -	- - → →				
6	制定对策					- - → →				
7	对策实施						- - - -	- - → →		
8	效果检查								- - → →	
9	制定巩固措施								- - → →	
10	活动总结及下一步打算									- - → →

注：- - → 计划进度；——→ 实际进度。

三、现状调查

（一）现状调查一

调查现有控冷系统情况。调查控冷控制系统使用版本，现在采用的是超快冷 2 级新系统，带有预矫直机通信功能，配合预矫直机共同使用，版本内具备自动设置功能，但自动设置时，返红温度与目标相比，偏差大。更早的版本，功能更为单一，只有手动设置模式。

共同缺点：自动时计算值与目标值相差温度较大，依赖手动操作，操作不便捷。

（二）现状调查二

调查返红温度控制情况，如图 23-4 和图 23-5 所示，可以看出：

（1）各别批次返红温度曲线与目标温度相差较大，曲线不平滑。

（2）目标返红设定 660℃时，实际返红温度在 630~690℃，范围波动较宽。

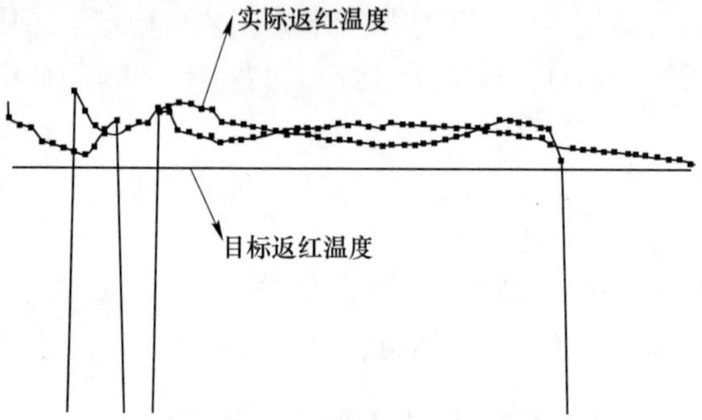

图 23-4　后台返红温度曲线

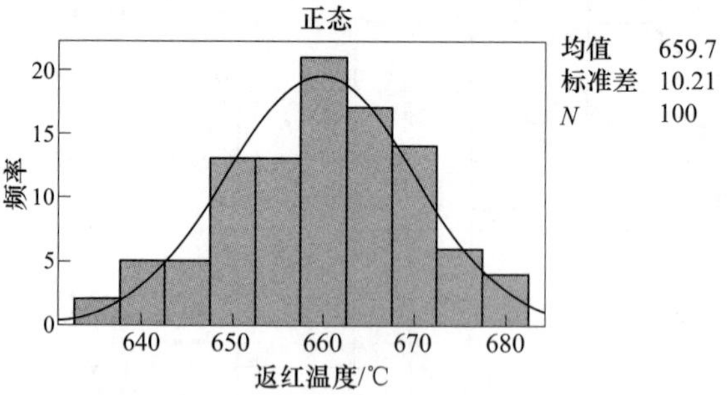

图 23-5　自动设定时，返红温度显示范围直方图

（三）现状调查三

调查各班返红温度控制情况，针对三班生产的 Q460C 钢相同规格 20mm 厚，分别抽检 17 批自动控制时返红温度情况，并进行分析，绘制控制图（见图 23-6）。

通过图 23-6 可知：自动返红温度不稳定，命中率低，偏差较大。

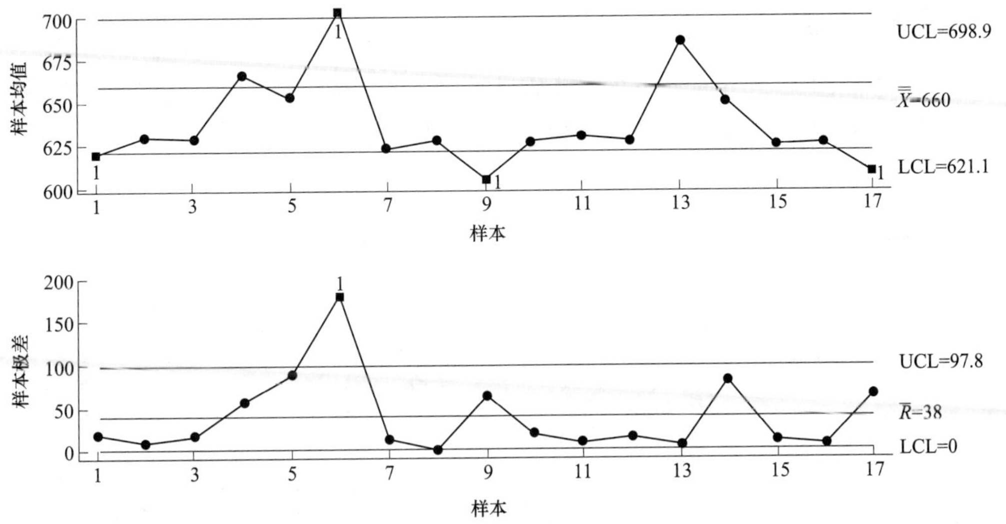

图 23-6 自动设定时返红温度控制图

（四）现状调查四

调查自动设置返红温度命中率。6 月每日跟踪 40 批自动返红温度情况，并记录。7 月 5 日统计分析返红温度命中率情况，绘制散点图进行分析，见图 23-7。

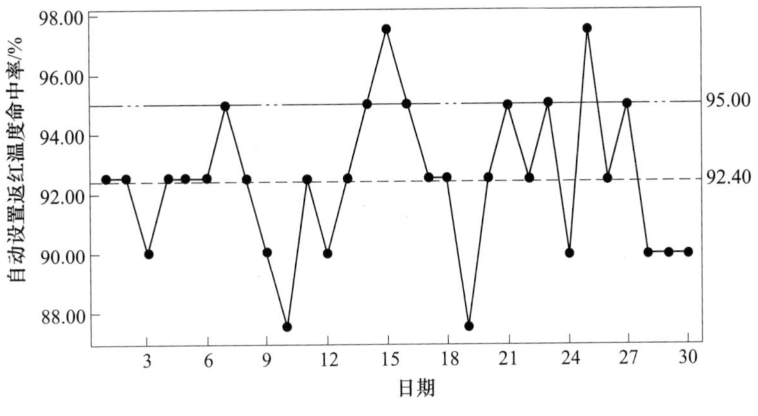

图 23-7 自动设定时返红温度命中率时间序列图

跟踪批次自动设置返红温度命中率平均为 92.4%，有 2 天达到 97.5%，有 6 天达到 95%。

四、目标设定

经过对 1~5 月自动设置返红温度命中率进行统计，发现自动返红温度命中率平均为 92.395%，约为 92.40%，实际跟踪时统计，有 6 天达到 95%，有 2 天达到 97.5%，因此本小组将 95%定为此次活动的目标值。

五、原因分析

在确定目标之后，小组成员开展了头脑风暴，从人、机、料、法、环、测六个方面集思广益，针对“自动设定返红温度命中率低”的问题进行讨论，并绘制了鱼骨图（见图23-8），共分析出了9项末端因素。

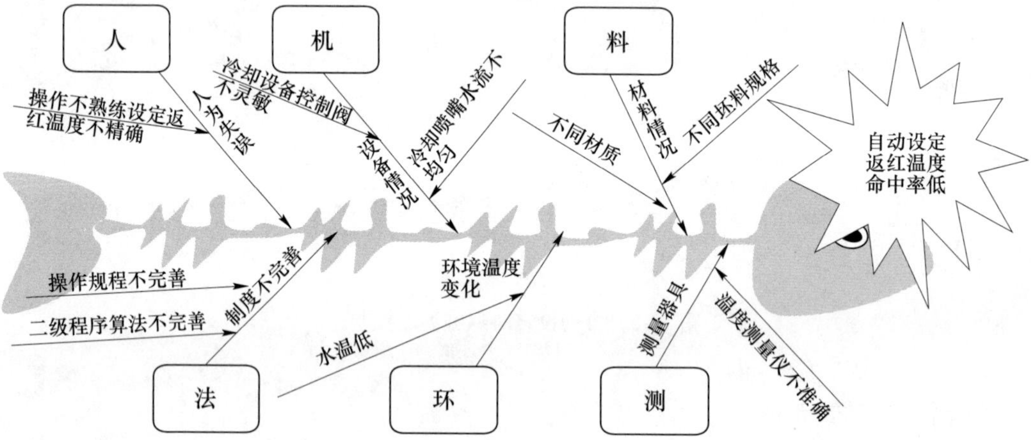

图 23-8 原因分析鱼骨图

六、要因确认

为找出“自动设定返红温度命中率低”的主要因素，小组成员针对鱼骨图分析出的末端因素制定了要因确认计划表，并根据计划进行了逐个确认，如表23-5所示。

表 23-5 要因确认计划表

序号	末端因素	确认内容	确认标准	确认方法	确认时间	负责人
1	操作不熟练设定返红温度不准确	返红温度设定值情况	对比现场工艺是否按工艺设定返红温度	对比法、调查法	2018年8月5日	郭海冰
2	冷却设备控制阀不灵敏	冷却设备控制阀	按维护规程，控制阀可正常开闭，反应迅速	对比法、观察法	2018年8月10日	张彦新
3	冷却喷嘴水流不均匀	喷嘴喷射出水情况	喷嘴出水均匀，是否堵塞	现场查看法	2018年8月15日	陈科晓
4	不同材质	不同材质自动控制返红温度情况	对比不同钢种返红温度自动命中率	统计法、对比法	2018年8月21~30日	马建兴
5	不同坯料规格	不同坯料规格自动控制返红温度情况	不同坯料规格返红温度工艺	统计法、对比法	2018年9月1~10日	刘志远
6	操作规程不完善	现场操作规程情况	现场是否有详细操作规程	现场法	2018年9月14日	郭海冰

续表 23-5

序号	末端因素	确认内容	确认标准	确认方法	确认时间	负责人
7	二级程序算法不完善	二级程序算法	采集实际数据与显示数据相差±20℃	统计法、对比法	2018 年 9 月 15～20 日	温晓林、张彦新
8	水温低	统计水温情况	水温不低于工艺要求	对比法、调查法	2018 年 9 月 21～28 日	郭海冰、马建兴
9	测温仪不准确	测温仪情况	测温仪检验	调查法、对比法	2018 年 9 月 29 日～10 月 5 日	陈科晓

（一）要因确认一

确认内容：操作不熟练设定返红温度不准确。

确认标准：对比现场工艺是否按工艺设定返红温度（工艺技术规程）。

确认方法：对比法、调查法。

确认过程：调查 2018 年 7 月各班相同规格 16mm 厚 Q345B 钢返红温度自动设定情况，进行统计对比分析，见表 23-6 和图 23-9。

表 23-6　三班设定值统计对比表

设定值/℃	班组			总计
	甲	乙	丙	
685	0	3	4	7
690	9	7	11	27
695	17	22	18	57
700	25	21	21	67
705	15	22	20	57
710	10	4	4	18
715	1	0	1	2
总计	77	79	79	235
设定达标率（标准：700℃±20℃）/%	100	100	100	100

设定达标率为 100%，现场工艺按工艺进行设定。

确认结论：非要因。

（二）要因确认二

确认内容：冷却设备控制阀不灵敏。

确认标准：按维护规程，控制阀可正常开闭，反应迅速（设备维护规程）。

确认方法：对比法、观察法。

确认过程：观察开水时，控制阀的开口度控制以及实际反馈情况；随机抽取 600 批，并统计对比，见图 23-10 和图 23-11。

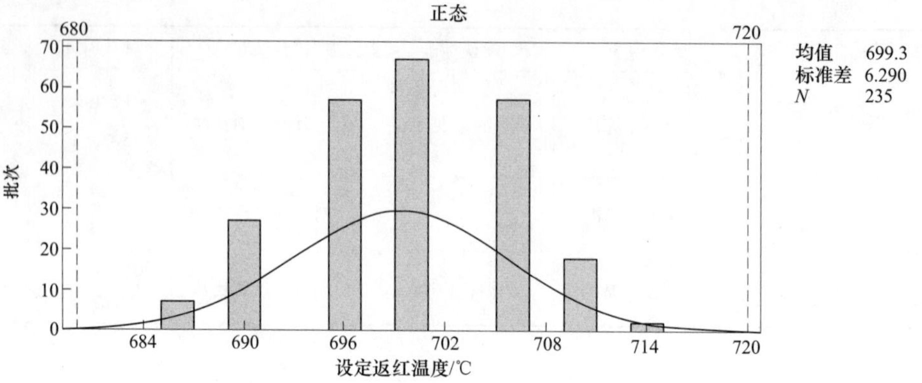

图 23-9 自动设定时返红温度设定直方图

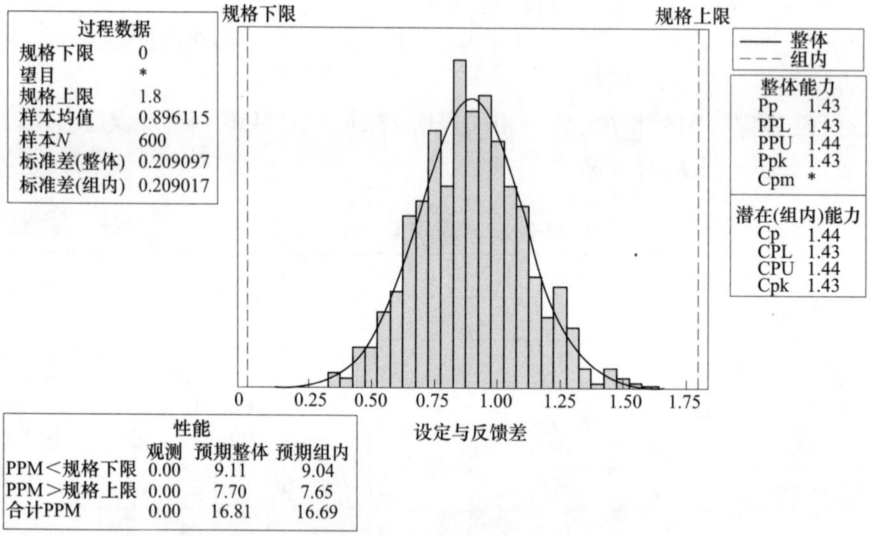

图 23-10 设定与反馈差过程能力报告图

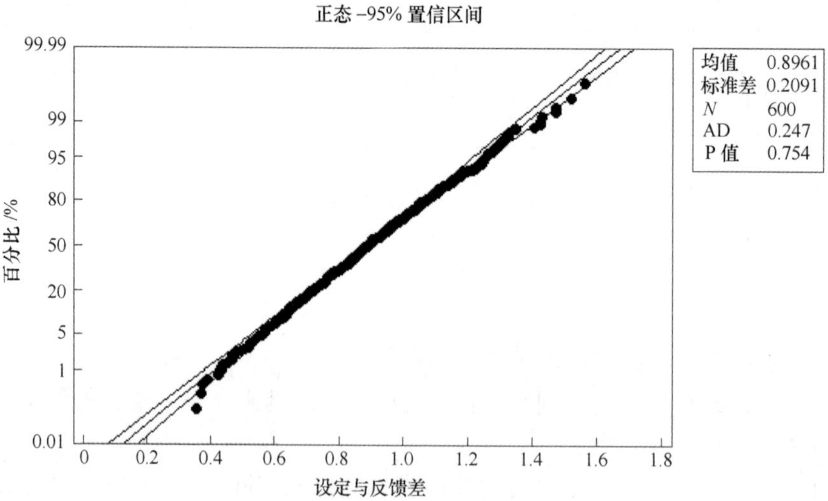

图 23-11 设定与反馈差概率图

阀门设定与反馈差过程能力 Cpk = 1. 43>1. 33，控制阀正常，反应迅速。

确认结论：非要因。

（三）要因确认三

确认内容：冷却喷嘴水流不均匀。

确认标准：喷嘴出水均匀，是否堵塞（设备维护规程）。

确认方法：现场查看法。

确认过程：查看控冷装置喷嘴情况，水流均匀，又查看了近两个月的喷嘴清理记录，有专人按方案清理，同时清理后由技术科检查清理效果，清理到位，水流均匀，无堵塞，如表 23-7 所示。

确认结论：非要因。

表 23-7　超快冷喷嘴清理记录表

编号：QEOJL12-23-27

时间	清理情况	清理人	安全跟踪监护人	检查清理效果	检查人	备注
2018 年 7 月 5 日	清理 1～24 组	郭鹏飞、陈兵	刘亚杰	已经疏通，水流均匀	王杰兵	专人监护，做好联保互保工作
2018 年 7 月 15 日	清理 1～24 组	刘志远、刘强生	李晓晶	已经疏通，水流均匀	李强	专人监护，做好联保互保工作
2018 年 7 月 25 日	清理 1～24 组	马建兴	连晓辉	已经疏通，水流均匀	陈科晓	专人监护，做好联保互保工作
2018 年 8 月 5 日	清理 1～24 组	马建兴、刘志远	刘亚杰	已经疏通，水流均匀	陈科晓	专人监护，做好联保互保工作

（四）要因确认四

确认内容：不同材质。

确认标准：对比不同钢种返红温度自动命中率（工艺技术规程）。

确认方法：对比法、调查法。

确认过程：调查各材质自动设定命中率情况，并对比各材质命中率影响占比，具体如表 23-8 和图 23-12 所示。

表 23-8　各材质自动设定命中率统计表

材　质	批数	自动命中批数	自动设定命中率/%	命中率影响占比/%
出口板系列	738	688	93. 20	12. 61
船板系列	425	391	92. 10	12. 46
低合金系列	3353	3073	91. 70	12. 40
高建钢系列	41	38	92. 60	12. 52
高强钢系列	248	226	91. 20	12. 35
锅炉容器钢系列	739	680	92. 00	12. 45
普碳系列	1414	1331	94. 10	12. 73
桥梁系列	622	571	91. 90	12. 43
合　计	7580	6998	92. 30	100

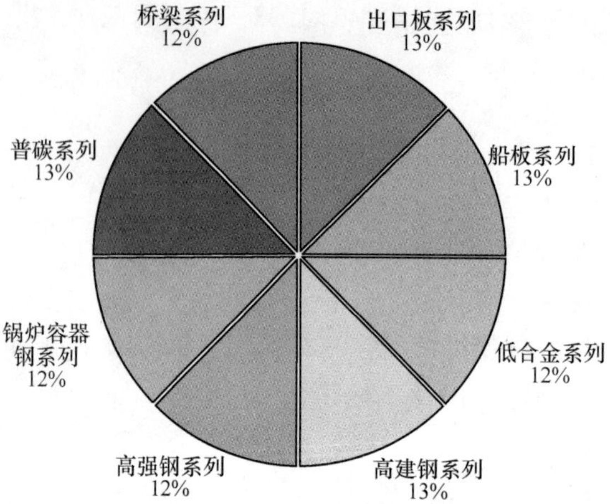

图 23-12 各材质自动设定命中率影响占比图

不同材质，返红自动命中率影响占比相近，相差不超过 1%。

确认结论：非要因。

（五）要因确认五

确认内容：不同坯料规格。

确认标准：不同坯料规格返红温度工艺（作业指导书）。

确认方法：统计法、对比法。

确认过程：统计相同材质 Q345B 钢相同成分体系情况下，不同坯料规格轧制相同成品规格工艺要求返红温度，如表 23-9 所示。

表 23-9 不同坯料规格轧制相同产品规格工艺要求

材质	坯料厚度/mm	坯料宽度/mm	坯料长度/mm	成品厚度/mm	成品宽度/mm	工艺要求返红温度/℃
Q345B	180	1800	2680	18	2200	690±20
	250	1800	3210			
	320	2000	3000			
	320	1900	3000			

相同材质、成分体系、成品规格情况下，不同坯料规格工艺要求返红温度相同。

确认结论：非要因。

（六）要因确认六

确认内容：操作规程不完善。

确认标准：现场有详细的操作规程。

确认方法：现场法。

确认过程：查看现场操作规程情况，现场有详细完善的操作规程，尤其是针对超快冷具体操作有专门的说明。

确认结论：非要因。

（七）要因确认七

确认内容：二级程序算法不完善。

确认标准：采集实际数据与显示数据相差±20℃（设备维护规程）。

确认方法：统计法、对比法。

确认过程：调取后台采集实际温度，与显示温度进行统计对比分析，并对之前记录的二级算法进行分析，如图 23-13 所示。

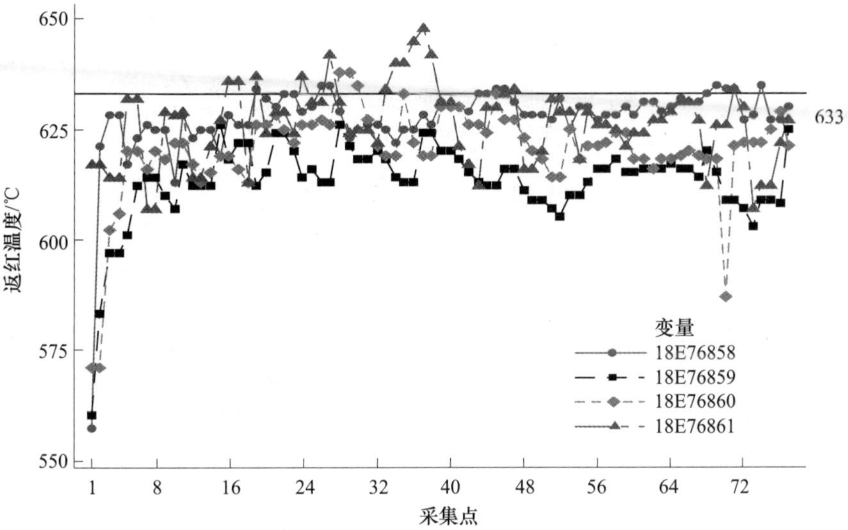

图 23-13　采集实际返红温度时间序列图

个别采集实际数据与显示数据相差大于 20℃。

确认结论：要因。

（八）要因确认八

确认内容：水温低。

确认标准：水温不低于工艺要求（工艺技术规程）。

确认方法：对比法、调查法。

确认过程：查看现场水温情况，调取之前生产批次水温情况（见表 23-10），并进行分析，见图 23-14 和图 23-15。

表 23-10　水温与命中率对应统计表

返红是否命中	水温/℃							
	27	28	29	30	31	32	33	总计
0（未命中）	2	1	85	16	16	1	1	40
1（命中）	16	17	85	120	179	51	7	475
总计	18	18	88	136	195	52	8	515
命中率/%	88.89	94.44	96.59	88.24	91.79	98.08	87.50	92.23

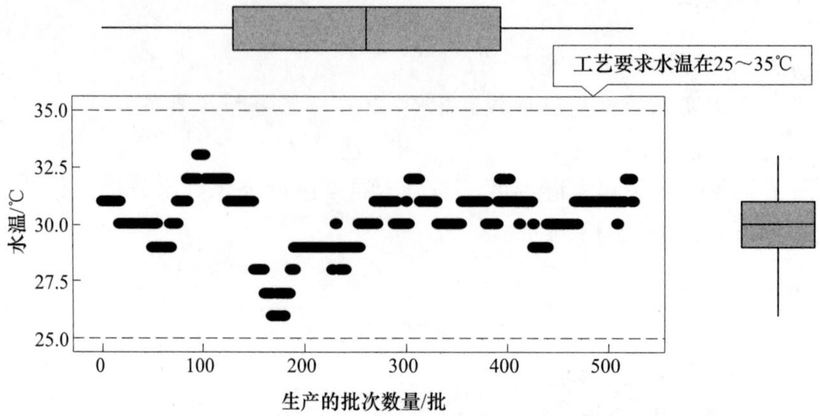

图 23-14　水温分布边际图

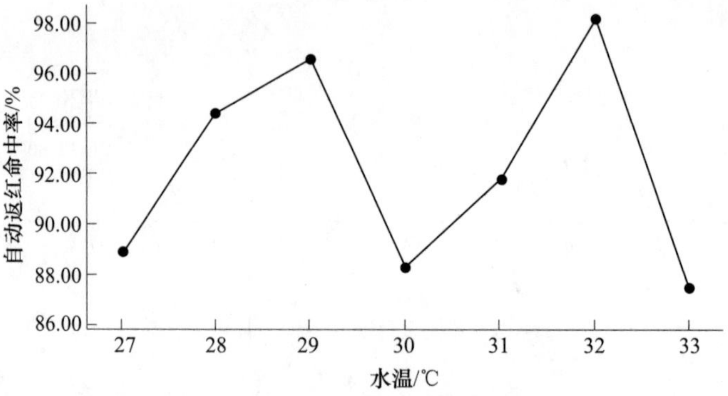

图 23-15　自动命中率与水温散点图

水温控制在工艺要求范围内。

确认结论：非要因。

（九）要因确认九

确认内容：测温仪不准确。

确认标准：测温仪校验（工艺技术规程）。

确认方法：对比法、调查法。

确认过程：查看测温仪校验情况（见表 23-11）。

表 23-11　测温仪校验统计表

序号	名称	位置	量程/℃	功能	检验情况	检验单位	说明	送检人
1	T0	轧机出口	300～1100	终轧温度测量	已校验	河北正信检测技术服务有限公司	正常	张彦新
2	T1	超快冷入口上表面	300～1100	冷前上表面温度测量	已校验	河北正信检测技术服务有限公司	正常	张彦新

续表 23-11

序号	名称	位置	量程/℃	功能	检验情况	检验单位	说明	送检人
3	T2	超快冷出口上表面	300~1100	冷后上表面温度测量	已校验	河北正信检测技术服务有限公司	正常	张彦新
4	T3	超快冷出口下表面	300~1100	返红下表面温度测量	已校验	河北正信检测技术服务有限公司	正常	张彦新
5	T4	超快冷出口 25m	150~900	返红上表面温度测量	已校验	河北正信检测技术服务有限公司	正常	张彦新

测温仪定期校验，有校验证书，通过测量体系认证，定期点检校验，准确。

确认结论：非要因。

根据以上末端因素的逐项确认，共分析出 1 项要因：二级程序算法不完善。

七、制定对策

根据上面的要因确认结论，本小组成员依据“5W1H”原则，制定了对策、目标、措施、地点、完成时间、责任人，且制定了对策实施计划，各项对策专人负责实施。对策表见表 23-12。

表 23-12 对策实施表

序号	主要原因	对策	目标	措施	负责人	地点	完成日期
1	二级算法不完善	完善二级算法	采集返红温度与实际返红温度相差±20℃以内	（1）总结新自动算法公式。 （2）优化程序。 （3）建立深度自学习模型。 （4）增加启动二级深度学习平台功能	陈科晓 温晓林	现场	2018 年 12 月 10 日

八、对策实施

（一）总结新自动算法公式

通过累计历史数据，以及现场采集数据，利用模拟回归计算，总结新算法公式，优化温度算法。

实施情况：

（1）根据实际积累数据总结新自动算法公式。

（2）与东北大学同时进行现场跟踪，优化程序。

实施效果：实施后算法公式中，增加温度修正算法，采用新的算法公式，剔除了采集超低异常温度点，采集、计算温度更准确，更接近真实温度。

（二）建立超快冷深度学习模型

实施情况：

（1）建立超快冷深度自学习模型，添加深度学习服务模块，使控冷温度控制更接近实际真实温度。

（2）在线修正及深度学习联合使用，有效减少钢板规格和冷却参数对温度精度的影响，提高系统稳定性及适应能力。

实施效果：实施后深度学习服务模块，增加自学习功能，在线修正温度，随着时间推移，深度学习数据累积，系统自适应能力提高，自动设置返红温度，自行计算更精准，开水组数和速度匹配更合理，提高自动设置返红温度精度。

（三）增加启动二级深度学习平台功能

实施情况：

（1）增加更新工艺文件启动二级深度学习平台功能。

（2）工艺更新后，在控冷二级平台的在线调试中点击更新 SCH 或者在不生产时重新启动控冷二级平台。

实施效果：工艺文件操作更便捷。

九、效果检查

经过各项对策的逐一有效落实，整体对策实施后效果具体如下。

（一）超快冷控制系统增加深度学习服务

版本升级更新，在线修正及深度学习联合使用，有效减少钢板规格和冷却参数对温度精度的影响，提高系统稳定性及适应能力。新版本运行稳定，可进行自学习，随时间推移，数据累计，自学习能力可提高。

（二）自动设置返红温度控制情况

如图 23-16 所示，对策实施以后，采用深度学习模型，返红温度曲线更平滑，与目标更接近。

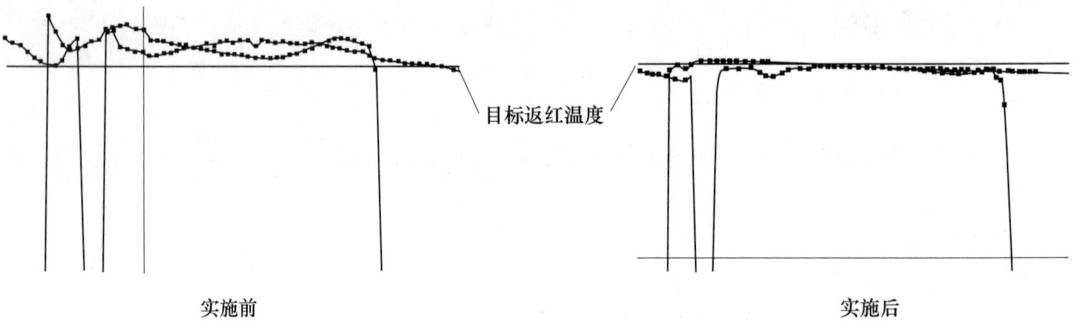

图 23-16　实施前后返红温度曲线对比图

采用直方图统计对比，如图 23-17 所示，设定 660℃时，实施后，返红温度控制范围在 654～670℃，控制范围波动较小。

（三）各班返红温度控制情况

再次针对三班生产的 Q460C 钢相同规格 20mm 厚，分别抽检 17 批自动控制时，返红温度情况并进行分析，绘制控制图，见图 23-18，返红温度控制稳定。

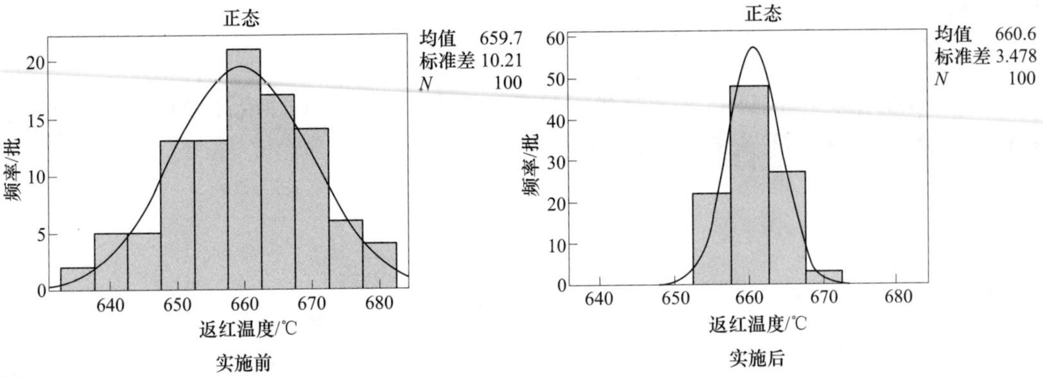

图 23-17　实施前后返红温度直方图

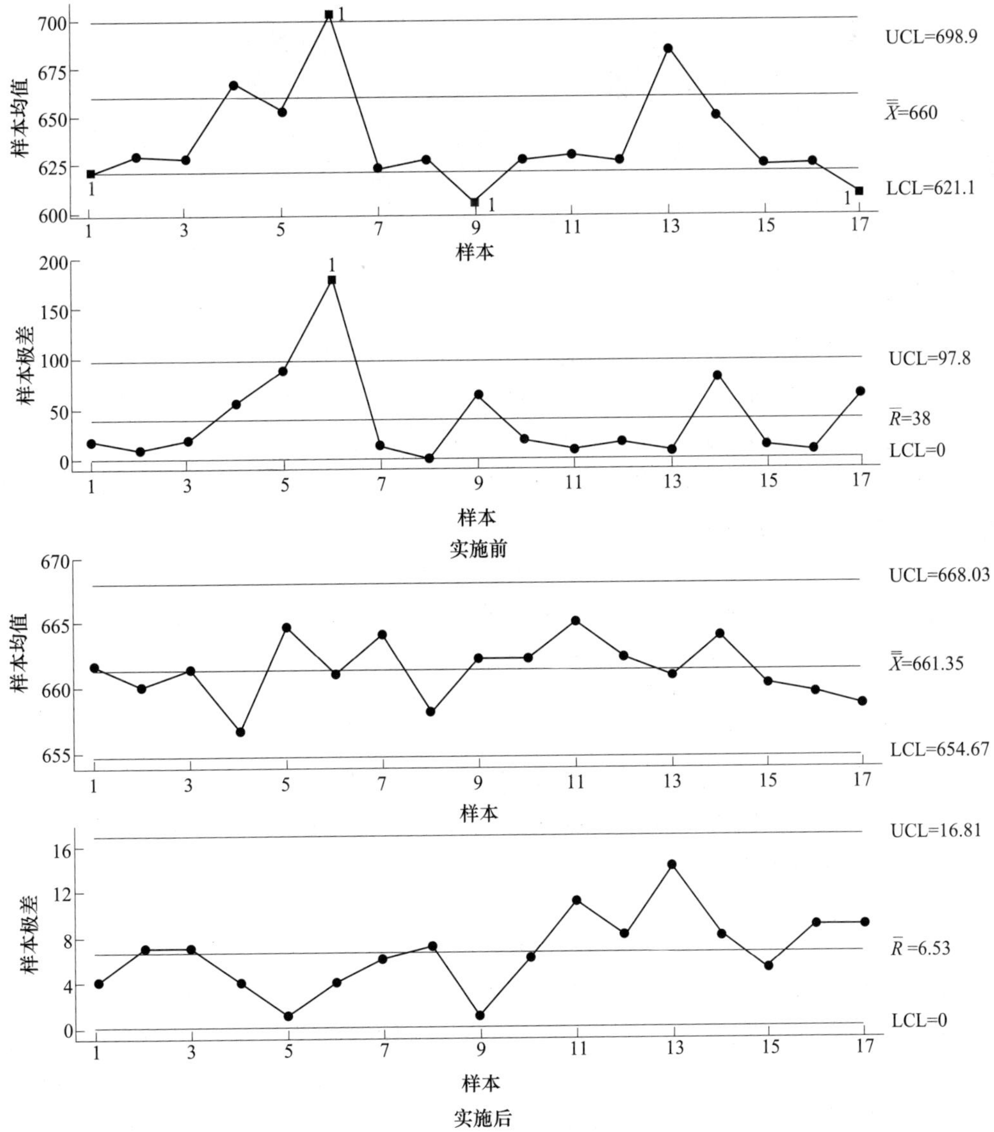

图 23-18　实施前后返红温度直方图

（四）自动设置返红温度命中率

12 月每日跟踪 40 批自动返红温度情况，并记录。12 月 31 日统计分析返红温度命中率情况，绘制散点图进行分析，见图 23-19。

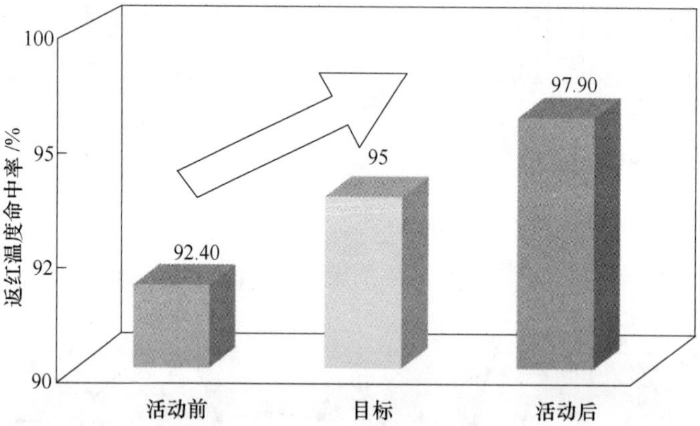

图 23-19 活动前后目标图

（五）经济效益

1 月对效果检查，自动控制返红温度命中率提高至 97.90%，按照 16~25mm 厚需控冷自动控制钢种及产量，促进此范围合格率提高 0.55%，进行估算，101327.956t，合格品均价 4000 元/t，不合格品均价 3800 元/t，吨钢差价 120 元，投入 20000 元模块费用，20000 元人工费用，6000 元新设备费用（增加新电脑 1 台），其他消耗费用 4000 元，进行计算，见图 23-26，创造效益：

$$
\begin{aligned}
X &= (L_2 - L_1) \times (P_{后} - P_{前}) \times R - Q \\
&= (4000 - 3800) \times (99.90\% - 99.35\%) \times 101327.956 - \\
&\quad (20000 + 20000 + 6000 + 4000) \\
&= 120 \times 0.55\% \times 101327.956 - 5000 \\
&= 618800 \text{ 元}
\end{aligned}
$$

式中，X 为本成果经济效益；L_2 为产品钢板合格品均价；L_1 为产品钢板不合格品均价；$P_{后}$ 为活动后产品合格率；$P_{前}$ 为活动前产品合格率；R 为产品钢板产量；Q 为活动投入。

经济效益说明见图 23-20。

（六）间接效益

通过此次 QC 活动，自动控制返红温度命中率提高至 97.90%，同时层流 ACC 功能已经实现自动配速配水控制。自动设置返红温度控制更精准，长度测量更精确；自动设置取代人工设置，减少了人为操作失误，提高了工艺精度和性能稳定性；此次活动带动了自动化技术的不断改进，推动厂内自动化进一步发展，为全面推动自动化生产奠定了基础。

经 济 效 益 证 明

项目名称	提高自动设置返红温度命中率		
应用单位	普阳—中普（邯郸）钢铁有限公司		
单位负责人	郭延生	联系电话	5178962
单位地址	河北省邯郸市武安市阳邑镇		
应用成果起止时间	2018 年 6 月-2019 年 2 月		
经济效益（万元）			
年　　度	2017 年—2018 年		
活动投入总金额	50000 元		
活动节约总金额	61.88 万元		

应用情况及社会效益：

普遍应用于中厚板厂的实际生产自动设置返红温度中，提高了提高自动设置返红温度命中率；提高自动化程度，提高了工艺精度和产品性能稳定性，减轻了工人劳动量，为全面推动自动化生产奠定了基础。

主管部门意见　　　　应用单位：

日　　期：2019 年 3 月 15 日

图 23-20　效益证明表

十、巩固措施

（一）巩固措施

（1）完善操作规程中关于控冷的操作步骤，将超快速冷却更新 SCH 操作，纳入《岗位技术操作规程》（编号：QPG/GZ/CZ12-2301-2017）。

（2）定期检查深度学习模型运行情况，并由专人负责检查，填写检查结果确认表。巩固阶段计算命中率稳定在 97.87%~98.1%，返红温度控制能力 Cpk 达到 1.77，如图 23-21 和图 23-22 所示，控制良好。

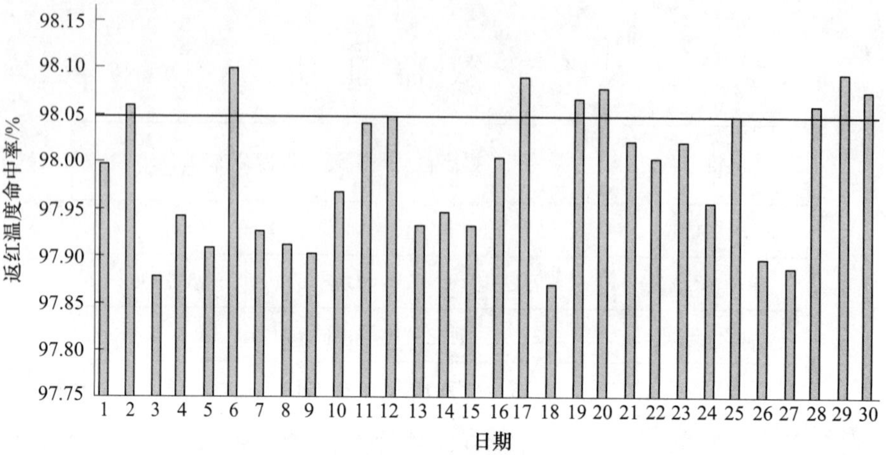

图 23-21　巩固期返红温度命中率统计条形图

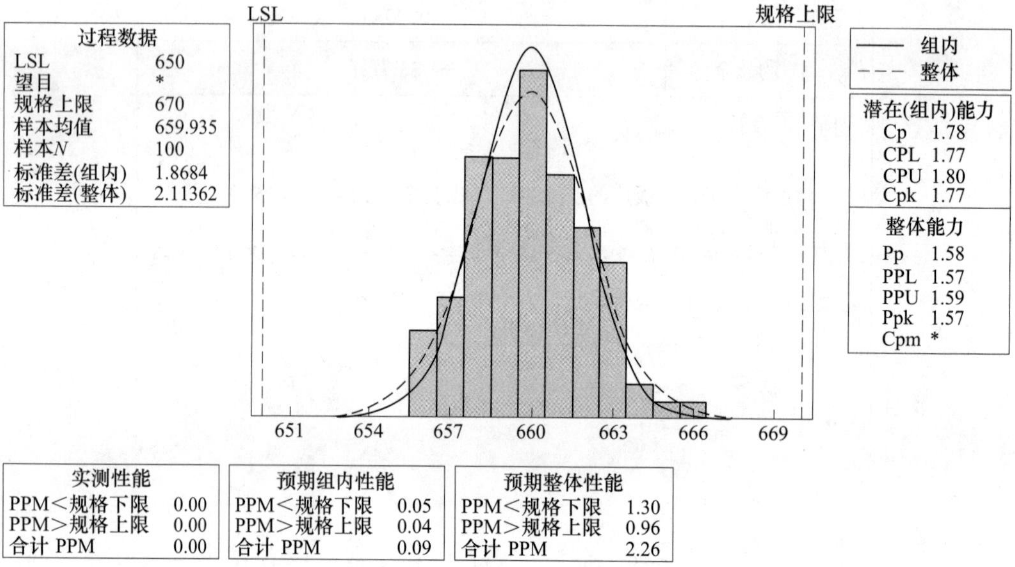

图 23-22　巩固期返红温度过程能力控制图

（二）总结和下步打算

通过此次 QC 活动，PDCA 循环改善解决问题，取得一定的经济效益。提高了自动控制返红温度命中率，提高工艺执行精度，增加了性能稳定性，为本公司推动厂内自动化进一步发展奠定了基础，小组成员通过本次活动提高了运用 QC 工具分析问题的能力，增加了对 QC 工具的了解，增强了团队的凝聚力；同时还提高了质量意识和解决实际问题的能力，取得了宝贵的无形效益。

工业发展中深度推进“互联网+”和“智能+”，已经成为企业创新发展的必经之路，公司一直非常注重生产线的设备自动化、智能化，为了进一步提高设备自动化制定了下一目标：《提高自动化轧钢覆盖率》。

案例24　降低烧结固体燃料消耗

唐山市德龙钢铁有限公司

马啸晨

一、QC小组概况

烧结QC小组成立于2015年8月，小组成员10人，小组成员搭配合理，理论知识扎实，现场实践经验丰富。具体情况如表24-1所示。

表24-1　小组简介

课题名称		降低烧结固体燃料消耗					
成立时间	2015年8月	注册时间	2017年1月	小组类型	攻关类	小组成员	5人
小组名称		烧结QC小组					
活动情况	活动次数	12次		成员参加率		100%	
	活动时间	2017年1~12月					
小组曾获得荣誉	2017年曾分别荣获河北省质量管理优秀成果特等奖、一等奖						
小组成员	姓名	性别		职务		组内分工	
	张国娜	女		工艺工程师		组长，负责策划实施	
	贾占民	男		科长		副组长，方案策划组织实施	
	赵兴存	男		副主任		组员，实施、数据统计分析	
	王　伟	男		看火工		组员，负责实施	

二、选题理由

中国钢铁行业产能严重过剩，国家限制钢企降低产能，行业生存环境恶化；我公司230m^{2}烧结机自投产以来，固体燃料消耗一直偏高，最高时可达52kg/t，与周边单位相比存在一定差距；在目前经济情况下需通过节能降耗以降本增效，实现效益最大化。公司要求节能降耗、降本增效。厂部要求降低烧结固体燃料消耗。

三、现状调查

统计2016年7~12月烧结固体燃料消耗，如表24-2和图24-1所示，月均为49.92kg/t，最高为51.97kg/t，最低为48.54kg/t。

经对标邢台烧结固体燃料单耗最低为48.2kg/t，石横烧结固体燃料单耗最低为48kg/t，同行业最低单耗可达到所设定目标值。

表 24-2　2016 年 7~12 月固体燃料消耗统计表

月份	7	8	9	10	11	12	平均
固体燃料消耗/kg · t^{-1}	49.73	48.54	48.96	49.62	50.67	51.97	49.92

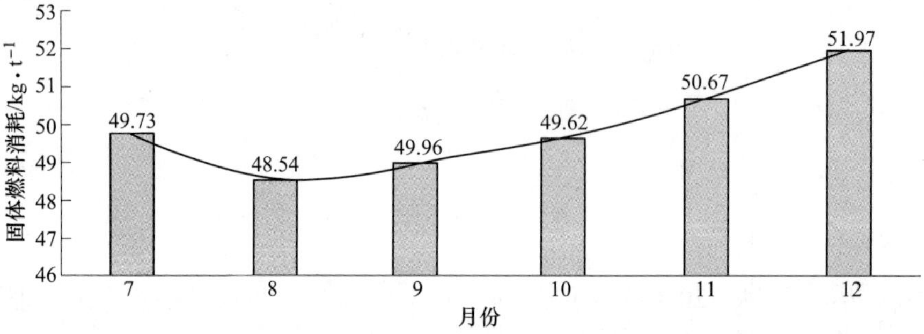

图 24-1　2016 年 7~12 月固体燃料消耗统计图

四、目标设定

根据与同行业的对标，以邢台德龙烧结固体燃料单耗最低值作为参考，在本公司 7~12 月烧结固体燃料消耗最低完成值基础上，再降低 0.04 作为本次的攻关目标，即 48.50kg/t，见图 24-2。

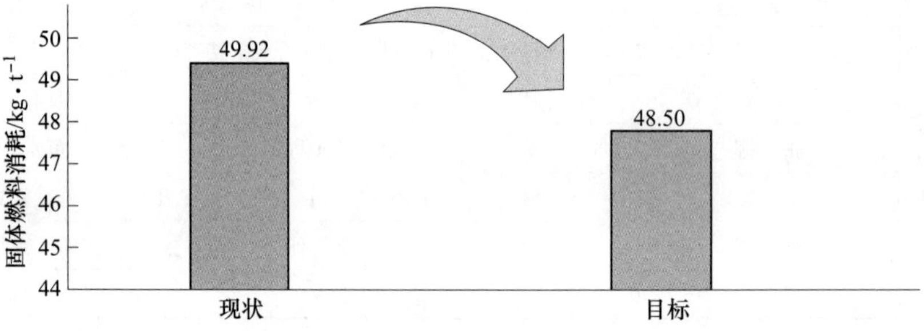

图 24-2　目标设定

五、原因分析

目标确定后，小组成员从人、机、料、法、环、测 6 个方面对烧结固体燃料消耗高进行原因分析，见图 24-3，共找到 7 条末端因素。

绘制了末端因素汇总表，如表 24-3 所示。

表 24-3　末端因素汇总表

序号	末端因素	确认方法	确认内容	确认标准	确认时间	确认人
1	监管制度不全	查看制度	确认制度中是否有监督抽查的内容	《烧结厂工艺考核制度》中对监督抽查项有明确规定	3 月 15 日	张国娜
2	培训效果差	查看记录	确认培训效果	培训合格率 100%	3 月 15 日	赵兴存

续表 24-3

序号	末端因素	确认方法	确认内容	确认标准	确认时间	确认人
3	烧结机漏风严重	现场检查	确认各主要漏风部位是否变形	各主要漏风部位无变形	3 月 18 日	贾占民
4	台车栏板高度低	统计法	确认栏板高度是否能满足布料要求	台车栏板高度满足烧结透气性较好时，布料厚度上调	3 月 21 日	贾占民
5	固体燃料粒度大	统计法	确认燃料粒度是否达到工艺参数要求	焦粉粒度 0~3mm 的比例≥75%； 煤粉粒度 0~3mm 的比例≥70%	4 月 10 日	赵兴存
6	计量误差	校验法	校正仪表，跑盘对比	误差在±0. 1kg/s	4 月 27 日	苗海江
7	混合料温度低	统计法	确认混合料温度要高于露点温度	混合料温度要高于露点温度	4 月 29 日	王伟

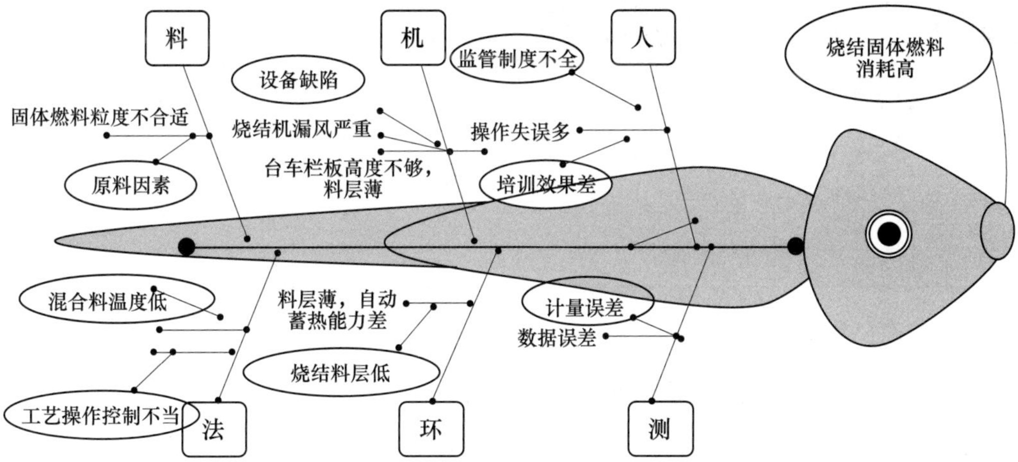

图 24-3　鱼骨图

六、要因确认

（一）要因确认一：监管制度不全

确认过程：小组成员经查看《烧结厂工艺纪律考核制度》，见图 24-4，作业标准中有明确的监管制度。岗位严格执行工艺纪律，现场操作稳定，对烧结固体燃料消耗影响程度较小。

确认结论：非要因。

（二）要因确认二：培训效果差

确认过程：查看 2016 年烧结车间人员培训情况，见表 24-4，合格率为 100%，现场操作稳定，理论知识扎实，对固体燃料消耗影响程度不大。

3.1.2 配料工艺考核规定：
3.1.2.1 混料：未及时发现考核 100 元/次。
3.1.2.2 悬料：含铁料 5 分钟内未调整考核 50 元/次。白灰断料 5 分钟内未及时调整考核 100 元/次，焦粉或白煤断应及时互补，未及时发现考核 100 元/次。
3.1.2.3 白灰消化必须呈稀糊状，否则每次考核 50 元。堵消化器处理不及时每次考核 50 元。
3.1.2.4 配料室每两小时跑一次盘，变料层后及时对各仓下料量跑盘校对，否则考核 50 元/次。
3.1.2.5 配料室及时观察各种原料变化如有异常及时汇报，否则考核 50 元/次。
3.1.2.6 下料量误差及允许范围：（超出标准每次考核 50 元）。
精矿类（包括外矿精矿）误差±0.5kg/m。按新标准执行；配比≥20%以上，±1·kg,10—20%配比±0.8kg,≤10%配比±0.5kg
粉矿类、返矿类误差±0.5kg/m。
杂料类（除尘灰、钢渣）误差±0.1kg/m.
熔剂类（白灰、高镁灰）误差±0.1kg/m。
燃料类（焦粉）误差±0.1kg/m。
3.1.2.7 主控室必须认真、真实记录配料调整的数据及调整时间，查出无记录或记录出错的每次考核 50元。

图 24-4 《烧结厂工艺纪律考核制度》相关规定

表 24-4　烧结车间人员培训记录

考试人数	管理人员	操作人员	合格率/%
	6	12	100
优秀人数（≥95 分）	5	8	72
优良人数（80~90 分）	1	2	17
及格人数（60~80 分）	0	2	11
不及格人数	0	0	0

确认结论：非要因。

（三）要因确认三：烧结机漏风严重

确认过程：经现场检查，各主要漏风部位严格按照更换修复周期检查，对岗位发现的漏点及时处理，漏风不严重，对固体燃料消耗影响程度不大。

确认结论：非要因。

（四）要因确认四：台车栏板高度低

确认过程：230m^{2}烧结机栏板高度为 750mm，由于现在的原料条件主要是以粒度较好的外矿为主，近年来，始终存在一个问题，混合料粒度组成较好时，烧结透气性较好，在布满台车后，风量过剩会抽走料层中部分焦粉，从而增加煤耗，同时料层过薄，不能充分利用料层的自动蓄热能力，同样增加了燃料的配加，增加了烧结固体燃耗。对烧结固体燃料消耗影响程度较大。

确认结论：要因。

（五）要因确认五：燃料粒度粗

确认过程：根据现场检测抽查，见图 24-5，本厂 2016 年燃料粒度低于控制范围，不能满足机尾断面要求，对烧结固体燃料消耗影响程度较大。

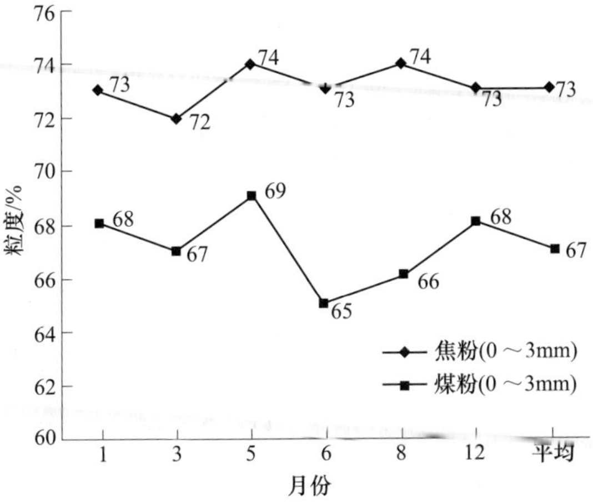

图 24-5 焦粉、煤粉粒度统计图

确认结论：要因。

（六）要因确认六：计量误差

确认过程：经仪表校验，仪表误差范围控制在了±0.1kg/s，见表 24-5，计量准确度高，对固体燃料消耗影响程度较小。

表 24-5 焦粉称量秤设定值与校验值对比 (kg/s)

设定值	3.50	3.68	3.85	4.03	4.20	4.38	4.55
校验值	3.52	3.70	3.80	4.06	4.15	4.30	4.60
差值	0.02	0.02	-0.05	0.03	-0.05	-0.08	0.05
设定值	1.50	1.58	1.65	1.73	1.80	1.88	1.95
校验值	1.45	1.62	1.62	1.70	1.82	1.85	1.90
差值	-0.05	0.04	-0.03	-0.03	0.02	-0.03	-0.05

确认结论：非要因。

（七）要因确认七：混合料温度低

确认过程：混合料全年平均温度为 61℃，低于露点温度 63℃，见图 24-6，对固体燃料消耗影响程度较大。

确认结论：要因。

经过对末端因素逐一进行要因确认，共计找出三条主要原因：（1）混合料温度低；（2）燃料粒度粗；（3）料层厚度低。

七、制定对策

小组成员依据“5W1H”原则，制定了对策实施表，如表 24-6 所示，各项对策专人负责实施。

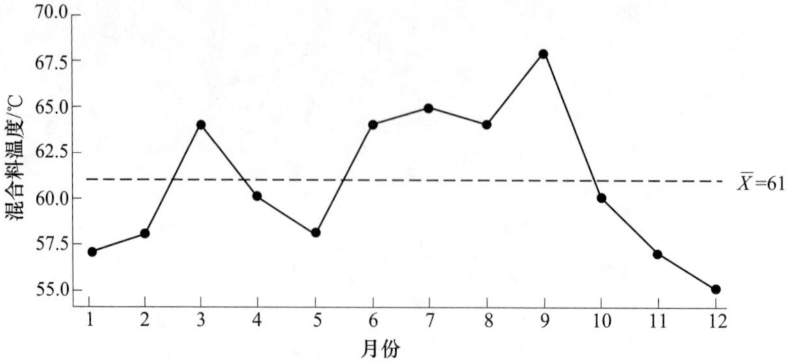

图 24-6 混合料温度控制图

表 24-6 对策实施表

序号	要因	对策	目标	措施	地点	负责人	完成时间
1	混合料温度低	提高混合料温度	混合料控制在65℃以上	改善白灰消化，在污泥池和混合料矿槽通入高压蒸汽	烧结车间	赵兴存	2017 年 7 月 20 日
2	燃料粒度粗	提高燃料粒度合格率	焦粉粒度 0～3mm 的比例≥75%；煤粉粒度 0～3mm 的比例≥70%	改进四辊设备	烧结车间	王伟	2017 年 7 月 1 日
3	料层厚度低	提高栏板高度	栏板高度提高到 800mm	更换高度更高的新台车栏板	烧结车间	贾占民	2017 年 7 月 10 日

八、对策实施

（一）对策实施一：提高混合料温度

（1）配料室冷水改热水，加速白灰消化。
（2）在污泥池和混合料矿槽通入高压蒸汽。

对策实施后，在原料条件及其他因素不变的情况下，通过改善白灰消化和通入高压蒸汽，混合料平均温度达到 71℃，如表 24-7 所示，大大高于露点温度，降低了烧结过湿层的影响，目标完成。

表 24-7 混合料温度统计表

月份	6	7	8	9	平均
温度/℃	70	71	71	73	71

（二）对策实施二：提高燃料粒度合格率

对四辊 20 天进行车削一次，车削前后辊面见图 24-7，同时对磨损严重的四辊破碎机的辊子，半年更换一次，增加四辊抽查频次（每班四次），督促员工及时调整四辊间隙。

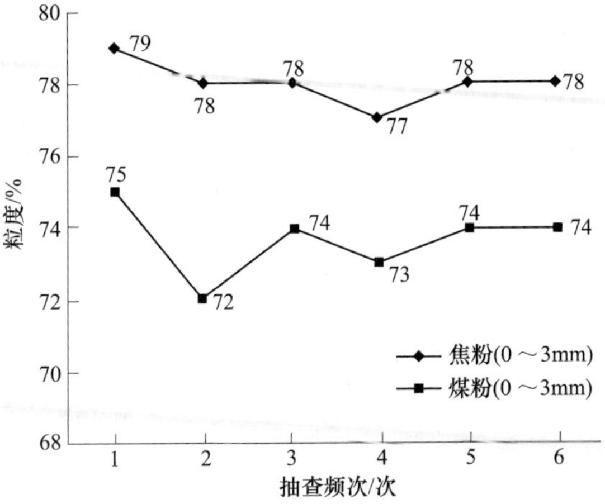

图 24-7　焦粉、煤粉粒度统计图

对策实施后，燃料粒度得到显著提高，焦粉粒度 0~3mm 达到了 78%，煤粉粒度 0~3mm 达到了 74%，均超过了生产规定的标准，机尾断面热量分布平均，目标完成。

（三）对策实施三：提高栏板高度

更换新式台车栏板，使其高度达到 800mm，以满足厚料层烧结的布料要求。

料层增加后，成功利用了料层自动蓄热的能力，达到降低烧结固体燃耗的目的，同时厚料层烧结也改善了烧结矿的粒度组成，提高了烧结矿的还原性。目标完成。

九、效果检查

通过提高混合料温度、提高燃料粒度合格率、提高栏板高度，烧结矿固体燃耗有了很大降低，烧结生产过程稳定，烧结矿质量稳定，烧结固体燃料消耗由 49. 92kg/t 降低至 48. 32kg/t，见图 24-8 和图 24-9，圆满完成既定目标。

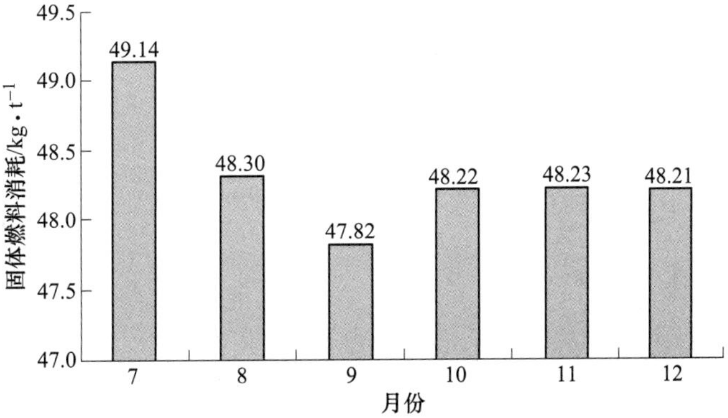

图 24-8　烧结固体燃料消耗完成情况统计图

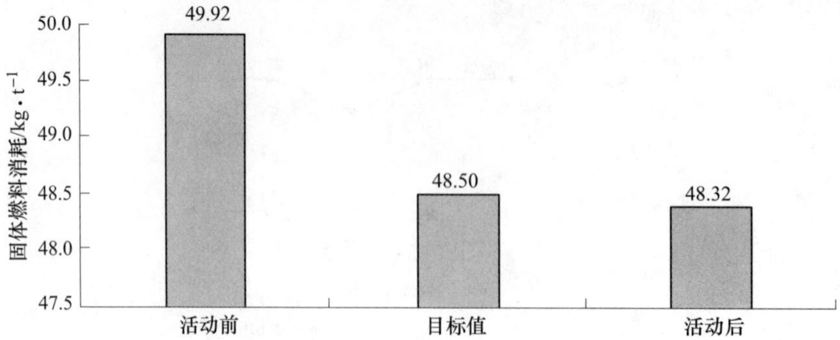

图 24-9　活动前后烧结固体燃料消耗对比图

十、效益计算

2017 年 5~12 月烧结矿固体燃料单耗为 48. 32kg/t，较 2016 年 7~12 月平均固体燃料单耗 49. 92kg/t，降低了 1. 6kg/t，直接经济效益为 275 万元，如表 24-8 所示。

表 24-8　效益计算表

类别	项目	计算依据	金额
直接效益	降低煤气单耗	烧结厂吨矿燃料消耗由 49. 92kg/t 降低至 48. 3kg/t，吨矿单耗降低 1. 6kg/t	181. 58 万吨×1. 6kg/t×947/1000=275 万元/年
间接效益	降低成本、节约能源、减少污染、稳定操作		

注：按 5~12 月产量进行计算。

十一、制定巩固措施

（1）对混合料温度、燃料粒度、料层厚度调整后，本小组修订了《烧结工艺技术操作规程》(编号：DL/ZY-20-01)。

（2）组织相关岗位进行培训和学习，提高岗位技能。

通过巩固措施的有效施行，如表 24-9 所示，烧结矿固体燃料消耗得到进一步降低。

表 24-9　巩固期烧结固体燃料消耗完成情况

月份	10	11	12
燃料消耗/kg · t^{-1}	48. 22	48. 23	48. 21

十二、总结及下一步计划

（1）通过本次活动，烧结矿固体燃料消耗降低了 1. 60kg/t，圆满完成小组设定目标。

（2）经过这次 QC 活动，小组各成员从质量意识、QC 知识、团队精神等方面得到了提高。活动结束后，进行活动前后自我评价，如图 24-10 所示。

（3）小组下一攻关课题为《降低烧结矿 FeO 含量》。

评价项目	活动前	活动后
质量意识	5	9
操作水平	5	8
QC知识	5	8
团队精神	4	8
解决问题能力	5	8

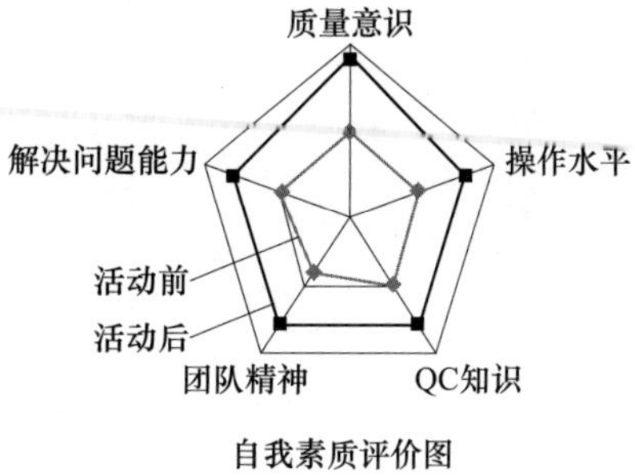

图 24-10　活动前后自我评价表

案例 25　降低连铸坯表面缺陷修磨量

河钢集团石钢公司炼钢厂

杨立永　谷志敏

一、小组简介

（一）小组概况

小组成立于 2018 年 6 月 20 日，注册日期为 2018 年 6 月 21 日，课题类型为攻关型，小组人数为 10 人，见表 25-1。

表 25-1　小组简介表

单位名称	炼钢厂	部门	技术科
小组名称	降低连铸坯表面缺陷修磨量 QC 小组	课题类型	攻关型
成立日期	2018 年 6 月 20 日	注册日期	2018 年 6 月 21 日
注册编号	LG1814	活动时间	2018 年 7 月 ~2019 年 5 月
小组人数	10 人	平均年龄	35 岁
活动次数	15 次	出勤率	100%
小组课题	降低连铸坯表面缺陷修磨量		

（制表：秦影；审核：陈良勇；时间：2018 年 7 月 2 日）

（二）小组成员简介

小组成员由技术干部、技术骨干和生产骨干组成，技术力量雄厚，现场经验丰富，见表 25-2 和图 25-1。

表 25-2　小组成员简介表

序号	姓名	学历	职称	组内分工
1	杨立永	研究生	高级工程师	组长
2	陈良勇	大专	工程师	组员
3	高鹏	本科	工程师	组员
4	李凯	大专	工程师	组员
5	秦影	研究生	高级工程师	组员
6	王文辉	大专	工程师	组员
7	谷志敏	研究生	工程师	组员

续表 25-2

序号	姓名	学历	职称	组内分工
8	高晗	研究生	高级工程师	组员
9	从河蒙	本科	助理工程师	组员
10	杜晓宁	大专	工程师	组员

（制表：杨立永；审核：陈良勇；时间：2018 年 7 月 2 日）

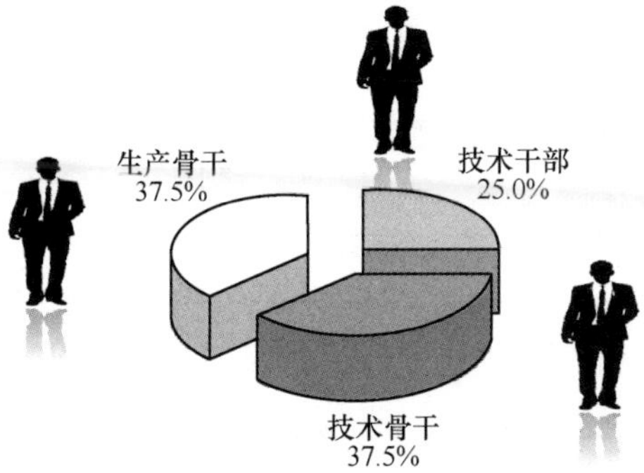

图 25-1　小组成员分布饼图

（制图：杨立永；审核：陈良勇；时间：2018 年 7 月 2 日）

（三）小组成员分工

根据需要对小组成员进行分工，具体分工见图 25-2。

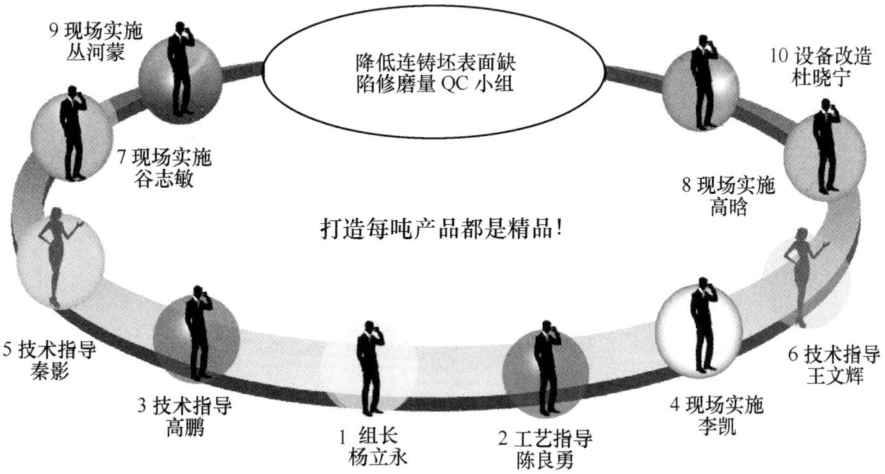

图 25-2　小组成员分工简图

（制图：高鹏；审核：陈良勇；时间：2018 年 7 月 2 日）

二、小组活动计划

根据课题要求，制定了小组活动计划表，见表 25-3。

表 25-3　小组活动计划表

时间	2018 年 7 月 1 日~2019 年 5 月 31 日							
	2018 年 7 月 1~5 日	2018 年 7 月 6~10 日	2018 年 7 月 11~15 日	2018 年 7 月 16~25 日	2018 年 7 月 26~31 日	2018 年 8 月 1~31 日	2018 年 9 月 1 日~2019 年 2 月 28 日	2019 年 3 月 1 日~5 月 31 日
选定课题	- - -→ ——→							
现状调查设定目标		- - -→ ——→						
原因分析			- - -→ ——→					
确定要因				- - -→ ——→				
制定对策					- - -→ ——→			
对策实施						- - -→ ——→		
效果检查							- - -→ ——→	
巩固措施下步打算								- - -→ ——→

注：- - -→计划进度；——→实际进度。

（制表：秦影；审核：陈良勇；时间：2018 年 7 月 2 日）

三、选题理由

选题情况分析见图 25-3。

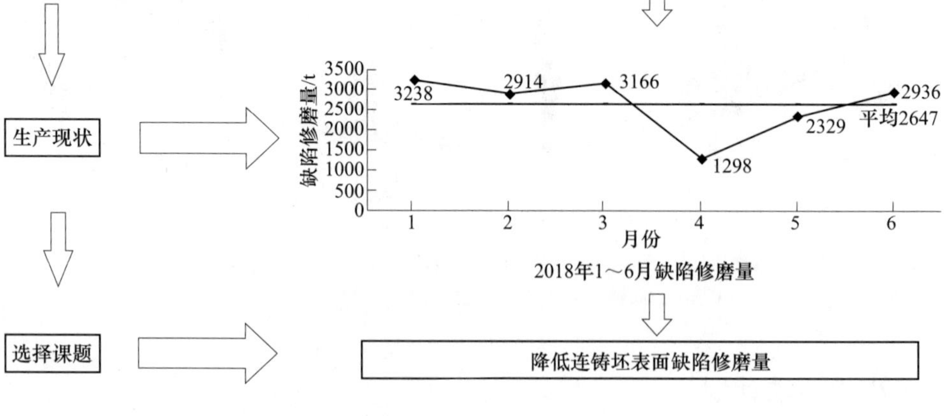

图 25-3　选题理由分析图

四、现状调查

（一）现状调查一

为了详细了解连铸坯的缺陷修磨量，小组成员对 2018 年 1~6 月造成连铸坯表面缺陷修磨量进行分析，结果见表 25-4。

表 25-4　2018 年 1~6 月连铸坯表面缺陷修磨量统计

项目	连铸坯表面缺陷修磨量		收集人	杨立永	日期	2018 年 10 月 2 日	
地点	技术科		记录人	谷志敏	班次	全部	
时间 / 修磨原因	2018 年 1~6 月						
	1 月	2 月	3 月	4 月	5 月	6 月	合计
裂纹	2458	2289	2534	2533	1800	1089	12703
结疤	483	312	346	369	258	132	1900
凹坑	231	198	185	145	136	39	934
划伤	152	147	58	39	28	21	445
其他原因	14	28	6	0	50	0	98
合计	3338	2974	3129	3086	2272	1281	16080

（制表：谷志敏；审核：杨立永）

从表 25-4 中可以看出，2018 年 1~6 月连铸坯表面缺陷修磨量最低为 1298t，最高为 3238t，平均为 2647t。

（二）现状调查二

为了找出造成铸坯修磨的主要原因，小组成员对 2018 年 1~6 月造成连铸坯表面缺陷修磨的原因进行统计并运用排列图进行分析，结果见表 25-5 和图 25-4。

表 25-5　2018 年 1~6 月连铸坯表面缺陷修磨原因统计表

修磨原因	修磨量/t	百分比/%	累计百分比/%
表面裂纹	12799	80. 59	80. 59
结疤	1546	9. 73	90. 33
凹坑	934	5. 88	96. 21
划伤	447	2. 81	99. 02
其他原因	155	0. 98	100. 00

（制表：丛河蒙；审核：杨立永；时间：2018 年 7 月 9 日）

从图表中可以看出表面裂纹占 80. 59%，是造成连铸坯表面缺陷修磨的症结。

五、设定目标

小组成员经讨论认为：首先，2018 年 4 月连铸坯表面缺陷修磨量曾达到过 1300t 以下；其次，小组成员由生产、技术、设备等骨干人员组成，理论与实践经验丰富。因此，设定目标为：连铸坯表面缺陷修磨量≤1300t/月，如图 25-5 所示。

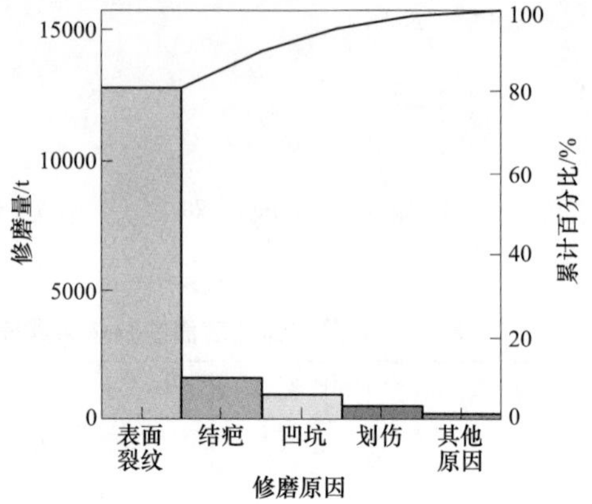

图 25-4　2018 年 1~6 月连铸坯表面缺陷修磨原因排列图

（制图：丛河蒙；审核：杨立永；时间：2018 年 7 月 9 日）

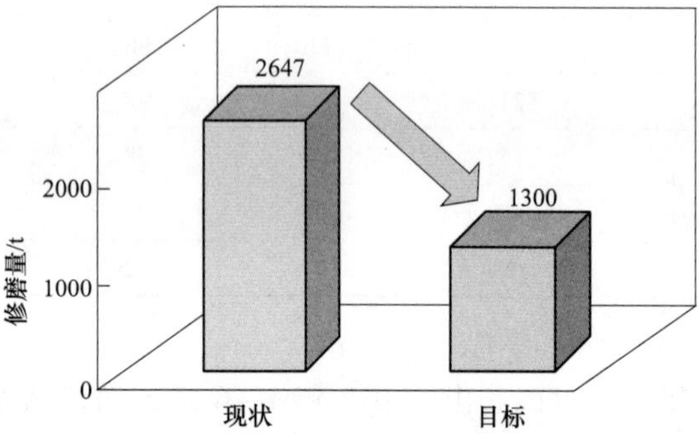

图 25-5　目标设定对比图

（制图：杨立永；审核：陈良勇；时间：2018 年 7 月 10 日）

六、原因分析

小组成员对造成连铸坯表面裂纹的原因运用鱼骨图从人、机、料、法、环、测 6 个方面进行分析，共得出 10 条末端因素，如图 25-6 所示。

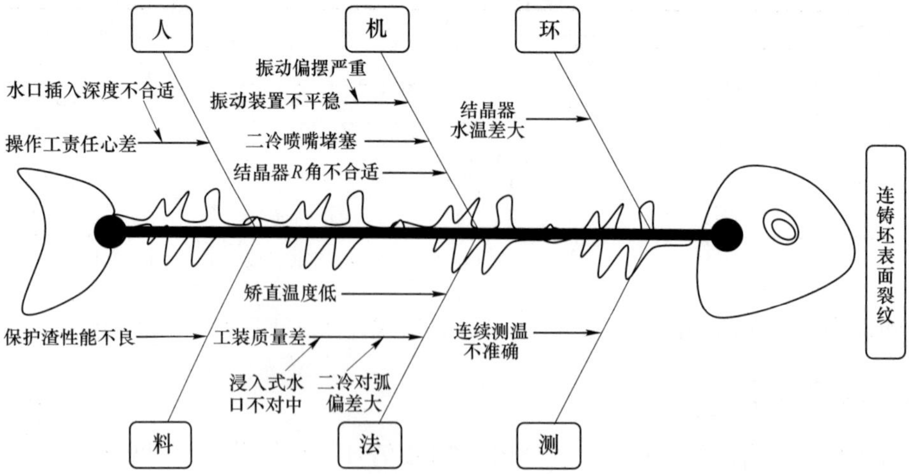

图 25-6　连铸坯表面裂纹原因分析鱼骨图

（制图：杨立永；审核：陈良勇；时间：2018 年 7 月 15 日）

七、要因确认

（一）要因确认表

小组成员根据分析出的原因，制定了相应的要因确认计划表，见表 25-6。

表 25-6 要因确认计划表

序号	末端原因	验证方法	判断依据	负责人	完成时间
1	水口插入深度不合适	（1）现场观察、测量； （2）跟踪铸坯表面质量	对症结影响程度的大小进行判断	李凯	2018 年 7 月 25 日
2	结晶器 R 角不合适	（1）现场测量； （2）跟踪铸坯表面质量	对症结影响程度的大小进行判断	秦影	2018 年 7 月 25 日
3	振动偏摆严重	（1）现场观察、测量； （2）跟踪铸坯表面质量	对症结影响程度的大小进行判断	杨立永	2018 年 7 月 25 日
4	二冷喷嘴堵塞	（1）现场检查； （2）跟踪铸坯表面质量	对症结影响程度的大小进行判断	陈良勇	2018 年 7 月 25 日
5	结晶器水温差大	（1）采集现场数据； （2）跟踪铸坯表面质量	对症结影响程度的大小进行判断	王文辉	2018 年 7 月 25 日
6	保护渣性能不良	（1）现场观察使用情况； （2）跟踪铸坯表面质量	对症结影响程度的大小进行判断	谷志敏	2018 年 7 月 25 日
7	矫直温度低	（1）采集现场数据； （2）跟踪铸坯表面质量	对症结影响程度的大小进行判断	杜晓宁	2018 年 7 月 25 日
8	浸入式水口不对中	（1）现场测量； （2）跟踪铸坯表面质量	对症结影响程度的大小进行判断	高鹏	2018 年 7 月 25 日
9	二冷段对弧偏差大	（1）现场测量； （2）跟踪铸坯表面质量	对症结影响程度的大小进行判断	高晗	2018 年 7 月 25 日
10	连续测温不准确	（1）采集现场数据； （2）跟踪铸坯表面质量	对症结影响程度的大小进行判断	丛河蒙	2018 年 7 月 25 日

（制表：李凯；审核：杨立永；时间：2018 年 7 月 16 日）

（二）要因确认

1. 要因确认一：水口插入深度不合适

7 月 16~24 日小组成员对 70 支水口插入深度进行测量，并跟踪对应的连铸坯表面样检验结果，见表 25-7 和图 25-7。

表 25-7 水口插入深度与连铸坯表面裂纹关系统计表

水口插入深度/mm	连铸坯表面样检验结果		
	检验数量	裂纹数量	裂纹比例/%
<100	21	2	9.52
100~120	84	9	10.71
>120	27	3	11.11

（制表：李凯；审核：杨立永；时间：2018 年 7 月 25 日）

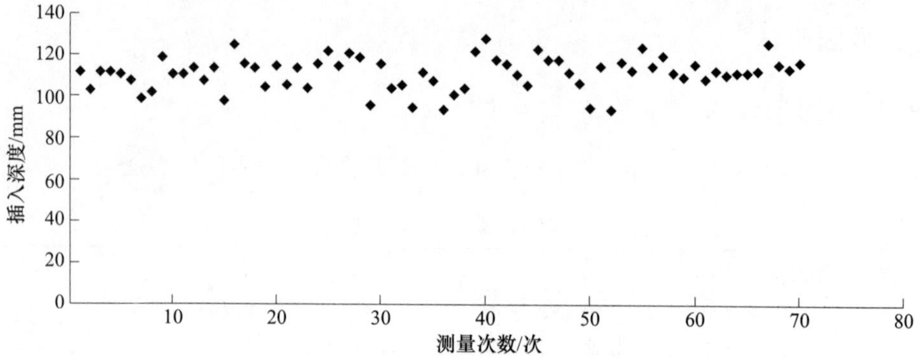

图 25-7　水口插入深度散点图

（制图：李凯；审核：杨立永；时间：2018 年 7 月 25 日）

通过以上分析可以得出结论：水口插入深度对连铸坯表面裂纹影响程度不大，因此为非要因。

2. 要因确认二：结晶器 *R* 角不合适

7 月 16~23 日小组成员测量 30 支结晶器铜管的 *R* 角，按测量数值进行分组，并跟踪对应的连铸坯表面样检验结果，见表 25-8。

表 25-8　结晶器 *R* 角与连铸坯表面裂纹关系统计表

组别	*R* 角/mm	检验数量	裂纹数量	裂纹比例/%
1	19	12	1	8. 33
2	19. 5	12	2	16. 67
3	20	12	1	8. 33
4	20. 5	12	1	8. 33
5	21	12	1	8. 33
6	21. 5	12	2	16. 67

（制表：秦影；审核：杨立永；时间：2018 年 7 月 25 日）

通过以上分析可以得出结论：结晶器 *R* 角对连铸坯表面裂纹的影响程度不大，因此为非要因。

3. 要因确认三：振动偏摆严重

7 月 17~24 日小组成员对振动装置进行检查、测量，并跟踪对应的连铸坯表面检验，见表 25-9 和表 25-10。

表 25-9　结晶器振动偏摆测量记录表

日期		7 月 18 日			7 月 23 日		
流数		1	2	3	1	2	3
南侧	横向偏摆/mm	0. 01	0. 03	0. 01	0. 01	0	0. 01
	纵向偏摆/mm	0. 09	0. 17	0. 12	0. 19	0. 12	0. 12
北侧	横向偏摆/mm	0. 01	0. 01	0. 05	0. 01	0. 01	0. 05
	纵向偏摆/mm	0. 09	0. 19	0. 11	0. 19	0. 11	0. 11

表 25-10　结晶器平稳度与连铸坯表面裂纹关系统计表

日期	时间	流次	是否平稳	表面样数量	表面裂纹数量
7月17日	08:30	1	否	3	0
	11:25	2	是	3	1
	15:10	3	是	3	0
7月21日	08:15	2	是	3	0
	10:20	1	否	3	2
	14:10	3	是	3	0
	16:45	1	否	3	0
7月24日	09:00	3	是	3	2
	11:00	1	是	3	0
	15:00	2	是	3	0

（制表：杨立永；审核：陈良勇；时间：2018 年 7 月 25 日）

通过以上分析可以得出结论：振动偏摆对连铸坯表面裂纹影响程度不大，因此为非要因。

4. 要因确认四：二冷喷嘴堵塞

7 月 17~24 日小组成员对二冷喷嘴进行检查，并跟踪对应的连铸坯表面检验，见表 25-11。

表 25-11　二冷喷嘴堵塞与连铸坯表面裂纹关系统计表

日期	流次	喷嘴数	堵塞喷嘴数	表面样数量	表面裂纹数量	检查人
7月17日	1	48	0	3	2	陈良勇
	2	48	2	3	0	陈良勇
	3	48	1	3	0	陈良勇
7月20日	1	48	2	3	1	陈良勇
	2	48	0	3	0	陈良勇
	3	48	1	3	0	陈良勇
7月24日	1	48	1	3	0	陈良勇
	2	48	1	3	2	陈良勇
	3	48	2	3	0	陈良勇

（制表：陈良勇；审核：杨立永；时间：2018 年 7 月 25 日）

通过以上分析可以得出结论：二冷喷嘴堵塞对连铸坯表面裂纹影响程度不大，因此为非要因。

5. 要因确认五：结晶器水温差大

7 月 17~25 日小组成员对结晶器水温差进行检查，并跟踪对应的连铸坯表面检验，见表 25-12 和图 25-8。

表 25-12　结晶器水温差与连铸坯表面裂纹关系统计表

日期	流次	结晶器水温差/℃	表面样数量	表面裂纹数量	检查人
7 月 17 日	1	5.6	3	0	王文辉
	2	5.2	3	3	王文辉
	3	4.9	3	0	王文辉
7 月 19 日	1	6.8	3	0	王文辉
	2	7.5	3	0	王文辉
	3	7.3	3	2	王文辉
7 月 21 日	1	7.6	3	0	王文辉
	2	7.1	3	0	王文辉
	3	7.3	3	2	王文辉
7 月 23 日	1	8.4	3	0	王文辉
	2	7.9	3	0	王文辉
	3	8.2	3	0	王文辉
7 月 25 日	1	6.5	3	1	王文辉
	2	6.3	3	0	王文辉
	3	6.8	3	0	王文辉

（制表：王文辉；审核：杨立永；时间：2018 年 7 月 25 日）

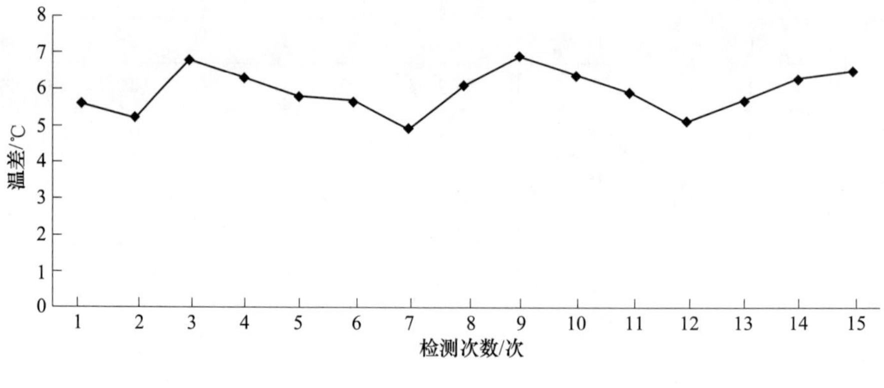

图 25-8　结晶器水温差折线图

（制图：王文辉；审核：杨立永；时间：2018 年 7 月 25 日）

通过以上分析可以得出结论：结晶器水温差对连铸坯表面裂纹影响程度不大，因此为非要因。

6. 要因确认六：保护渣性能不良

7 月 17～23 日小组成员对现场保护渣使用情况进行检查，发现保护渣存在结团块的现象，对应连铸坯也出现表面裂纹、渣坑等缺陷，见表 25-13。

表 25-13　结晶器保护渣使用情况检查记录表

炉号	钢种	日期	中包包龄	保护渣	使用情况	铸坯检查	确认人
8708118	20CrNi3H	7 月 17 日	1	低碳	存在结块现象	纵裂纹、渣坑	谷志敏
8708119	20CrNi3H	7 月 17 日	2	低碳	存在结块现象	纵裂纹、渣坑	谷志敏
8708121	20CrNi3H	7 月 17 日	3	低碳	存在结块现象	纵裂纹、渣坑	谷志敏
8708004	42CrMo4	7 月 21 日	1	中碳	存在结块现象	纵裂纹、渣坑	谷志敏
8708006	42CrMo4	7 月 21 日	2	中碳	存在结块现象	纵裂纹、渣坑	谷志敏
8708009	42CrMo4	7 月 21 日	3	中碳	存在结块现象	纵裂纹、渣坑	谷志敏
8808612	GCr15	7 月 23 日	1	高碳	存在结块现象	纵裂纹、渣坑	谷志敏
8708236	GCr15-SK	7 月 23 日	2	高碳	存在结块现象	纵裂纹、渣坑	谷志敏
8708237	GCr15-SK	7 月 23 日	3	高碳	存在结团现象	纵裂纹、渣坑	谷志敏
8708238	GCr15-SK	7 月 23 日	4	高碳	存在结团现象	纵裂纹、渣坑	谷志敏
8708239	GCr15-SK	7 月 23 日	5	高碳	存在结团现象	纵裂纹、渣坑	谷志敏

小组成员对裂纹处进行能谱分析，发现含有 K、Na 等元素，说明裂纹内部有保护渣存在。

通过以上分析可以得出结论：保护渣性能不良对连铸坯表面裂纹影响程度大，因此是要因。

7. 要因确认七：矫直温度低

7 月 16~24 日小组成员对矫直点温度进行测量，共测量 50 个温度数值，并跟踪对应的连铸坯表面检测，见表 25-14 和图 25-9。

表 25-14　矫直温度与连铸坯表面裂纹关系统计表

矫直温度/℃	表面样数量	表面裂纹数量	表面裂纹比例/%	检查人
≥900	60	5	8. 33	杜晓宁
<900	56	5	8. 93	杜晓宁

（制表：杜晓宁；审核：杨立永；时间：2018 年 7 月 25 日）

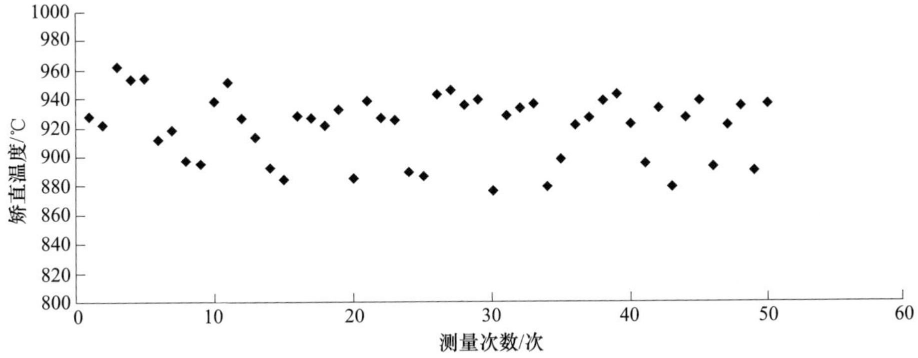

图 25-9　矫直温度散点图

（制图：杜晓宁；审核：杨立永；时间：2018 年 7 月 25 日）

通过以上分析可以得出结论：矫直温度对连铸坯表面裂纹影响程度不大，因此为非要因。

8. 要因确认八：浸入式水口不对中

7 月 18~25 日，小组成员对浸入式水口对中情况进行检查，并跟踪对应连铸坯表面检测，见图 25-10 和表 25-15。

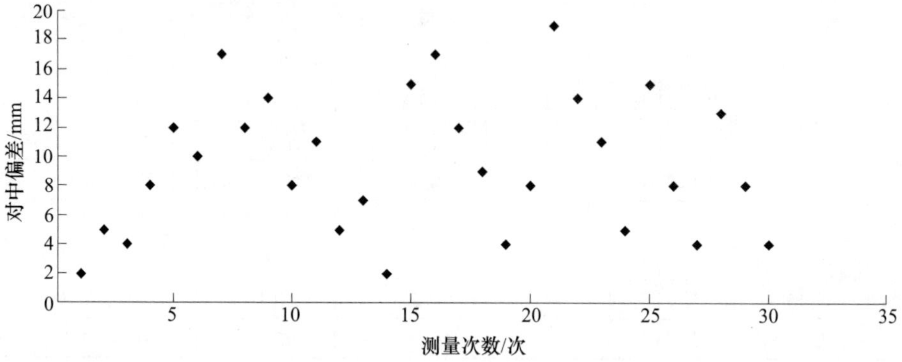

图 25-10　浸入式水口对中偏差散点图

（制图：高鹏；审核：杨立永；时间：2018 年 7 月 25 日）

表 25-15　浸入式水口对中偏差与连铸坯表面裂纹关系统计表

对中偏差/mm	表面样数量	表面裂纹数量	裂纹比例/%	检查人
0~5	18	1	5.56	高鹏
6~10	16	1	6.25	高鹏
11~15	15	1	6.67	高鹏
16~20	15	1	6.67	高鹏

（制表：高鹏；审核：杨立永；时间：2018 年 7 月 25 日）

通过以上分析可以得出结论：浸入式水口不对中对连铸坯表面裂纹的影响程度不大，因此为非要因。

9. 要因确认九：二冷段对弧偏差大

7 月 18~25 日，小组成员对二冷段对弧进行检查，对弧偏差超过 0.2mm 的，铸坯表面均有不同程度的裂纹缺陷。小组成员将测量数据用控制图进行分析，并分析了对弧的过程能力，从控制图和过程能力控制指数看，二冷段对弧控制能力差，不能满足要求，见表 25-16 和图 25-11。

表 25-16　二冷段对弧偏差与连铸坯表面裂纹关系统计表

日期	班次	对弧精度/mm	是否有表面裂纹
7 月 18 日	乙班	0.3	否
	丙班	0.3	是
7 月 19 日	甲班	0.3	是
	丁班	0.3	否

续表 25-16

日期	班次	对弧精度/mm	是否有表面裂纹
7 月 20 日	乙班	0.4	是
	丙班	0.4	是
7 月 21 日	甲班	0.4	是
	丁班	0.4	是
7 月 22 日	乙班	0.4	是
	丙班	0.5	是
7 月 23 日	甲班	0.3	是
	丁班	0.3	否
7 月 24 日	乙班	0.3	是

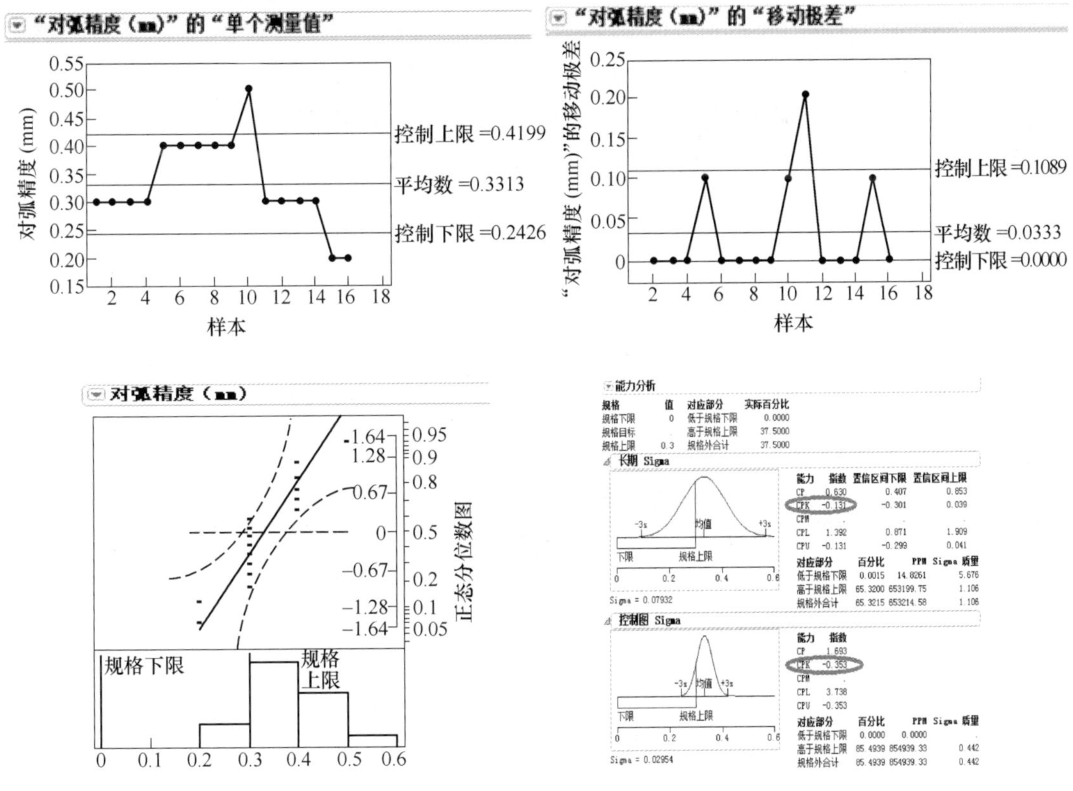

图 25-11　二冷段对弧偏差控制图、正态分位数图及过程能力分析
（制图：高晗；审核：杨立永；时间：2018 年 7 月 25 日）

通过以上分析可以得出结论：二冷段对弧偏差大，对连铸坯表面裂纹影响程度大，因此为要因。

10. 要因确认十：连续测温不准确

7 月 18~25 日，小组成员对连续测温偏差值进行检查，并跟踪连铸坯表面样检测，见图 25-12、图 25-13 和表 25-17。

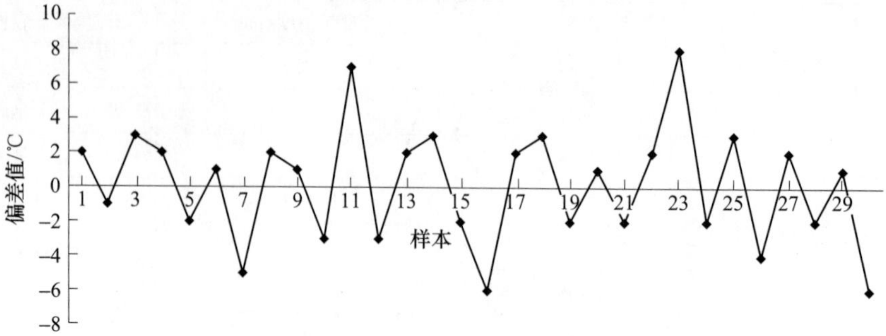

图 25-12　连续测温偏差值折线图

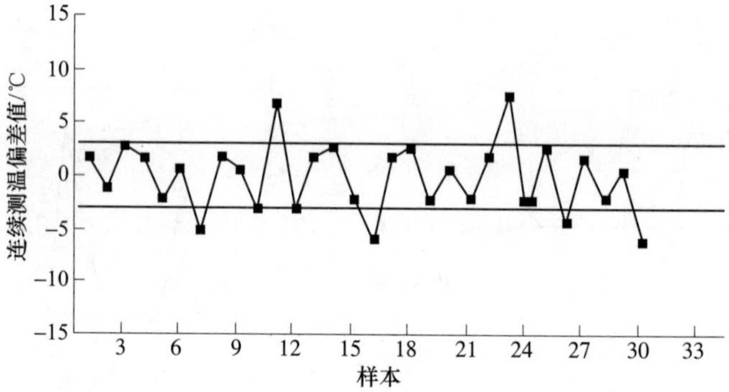

图 25-13　连续测温偏差值控制图

（制图：丛河蒙；审核：杨立永；时间：2018 年 7 月 25 日）

表 25-17　连续测温偏差与连铸坯表面裂纹关系统计表

温度偏差/℃	表面样数量	表面裂纹数量	裂纹比例/%	检查人
0~3	28	2	7.14	高鹏
>3	26	2	7.69	高鹏

（制表：丛河蒙；审核：杨立永；时间：2018 年 7 月 25 日）

通过以上分析可以得出结论：连续测温偏差对连铸坯表面裂纹影响程度不大，因此为非要因。

（三）确定要因

小组成员对可能造成连铸坯表面裂纹的原因逐一进行分析，得出两条要因：一是保护渣性能不良，二是二冷段对弧偏差大。

八、制定对策

小组成员按照 5W1H 原则对以上两条要因制定对策表，见表 25-18。

表 25-18　对策实施表

序号	要因	对策	目标	措施	负责人	完成日期
1	保护渣性能不良	优化保护渣理化性能	保护渣化渣均匀、润滑传热良好	提高保护渣熔点和黏度	杨立永　陈良勇 高　鹏　秦　影 谷志敏	8 月 31 日
2	二冷段对弧偏差大	提高对弧精度	对弧精度 ≤ ±0. 20mm	配备专用的对弧调整工具、量具，增加验收频次	李　凯　高　晗 丛河蒙　王文辉 杜晓宁	8 月 31 日

（制表：杨立永；审核：陈良勇；时间：2018 年 7 月 31 日）

九、对策实施

（一）对策一：实施及效果检查

1. 实施：优化保护渣理化性能

对矩坯低、中、高碳钢保护渣，分别优化主要理化指标熔点、黏度，促进润滑、传热作用的发挥，实施前后保护渣理化性能对比表见表 25-19。

表 25-19　实施前后保护渣理化性能对比表

理化指标 / 保护渣种类	熔点/℃		黏度（1300℃）/Pa · s	
	实施前	实施后	实施前	实施后
矩坯低碳	1130±30	1180±30	0. 42±0. 15	0. 52±0. 15
矩坯中碳	1020±30	1070±30	0. 40±0. 15	0. 50±0. 15
矩坯高碳	1000±30	1050±30	0. 35±0. 15	0. 40±0. 15

（制表：杨立永；审核：陈良勇；时间：2018 年 8 月 30 日）

2. 效果检查

小组成员对优化后保护渣使用情况进行检查，均没有发现保护渣结团块的现象，铸坯表面正常，见表 25-20。

表 25-20　优化后保护渣使用情况检查记录表

炉号	钢种	生产日期	中包包龄	保护渣	使用情况	铸坯检查	确认人
8809642	20CrMnTiH1T	8 月 22 日	1	矩坯低碳	未发现结团、块现象	正常	谷志敏
8809643	20CrMnTiH1T	8 月 22 日	2	矩坯低碳	未发现结团、块现象	正常	谷志敏
8809645	20CrMnTiH1T	8 月 22 日	3	矩坯低碳	未发现结团、块现象	正常	谷志敏
8709401	SMnB3H-1	8 月 23 日	1	矩坯中碳	未发现结团、块现象	正常	谷志敏
8709403	SMnB3H-1	8 月 23 日	2	矩坯中碳	未发现结团、块现象	正常	谷志敏
8709404	SMnB3H-1	8 月 23 日	3	矩坯中碳	未发现结团、块现象	正常	谷志敏
8709405	SMnB3H-1	8 月 23 日	4	矩坯中碳	未发现结团、块现象	正常	谷志敏
8809562	GCr15	8 月 25 日	1	矩坯高碳	未发现结团、块现象	正常	谷志敏

续表 25-20

炉号	钢种	生产日期	中包包龄	保护渣	使用情况	铸坯检查	确认人
8709141	GCr15-SK	8月25日	2	矩坯高碳	未发现结团、块现象	正常	谷志敏
8709143	GCr15-SK	8月25日	3	矩坯高碳	未发现结团、块现象	正常	谷志敏
8709144	GCr15-SK	8月25日	4	矩坯高碳	未发现结团、块现象	正常	谷志敏

（制表：谷志敏；审核：杨立永；时间：2018年8月30日）

（二）对策二：实施及效果检查

1. 实施：提高对弧精度

实施前对弧调整工具精度0.10mm。实施后配备专用的对弧调整工具、量具，工具精度减小到0.05mm。加强检查验收力度，点检岗位、操作岗位均实行签字确认制度。

对弧时，操作工严格按标准要求调整，控制对弧偏差在±0.20mm以内。图为使用内径千分尺测量铜管尺寸和足辊开口度及使用塞尺测量弧度偏差，以确保足辊与铜管对弧良好。

2. 效果检查

小组成员对实施后的对弧数据进行测量、分析，见图25-14和表25-21。

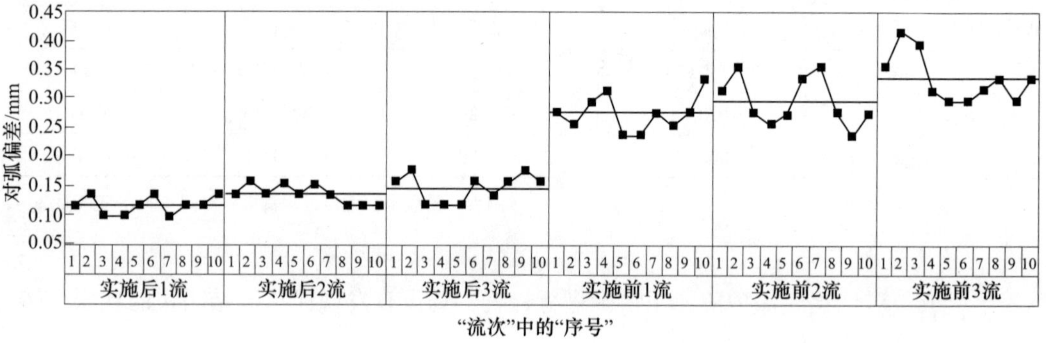

图25-14 实施前后对弧精度变异性图

（制图：杜晓宁；审核：杨立永；时间：2018年8月30日）

表25-21 实施前后对弧偏差对比表

时间	流数	平均对弧偏差/mm	标准/mm	验收人
实施前	1	0.28		杜晓宁
	2	0.30		杜晓宁
	3	0.34		杜晓宁
实施后	1	0.12	≤0.20	杜晓宁
	2	0.14	≤0.20	杜晓宁
	3	0.15	≤0.20	杜晓宁

（制表：杜晓宁；审核：杨立永；时间：2018年8月30日）

从图 25-14 和表 25-21 可以看出，2018 年 8 月对现场设备对弧情况进行检查验收 10 次，均满足要求，较实施前有明显改善。

十、效果检查

（一）实施前后缺陷修磨量对比

小组成员对 2018 年 9 月至 2019 年 2 月实施效果进行检查，连铸坯表面缺陷修磨量均在 1300t 以下，平均每月缺陷修磨量由实施前的 2647t/月降低到实施后的 1220t/月，见图 25-15。

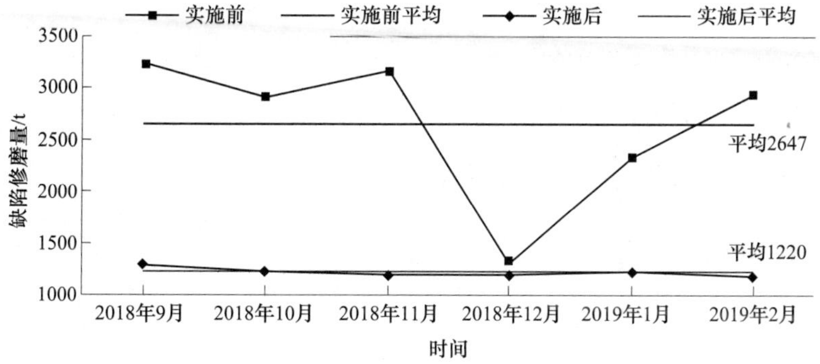

图 25-15 实施前后连铸坯表面缺陷修磨量对比图
（制图：杨立永；审核：陈良勇；时间：2019 年 3 月 2 日）

（二）实施前后连铸坯表面缺陷修磨原因对比

小组成员对实施前后连铸坯表面缺陷修磨原因排列图进行对比，可以看出表面裂纹已经不是造成连铸坯表面缺陷修磨的症结，见图 25-16。

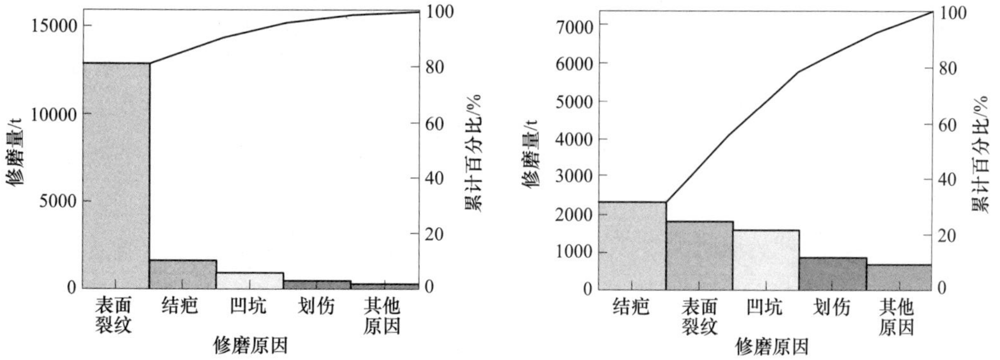

图 25-16 实施前后连铸坯表面缺陷修磨原因排列图
（制图：杨立永；审核：陈良勇；时间：2019 年 3 月 2 日）

（三）实施前、目标、实施后铸坯修磨量对比

小组成员对实施前、目标、实施后铸坯修磨量做了对比图，见图 25-17。

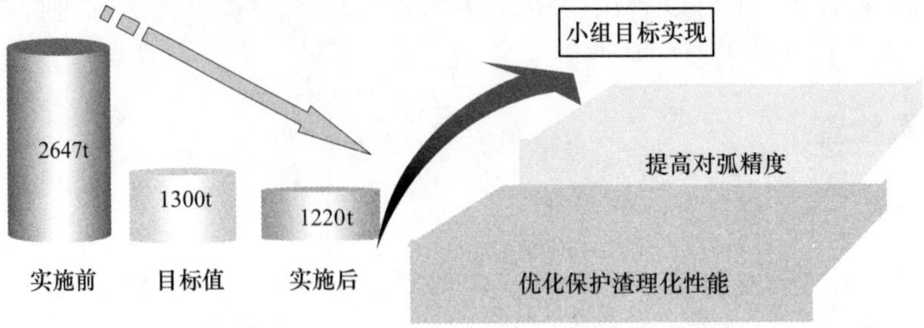

图 25-17 对策实施前后连铸坯表面质量合格率与目标值对比图
（制图：秦影；审核：陈良勇；时间：2019 年 3 月 2 日）

从图 25-17 中可以看出，对策实施后，连铸坯表面缺陷修磨量从 2647t/月降低到 1220t/月，成功实现了小组目标。

十一、巩固措施及巩固期效果检查

（一）巩固措施

（1）优化后的保护渣理化指标写入《连铸原辅料验收标准》，标准编号：GYYFL-LZ-CC-03。

（2）修改了连铸机对弧标准及周期，并补充至《连铸工装管理规定及验收标准》，标准编号：GYZY-LZ-CC-10。

（二）巩固期效果检查

1. 优化保护渣理化性能

小组成员对巩固期保护渣性能进行检查，检查结果见表 25-22。

表 25-22 优化后保护渣使用情况检查表

炉号	钢种	生产日期	中包包龄/炉	保护渣	使用情况	铸坯检查	确认人
8802827	GCr15-SK	3 月 16 日	4	矩坯高碳	未发现结团、块现象	正常	谷志敏
8702839	GCr15-SK	3 月 16 日	5	矩坯高碳	未发现结团、块现象	正常	谷志敏
8702861	FAS2236	3 月 18 日	3	矩坯低碳	未发现结团、块现象	正常	谷志敏
8802852	FAS2236	3 月 18 日	4	矩坯低碳	未发现结团、块现象	正常	谷志敏
8702929	42CrMo	3 月 20 日	5	矩坯中碳	未发现结团、块现象	正常	谷志敏
8600889	42CrMo	3 月 20 日	6	矩坯中碳	未发现结团、块现象	正常	谷志敏

从巩固期对保护渣的检查情况看，保护渣性能稳定，连铸坯表面无缺陷。

2. 提高对弧精度

小组成员对巩固期对弧精度的检查情况进行了分析，可以看出对弧精度的过程控制能力指数 1. 345 明显提高，见图 25-18。

小组成员对活动各阶段的连铸坯表面缺陷修磨量进行统计，做出折线图，见图 25-19。

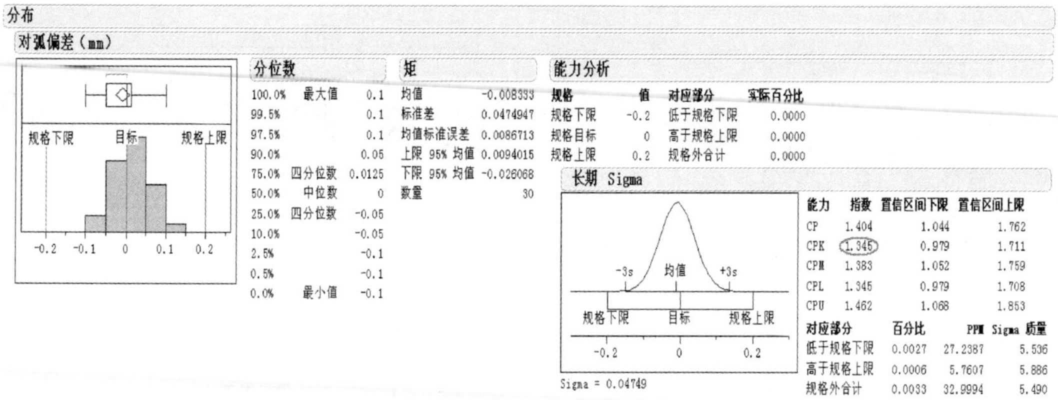

图 25-18　优化后对弧精度能力分析图

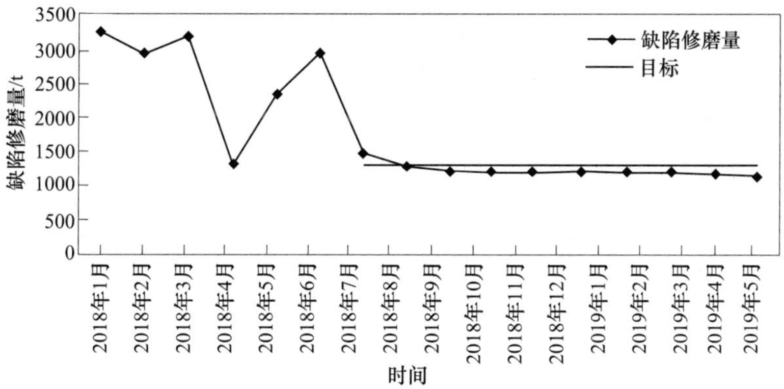

图 25-19　连铸坯表面缺陷修磨量折线图

（制图：丛河蒙；审核：陈良勇；时间：2019 年 6 月）

从图 25-19 中可以看出，2019 年 3～5 月巩固期连铸坯表面缺陷修磨量均在 1300t 以下，说明措施有效。

十二、效益分析

（一）直接经济效益

直接经济效益见图 25-20。

（二）间接效益

间接经济效益见图 25-21。

十三、总结回顾和今后打算

通过本次 QC 活动，成功地降低了连铸坯表面缺陷修磨量，下一步，本小组将重点围绕连铸坯中心缺陷进行活动，为提高公司市场竞争力做贡献。

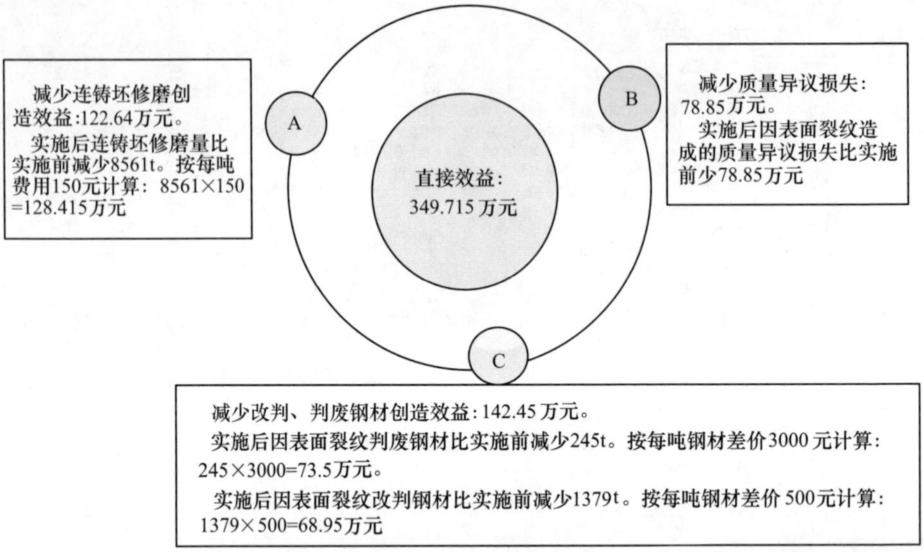

图 25-20　直接经济效益图

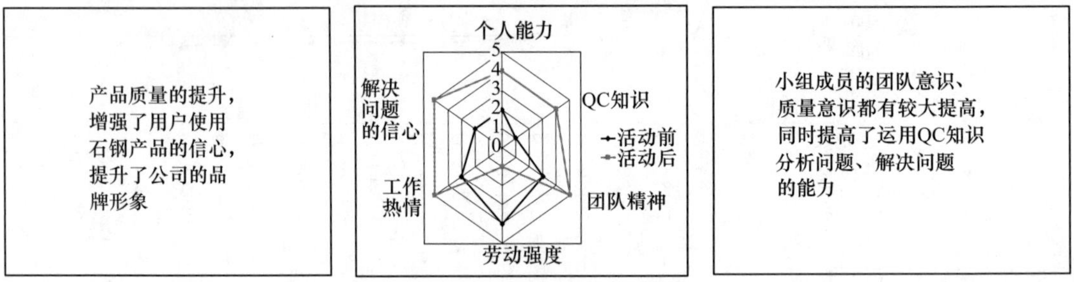

图 25-21　间接经济效益图

案例 26　提高邢钢货场平板倒运量

邢台钢铁有限责任公司储运中心

段林彦　张顺利　王伟峰

一、小组概况

邢钢储运中心货场车间 QC 小组成立于 2012 年 2 月，本小组活动时间从 2017 年 2 月至 12 月，属于现场型 QC 小组，现有 QC 小组成员 10 人，小组成员情况如表 26-1 所示，岗位流程图如图 26-1 所示。

表 26-1　QC 小组注册登记表

<table>
<tr><th>序号</th><th>姓名</th><th>性别</th><th>年龄</th><th>小组职务</th><th>文化程度</th><th>技术等级或职务</th><th>备注</th></tr>
<tr><td>1</td><td>张顺利</td><td>男</td><td>37</td><td>组长/技术指导</td><td>大专</td><td>车间主任</td><td></td></tr>
<tr><td>2</td><td>王伟峰</td><td>男</td><td>36</td><td>副组长/技术指导</td><td>大专</td><td>车间作业长</td><td></td></tr>
<tr><td>3</td><td>王勤亮</td><td>男</td><td>43</td><td>副组长/协调指挥</td><td>高中</td><td>班长</td><td></td></tr>
<tr><td>4</td><td>段林彦</td><td>女</td><td>41</td><td>数据统计/成果发布</td><td>大专</td><td>线材货管</td><td></td></tr>
<tr><td>5</td><td>刘英臣</td><td>男</td><td>44</td><td>现场调查/数据统计</td><td>大专</td><td>线材货管</td><td></td></tr>
<tr><td>6</td><td>任风利</td><td>男</td><td>46</td><td>现场调查/数据统计</td><td>高中</td><td>班长</td><td></td></tr>
<tr><td>7</td><td>刘　朝</td><td>男</td><td>42</td><td>现场调查/数据统计</td><td>高中</td><td>班长</td><td></td></tr>
<tr><td>8</td><td>何兴敏</td><td>男</td><td>43</td><td>现场调查/数据统计</td><td>高中</td><td>班长</td><td></td></tr>
<tr><td>9</td><td>张红媛</td><td>女</td><td>40</td><td>现场调查/数据统计</td><td>大专</td><td>ERP</td><td></td></tr>
<tr><td>10</td><td>刘运强</td><td>男</td><td>35</td><td>效果检查</td><td>高中</td><td>线材货管</td><td></td></tr>
<tr><td colspan="3">小组成立日期</td><td colspan="2">2012 年 2 月 10 日</td><td colspan="3">成果发表及受表彰记录</td></tr>
<tr><td colspan="3">注册登记日期</td><td colspan="2">2017 年 2 月 15 日</td><td>级别</td><td>发表时间</td><td>受表彰记录</td></tr>
<tr><td colspan="5" rowspan="3">小组人员变动、注销记录：</td><td>省</td><td>2015 年 6 月</td><td>河北省冶金行业一等奖</td></tr>
<tr><td>省</td><td>2016 年 6 月</td><td>河北省质量协会优秀奖</td></tr>
<tr><td>省</td><td>2017 年 6 月</td><td>河北省优秀质量管理小组奖</td></tr>
</table>

（制表：段林彦；时间：2017 年 7 月）

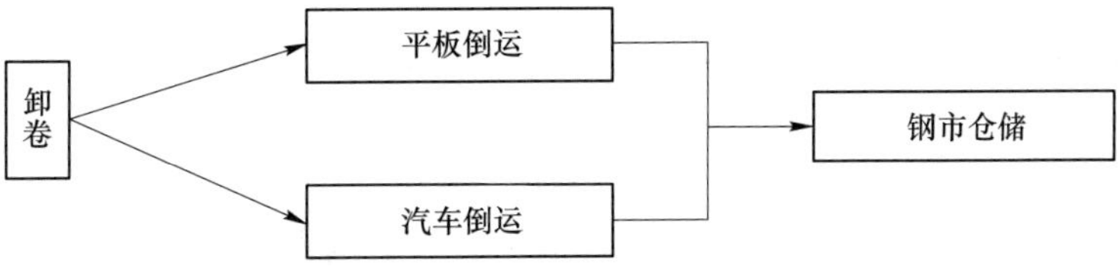

图 26-1　岗位流程图

二、选择课题

由于近年来钢铁行业的利润持续走低，使挖潜增效成为大家越来越关注的重点。公司要求强化成本管理，释放盈利空间。储运中心要求深挖潜能，降本增效。

通过查阅 2016 年 1~12 月内货场平板倒运记录并进行统计，从 2016 年 7 月平板倒运量呈逐步下降趋势，到 12 月，月平均倒运量比最大月倒运量呈明显的下降趋势，如图 26-2 所示。

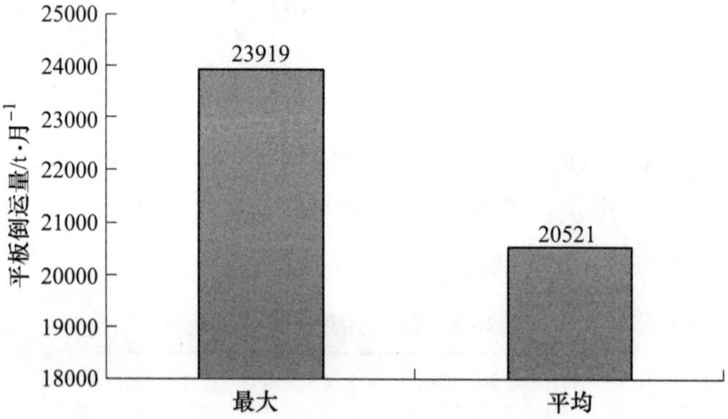

图 26-2　平板倒运量

（制图：段林彦；时间：2017 年 2 月 21 日）

因此，本课题重点围绕提高货场平板倒运量开展攻关。

三、现状调查

（一）现状调查一：目前四、五线内货场平板倒运情况

小组查阅了 2016 年 1~12 月平板倒运记录，做出表 26-2 及图 26-3。由图 26-3 可以看出，2016 年 7 月以后，平板倒运量明显呈下降的趋势。至 12 月，月平均倒运量仅为 20521t。

表 26-2　2016 年 1~12 月内货场平板倒运量调查表

月份	1	2	3	4	5	6	7	8	9	10	11	12	平均
平板倒运量 /t · 月$^{-1}$	20152	16520	21626	23239	23919	23098	21846	19406	20418	19054	18942	18030	20521
	2016 年最大月倒运量												差
	23919												3398

（制表：段林彦；时间：2017 年 2 月 20 日）

结论一：2016 年下半年，平板倒运量呈明显逐月下降趋势，至 12 月，年平均倒运量仅为 20521t/月，并且月平均倒运量比最大月倒运量降低了 3398t/月。

（二）现状调查二：造成内货场平板倒运量下降的主次问题

小组对 2016 年倒运量下降 3398t 的具体情况进行了调查与分析，统计出造成平板倒运量下降的主次问题，并绘制了表 26-3 和图 26-4。

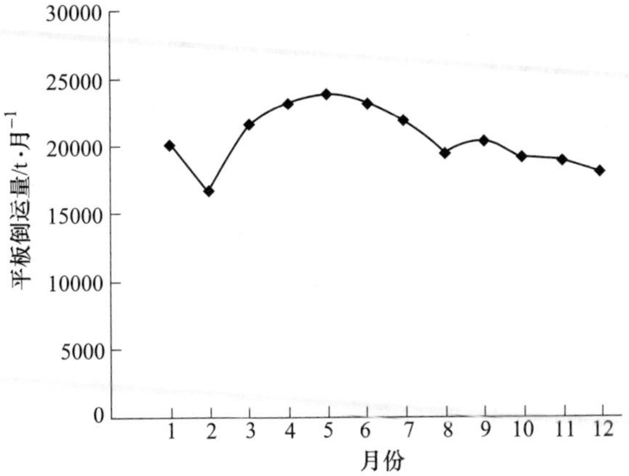

图 26-3 平板倒运量折线图

（制图：段林彦；时间：2017 年 2 月 20 日）

表 26-3 平板倒运量下降主次问题统计表

序号	具体问题	影响直发量/t	累计直发量/t	累计百分比/%
1	平板运转慢	2844	2844	83.7
2	生产钢种的制约	310	3154	92.82
3	平板数量少	184	3338	98.23
4	设备故障	43	3381	99.50
5	其他	17	3398	100
合 计		3398	3398	100

（制表：刘英臣；时间：2017 年 3 月 11 日）

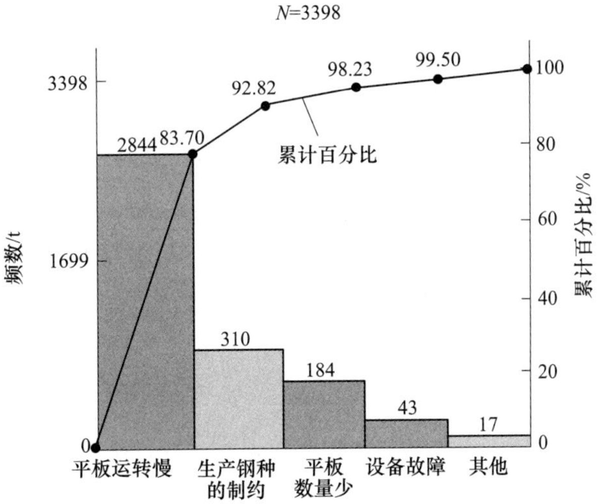

图 26-4 平板倒运量下降主次问题排列图

（制图：刘英臣；时间：2017 年 3 月 11 日）

结论二：平板运转慢影响的倒运量占总量的 83. 70%，是造成内货场平板倒运量下降的主要问题。

四、设定目标

（一）目标

通过对各种因素进行分析，小组设定本次活动目标：将内货场平板倒运量从平均 20521t/月提高到平均 22900t/月，如图 26-5 所示。

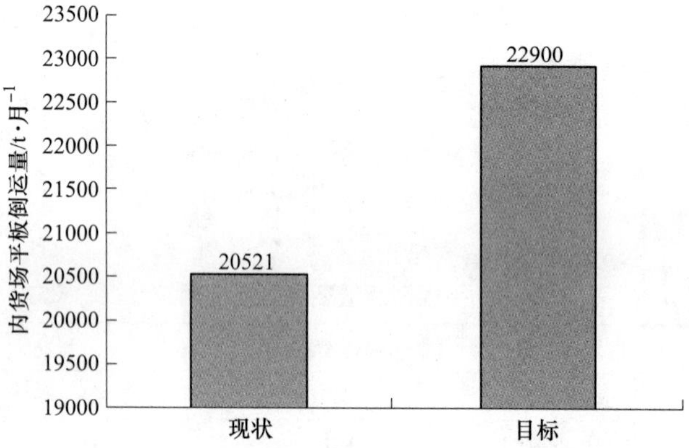

图 26-5 目标设定柱状图

（制图：王勤亮；时间：2017 年 3 月 1 日）

（二）设定目标的依据

现状：月平均平板倒运量为 20521t，2016 年月最大倒运量 23919t，主要问题影响的倒运量占 83. 70%。

主要问题影响的倒运量：3398×83. 7%≈2844t。

主要问题解决 85%可达到的倒运量：20521+2844×85%=22938t。

解决问题的难度分析：2016 年平板倒运量有三个月均达到 22900t 以上，从 7 月开始才逐月下降，因此，平板运转情况必定存在明显的缺陷。

小组技术能力分析：本小组成员均具有 3 年以上的 QC 活动经验，对货场运行状况非常熟悉，可以迅速分析掌握问题症结所在。因此，本小组认为有能力将主要问题解决 85%。

（三）小组活动计划表

小组活动计划见表 26-4。

五、要因分析

小组成员经过现场调查和分析，通过召开“头脑风暴法”找出导致主要问题的原因，用关联图整理如图 26-6 所示。

表 26-4　活动计划表

项目		2	3	4	5	6	7	8	9	10	11	12
P	选择课题	- - → ——→										
	现状调查	- - → ——→	- - → ——→									
	设定目标		- - → ——→									
	原因分析		- - → ——→	- - → ——→								
	要因确认			- - → ——→	- - → ——→							
	制定对策				- - → ——→							
D	对策实施				- - → ——→	- - → ——→						
C	效果检查						- - → ——→	- - → ——→	- - → ——→			
A	巩固措施									- - → ——→	- - → ——→	
	总结及 下一步打算											- - → ——→

注：- - → 计划进度；——→ 实际进度。

（制表：段林彦；时间：2017 年 2 月 16 日）

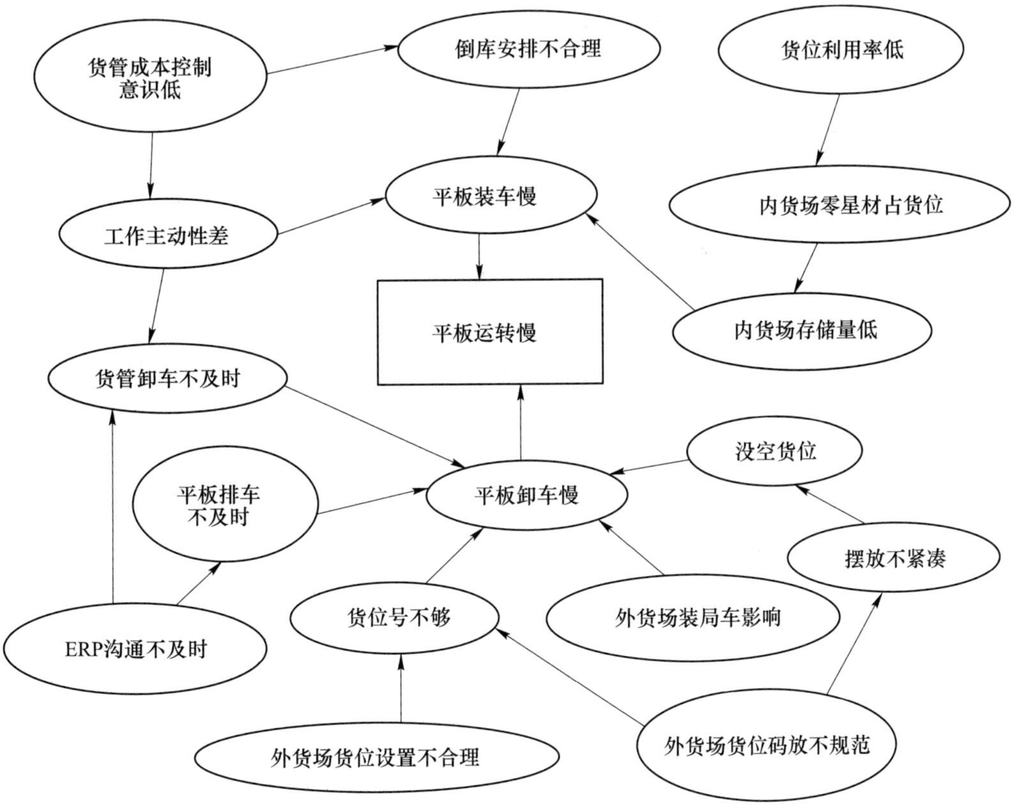

图 26-6　原因分析关联图

（制图：段林彦；时间：2017 年 3 月 30 日）

六、要因确认

针对末端原因，小组成员共找到 6 条末端因素，对其做出了要因确认计划表，见表 26-5，并按表进行了一一的现场确认。

表 26-5　要因确认计划表

序号	末端原因	确认标准	确认方法	确认时间	确认人
1	内货场货位利用率低	内货场产生的零星材及时外倒，货位使用率达到 85%	现场调查 查阅记录	2016 年 4 月 6 日	何兴敏 任风利
2	外货场货位码放不规范	入库时线材必须 3 层码放	实际测量	2016 年 4 月 10 日	刘　朝 段林彦
3	外货场装局车影响	局车的对位与平板之间的位置能错开	现场检查	2016 年 4 月 12 日	王勤亮 刘运强
4	外货场货位设置不合理	每个货位都有相对应的货位号，货位可用率达到 100%	现场检查	2016 年 4 月 17 日	王勤亮 段林彦
5	ERP 沟通不及时	及时联系平板对排	查阅记录	2016 年 4 月 25 日	张红媛 刘英臣
6	货管成本控制意识低	外倒时，能用平板倒运的不用倒库车外倒，平板倒运占比达到 42%	现场调查	2016 年 4 月 26 日	张顺利 王伟峰

（制表：段林彦；时间：2017 年 4 月 10 日）

（一）要因确认一：内货场货位利用率

确认内容	内货场货位利用率	确认人	何兴敏　任风利
确认时间	2017 年 4 月 6 日	确认地点	内货场
确认方法	现场检查及测算	确认标准	内货场零星材及时外倒，货位使用率达到 85%
确认过程	4 月 6 日，小组成员何兴敏、任风利对四、五线内货场的货位使用情况进行了现场检查及测算，货位都是整批存放，处于饱和状态，说明零星材外倒很及时。实际测算情况货位使用率在 85% 以上符合标准，平板对到后在接生产线的同时也能及时从货位上起装平板。		
确认结果	该末端因素对问题没有影响	结论	非要因

内货场	实际货位/个	使用货位/个	货位使用率/%
四线内货场	45	39	86. 66
五线内货场	45	40	88. 89

（二）要因确认二：外货场货位码放不规范

确认内容	外货场货位码放不规范	确认人	刘朝　段林彦
确认时间	2017 年 4 月 10 日	确认地点	外货场
确认方法	现场检查	确认标准	货管入库时要 3 层码放
确认过程	在 4 月 10 日，小组人员对外货场的货位码放情况进行了现场调查，货位都是 3 层码放，符合标准。这样相比较 1 层码放或 2 层码放更节省货位，不会出现卸平板时现整理货位而浪费时间，所以说对平板运转情况没有影响		
确认结果	该末端因素对问题没有影响	结论	非要因

（三）要因确认三：外货场装局车影响

确认内容	外货场装局车影响	确认人	王勤亮　刘运强
确认时间	2017 年 4 月 12 日	确认地点	外货场
确认方法	现场检查	确认标准	局车对位能与平板之间的位置错开
确认过程	4 月 12 日，对外货场火车与平板之间的作业区域进行了跟踪调查，从下面区域图中可以看到有两条铁路线，火车对位能与平板对位错开，符合标准，对平板运转情况没有影响。		

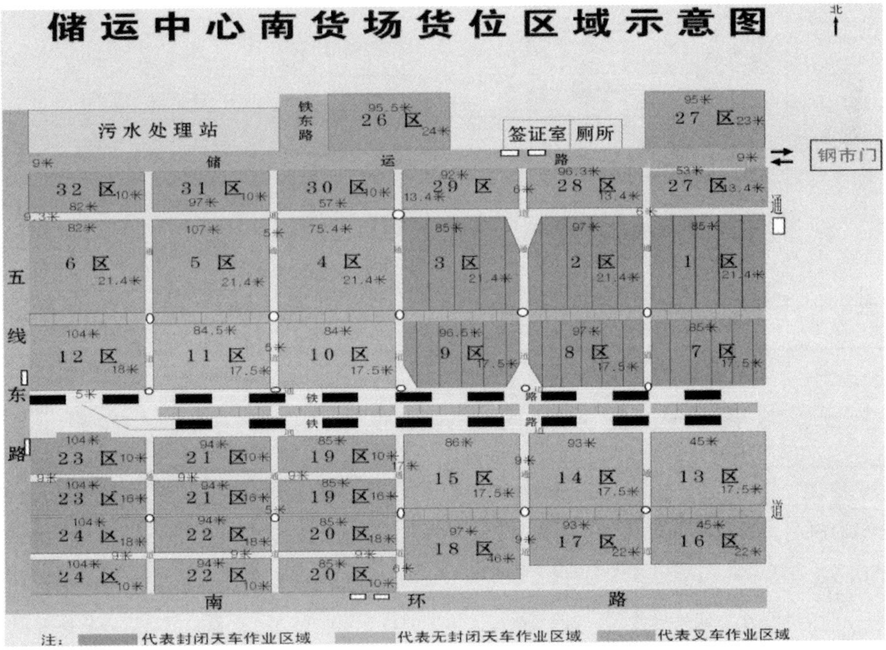

确认结果	该末端因素对问题没有影响	结论	非要因

（四）要因确认四：外货场货位设置不合理

确认内容	外货场货位设置不合理	确认人	王勤亮　段林彦
确认时间	2017 年 4 月 17 日	确认地点	外货场
确认方法	现场检查，数据统计	确认标准	入库时有与空货位相对应的条码系统货位，货位可用率达到 100%
确认过程	小组对外货场人员的入库及货位使用情况进行了调查，跟踪作业时发现，货管入库时实际货位多，条码货位少，会遇到有空货位没有货位号而不能入库的现象，空货位达不到 100% 可以使用，不符合标准，直接影响到平板的卸车时间，对平板运转情况影响较大。 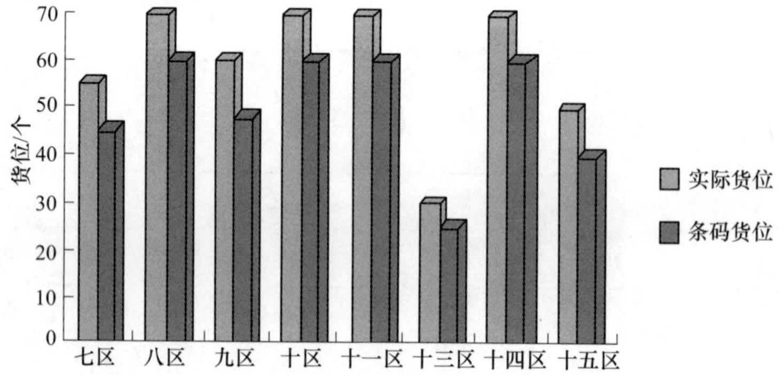 		

货位	外货场跨下货位/个	条码货位/个	货位可用率/%	标准/%
七区	55	45	90	100
八区	70	60	86	100
九区	60	48	80	100
十区	70	60	86	100
十一区	70	60	86	100
十三区	30	25	83	100
十四区	70	60	86	100
十五区	50	40	80	100

确认结果	该末端因素对问题有严重影响	结论	要因

（五）要因确认五：ERP 沟通不及时

确认内容	ERP 沟通不及时	确认人	张红媛　刘英臣
确认时间	2017 年 4 月 25 日	确认地点	外货场
确认方法	现场检查	确认标准	ERP 能及时联系平板对排
确认过程	小组成员对四、五线的平板倒运情况进行了跟踪调查：平板装满后，内货场货管电话通知当班的 ERP 人员，ERP 人员接到电话通知后能及时联系中心调度对排平板，并通知外货管准备接收入库，对平板运转情况没有影响		
确认结果	该末端因素对问题没有影响	结论	非要因

（六）要因确认六：货管成本控制意识低

确认内容	货管成本控制意识低	确认人	张顺利　王伟峰
确认时间	2017 年 4 月 27 日	确认地点	外货场
确认方法	现场检查，数据统计	确认标准	外倒线材时，能用平板倒运的不用汽车倒运，平板倒运占比达到 42%

确认过程

过程一：小组成员查阅 2016 年 1～12 月四、五线的倒库记录，制作了平板倒运占比折线图（下图），从图中可以看到，平板倒运占比为 39%，达不到标准 42%，说明货管成本意识低，安排不合理，对平板运转情况有较大影响。

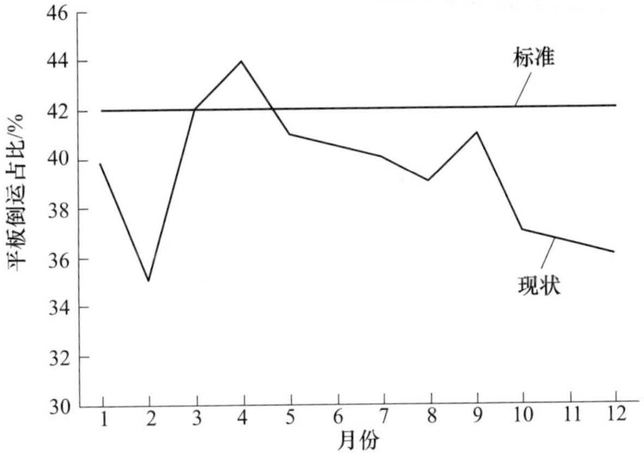

过程二：4 月 28 日小组人员又去四线内货场跟踪了现场倒运情况：当时货管正用实业公司汽车倒库，经询问得知：货管说 8:10 接到 ERP 人员电话通知，8:40 平板对到。货场现有空货位 3 个，从下表中可以看出生产一个批次的时间为 35～40min。平板对到后，还剩两个可用货位，完全能满足生产的需要。所以说货管接到电话通知后，应及时停止实业公司汽车倒库，临时入内货场货位等装平板，货管作业时主动性差，随意性较大对问题影响严重。

批次号	入库件数/件	入库时间	生产一批所用时间/min	平板对到时间	货场可用货位/个
341704233	22	8:06	35	8:40	3
341704234	23	8:42	36	8:40	2
341703435	24	9:19	38	8:40	2

确认结果	该末端因素对问题有较大影响	结论	要因

经小组全体成员确认，造成平板运转慢的主要原因有两个，见表 26-6。

表 26-6　确定主要原因结论表

序号	主要原因
1	外货场货位设置不合理
2	货管成本控制意识低

（制表：段林彦）

七、制定对策

针对两条要因，小组制定了具体的对策表，见表 26-7。

表 26-7 对策实施表

序号	要因	对策	目标	措施	地点	负责人	完成日期
1	外货场货位设置不合理	对外货场货位重新规划并增加对应的条码货位号	空货位使用率达到 100%	（1）车间对跨下货位重新设置； （2）车间与项目部提出增加货位号的申请； （3）效果检查； （4）修订作业指导书	外货场	张顺利 王伟峰 王勤亮 何兴敏 刘云强 刘　朝	2017 年 6 月前
2	货管成本控制意识低	提高成本意识及工作主动性	提高平板倒运占比到 45%	（1）组织员工学习培训； （2）车间根据现状制定生产措施； （3）对《货车平板倒运线材活动的激励办法》进行修订； （4）效果检查	货场	张顺利 任风利 刘英臣 张红媛 段林彦	

（制表：王勤亮；时间：2017 年 4 月 15 日）

八、对策实施

（一）实施一：对外货场跨下货位重新划分并增加对应条码货位号

1. 对跨下货位进行规划

2017 年 5 月，本小组成员对跨下货位进行了重新规划，按每批 24 件对货位进行了重新划分。

2. 增加条码货位号

2016 年 5 月 20 日，车间通过与项目部沟通申请，增加了条码货位号，实际货位都有了相对应的条码货位号，并对货位及时补贴了标识共 77 个。

3. 效果检查

实施前后货位使用情况见表 26-8 和表 26-9。

表 26-8 实施前货位使用情况

货位	外货场跨下货位/个	条码货位/个	货位可用率/%	标准/%
七区	55	45	90	100
八区	70	60	86	100
九区	60	48	80	100
十区	70	60	86	100
十一区	70	60	86	100

续表 26-8

货位	外货场跨下货位/个	条码货位/个	货位可用率/%	标准/%
十三区	30	25	83	100
十四区	70	60	86	100
十五区	50	40	80	100

（制表：段林彦；时间：2017 年 5 月 25 日）

表 26-9　实施后货位使用情况

货位	外货场跨下货位/个	条码货位/个	货位可用率/%	标准/%
七区	55	55	100	100
八区	70	70	100	100
九区	60	60	100	100
十区	70	70	100	100
十一区	70	70	100	100
十三区	30	30	100	100
十四区	70	70	100	100
十五区	50	50	100	100

（制表：段林彦；时间：2017 年 5 月 25 日）

4. 修订作业指导书

由小组成员段林彦负责对货场车间作业指导书进行了修订。

结论一：该项对策实施后，入库时所有空货位都有了相对应的条码系统货位，货位使用率达到了 100%。

（二）实施二：提高货管成本意识及工作主动性

1. 车间组织员工培训

2017 年 5 月 14 日，车间组织员工进行了培训学习，强化货管的成本意识及环保意识。

2. 车间制定措施

2017 年 5 月 28 日，车间根据生产情况制定措施：（1）各班结合生产实际情况，及时调整零星材，合理安排内、外货场货位；（2）每个内货场最多只能留一个空货位用于周转，控制汽运外倒量，存货备装平板。

3. 制定了奖励机制

2017 年 6 月 10 日，车间为有效节约物流费用，充分调动员工的积极性，与中心沟通对“平板倒运线材激励办法”进行修订。

其主要内容为：当月平板倒库线材总数超过 1.9 万吨，中心奖励参与职工 2200 元；超过 2.4 万吨，奖励参与职工 3000 元；分配比例：货场车间 50%。并要求相关车间紧密配合，保证交接班作业顺畅，不得影响平板正常装车作业，影响的考核 100 元/次。

4. 效果检查

随着对策的实施，小组成员发现货管工作主动性明显提高，跟踪统计了接下来 10 天平板倒运量占比情况。实施前后平板倒运占比情况如图 26-7 和图 26-8 所示。

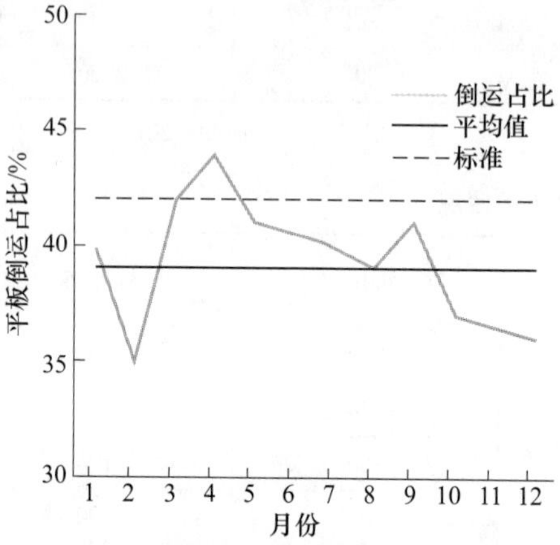

图 26-7　实施前平板倒运占比折线图
（制图：段林彦；时间：2017 年 6 月 28 日）

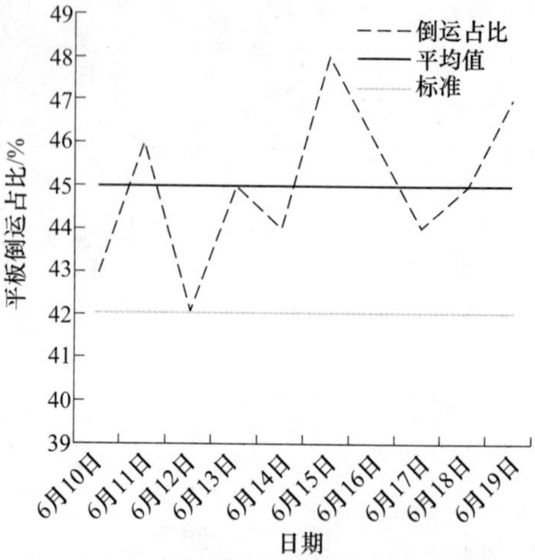

图 26-8　实施后平板倒运占比折线图
（制图：段林彦；时间：2017 年 6 月 28 日）

结论二：该项对策实施后，员工的成本意识明显提高，平板倒运量也达到了 45%。

九、效果检查

（一）效果检查一：实施后的平板倒运情况

对策实施以后，小组在 2017 年 7~9 月期间，对内货场平板倒运情况进行了跟踪调查工作，制作了火车平板倒运量调查表，见表 26-10。

表 26-10　2017 年 7~9 月火车平板倒运量调查表

月份	7	8	9	平均
平板倒运量/t · 月$^{-1}$	23835	23554	23388	23439

（制表：刘英臣；时间：2017 年 10 月 9 日）

结论一：内货场平板倒运量由实施前的 20521t/月提高到 23439t/月。

（二）效果检查二：实施后目标完成情况

实施后目标完成情况见图 26-9。

结论二：对策实施后，完成了将平板倒运量提高到 22900t/月的活动目标。

（三）效果检查三：实施前、后主要问题变化情况

平板倒运量下降主次问题排序详见图 26-10 和图 26-11。

结论三：对策实施后，平板运转慢影响的倒运量由 83. 7%下降为 23. 33%（112÷480=0. 2333），平板运转慢不再是主要问题，主要问题变成了生产钢种的制约。

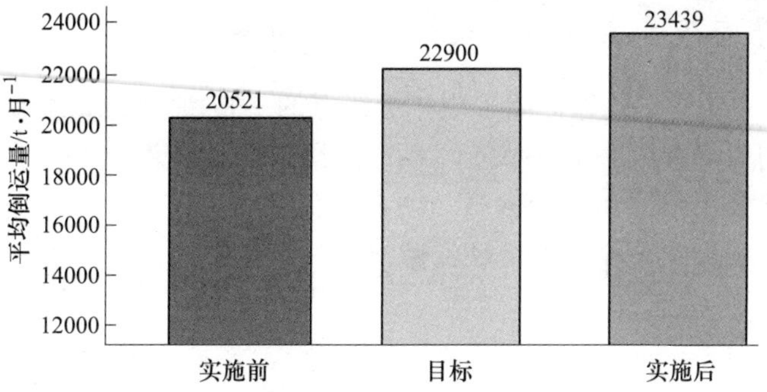

图 26-9　实施后目标完成情况柱状图

（制图：王勤亮；时间：2017 年 10 月 9 日）

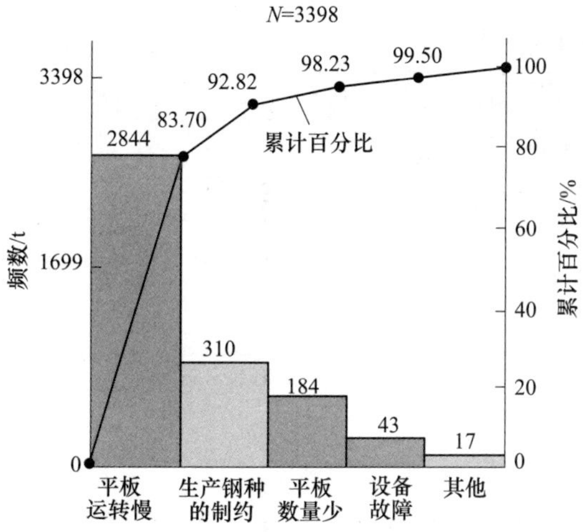

图 26-10　实施前

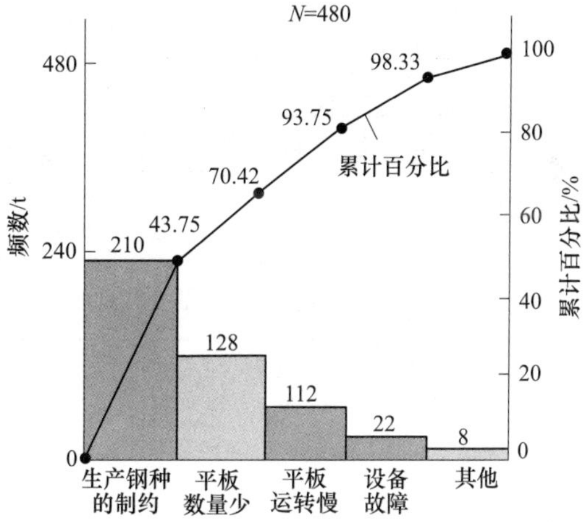

图 26-11　实施后

（四）效果检查四：实施后所获得的经济效益

（1）本次小组创造经济效益 106799 元。

（2）计算基础。

公式：

$$Y = (M - N) \times (C1 + C2 + Q) \times T$$

代入数值：

$$(23439 - 20521) \times (1.8 + 1.8 + 2.5) \times 6 = 106799\text{元}$$

式中　Y——经济效益，元；

M——实施后平均每月直发量，t，取 23439t；

N——实施前平均每月直发量，t，取 20521t；

C——叉车吨耗，元，取 1.8 元；

Q——汽车吨耗，元，取 2.5 元；

T——实施后月数，个，取 6 个。

（五）效果检查五：实施后所获得的社会效益

通过本次 QC 活动，有效地提高了内货场线材的平板倒运量，降低了实业公司倒库车及叉车的搬倒费用，对本中心推动节能降耗工作具有重要意义。在确保完成中心倒运任务的同时，随着实业公司倒库车倒运数量的明显降低，减少了因汽车倒运带来的路面扬尘，减少了环境污染，也为本公司的安全环保做出了一定的贡献。

十、巩固措施

（一）标准化

本小组将此次活动中行之有效的措施进行了标准化，并且通过审批，在货场车间实行。标准化文件见表 26-11。

表 26-11　标准化文件

<table>
<tr><th>序号</th><th>措施</th><th>标准化</th><th>标准文件编号</th><th>负责人</th><th>实行时间</th><th>审批</th><th>效果资源共享</th></tr>
<tr><td>1</td><td>对外货场跨下货位合理规划并申请对应条码货位号</td><td>作业指导书修订</td><td>《货场车间岗位作业指导书》JSZY-12-012</td><td>张顺利</td><td>2017 年 12 月</td><td rowspan="2">标准化委员会</td><td rowspan="2">储运中心货场车间推广 2017 年 12 月完成</td></tr>
<tr><td>2</td><td>中心对“平板倒运线材激励办法重新修订”</td><td>人员培训文件修订</td><td>《平板倒运线材激励办法重新修订》</td><td>张顺利</td><td>2017 年 12 月</td></tr>
</table>

（制表：段林彦；时间：2017 年 10 月 10 日）

（二）巩固期效果状况

具体情况见表 26-12。

表 26-12　2017 年 10～11 月平板倒运量调查表

月份	10	11	平均
平板倒运量/t · 月$^{-1}$	23892	22998	23445

（制表：段林彦；时间：2017 年 12 月 10 日）

巩固期内，平板倒运量为 23445t/月，保持效果良好。

十一、总结及下一步打算

（一）小组成员自我评价

通过本次活动，我们 QC 小组以提高平板倒运量为工作核心，以优化作业流程为工作重点，降低了线材搬倒物流费用，对本中心推动节能降耗工作具有重要意义。

同时，减少了因汽车倒运带来的路面扬尘，也减少了环境污染，为本公司的安全环保做出了一定的贡献。

小组成员还通过雷达图进行了自我评价，如图 26-12 所示，在 QC 工具运用和实践水平上都得到了很大的提高，增加了小组成员间的协同作战力，再加上各项措施的成功实施，提高了货管成本意识及工作主动性，更增添了本小组开展自主管理活动达到降本增效的信心。

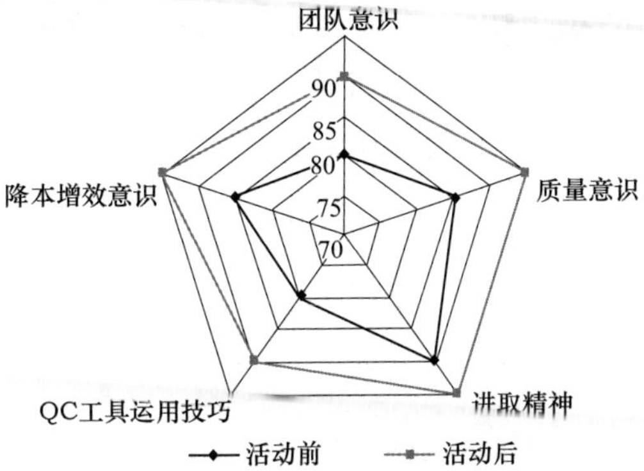

图 26-12　小组成员自我评价
（制图：段林彦；时间：2017 年 12 月 15 日）

（二）下一步打算

本次小组活动解决了造成平板倒运量下降的主要问题，其次要问题生产钢种的制约上升为主要问题，此项为本岗位不可控项。因此，将不再进入下一步循环。根据目前生产存在的情况，对线材表面质量的问题要求越来越高，线材在仓储过程中表面擦划伤逐渐增多，2017 年 7~12 月擦划伤统计表见表 26-13。

表 26-13　擦划伤统计表

月份	7	8	9	10	11
擦划伤/件	9	4	6	8	10

（制表：段林彦；时间：2017 年 12 月 10 日）

线材擦划伤大多是端面划伤、侧面划伤。线材在仓储过程中必定存在明显的缺陷，成为迫切要解决的问题，因此，本小组将下次课题定为《降低线材擦划伤的件数》。

案例 27　提高二棒生产线产品表观质量

河钢集团承钢公司

孙　伟　蔡秀丽　王二华

一、小组概况

小组成立于 2012 年 1 月，属于现场型 QC 小组，现有 QC 小组成员 12 人。2012 年 QC 成果“降低二棒 16 三切分精轧区轧废”荣获河北冶金协会一等奖，2015 年，QC 成果“降低 16 三切分头尾纵筋超差”荣获河北省质量协会优秀奖，2015 年“降低一棒下线材比例”荣获冶金工业质量经营联盟优秀奖。小组概况见表 27-1 和表 27-2。

表 27-1　小组概况

小组名称	棒材车间产品质量攻关 QC 小组		
课题名称	提高二棒生产线产品表观质量		
成立时间	2012 年 1 月	注册时间	2015 年 1 月
小组类型	攻关型	组长	孙承宗
跨班组数	4	小组人数	12
活动目标	二棒生产线产品表观质量退库≤60 捆/月		

表 27-2　小组人员组成及活动分工

姓名	工种职务	活动分工	姓名	工种职务	活动分工
孙　伟	大班长	活动实施	王立军	车间主任	活动策化
王　进	主　任	活动管理	杨海军	点检站	活动指导
孙承宗	副主任	活动实施	周志勇	点检站	活动实施
王晓飞	技术科长	活动指导	朱海利	点检站	活动实施
寇磊磊	技术员	资料整理	霍泽锋	班长	活动实施
滕　芳	技术员	资料整理	褚文龙	技术员	活动实施

二、小组活动计划

根据 PDCA 循环制定活动实施计划，见表 27-3。

表 27-3　小组活动计划表

活动阶段	活动内容	行动	活动时间 1月	2月	3月	4月	5月	6月	7月	8月	9月	10月	11月
P 计划	选择课题	计划	- - →										
		实施	——→										
	现状调查	计划	- -	- →									
		实施	——	——→									
	确定目标	计划		- -	- →								
		实施		——	——→								
	原因分析	计划			- - →								
		实施			——→								
	要因确认	计划				- - →							
		实施				——→							
D 实施	制定对策	计划				- -	- →						
		实施					——→						
	对策实施	计划					- -	- →					
		实施					——	——→					
C 检查	效果检查	计划						- -	- -	- -	- - →		
		实施						——	——	——	——→		
A 巩固	巩固措施	计划										- - →	
		实施										——→	
	今后打算	计划											- - →
		实施											——→

三、选择课题

选题理由：

（1）不合格品的二次处理导致人工成本增加，目前二棒车间小规格表观质量退库量较大，严重制约着生产成本的降低。

（2）集团要求针对“市场”和“产品”两大主题开展相关活动，公司、分厂要求提高产品质量、降低成本，满足用户需求。

基于以上两点本小组选定了该课题《提高二棒生产线产品表观质量》。

四、现状调查

对 2014 年 10～12 月二棒车间退库情况进行调查，统计退库详情见表 27-4。

表 27-4 退库详情表

月份＼原因	端部不齐	短尺	弯钢	包装不合	弯头	油污	天车刮弯	合计
10	61	15	28	5	2	2	2	115
11	53	9	21	7	7	4	2	103
12	52	2	26	8	6	5	4	103
合计	166	26	75	20	15	11	8	321

对退库情况制作排列图，如图 27-1 所示。

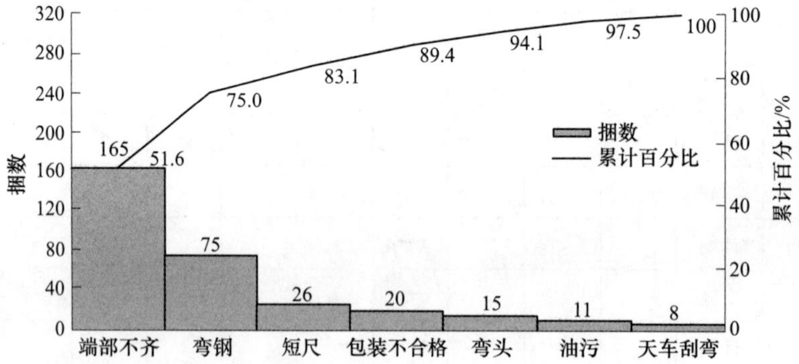

图 27-1 质量问题排列图

关键问题为：（1）端部不齐；（2）弯钢。

五、设定目标

从现状统计可以看出，现状二棒表观质量退库月均 107 捆。

目标：本次小组预计达到的目标值为月退库 60 捆以下，见图 27-2。

可行性：主要问题引起的退库降低 55%，主要问题月均退库 60 捆，降低 55%可完成月退库 60 捆以下的目标。

历史最好水平：2015 年 9 月通过开展质量月活动，二棒当月退库 51 捆。

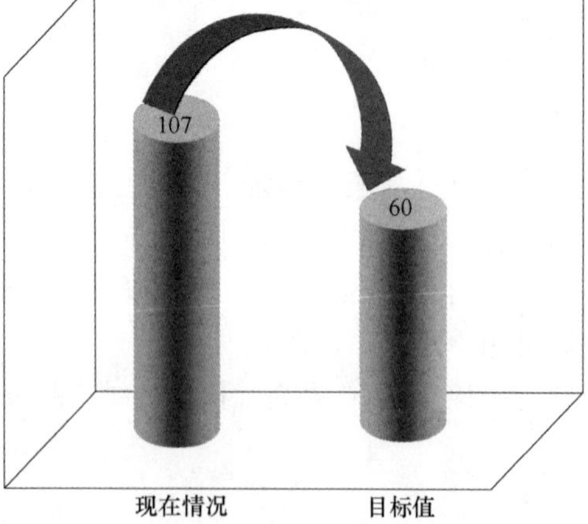

图 27-2 目标图

小组通过对二棒生产线主要质量问题的控制，力争将二棒生产线退库材降低到月 60 捆以下。

六、原因分析

对影响二棒生产线退库主要原因绘制关联图，见图 27-3。

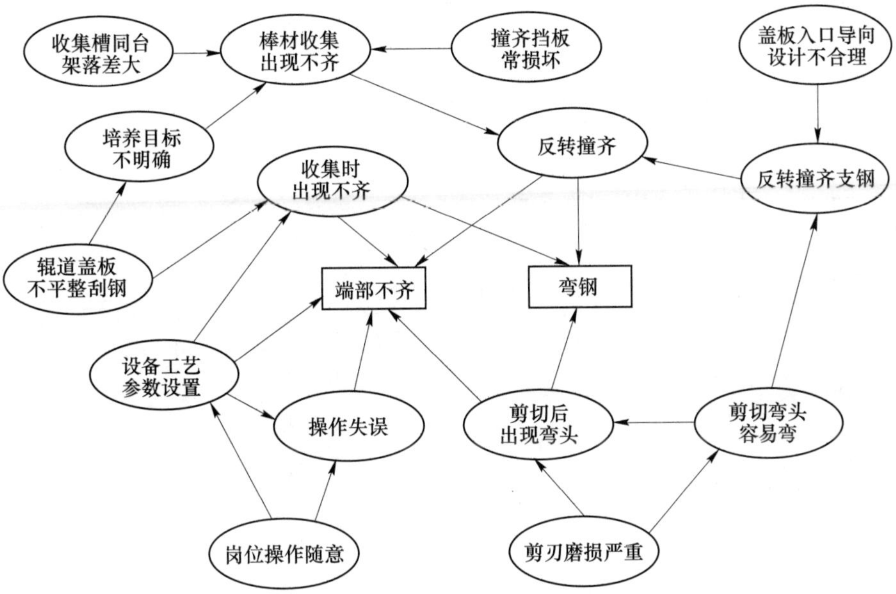

图 27-3　退库主要原因关联图

从关联图可以得出以下末端因素：

（1）岗位操作随意；

（2）摆剪剪刃磨损严重；

（3）盖板入口导向设计不合理；

（4）收集槽同台架落差大；

（5）辊道盖板不平；

（6）撞齐挡板常损坏。

七、确定主要原因

（一）岗位操作随意

确认方法：对操作工进行现场调查。

确认标准：操作失误概率小于等于 2 次/月。

确认结果：操作工均能熟练操作，操作失误概率小于等于 1 次/月。

确认时间：2015 年 5 月 18 日。

确认人：褚文龙、王晓飞。

确认过程：通过对精整 3、4 号台岗位进行现场调查确认，见表 27-5。

表 27-5 岗位操作现场调查表

班组	岗位	姓 名	操作失误次数/月
二棒甲班	4 号台	张 军	0
二棒甲班	3 号台	王广利	0
二棒甲班	3 号台	刘 志	0
二棒甲班	3 号台	王春鹏	0
二棒甲班	4 号台	曲跃林	1
二棒乙班	3 号台	罗 森	0
二棒乙班	4 号台	李 国	0
二棒乙班	4 号台	杨清波	0
二棒乙班	4 号台	尹 航	0
二棒乙班	3 号台	滕帅宇	0
二棒丙班	4 号台	孙建华	0
二棒丙班	4 号台	郭景刚	1
二棒丙班	3 号台	陈义杰	0
二棒丙班	3 号台	闫兆利	0
二棒丙班	3 号台	经 明	0
二棒丁班	4 号台	娄建伟	0
二棒丁班	4 号台	刘金华	1
二棒丁班	3 号台	王彦鹏	0
二棒丁班	3 号台	王 超	0

经过确认，此原因为非要因。

（二）摆剪剪刃磨损严重

确认方法：按照长材事业一部一、二棒工艺技术规程中 5. 3. 10 条确认标准：摆剪剪刃间隙小于 0. 3mm。

确认结果：剪刃间隙满足小于 0. 3mm 要求。

确认时间：2015 年 5 月 19 日。

确认人：孙承宗、郎宗旺。

确认过程：根据《工艺技术规程一棒、二棒》中 5. 3. 10 条摆剪剪刃间隙要求：二棒车间主要规格为 10~22mm，多为小规格产品，对剪刃间隙要求较高，棒材车间制定剪刃更换记录，根据剪刃磨损情况，及时对剪刃进行加垫片处理，使得剪刃间隙在要求范围之内，确保小规格钢筋的剪切质量。

每天利用交接班检岗时间对摆剪剪刃进行测量，结果见表 27-6。

表 27-6　剪刃间隙测量表

检查次数	剪刃间隙/mm	
	南	北
1	0. 2	0. 2
2	0. 3	0. 3
3	0. 3	0. 1
4	0. 2	0. 3
5	0. 2	0. 3
6	0. 2	0. 2
7	0. 2	0. 2
8	0. 2	0. 3
9	0. 2	0. 3
10	0. 1	0. 2

经过确认，此原因为非要因。

（三）盖板入口导向设计不合理

确认方法：对因盖板尺寸小造成弯钢情况进行统计。

确认标准：盖板设计尺寸原因造成弯钢占比达到 80%。

确认结果：经过 5 天的统计，由于此原因造成弯钢占比达 82%。

确认时间：2015 年 5 月 19 日。

确认人：寇磊磊、朱海利。

确认过程：小组通过对生产现场进行 5 天时间的确认，对因收集辊道盖板设计尺寸原因造成弯钢进行统计，其占弯钢比例达到 82%，见表 27-7。

表 27-7　盖板原因统计表

次数	盖板设计	吊运	其他原因
1	5	0	1
2	6	1	0
3	7	1	1
4	8	1	2
5	6	0	0

此为在盖板边部延长焊接一块 4cm 长度相同大小钢板，但钢在运输中头部因撞击焊缝而撞出弯钢，撞击导致盖板变形。

经过确认，此原因为要因。

（四）收集槽同台架落差大

确认方法：对因落差大造成钢筋质量问题情况进行分析。

确认标准：因落差大造成端部不齐占总端部不齐比例达 60%。

确认结果：因落差大造成端部不齐占总端部不齐比例为 61%。

确认时间：2015 年 5 月 20 日。

确认人：褚文龙、朱海利。

确认过程：对端部不齐原因进行统计，统计落差大造成端部不齐数据，见表 27-8。

表 27-8 落差大原因统计表

次数	落差大	辊道刮钢	其他原因
1	18	2	3
2	16	3	4
3	12	1	2
4	15	2	3
5	15	3	2
占比/%	75	11	14

经过确认，此原因为要因。

（五）辊道盖板不平

确认方法：对辊道盖板内部平整情况进行检查。

确认标准：钢在前进过程中因盖板不平整刮钢小于 3 次/天。

确认结果：经过 5 天的检查，盖板内部较平，未出现刮钢。

确认时间：2015 年 5 月 21 日。

确认人：王晓飞、朱海利。

确认过程：小组对目前盖板进行检查，并对 4 个白班因盖板问题刮钢进行统计，结果见表 27-9。

表 27-9 盖板不平统计表

次数	刮钢	时间
1	0	5 月 8 日
2	0	5 月 9 日
3	0	5 月 10 日
4	0	5 月 11 日

盖板在焊接过程中出现较小焊渣不平，使用前期造成小规格钢筋在运输过程中刮钢。在二棒轧制 10 螺产品时，对其进行了修磨，此问题已经得到解决。

经过确认，此原因为非要因。

（六）撞齐挡板常损坏

确认方法：检查撞齐挡板投用情况。

确认标准：撞齐挡板完好，撞齐功能投用。

确认结果：各班组均能够正常投用撞齐挡板。

确认时间：2015 年 5 月 22 日。

确认人：王晓飞、滕芳。

确认过程：一棒撞齐挡板已申报实用新型专利并成功授权，二棒挡板利用中修时间进行了改造，目前运行稳定良好，能够保证全程投用。撞齐挡板投用统计见表 27-10。

表 27-10 撞齐挡板投用统计表

检查情况	
次数	是否投用
1	是
2	是
3	是
4	是
5	是

经过确认，此原因为非要因。

经过对各个末端原因的确认，确定了两个主要原因：（1）盖板入口导向设计不合理；（2）收集槽同台架落差大。

八、制定对策

（1）重新评审并修订二棒 CP4 岗位作业标准，将新增加 3 级链、台架倾斜后的操作要点及参数设定等标准化内容纳入 CP4 岗位作业标准中。时间为 2015 年 10 月，负责人为孙承宗。

（2）组织设备改动后使用效果的反馈信息收集，根据实际使用效果，积极组织整改优化，并将最终稿整改图纸进行存档。时间为 2015 年 10 月，负责人为杨海军。

小组成员根据 5W1H 原则制定对策，见表 27-11。

表 27-11 对策表

序号	要因	对策（what）	目标（why）	措施（how）	地点（where）	时间（when）	负责人（who）
1	盖板入口导向设计不合理	改变尺寸、改变设计，并根据新设计使用新盖板	因此原因造成弯钢比例降低 50%	（1）盖板两侧设计延长 50mm，角度更改为 25°，开口度增加 60mm；（2）盖板底侧角度更改为 25°，入口向从 30mm 延伸到 72mm	二棒收集区	2015 年 4~6 月	杨海军 朱海利
2	收集槽同台架落差大	降低台架同收集槽的落差	因此原因造成端部不齐比例降低 50%	（1）收集槽装置不改动，降低台架距离，将台架 1、2、3 级链条设计为同水平面成 3.22°，落差降低 680mm；（2）增加 3 级链条，便于台架修改后的操作控制	二棒 CP4 台架	2015 年 4~6 月	周志勇 朱海利

九、对策实施

（一）对策实施一

小组通过对目前钢在运输中撞击盖板原因进行分析，首先在盖板延长焊接，并跟踪使用效果，使用效果良好，因此决定对盖板设计进行改造。

盖板设计改造描述：

（1）对盖板两侧方向导向板进行了改造，改造后开口度增加60mm，盖板采用冷弯成型代替两块板进行焊接，衔接处圆滑过渡，减少撞击产生的弯钢。

（2）盖板底侧角度调整为25°，盖板底板斜面延长，垂直方向降低42mm，减少钢头向下扎造成的弯钢。

改造完运行正常后，进行5天的确认，结果见表27-12。

表27-12　确认表（一）

次数	盖板设计	其他原因
1	0	2
2	1	1
3	0	1
4	1	0
5	0	2

可以看出，因盖板设计原因造成的弯钢数量较改造前有明显下降。

（二）对策实施二

针对落差高造成钢在下落过程中不同步容易造成弯钢，小规格钢筋缠绕现象造成表观端部不齐，制定了台架落差的整改措施。

（1）2级链长度减少至4.5m，增加3级链长度1.58m，便于钢筋在链条中的分钢作业。

（2）台架链条同水平面成3.22°，落差可降低680mm。

改造完运行正常后，进行5天的确认，结果见表27-13。

表27-13　确认表（二）

次数	落差大	其他原因	次数
1	4	2	1
2	3	3	2
3	2	1	3
4	3	2	4
5	3	1	5

可以看出，落差大原因造成的弯钢数量较改造前有明显下降。

十、检查效果

（一）目标值完成情况

对 2015 年活动期间 7 月的退库情况进行统计，统计表见表 27-14。

表 27-14　退库情况统计表

原因	端部不齐	短尺	弯钢	包装不合格	弯头	油污	天车刮弯	合计
退库数	10	7	7	9	6	6	3	48

活动前后月平均退库情况对比表，见表 27-15。

表 27-15　退库情况对比表

<table>
<tr><td rowspan="2">活动前</td><td>时间</td><td colspan="2">2014 年 10 月</td><td colspan="2">2014 年 11 月</td><td colspan="2">2014 年 12 月</td><td colspan="2">平均退库</td></tr>
<tr><td>退库数</td><td colspan="2">115</td><td colspan="2">103</td><td colspan="2">103</td><td colspan="2">107</td></tr>
<tr><td rowspan="2">活动后</td><td>时间</td><td>2015 年 7 月</td><td>2015 年 8 月</td><td colspan="2">2015 年 9 月</td><td colspan="2">2015 年 10 月</td><td colspan="2">平均退库</td></tr>
<tr><td>退库数</td><td>48</td><td>57</td><td colspan="2">51</td><td colspan="2">52</td><td colspan="2">52</td></tr>
</table>

活动前后情况对比见图 27-4。

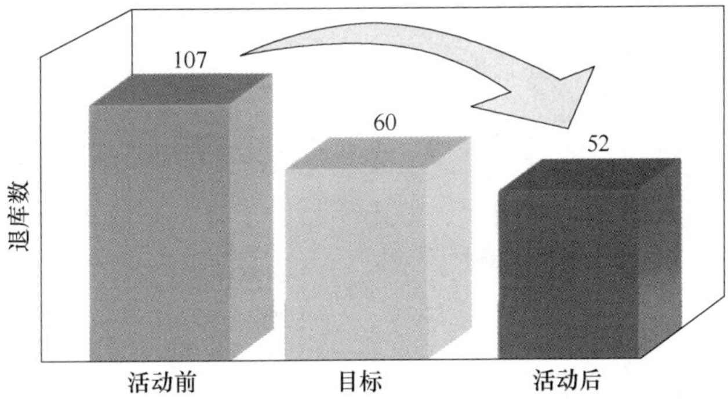

图 27-4　活动前后对比图

（二）实施后取得的经济效益

2015 年 8~10 月，效果巩固期共计减少退库 161 捆，每捆重约 3. 3t，共 531. 3t。

退库运输费用，每吨 10 元，人工成本每吨 15 元，合计每吨 25 元。合计创效：161×25×3. 3＝13282. 5 元。

（三）实施后取得的社会效益

（1）降低了工人的劳动强度，降低了人工成本。

（2）通过本次 QC 活动，提高了小组成员分析、解决问题的能力，开拓了思路，增强了团队协作精神。

十一、巩固措施

组织相关部门对现场实施情况进行跟踪检查，检查现场3级链操作是否符合岗位标准规定要求，检查情况见表27-16。

表27-16　效果检查统计表

原因 / 月份	端部不齐	短尺	弯钢	包装不合格	弯头	油污	天车刮弯	合计
8	14	8	9	7	8	6	5	57
9	16	4	8	12	2	3	6	51
10	15	6	6	10	5	5	5	52
合计	45	18	23	29	15	14	16	160

通过3个月的效果检查，二棒生产线表观质量退库材得到明显减少，产品质量得到了明显的提高。

十二、总结及今后打算

（一）本次小组活动PDCA循环总结

P：优点为用“头脑风暴法”选题适当，课题选择围绕目前客户最为关注的产品质量进行选题。

D：优点为小组成员执行力强，能够积极主动按计划执行。不足为制定对策时，部分实施措施不够全面。

C：优点为效果追踪时间持续，保证了课题目标实现的稳定性。

A：优点为减少了二棒线退库情况，整体产品质量得到了改善。不足为仍然存在部分表观质量问题，产品质量有提升空间。

（二）下一步打算

下一步打算为提升集港、出口材产品打包质量。

随着国内经济增速的放缓，房地产等建筑行业已经大幅缩减，国内螺纹钢筋需求量正在日益下滑，产能已出现严重过剩局面，国内螺纹钢筋生产企业全面进入微利甚至亏损的局面，也就是说市场前景不容乐观。因此各企业均向出口方向发展，本公司同样加大了出口钢筋的研发力度，二棒每月集港、出口材平均在9000t以上。大部分经过海运，同样需经过陆运、集港等多次装卸过程，为确保运输过程顺利进行，必须加强棒材的打包质量。

案例28 自主开发实验室拉伸试验自动测试系统

首钢京唐钢铁联合有限责任公司

王 伟

一、小组简介

质检冷轧板检验攻关小组成立于2015年8月，活动时间为2017年3~12月，属于创新型QC小组，现有成员6人，小组成员情况见表28-1。

表28-1 小组概况

小组名称	质检冷轧板检验攻关小组				
活动课题	自主开发实验室拉伸试验自动测试系统				
成立日期	2015年8月			课题类型	创新型
组长	王伟			发布人	王伟
活动时间	2017年3~12月			小组成员	6人
小组成员信息及分工					
序号	姓名	性别	文化程度	岗位职务	小组分工
1	王伟	男	大学本科	理化检验专业工程师	提出检验工艺参数要求、流程要求、专业技术管理
2	任新旺	男	大学本科	设备专业助理工程师	软件编程
3	侯永亮	男	硕士研究生	现场综合技术	流程验证、组织实施
4	徐海卫	男	博士研究生	副部长	项目整体推进
5	杨皓珅	男	硕士研究生	设备主管	软件编程指导
6	李楠	女	本科	信息化技术专业员	配合信息化设计

二、课题选择

选定课题《自主开发实验室拉伸试验自动测试系统》基于如下考虑。

（一）公司需求

随着产业结构调整，京唐公司品种钢不断增加，随之而来的是检测方法、检验量的日益增加；另外，随着钢铁行业形势的变化，降低成本、提升劳动生产率成为国内钢铁企业扭亏增效的重要手段。随着人员数量的减少，劳动强度的增加，以两化融合为方向，借助信息化手段提高工作效率是必然趋势。

（二）部门需求

首钢京唐质检监督部一直以打造一流实验室为目标，2015 年至今，已完成检验标准起草 6 项、新检验能力开发 22 项、设备改造优化 4 项等，为实验室检验准确度和检测效率的提升做出积极贡献。

（三）现场需求

统计 2016 年实验室检验的主要指标月均检验量，绘制排列图，如图 28-1 所示，拉伸实验室检验量排在首位，应优先改善。实验室现场传统拉伸试验流程为“系统—人员—设备—人员—系统”，每月除了手工记录原始记录外，还要进行近 200 万次的鼠标键盘操作，试验结果在这次传递过程中又增加了错误概率，降低人工工作量、提升试验结果准确度是实验室管理的必然要求。

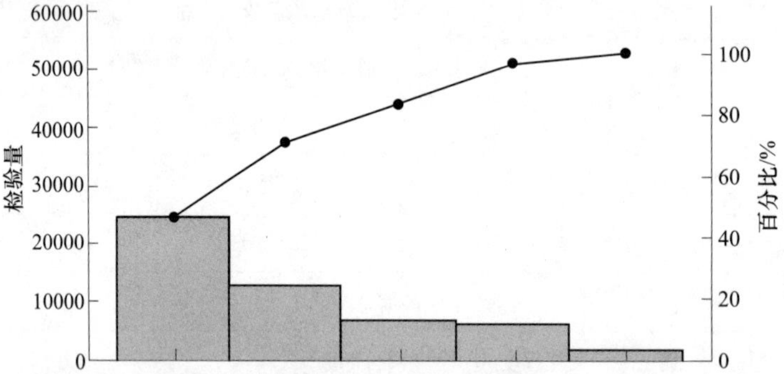

项目	拉伸	粗糙度	热处理	硬度	其他
检验量	24363	13047	6771	6641	1920
百分比/%	46.2	24.7	12.8	12.6	3.6
累计百分比 /%	46.2	70.9	83.8	96.4	100.0

图 28-1 实验室各项目检验量的 Pareto 图

（制图：王伟；时间：2017 年 3 月）

三、目标设定

（一）目标设定

为打造高水平实验室，满足公司降本增效管理要求，结合行业领先的前沿检测技术，针对实验室现有传统的、纯手工检测流程，以信息化代替人工，通过系统、软件和实物的结合实现自动检测。因此，该 QC 课题目标是：2017 年 12 月 31 日前，开发实验室拉伸试验自动测试系统。

（二）目标设定的必要性

通过信息化手段突破传统模式中的难题，才是发展高水准实验室的捷径，才能更好地满足企业降本增效、打造一流实验室的管理要求。

（三）目标设定的可行性

（1）国内某钢厂实验室无纸版记录，拉伸数据自动上传，检测数据的自动上传已有先例。

（2）小组成员包括技术专业、设备专业、信息化人员和实验室现场人员，技术管理、软件编程、联系协调能力较强，前期以创新工作室为平台，小组成员已经在新方法、新设备开发方面取得一些成果，经验丰富，成员有信心完成项目开发。

四、活动计划

为确保项目的有序开展和项目进度的监督，小组制定了详细的活动计划，如表 28-2 所示，预计 10 个月完成整个课题攻关，实际提前两个月完成。

表 28-2　小组攻关活动计划

内容 \ 日期		负责人	3月31日	4月30日	5月31日	6月30日	7月31日	8月31日	9月30日	10月31日	11月30日	12月31日
P	课题选择	徐海卫	- - → ——→									
	目标设定	徐海卫	- - → ——→									
	现状调查	王伟	——→	- - → ——→	- - →							
	提出方案并确定最佳方案	王伟		——→	- - →							
	制定对策	任新旺、杨皓珅		——→		- - →						
D	对策实施	任新旺、李楠			——→	——→	- - → ——→	- - →	- - →			
	试运行及改进	王伟、任新旺						——→	——→	- - →	- - →	
C	效果确认	王伟								——→		- - →
A	标准化	侯永亮								——→		- - →

注：- - →计划进度；——→实际进度。

（制表：徐海卫；时间：2017 年 3 月）

五、提出方案及最佳方案的确定

根据课题目标，小组提出了 4 套方案开发实验室拉伸试验自动测试系统。

（一）方案一：整体外包，寻求专业团队开发

将方案一分解为 8 项具体措施，并进行相应评价，如表 28-3 所示。小组认为方案一技术较为先进，具备可行性，但是费用成本偏高，对于实验室来说经济投入回收性较差。

表 28-3 方案一分解及评价表

方案名称	工作方向	具体措施	评价及结论	综合结论
整体外包，寻求专业团队开发	准备	现场关键问题调研	包括自动识别、自动测试、数据自动上传 3 项	方案一具备可行性，但是费用成本偏高
		细化改善对策、方案	计划扫码自动识别，检验计划通过信息化接口传输至设备实现自动测试，利用中间数据库实现数据的自动抓取和上传	
	调研	具备方案实施能力的外包单位调研	长春、北京等至少 5 家公司具备能力，先期报价大概 50 万元	
	立项	提交立项请示	按公司流程操作	
		请示获批	按公司流程操作	
	实施	实施方案	外包单位具备能力，可独立实施	
		方案验证	按技术要求全流程测试	
		纳入应用	可独立实施	

（二）方案二：依托拉伸设备厂家开发

实验室拉伸试验设备为德国 Zwick 拉伸试验机，实验室信息化系统为首自信公司开发的 LIMS 系统，组织试验机厂家与信息化系统厂家共同攻关，有机结合，实现拉伸数据自动上传功能。小组将方案二分解为 8 项具体措施，并进行优缺点评价，如表 28-4 所示。小组认为方案二技术较为先进，费用成本一般，可以实施，缺点在于项目核心技术掌握在厂家手中，后期的费用无法预估和控制，方案稳定性较差。

表 28-4 方案二分解及评价表

方案名称	工作方向	具体措施	评价及结论	综合结论
依托拉伸设备厂家开发	准备	现场关键问题调研	包括自动识别、自动测试、数据自动上传 3 项	方案二具备可行性，但是项目核心技术掌握在厂家手中，后期的费用无法预估和控制
		与设备厂家沟通方案	双方具备能力，可独立实施，厂家先期报价 35 万元	
	对接	设备接口开发	厂家可独立实施	
		物料识别系统开发	厂家可独立实施	
		实验室管理系统接口开发	可独立实施	
		系统对接	双方具备能力，可独立实施	
	实施	方案验证	按技术要求全流程测试	
		纳入应用	可独立实施	

（三）方案三：照搬某钢厂模式

方案二通过调研某先进钢厂开发历程，邀请其专家技术指导，照搬先进模式如表 28-5 所示。通过方案评价，某钢厂模式在准确性方面存在一定风险，技术先进性一般。

表 28-5　方案三分解及评价表

方案名称	工作方向	具体措施	评价及结论	综合结论
照搬某钢厂模式	准备	给予咨询费用，邀请专家指导	可独立实施	方案三具备可行性，但是在准确性方面存在一定风险
	开发	设备接口开发	可独立研究实施	
		实验室管理系统接口开发	可独立实施	
		系统对接	可独立实施	
	实施	方案验证	双方具备能力，可独立实施	
		纳入应用	可独立实施	

（四）方案四：自主开发

发挥小组人员能力，针对现状和问题，自主开发拉伸自动测试系统。方案得到首自信信息化技术支持、部领导支持，小组成员对行业现状及自身实验室条件有清晰的判断和攻关方向，具备软件开发能力以及实验室检测专业技术支持，特别是前期已经有钢铁成分全自动分析进口机械手自主国产化的成功改进经验和能力。将方案分解为 7 项具体措施，如表 28-6 所示。自主开发费用投入少，结合行业调研现状做好技术改进提升，技术先进，后续使用维护受控，稳定性较强。

表 28-6　方案四分解及评价表

方案名称	工作方向	具体措施	评价及结论	综合结论
自主开发	准备	现场关键问题调研	可独立实施	方案四，充分发挥团队成员专业优势，自主开发
		细化改善对策、方案	可独立实施	
	开发	开发自动识别功能	可独立研究实施	
		开发设备与系统接口、自动测试功能	可独立研究实施	
		开发数据自动上传功能	可独立研究实施	
	实施	方案验证	可独立实施	
		纳入应用	可独立实施	

最佳方案确定：经过小组成员的评估，并征求公司相关部门、领导的意见，最终小组综合考虑方案的技术先进性、费用投入回收性、稳定性，选择方案四，即自主开发作为课题的实施方案。

六、制定对策

为了确保课题目标的实现，小组对传统检测流程和先进检测流程进行了细致的分析评价，并结合课题目标，找出课题开发的关键点，并制定相应对策。

（一）京唐现有传统检测流程分析

1. 传统检测流程

传统检测流程如图 28-2 所示。

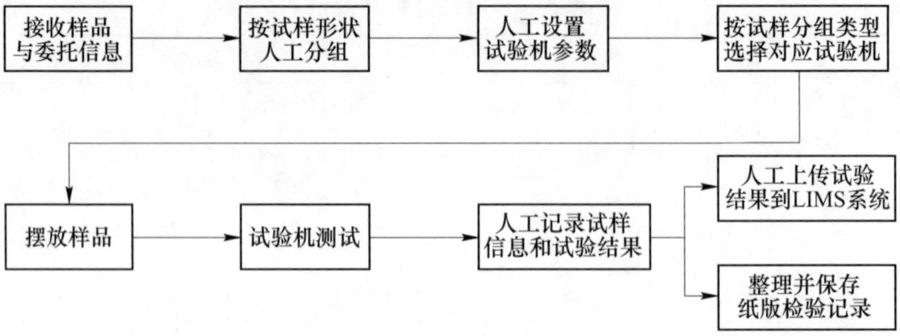

图 28-2　传统检测流程示意图

（制图：王伟；时间：2017 年 3 月）

2. 传统检测流程存在的问题

（1）全程手工操作，检验准确度差。检验数据准确是实验室的生命线，是硬性要求。人工操作不可避免产生各种失误，造成信息传递过程中准确率达不到 100%。

试样识别过程中需要人工辨识试样，容易看错弄混造成试验数据错误。

试验过程中需要人工抄写试验结果，每条试验信息近 100 位字符需要抄写，每月将近 200 万个字符，巨大的人工数据抄写很难达到 100%的准确率。

试验完成后需要将手工抄写的试验数据依次对应录入 LIMS 信息系统，这相当于每条试验结果又进行了近 100 次的鼠标键盘操作，每月又要进行近 200 万次的鼠标键盘操作，试验结果在这次传递过程中又增加了错误概率。

（2）职工劳动强度高。传统的试验流程自动化水平低，人员的劳动强度和劳动工时与检验量成正比例关系。伴随公司逐渐增加的生产线和品种，在 2009 年公司投产初期，平均每天检验产品 50 批次左右，2012 年达到 600 批次左右，2015 年达到 800 批次左右，2016 年达到 1000 批次左右，这些检验均需要人工识别、人工做好原始记录、人工上传检测数据。由此来看，降低职工的劳动强度成了职工的迫切需求。

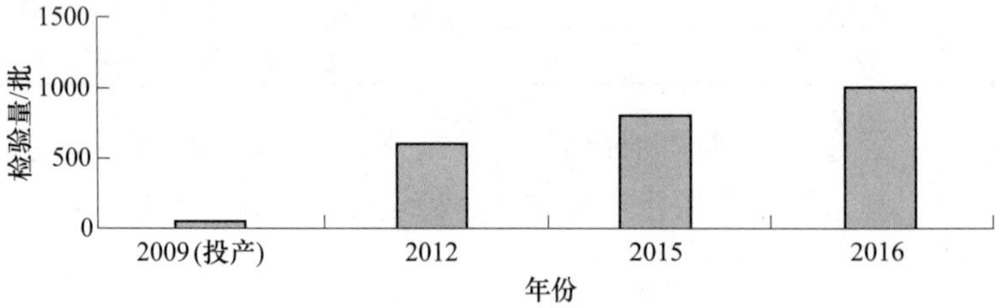

图 28-3　实验室拉伸试验量增长趋势

（制图：王伟；时间：2017 年 3 月）

（3）试验信息管理落后。传统的检验流程，试验设备信息和检测原始数据全部体现在纸质版原始记录中，纸版记录数据巨大且试验信息的管理存在如下不足：1）查阅历史数据，需要先在系统内查找具体试验日期，并到记录库房人工翻阅，整个工作烦琐、效率低下；2）数据管理采用纸版介质，消耗纸张并占用实际空间，温度、湿度等环境的变化可能影响保存质量。

（二）先进检测流程分析

1. 先进检测流程的优点

先进企业检测流程与传统检测流程相比，通过检测设备分工，采用预先做好设备检测分工、人工选择检测设备的方式代替了人工设置试验参数，通过按委托单顺序摆放样品代替了人工识别试验样品，在试验机测试阶段实现了检测数据的自动处理，包括数据采集、上传、保存。其主要操作流程见图 28-4。

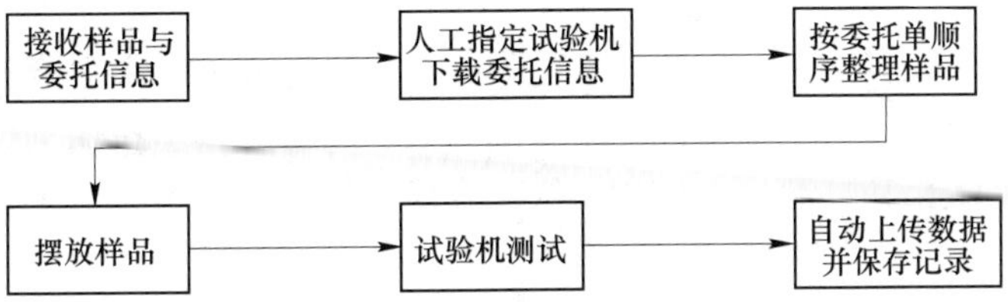

图 28-4　先进检测流程示意图

（制图：王伟；时间：2017 年 3 月）

2. 先进检测流程存在的问题

（1）为了避免人工设置试验参数，此流程需预先根据试验参数做好设备分工，根据委托单样品检测需求，人工分组到合适的试验设备进行检验，仍然需要人工参与，可能导致试验参数与检测需求不符的情况。

（2）为了做好样品识别，将测试结果与实物对应起来，此流程需要提前打印检验委托单，按照委托单的顺序码放样品，确保检验结果的顺序与试样的顺序对应，样品顺序放置错误会直接导致检测数据失真，检验准确度存在风险，检测流程有明显的改进空间。

（三）目标检测流程

结合现在工作的不足、现有先进流程的隐患，对自主开发方案流程进行设计，如图 28-5 所示。

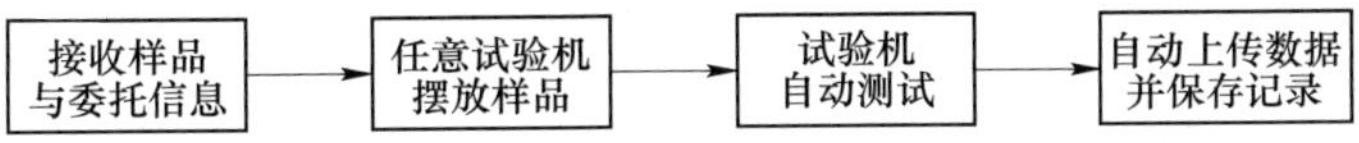

图 28-5　目标检测流程示意图

（制图：王伟；时间：2017 年 3 月）

（四）难点及关键控制点分析

对目标流程展开分析，共找出影响拉伸性能测试的 4 个关键控制点。

（1）接收样品与委托信息，属于常规流程，无变更和改进。

（2）任意试验机摆放样品，意味着省去人工对试样信息的识别，省去根据试样形状对试样进行分组，省去人工选择对应试样形状的试验机，需要解决的问题是如何识别所放置的样品，即开发自动识别功能。

（3）试验机自动测试，意味着省去人工根据试样形状设置试验参数，由试验机自动识别样品信息并自动设置试验参数，需要解决的问题是如何实现自动设置试验参数，即开发自动测试功能。

（4）自动上传数据并保存原始记录，意味着试验机测试完毕后，将所有检测结果、过程数据全部自动导出并上传至实验室信息管理系统（LIMS），需要解决的问题是，所测试的数据与样品、与委托信息如何确保一一对应，即开发自动上传功能。

（五）制定对策

针对上述问题，经过项目小组综合考虑，“物联网技术的应用”成为攻克难题的突破口，利用物联网技术，实现工业化与信息化的融合，已经成为未来智能工厂的发展方向。

简单举例：小卖部运营流程是进货、计流水账、顾客选购、按照标价收钱、收取现金并找零、再计流水账，其弊端是工作效率低、容易出错，而且售货员太累；而大型超市利用物联网技术运营的流程是进货、扫码入库、顾客选购、扫码识别、划卡收费、系统自动记录并统计账务信息，与小卖部相比，其优点突出，主要表现在效率高、条码自动识别不会出错、售货员轻松、库存和费用自动统计。

（1）自动识别功能：在加工制样工序，用条码作为样品标识，利用扫码器识别条形码。Zwick 拉伸试验机大部分自带扫码器，并且实验室现有旧的条码打印机，只需编制条码打印软件即可。

（2）自动测试功能：编制设备与样品对接软件，扫码后识别样品的信息，自动填入设备参数框，实现自动设置参数、自动测试。

（3）自动上传功能：样品条形码信息应采用唯一性标识，贯穿整个实验过程，在前期设备与样品对接软件的同时，编制设备与 LIMS 系统对接软件程序，实现最终试验数据自动上传至对应的样品委托单。

经上述对传统流程和先进流程的问题点分析，结合目标流程的关键控制点，小组制定了相应对策 4 条，详见表 28-7。

表 28-7 对策分析

序号	关键控制点	目标值	措施	完成时限	完成地点	责任人
1	开发自动识别功能	利用扫码器识别样品表面条形码	（1）编制条形码软件	9 月 30 日	办公室	任新旺、杨皓珅
2	开发自动测试功能	试验机根据样品信息自动设置参数	（2）编制设备与样品对接软件	10 月 31 日	办公室	任新旺、杨皓珅
3	开发自动上传系统	测试结果自动上传至 LIMS 系统	（3）确定条形码唯一性标识	6 月 30 日	办公室	王伟
			（4）编制设备与 LIMS 系统对接程序	10 月 31 日	办公室	任新旺、李楠

（制表：杨皓珅、任新旺；时间：2017 年 4 月）

七、对策实施

（一）确定条形码唯一性标识（表 28-7 中的措施（3））

对试验过程各标识的唯一性进行比对评价，见表 28-8。通过表 28-8 可以看出，在公司信息化系统以及实验室 LIMS 系统中，实验室每条试验的委托信息都会对应一个唯一的试样样号，这个唯一的样号对应钢卷号、钢种、试验标准、检测项目等信息，因此使用这个试样样号作为信息传递的唯一识别码最合适不过，选取系统内的样号作为样品和条码的唯一性标识。4 月 5 日前王伟将措施（3）落实到位，已完成。

表 28-8　样品信息标识唯一性评价

标识名称	信息描述	唯一性描述
流水号	实验室内部自动生成当日样品的流水号，每天 24 点归零	不唯一
LIMS 样号	每次产线信息化系统委托送样，自动生成一个系统内的样号，永不重复	唯一，选定
钢卷号	成品卷号，初验、复验为同一卷，钢卷号一样	不唯一

（制表：王伟；时间：2017 年 4 月）

（二）编制条形码软件（表 28-7 中的措施（1））

任新旺毕业于自动化专业，在杨皓珅顾问的帮助下，编制了条形码打印程序，具有多种条码形式，可根据样品类别选择合适的条码格式；为了完善条码系统故障时的应急预案，开发了自动打码和人工打码两种功能。

（三）编制设备与样品对接程序（表 28-7 中的措施（2））、编制设备与 LIMS 系统对接程序（表 28-7 中的措施（4））

上述两个措施功能相近，编制软件时统一考虑，在杨皓珅顾问和信息化专业李楠的大力支持下，任新旺在 7 月 30 日前提前完成了软件的编制。实现了样品、设备、LIMS 系统的对接，措施（2）和措施（4）已完成。

上述措施完成后，主体功能已开发完毕，整体自动测试流程详细描述如下。

首先，通过局域网络把试验机连接起来，自主编程 LIMS 与试验机的接口程序，新增委托单信息实时监控界面，在试验机的服务器上面建立 MySQL 数据库，当 LIMS 系统接收到三级 MES 系统委托单信息的时候，通过 LIMS 系统的接口输出软件，将委托单信息以 TCP/IP 报文方式发送至试验机的 MySQL 数据库中，当确认实验条件将委托单信息下传实验仪器后，委托单状态为“已下传”状态。

其次，当试验机的激光扫描器扫到条形码之后，试验机的测试软件会到 MySQL 数据库中调取试验委托信息，从而将委托信息中的钢卷号、牌号、厚度、测试标准等信息发送给试验机测试软件，当系统下发非比例试样委托的时候，系统自动调整引伸计标距参数完成试验，当系统下发比例试样委托的时候，系统会自动依据宽厚测算出比例标距，自动调整试验机完成试验。

最后，自主编程数据管理软件，开发试验软件结果输出功能，试验完成之后，试验结果匹配条形码信息自动传送至数据管理软件客户端，接口程序定时扫描 Access 中间库表，如果有数据时读取数据，插入 LIMS 接口原始记录表，根据委托单信息将 LIMS 需要的实验结果维护到 LIMS 业务表。整个信息传递的过程中都是以 Barcode 条形码为识别条件，保证数据的唯一性，最终试验结果会由客户端软件自动上传到 LIMS 系统。

（四）试运行及细节完善

7 月 30 日，关键控制点的对策措施提前完成，8 月 1 日~9 月 30 日王伟组织实验室拉伸试验自动测试系统的试运行，试运行周期为两个月。为避免影响正常检验，试运行期间传统流程和自动测试流程并行。经过试运行，发现并完善了两处改进点。

（1）现有的 Zwick Z1200kN 拉伸试验机为单体手动设备，设备本身未配备扫码器，经与 Zwcik 厂家沟通，配备扫码器硬件改造费用为 95000 元。经过技术改造，小组自己开发软件并添加无线扫码器与设备连接，使该试验机具备了自动上传功能，成本花费 3000 元。

（2）试验过程自动完成，按照实验室原始记录保存的管理要求，王伟编制原始记录格式，由李楠配合开发了 LIMS 系统原始记录上传、保存、打印功能。

八、效果检查

（1）实验室整体检测水平的提升，测试过程准确率可达 100%。通过物联网技术的实施，结合现代化智能软件技术手段，对传统试验流程改进优化，将拉伸试验传统流程中“人员—设备—人员—系统”这样的纯人工流程转化为“软件—设备—软件—系统”这样的无人参与试验流程，实现检验过程的规范化、标准化、自动化，完全避免了人工参与出现错误的情况，检测过程准确度达到了 100%。

（2）显著缩短检测周期，测试效率提升 1 倍。检验周期指的是从试样验收到报出结果的整个检验流程，整个流程时间的长短可以体现检验效率的高低。本方案实施之后，试样识别由人工识别优化为激光扫描器识别，试验条件由人工创建优化为扫描器通过条码信息导入试验机，试验结果由人工抄写优化为匹配条码信息自动反馈 LIMS 系统，完全网络化的应用大大提高了检测效率，试验结果将以最快的速度反馈到下一道工序。传统拉伸检测流程从样品接收到数据平均报出周期约 620s，通过本项目流程的优化，整体周期缩短至 290s，提升了 1 倍检测效率。

（3）实现了检测信息电子化管理。通过流程优化，对全部试验数据、试验人员信息、试验设备信息等实现了动态管理，由纸版记录改进为电子数据硬盘自动存储，便于检索和保存。

（4）课题攻关周期内至少节省成本 44.2 万元。为实现自动化测试，方案一、二、三中调研最低报价为 Zwick 厂家软件开发费用 20 万元、条码管理系统 15 万元，结合 Zwick Z1200kN 拉伸试验机手动扫码系统完善报价 9.5 万元，小组成员在项目开展过程中实际采购硬件只有手动扫码器 0.3 万元，所以，项目开展实际节省成本为 44.2 万元，具体计算公式如下：

节约成本 = 软件开发费 + 条码管理系统费 + 手动扫码系统费 - 手动扫码器采购费
= 20 + 15 + 9.5 - 0.3 = 44.2 万元

九、项目成果总结

（一）有形成果

开发了实验室拉伸试验自动测试系统，测试全程自动完成，避免人工参与，具体流程如图 28-6 所示。

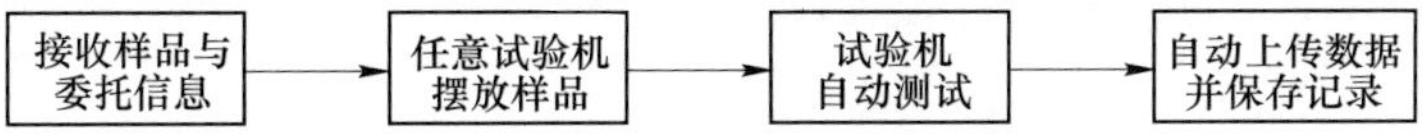

图 28-6　有形成果自动测试流程示意图

（制图：王伟；时间：2017 年 9 月）

（二）无形成果

通过图 28-7 无形成果的展示可以看出，项目团队成员的创新意识、沟通配合、专业知识等方面均有一定提升。

评论项目	活动前		活动后		活动成长
功调配合能力	36	6.0	5.0	8.3	2.3
专业技术知识	32	5.3	44	7.3	2.0
创新意识	26	4.3	52	8.7	4.3
QC工具应用	40	6.7	54	9.0	2.3
管理能力	26	4.3	40	6.7	2.3

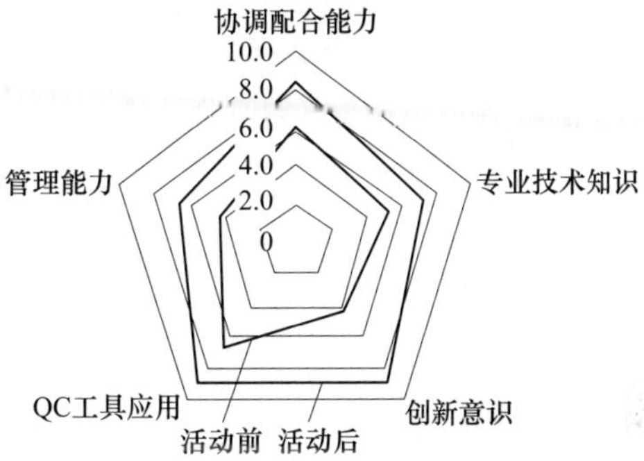

图 28-7　项目小组无形成果展示

（制图：王伟；时间：2017 年 9 月）

十、巩固措施/标准化

针对全新的检测流程，设备专业任新旺编制了《实验室拉伸试验自动化系统操作说明书》，详细介绍新流程检验方法的设置、使用、问题解答等相关资料。

由工艺技术人员王伟结合小组成员实际参与情况，申报专利 1 项：《一种基于物联网技术的实验室拉伸性能自动测试流程》。发表论文 1 篇：《拉伸实验数据自动上传功能的开发》。

为确保上述对策成果与日常检测工作的无缝衔接，编制了数据自动上传管理规定并完善作业规程，形成制度支撑。

十一、活动总结/持续改进

（一）技术创新

本次小组活动，在技术上大胆创新，将物联网技术应用于实验室日常检测，以信息化代替人工，实现了实验室拉伸性能自动测试功能，检测数据的准确性和及时性得到显著提升。

（二）管理创新

拉伸性能测试自动化的同时，整个检测流程信息和记录电子化保存便捷，处于国内先进水平，在实验室技术管理方面有较大的推广价值，行业内多个钢铁企业先后到厂考察交流。

（三）小组团队素质提升

通过课题开展，激发了职工创新意识和团队合作精神，小组成员充分认识到全员参与的重要性和必要性，同时，团队成员对 QC 工具应用及活动流程更加熟悉，科学地解决问题的能力得到提升，带动了人才队伍培养。

（四）后续计划

下一步，QC 小组攻关课题为《自主开发冷轧板粗糙度自动测试系统》。

案例 29　降低中包开浇结晶器液面翻腾次数

邢台钢铁有限责任公司

王立虎

一、课题介绍

连铸技术是一项把钢水直接浇铸成型的先进技术。与传统方法相比连铸技术具有大幅提高金属收得率和铸坯质量、节约能源等显著优势。开浇操作正是连铸技术中的重中之重。

正常操作中操作人员通过目测结晶器内钢水情况完成开浇操作，但当钢水进入结晶器后由于外界原因造成液面翻腾不稳定时，极易导致操作工无法准确通过液面判断进行顺利开浇，极易造成开浇冒钢以及由于液面翻腾造成的挂钢而导致的漏钢等生产事故。这种开浇时钢水在结晶器内不稳定的现象就叫作结晶器液面翻腾。

（一）小组概况

炼钢厂连铸车间丁班 QC 小组成立于 2014 年，活动时间从 2018 年 3 月至 11 月，属于现场型 QC 小组，现有 QC 小组成员 9 人，小组成员情况见表 29-1。

表 29-1　小组概况

小组名称	连铸丁班 QC 小组			注册时间	2017 年 3 月 1 日
课题名称	降低中包开浇结晶器液面翻腾次数			课题类型	攻关型
				平均 TQC 学时	48h
联系人	刘小三			联系电话	18731975365
活动次数	15 次			活动时间	2018 年 3~11 月
小组成员	学历	职务	职称	组内职责	
王立虎	专科	组长	技师	负责小组全面工作	
阎丽珍	硕士	副组长	工程师	协助组长完成各项工作	
李立刚	本科	组员	助理工程师	负责开展活动各项工作	
王闯	硕士	组员	助理工程师	负责数据测调	
刘小三	本科	组员	高工	负责数据测调	
常少华	大专	组员	助理工程师	负责日常活动记录	
徐卫东	大专	组员	助理工程师	负责成果编写与发布	
侯永军	职技	组员	助理工程师	负责现场数据收集	
杨金皋	职技	组员	技师	负责设备改造实施	

（二）小组成员的组建

在小组组建过程中，为兼顾到经验技术与理论基础知识，小组成员在选择时既包括了一线经验丰富的操作工，同时还包括了专门负责技术研究的研究生，为活动顺利地开展奠定了良好的基础。

（三）小组活动进度

为小组的活动按计划有序地实施，小组制定了活动计划与实施进度表，见表 29-2。

表 29-2 活动计划与实施进度表

活动阶段	活动内容	项目进度								
		3月	4月	5月	6月	7月	8月	9月	10月	11月
P	选择课题现状调查									
	设定目标									
	原因分析									
	确定要因									
	制定对策									
D	对策实施									
C	检查效果及巩固									
A	总结及下一步打算									

注：---→计划进度；——→实际进度。

二、课题选择

（一）选择课题

为适应公司要求，以降低连铸机开浇事故率，节约生产成本为目标，本小组召开了开浇事故原因分析研讨会，并结合生产记录绘制出了 2017 年下半年的开浇事故原因排列图，如图 29-1 所示。

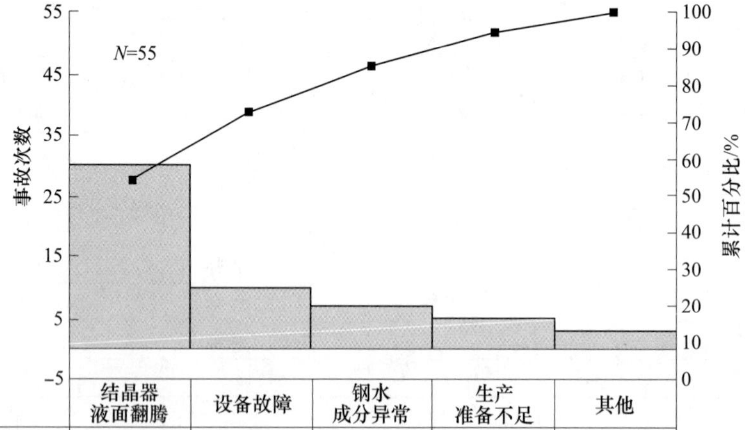

	结晶器液面翻腾	设备故障	钢水成分异常	生产准备不足	其他
事故次数	30	10	7	5	3
累计百分比/%	54.5	72.7	85.4	94.5	100

图 29-1 2017 年下半年事故原因分布排列图

由图 29-1 可见，结晶器液面翻腾是造成开浇事故的主要原因，通过小组商定，最终选择了降低中包开浇结晶器液面翻腾次数作为此次的攻关课题。

（二）现状调查

为做好结晶器液面翻腾情况的掌握，小组成员调查、收集了 2017 年 7~12 月中包开浇结晶器液面翻腾次数以及所造成的事故次数并列表统计，如表 29-3 及图 29-2 所示。

表 29-3　2017 年下半年结晶器液面翻腾造成的事故次数

月　份	7	8	9	10	11	12	平均
液面翻腾次数	27	23	24	22	22	28	25
所造成开浇事故次数	4	5	6	5	4	6	5

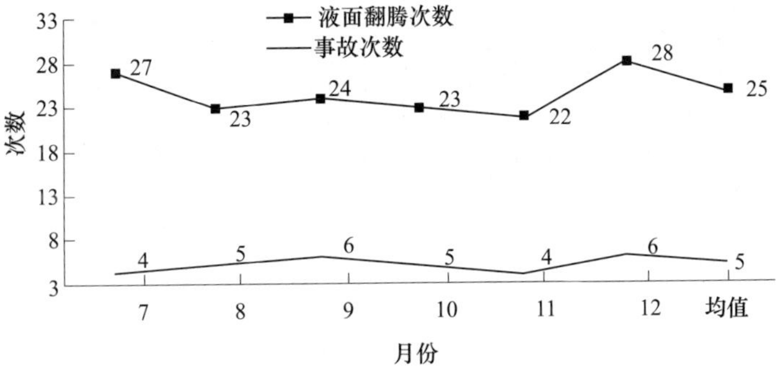

图 29-2　2017 年下半年结晶器液面翻腾次数及造成的事故次数

结论：通过表 29-3 和图 29-2 可以看出，每月结晶器液面翻腾 25 次，将会导致 5 次事故。

（三）设定目标

查阅往年的结晶器液面翻腾情况，其中 2016 年最好水平达到了月均仅 4 次的水平，如表 29-4 所示。

表 29-4　往年开浇结晶器液面翻腾次数

年　度	一季度	二季度	三季度	四季度	月平均
2014	17	15	14	17	5. 2
2015	17	18	16	16	5. 6
2016	10	12	13	13	4

经小组成员讨论分析，结合历史的最好水平，决定通过此次活动将中包结晶器液面翻腾次数由每月 25 次降到 5 次。

（四）目标设定依据

考虑到该项指标有较大的改进和提高空间，且小组成员结构合理，曾多次解决过重大难题，并在往年的生产过程中最好水平达到 4 次，通过以上理论分析，中包开浇的结晶器液面翻腾次数降为月均 5 次以下是可以实现的。

三、原因分析

（一）绘制分析图

小组成员经过现场调查和分析，通过召开小组讨论会找出导致中包结晶器液面翻腾主要问题的原因，如图 29-3 所示。

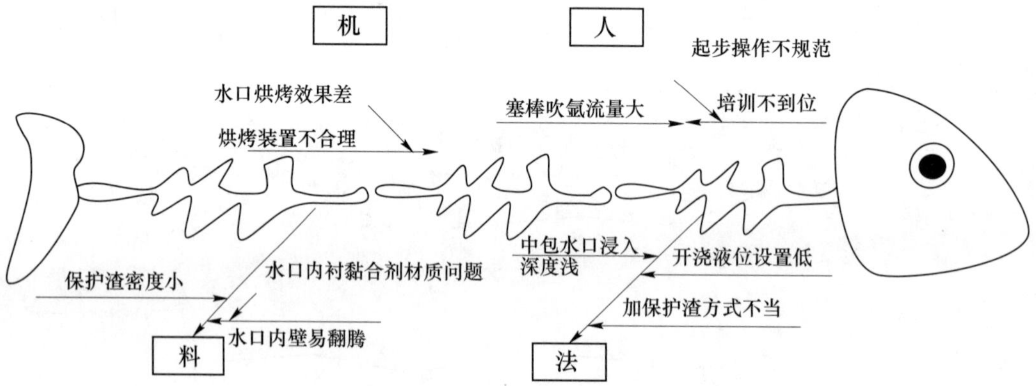

图 29-3　中包结晶器液面翻腾原因分析

通过人、机、料、法、环 5 个方面的分析，小组共计找出了 11 条末端原因，为后续的要因确认过程奠定了基础。

（二）确定末端因素

原因分析后进行了末端因素的汇总，并由小组成员进行了一一确认，做出确定主要原因计划表，如表 29-5 所示。

表 29-5　要因确认表

序号	末端因素	确认标准	确认方法	计划确认时间	确认人
1	起步操作不规范	操作规程	现场调查	2018 年 6 月 2 日	徐卫东
2	塞棒吹氩流量大	5～50L/h（标准状态）	现场调查	2018 年 6 月 9 日	王克
3	保护渣比重小	《连铸保护渣》标准	查阅记录	2018 年 6 月 16 日	李立刚
4	中包水口浸入深度浅	80～100mm	现场调查	2018 年 6 月 21 日	杨金皋
5	水口效果烘烤差	>520℃，烘烤均匀	测温分析	2018 年 6 月 28 日	王立虎
6	水口内衬黏合剂材质问题	使用效果确认	现场调查	2018 年 7 月 6 日	常少华
7	开浇液位设置低	70～80mm	现场调查	2018 年 7 月 12 日	阎丽珍
8	加保护渣方式不当	操作规程	现场调查	2018 年 7 月 17 日	侯永军

四、要因确认过程

（一）起步操作不规范

确认过程：小组成员对开浇操作员工进行测试考评，反查 2016 年及 2017 年的成绩，并绘制能力直方图进行对比，如表 29-6 及图 29-4 所示。

表 29-6　技能测试考试成绩

人员编码	姓　名	性别	学历	2016 年成绩	2017 年成绩
00636	刘　强	男	中专	90	92
09466	张峰涛	男	高中	87	89
08554	谭瑞祥	男	技校	93	90
10340	崔　伟	男	初中	91	91
00635	常少华	男	中专	85	88
09347	王立虎	男	大专	89	91
12957	李玮峰	男	大专	90	91
09342	郝宝赏	男	高中	87	88
16016	周建成	男	大专	88	88
00738	吴文涛	男	高中	86	89
09460	王宝国	男	大专	84	86

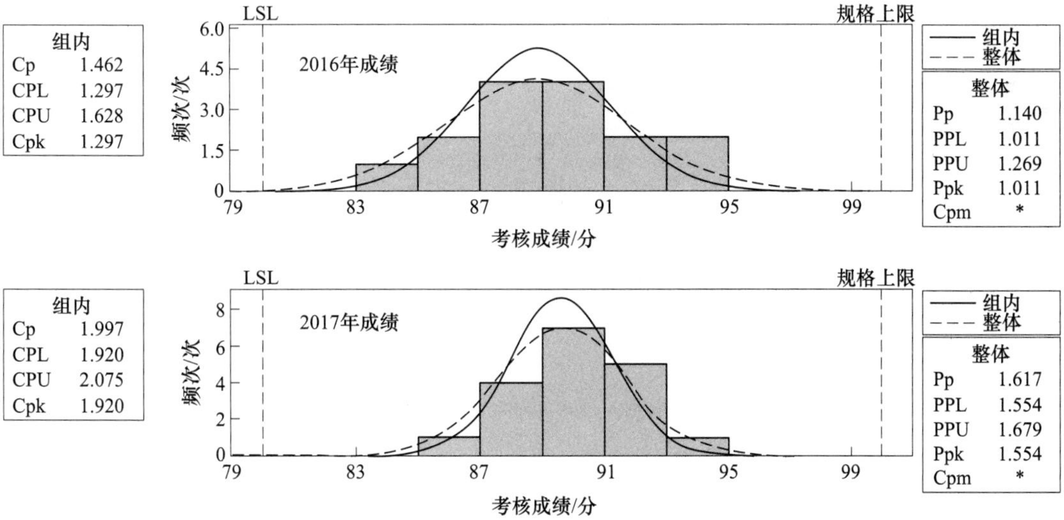

图 29-4　2016 年与 2017 年考核成绩直方图

确认结果：通过培训，2017 年员工水平的差距进一步缩小且成绩均值要高于 2016 年的，培训效果较好

确认结论：非要因。

（二）塞棒吹氩流量大

确认过程：小组成员于6月3~9日通过对现场塞棒吹氩流量进行检查，如图29-5所示。

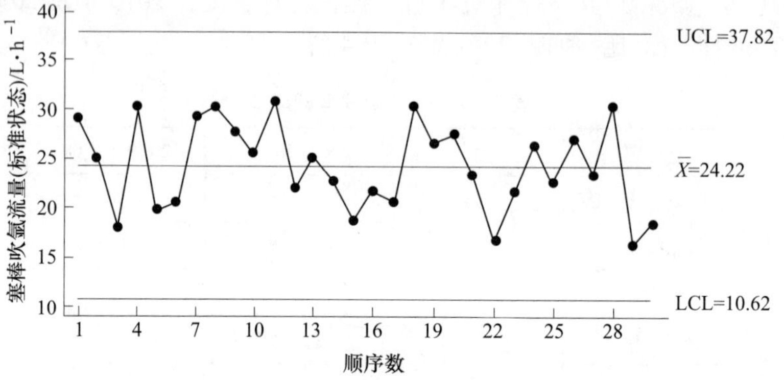

图29-5 塞棒吹氩流量单值图

确认结果：现场操作均符合固定要求的5~50L/h，且开浇是设定值均在下限，对开浇影响不大。

确认结论：非要因。

（三）保护渣密度小

确认过程：小组成员通过集体讨论及理论分析进行保护渣密度是否可以增大的分析，如图29-6所示。

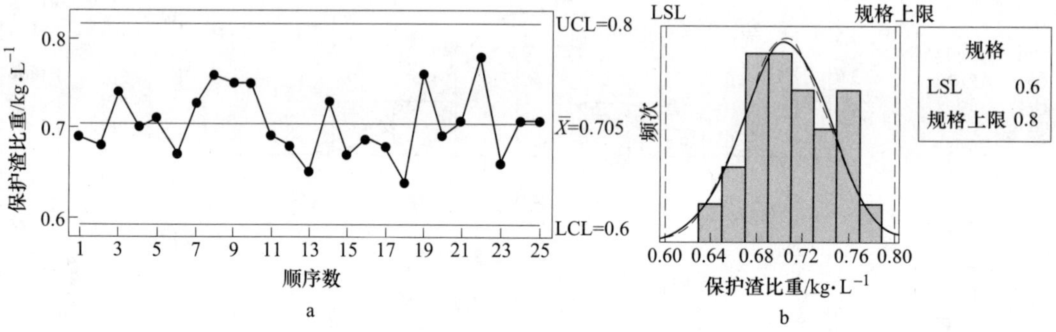

图29-6 保护渣比重单值图（a）及直方图（b）

确认结果：在满足结晶器内钢水的保护浇注以及润滑等作用的同时无法再通过某种改良来增加密度满足开浇的使用。

确认结论：非要因。

（四）中包水口浸入深度浅

确认过程：小组成员于6月17~21日对开浇前中包水口插入深度进行统计并制作调查表，如表29-7所示。

表 29-7 水口浸入深度调查表

序 号	数据时间	水口深度	记录人	平均深度
1	2018 年 6 月 17 日甲班	90	杨金皋	92
2	2018 年 6 月 17 日甲班	91	杨金皋	
3	2018 年 6 月 18 日甲班	91	杨金皋	
4	2018 年 6 月 18 日甲班	90	杨金皋	
5	2018 年 6 月 18 日丁班	92	杨金皋	
6	2018 年 6 月 18 日丁班	91	杨金皋	
7	2018 年 6 月 18 日丁班	93	杨金皋	
8	2018 年 6 月 19 日丙班	91	杨金皋	
9	2018 年 6 月 19 日丙班	92	杨金皋	
10	2018 年 6 月 20 日丙班	91	杨金皋	
11	2018 年 6 月 21 日乙班	92	杨金皋	
12	2018 年 6 月 21 日乙班	91	杨金皋	

确认结果：开浇前平均的水口插入深度在 92mm，符合要求。

确认结论：非要因。

（五）水口效果烘烤差

确认过程：小组成员于 6 月 22～28 日对水口烘烤情况进行检查，调查表如表 29-8 所示。

表 29-8 水口烘烤温度调查表

日 期	浇次号	水口烘烤温度/℃				
		1 流	2 流	3 流	4 流	均值
6 月 22 日	1	535	542	505	465	512
6 月 22 日	2	527	540	522	473	516
6 月 23 日	3	543	551	540	521	539
6 月 23 日	4	551	536	528	445	515
6 月 24 日	5	565	534	531	520	538
6 月 24 日	6	553	532	522	505	528
6 月 24 日	7	556	543	523	520	536
6 月 25 日	8	548	528	520	518	529
6 月 25 日	9	556	536	518	529	535
6 月 26 日	10	572	556	522	472	531
6 月 26 日	11	562	575	545	520	551
6 月 26 日	12	538	520	509	488	514

续表 29-8

日　期	浇次号	水口烘烤温度/℃				
		1 流	2 流	3 流	4 流	均值
6 月 27 日	13	546	550	522	501	530
6 月 27 日	14	535	548	528	491	526
6 月 28 日	15	539	559	525	521	536
6 月 28 日	16	551	570	527	470	530
6 月 28 日	17	560	548	530	524	541

确认结果：中包水口烘烤温度不一致，个别流水口烘烤温度低，比正常值低 80~100℃。

确认结论：要因。

（六）水口内衬黏合剂材质问题

确认过程：小组成员常少华于6月29日~7月6日对开浇结晶器液面翻腾情况进行统计，发现使用不同内衬黏合剂的水口其结晶器液面翻腾现象有较大差异，因此认为水口内衬黏合剂材质对结晶器液面翻腾影响显著，如表 29-9、表 29-10 和图 29-7 所示。

表 29-9　结晶器液面翻腾情况统计表

日　期	班　组	内衬黏合剂	翻腾情况	记录人
6 月 29 日	甲班	A	正常	常少华
6 月 29 日	丁班	B	非常严重	常少华
6 月 30 日	乙班	A	正常	常少华
6 月 30 日	甲班	B	非常严重	常少华
7 月 1 日	丁班	A	正常	常少华
7 月 1 日	甲班	B	严重	常少华
7 月 2 日	丙班	B	严重	常少华
7 月 3 日	甲班	B	非常严重	常少华
7 月 4 日	丁班	A	正常	常少华
7 月 5 日	丙班	B	严重	常少华
7 月 5 日	甲班	B	非常严重	常少华
7 月 6 日	丁班	B	严重	常少华

表 29-10　不同材质黏合剂结晶器液面翻腾情况

内衬黏合剂	结晶器液面翻腾情况			备　注
	非常严重次数	严重次数	正常次数	
A	0	0	4	高温下比较稳定
B	4	4	0	高温分解 H_2O 和 P_2O_5

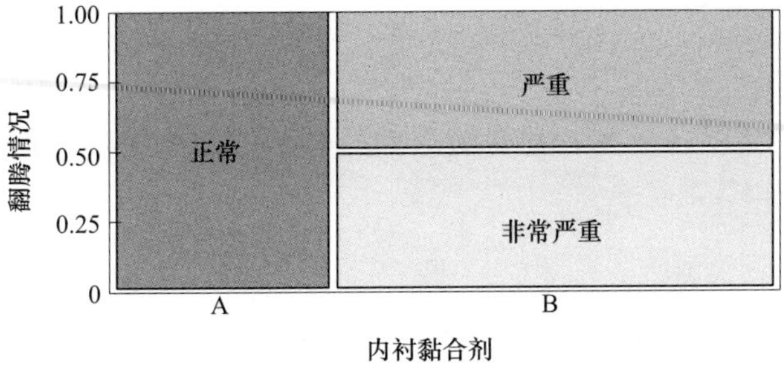

图 29-7　不同材质黏合剂结晶器液面翻腾情况对比

确认结果：不同内衬黏合剂的水口造成的结晶器液面翻腾现象有较大差异，为此认为水口制作工艺及材质可能是影响翻钢的本质。

确认结论：要因。

（七）开浇液位设置低

确认过程：在保证结晶器内液位控制的合理性同时，确认有无液位提升的空间。

确认结果：现行的液位控制设定值为要求 70～80mm，为保证结晶器内液位控制的合理性无液位提升的空间。

确认结论：非要因。

（八）加保护渣方式不当

确认过程：小组成员于 7 月 12～17 日对小方坯开浇的保护渣加入时机进行检查，如表 29-11 所示。

表 29-11　不同材质黏合剂液面翻腾情况对比

日　期	班组	加入方式	加入时机（液位高度）/%	翻腾情况	记录人
7 月 12 日	甲班	缓慢加入	40	严重	常少华
7 月 13 日	丁班	第一次大量加入	40	较轻	常少华
7 月 13 日	乙班	缓慢加入	20	严重	常少华
7 月 14 日	甲班	缓慢加入	40	严重	常少华
7 月 14 日	丁班	第一次大量加入	40	较轻	常少华
7 月 15 日	甲班	缓慢加入	40	严重	常少华
7 月 15 日	丙班	第一次大量加入	20	严重	常少华
7 月 16 日	甲班	缓慢加入	40	严重	常少华
7 月 16 日	丁班	第一次大量加入	40	较轻	常少华
7 月 16 日	丙班	第一次大量加入	20	严重	常少华
7 月 17 日	甲班	缓慢加入	40	严重	常少华

确认结果：发现不同班组，因加渣人加渣方式的不同所导致的液面翻腾情况也会存在不同。

确认结论：要因。

确定主要原因结论：（1）水口烘烤效果差。（2）水口内衬黏合剂材质问题。（3）加保护渣方式不当。

五、制定对策

根据 5W1H 原则制定对策实施表，如表 29-12 所示。

表 29-12　对策实施表

序号	要因	对策	目标	措施	负责人	地点	完成日期
1	水口烘烤效果差	采用辅助方式增强烘烤效果	杜绝个别水口烘烤不佳的现象	使用负压式烘烤器	刘小三 李立刚	3 号机	2018 年 7 月 28 日
2	水口内衬黏合剂材质问题	对耐材进行改进	在不降低耐材使用效果的前提下降低自身耐材带来的影响	与厂家沟通进行改良	李立刚	4 号机	2019 年 8 月 16 日
3	加保护渣方式不当	研究合适的加保护渣方式	消除加保护渣方式不合适造成的液面翻腾	通过实验寻找最佳的保护渣加入时机	王立虎	4 号机	2018 年 8 月 25 日

六、对策实施

（一）采用辅助方式增强烘烤效果

小组成员刘小三、李立刚于 7 月 18~22 日，自主研发负压烘烤器，并对水口烘烤差的水口进行使用，如图 29-8、图 29-9 和表 29-13 所示。

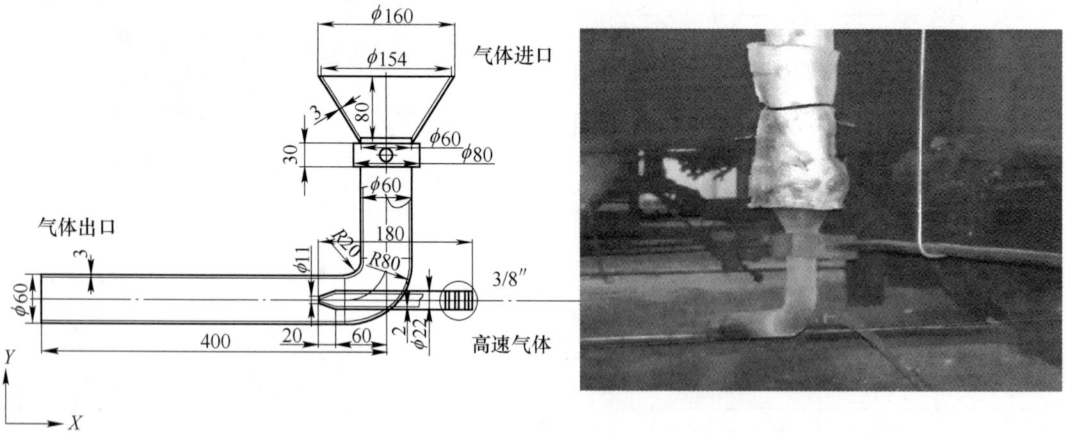

图 29-8　负压式烘烤器

实施后效果如表 29-13 所示。

表 29-13　水口温度记录表

序号	数据时间	水口温度/℃	记录人
1	2018 年 7 月 18 日甲班	645	徐卫东
2	2018 年 7 月 18 日甲班	655	徐卫东
3	2018 年 7 月 18 日甲班	647	徐卫东
4	2018 年 7 月 18 日甲班	643	徐卫东
5	2018 年 7 月 20 日丁班	657	徐卫东
6	2018 年 7 月 20 日丁班	655	徐卫东
7	2018 年 7 月 20 日丁班	644	徐卫东
8	2018 年 7 月 21 日丙班	656	徐卫东
9	2018 年 7 月 21 日丙班	643	徐卫东
10	2018 年 7 月 21 日丙班	657	徐卫东
11	2018 年 7 月 22 日乙班	661	徐卫东
12	2018 年 7 月 22 日乙班	639	徐卫东

实施前后效果对比如图 29-9 所示。

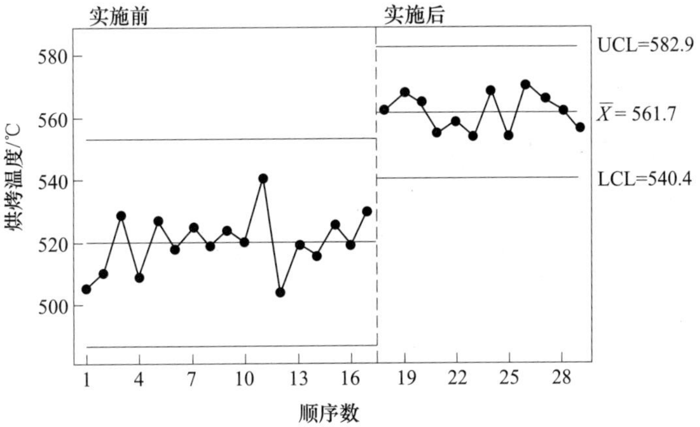

图 29-9　实施前后水口烘烤温度温度分布图

通过负压式空气器的接入使水口烘烤均匀，且温度由约 520℃提高到约 560℃，提高了 40℃左右，效果明显。

（二）对耐材进行改进

小组成员李立刚于 8 月 10～16 日对改良后的水口使用情况进行检查和对比，结果显示，使用涂层的和有内衬的水口扩径无显著差异，且对改善结晶器液面翻腾效果明显。不同水口液面翻腾情况如表 29-14 所示。

表 29-14　不同水口液面翻腾情况记录表

序号	数据时间	使用水口	翻腾情况	记录人
1	2018 年 8 月 10 日甲班	内衬	严重	徐卫东
2	2018 年 8 月 10 日甲班	内衬	严重	徐卫东
3	2018 年 8 月 11 日乙班	涂层	较轻	徐卫东
4	2018 年 8 月 11 日乙班	涂层	较轻	徐卫东
5	2018 年 8 月 12 日丙班	内衬	严重	徐卫东
6	2018 年 8 月 12 日丙班	内衬	严重	徐卫东
7	2018 年 8 月 13 日丁班	涂层	较轻	徐卫东
8	2018 年 8 月 13 日丁班	涂层	较轻	徐卫东
9	2018 年 8 月 14 日甲班	内衬	严重	徐卫东
10	2018 年 8 月 14 日甲班	内衬	严重	徐卫东
11	2018 年 8 月 15 日乙班	涂层	较轻	徐卫东
12	2018 年 8 月 16 日丙班	内衬	严重	徐卫东

由统计结果看，在试验的 12 个浇次中使用涂层的 6 个浇次开浇结晶器液面翻腾较轻，而用水口内衬的 6 个浇次翻腾情况较为严重。由此可见，水口使用涂层对结晶器液面翻腾改善效果较好。

（三）研究合适的加保护渣方式

小组成员王立虎于 8 月 19~25 日对开浇的保护渣加入时机在不同时期不同加入量进行了实验，如表 29-15 所示。

表 29-15　保护渣加入方式试验结果

加入时液位高度/%	加入方法	
	缓慢持续加入	第一次较大量加入
40	严重	较轻
20	非常严重	严重

通过实验结果得出，保护渣应选择在液位达到 40% 后第一次较大量加入的方式来进行。

七、效果检查

（一）实施后的中包开浇结晶器液面翻腾次数

小组统计 2018 年 9~11 月中包开浇结晶器液面翻腾次数及导致的事故次数，绘制如下统计图表，如表 29-16 及图 29-10 所示。

表 29-16　效果检查阶段结晶器液面翻腾次数

月　份	不同程度结晶器液面翻腾次数			
	非常严重	严重	较轻	正常
9	0	0	2	162
10	0	0	3	165
11	0	0	3	167
月均	0	0	2.7	165

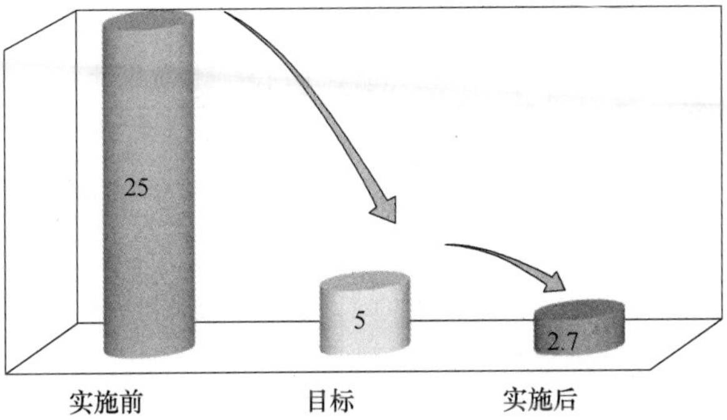

图 29-10　项目目标完成进度

结论一：由表 29-16 和图 29-10 可以看出，2018 年 9～11 月对策实施后，完成了将结晶器液面翻腾次数降低到 5 次的目标，且造成的事故次数降低为了 0 次/月。

（二）对策实施后的效益

1. 经济效益

此次活动本小组创造经济效益 24.68 万元。

计算基础：

（1）按月平均堵流 5 次，开浇堵流后按 6 炉钢准备快换计算，每个中包少上钢 20 炉，按中包总费用 2 万元成本计算，预计月节约费用 = 3×5×(2/26×20) = 23.07 万元。

（2）按现行小火 20min，中火 10min，大火 2h 烤包计算，烤包用煤气约 3500m^3，按 0.4 元/m^3 计算，预计煤气月节约费用 = 3 × 5 × (0.4 × 3500/26 × 20)/10000 = 1.61 万元。

效果检查阶段省：23.07+1.61 = 24.68 万元。

2. 其他效益

通过开浇事故的减少可大大降低非计划回炉的风险，且由于浇钢炉数的保障在一定程度上降低了员工的劳动强度，为生产顺行提供了强有力的保障。

八、巩固措施

（一）标准化

将行之有效的措施纳入规范的制度文件当中，如表 29-17 所示。

表 29-17 措施标准化情况

序号	措 施	标准化	文件编号	负责人	完成时间	审批
1	烤包制度优化	文件修订	《机长作业指导书》	王 闯	2018 年 11 月	技术科
2	加渣制度优化	文件修订	《连铸机日常操作规范》	李立刚	2018 年 11 月	技术科

（二）巩固阶段情况

巩固期内，小组人员对结晶器液面翻腾次数情况进行了统计，从统计结果看巩固期内结晶器液面翻腾情况及事故影响均处于正常范围内，如表 29-18 所示。

表 29-18 巩固期结晶器液面翻腾情况统计

月 份	不同程度结晶器液面翻腾次数			
	非常严重	严重	较轻	正常
12	0	0	1	166

九、下一步打算

（一）小组成员的自我评价

本次 QC 活动在小组成员的共同努力下最终完成了既定目标，通过本次 QC 活动提高了小组成员创新能力和发现问题、解决问题的能力。

（二）下一步打算

小组活动期间出现多次使用中的塞棒损坏现象，因此下一次活动，本小组将《降低浇注过程中塞棒损坏次数》作为课题。

案例30 降低850mm轧线吨钢轧辊消耗

德龙钢铁有限公司轧钢厂

李 磊

一、小组概况

轧钢厂技术科QC小组成立于2013年12月，QC小组成员8人，有经验丰富的主任工程师、科长及工艺工程师，人员结构配备合理，人均QC培训50h。本小组从优化质量管理、加强过程控制入手，致力于解决各类质量问题，不断提升产品的品质，提高客户的满意度，具体情况见表30-1和表30-2。

表30-1 小组简介

小组名称	轧钢厂技术科QC小组	成立时间	2013年12月
课题名称	降低850mm轧线吨钢轧辊消耗	主题编号	ZG01-002
登记日期	2018年1月1日	活动时间	2018年1~9月
小组人数	8人	课题类型	攻关型
活动频率	30天/次	活动次数	9次

（制表：刘占锋；时间：2018年1月1日）

表30-2 小组成员简介

序号	姓名	职务	文化程度	技术职称	组内分工
1	李 磊	工艺工程师	本科	工程师	组长：全面负责，统筹规划
2	刘立辉	技术科长助理	本科	工程师	组员：组织协调
3	刘占锋	工艺工程师	本科	工程师	组员：调查统计
4	魏辉宁	轧辊车间主任	本科	技 师	组员：对策实施
5	王 彬	生产科长	本科	工程师	组员：对策实施
6	刘 扬	生产班长	大专	助理工程师	组员：调查统计
7	陈四平	调度长	大专	助理工程师	组员：效果检查
8	牛跃威	轧辊管理员	大专	助理工程师	组员：效果检查

（制表：刘占锋；时间：2018年1月1日）

二、选题理由

2017年850mm轧线随着调坯轧材采购量的不断增加，轧线生产已基本趋于正常，轧辊消耗是轧钢厂的一项重要技术指标，小组成员统计2017年10~12月850mm轧线吨钢轧辊消耗平均为0.521kg/t，如图30-1所示。与同行业该指标相比明显偏高，厂部指标要求为不大于0.515kg/t。

为了响应公司降本增效的号召，小组选题为：《降低 850mm 轧线吨钢轧辊消耗》。

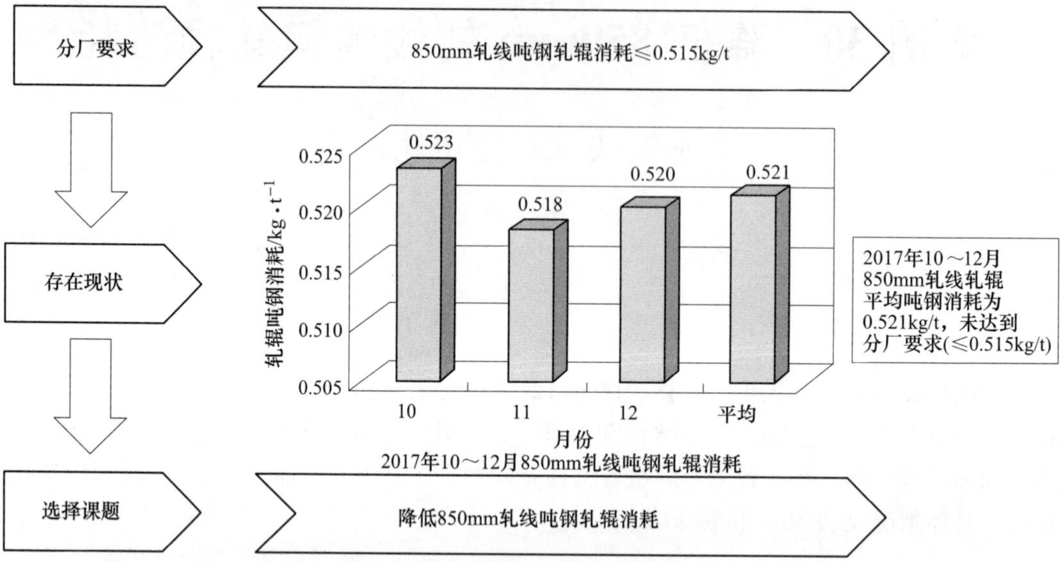

图 30-1　选题过程示意图

（制图：刘扬；时间：2018 年 1 月 10 日）

依据 PDCA 方法，小组确定活动时间为 2018 年 1~9 月，活动进度如表 30-3 所示。

表 30-3　小组活动计划进度表

时间阶段步骤		2018 年 1~9 月								
		1 月	2 月	3 月	4 月	5 月	6 月	7 月	8 月	9 月
P	选择课题	- - → ——→								
	目标设定	- - → ——→								
	可行性分析	- - → ——→								
	原因分析	- - → ——→								
	要因确认		- - → ——→							
	制定对策		- - → ——→							
D	对策实施		- - - - ————	- - → ——→						
C	效果检查				- - - - ————	- - - - ————	- - → ——→			
A	巩固措施							- - - - ————	- - - - ————	- - → ——→
	总结及打算									- - → ——→

注：- - → 计划进度；——→ 实际进度。

（制表：刘占锋；时间：2018 年 1 月 10 日）

三、目标设定

基于厂部要求和热轧实际情况，小组成员通过讨论，决定将本次活动的目标定为“850mm 轧线吨钢轧辊消耗降低为 0. 515kg/t”，见图 30-2。

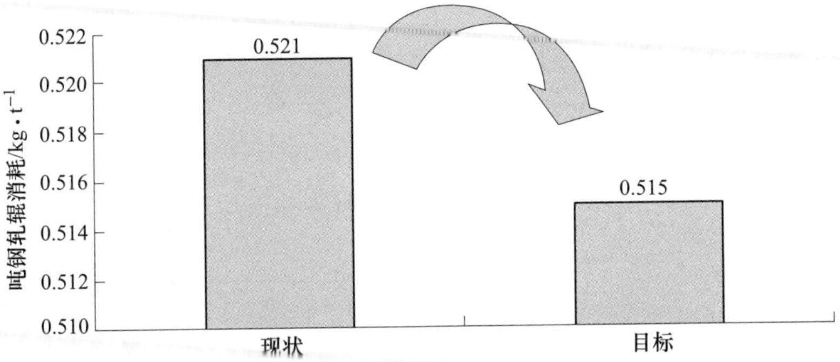

图 30-2 目标设定图
（制图：李磊；时间：2018 年 1 月 16 日）

四、目标可行性分析

小组针对 850mm 轧线轧辊使用情况进行调查，发现轧辊异常消耗是不可能避免的，但占比高达 13.91%，如图 30-3 所示。

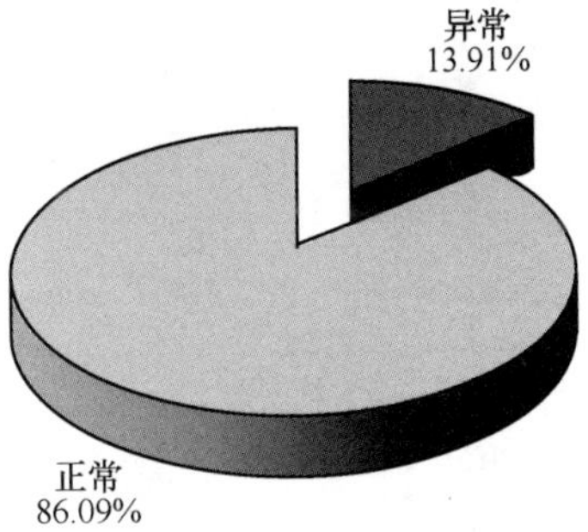

图 30-3 轧辊异常消耗比例图
（制图：李磊；时间：2018 年 1 月 20 日）

基于现场实际生产情况经过推算，只要将“轧辊异常消耗”这个症结解决 50%，小组目标就可以完成，计算公式如下：

$$0.521 - (0.521 \times \underbrace{13.91\%}_{\text{所占比例}} \times \overbrace{50\%}^{\text{解决程度}}) = 0.485\text{kg/t} < 0.515\text{kg/t}$$

小组成员主要由具有 8 年以上工作经历的各专业工程师组成，具有丰富的理论和实践经验，根据同行情况分析，小组认为目标可行。

五、原因分析

目标设定后小组成员开展头脑风暴，从人、机、料、法、环、测六个方面集思广益，绘制鱼骨图，见图 30-4，分析出 10 项末端因素。

六、要因确认

为找出“轧辊异常消耗高”的主要因素，针对末端因素小组成员制定了要因确认计划表，并根据计划进行逐个确认，如表 30-4 所示。

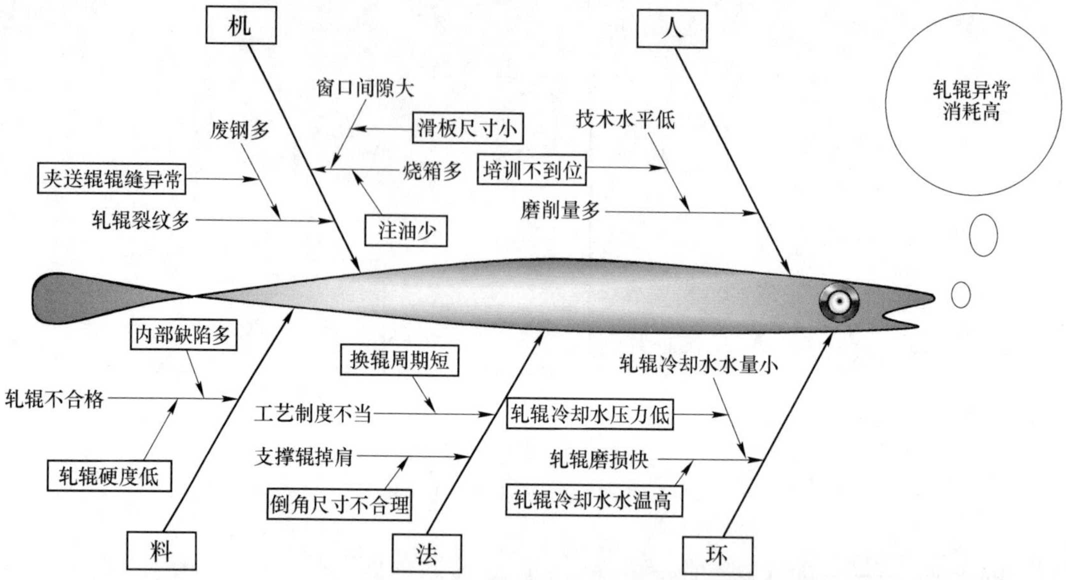

图 30-4 原因分析鱼骨图

（制图：李磊；时间：2018 年 1 月 25 日）

表 30-4 要因确认计划表

序号	末端因素	确认方法	确 认 标 准	负责人	计划完成时间
1	培训不到位	调查统计	轧钢厂要求每月均有培训，考试合格率≥95%	李 磊	2 月 5 日
2	滑板尺寸小	调查统计	轴承箱滑板尺寸要求：精轧支撑辊传动侧滑板尺寸为 910mm+(0~0.5)mm，精轧支撑辊工作侧滑板尺寸为 920mm+(0~0.5)mm；精轧工作辊传动侧滑板尺寸为 540mm+(0~0.50)mm，精轧工作辊工作侧滑板尺寸为 550mm+(0~0.50)mm	刘 扬	2 月 3 日
3	注油少	现场调查	操作规程：精轧工作辊注油时间 3~4min，精轧支撑辊注油时间 13~15min	刘占锋	2 月 10 日
4	夹送辊辊缝异常	现场调查	850mm 轧线工艺技术规程：夹送辊辊缝与带钢厚度一致	刘占锋	2 月 10 日
5	轧辊硬度低	现场调查	技术协议：FW 硬度 75~83HSD，FB 硬度 50~60HSD	魏辉宁	2 月 10 日
6	内部缺陷多	现场调查	技术协议：辊身无裂纹、砂眼、疏松等铸造缺陷	魏辉宁	2 月 10 日
7	换辊周期短	现场调查	850mm 轧线工艺技术规程：换辊周期 35~40km	刘立辉	2 月 8 日
8	倒角尺寸不合理	现场调查	轧辊管理制度：精轧支撑辊倒角尺寸为 90mm×(80~120)mm	王 彬	2 月 10 日
9	轧辊冷却水压力低	现场调查	冷却水压力：1.0~1.3MPa	李 磊	2 月 9 日
10	轧辊冷却水水温高	调查统计	850mm 轧线工艺技术规程：水温≤35℃	刘占锋	2 月 9 日

（制表：刘占锋；时间：2018 年 2 月 1 日）

（一）要因确认一：培训不到位

验证内容：小组成员李磊对 2017 年轧辊工段和生产科的培训情况进行了统计和调查，每月均有培训并按规定完成，如表 30-5 所示。

表 30-5　2017 年度员工培训统计表

序号	单位	月份	培训项目	培训对象	培训内容（摘要）	班数	计划人数	课时	授课教师	考评方式	考评结果	备注
1	轧钢厂	1	轧辊基本知识及加工要求	轧辊工段	各类轧辊的用途及加工要求	6	20	3	李磊	试卷考试	良好	完成培训
2		2	近期质量缺陷及改进措施	850 生产班	讲解近期内存在的二级品、质量异议等较多缺陷的产生原因及改进措施	3	60	3	刘占锋	试卷考试	良好	完成培训
3		3	轧辊加工要求及轧辊缺陷对产品质量的影响	轧辊工段	各类轧辊的用途、加工要求及轧辊易产生的缺陷及对产品质量的影响	6	20	3	李磊	试卷考试	良好	完成培训
4		4	工艺规程	850 生产班	工艺规程要点进行讲解	3	60	3	刘立辉	试卷考试	良好	完成培训
5		5	轧辊常见缺陷认知	轧辊工段	常见的缺陷原因分析	6	20	3	李磊	试卷考试	良好	完成培训
6		6	影响板形的因素及改进措施	850 生产班	波浪的成因及预防措施	3	60	3	刘占锋	试卷考试	良好	完成培训
7		7	磨床的操作规范	轧辊工段	磨床操作注意事项	6	20	3	王强	试卷考试	良好	完成培训
8		8	近期质量缺陷及改进措施	850 生产班	讲解近期内存在的二级品、质量异议等较多缺陷的产生原因及改进措施	3	60	3	刘立辉	试卷考试	良好	完成培训
9		9	外径千分尺测量方法	轧辊工段	针对千分尺测量要求进行讲解	6	20	3	王林英	现场测量	良好	完成培训
10		10	工艺规程	850 生产班	工艺规程要点进行讲解	3	60	3	李磊	试卷考试	良好	完成培训
11		11	轧辊磨削常见的缺陷	轧辊工段	针对磨削不当造成的确认原因分析和预防	6	20	3	崔海军	试卷考试	良好	完成培训
12		12	2017 年质量异议	850 生产班	各类缺陷产生原因及改进措施	3	60	3	刘占锋	试卷考试	良好	完成培训

（制表：李磊；时间：2018 年 2 月 5 日）

同时，对 2017 年下半年的考试成绩进行汇总，平均考试合格率为 99. 05%，达到了培训目的，具体情况见图 30-5。

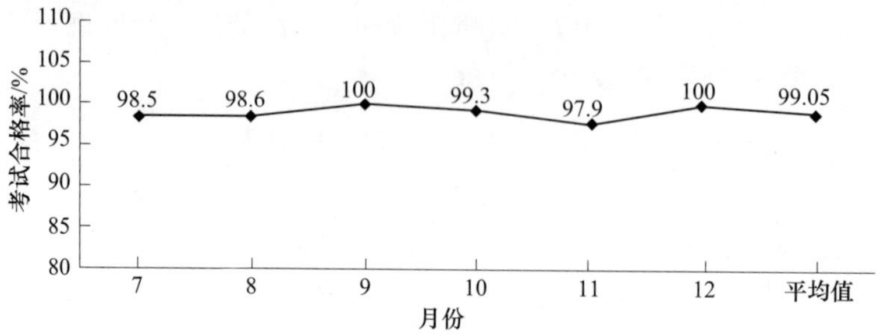

图 30-5 2017 年度员工考试合格率折线图

（制图：李磊；时间：2018 年 2 月 5 日）

验证结论：通过对员工培训情况进行了调查分析，操作工的理论知识和质量意识符合要求，所有磨工均是技能娴熟，在加工过程中均能够按照相应标准进行操作，未出现异常现象，在操作过程中未造成失误引起的轧辊缺陷，对异常消耗影响较小，确定是非要因。

（二）要因确认二：滑板尺寸小

验证内容：对烧箱的轴承箱滑板尺寸进行了调查，并使用饼图进行了分析，发现“滑板尺寸小”导致的烧箱占比高达 87%，如图 30-6 所示。

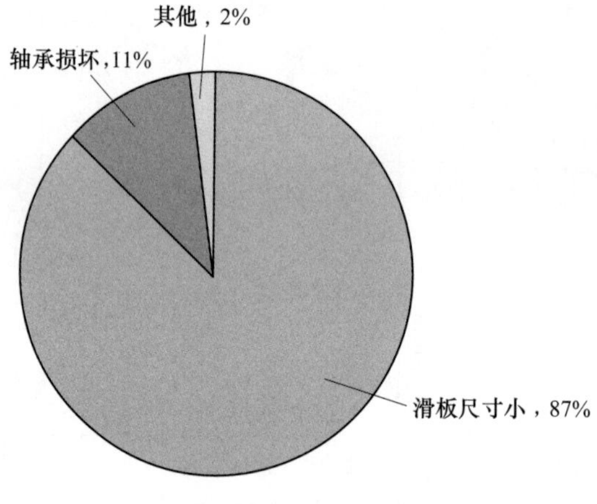

图 30-6 滑板尺寸小导致的烧箱占比图

（制图：刘扬；时间：2018 年 2 月 3 日）

验证结论：根据统计，烧箱导致的异常轧辊消耗占比为 27%，因此滑板尺寸小导致的烧箱造成轧辊异常消耗影响较大，确定是要因。

（三）要因确认三：注油少

验证内容：通过对烧箱的精轧工作辊和支撑辊轴承箱油量情况进行调查，发现注油量完全能够满足在机使用。

验证结论：通过调查，轧辊的注油量完全可以保证轧辊的正常使用，对造成轧辊烧箱等问题影响较小，确定是非要因。

（四）要因确认四：夹送辊辊缝异常

验证内容：通过调查 2017 年 7~12 月 850mm 轧线废钢情况，共计 42 支，其中卷取废钢 38 支，对卷取的废钢原因进行统计，发现因夹送辊辊缝异常造成的废钢占比 79%，见图 30-7。

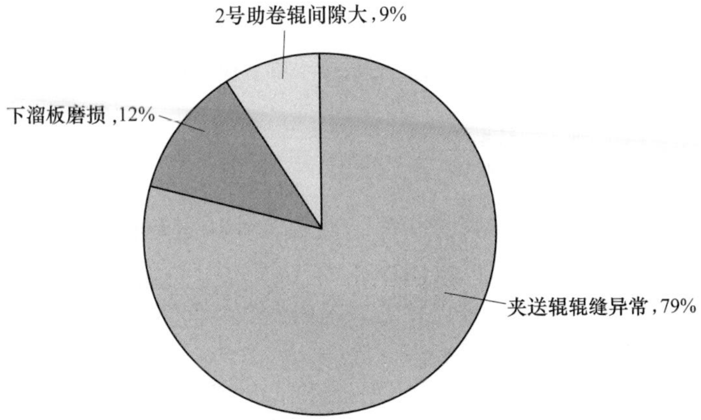

图 30-7　夹送辊辊缝异常造成的废钢占比图

（制图：刘占锋；时间：2018 年 2 月 10 日）

验证结论：通过调查，废钢造成的轧辊裂纹等异常消耗占比 31%，占轧辊异常消耗比例较大，因此确定是要因。

（五）要因确认五：轧辊硬度低

验证内容：通过对精轧工作辊和精轧支撑辊辊身硬度进行调查，发现轧辊硬度均符合技术协议，见图 30-8 和图 30-9。

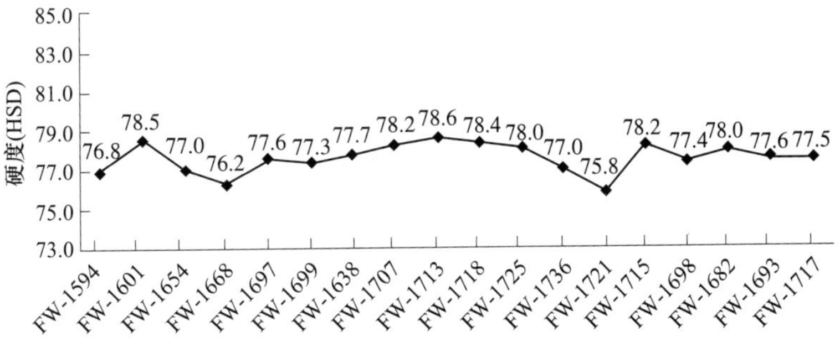

图 30-8　精轧工作辊硬度统计控制图

（制图：魏辉宁；时间：2018 年 2 月 10 日）

验证结论：轧辊的硬度均达到技术要求，在生产过程中未出现因轧辊硬度造成的非正常消耗，因此轧辊硬度低对轧辊异常消耗影响较小，是非要因。

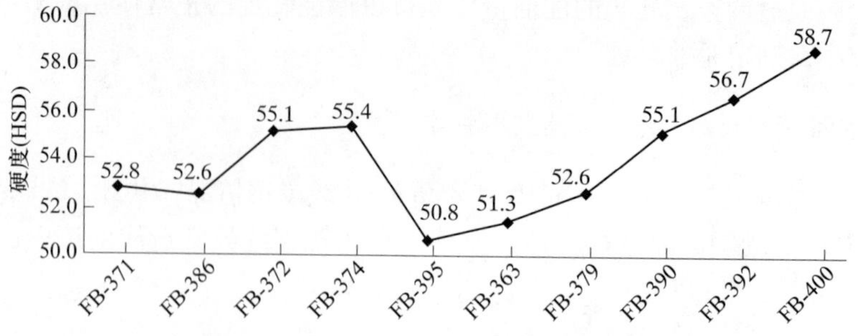

图 30-9 精轧支撑辊硬度统计控制图

（制图：魏辉宁；时间：2018 年 2 月 10 日）

（六）要因确认六：内部缺陷多

验证内容：通过从问题轧辊中调查得知，轧辊在使用过程中存在疏松和砂眼等缺陷，经过统计，内部缺陷多造成的异常轧辊消耗占比为 4%。

验证结论：通过调查，轧辊自身存在的缺陷为少数，而且车磨量较少，造成的异常消耗占比较小，确定是非要因。

（七）要因确认七：换辊周期短

验证内容：随机抽查精轧工作辊换辊周期 30 次，发现其中共有 2 次利用待热时间提前换辊，1 次由于临时检修提前换辊，3 次提前换辊周期内轧制的公里数已接近正常换辊周期公里数，影响可以忽略不计。轧制公里数控制图如图 30-10 所示。

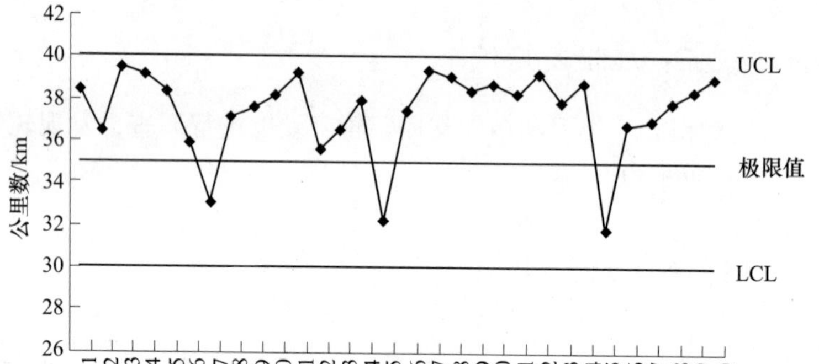

图 30-10 轧制公里数控制图

（制图：刘立辉；时间：2018 年 2 月 8 日）

验证结论：磨削后的精轧工作辊均能够达到工艺要求的更换周期，对造成异常消耗影响较小，确定是非要因。

（八）要因确认八：倒角尺寸不合理

验证内容：通过对精轧支撑辊掉肩情况进行调查，存在掉肉的支撑辊倒角深度集中在

100～120mm，掉肩位置均处于辊身与倒角的分界点，倒角深度过大导致在其分界点再次产生集中应力是导致支撑辊掉肩的主要原因，而倒角尺寸不合理造成的轧辊异常消耗占比 36%。

验证结论：通过调查，此类缺陷占轧辊异常消耗比例较大，确定是要因。

（九）要因确认九：轧辊冷却水压力低

验证内容：小组成员随机调查了一个月的轧辊冷却水压力波动情况，发现轧辊冷却水压力比较稳定，如图 30-11 所示。

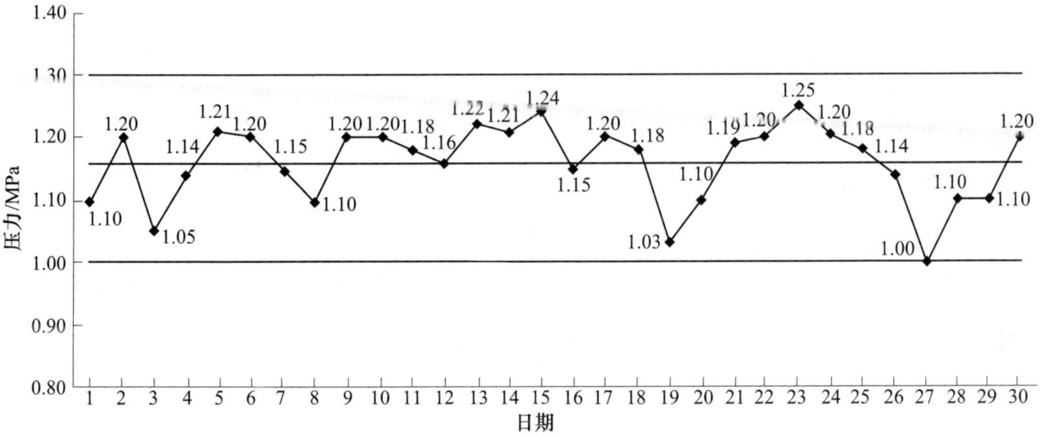

图 30-11　轧辊冷却水压力波动图

（制图：李磊；时间：2018 年 2 月 9 日）

验证结论：通过调查，轧辊冷却水压力稳定保持在要求范围内，完全可以保证对轧辊进行均匀冷却，因此对造成轧辊异常消耗影响较小，确定是非要因。

（十）要因确认十：轧辊冷却水水温高

验证内容：随机抽查了 10 天精轧工作辊轧辊冷却水水温记录，发现水温均能满足要求，见图 30-12。

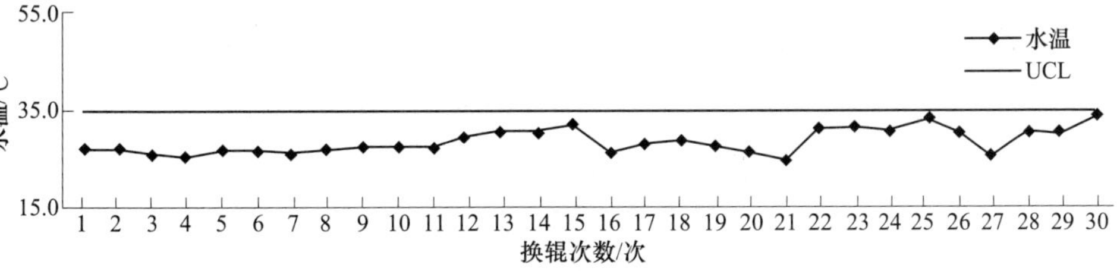

图 30-12　轧辊冷却水水温控制图

（制图：刘占锋；时间：2018 年 2 月 9 日）

验证结论：通过调查，轧辊冷却水水温保持在较好范围内，能够保证轧辊的冷却效果，对造成轧辊异常缺陷影响较小，确定是非要因。

根据以上末端因素的逐项确认，共分析出 3 项要因，如图 30-13 所示。

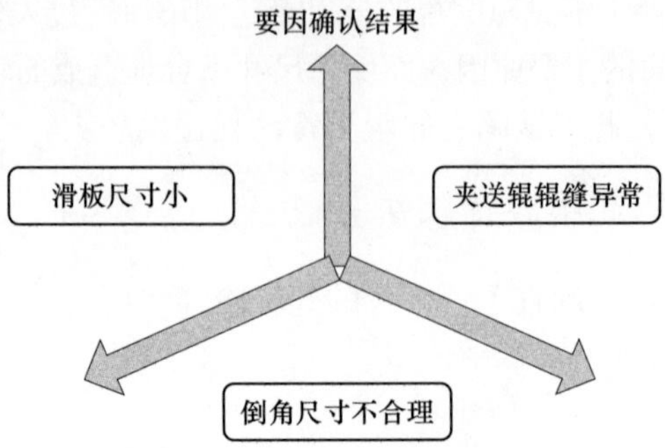

图 30-13 要因确认结果

（制图：李磊；时间：2018 年 2 月 11 日）

七、制定对策

根据上面的要因确认结论，小组成员依据“5W1H”原则，制定了对策、目标、措施、地点、完成时间、责任人，各项对策有专人负责实施。对策表如表 30-6 所示。

表 30-6 对策实施表

序号	要因	对策	目标	措施	地点	完成时间	责任人
1	夹送辊辊缝异常	利用停机时间测量夹送辊辊缝，优化夹送辊辊缝设定值	夹送辊辊缝小于轧制厚度 0～0.5mm	修订工艺技术规程	卷取区	2018 年 3 月 10 日	刘立辉
2	滑板尺寸小	定期测量轴承箱滑板及牌坊窗口尺寸	间隙≤0.5mm	建立工艺件检测台账	精轧区	2018 年 3 月 15 日	魏辉宁
3	倒角尺寸不合理	调整精轧支撑辊倒角尺寸	倒角尺寸 90mm×(50～80)mm	对磨工进行培训，严格控制倒角尺寸	轧辊工段	2018 年 3 月 25 日	王彬

（制表：刘立辉；时间：2018 年 2 月 20 日）

八、对策实施

（一）夹送辊辊缝异常

实施情况：3 月 5 日小组结合技术部，进行优化卷取夹送辊辊缝试验，确定最优辊缝设定值，同时生产班利用停轧期间及时测量夹送辊辊缝，进行相应调整，保证夹送辊辊缝精度，见表 30-7。

表 30-7 夹送辊辊缝设定值优化表

成品厚度/mm	调整前	调整后
<3.0	轧制厚度	<轧制厚度 0.5mm
3.0<成品厚度≤6.0	轧制厚度	<轧制厚度 0.2～0.3mm
>6.0	轧制厚度	轧制厚度

（制表：刘立辉；时间：2018 年 3 月 10 日）

结论：小组结合生产实际，强化点检质量和频次，通过逐步试验，确定了最适合现场工作条件的夹送辊辊缝值，通过数据跟踪，有效减少了 850mm 轧线因夹送辊辊缝异常造成的废钢及其产生的误时，提高了产量和带钢成材率。

（二）滑板尺寸小

实施情况：

（1）3 月 15 日，小组与轧辊工段协商，轧辊工段利用停车时间将现有的所有精轧工作辊和支撑辊轴承箱滑板尺寸进行测量，小于尺寸公差的集中放置，进行外委修复。

（2）机修车间自制精轧牌坊窗口对中测量装置，利用停轧测量精轧牌坊窗口尺寸，对于磨损严重的滑板进行加垫或更换处理。

通过以上措施实施，经过间隙测量和数据分析，机架牌坊滑板与精轧工作辊轴承箱滑板之间的间隙值符合标准要求，见表 30-8。

表 30-8　牌坊间隙对比表

项　目	调整前	调整后	图纸要求
间隙/mm	0.8～1.3	0.2～0.4	≤0.5

（制表：李磊；时间：2018 年 3 月 15 日）

结论：轧辊工段和机修车间相结合，通过对轴承箱滑板尺寸和牌坊滑板尺寸进行定期检测和控制，保证间隙值满足生产要求，保证了 850mm 轧线的生产顺行。

（三）倒角尺寸不合理

实施情况：小组利用校企合作机会，积极与专业教师交流和沟通，结合北京科技大学科研团队，优化精轧支撑辊倒角尺寸，减少因轧制期间产生的应力集中而导致的支撑辊掉肩，见表 30-9。

表 30-9　支撑辊倒角优化表

项　目	调整前	调整后
支撑辊倒角尺寸/mm×mm	90×(80～120)	90×(50～80)

（制表：魏辉宁；时间：2018 年 3 月 20 日）

结论：设计合理的支撑辊倒角尺寸，实施后精轧支撑辊未出现掉肩现象，措施实施有效。

九、效果检查

（一）目标完成情况

经过各项对策的逐一有效落实，小组成员陈四平对 2018 年 4～6 月 850mm 轧线吨钢轧辊消耗进行了统计，结果见表 30-10 和图 30-14。

表 30-10　2018 年 4~6 月 850mm 轧线吨钢轧辊消耗

月　份	4	5	6	平均
吨钢轧辊消耗/kg · t^{-1}	0. 505	0. 501	0. 506	0. 504

（制表：陈四平；时间：2018 年 6 月 30 日）

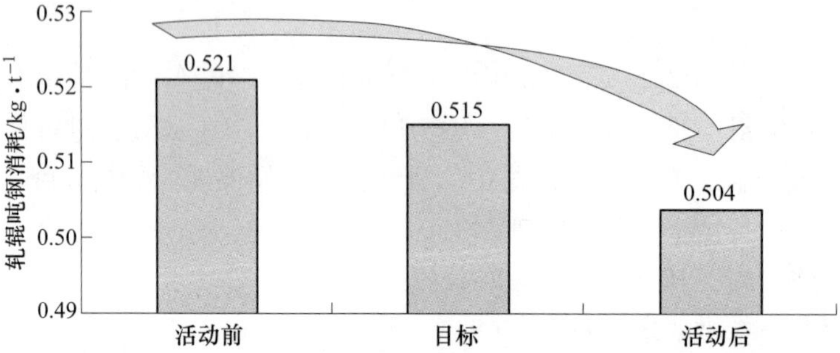

图 30-14　轧辊吨钢消耗对比图

（制图：陈四平；时间：2018 年 6 月 30 日）

结论：通过与活动目标对比，证明本次活动措施实施有效，目标实现。

小组再次对精轧工作辊异常消耗进行统计分析，结果见图 30-15。

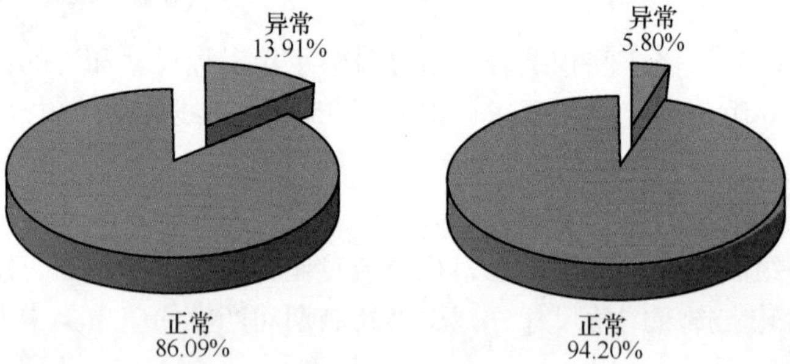

图 30-15　轧辊异常消耗比例对比图

（制图：魏辉宁；时间：2018 年 7 月 1 日）

结论：通过小组活动，成功将异常消耗降低了 50%。

（二）效益分析

1. 经济效益

活动前后轧辊吨钢消耗（月均值）：

实施前（2017 年 10~12 月）为 0. 521kg/t；

实施后（2018 年 4~6 月）为 0. 504kg/t。

效益计算公式：

$(0.521 - 0.504)\text{kg/t} \times 90000\text{t}/1000 \times 17500 \text{元/t} \times 6 = 16.07$ 万元。

本次活动经济效益得到公司领导认可，如图 30-16 所示。

2. 无形效益

本次活动的开展，有效地降低了 850mm 轧线的吨钢轧辊消耗，为公司降本增效贡献

关于轧钢厂降低 850 线吨钢轧辊消耗成果应用
经济效益测算

单位	轧钢厂		
项目名称	降低 850 线吨钢轧辊消耗	负责人	李 磊
类型	管理类　经营类　技术类　设备类　安环类　其他类		
实施前后对比	实施前	实施后	提升水平
	平均吨钢轧辊消耗为 0.521kg/t	平均吨钢轧辊消耗为 0.504kg/t	(0.521 - 0.504)kg/t* 90000 吨/1000 * 17500 元/吨 *6= 16.07 万元
项目实施时间	2018.4	项目完成时间	2018.9
效益评估	效益合计：16.07 万元		
	轧辊单价 175000 元/吨		

财务部（盖章）

图 30-16　效益测量表
（制图：牛跃威；时间：2018 年 7 月 1 日）

了力量，同时，一种精轧工作辊窗口对中度辅助测量装置实用新型专利获得授权，见图 30-17。

十、巩固措施

（1）将卷取夹送辊设定标准纳入 850mm 轧线工艺技术规程。

（2）建立工艺件测量台账，并定期进行测量，将牌坊窗口尺寸、轴承箱滑板尺寸纳入工序质量控制标准中。

（3）将精轧支撑辊倒角尺寸纳入轧辊管理制度中。

小组成员陈四平对巩固期 2018 年 7~9 月 850mm 轧线吨钢轧辊消耗进行了统计，结果见表 30-11。

表 30-11　2018 年 7~9 月 850mm 轧线吨钢轧辊消耗

月　份	7	8	9	平均
吨钢消耗/$kg \cdot t^{-1}$	0.500	0.490	0.486	0.492

（制表：陈四平；时间：2018 年 9 月 28 日）

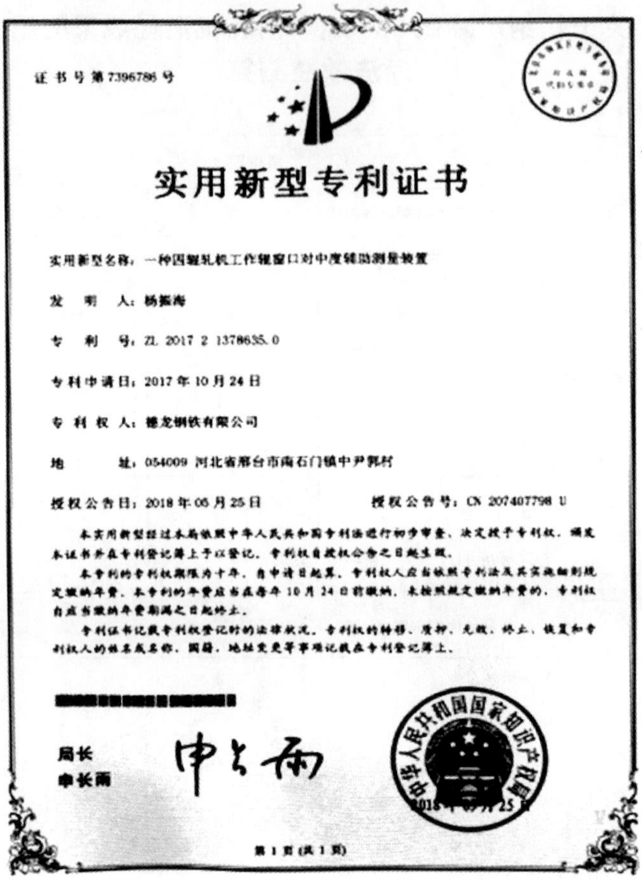

证书号第7396786号

实用新型专利证书

实用新型名称：一种四辊轧机工作辊窗口对中度辅助测量装置

发　明　人：杨振海

专　利　号：ZL 2017 2 1378635.0

专利申请日：2017年10月24日

专利权人：德龙钢铁有限公司

地　　址：054009 河北省邢台市南石门镇中尹郭村

授权公告日：2018年06月25日　　　授权公告号：CN 207407798 U

本实用新型经过本局依照中华人民共和国专利法进行初步审查，决定授予专利权，颁发本证书并在专利登记簿上予以登记。专利权自授权公告之日起生效。

本专利的专利权期限为十年，自申请日起算。专利权人应当依照专利法及其实施细则规定缴纳年费。本专利的年费应当在每年10月24日前缴纳。未按照规定缴纳年费的，专利权自应当缴纳年费期满之日起终止。

专利证书记载专利权登记时的法律状况。专利权的转移、质押、无效、终止、恢复和专利权人的姓名或名称、国籍、地址变更等事项记载在专利登记簿上。

局长
申长雨

第1页（共1页）

图 30-17　专利证书

（制图：刘立辉；时间：2018 年 7 月 1 日）

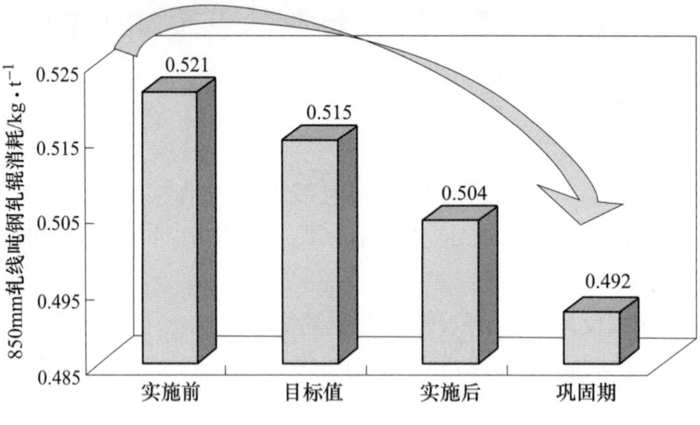

图 30-18　巩固期效果对比图

（制图：李磊；时间：2018 年 9 月 30 日）

小组成员李磊针对巩固期效果完成情况与实施前后吨钢轧辊消耗再次进行统计分析，如图 30-18 所示，850mm 轧线吨钢轧辊消耗呈稳步下降趋势，达到理想的效果。

十一、总结和下一步打算

（一）总结

（1）小组通过活动，有效降低了 850mm 轧线吨钢轧辊消耗，为厂部降本增效工作贡献一分力量。

（2）小组对 QC 知识有更深层次的掌握，熟练掌握了 QC 工具的运用方法，提高了分析问题、解决问题的能力，提升了团队的协同意识和凝聚力，为后续 QC 小组活动开展奠定了良好基础。

（二）今后打算

通过本次 QC 小组活动，轧辊异常消耗高这个症结得到显著改善，有效控制了废钢和烧箱问题，为公司提产创效贡献了力量，小组成员通过商议，下一步将把《提高 850mm 轧线产品尺寸精度》作为持续改善的活动目标。

案例31　降低炼焦用洗精煤单耗

河北普阳钢铁有限公司

陈　波

一、小组简介

团结号QC小组成立于2012年元月，小组成员8人，组长由厂长带头，技术科科长和技术员负责技术攻关，各工段长全面配合实施，人员结构搭配合理，人均活动时间72课时。小组成员简介如表31-1所示。

表31-1　小组成员简介

序号	姓名	职务	文化程度	技术职称	TQC教育学时/课时
1	刘红兵	厂　长	本科	工程师	72
2	王永生	科　长	本科	工程师	72
3	赵生旺	主　任	专科	工程师	72
4	申慧军	主　任	本科	技　师	72
5	王卫平	主　任	专科	技　师	72
6	陈　波	技术员	大专	助理工程师	72
7	郭江华	统计员	大专	助理工程师	72
8	郭建华	统计员	高中	助理工程师	72

（制表：陈波；时间：2014年7月1日）

小组从节能降耗，降本增效，全面提高回收率方面着手，致力于攻关各项难题，不断提升产品品质，为企业创造效益。自成立以来，曾连续荣获2013年度河北省质量管理优秀成果二等奖，2014年度河北省质量管理优秀成果一等奖，小组本次活动具体情况见表31-2。

表31-2　小组基本情况

小组名称	团结号QC小组	成立时间	2012年1月
课题名称	降低炼焦用洗精煤单耗		
课题类型	攻关型	组长	孟学钢
活动日期	2014年7月1日~2014年12月31日	课题注册	2014年6月5日
小组成员	8人	注册编号	py201401
活动频次	1~2次/月	QC活动时间	72课时
小组曾获荣誉	2013年荣获河北省质量管理优秀成果二等奖； 2014年荣获河北省质量管理优秀成果一等奖		

（制表：陈波；时间：2014年7月1日）

小组成员制定了详细的活动计划表，见表 31-3。

表 31-3　小组活动计划表

序号	计划项目	7 月	8 月	9 月	10 月	11 月	12 月
1	选定课题	- - -→ ——→	- - -→ ——→				
2	目标设定		- - -→ ——→	- - -→ ——→			
3	可行性分析			- - -→ ——→			
4	原因分析			- - -→ ——→	- - -→ ——→		
5	要因确认				- - -→ ——→	- - -→ ——→	
6	制定对策					- - -→ ——→	
7	实施对策					- - -→ ——→	- - -→ ——→
8	效果检查					- - -→ ——→	- - -→ ——→
9	总结及今后打算						- - -→ ——→

注：- - -→ 计划进度；——→ 实际进度。

（制表：陈波；时间：2014 年 7 月 1 日）

二、选择课题

（一）选题背景

（1）目前中国钢铁行业产能严重过剩，生存环境急剧恶化，为保证利润空间，对生产成本的要求随之提高。

（2）公司产品与周边单位（新兴铸管、天铁）对比存在一定差距，见表 31-4。在当前以节能降耗为主题的条件下，如不及时改进会影响公司效益和市场竞争力。

表 31-4　2014 年现状（炼焦用洗精煤对比表）

冶金焦率	1 月	2 月	3 月	4 月	5 月	6 月
普阳 洗精煤单耗/$t \cdot t^{-1}$	1. 327	1. 335	1. 330	1. 331	1. 320	1. 300
新兴铸管 洗精煤单耗/$t \cdot t^{-1}$	1. 306	1. 301	1. 294	1. 300	1. 296	1. 299
天铁焦化 洗精煤单耗/$t \cdot t^{-1}$	1. 295	1. 298	1. 294	1. 297	1. 293	1. 299

（制表：郭江华；时间：2014 年 8 月 1 日）

（3）厂部要求苦练内功，降本增效。

（二）公司要求

2014 年公司提出挖潜增效，提高成本控制力，要求本厂炼焦用洗精煤降至 1. 32t/t。

（三）厂部要求

经过与先进企业对标并结合我厂实际，厂部要求炼焦用洗精煤降至 1. 30t/t。

（四）课题选择

降低炼焦用洗精煤单耗。

三、设定目标

经过小组对周边焦化厂 2014 年炼焦用洗精煤单耗进行统计调查，新兴铸管炼焦洗精煤单耗为 1.299t/t，天铁炼焦洗精煤单耗为 1.296t/t，所以小组目标设定为 1.298t/t，相信一定能完成。

（一）目标设定依据 1

小组收集 2014 年 1~6 月炼焦洗精煤单耗数据，见表 31-5，并绘制趋势图如图 31-1 所示，其中 6 月最低单耗较接近先进企业单耗指标。

表 31-5　炼焦洗精煤单耗 1~6 月对比

月　份	1	2	3	4	5	6
单耗/$t \cdot t^{-1}$	1.327	1.335	1.330	1.331	1.320	1.300

（制表：陈波；时间：2014 年 8 月 25 日）

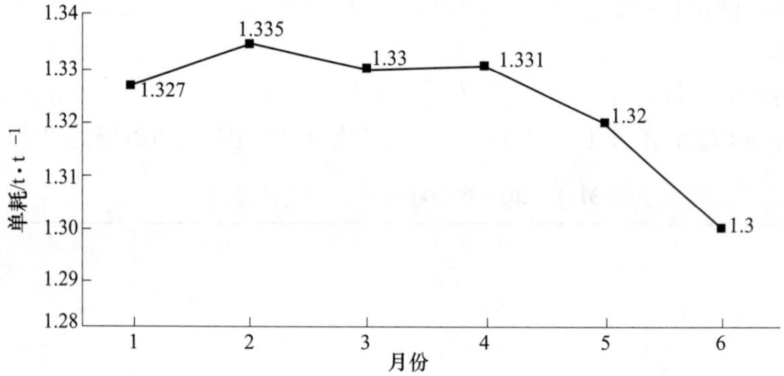

图 31-1　2014 年 1~6 月炼焦用洗精煤单耗趋势图

（制图：陈波；时间：2014 年 8 月 25 日）

（二）目标设定依据 2

我厂洗精煤单耗高于兄弟企业，还有很大的进步空间，如图 31-2 所示。

四、要因分析

确定好目标后，小组应用鱼骨图从人、机、料、法、环、测 6 个方面集思广益，针对洗精煤单耗高，进行原因讨论分析，如图 31-3 所示。

根据鱼骨图分析，列出 10 条末端因素，并制定末端因素确认计划表，见表 31-6。

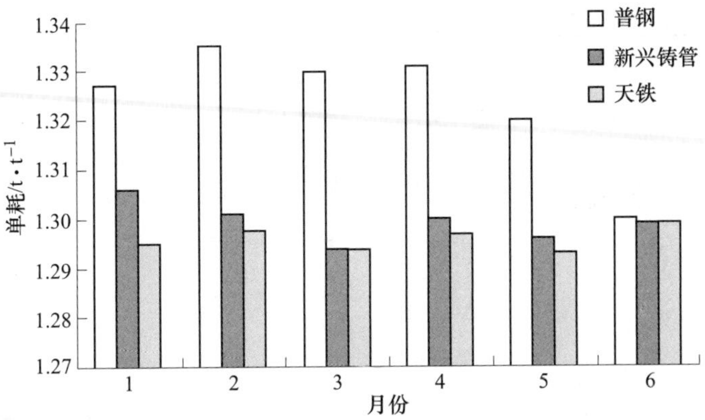

图 31-2　洗精煤单耗柱状图

（制图：郭江华；时间：2014 年 8 月 25 日）

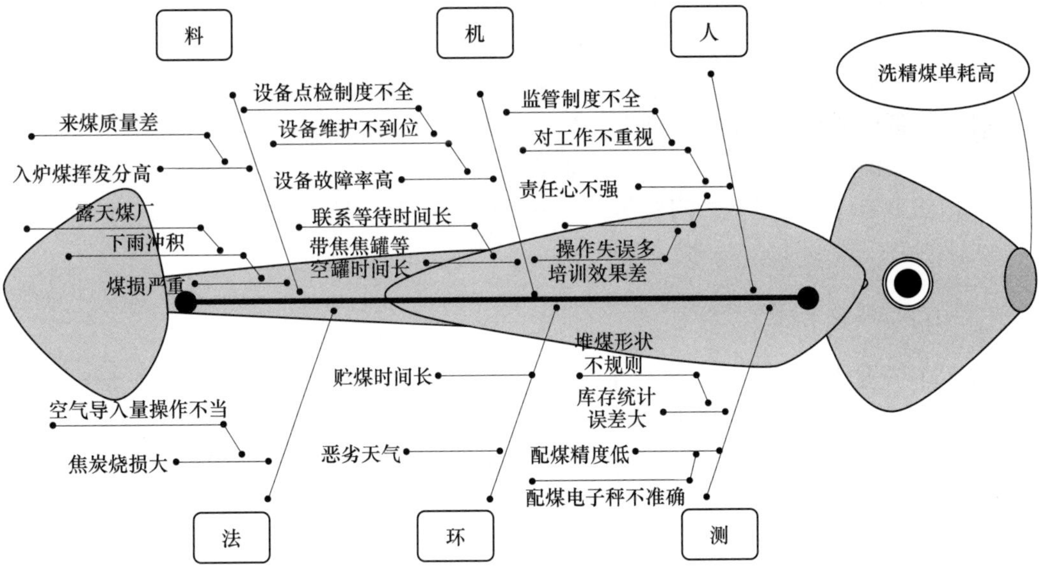

图 31-3　鱼骨图

（制图：陈波；时间：2014 年 10 月 10 日）

表 31-6　末端因素确认计划表

序号	末端因素	确认方法	确认内容	确认标准	确认时间	确认人
1	监管制度不全	调查法	确认制度中是否有监督抽查的内容	《作业制度》中对监督抽查有明确规定	10 月 10 日	孟学钢
2	培训效果差	调查法	确认培训效果	合格率 100%	10 月 12 日	孟学钢
3	联系等待时间长	调查法	等空罐时间是否超过 1min	等空罐时间<1min	10 月 14 日	孟学钢
4	设备点检制度不全	调查法	是否有明确的点检制度	设备点检制度	10 月 16 日	王永生
5	来煤质量差	统计法	是否达到合同要求	合格率达到 98%	10 月 18 日	郭建华

续表 31-6

序号	末端因素	确认方法	确认内容	确认标准	确认时间	确认人
6	露天煤厂	现场法	恶劣天气时是否有扬尘或流失	恶劣天气造成煤粉扬尘或流失	10 月 18 日	郭建华
7	空气导入量不当	统计法	查看循环气体化验记录	干熄焦作业标准	10 月 19 日	赵生旺
8	贮煤时间长	统计法	来煤储存情况	符合来煤贮存时间规定	10 月 22 日	郭江华
9	堆煤形状不规则	统计法 调查法	账物是否相符	误差±5%	10 月 26 日	郭建华
10	配煤电子秤不准确	调查法	显示与砝码是否相符	相符	10 月 27 日	王卫平

（制表：陈波；时间：2014 年 10 月 10 日）

五、要因确认过程

（一）监管制度不全

（1）每班至少跑盘两次，且配煤误差小于 5%。
（2）焦炉温度承包到责任人，与标准温度误差±10℃。
（3）四车定位后方可摘炉门推焦，摘炉门与推焦时间不超过 1min。
确认结论：非要因。

（二）培训效果差

调查 2014 年上半年炼焦车间操作人员的理论及实践综合考试成绩，优秀 58%，优良 26%，及格 16%，合格率 100%，见表 31-7。

表 31-7 培训结果统计

考试人数	管理人员	操作人员	调火工	合格率/%
	15	180	20	100
优秀人数（≥95 分）	10	100	15	58
优良人数（80~90 分）	3	50	3	26
及格人数（60~80 分）	2	30	2	16
不及格人数	0	0	0	0

（制表：陈波；时间：2014 年 10 月 12 日）

确认结论：非要因。

（三）设备点检制度不全

（1）没有制定明确的设备倒换制度，备用设备不在备用状态。
（2）设备没有明确责任人。
（3）对设备维护人员没有制定奖惩办法。
确认结论：要因。

（四）等待联系时间长

现场抽查 6 月和 7 月记录表，等空罐时间均在 1min 以上，见表 31-8。

表 31-8　现场抽查记录表

时　间	6 月				7 月			
	第一周	第二周	第三周	第四周	第一周	第二周	第三周	第四周
等待时间/min	2	1.5	1.1	0.9	2.3	0.9	1.3	1.5

（制表：陈波；时间：2014 年 10 月 16 日）

确认结论：要因。

（五）来煤质量差

经统计 1~6 月煤验收化验单，合格率均在 98%以上，见表 31-9。

表 31-9　1~6 月煤验收化验单

月　份	1	2	3	4	5	6
合格率/%	98.5	99	99.3	99.1	98.3	98.8

（制表：郭江华；时间：2014 年 10 月 18 日）

确认结论：非要因。

（六）露天煤厂

（1）下大雨后现场查看发现煤场周边低洼地带有大量煤沉淀无法回收；
（2）暴风时造成大量煤粉扬尘，附近地带有大量煤粉。
确认结论：非要因。

（七）空气导入量操作不当

经查看 1~6 月循环气体化验记录，CO、H_2 均控制在范围内，CO 含量不高于 6%，H_2 含量不高于 2%，见表 31-10。

表 31-10　1~6 月查看循环气体化验记录

月份	1	2	3	4	5	6
CO/%	5.4	5.3	4.8	5.1	4.5	5.0
H_2/%	1.5	1.9	1.7	1.8	1.7	1.8

（制表：陈波；时间：2014 年 10 月 19 日）

确认结论：非要因。

（八）贮煤时间长

经查看来煤存放记录，5 种煤种实际存放均少于规定存放时间，见表 31-11。

表 31-11 外进煤存放记录表

煤 种	气煤	肥煤	主焦煤	瘦煤	1/3 焦煤
规定存放时间/d	30	50	50	60	50
实际存放时间/d	20	15	20	30	20

（制表：郭建华；时间：2014 年 10 月 22 日）

确认结论：非要因。

（九）煤堆形状不规则

经查看 1~6 月盘库记录表，盈亏范围均控制在±0.01kg 范围内，见表 31-12。

表 31-12 1~6 月盘库记录表

月 份	1	2	3	4	5	6
账面/t	32400	43250	44250	54250	46520	63450
盘库/t	31950	44800	43650	55850	47150	61950
亏盈率/%	-1.40	3.50	-1.40	2.90	1.40	-2.40

（制表：郭江华；时间：2014 年 10 月 26 日）

确认结论：非要因。

（十）配煤电子秤不准确

经查看 1~6 月校秤记录表，电子秤与砝码误差均控制在±5%范围内，见表 31-13。

表 31-13 1~6 月校秤记录表

月 份	1	2	3	4	5	6
砝码数/kg	20	20	20	20	20	20
电子秤显示数/kg	20.005	19.996	19.998	20.008	20	20.005
误差数/kg	0.005	-0.004	-0.002	0.008	0	0.005

（制表：郭建华；时间：2014 年 10 月 27 日）

确认结论：非要因。

通过以上验证，小组确认影响洗精煤单耗的三项主要因素是：

（1）设备点检制度不健全。

（2）联系等待时间长。

（3）露天煤厂。

六、制定对策

针对影响洗精煤单耗的三项主要因素，小组制定了对策、目标、措施、负责人、完成时间，并制定了对策实施计划表，各项对策由工段负责人进行落实实施，见表 31-14。

表 31-14　对策表

序号	要因	对策	目　标	措　施	负责人	完成时间
1	设备点检制度不健全	完善设备管理制度	设备完好率 99%	认真组织生产，建立设备倒换机检修制度	王永生	2014 年 11 月 30 日
2	联系等待时间长	缩短等待时间	等待时间不超过 1min	加强小火车和干熄焦主控室的联系确认	赵生旺	2014 年 11 月 30 日
3	露天煤厂	建设防风防雨设施	杜绝恶劣天气造成煤粉流失	煤场棚化、喷淋、覆盖	孟学钢	2014 年 11 月 30 日

（制表：陈波；时间：2014 年 11 月 10 日）

七、对策实施

（一）对策实施一

对策：完善设备管理制度。

实施：

（1）11 月 15 日由小组成员建议，厂部领导同意后建立了主要设备倒换制度即每月 15 日倒用备用设备，将停下的设备检修维护；

（2）建立设备承包制度及三级点检制度，减少设备事故；

（3）厂部决定对在一周内未发生因设备事故造成停产，奖励维修段长现金 1000 元；否则影响一炉产量考核维修段长 100 元。

效果：实施后 11 月设备完好率 99%以上，明显高于实施前 93%，见表 31-15。

表 31-15　设备完好率情况统计表

时间	2014 年 6 月				2014 年 11 月			
	第一周	第二周	第三周	第四周	第一周	第二周	第三周	第四周
设备完好率/%	92	93	90	94	99	99	100	99.5

（制表：陈波；时间：2014 年 12 月 1 日）

（二）对策实施二

对策：缩短等待时间。

实施：

（1）推焦时与干熄焦主控取得联系确认；

（2）修订自动化程序，调整升降罐时间与推焦相匹配。

效果：实施后 0.8min 左右比实施前 1.7min 等待时间缩短了 0.9min，见表 31-16。

表 31-16　空罐等待时间统计表

时间	2014 年 6 月				2014 年 11 月			
	第一周	第二周	第三周	第四周	第一周	第二周	第三周	第四周
等待时间/min	1.5	1.8	1.9	1.6	0.9	0.8	0.8	0.7

（制表：陈波；时间：2014 年 12 月 1 日）

（三）对策实施三

对策：建设防雨防风设施。

实施：

（1）建立现场喷淋制度，每间隔 2h 喷淋 1 次，由当班煤场管理员负责；

（2）现场煤堆由遮阳网进行全面覆盖，由赵志强负责；

（3）对露天煤场进行棚化，由江苏鑫蓬公司负责筹建。

效果：采取喷淋覆盖的临时措施，最大限度上控制了煤粉的流失，大棚建成后从根本上解决煤粉流失，控制了煤粉扬尘，为减少环境污染做出贡献。

八、效果检查

（一）效果检查

洗精煤单耗由 2014 年上半年的 1.324t/t 逐步降到了 2014 年 10 月～2015 年 3 月的 1.298t/t，焦煤耗降低 0.026t/t，活动投入资金 2.98 万元，活动总效益 692.82 万元。

（二）自我评价

通过本次活动，小组成员提高了运用 QC 方法解决生产难题的能力，在质量意识、个人能力、QC 意识、团队精神及自信心等方面都有提高，如图 31-4 所示。

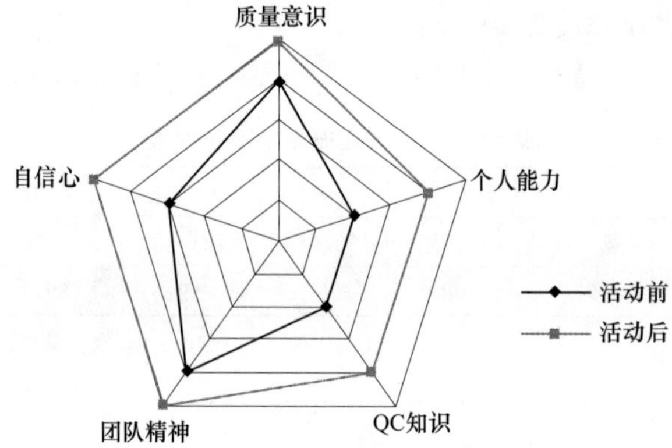

图 31-4 雷达图

（制图：陈波；时间：2014 年 12 月 20 日）

（三）巩固措施

为了更好地巩固成绩，小组制定了以下措施，并落实到车间，见表 31-17。

表 31-17 巩固措施标准化

序号	标准化	纳入标准	负责人	完成时间
1	针对设备完好率低制定了设备倒换、承包、奖惩制度	维修工段设备管理制度	王永生	2014 年 12 月
2	针对带焦焦罐等空罐时间长制定了联系确认和自动化管理制度	炼焦工段日常生产管理制度	孟学钢	2014 年 12 月

续表 31-17

序号	标准化	纳入标准	负责人	完成时间
3	针对恶劣天气煤粉流失制定了喷淋覆盖制度	备煤工段日常生产管理制度	孟学钢	2014 年 12 月

（制表：陈波；时间：2014 年 12 月 25 日）

（1）针对设备完好率低，制定了设备倒换、承包、奖惩制度，纳入维修工段设备管理制度。

（2）针对带焦焦罐等空罐时间长，制定了联系确认和自动化管理制度，纳入炼焦工段日常生产管理制度。

（3）针对恶劣天气煤粉流失，制定了喷淋覆盖制度，纳入备煤工段日常生产管理制度。

（四）巩固效果

为巩固活动成果，小组统计 4 月煤单耗为 1.298t/t，低于目标值，如图 31-5 所示。

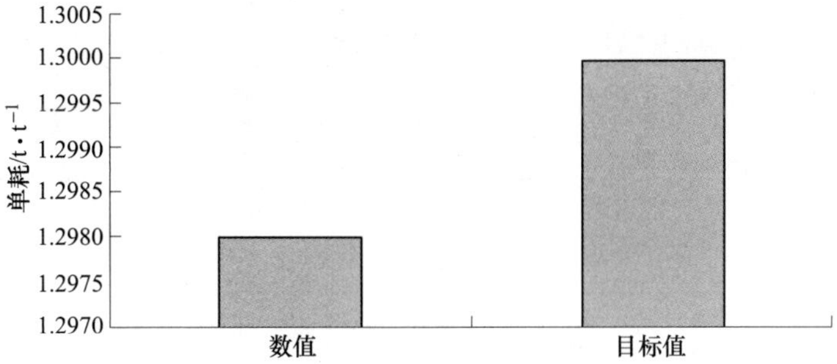

图 31-5　2015 年 4 月煤单耗柱状图

（制图：郭江华；时间：2015 年 5 月 5 日）

九、总结及下一步打算

小组成员通过本次活动，找到了影响洗精煤单耗的原因，虽然困难比较多，但经过小组成员共同努力，最终出色完成项目任务，并让小组成员相信办法要比困难多，因此，明年小组将围绕节能降耗为主题，以《降低吨焦煤气消耗》开展下一轮 PDCA 循环。

案例 32　降低炼钢 8kPa 焦炉煤气单耗

首钢京唐钢铁联合有限责任公司

边可萌

一、小组简介

炼钢作业部能源 QC 小组成立于 2018 年 2 月，活动时间从 2018 年 2 月至 10 月，属于现场攻关型，现有 QC 小组成员 9 人，小组概况见表 32-1。

表 32-1　小组概况

小组名称	炼钢能源 QC 小组				
活动课题	降低炼钢 8kPa 焦炉煤气单耗				
成立日期	2018 年 12 月		课题类型	攻关型	
组长	边可萌		发布人	边可萌	
活动时间	2018 年 2~10 月		小组成员	9 人	
小组成员信息及分工					
序号	姓名	性别	文化程度	岗位职务	小组分工
1	边可萌	女	能源管理/本科	中级工程师	组长
2	高　越	男	设备管理/本科	中级工程师	设备方面技术支持
3	杨永霞	女	设备管理/本科	中级工程师	
4	王　鑫	男	工艺技术员/本科	中级工程师	数据分析
5	张　坤	男	检修管理/研究生	中级工程师	数据收集分析
6	蔡　攀	男	特种设备/研究生	中级工程师	数据分析
7	王腾飞	男	材料管理/本科	中级工程师	数据收集分析
8	尚明洋	男	工艺技术员/本科	助理工程师	数据收集
9	王　崇	男	工艺技术员/本科	中级工程师	钢包使用技术支持

二、课题选择

（一）选题理由

（1）随着京唐二期工程的启动，公司煤气供需平衡压力越来越大，要求各用户减少燃气消耗，减少外购能源成本。

（2）考虑到降本需求，为完成公司下达的降成本任务，作业部提出要求煤气消耗要在上年基础上降低 0.5m^3/t 钢。

（3）将炼钢工序煤气消耗与同行业水平对比，仍有一定差距，如图 32-1 所示。

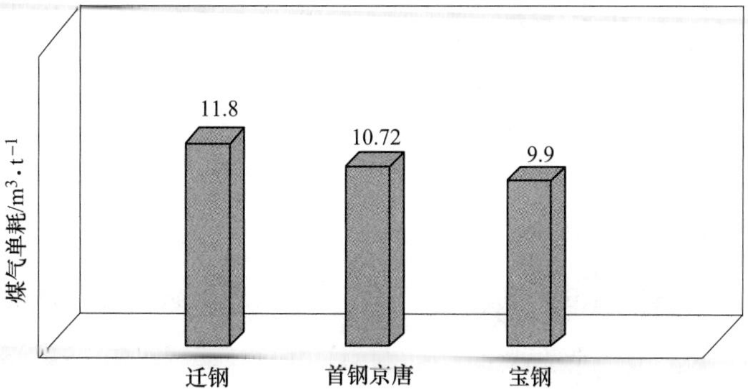

图 32-1　煤气消耗对标情况

（二）选题确认

应用柏拉图进一步对炼钢部三种焦炉煤气消耗量进行分析，8kPa 和 0.6MPa 焦炉煤气占整个炼钢部焦炉煤气消耗量的 82.1%（如图 32-2 所示）。0.6MPa 焦炉煤气主要用户为连铸切割车使用，由自动化控制且连续使用，改善空间小，最终，选择占比较高且改善空间较大的 8kPa 焦炉煤气作为本项目主体，确定项目课题为《降低 8kPa 低压焦炉煤气单耗》。

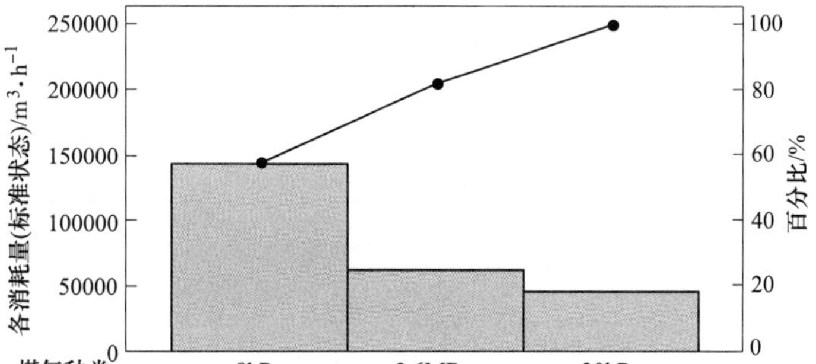

煤气种类	8kPa	0.6MPa	20kPa
各消耗量(标准状态)/$m^3 \cdot h^{-1}$	143553	61352	44655
百分比/%	57.5	24.6	17.9
累计百分比/%	57.5	82.1	100.0

图 32-2　炼钢部煤气消耗分布

三、现状调查

小组人员就课题现状进行详细调查：炼钢工序使用的 8kPa 焦炉煤气由公司管网负责供应，从炼钢主厂房进入炼钢内部，然后由 5 根分支输送至铁包、钢包、渣罐、中间包及水口进行烘烤，流程如图 32-3 所示。

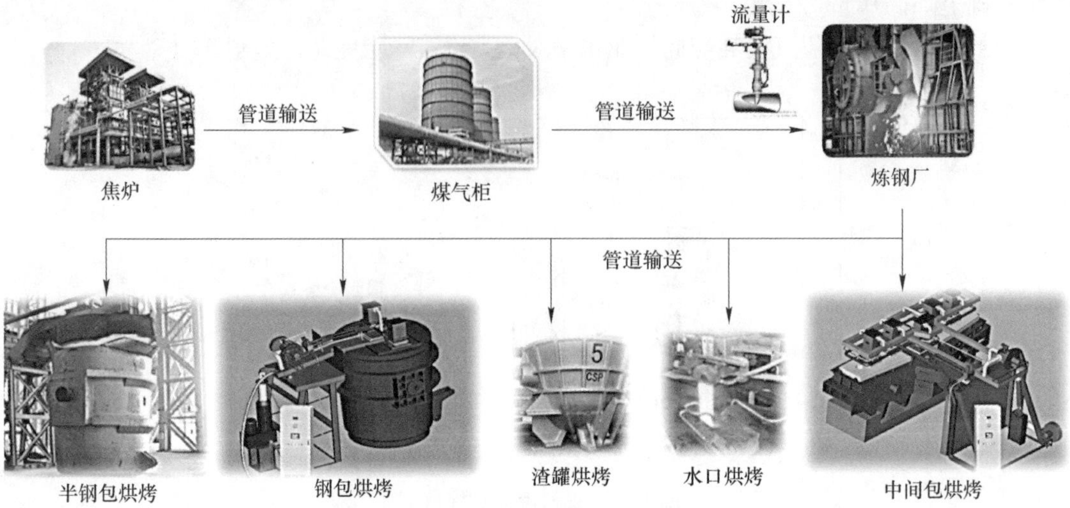

图 32-3 炼钢部煤气输送流程及用户点

进一步将各类烘烤用户数量及消耗量进行梳理，如表 32-2 和图 32-4 所示。

表 32-2 烘烤用户数量

序 号	种 类	数 量
1	铁包烘烤器	4
2	钢包离线烘烤器	8
3	钢包盖烘烤器	1
4	中间包在线烘烤器	8
5	中间包离线烘烤器	4
6	渣罐烘烤器	2
7	中间包水口烘烤器	8

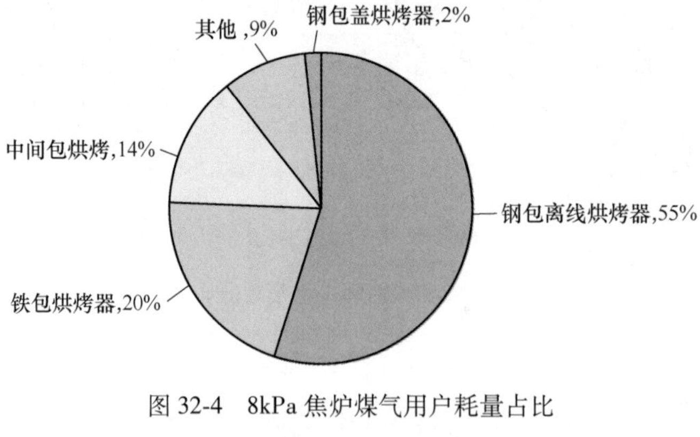

图 32-4 8kPa 焦炉煤气用户耗量占比

通过分析发现，钢包烘烤器占比最大达 55%，铁包烘烤器占比 20%，中间包烘烤占比 14%，其他用量则较少，由于各类烘烤设备及管理存在相似性，因此锁定钢包烘烤作为影响 8kPa 单耗的关键因素，就此展开重点分析改善。

四、目标设定

根据作业部要求的降低 0.5m^3/t，小组将目标设定为 5.6m^3/t，对目标的可行性进行分析，通过调查历史消耗水平，发现 2017 年最好水平曾达到 5.5m^3/t，因此确定目标可行。

同时为响应公司循环经济建设需求，节能降耗、缩减成本势在必行，在这一基础上小组又设定了终极目标为 5.5m^3/t，如图 32-5 所示。

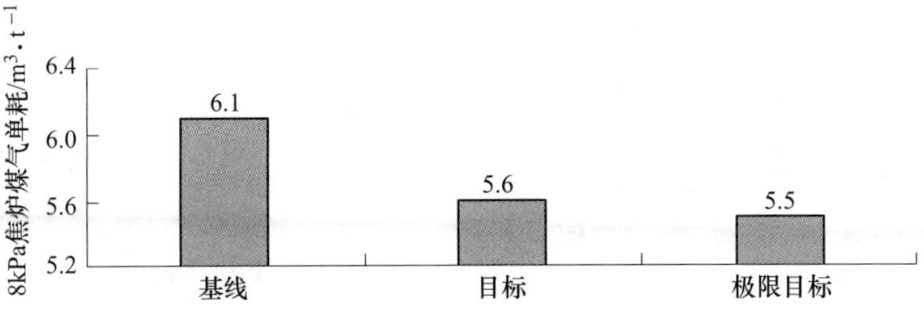

图 32-5　基线、目标和极限目标

五、活动计划

小组成员共同制定了详实的活动计划，见表 32-3。

表 32-3　小组活动计划

项　目		负责人	2018 年 2 月	2018 年 3 月	2018 年 4 月	2018 年 5 月	2018 年 6 月	2018 年 7 月	2018 年 8 月	2018 年 9 月	2018 年 10 月
P	课题选择	边可萌、高越、蔡攀	- - -→ ——→								
P	目标设定	边可萌、高越、王鑫、李鑫		- - -→ ——→							
P	现状调查	蔡攀、王腾飞、杨永霞、王鑫			- - -→ ——→						
P	要因分析	高越、王腾飞、尚明洋				- - - - ————	-→ →				
P	制定对策	张坤、高越、边可萌					- - - - ————	- -→ ——→			
D	对策实施	高越、王崇、王鑫							- - - - - —————	-→ →	
C	效果确认	王腾飞、李鑫、杨永霞、尚明洋								- - - - - —————	-→ →
A	巩固措施	高越、边可萌、张坤、蔡攀									- - -→ ——→

注：- - -→ 计划进度；——→ 实际进度。

六、要因分析

（一）鱼骨图查找因子

首先，应用鱼骨图从人、机、料、法、环五个方面对钢包烘烤工序煤气消耗进行分析，找到影响因子 53 项，如图 32-6 所示。

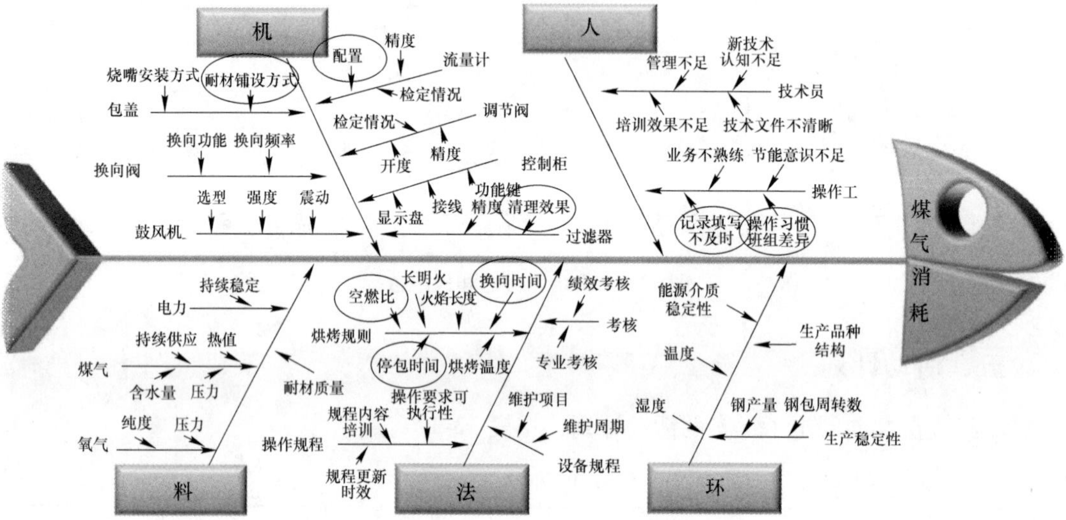

图 32-6　钢包烘烤煤气消耗的鱼骨图分析

（制图：高越；时间：2018 年 5 月）

（二）FMEA 分析确定末端因素

小组应用 FMEA 分析，将得分 140 分以上的因素确定为末端因素，如表 32-4 所示。

表 32-4　FMEA 分析打分表

因　子		影响程度	发生频率	执行程度	总和
过滤器	清理效果不好	8	8	5	320
包盖	耐材安装方式	7	8	5	280
操作工	班组差异	8	8	3	192
操作工	操作记录不完整	8	8	3	192
流量计	配置不完整	8	8	3	192
烘烤制度	换向时间设定不合理	8	7	3	168
烘烤制度	空燃比设定不合理	8	6	3	144
烘烤制度	停包再烘烤时间设定不合理	8	6	3	144
设备规程	维护周期不合理	5	4	5	100
操作规程	要求可执行性不足	8	3	4	96
控制柜	接线故障	6	3	5	90
操作规程	更新实效不足	7	3	4	84
包盖	烧嘴安装方式	4	4	5	80

续表 32-4

因　　子		影响程度	发生频率	执行程度	总和
技术员	新技术认识不足	3	5	5	75
烘烤制度	烘烤温度设定不合理	8	3	3	72
操作工	节能意识不足	4	5	3	60
控制柜	显示盘功能损坏	6	2	5	60
换向阀	换向功能性不足	6	2	5	60
换向阀	换向时间不准确	6	2	5	60
操作规程	内容培训不足	5	3	4	60
设备规程	维护项目不完善	5	2	5	50
控制柜	功能键缺失	4	3	4	48
技术员	管理不足	5	3	3	45
技术员	培训不足	5	3	3	45
技术员	技术文件不清晰	7	2	3	42
过滤器	精度不满足	7	2	3	42
煤气	热值波动	7	1	6	42
煤气	含水量偏大	7	1	6	42
考核	绩效考核不合理	4	2	5	40
操作工	业务不熟	6	3	2	36
调节阀	精度不满足	6	2	3	36
调节阀	开度不合理	4	3	3	36
调节阀	未按要求检定	6	2	3	36
烘烤制度	火焰长度设定不合理	3	4	3	36
产量低		6	1	6	36
钢包周转数增加		6	1	6	36
流量计	精度不满足	5	2	3	30
流量计	未按要求检定	5	2	3	30
鼓风机	强度不足	5	2	3	30
考核	专业考核不合理	3	2	5	30
耐材	质量不足	4	1	6	24
鼓风机	震动大	3	2	3	18
电力	供应稳定性	3	1	6	18
煤气	供应稳定性	3	1	6	18
煤气	压力波动	3	1	6	18
氧气	纯度低	3	1	6	18
氧气	压力不稳定	3	1	6	18
烘烤制度	长明火设定不合理	3	2	3	18
能源介质稳定性		3	1	6	18
温度低		3	1	6	18
湿度大		3	1	6	18
产品结构变换		3	1	6	18
鼓风机	选型偏差	2	2	3	12

最终得到的末端因素共 8 项，分别为：

（1）不同班组操作有差异；

（2）烘烤记录填写不完整；

（3）停包再烘烤时间不合理；

（4）流量检测设备不齐全；

（5）包盖耐材质量不佳；

（6）煤气过滤器清理不到位；

（7）烘烤空燃比设定不合理；

（8）换向时间设定不合理。

（三）要因确认

对找到的 8 项末端因素制定要因确认表并逐条确认后填入表中，如表 32-5 ~ 表 32-12 所示。

表 32-5　不同班组操作差异的验证确认表

确认内容	不同班组操作有差异	确认人	王　崇
确认时间	2018 年 5 月	确认地点	修葺作业区
确认方法	调查、数据	确认标准	班组有无差异
确认过程	每月班组评比讨论会： （1）评比出本月工作中，质量、成本最优秀的班组，根据《炼钢部钢包烘烤管理办法》，给予奖励。 （2）讨论本月工作中，出现的异常班组，分析原因和寻求解决办法。 （3）重点检查夜班烘烤执行情况，对未按照规定执行的落实考核。 确认情况：经过对不同班组烘烤消耗煤气量进行统计对比，发现消耗量没有明显差异，且制定了相应规章制度，定期评比讨论，保证烘烤操作规范		
确认结果	班组之间无差异	结论	非要因

表 32-6　烘烤记录填写情况的验证确认表

确认内容	烘烤记录填写不完整	确认人	尚明洋
确认时间	2018 年 5 月	确认地点	钢包热修主控室
确认方法	现场查看	确认标准	是否
确认过程	确认情况：作业区操作工每班按要求填写烘烤记录，并定期对数据进行整理、归档，岗位专业技术人员进行分析总结		
确认结果	无明显关联	结论	非要因

表 32-7　停包再烘烤时间合理性的验证确认表

确认内容	停包再烘烤时间不合理	确认人	王　崇
确认时间	2018 年 5 月	确认地点	修葺作业区
确认方法	调查分析	确认标准	是否符合规定

确认过程：

编号	日期	K	钢包类型（大修	烤包器编号	开始烘烤时间	操作人	日期	班组	烘烤结束时间	操作人
1	10.1	K19	备用	2	0:30	朱海龙	10.1	丙班	23:50	侯旭华
3	10.1	14	备用	1	12:00	高守志	10.2	丙班	1:50	侯旭华
5	10.1	29	备用	3	14:30	高守志	10.2	丁班	12:00	赵小平
8	10.1	32	备用	4	19:00	高守志	10.2	丁班	16:00	赵小平
9	10.2	K22	周转	2	0:30	侯旭华	10.2	丁班	16:20	赵小平
10	10.2	K06	备用	1	2:50	侯旭华	10.3	丙班	19:50	侯旭华
12	10.2	14	周转	2	9:50	赵小平	10.2	丁班	13:10	赵小平
13	10.2	31	备用	2	14:10	赵小平	10.3	丙班	12:00	侯旭华
14	10.2	K17	备用	3	15:10	赵小平	10.3	丙班	13:40	侯旭华
16	10.2	K25	备用	4	20:50	高守志	10.3	丁班	22:20	赵小平
19	10.3	21	备用	2	12:50	侯旭华	10.4	丁班	5:30	赵小平
21	10.3	39	备用	3	14:40	侯旭华	10.5	丁班	17:20	赵小平
24	10.3	31	周转	1	21:00	赵小平	10.4	丁班	5:10	赵小平
26	10.3	K20	备用	4	23:30	岳志勇	10.5	甲班	23:20	肖建河
28	10.4	K06	周转	2	5:40	赵小平	10.5	丙班	1:50	侯旭华
29	10.4	41	备用	8	12:00	赵长保	10.5	丁班	13:00	岳志勇
31	10.4	31	周转	6	21:00	李志勇	10.4	丙班	23:00	侯旭华
32	10.4	K22	周转	1	21:20	侯旭华	10.5	丙班	5:40	侯旭华
34	10.5	K06	周转	2倒1	1:50	侯旭华	10.5	丁班	13:00	赵小平
36	10.5	28	备用	1	13:50	赵小平	10.6	甲班	0:30	肖建河
37	10.5	41	备用	8	14:00	岳志勇	10.6	甲班	2:40	赵长保
40	10.5	K16	备用	2	16:40	赵小平	10.6	甲班	1:00	肖建河
41	10.5	24	备用	3	17:30	赵小平	10.6	甲班	2:00	肖建河
42	10.6	12	备用	1	1:20	肖建河	10.6	乙班	8:45	许可
43	10.6	K02	备用	2	1:30	肖建河	10.6	乙班	14:30	许可

温度补偿细则2

铸机停浇至要求出钢时间

要求出钢时间-铸机停浇时间/min	补偿温度2	备注
$t<150$	0℃	烤包器钢包除外
$150\leqslant t<300$	5℃	
$t\geqslant300$	空值	

确认情况：对钢包停用后再上线烘烤时间的规定不明确，通过检查烘烤记录，发现存在无效烘烤造成的煤气浪费现象

确认结果	有明显关联	结论	要因 1

表 32-8　流量监测设备情况的验证确认表

确认内容	流量监测设备情况	确认人	蔡　攀
确认时间	2018 年 6 月	确认地点	煤气管道
确认方法	检查	确认标准	能否实现分支计量
确认过程	确认情况：烘烤煤气主管道及各烘烤器均安装有计量设备，定期校验且功能正常，消耗数据可统计分析，不影响操作		
确认结果	可实现计量	结论	非要因

表 32-9　耐材铺设情况的验证确认表

确认内容	耐材铺设方式	确认人	王腾飞
确认时间	2018 年 6 月	确认地点	修葺作业区
确认方法	调查分析	确认标准	对比
确认过程	确认情况：烘烤器烧嘴下线原因中，86%下线原因均为烧嘴四周纤维棉预制块脱落造成，因此需优化改善纤维棉铺设方式，以提高烘烤效率		
确认结果	铺设方式影响烘烤质量	结论	要因 2

表 32-10 煤气过滤器清理情况的验证确认表

确认内容	煤气过滤器清理情况	确认人	张 坤
确认时间	2018 年 6 月	确认地点	修葺作业区
确认方法	检查	确认标准	是否符合规定
确认过程	确认情况：过滤器清洗干净，烘烤器调节阀故障处理及时，未发生因过滤器堵塞造成调节故障，影响烘烤现象		
确认结果	符合规定	结论	非要因

表 32-11 燃煤配比情况的验证确认表

确认内容	燃煤配比	确认人	边可萌
确认时间	2018 年 5 月	确认地点	修葺作业区
确认方法	分析	确认标准	对比
确认过程	确认情况：现场调查烘烤器空燃配比情况，发现操作规程未对空燃比进行明确规定，1~8 号烘烤器实际空燃配比不统一，部分钢包烘烤火焰外溢明显，煤气使用不合理		
确认结果	影响燃气利用效率	结论	要因 3

表 32-12 换向阀换向时间设定情况的验证确认表

确认内容	换向阀换向时间设定	确认人	高 越
确认时间	2018 年 5 月	确认地点	修葺作业区
确认方法	调查	确认标准	判断
确认过程	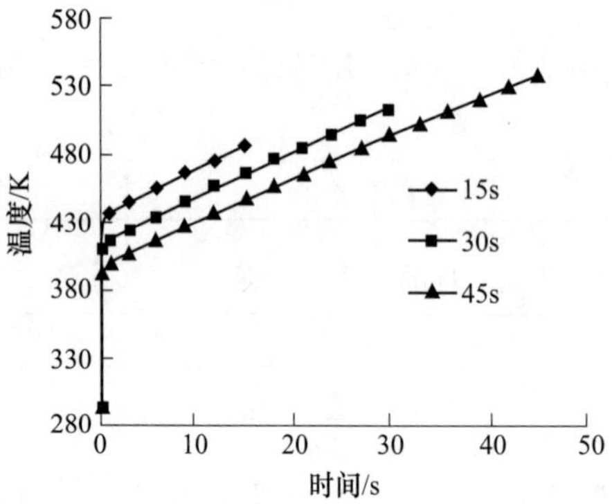 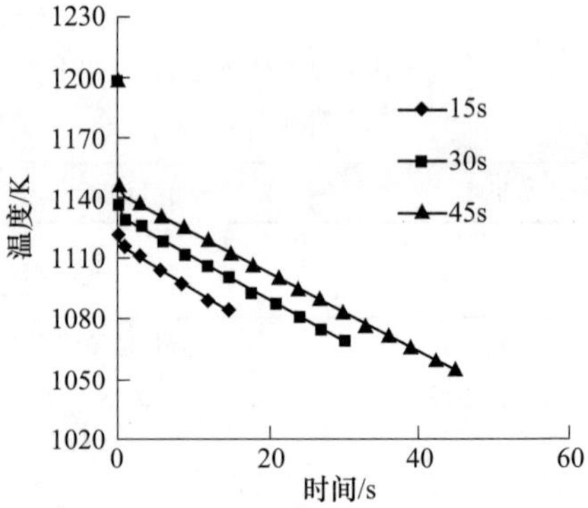 确认情况：未对换向阀换向时间及相应的热效率进行分析，仅凭经验规定换向时间 45s，通过研究发现，换向时间短的烟气出口温度低，空气出口温度高，在一个周期内换向时间长的烟气出口温度高，能耗也高		
确认结果	换向时间间隔不合理	结论	要因 4

经过逐条原因分析，确定了四大要因，分别为：

（1）停包再烤时间不合理；

（2）包盖耐材质量不佳；

（3）烘烤空燃比设定不合理；

（4）换向时间设定不合理。

七、制定对策

针对四大要因分别制定对策实施计划，如表 32-13 所示。

表 32-13　对策计划表

序号	要因	对策	目标	措施	负责人	完成时间	实施地点
1	停包再烤时间不合理	通过实验制定最佳停包免烘烤时间	减少无功烘烤时间，降低停包再烘烤数量 10%	提高密封耐高温程度试验分析寻求最佳停包免烘烤时间	王腾飞	2018 年 7 月 8 日	修砌作业区
2	包盖耐材质量不佳	改善耐材铺设方式	减少包盖及烧嘴异常下线数量 20%	实验分析最佳耐材铺设方式设定	王崇	2018 年 8 月 6 日	修砌作业区
3	烘烤空燃比设定不合理	优化燃煤配比	改善烘烤火焰外溢，提高燃气效率	实验分析最佳燃煤配比设定	蔡攀	2018 年 8 月 15 日	办公室
4	换向时间设定不合理	优化换向阀换向时间	保证空气预热温度，提高热效率	实验研究最佳换向时间设定	高越	2018 年 8 月 28 日	现场

八、对策实施

（一）通过实验来寻求最佳停包免烘烤时间

分别对浇铸后带盖钢包和不带盖钢包进行实验，分别测量下线后不同时间段钢包内衬温度变化，如图 32-7 和图 32-8 所示。

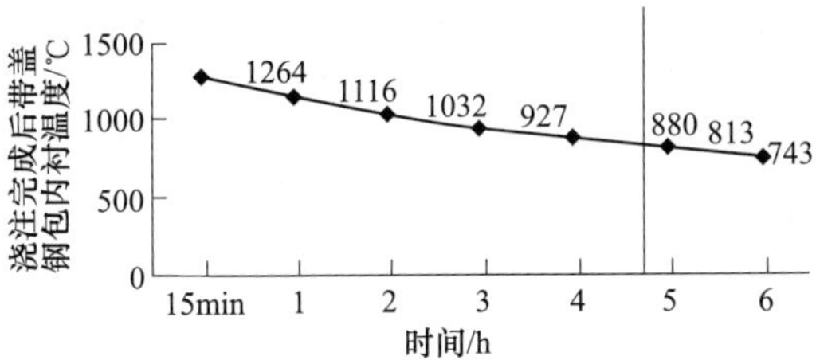

图 32-7　浇铸后带盖钢包温降
（制图：王腾飞；时间：2018 年 7 月）

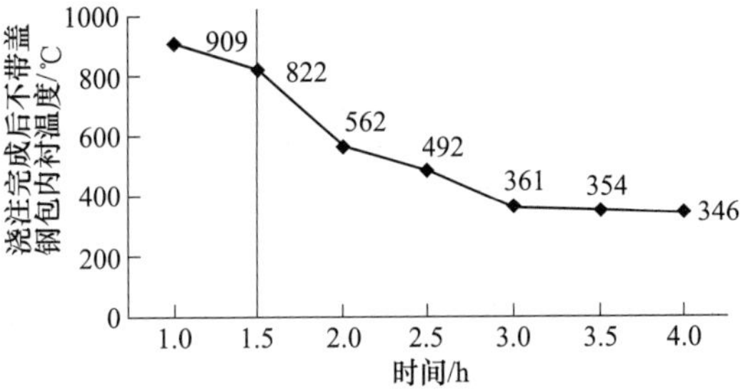

图 32-8　浇铸后不带盖钢包温降
（制图：王腾飞；时间：2018 年 7 月）

通过对实验数据及相关情况进行总结，得到结论：带盖钢包停包 5h 内可免于温度补偿，不带盖钢包停包 1. 5h 以上需进行烘烤。

改善效果：通过优化停包时间，执行新制度，带盖钢包停用 5h 内不烘烤，停包再烘烤数量由 2017 年的月均烘烤 56 包降至月均烘烤 46 包（如图 32-9 和图 32-10 所示），降幅达 18%，效果明显。

图 32-9　带盖钢包保温

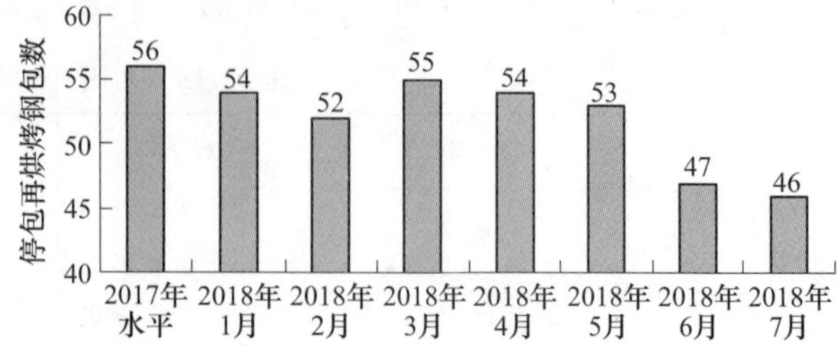

图 32-10　改善前后停包再烘烤情况对比

（二）改善耐材铺设方式

查看 2017 年包盖和烧嘴下线原因，如图 32-11 所示，因烧嘴四周纤维棉预制块脱落造成下线占比达 86%，因此决定改善纤维棉铺设方式，如图 32-12 所示。

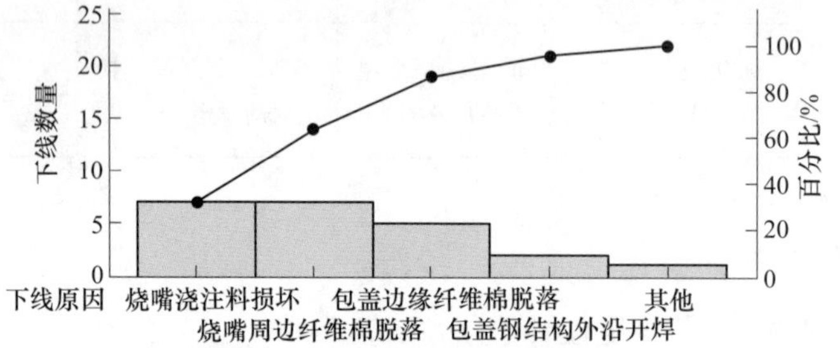

下线数量	7	7	5	2	1
百分比/%	31.8	31.8	22.7	9.1	4.5
累计百分比/%	31.8	63.6	86.4	95.5	100.0

图 32-11　包盖和烧嘴下线原因分析

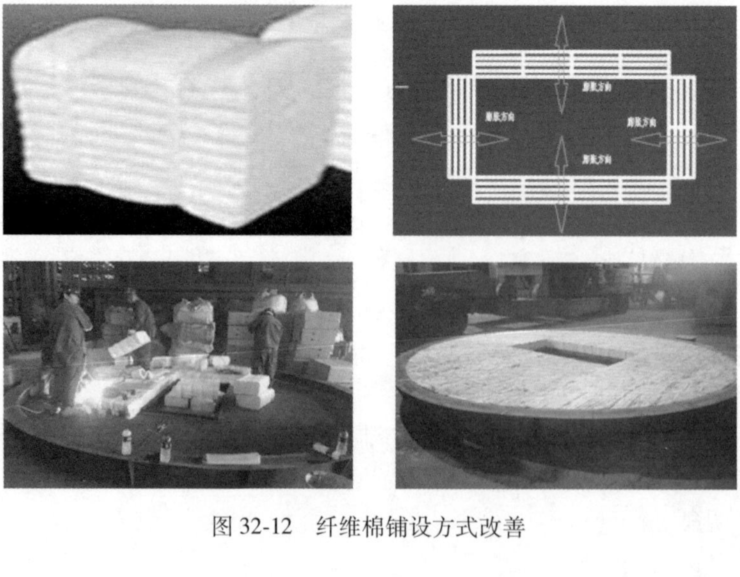

图 32-12　纤维棉铺设方式改善

总结前期出现的问题，与耐材商共同制定改善方案：

（1）改变纤维棉膨胀方向；

（2）压板增加至原来的 3 倍。

改善效果：通过优化钢包盖耐材铺设方式，包盖及烧嘴下线数量对比改善前明显降低（如图 32-13 和图 32-14 所示），包盖下线量降低 36%，烧嘴下线量减低 46%，烘烤器故障率降低，提高了烘烤质量，也降低了能源消耗。

图 32-13　改善后的包盖

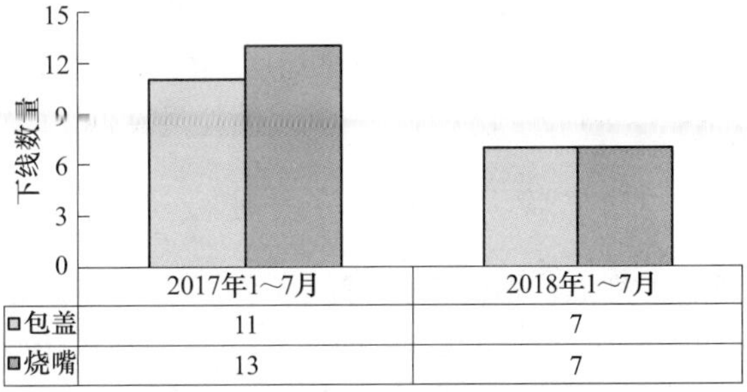

图 32-14　改善前后包盖烧嘴下线情况对比

（三）优化烘烤空燃配比

分别对烘烤小火、中火、大火三个阶段进行空燃配比实验，通过燃气成分理论计算结合微调流量观察现场火焰颜色、火焰长度及烘烤效果，实验数据如表 32-14~表 32-16 所示。

表 32-14　小火烘烤实验数据

序号	焦炉煤气流量（标准状态）/m^3	压缩空气流量（标准状态）/m^3	火焰长度/m	燃煤配比	火焰颜色	烘烤效果
1	100	400	0.45	1：4	火焰发蓝	不合格
2	100	420	0.5	1：4.2	黄白发亮	合格
3	100	440	0.55	1：4.4	火焰发红	不合格
4	100	460	0.55	1：4.6	火焰发红	不合格
5	100	480	0.55	1：4.8	火焰暗红	不合格

表 32-15　中火烘烤实验数据

序号	焦炉煤气流量（标准状态）/m^3	压缩空气流量（标准状态）/m^3	火焰长度/m	燃煤配比	火焰颜色	烘烤效果
1	250	1000	1.4	1：4	火焰发蓝	不合格
2	250	1050	1.5	1：4.2	黄白发亮	合格
3	250	1100	1.5	1：4.4	火焰发红	不合格
4	250	1150	1.6	1：4.6	火焰发红	不合格
5	250	1200	1.6	1：4.8	火焰暗红	不合格

表 32-16　大火烘烤实验数据

序号	焦炉煤气流量（标准状态）/m³	压缩空气流量（标准状态）/m³	火焰长度/m	燃煤配比	火焰颜色	烘烤效果
1	800	3200	1.8	1：4	火焰发蓝	不合格
2	800	3300	1.9	1：4.1	火焰发蓝	不合格
3	800	3400	2	1：4.2	黄白发亮	合格
4	800	3500	2	1：4.4	火焰发红	不合格
5	800	3600	1.9	1：4.5	火焰暗红	不合格

通过以上实验情况，最终确定最佳空燃配比为 4.2：1。

改善效果：通过优化钢包烘烤空燃配比，改善了火焰外溢现象，烘烤效率明显提升，对比 1~4 号烘烤器改善前后，煤气消耗量降低 12.51%。

（四）研究换向阀最佳换向时间

通过实验记录不同换向时间条件下，气体出口温度随时间的变化，如图 32-15 和图 32-16 所示。在一个周期内，换向时间长的气体出口温度变化较大，热量消耗也较大，结合换向间隔时间对热效率的影响，小组最终确定了 30s 为最优换向时间。换向时间为 30s 时，烘烤过程排烟温度不超温，同时也可保证预热空气的温度，实现高温高效烘烤。

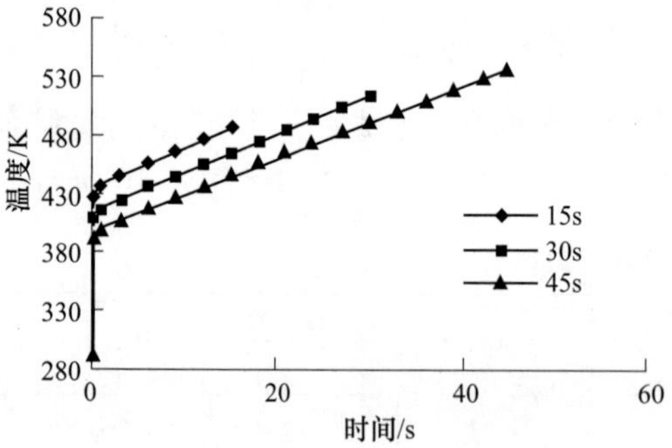

图 32-15　烟气出口平均温度曲线

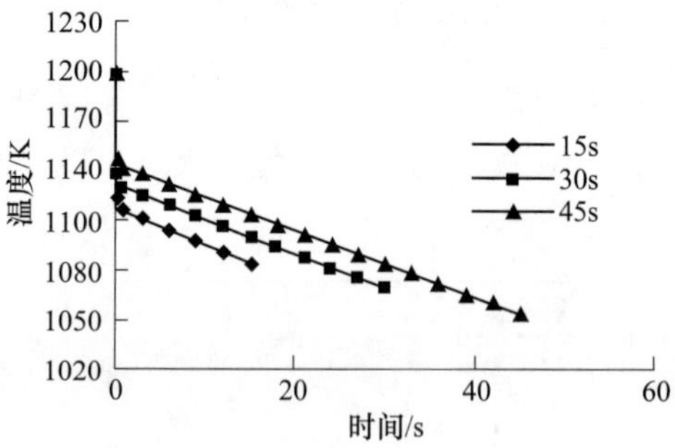

图 32-16　空气出口平均温度曲线

改善效果：设定合理换向时间为 30s，在排烟温度不超温的同时保证空气预热温度，热效率达到了 76.35%，实现了高温高效烘烤，如图 32-17 所示。

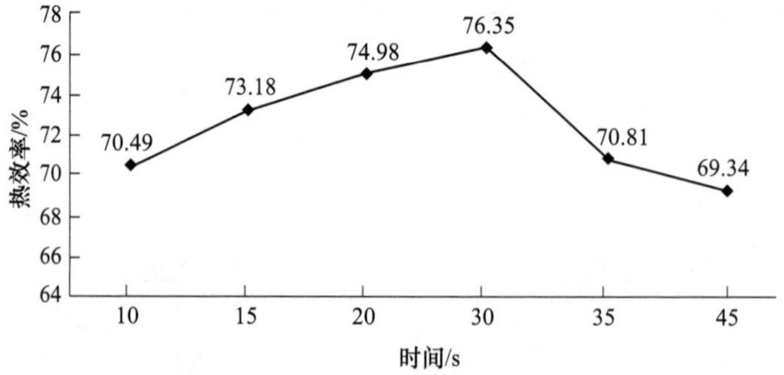

图 32-17　换向时间对稳定工况下蓄热体热效率的影响

九、效果确认

改善全部完成后的 8~10 月煤气单耗降至 4.87m^3/t，对比改善前单耗降低 20%，达到并超过最初设定的目标水平，减少的煤气消耗累计实现了 256 万元的经济效益，如图32-18 所示。

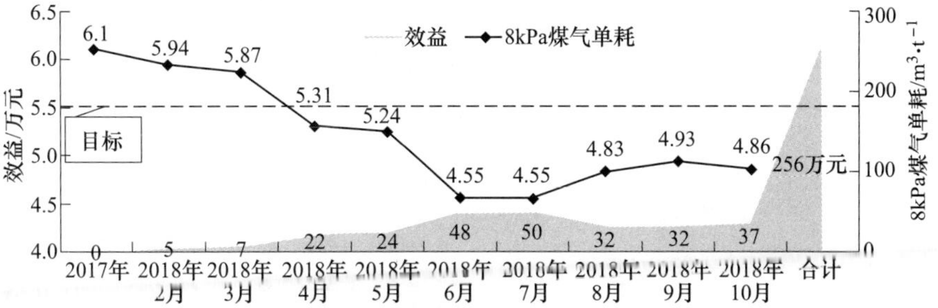

图 32-18　项目期间煤气单耗及实现效益情况

（制图：王鑫；时间：2018 年 9 月）

另外，在活动期间，除了减少煤气消耗，通过优化，包盖、烧嘴及换向阀的下线频率明显降低，活动期间减少备件费及维护费用约 42 万元。课题合计实现经济效益 298 万元。

同时，项目期间减少的煤气消耗，可减少 0.5 万吨二氧化碳的排放，实现了可观的环境效益；再有，通过提高烘烤设备功能精度、减少设备故障 30% 以上，也保证了生产顺行。

十、巩固措施及标准化

为了将改善成果进行固化，针对各项改善逐一地进行相应标准化文件的优化和完善，详见表 32-17。

表 32-17　改善成果固化相关文件

序号	项　目	纳入标准文件名称	标准文件编号	对应条款及内容
1	停包再烤时间优化	《炼钢作业部钢包烘烤器操作使用规范》	炼钢设备室发［2018］08 号	规范钢包烘烤操作（考前准备、长明火、停包时间、空燃比等）
2	优化空燃配比	《炼钢部钢包热修工技术操作规程》	SJTZG 03-02-18-2008	钢包烘烤操作部分，规定了钢包烘烤各阶段煤气流量要求及空燃配比要求
3	改善耐材铺设方式	《炼钢作业部钢包烘烤器包盖安装规范》	炼钢设备室发［2018］07 号	规范钢包盖的安装操作
4	优化换向阀换向时间	《炼钢作业部钢包烘烤程序修改通知单》	—	换向阀换向时间由原来的 45s 修改为 30s

十一、活动总结/持续改进

通过开展 QC 活动，小组成员掌握了 QC 中先进工具的应用，学会了科学、理性地分析和解决问题，提高了专业知识应用能力，提升了团队成员相互间合作、协调工作的能力，增强了团队凝聚力。

小组成员对活动前后的状态应用雷达图进行了自我评价，如图 32-19 所示。小组也将继续遵循 PDCA 循环方法，进行持续改进，继续寻找节能降耗的新途径。

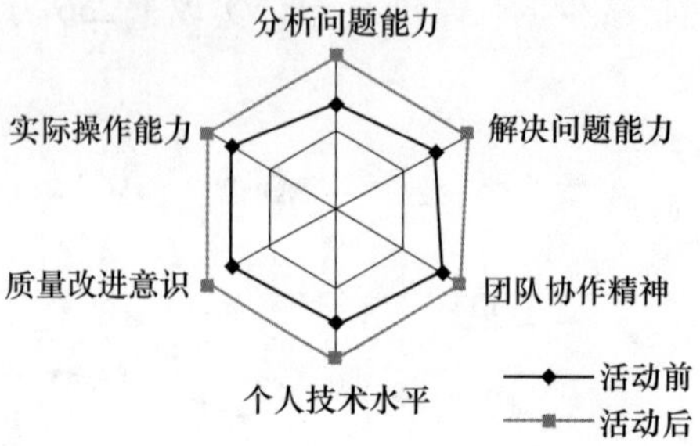

图 32-19　小组自我评价雷达图

案例 33　提高钢包出钢前包衬温度

唐山钢铁集团有限责任公司

王子然

一、小组概况

唐钢长材部技术科 QC 小组成立于 2013 年 4 月，由 8 名成员组成，见表 33-1，其中一人为车间主任，两人为公司技术专家，本次活动的课题类型为攻关型。

表 33-1　小组概况

课题名称	提高钢包出钢前包衬温度				
小组名称	唐钢长材部技术科 QC 小组		活动周期	2015 年 1～12 月	
课题类型	攻关型		组长姓名	王子然	
成立日期	2013 年 4 月		本次课题注册日期	2015 年 1 月	
小组成员情况					
序号	姓　名	年　龄	文化程度	技术职称	组内职务
1	王子然	46	大学	高级工程师	组长
2	张朝发	40	研究生	高级工程师	组员
3	刘善喜	31	大学	工程师	组员
4	项有兵	31	大学	工程师	组员
5	李　波	44	大学	车间主任	组员
6	王生金	31	大学	工程师	组员
7	高华军	42	大学	高级工程师	组员
8	钱丹丹	31	大学	助理工程师	组员

二、选择课题

（一）课题背景

在讨论 2015 年公司给二钢轧厂下达的增效指标时，小组成员认为，连续几年的挖潜增效，增效点已经很少，但是出钢温度仍有较大降低空间（由现在 1675℃降到 1665℃的目标值）。据测算出钢温度降低 10℃，可降低吨钢成本 4. 16 元。

（二）课题选定

选题理由及确定课题见图 33-1。

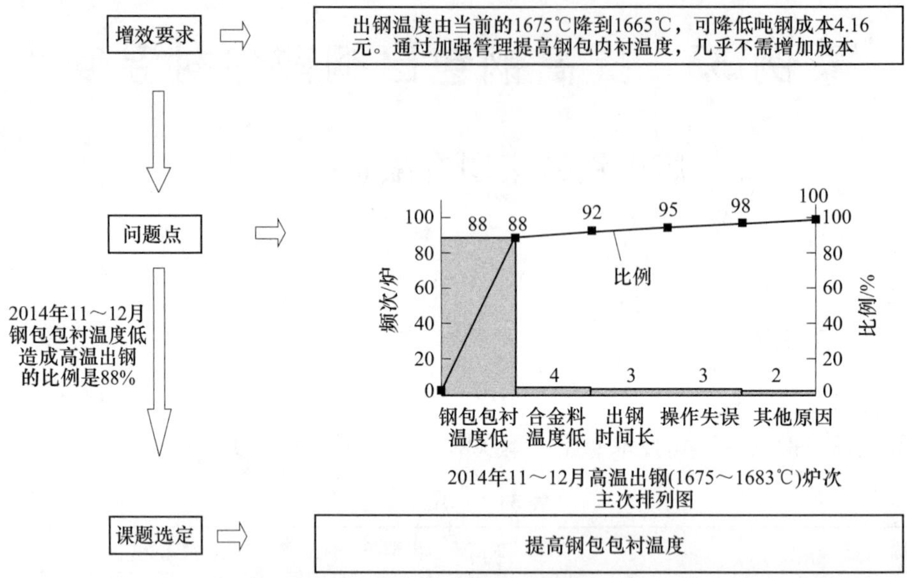

图 33-1　选题理由及确定课题

（三）制定活动计划

小组制定了 2015 年 1~12 月的活动计划，见表 33-2。

表 33-2　活动计划表

内　容	1~2 月	3 月	4 月	5~7 月	8 月	9 月	10 月	11 月	12 月
选择课题	- - → ——→								
现状调查	- - → ——→								
确定目标	- - → ——→								
原因分析		- - → ——→							
要因确认		- - → ——→							
制定对策			- - → ——→						
实施对策				- - → ——→					
效果检查					- - - -	- - → ——→			
制定巩固措施							- - - -	- - → ——→	
总结及下一步打算									- - → ——→

注：- - →计划进度；——→实际进度。

三、现状调查

随机抽取 2015 年 1 月 20 个钢包，测量其内衬温度如图 33-2 所示，钢包内衬的平均温度为 920℃。

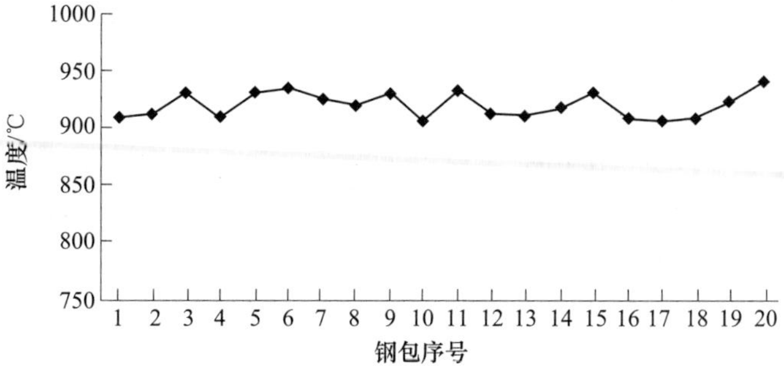

图 33-2　钢包包衬温度统计图

四、设定目标

（一）目标来源

实践表明，出钢温度由 1675℃降低到 1665℃，钢包包衬温度需提高到 1000℃，因此，小组成员确定本次活动的目标为提高钢包包衬温度到 1000℃，如图 33-3 所示。

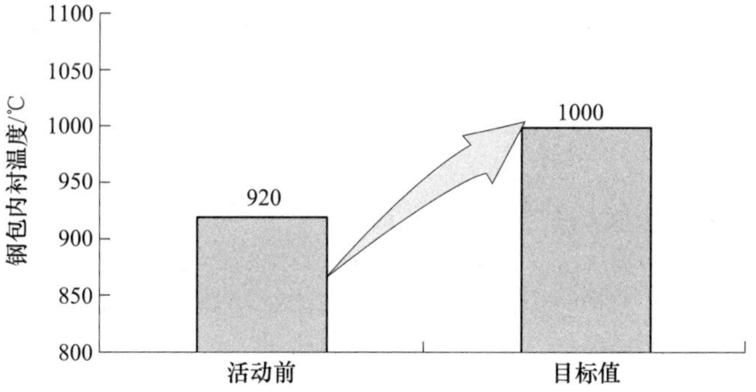

图 33-3　本次活动的目标值

（二）目标确定依据

（1）二钢轧厂现在钢包内衬温度只有 920℃；

（2）与兄弟单位对标，不同钢厂钢包内衬温度统计见表 33-3，许多单位钢包内衬温度已达到 1000℃。

表 33-3　不同钢厂钢包内衬温度统计表

厂　家	鞍钢	济钢	太钢	马钢	南钢	平均
钢包包衬温度/℃	1010	990	1020	1000	985	1001

五、原因分析

小组成员对影响钢包内衬温度的因素采用头脑风暴法进行了讨论，从工艺、设备、人员方面对影响钢包内衬温度低的因素进行分析，列出树图，共找出 8 个可能的末端因素，如图 33-4 所示。

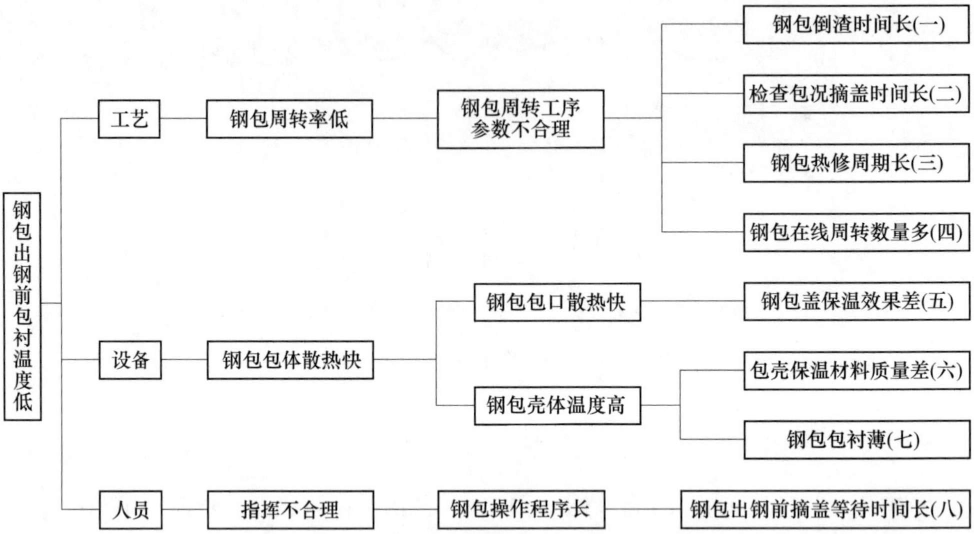

图 33-4　末端因素树状图

六、确定要因

小组成员对全部末端因素进行逐一验证，以确定要因。

（一）末端因素一：钢包倒渣时间长

（1）确认标准：根据《钢包使用规定》，钢包倒渣时间为 1.5~2.5min。
（2）确认方法：统计钢包浇注完成后倒渣时间。
（3）确认情况：钢包倒渣时间统计分析分别如表 33-4 和图 33-5 所示。

表 33-4　钢包倒渣时间统计分析表

炉次	1	2	3	4	5	6	7	8	9	10	11	12	13	14	15	16	17	18	19	20
时间/min	2. 1	1. 9	2. 2	2	1. 9	1. 8	2	1. 9	1. 8	2. 1	2	1. 8	1. 9	1. 8	1. 7	2	2. 2	2. 1	2	2. 1

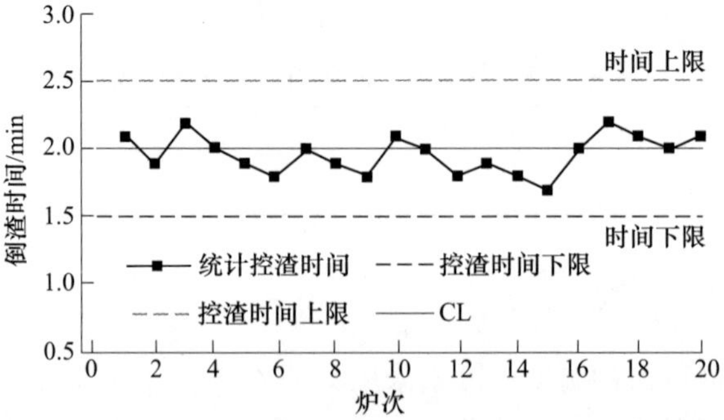

图 33-5　钢包倒渣时间控制图

（4）确认结果：倒渣时间均在控制时间之内，为非要因。

（二）末端因素二：检查包况摘盖时间长

（1）确认标准：查阅《钢包使用规定》，检查包况摘盖小于 6min。
（2）确认方法：统计检查包况时间。
（3）确认情况：包况检查时间控制情况分析如图 33-6 所示。

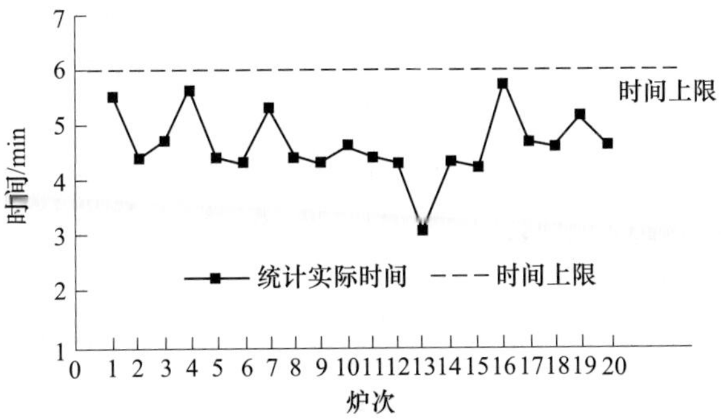

图 33-6 钢包检查包况时间控制图

（4）确认结果：实测检查包况时间均在控制时间之内，为非要因。

（三）末端因素三：钢包热修时间长

（1）确认标准：钢包实际热修时间小于设计热修时间为标准。滑板连用率是钢包热修时间的主要控制因素，钢包热修流程如图 33-7 所示。

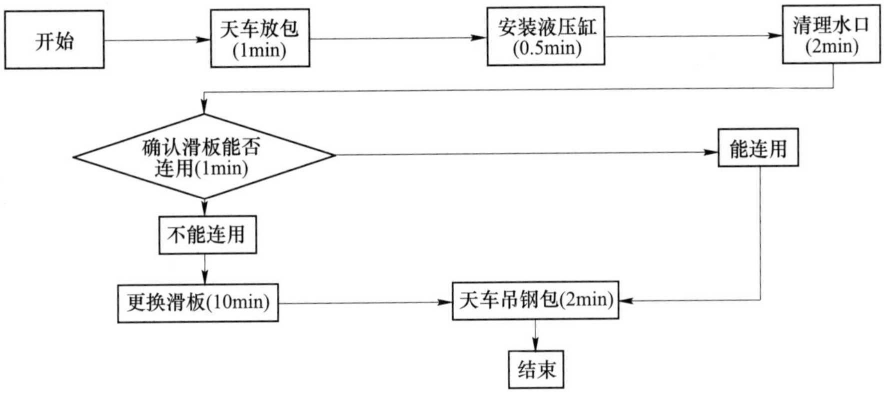

图 33-7 钢包热修流程图

根据图 33-7 所示的钢包热修流程，钢包设计热修时间 = 10 ÷ 连用率（设计 2）+ 6.5 = 11.5min。

（2）确认方法：跟踪采集数据，统计钢包热修时间。
（3）确认情况：抽取 20 个钢包的热修时间并进行了统计。
（4）确认结果：钢包热修时间小于设计时间，为非要因。

（四）末端因素四：钢包在线周转数量多

（1）确认标准：以钢包实际周转时间小于设计周转时间为标准，不同连铸机钢包设计周转时间如表33-5所示。

表33-5　不同连铸机钢包设计周转时间表

浇注位置	3号机	5号、6号机
最长周转时间/min	160	75

（2）确认方法：数据采集，统计钢包周转时间。

（3）确认情况：对不同连铸机钢包周转时间进行统计，如表33-6所示。

表33-6　抽取20个钢包周转时间测量统计表

包号	浇注位置	设计时间/min	实测时间/min	等待时间/min
19	3号机	160	164	4
5	3号机	160	167	7
6	3号机	160	163	3
7	3号机	160	165	5
9	3号机	160	164	4
6	3号机	160	162	2
5	3号机	160	166	6
7	3号机	160	165	5
5	3号机	160	164	4
12	3号机	160	163	3
36	5号、6号机	75	81	6
5	5号、6号机	75	80	5
8	5号、6号机	75	86	11
5	5号、6号机	75	79	4
6	5号、6号机	75	78	3
7	5号、6号机	75	79	4
9	5号、6号机	75	82	7
12	5号、6号机	75	83	8
2	5号、6号机	75	82	7
3	5号、6号机	75	84	9

由于二钢轧厂钢包周转数量多，造成了钢包与转炉、连铸不匹配，存在明显周转变慢现象，实测时间大于设计时间，影响了钢包周转率的提高。

（4）确认结果：钢包在线周转数量多，为要因。

（五）末端因素五：钢包盖保温效果差

（1）确认标准：以钢包盖壳体温度低于设计温度（350℃）为标准。

（2）确认方法：测量钢包盖壳体温度。

（3）确认情况：使用远距离激光测温仪，随机抽取 20 个钢包盖进行测量，如图 33-8 所示。

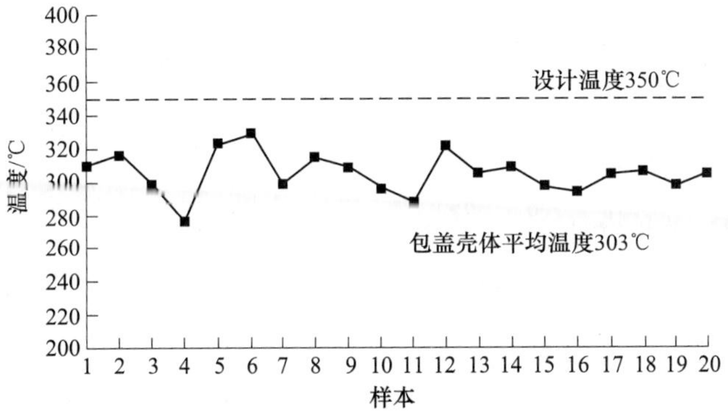

图 33-8　钢包包盖壳体温度统计图

2014 年对钢包盖结构进行了改进，包盖参数变化如表 33-7 所示。

表 33-7　2014 年和 2015 年改进前后包盖参数的变化表

工　艺	包盖钢构质量	包盖耐材质量	耐材修砌方式	包盖钢壳温度/℃
2014 年改进前	1	1.5	浇注	360~370
2015 年改进后	1.7	3.5	预制块、浇注	300~305

通过实施以下改进措施：1）改造后包盖耐材用量增加 1 倍，包盖钢壳温度更低，钢包保温效果更好；2）包盖耐材使用预制块、浇注两种形式，包盖掉料现象减少，提高了钢包保温效果，改进后的钢包保温效果较好。

（4）确认结果：钢包盖保温效果差，为非要因。

（六）末端因素六：包壳保温材料材质差

（1）确认标准：以包壳温度低于设计温度（300℃）为标准。

（2）确认方法：测量包壳温度。

（3）确认情况：使用远距离激光测温仪，随机抽取 20 个钢包进行测量，如图 33-9 所示。

二钢轧厂包壳保温层已由原普通纤维保温板，更换为新型复合纳米反射绝热板，包壳温度低，保温效果好。

（4）确认结果：包壳保温材料材质差，为非要因。

（七）末端因素七：钢包包衬薄

（1）确认标准：以包衬设计厚度（300~350mm）为标准。

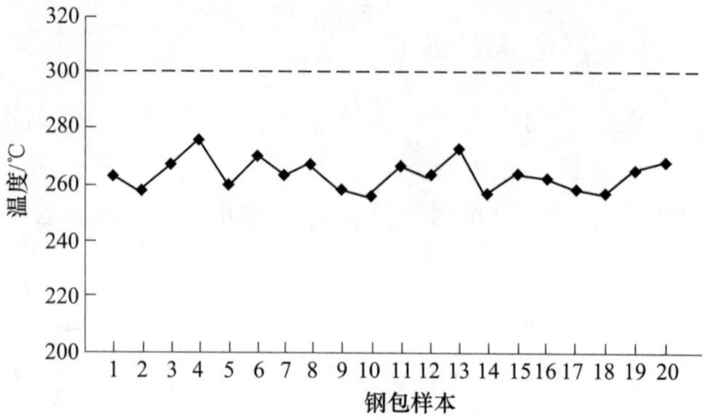

图 33-9　钢包包壳温度统计图

（2）确认方法：实测包衬厚度，绘制包衬厚度控制图。

（3）确认情况：随机选择 20 个钢包，进行测量并绘制控制图，分别见表 33-8 和图 33-10。

表 33-8　包衬厚度测量表

序号	1	2	3	4	5	6	7	8	9	10	11	12	13	14	15	16	17	18	19	20
实测数据	324	325	314	318	320	319	325	314	315	318	326	328	329	315	318	317	319	314	319	318

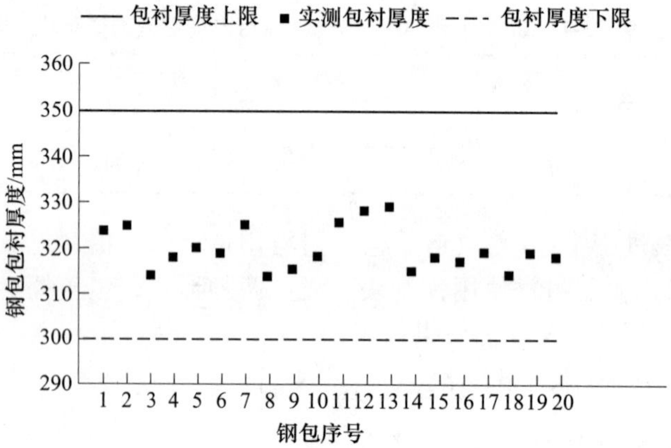

图 33-10　钢包包壁厚度控制图

包衬厚度在 300~350mm，在设计范围内，没有出现包衬过薄的现象。

（4）确认结果：钢包包衬薄，为非要因。

（八）末端因素八：钢包出钢前摘盖等待时间长

（1）确认标准：查阅操作规程，钢包摘盖等待时间小于 7min。

（2）确认方法：数据采集，统计钢包摘盖等待时间。

（3）确认情况：出钢前摘盖流程如下：

摘盖（计时）—转炉一次拉碳（3min）—二次拉碳（3min）—炉后出钢（1min）。统计表明（见图 33-11），出钢前摘盖等待时间大于控制时间上限。

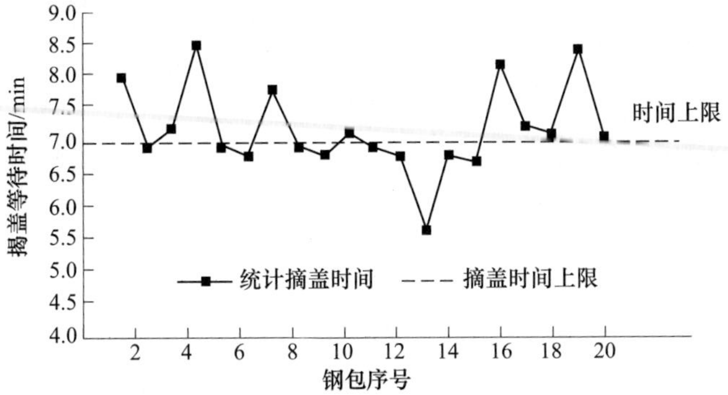

图 33-11　钢包出钢前摘盖等待时间控制图

（4）确认结果：钢包出钢前摘盖等待时间长，为要因。

综合上述分析，小组成员确定要因有两项：钢包在线周转数量多和钢包出钢前摘盖等待时间长。

七、制定对策

（一）方案优选

小组成员根据找到的主要原因，从有效性、经济性、可靠性、可操作性四个方面确定方案优选评分标准，见表 33-9。

表 33-9　方案优选评分标准

分　值	8~10 分	4~7 分	1~3 分
有效性	很有效	有一定效果	效果不明显
经济性	费用较低	费用可自行解决	需要分厂资助
可靠性	根本上解决	暂时解决	作用很小
可操作性	容易实现	较难实现	很难实现

根据表 33-9，对提出的对策一一进行分析，从中选出最优方案，如表 33-10 所示。

表 33-10　对策评价选择表

要因 1	对策方案	方案论证				合计	选择方案
		有效性	可靠性	经济性	可操作性		
钢包在线周转数量多	（1）提高钢产量	能够有效提高钢包周转率	产量不稳定可靠性差	经济性差	可操作性不稳定	19	（2）
		9	4	3	3		
	（2）减少钢包使用数量	能够有效提高钢包周转率	操作稳定可靠	可节约成本	操作方便可靠	29	
		9	9	3	8		

续表 33-10

要因 2	对策方案	方案论证				合计	选择方案
		有效性	可靠性	经济性	可操作性		
钢包出钢前摘盖等待时间长	(1) 缩短钢包摆包时间	效果不明显	受其他工序影响	费用不变	可操作性差	14	(2)
		5	3	3	3		
	(2) 提高转炉一次拉碳合格率；修改摘盖操作程序，时间后移	提高生产效率，能缩短钢包等待时间	稳定性较好	节约生产成本	操作方便可靠	29	
		9	9	3	8		

(二) 制定对策

根据以上分析，小组制定对策及措施，见表 33-11。

表 33-11 要因对策措施表

序号	要因	对策	目 标	措 施	地点	完成日期
1	钢包在线周转数量多	减少钢包使用数量	通过钢包周转数量的减少，钢包周转率由 5.2 炉/(班·包) 提高到 5.7 炉/(班·包)	(1) 减少钢包运转数量，实行炉机匹配；(2) 优化投包甩包制度	浇钢场地	2015 年 4 月
2	钢包出钢前摘盖等待时间长	缩短摘盖等待时间	控制摘盖等待时间小于 7min	(1) 提高转炉一次拉碳合格率；(2) 修改摘盖操作程序，时间后移	浇钢车间	全年

八、对策实施

(一) 实施一：提高钢包周转率

1. 目标

钢包周转率由 5.2 炉/(包·班)，提高到 5.6 炉/(包·班)。

2. 实施情况

(1) 实行炉机匹配，钢包互补使用，减少钢包运转数量，钢包周转方案见表 33-12。

表 33-12 钢包周转方案表

机 组		二期	三期		合计	备 注
		3 号	5 号	6 号		
优化前钢包数量	开三机	5	8		15	二期与三期钢包独立使用
优化后钢包数量	开三机	4	2.5	2.5	9	5 号、6 号机钢包互补使用
	开 3 号机、三期开一机	4	3		7	
	开 3 号机	4			4	
	开 5 号或 6 号机		2		2	

钢包运行时间变化（层流运行情况），“弹性链”谐振运行时间如图 33-12 所示。

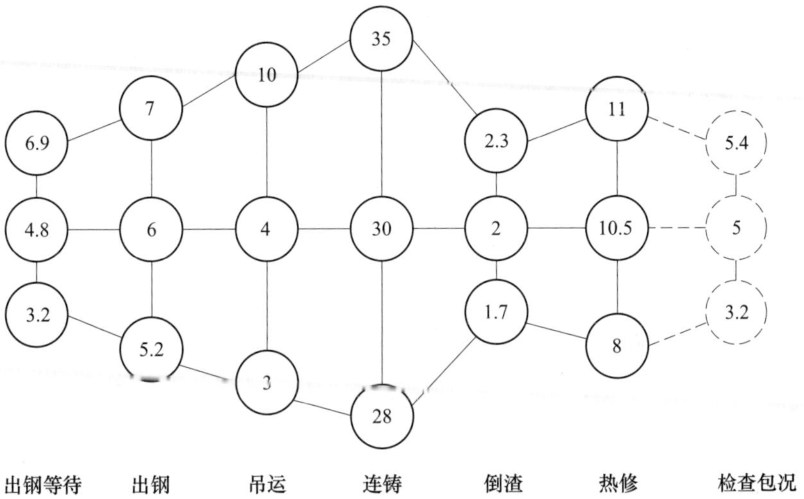

图 33-12 “弹性链”谐振运行时间图

（2）优化投包甩包制度。控制投包数量，不提前 1min 投包，不滞后 1min 甩包。优化前后投包制度对比见表 33-13。

表 33-13 优化前后投包制度对比表

项 目	每班投包个数	投包时机	甩包包寿/炉
优化前	<3	甩包前 3 炉	80~85
优化后	<2	甩包前 1 炉	90~110

3. 效果验证

实施后钢包周转时间统计见表 33-14，活动前后钢包周转率比较如图 33-13 所示。

表 33-14 实施后钢包周转时间统计表

包号	浇注位置	设计时间/min	实测时间/min	等待时间/min
8	3 号机	160	154	−6
5	3 号机	160	158	−2
6	3 号机	160	148	−12
7	3 号机	160	157	−3
12	3 号机	160	152	−8
36	3 号机	160	147	−13
5	3 号机	160	149	−11
26	3 号机	160	151	−9
5	3 号机	160	158	−2
12	3 号机	160	156	−4
36	5 号、6 号机	75	72	−3

续表 33-14

包号	浇注位置	设计时间/min	实测时间/min	等待时间/min
5	5 号、6 号机	75	69	-6
8	5 号、6 号机	75	72	-3
5	5 号、6 号机	75	73	-2
6	5 号、6 号机	75	68	-7
25	5 号、6 号机	75	62	-13
5	5 号、6 号机	75	69	-6
7	5 号、6 号机	75	69	-6
41	5 号、6 号机	75	71	-4
17	5 号、6 号机	75	70	-5
平均				-6. 15

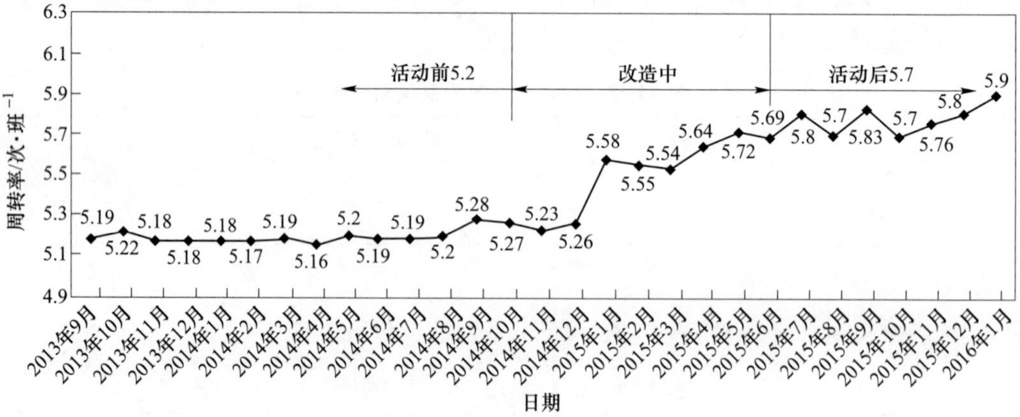

图 33-13　活动前后钢包周转率比较图

实际钢包周转时间小于设计周转时间，钢包周转率由 5. 2 炉/(班 · 包) 提高到 5. 7 炉/(班 · 包)，实现了控制目标。

(二) 实施二：缩短钢包出钢前摘盖等待时间

1. 目标

控制摘盖等待时间小于 7min。

2. 实施情况

(1) 提高转炉一次拉碳合格率，缩短转炉出钢辅助时间。

结合转炉自动炼钢操作，对转炉装入量、造渣料称量系统、供氧量实施精确改造，密切关注原材料稳定性，一次拉碳出钢率明显提高，如图 33-14 所示。

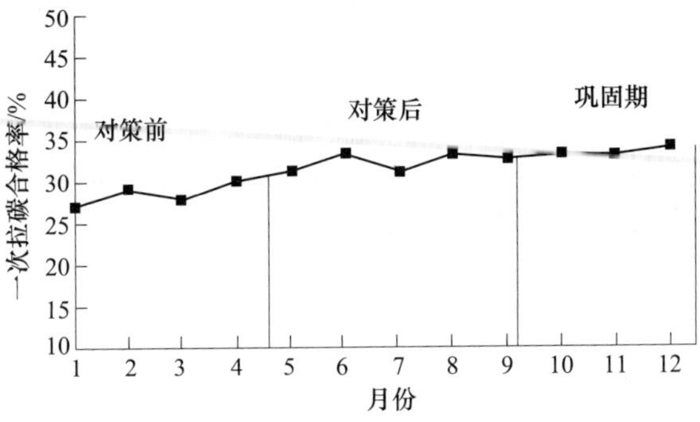

图 33-14　活动过程中一次拉碳合格率趋势图

（2）修改出钢前钢包摘盖操作程序，将摘盖时间进行精确控制，如图 33-15 所示，实施后效果如图 33-16 所示。

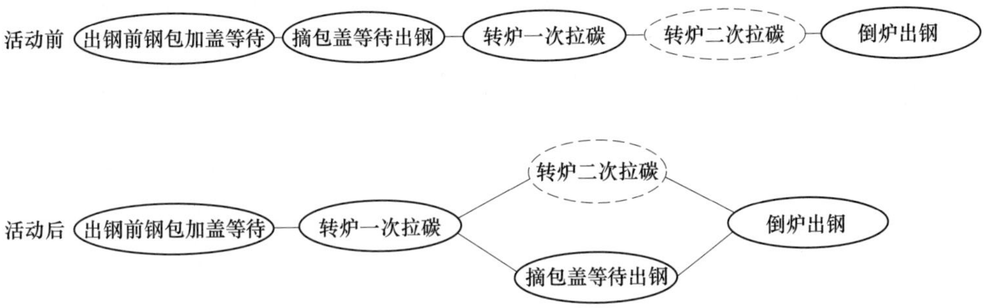

图 33-15　摘盖时间控制图

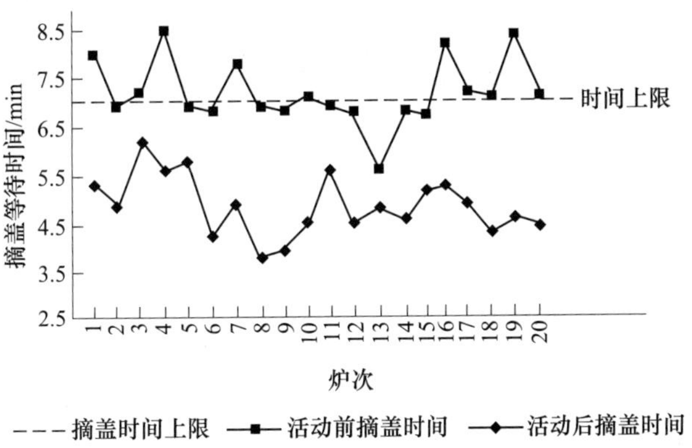

图 33-16　实施后效果图

3. 效果验证

实施后，钢包摘盖时间由原来的 7.1min，缩短到了 4.8min，在控制时间之内。实现了控制目标。

九、效果检查

（一）预定目标达成情况分析

随着小组活动的开展，钢包内衬温度变化情况如图 33-17 所示。

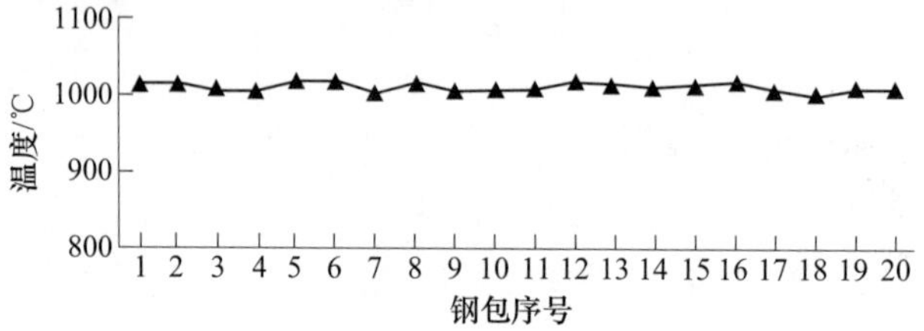

图 33-17 活动后钢包内衬温度统计图

经过 11~12 月的巩固期，钢包包衬温度稳定在 1020℃。钢包内衬温度达到了 1010℃，实现了预期目标，如图 33-18 所示。

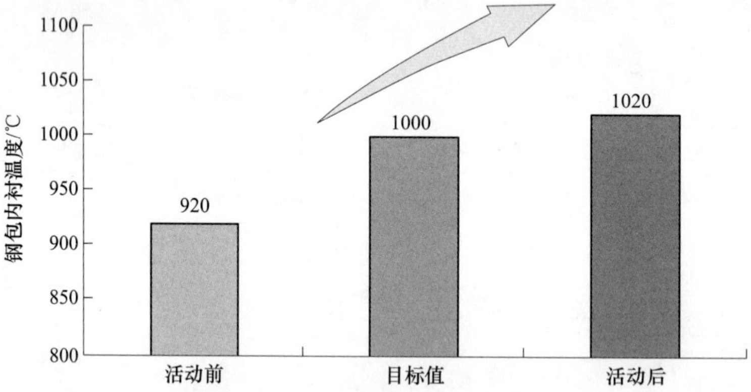

图 33-18 钢包内衬温度变化图

（二）对策实施前后的数据比较

活动后对 100 炉高温出钢（在 1675~1683℃）的炉次调查如表 33-15 所示。

表 33-15 活动后高温出钢炉次调查表

序号	项　目	频数/炉	累积/炉	累计百分比/%
1	操作失误	51	51	51
2	合金料温度低	18	69	69
3	钢包内衬温度低	16	85	85
4	出钢时间长	8	93	93
5	其他原因	7	100	100

根据表 33-15，绘制排列图，如图 33-19 所示。钢包内衬温度低已经不是影响高温出钢的主要原因。

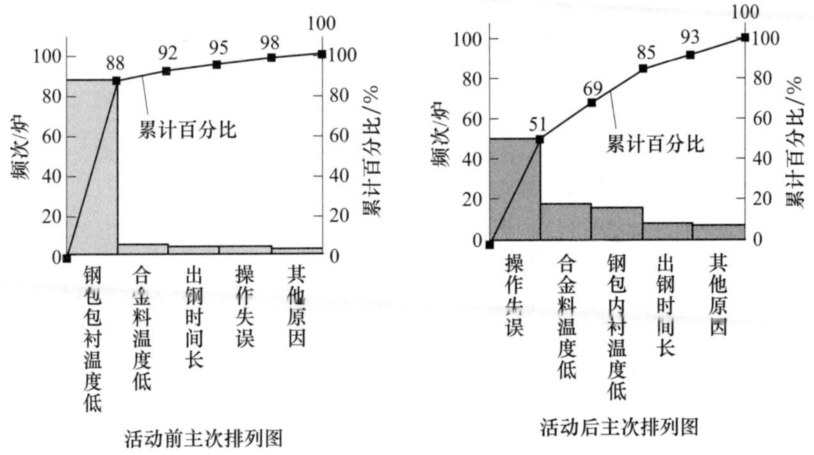

图 33-19　活动前后主次排列图对比

十、总效益检查

（一）经济效益

活动前后钢包内衬温度、转炉出钢温度对比如表 33-16 所示。

表 33-16　活动前后钢包内衬温度、转炉出钢温度对比表

项　目	钢包包衬平均温度/℃	转炉平均出钢温度/℃
活动前	920	1675
活动后	1020	1665

经济效益计算公式如下：

$$W = T \times (A + B)$$

式中　W——年创造效益，万元；

T——钢产量，2015 年产量为 144 万吨钢；

A——脱氧剂吨钢成本降低值，为 0.25 元/(t · 10℃)；

B——钢铁料吨钢成本降低值，为 3.91 元/t。

2015 年创造的经济效益为

$$W = 144 \times (0.25 + 3.91) = 599.04 \text{ 万元}$$

效益应用证明如图 33-20 所示。

效益应用证明

单位：河钢集团唐山钢铁集团有限责任公司　　　　时间：2016-5-5

成果名称	提高钢包出钢前包衬温度		
项目负责人	王子然	电话	03152702864
成果起止时间	2015 年 1 月 至 2015 年 12 月		
经济效益	合计年创效 599 万元		

应用情况及社会效益

1、经济效益： 活动前后钢包内衬温度、转炉出钢温度对比表

项目	钢包包衬平均温度/℃	转炉平均出钢温度/℃
活动前	920	1675
活动后	1020	1665

1）转炉出钢温度降低 10℃，脱氧剂吨钢成本降低 0.25 元/吨。

2）钢铁料吨钢成本降低 3.91 元/吨。

年产 144 万吨钢，**创造效益为：** 144×（0.25+3.91）= 599.04 万元。

2、社会效益： 经过这次 QC 活动。小组各成员自身素质，从质量意识、操作水平、团队精神等方面都有了不同程度提高。

单位公章　　　　　　　　财务部门（盖章）：

图 33-20　效益应用证明

（二）无形效益

经过这次 QC 活动，从质量意识、操作水平、团队精神等方面对活动前后进行自我评价，如表 33-17 所示，并绘制雷达图，如图 33-21 所示。小组成员自身素质得到了提高。

表 33-17　本次 QC 活动自我评价表

评价项目	活动前/分	活动后/分
质量意识	4	5
操作水平	3	4
QC 知识	3	5
团队精神	4	5
自信心	3	4

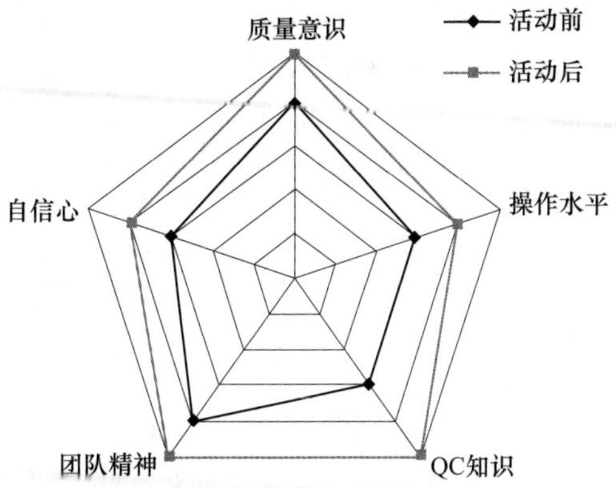

图 33-21　自我评价雷达图

十一、巩固措施

依照所取得的成果，将一些行之有效的措施制度化、标准化。

（1）制定了《提高转炉一次拉碳出钢操作要点》。操作要点如图 33-22 所示。

提高转炉一次拉碳出钢操作要点

编号：EGZ-YCLT-JS-1

为提高我厂低合金系列终点 C 控制水平，同时避免干法除尘泄爆，经过相关科室与作业区讨论，制订具体方案内容如下：

1、转炉装入量稳定，废钢加入量执行现有要求，特殊情况可视铁水温度、成分情况班中请示领导后调整，废钢每斗渣钢量≤2 吊，不得有耐材等杂质。

2、铁水捞渣必须彻底，预处理炉次捞渣后必须测温。

3、连铸采用低温快注工艺降低转炉出钢温度。

4、优化造渣料加入及配比方式提高终点硫、磷命中率.

5、关于二次下枪补吹避免泄爆的相关要求：

①终点拉碳前把氧枪压实，保证炉内成份温度均匀。

②如第一次拉碳碳含量＜0.15%，补吹时可直接开全氧吹炼；

③如第一次拉碳碳含量在≥0.15%时，补吹下枪同时通知干法除尘值班人员开吹氮气，采取 10000Nm³/h 流量，全程不可调节氧流量。拉碳温度＜1620℃需要补吹较长时间时，可先采取 10000Nm³/h 补吹 1min，之后全氧吹至终点；C＞0.40%时只能采用 10000Nm³/h 流量，当拉碳碳含量大于 0.65%或不确定时用 7800Nm³/h 流量开吹并通知干法除尘值班人员吹氮气。

编制：高华军　　生产技术室

审核：项有兵　　2016.1.20

批准：刘连祥

图 33-22　操作要点

（2）制定了《钢包在线运转使用规定》。钢包在线运转使用规定如图 33-23 所示。

钢包在线运转使用规定

编号： ZY/ZG 15-10

为规范钢包周转，降低出钢温度，对钢包周转管理按下表使用。

机組		二期	三期		合计	备注
		3#	5#	6#		
优化后钢包数量	开三机	4	2.5	2.5	9	5#、6#机钢包互补使用
	开 3#机、三期开一机	4	3		7	
	开 3#机	4			4	
	开 5#或 6#机		2		2	

注：出现不是整数钢包使用时，要加强钢包管理与工序配合，钢包个数取整数使用。

编制：高华军　　　　生产技术室

审核：项有兵　　　　2016.1.15

批准：刘连祥

图 33-23　钢包在线运转使用规定

十二、下一步打算

根据 PDCA 的循环原则，下一个循环小组将重点解决人为因素造成的钢包包衬温度低的现象。

案例 34　提高 $230m^2$ 烧结机利用系数

唐山市德龙钢铁有限公司

王　伟

一、小组简介

德龙钢铁有限公司 $230m^2$ 烧结厂烧结 QC 小组成立于 2015 年 8 月，活动时间从 2018 年 6 月至 2019 年 4 月，小组情况见表 34-1 和表 34-2。

表 34-1　小组简介

小组名称	烧结 QC 小组	成立时间	2015 年 8 月
课题名称	提高 $230m^2$ 烧结机利用系数	成员参加率	100%
登记日期	2018 年 6 月	活动时间	2018 年 6 月 ~2019 年 4 月
小组人数	10 人	课题类型	攻关型
活动频率	2 次/月	活动次数	22 次

（制表：王伟；时间：2018 年 6 月 3 日）

表 34-2　小组成员简介

序号	姓　名	性　别	技术职称	组内分工
1	贺宝军	男	工程师	组长/技术指导
2	王利刚	男	工程师	副组长/方案策划组织实施
3	赵兴存	男	主　任	副组长/方案策划组织实施
4	刘胜斌	男	副主任工程师	组员/负责实施
5	张国娜	女	工艺工程师	组员/负责实施
6	郭迎宾	男	值班长	组员/负责实施
7	张春阳	男	值班长	组员/负责实施
8	李　海	男	值班长	组员/负责实施
9	徐宝新	男	值班长	组员/负责实施
10	王　伟	男	值班长	组员/负责实施

（制表：王伟；时间：2018 年 6 月 3 日）

二、活动计划表

为确保活动有计划、有步骤地进行，小组成员按照 PDCA 循环制定了活动计划表，见表 34-3。

表 34-3　活动计划表

项　目		2018 年 6 月	2018 年 7 月	2018 年 8 月	2018 年 9 月	2018 年 10 月	2018 年 11 月	2018 年 12 月	2019 年 1 月	2019 年 2 月	2019 年 3 月	2019 年 4 月
P	选择课题	- - -→ ——→										
	设定目标及可行性分析	- - -	- - -→ ——→									
	原因分析		- - -	- - -→ ——→								
	要因确认			- - -	- - -→ ——→							
	制定对策				- - -→ ——→							
D	实施对策					- - -	- - -→ ——→					
C	效果检查						- - -	- - -→ ——→				
A	制定巩固措施								- - -	- - -	- - -	- - -→ ——→
	总结和下一步打算											- - -→ ——→

注：- - -→ 计划进度；——→ 实际进度。

（制表：王伟；时间：2018 年 6 月 10 日）

三、课题选择

唐山德龙钢铁公司一台 230m² 烧结机供 2 座高炉使用，目前不能满足 2 座高炉用料，按照铁水日产 7000t 计算，考虑烧结机日常检修和大修，保高炉 75%的烧结矿配比，反推烧结机利用系数需达到 1.81t/(m²·h)。同时外购 1t 烧结矿成本至少增加 80 元，且货源及烧结矿质量均存在不确定因素，高炉顺行受到严重威胁。

公司方针：降低铁前成本，确保高炉稳产、顺行。

分厂方针：提高利用系数至 1.81t/(m²·h)，限期 2019 年 4 月完成。

生产现状：目前烧结机利用系数在 1.58t/(m²·h)，如图 34-1 所示。

图 34-1　2017 年 6 月 ~2018 年 5 月烧结机利用系数完成情况

小组成员根据分厂下达的指令，选择课题为《提高 230m² 烧结机利用系数》。

四、设定目标

小组根据分厂下达的要求，设定活动目标是提高 $230m^2$ 烧结机利用系数至 $1.81t/(m^2 \cdot h)$，如图 34-2 所示。

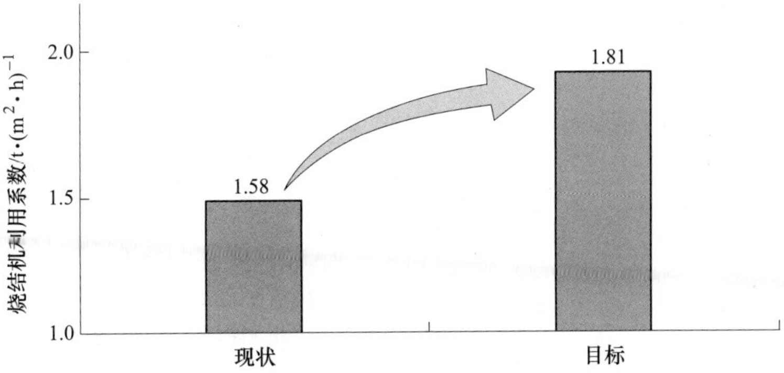

图 34-2　目标设定

五、目标可行性分析

（一）目标设定依据一：与同行业对标

小组通过与同行业同机型的先进企业对标，结合自身烧结机的特点发现各项配套设备有很大利用空间，如：烧结机台时输送能力为 450t/h、环冷处理能力 450t/h、主抽风机风量为 $12000m^2/min$、混合机处理量为 650t/h、圆盘给料量为 300t/h 等，如果进一步提高设备利用率，挖掘设备潜力，同时结合先进的操作方法，小组能够实现目标。

（二）目标设定依据二：理论分析

小组通过理论分析，针对混合料温度偏低、操作参数不符合标准、优化配矿等主要问题进行攻关，烧结利用系数仍有提升空间。

（三）目标设定依据三：小组成员能力

小组成员均具有丰富的理论知识和多年现场实践经验，有过多次成功的 QC 经验。

（四）目标设定依据四：历史水平

小组对 2017 年 6 月~2018 年 5 月的烧结机利用系数进行统计分析，如图 34-3 所示。
图 34-3 显示 2017 年 8 月最高为 $1.78t/(m^2 \cdot h)$，与设定目标值接近。
综上分析，小组认为目标可行。

六、原因分析

确定目标后，小组成员应用鱼骨图，对人、机、料、法、测五方面进行分析，如图 34-4 所示。

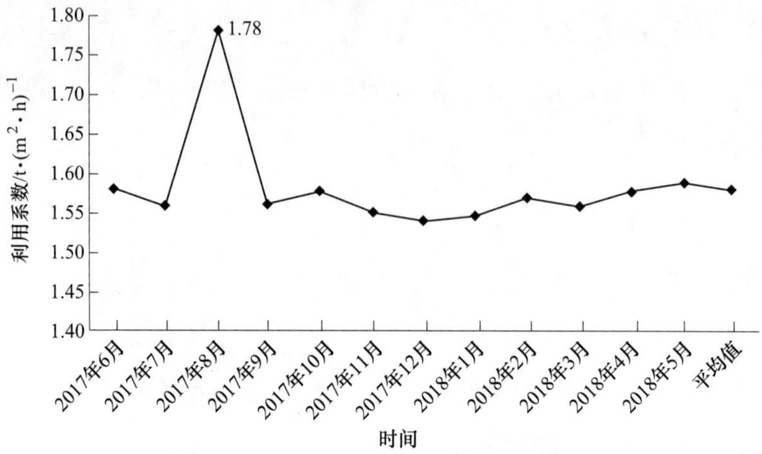

图 34-3 2017 年 6 月~2018 年 5 月烧结机利用系数完成情况

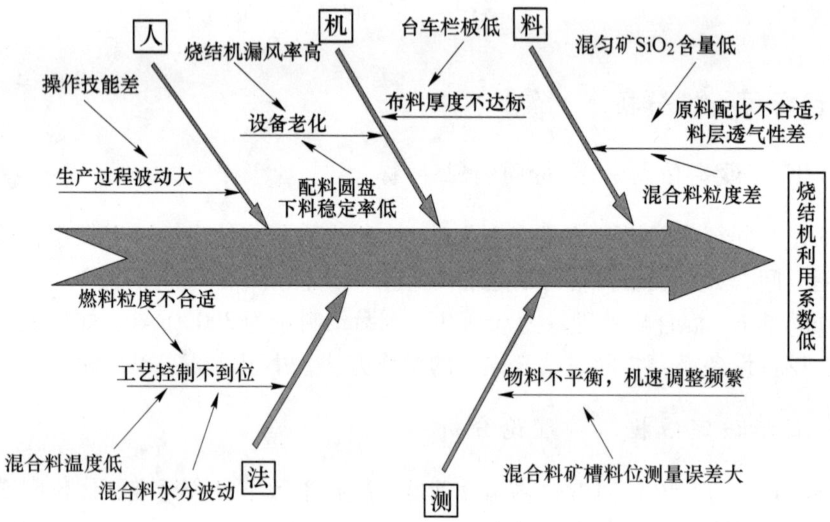

图 34-4 鱼骨图

根据鱼骨图，找出 10 项对烧结机利用系数影响较大的末端原因，并制定了末端因素确认计划表，见表 34-4。

表 34-4 末端因素确认计划表

序号	末端因素	确认内容	确认标准	确认方法	确认时间	确认人
1	操作技能差	重点岗位人员考试及生产操作	岗位人员考试合格且满足操作标准	调查分析	2018 年 7 月	贺宝军
2	台车栏板低	台车栏板高度	台车栏板高度满足厚布料生产要求	调查分析	2018 年 7 月	王利刚
3	混合料粒度差	混合料小于 3mm 粒级	混合料小于 3mm 粒级的≤15%	调查分析	2018 年 7 月	赵兴存

续表 34-4

序号	末端因素	确认内容	确认标准	确认方法	确认时间	确认人
4	燃料粒度不合适	燃料 0~3mm 粒度	燃料粒度 0~3mm 的≥75%	现场测量	2018 年 7 月	刘胜斌
5	烧结机漏风率高	烟气含氧量	烟气含氧量≤15%	现场测量	2018 年 7 月	张国娜
6	混合料温度低	混合料温度	混合料温度达到 65℃以上	现场测量	2018 年 7 月	郭迎宾
7	混匀矿 SiO_2 含量低	混匀矿 SiO_2 含量	混匀矿 SiO_2 含量>5.0%	现场测量	2018 年 8 月	张春阳
8	混合料水分波动	混合料水分波动范围≤±0.2%稳定率	混合料水分稳定控制≥90%	现场测量	2018 年 8 月	李　海
9	配料圆盘下料稳定率低	配料圆盘下料稳定率	配料圆盘下料稳定率≥90%	调查分析	2018 年 8 月	徐宝鑫
10	混合料矿槽料位测量误差大	料位测量误差	料位测量误差≤0.8m	调查分析	2018 年 8 月	王　伟

（制表：王伟；时间：2018 年 8 月 10 日）

七、要因确认

根据末端因素确认计划表对末端因素是否是要因进行逐个确认，确认过程如下。

（一）要因确认一：岗位操作技能差

确认过程：

（1）小组成员对 2018 年烧结车间人员培训情况进行调查，重点岗位人员考试合格率达 100%，见表 34-5。

表 34-5　2018 年烧结车间人员培训记录

考试人数	管理人员	操作人员	合格率/%
	6	12	100
优秀人数（≥95 分）	5	8	72
优良人数（80~90 分）	1	2	17
及格人数（60~80 分）	0	2	11
不及格人数	0	0	0

（制表：王伟；时间：2018 年 8 月 19 日）

（2）现场跟踪岗位人员现场操作，现场操作稳定，生产调整在波动范围内，不会对烧结机利用系数造成影响。

确认结论：非要因。

（二）要因确认二：台车栏板高度低

确认过程：调查发现同机型某先进企业 230m^2 烧结机栏板高度为 750mm，且烧结机料层达到 900mm 以上。本厂 230m^2 烧结机栏板高度为 750mm，能够满足厚布料生产要求，能够满足大上料量的生产需求，不会限制烧结机利用系数。

确认结论：非要因。

（三）要因确认三：混合料粒度细

确认过程：小组成员查看 2017 年下半年二次混合机出料口混合料粒级，发现小于 3mm 粒级比例平均值为 16.93%，见表 34-6，不符合标准要求，经调查发现，混合料粒级对烧结负压有直接影响，如图 34-5 所示，混合料小于 3mm 粒级比例与烧结机负压呈正相关关系，随着混合料小于 3mm 粒级的比例上升，烧结机负压呈上升趋势，造成料层透气性变差，导致烧结过程减慢，对烧结机利用系数影响程度较大。

表 34-6　2017 年下半年混合料粒级统计表

月　份	7	8	9	10	11	12	平均
小于 3m，粒级比例/%	17.86	14.25	17.53	17.32	17.05	17.56	16.93

（制表：王伟；时间：2018 年 8 月 19 日）

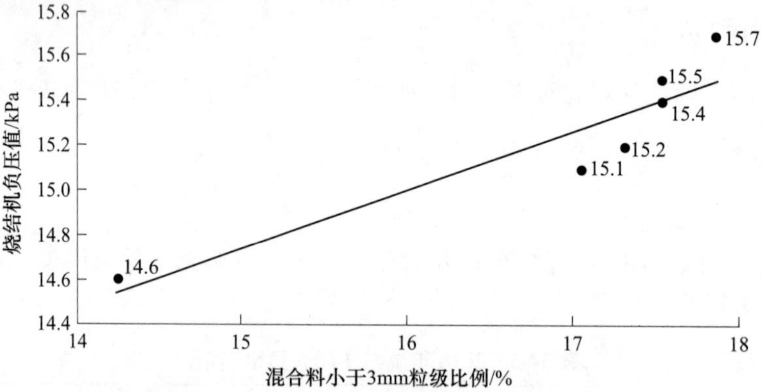

图 34-5　混合料小于 3mm 粒级比例与烧结负压关系

确认结论：要因。

（四）要因确认四：燃料粒度粗

确认过程：小组经统计，2017 年 10 月 ~2018 年 6 月燃料粒度 0~3mm 平均在 75.8%，符合标准要求，可以使燃料在料层中分布均匀，从而使烧结过程中热量分布均匀，对烧结机利用系数影响程度不大，如图 34-6 所示。

确认结论：非要因。

（五）要因确认五：烧结机漏风率高

确认过程：经小组成员统计，2018 年 2~6 月烟气含氧量平均为 14.96%，符合要求，能充分利用烧结机有效抽风率，保证烧结机利用系数，如图 34-7 所示。

确认结论：非要因。

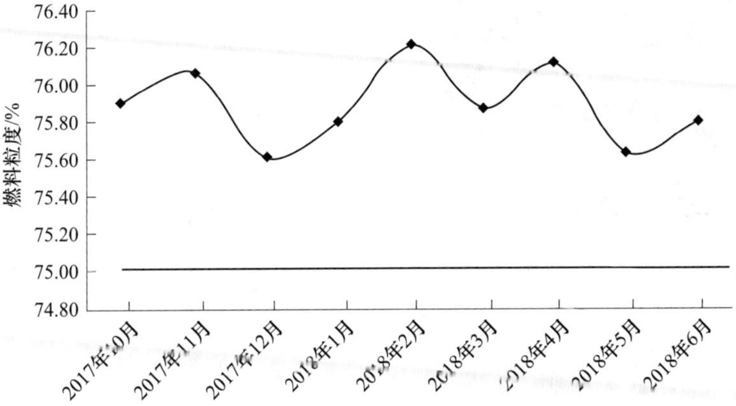

图 34-6 2017 年 10 月~2018 年 6 月燃料粒度

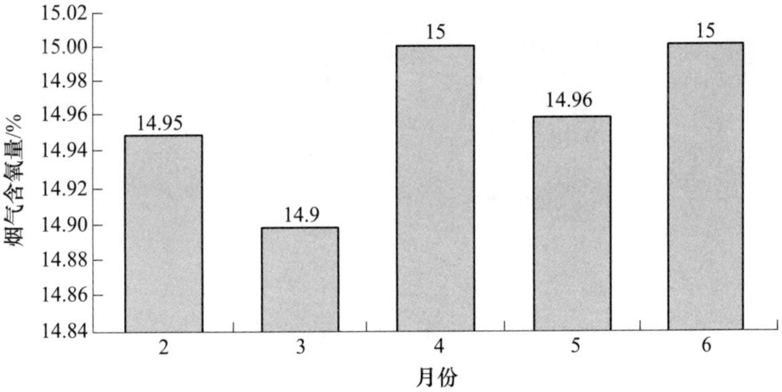

图 34-7 2018 年 2~6 月烟气含氧量

（六）要因确认六：混合料温度低

确认过程：混合料温度平均值为 62℃，不符合标准要求。加重了过湿层对烧结过程影响，料层透气性变差，减慢烧结过程，对烧结机利用系数影响程度较大，如图 34-8 和图 34-9 所示。

确认结论：要因。

（七）要因确认七：混匀矿 SiO_2 含量低

确认过程：对 2018 年 1~5 月混匀矿随机取 100 个试样 SiO_2 检验数据进行统计分析，结果如图 34-10 所示。混匀矿 SiO_2 含量小于 5.0% 占比 63.1%，不符合标准。低硅生产烧结过程液相减少，垂直烧结速度降低，阻碍烧结产量的提升，对烧结机利用系数影响程度较大。

确认结论：要因。

图 34-8　混合料温度现场测量

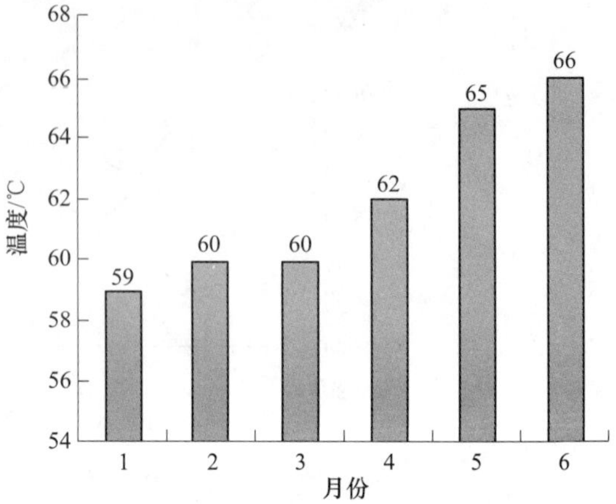

图 34-9　2018 年上半年混合料温度统计

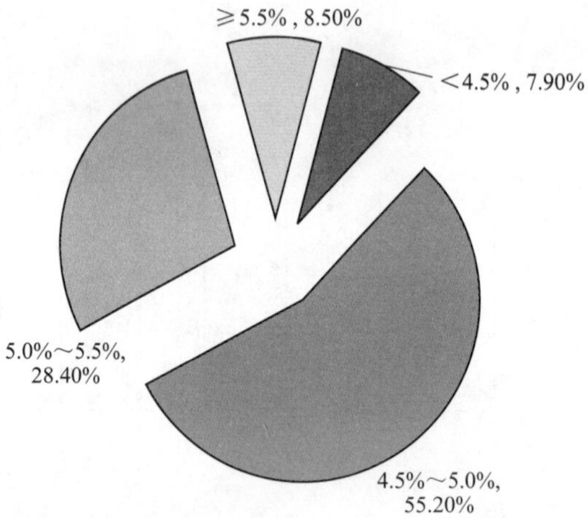

图 34-10　2018 年 1~5 月混匀矿 SiO_2 含量占比

（八）要因确认八：混合料水分波动大

确认过程：对 2017 年 10 月~2018 年 1 月的水分统计，水分稳定率为 92.5%，符合标准要求，从而使烧结透气性分布均匀，烧结过程稳定，对烧结机利用系数影响程度不大，如图 34-11 所示。

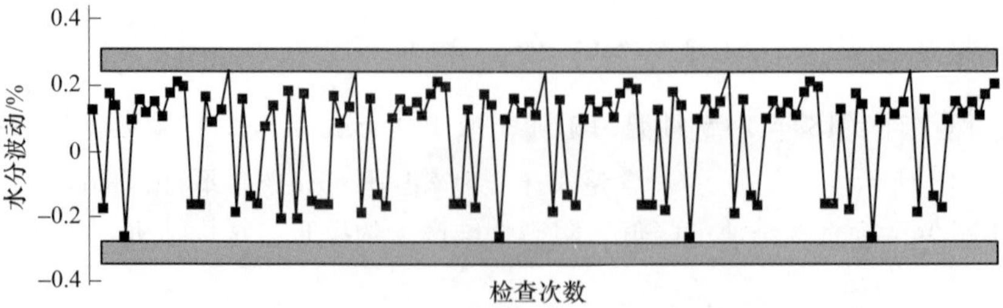

图 34-11　2017 年 10 月 ~ 2018 年 1 月的水分统计图

确认结论：非要因。

（九）要因确认九：配料圆盘下料稳定率低

确认过程：经统计，2017 年 10 月~2018 年 6 月下料稳定率在 91.9%，符合标准要求，混合料成分稳定，烧结过程稳定，对烧结机利用系数影响程度不大，见表 34-7。

表 34-7 2017 年 10 月~2018 年 6 月下料稳定率统计表

时间	2017 年 10 月	2017 年 11 月	2017 年 12 月	2018 年 1 月	2018 年 2 月	2018 年 3 月	2018 年 4 月	2018 年 5 月	2018 年 6 月	平均
稳定率/%	91.2	90.3	92.9	91.8	92.6	90.8	91.6	92.9	92.8	91.9

（制表：王伟；时间：2018 年 8 月 19 日）

确认结论：非要因。

（十）要因确认十：混合料矿槽料位测量误差大

确认过程：经统计，2018 年 8 月 1~15 日测量误差均值为 1.18m，不符合标准要求。测量误差大致使需要对烧结过程频繁进行调节，烧结过程波动大，对烧结产量影响较大。

确认结论：要因。

经过小组成员对末端因素逐一分析和论证，共找到了四条要因：

（1）混合料温度低；

（2）混匀矿二氧化硅含量低；

（3）混合料粒度细；

（4）混合料矿槽料位测量误差大。

八、制定对策

小组成员依据“5W1H”原则，制定了对策、目标、措施、地点、完成时间、责任人，且制定了对策实施计划，各项对策专人负责实施，见表 34-8。

表 34-8 对策实施表

序号	主要原因	对策	目标	措 施	负责人	地点	完成时间
1	混合料粒度细	降低小于 3mm 粒级比例	0~3mm 粒级比例≤15%	优化配料结构，原料粒度合理搭配	赵兴存 贺宝军	现场	2018 年 1 月
2	混合料温度低	提高混合料温度	混合料温度≥65℃	（1）一、二混通蒸汽，提高混合料温度； （2）配料室白灰消化冷水改热水； （3）混合料仓加蒸气管，提高混合料温度	郭迎宾 李海	现场	2018 年 1 月
3	混匀矿 SiO_2 含量低	提高混匀矿 SiO_2 含量	SiO_2 含量>5.0%	优化配矿，调整高硅粗粉比例	张春阳 徐宝新 刘胜斌	现场	2018 年 11 月

续表 34-8

序号	主要原因	对策	目标	措施	负责人	地点	完成时间
4	混合料矿槽料位测量误差大	降低混合料矿槽料位测量误差	料位测量误差≤0.8m	（1）将料位计安装在移动布料车头部，实现移动测量；（2）通入压缩空气吹扫，冷却，降低环境影响	王利刚 张国娜 王伟	现场	2018 年 11 月

（制表：王伟；时间：2018 年 9 月 3 日）

九、对策实施

（一）降低小于 3mm 混合料粒级比例

精确煤比及燃料结构、细化熔剂配比及熔剂结构，确定白灰配比为 6%，精粉、返矿及部分小配比料种进行预混料，使各种原料充分混合均匀，改善制粒效果。效果验证如图 34-12 所示。

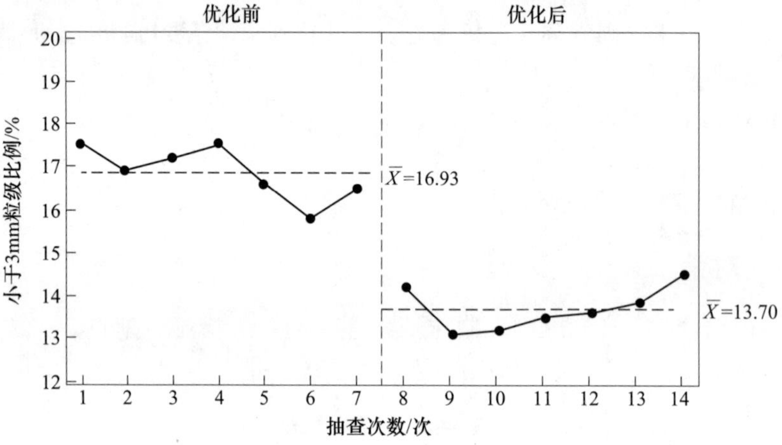

图 34-12　混合料粒度控制图

措施实施后 0~3mm 粒级比例由 16.93%降低至 13.70%，目标完成。

（二）提高混合料温度

（1）配料室冷水改热水，加速白灰消化。

（2）将蒸汽引入一混、二混进料端 2m 处，直接喷射料面，根据蒸汽压力适时调整开度，经测量二混料温由原来的 58℃提高至 68℃，提高了 10℃。

（3）在污泥池和混合料矿槽通入高压蒸汽，进一步提高混合料温度。

效果验证如图 34-13 所示。

图 34-13 显示，对策实施后，在原料条件及其他因素不变的情况下，通过改善白灰消化和通入高压蒸汽，混合料温度提高 20℃，平均温度达到 80℃以上，露点温度显著提高，

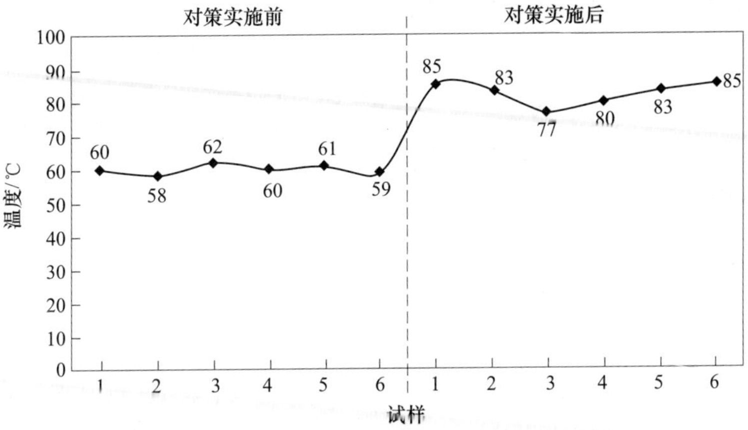

图 34-13　混合料温度统计图
（对策实施前后分别随机抽取 6 个试样）

降低了烧结过湿层的影响，目标完成。

（三）提升混匀矿 SiO_2 含量

小组成员与配矿小组沟通了物料优化、物料供给、粗粉比例、协调解决等方面的意见，并形成指导规定，明确了高硅粗粉比例不小于 30%、物料库存满足 10 天以上用量，并在以后的生产过程中严格执行。

效果验证见表 34-9。

表 34-9　SiO_2 含量完成情况统计表

SiO_2 含量/%	<4.5	4.5~5.0	5.0~5.5	>5.5
次数	0	0	42	18
占比/%	0	0	70	30

（制表：王伟；时间：2018 年 10 月 21 日）

措施实施后混匀矿 SiO_2 含量大于 5.0%占比由 36.9%提高至 100%，目标完成。

（四）降低料位测量误差

1. 取消固定安装方式

因固定式雷达料位计安装方式、定点测量不能真实反映料位情况，造成料位测量误差较大，故将雷达料位计由固定式改为移动测量。

（1）在布料车头部制作安装支架，用于固定安装雷达料位计。

（2）利用布料车的移动布料实现移动测量。

2. 通入压缩空气

方法：利用气源管通入压缩空气。

目的：（1）冷却测温环境。（2）吹扫探头内部粉尘。降低环境对测量设备精度的影响，提高设备使用寿命。

效果验证：料位测量误差统计如图 34-14 所示。

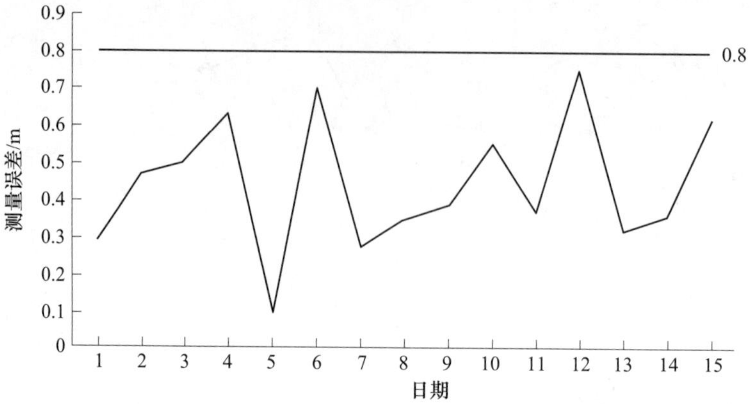

图 34-14　2018 年 11 月 1~15 日料位测量误差统计图

对策实施后统计 2018 年 11 月的料位测量误差由均值 1.18m 降低至 0.45m，目标完成。

十、效果检查

通过对活动前后烧结机利用系数对比，发现活动后系数有着显著的提升，均值在 1.81t/(m^2 · h)，如图 34-15 所示。

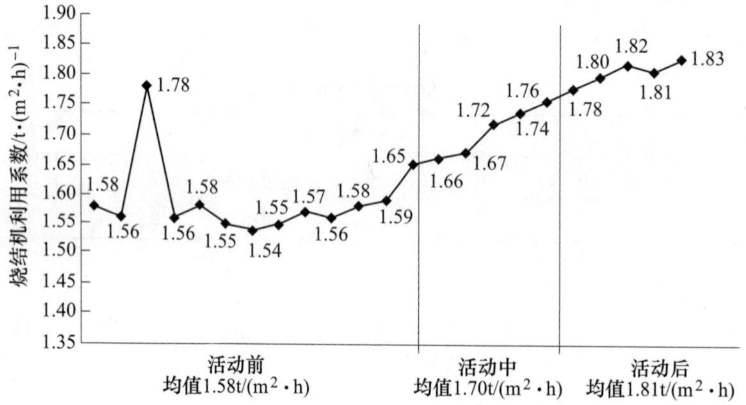

图 34-15　烧结机利用系数完成情况统计图

通过优化配矿提升 SiO_2 含量，改善了制粒效果，蒸汽预热混合料提高混合料温度，混合料透气性得以改善，矿槽料位测量准确，烧结生产过程稳定，烧结机利用系数逐月提高，如图 34-16 所示。

230m^2 烧结机利用系数由活动前的 1.58t/(m^2 · h) 提高到 1.82t/(m^2 · h)，圆满完成既定目标。

直接效益：

2018 年 11 月~2019 年 4 月烧结利用系数平均为 1.82t/(m^2 · h)，较 2017 年 6 月~2018 年 5 月平均 1.58t/(m^2 · h)，提高了 0.24t/(m^2 · h)。其间烧结作业率为 98.5%。

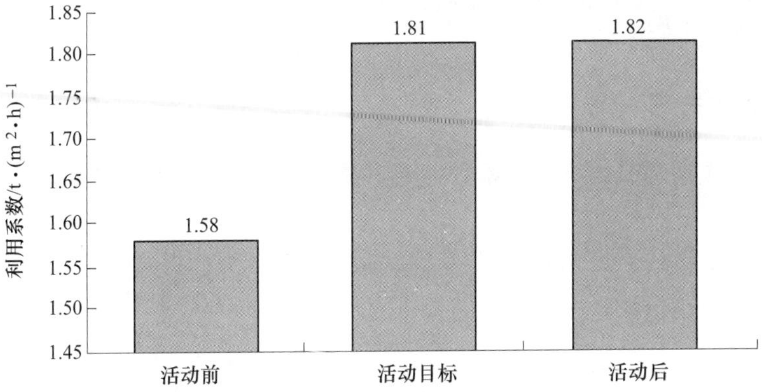

图 34-16 活动效果对比图

(1.82 - 1.58) × 24 × 230 × 181 × 0.985 = 23.62 万吨，按照外购烧结矿与自产烧结矿的差价 80 元计算，活动期间创效 23.62 万吨 × 80 元 /t = 1890 万元。

剔除购买雷达料位计费用（1.9 万元）、设备改造费用（3 万元）、对标费用（1.2 万元），累计创效 1890 - 1.9 - 3 - 1.2 = 1883.9 万元。

社会效益：

实现公司效益最大化，降低了铁前成本，节约了能源消耗，提高了唐山德龙产品的市场竞争力。

十一、制定巩固措施

（1）重新编制各项规程，将以下关键控制要点纳入作业指导文件，确保活动成果持续有效实施，见表 34-10。

表 34-10 巩固措施统计表

序号	关键控制要点	作业文件	文件编号	审批人	审批部门
1	烧结料层厚度≥800mm	工艺技术操作规程	DL/ZY-20-01	翟进坡	技术中心
2	料温控制≥70℃	工艺技术操作规程	DL/ZY-20-01	翟进坡	技术中心
3	高硅粗粉比例≥30%	工艺技术操作规程	DL/ZY-20-01	翟进坡	技术中心
4	料位计每一小时点检一次	烧结厂设备点检制度	DL/ZY-20-06	苗立江	烧结厂

（制表：王伟；时间：2019 年 1 月 17 日）

（2）成立原料优化小组，针对物料转运统筹、质量跟踪、预知预判等进行协调。

（3）组织岗位人员工艺操作技能培训，进一步提高技术水平，确保活动结果长期保持，见表 34-11。

表 34-11 巩固期期间烧结机利用系数完成情况统计表

日 期	2019 年 1 月	2019 年 2 月	2019 年 3 月	2019 年 4 月
烧结机利用系数 /t·$(m^2·h)^{-1}$	1.81	1.82	1.81	1.83

（制表：王伟；时间：2019 年 4 月 22 日）

通过对 2019 年 1~4 月烧结机利用系数统计，系数保持在 1.82t/($m^2 \cdot h$) 左右，维持在良好水平。

十二、总结与下一步打算

（1）通过本次活动，烧结利用系数达到 1.82t/($m^2 \cdot h$)，提高了 0.24t/($m^2 \cdot h$)，圆满完成小组设定目标。

（2）小组各成员从质量意识、QC 知识、团队精神等方面得到提高。

（3）小组将继续再接再厉，确定下一攻关课题为《提高烧结矿转鼓指数》。